坚持农业农村优先发展
加快推进乡村振兴

——2019年中国农业技术经济学会学术研讨会论文集

栾敬东　吕新业　张士云　主编

中国农业出版社
北　京

图书在版编目（CIP）数据

坚持农业农村优先发展 加快推进乡村振兴：2019年中国农业技术经济学会学术研讨会论文集 / 栾敬东，吕新业，张士云主编．—北京：中国农业出版社，2020.9

ISBN 978-7-109-27213-2

Ⅰ.①坚… Ⅱ.①栾… ②吕… ③张… Ⅲ.①农业经济发展—中国—学术会议—文集②农村经济发展—中国—学术会议—文集 Ⅳ.①F32-53

中国版本图书馆 CIP 数据核字（2020）第 156857 号

中国农业出版社出版

地址：北京市朝阳区麦子店街 18 号楼

邮编：100125

责任编辑：潘洪洋

版式设计：王 晨 责任校对：赵 硕

印刷：中农印务有限公司

版次：2020 年 9 月第 1 版

印次：2020 年 9 月北京第 1 次印刷

发行：新华书店北京发行所

开本：889mm×1194mm 1/16

印张：33.25

字数：900 千字

定价：168.00 元

《坚持农业农村优先发展　加快推进乡村振兴》
编 辑 委 员 会

目　录

专题一

脱贫攻坚、乡村振兴与农村改革

家庭农场的界定、经营特征与基本经验*

——基于国际对比视角

孔祥智　赵　昶　黄　斌

（中国人民大学农业与农村发展学院）

摘要：家庭农场在世界农业发展过程中具有至关重要的地位，家庭经营已经成为农业生产过程中最为普遍的经营方式。国际上对于家庭农场的定义及其认定标准存在差异性，但各国家庭农场也有共同遵循的原则。本文基于各国资源禀赋差异，从规模禀赋、经济禀赋、社会资源禀赋三大差异对比分析各国家庭农场的发展特征。最后，梳理出了四点推动家庭农场发展的基本经验：第一，适应性调整规模禀赋，扩大农场生产规模；第二，立足当地经济禀赋，提供多元化政府补贴支持；第三，优化社会资源禀赋，加大农民科教投入力度；第四，构建完善的社会化服务体系。

关键词：家庭农场；家庭经营；资源禀赋

一、引　言

根据联合国粮农组织（FAO）的定义，家庭农场是指主要由家庭劳动力参与管理经营农业、林业、畜牧业生产的农业经营方式，其主要特征是：家庭和农场是相互联系、共同发展的联合体，并涵盖经济、环境、社会与文化的多元功能。作为全球最主要的农业生产组织形式之一，家庭农场在世界农业发展中扮演着重要角色。从近期学者们对于家庭农场的关注和讨论可以看出，学界对于小农经营和家庭农场生产的看法发生了很大转变，起初人们认为这种小规模经营方式是产生贫困的诱因，现在人们逐渐认识到，家庭经营或许是解决贫困、饥饿问题的关键所在（HLPE，2013；McIntyre et al.，2009；Silva，2014）。根据FAO发布的SOFA报告（2014年），2000年对30个国家进行的一轮农业普查数据显示，世界上大约有80%的粮食由5亿农民采取家庭经营的方式来生产，而在全球的5.7亿个农场中，有5亿个是家庭农场，占据了75%的耕地。Graeub等（2016）利用2010年105个国家和地区一轮农业普查的数据发现，家庭农场占所有农场数量的98%，家庭农场农业用地面积占总农业用地面积的53%以上，这与FAO的公开数据相符合。可见，家庭农场对于维护粮食安全以及农村社会发展具有重要作用，在世界农业发展中的地位至关重要。

在中国，家庭农场是农业生产组织形式的发展方向，以小农经营为主的国内农业生产方式，能够养活十几亿人口。然而，随着农业市场化和全球化进程的推进，小农生产遭受了前所未有的冲

* 基金项目：研究阐释党的十九大精神国家社科基金专项立项课题“实现小农户和现代农业发展有机衔接研究”（编号：18VSJ062）。

击。连续多年的粮食进口导致国内粮食库存积压，小农损失惨重，生存压力大。适度规模经营有利于抵御由市场风险带来的收入不确定，因此小农进化为家庭农场是走出“小农困境”的有效途径（张云华，2016）。2013 年中央 1 号文件从政策层面首次提出了“家庭农场”的概念，指出家庭农场是以家庭成员为主要劳动力，从事农业规模化、集约化、商品化生产经营，并以农业收入为家庭主要收入来源的新型农业经营主体。此后，家庭农场发展的热情空前高涨。随着实践中家庭农场数量逐渐增加，形式日益复杂，如何促进国内家庭农场健康、可持续发展正成为当下政府尤为关注的问题。通过了解国外家庭农场成熟的发展经验，对中国规范化家庭农场认定，促进其有序、规范化发展有很大的借鉴意义。

本研究首先从国际层面对家庭经营的必要性与普适性进行梳理，在了解国际上家庭农场发展的背景后，将各国对家庭农场的界定及认定条件归纳整合。然后，通过对不同类型资源禀赋国家家庭农场经营情况对比分析，总结不同类型地区中家庭农场的发展经验。进一步地，在梳理各国促进家庭农场发展的措施以及制度环境的基础上，总结国际经验对中国在家庭农场规范化、可持续化发展中的启示。

二、家庭经营：必要性与普适性

20 世纪 50 年代至 70 年代，随着发达国家农业政策开始转向出口导向型，全球农业分工的情况开始显现（McMichael，2009）。随后爆发的经济危机和各国的结构调整计划削弱了对农业基础设施的投资力度，包括对发展中国家的研究和技术援助（Bello，2009），这形成了全球城市化和土地资源重新整合的大趋势（Araghi，1995）。尽管全球粮食供应链发生了重大变革，家庭农场依然为全球农业做出了价值约 2.2 万亿美元的巨大贡献（世界银行，2014）。已有研究表明，小规模生产和家庭经营在环境可持续发展和农民生计方面发挥着关键作用（Chappell et al.，2013）。考虑到农业的非经济价值（Sandhu et al.，2015），其对全球经济的真正贡献可能远远大于 2.2 万亿美元。已有研究表明，家庭农场单位面积的生产力更高（Barrett et al.，2010），表现出更强的生产稳定性和弹性，能够在当地创造更多的就业机会，吸引更多资金（Lyson et al.，2001；Holt - Gimenez，2002；HLPE，2013）。此外，家庭经营还有利于促进生物多样性并带来饮食多元化（HLPE，2013；Jarvis et al.，2008），多元化的饮食结构一定程度上有利于粮食安全（Smith、Haddad，2015）。基于以上论述，我们不难理解 FAO 的 HLPE（2013）所表示的：在某些情况下，家庭农场的经营模式在产量方面能够优于大型农业，因为该模式下人们会集中精力解决有限情况下生产要素和投入的问题，而不是把精力放在如何改变经营规模上。

可见，家庭经营在农业生产过程中是不可或缺的经营方式，也是高效率的农业经营模式。由于家庭单位的稳定性以及家庭经营广泛存在的必要性，家庭经营在全球各国都逐渐发挥着越来越重要的作用。然而，农业公共支持力度大幅减弱，农场服务日渐私有化，社会政治和经济不平等以及农业企业部门内部的调整等问题，给家庭农场经营带来了严峻的挑战。解决这些问题需要综合考虑当地的历史背景以及国际上的不平等问题（Chappell et al.，2013），比如缺乏适当的市场、信贷、教育和当地的农业研究和推广渠道，都会对家庭农场的经营产生重大影响（Berdegu、Fuentealba，2011；HLPE，2013）。不过，面对这些问题与挑战，各国政府都推行了一些改善家庭农场生产环境的政策或进行了相应的实践。由于各国在家庭经营方式上有诸多普适性，通过梳理总结，家庭经营模式的发展方式主要可归纳为以下六个方面。

（1）改善农民组织、农业企业、社会组织和农场之间的协商、合作模式，以确定农业发展的优先事项，商讨开发或调整新技术（FAO，2014；Pretty，1995；Vorley，2002）。

（2）确定国家在促进家庭农场发挥职能和经营目标上的优惠政策，包括良好的治理制度、健全的经济政策、产权制度及有力的监管框架（FAO，2014；Vorley，2002）。

（3）重视家庭农场相关的农业研究发展。公众与农业研究者的长期利益联结关系是非常关键的，尤其是那些支撑家庭农场发展的研究成果，其重要性是私人投资所无法取代的，公众需要意识到这些研究成果是公共物品，农民群体与研究人员之间的关系才能得到改善，进而促进研究方向更加聚焦于家庭农场的发展本身（FAO，2014；Sumberg et al.，2012）。

（4）促进包容性农村咨询服务发展。农业推广服务是家庭农场分享农技知识、创新和实践的关键环节（FAO，2014）。

（5）通过教育和培训提升农民的创新能力，特别要关注妇女和青年的能力提升（FAO，2014；Pretty，1995；Smith、Haddad，2015）。

（6）改善生产、投入和金融服务等环节的市场运作，以克服市场失灵现象。包括为小农户、家庭农场和农业企业创造公平的贸易环境，对市场实行民主化管制等（Hazell et al.，2010；Vorley，2002）。

三、家庭农场定义及认定标准的国际对比

家庭农场通常被理解为小规模的农业生产经营，但二者有所不同。从国外政府和研究人员的定义来看，世界银行（2003）等许多国际组织将小农经营定义为土地经营规模在2公顷以下的农户。世界粮食安全委员会（CFS）的高级专家小组（HLPE，2013）将家庭经营定义为“家庭（包括一个或多个家庭）只使用或大部分使用家庭劳动力进行生产经营，且家庭经营收入占家庭总收入来源的较大比例。经营范围可涉及种植业、畜牧业、林业和手工渔业等。家庭经营的主要控制权在家庭成员，其中大部分由妇女主管，妇女在生产、加工和销售活动中发挥着重要作用”。可以看出，对于家庭农场的界定不仅仅局限于土地规模。进一步地，根据Berdegué和Fuentealba（2011）的研究，家庭农场主体中有三类不同的需求群体，一类是本身资源丰富、资金充足且能良好对接市场的农户，一类是有部分资产但是没有信贷能力、缺乏社会资源的农户，还有一类是土地经营面积较小、以非市场经营活动为主的农户，他们需要在社会资源方面投资较多。从国内的界定来看，2014年农业部发布的《关于促进家庭农场发展的指导意见》中指出，家庭农场是一种新型经营主体，从特征来看，首先，家庭农场经营者主要是农民或其他长期从事农业生产的人员，主要依靠家庭成员而不是依靠雇工从事生产经营活动。其次，家庭农场专门从事农业生产，主要进行种养业专业化生产，经营者大多接受过农业教育或技能培训，经营管理水平较高，示范带动能力较强，具有商品农产品生产能力。最后，家庭农场经营规模适度，种养规模与家庭成员的劳动生产能力和经营管理能力相适应，符合当地确定的规模经营标准，收入水平与当地城镇居民相当，能实现较高的土地产出率、劳动生产率和资源利用率。农业部测算数据也进一步表明，以粮食生产为例，播种面积100～120亩*是区分小农与家庭农场的标准。也就是说，农户的经营规模达到与其经营能力相匹配的水平后，小农经营就会转向家庭农场，其农业收入与非农收入比例会逐渐相当（张云华，2016）。高强等（2013）在对家庭农场定义、特征等进行梳理后，指出不同于传统意义上的家庭农业，家庭农场是以家庭经营为基础，融合科技、信息、农业机械、金融等现代生产因素和现代经营理念，实行

* 亩为非法定计量单位，1亩＝1/15公顷。——编者注

专业化生产、社会化协作和规模化经营的新型微观经济组织。可以看出，国内外对于家庭农场的界定，不仅仅是基于规模层面的，也对经营中劳动力使用情况有所要求，同时还包含非市场价值。因此，除了土地规模外，对家庭农场进行多维特征界定是十分必要的，政策也不应只关注家庭农场带来的市场价值。

进一步地，本文通过梳理相关文献，归纳各国关于家庭农场的定义及认定标准（表 1）。可以看出，各国对于家庭农场的定义及认定标准是存在差异的，国际上还未对家庭农场形成统一、公认的界定和认定标准。例如，在雇工方面，多数国家规定要以自家投工为主，在农忙时节才可以短期雇佣少数劳动力，如法国、荷兰、阿根廷等，而美国允许雇佣合理数量的长期的专职农工，日本对于雇工完全没有限制。但有些原则是各国家庭农场都遵循的：第一，各国都认为家庭是家庭农场的基本单位，家庭成员是家庭农场最主要的劳动主体，坚持家庭经营的主体地位和主导作用；第二，家庭经营的目的是实现农产品的商品化，从而获取最大化的利润，且家庭农场收入来源主要是农业生产经营收入；第三，家庭农场要坚持适度规模经营理念，家庭农场的经营规模要与家庭成员劳动能力、当地土地流转供应情况、劳动力转移程度、社会化协作服务、体面收入获得等方面相匹配（杜志雄、肖卫东，2014）。

表 1　各国对于家庭农场的定义及认定标准

国家	定义及认定标准	来源
美国	一年中生产和销售农产品收入至少达到 1 000 美元的农场 认定标准如下：①生产并出售一定数量的农产品；②可以获得足够的包括非农收入在内的收入，这些收入能够满足家庭生活、农场正常运营、偿还债务和维持财产等方面的需要；③农场主自行经营管理农场；④农场主及家庭成员提供实质性的劳动；⑤在农业生产繁忙季节，可以雇佣季节工，也可以雇佣合理数量的长期的专职农工	*Agriculture Fact Book*，1998
英国	又称自耕农耕作，是指以家庭为单位，从事简单商品生产的农场，自耕农就是家庭农场主 认定标准如下：①他们耕种与家庭劳动人口相适应的土地；②他们的耕作主要依靠家庭劳动力，即非工资劳动力；③他们从事简单的商品生产；④他们与领主之间建立契约性的土地交易关系，即他们通过购买或者租赁领主的土地以获得土地的使用权；⑤他们拥有稳定的土地财产权利，包括土地使用权、出租权或者转租权、买卖权、继承权等	杜志雄、肖卫东，2014
法国	主要由家庭成员进行生产和经营，并以农业收入为主要经济收入来源的农业生产经营主体 认定标准如下：①以生产和销售农产品为主业，主要从事特定的专业化农业活动，或者非特定的多元化农业活动；②以家庭为主体进行农业规模经营，主要使用家庭劳动力，在农忙季节时少量雇佣家庭外劳动力；③农场的经营规模要与家庭劳动力的供给水平相适应；④建立完整、正规的会计核算制度体系，实行生产经营企业化管理；⑤农场主具有较高的农业技术和经营管理水平，愿意对农场进行投资；⑥在确保环境可持续性和保护生物多样性方面发挥核心作用	杜志雄、肖卫东，2014；庄慧娴，2015
日本	日本家庭经营体的概念与家庭农场比较接近。家庭农场是指以农户为中心进行家庭经营的现代农业经营主体 认定标准如下：①家庭主要务农人员在相同的年劳动时间内，获得与本地区内其他产业就业者同等水平的终生收入，即家庭农场的主要收入来源为农业收入；②拥有足够大的土地经营规模，以通过规模效益获得与其他产业同等的收入；③可以由一家农户组建，也可以由多家农户、其他农业生产法人联合组建，但农户必须在家庭农场中占支配和主导地位，其中的农户多为兼业农户；④购买或者租用土地面积、雇佣劳动力没有限制；⑤实行土地所有权、土地经营权、耕种权的分离	杜志雄、肖卫东，2014；庄慧娴，2015

（续）

国家	定义及认定标准	来源
俄罗斯	有血缘关系或姻亲关系的公民联合起来，财产共有，在亲自参与的基础上共同进行生产和其他经营活动（生产、加工、储存、运输和农产品销售）的组织 认定标准如下：①家庭农场成员主要是有血缘关系或姻亲关系的公民；②家庭农场成员以亲身参与为基础，共同生产、共同经营；③家庭农场的财产属于其成员共同所有；④家庭农场是公民联合体，是农产品生产者	《俄罗斯家庭农场法》，2003
荷兰	家庭经营的“企业”，并且大多数是非常专业化的“企业” 认定标准如下：①生产、销售农产品，农场生产经营以农业为主，收入应以农业收入为主；②生产经营规模（主要指土地经营面积、饲养头数等）达到一定标准并相对稳定，但是，是否属于家庭农场范畴，并不完全以农场规模来界定；③农场主和家庭成员为主要劳动力，雇佣劳动力所占比例很小，且大多为季节工；④农场主是土地产权的所有者，以自有土地为主；⑤农场主自主管理运营农场；⑥农场的生产经营要对保护自然、保护环境、食物安全、维持生物多样性负责，这是农场的社会责任	杜志雄、肖卫东，2014
阿根廷	①家庭农场生产者直接在农场工作；②家庭农场生产者不使用非家庭外的长期劳动力；③生产者可以雇佣临时非家庭劳动力；④农场未注册为股份公司或其他类型的商业公司；⑤“资本水平”的上限因地区而异：农场规模、农场的种植面积、牛群规模、机械资产、果树种植面积和灌溉面积	HLPE，2013
巴西	①土地持有量少于四个财政模块；②主要利用自己的家庭劳动力；③家庭收入的大多数来源是家庭农场经营收入；④由本家庭主要管理农场	*Family Farming Law*，2006
智利	在基本灌溉条件下，经营面积在 12 公顷以下的农民，农场投资的总价值在 3 500 个投资单位（158 000 美元）以下，且收入主要来自农业活动，劳动力直接从事农业经营活动	FAO，2013
墨西哥	①有限的土地和资本使用权；②主要使用家庭劳动力，家庭负责人直接参与生产过程；③尽管可能存在一些分工，但家庭负责人并不仅仅承担管理职能，而是作为家庭的一个更进一步的工人	FAO，2013

四、基于资源禀赋差异的家庭农场经营特征国际对比

为了更有针对性、更系统地借鉴国外家庭农场的发展经验，本研究选取资源禀赋存在显著差异或者有明显优势的国家，对比分析其经营特征及发展经验。根据土地—劳动要素禀赋结构，家庭农场既可以选择土地节约型的规模经营道路，也可以选择劳动节约型的技术经营道路。在各国家庭农场经营过程中，规模禀赋、经济禀赋、社会资源禀赋随着土地要素与劳动要素的变化而逐步演变，对于家庭农场经营道路的选择与发展具有重要的影响。为此，本部分将通过对比已经摆脱小农经营的法国和尚未摆脱小农经营的日本两国，对比经济收入相对中等的巴西和贫困率较高的马拉维两国，以及分析社会资源较多的英国，来探讨不同资源禀赋下家庭农场发展特征有何差异。

（一）规模禀赋差异

家庭经营是有效率的农业经营方式，家庭经营规模禀赋需要随本国市场化水平、工业化水平有所改变，而政府的合理介入能够提升规模禀赋适应性变革的效率。法国曾以小农经营为主，但经过规模化发展成功改造了小农经济，而日本因各种自然禀赋限制仍在摆脱小农经营的路上，二者虽在规模禀赋上存在差异，但都有着发展家庭经营的成功经验。自法国大革命以来，法国土地细碎化问

题日益严峻，曾长期呈现出土地面积小、地块小的特点。日本也在农地改革中建立了小规模经营的土地制度。在初期，小农经济促进了两国农业生产的进步，但是随着工业化进程不断加快，小农经营逐渐无法满足资本主义规模化、扩张性的需求，原材料供给、市场和劳动力各种要素均无法适应工业化进程发展的需要。因此，法、日两国均开始走向规模化的发展道路。法国自第二次世界大战后开始出台了一系列支持规模化发展的农地、人口、信贷等政策，来支持中等规模农场的发展。日本也在1960年以后逐步出台相关法律文件支持土地流转，促进经营规模扩大。通过改革，法、日两国粮食产量均有了大幅提升，农业增长速度也显著加快。即使是受到地理自然条件限制的日本，也在推进由分散、零星经营向大规模经营发展，努力追求农地经营规模扩大到能够发展现代农业的最低要求规模以上。法、日两国规模化发展的历程启发我们，中国必须要在坚持家庭联产承包责任制的基础上，通过鼓励土地经营权合理集中，促进小农经营向集约化、专业化的大规模经营转变。

然而，经营规模扩大本不是一蹴而就的过程，需要政府通过法律、行政等手段合理介入，才能加快土地规模化进程。法国政府在促进中等规模农场发展的过程中，采取了强有力的政府干预手段，成功由细碎化生产跃升为世界农业大国。反观日本至今仍未脱离小农经营的现状，这一方面与两国自然禀赋差异相关，另一方面也很大程度上受到政府政策的影响。法国政府在规模化进程中，采取经济、法律手段促进农地流转的同时，还采取行政手段直接参与到流转经营中，从而高效率、大规模地改造了小农场的经营方式，顺利促进了其向大农场变革。而日本虽然也推出了相关政策，但相对缺乏政府配套干预手段，导致规模化进程相对缓慢。因此，基于两国规模化发展的经验，中国在促进家庭农场发展时，要改革相关配套政策，如户籍制度、社保制度、农业信贷制度等，在政策推进的同时采取相应的行政干预手段促进土地规模化流转。

（二）经济禀赋差异

家庭经营的投入产出水平与经济禀赋条件有着紧密的联系。经济禀赋水平的高低，直接影响家庭农场成员在经营过程中的决策，而与经济禀赋水平相适应的政府支持，将有利于家庭决策与经营效率的提升。巴西和马拉维是两个经济水平相差极大的国家，巴西是一个相对工业化的中等收入国家，作为主要农业出口国，其在全球农业食品部门发挥着关键作用。马拉维是一个低收入国家，大多数为农村人口，贫困率高，长期存在粮食安全的问题。两国在促进家庭经营的发展过程中有一些可总结、可供我国借鉴的经验。

巴西是全球领先的大豆、牛肉、咖啡、糖、橙子和家禽生产国，通过这些农产品出口推动了国民经济发展。巴西全国有437万个家庭农场，经营面积占农业经营总面积的24.3%。家庭农场也对巴西粮食安全稳定做出了重大贡献，据2006年数据显示，巴西国内粮食消费总量的70%为家庭农场生产。一直以来，巴西的农业政策都面临着支持农业企业还是家庭农场的公平性问题。巴西农业部最初设立的农业发展目标是，最大限度地提高巴西农业在全球经济中的影响力。在早期，农业部预算了约620亿美元的低息贷款和投资项目来支持农业企业的发展，而用以支持家庭农场发展的资金仅有178亿美元。尽管巴西对家庭农场的支持力度已经有所增加，比如向家庭农场提供的贷款比之前提高了三倍，但这也说明，巴西国内在农业优先发展的问题上的意见缺乏一致性。尽管巴西在土地改革立法中有着悠久历史，但其为家庭农场提供的土地通常是位于缺乏发展基础设施、不利于农业发展的地区，当时巴西政府对家庭农场投资的重点是改善农村生活而非重视生产。自2003年巴西的土地改革计划呼吁建立“农村发展新模式”之后，家庭农场逐渐受到重视。2010年，联邦农业发展部（MDA）和社会发展与反饥饿部（MDS）制定了一系列食品安全计划，其中就包括支持学校、医院以及国家粮食安全相关保障单位，优先从家庭农场进行公共采购，这意味着巴西开始调整市场条件以促进家庭农场的发展。此外，巴西政府还开展了食品采购计划（PAA）来支持家庭农场发展，即联邦政府直接购买食品库存需要的产品（粮食、肉类、牛奶），以建立食品库存，用以调节市场价格，或者分配给学校、其他社会福利机构，其中明确规定，学校食品采购的30%要来源于家庭农场，以鼓励农场的发展。

马拉维是非洲南部有1 500万人口的内陆小国，大部分人依靠农业维持生计。马拉维约有558万公顷的农业用地，其中有44%是由家庭农场经营。家庭农场主要种植玉米、豆类、块茎和蔬菜。据估计，全国总粮食产量有31%来源于家庭农场。自2005年开始，国家农业投入补贴计划（AISP）增加了对家庭农场的关注，该计划向小农户及家庭农场提供优惠政策，让他们能以低价购买化肥和杂交玉米种子。当时，马拉维是少数几个实现了将10%的国家预算用于农业生产目标的非洲国家之一。不过，AISP的成本很高，每年全国总预算的7%～16%要用于该项目，约达2.14亿美元。随后几年，马拉维先后遭遇通货膨胀、外汇短缺和燃料短缺，大部分人将其归咎于AISP捐助者矛盾导致的政治动荡。在不到十年的时间里，马拉维的债务负担几乎翻了一番。作为政府的核心农业政策，AISP提高了国家玉米产量并保障了粮食安全（Chirwa、Dorward，2013；Fisher、Lewin，2013），但大多数生产商无从获利（Chirwa、Dorward，2013年）。有研究表明，与贫困家庭相比，AISP优先惠及较富裕的农业家庭，后者获得了更多的优惠，施用了更多的肥料（Holden、Lunduka，2012），42%的农村家庭仍然面临粮食安全问题（NSO，2012）。未来AISP的替代措施是支持家庭农场多元化发展，尤其是通过作物多样化、整合农业生态提高粮食产量。马拉维现已采取除AISP之外的更多相关措施来促进家庭农场的发展，比如支持相关的农业研究、扩大家庭农场的信贷支持等，在减少财政负担的同时支持家庭经营。

对比两国发展经验，尽管巴西、马拉维都采取了支持家庭农场发展的政策，但两者存在很大差别——巴西采取多元化的支持政策，且政府在其中有效组织干预，马拉维则是采取高投资单一的政策扶持方式，在促进家庭农场发展的同时，也给国家财政带来了巨大负担，与一国经济禀赋条件不能完全相适应。巴西在发展过程中逐渐认识到农业企业和家庭农场的不同需求，对其分开施策，对症下药，马拉维政府若在促进家庭农场方面采取更加多样化的方式，可能效果会更好，这给中国发展家庭农场以相应启发，要结合经济禀赋条件，通过多元化政策促进家庭农场发展。

（三）社会资源禀赋差异

除了自然资源、经济收入等客观禀赋带来的发展差异之外，也可能因为社会资本等其他社会资源禀赋不同带来发展差异。社会资源要素禀赋的投入，能够推动家庭农场实现经营方式的阶段性持续成长。本部分以英国成功实现转型的菲儿家庭农场为例，总结如何利用自身的社会资本等社会资源来促进家庭农场的发展。菲儿家庭农场原本是传统奶牛养殖农场，20世纪80年代初，欧盟委员会开始实行牛奶配额限产，该农场有300头奶牛，但是却只有200头牛的配额。于是农场成员不得不探寻其他方法，让多余的产量得到释放。1986年，农场专业人才经过对市场需求的长期观察商议决定，将冰激凌产品引入到生产经营中。到了2015年，经过升级改造的冰激凌农场正式运营。过去300多头奶牛挤奶的厅廊，现在是家庭冰激凌主题庄园，它不仅拥有世界上最大的冰激凌厅，还有全欧洲最大的室内沙滩浴场等一系列休闲设施。这是一个传统养殖场转型的成功案例，即在养殖基础上，发展休闲观光、体验消费等。通过对主产业（牛奶）的延伸品——冰激凌进行打造，并围绕此进行主题包装，产生了一个全新的模式。这启示我们家庭农场在发展过程中要延伸产业链，依据市场需求及时作出生产经营决策的改变，更启示我们家庭农场经营需要关键的人才，若没有相关人才的指引，菲儿农场无法实现成功转变。菲儿农场只是英国众多家庭农场中利用社会资本来发展的案例之一，英国政府十分重视专业人才的培养，专门设立农业经营管理部，研究解决农业生产中出现的问题和组织农学专家为农业工人提供技术培训和咨询服务，负责培育职业经理人。他们通过联合分析市场供需情况，掌握有用的市场信息，利用自身的专业知识和生产经验，与农场主交流管理经验，来达到及时应对市场风险、利益的最大化的目标。可见，家庭农场的生产经营和管理都需要专业的人才，通过建立和完善科技指导机制、加大对农学教育培训的投入力度，可以推动家庭农场经营管理的持续发展。

五、各国推动家庭农场发展的基本经验梳理

各国在推动家庭农场规模化发展的进程中，在体现本国禀赋特色的同时，都离不开政府的推动。通过政府合理有效干预，能够加快规模化发展进程、加大政策适应性投入、促进社会资源效应显现。各国基本经验主要归纳为以下四点：

一是适应性调整规模禀赋，扩大农场生产规模。各国家庭农场的发展都需要适应性地调整规模禀赋，探索家庭经营的最优规模化程度，并通过土地流转或加入农业组织来实现自己的规模化发展目标。以丹麦为例，丹麦超过 90%的家庭农场都已经加入了相应的专业合作社，在加入合作社后，农场主既是家庭农场的负责人，亦是合作社企业的工作人员、利润获得者。在整个生产过程中，家庭农场可以获得来自合作社的种子、先进农机设备和技术方面的指导，而在销售的过程中，整个合作社亦可以发挥“抱团”的优势，统一将农产品销售到大型厂商，降低成本获得更高的利润额度，真正发挥了合作共赢模式的优势，促进了整个产业的发展。德国政府积极鼓励有流转意向或缺乏经营能力的所有者出租土地，设立土地出租奖励政策，对出租期限达 12～18 年的长期出租每公顷奖励 500 马克。这一政策使土地租赁市场异常活跃，1966—1975 年租地面积占比达到 25%，到 20 世纪 80 年代提高到 38%，2010 年，德国有 53%的农地用于租赁经营。为鼓励老人出让土地，1962 年法国设立了调整农业结构社会行动基金，对退出土地经营的 65 岁以上老人平均每人每年补助 1 500 法郎。1960 年法国设置土地整治与农村安置公司，由它收购缺乏活力的小农户土地，经整治后转卖给有经营能力的农户，帮助其扩大经营规模。

二是立足当地经济禀赋，提供多元化政府补贴支持。农业本是效益较低的产业，其发展过程中离不开政府的财政支持。对于家庭农场的支持，需要结合一国当时的经济禀赋状况，选择多元化的支持方式。美国对农产品实行全过程、多环节补贴，包括休耕补贴、生产补贴、储备补贴和出口补贴等，有支持性补贴、差价补贴和直接补贴等形式。其中，大农场是农业生产性支持政策的最大受益者。政府转移支付在家庭农场收入中的比重越来越高，1990 年为 93 亿美元，占农业净收入的 21%，2001 年进一步提高到 27%。德国的农业支持政策主要有三部分：一是欧盟提供的直接补贴，平均每公顷 300 欧元左右；二是联邦政府提供的各项社会事业补贴，包括环境保护、农业保险、社会保障、基础设施建设等，其中环境保护补贴有生态农业、粗放使用草场和放弃对多年生作物使用除草剂三种补贴；三是地方政府提供的科技推广、培训及支持农场合并等各种支出。法国的农业补贴项目繁多、金额巨大，是家庭农场的主要收入来源。2004 年，法国农户生产收入的 65%来自各种补贴。同样，法国家庭农场补贴向大型农场倾斜，中型农场平均每年获得 3 万欧元补贴，而大型农场每年获得 5 万～10 万欧元的补贴。丹麦为家庭农场提供多项外部支持政策，包括农场实行专项补贴与完善的金融支持体系。正是由于这些有力的外部政策，使得农场能够高效有序地进行运作管理。基于此，针对我国家庭农场生产规模小、所有权和经营权分离、发展水平不平衡问题，可以起到一定的借鉴作用。

三是优化社会资源禀赋，加大农民科教投入力度。家庭农场发展离不开人才支持、科技支撑。人才、科技等先进要素的进入能够优化社会资源禀赋状况，推动家庭农场的经营方式调整升级。英国家庭农场的发展还离不开政府重视专业人才的政策。英国政府支持高等教育学院中含有农学专业的学校逐年扩大招生人数，并帮助符合相应条件且毕业后自愿从事农业生产的大学生到相关的科研机构接受更加专业的教育和培训。英国农业教育有基础教育、技术教育、管理教育等不同层次，所有的农民都受过不同层次水平的教育。丹麦的农业学校办学经费大多由政府补助提供，占全部办学经费的70%。为了提高农民素质，丹麦政府规定农民经营30公顷以上的农场，必须取得国家农学院颁发的绿色教育证书，只有持有绿色教育证书的青年农民，政府才会提供低息贷款和担保。

四是构建完善的社会化服务体系。完善的社会化服务体系是家庭农场发展的有效保证。在一国当时的要素禀赋结构下，家庭农场不可能无限地进行规模化扩张，需要与农业社会化服务体系相衔接，以提升家庭经营的生产效率与市场效率。随着家庭农场产品商品化转变，家庭农场不可能完成产前、产中和产后的所有生产活动，而是分解出来交由专业服务机构完成。早在1931年，英国政府就提出了农业机械化的口号，并以优惠的条件鼓励农场主购买农机。1944年，英国拥有联合收割机2 500台、农用拖拉机17.34万台。至20世纪90年代，两者的数量激增到4.7万台和50多万台，平均每个农业劳动力拥有0.5台联合收割机和1台拖拉机。目前，配套的农业机械和齐全的农机具在英国各类农业生产中广泛应用，中耕机、播种机、脱粒机、割草机、捆草机等农业机械普遍用于耕作、收获、仓储等环节，在欧美发达国家中居领先水平。丹麦的农业和食品理事会作为家庭农场民间组织，下设丹麦农民协会、丹麦家庭农场联合会，为会员提供全面具体的成本效益服务以及研究发展计划。丹麦的农民联合会和小农户协会建立了遍布全国各地的各种研究所和咨询服务机构，为广大农民群众提供各项农业咨询服务。

参 考 文 献

杜志雄，肖卫东，2004. 家庭农场发展的实际状态与政策支持：观照国际经验 [J]. 改革 (6)：39-51.

高强，刘同山，孔祥智，2013. 家庭农场的制度解析：特征、发生机制与效应 [J]. 经济学家 (6)：48-56.

张云华，2016. 家庭农场是农业经营方式的主流方向——发展家庭农场的国际经验及对我国的启示 [J]. 农村工作通讯 (20)：24-27.

庄慧娴，2015. 基于国际比较的我国家庭农场认定问题研究 [J]. 信阳农林学院学报，25 (2)：45-48.

Araghi F A, 1995. Global Depeasantization, 1945-1990 [J]. The Sociological Quarterly, 36 (2): 337-368.

Barrett C B, M F Bellemare, Janet Y H, 2010. Reconsidering conventional explanations of the inverse productivity-size relationship [J]. World Development, 2010, 38 (1): 88-97.

Bello W F, Baviera M, 2009. food wars [J]. Monthly Review (3): 29-30.

Berdegué J. A., Fuentealba R., 2011. Latin America: The state of smallholders in agriculture [J]. IFAD conference on new directions for smallholder agriculture, 24: 25.

Chappell M J, Wittman H, Bacon C M, et al., 2013. Food sovereignty: An alternative paradigm for poverty reduction and biodiversity conservation in Latin America [J]. F1000Research, 2.

Chirwa E, Dorward A, 2013. Agricultural input subsidies: The recent Malawi experience [M]. Oxford: Oxford University Press.

FAO T, 2014. The state of food and agriculture: Innovation in family farming [R]. Rome: FAO.

Fisher M, Lewin P, 2013. Household, community, and policy determinants of food insecurity in rural Malawi [J]. Development Southern Africa, 30 (4-5): 451-467.

Graeub B E, Chappell M J, Wittman H, et al., 2016. The state of family farms in the world [J]. World Development, 87: 1-15.

Hazell P, Poulton C, Wiggins S, et al., 2010. The future of small farms: Trajectories and policy priorities [J]. World Development, 38 (10): 1349-1361.

HLPE, 2013. Investing in smallholder agriculture for food security [R]. A report by the high level panel of experts on food security and nutrition of the committee on world food security. Rome: HLPE.

Holden S, Lunduka H, 2012. Who benefits from Malawi's targeted farm input subsidy program? [J]. Forum for Development Studies, 40 (1): 1-25.

Holt-Giménez E, 2002. Measuring farmers' agroecological resistance after Hurricane Mitch in Nicaragua: A case study in participatory, sustainable land management impact monitoring [J]. Agriculture, Ecosystems & Environment, 93 (1-3): 87-105.

Jarvis D I, Brown A H D, Cuong P H, et al., 2008. A global perspective of the richness and evenness of traditional crop-variety diversity maintained by farming communities [J]. Proceedings of the National Academy of Sciences, 105 (14): 5326-5331.

Lyson T A, Torres R J, Welsh R, 2001. Scale of agricultural production, civic engagement, and community welfare [J]. Social Forces, 80 (1): 311-327.

McIntyre B D, Herren H R, Wakhungu J, et al., 2009. International assessment of agricultural knowledge, science and technology for development (IAASTD): Global report [M]. Washington DC: Island Press.

McMichael P, 2009. A food regime genealogy [J]. Journal of Peasant Studies, 36 (1): 139-169.

Office N S, 2012. Household socio-economic characteristics report: Integrated household survey 2010—2011 [J].

Pretty J, 1995. Participatory learning for sustainable agriculture [J]. World Development, 23 (8): 1247-1263.

Sandhu H, Wratten S, et al., 2015. Significance and value of non-traded ecosystem services on farmland [J]. PeerJ, 3 (2): e762.

Smith L C, Haddad L, 2015. Reducing child undernutrition: Past drivers and priorities for the post-MDG Era [J]. World Development, 68: 180-204.

Sumberg J, Thompson J, Woodhouse P, 2012. Why agronomy in the developing world has become contentious [J]. Agriculture and Human Values, 30 (1): 71-83.

Vorley W T, 2002. Sustaining agriculture: Policy, governance, and the future of family-based farming [M] // Sustaining agriculture: Policy, governance, and the future of family-based farming. A synthesis report of the collaborative research project 'policies that work for sustainable agriculture and regenerating rural livelihoods'.

World Bank, 2003. Reaching the rural poor: A renewed strategy for rural development [R]. Washington DC: World Bank.

新中国成立70年乡村自治组织演变的内在逻辑和前景展望

阮文彪

（安徽农业大学经济管理学院）

摘要：本文在制度需求和制度供给的理论框架下，分析新中国成立70年乡村自治组织演变的内在逻辑和基本规律，预测和展望新时代中国乡村自治组织演变趋势和发展前景。研究结果表明，乡村自治组织演变受众多因素影响，但在政治集权国家，政府偏好往往决定乡村自治组织的生死存亡，而政府偏好并非是决策者个性的无端宣泄，它受政治任务、政府理性、决策者个人净收益、政治风险等因素的影响和制约。70年来，中国共产党及其领导下的中央政府在乡村自治道路上进行了艰苦探索，新中国乡村自治组织经历了农民协会、贫下中农协会、农业互助合作社、人民公社、村民委员会等历史变迁，乡村治理组织的选择和去留几乎完全受政府偏好的左右。由于有限理性约束，任何乡村自治组织和乡村自治实践必然存在某些不完善的地方，不存在十全十美的乡村自治组织，即使是当下以村民委员会为主体的乡村自治实践也存在诸多问题。人类社会发展是一个自然历史过程，乡村自治组织演变也有其自身的规律。新时代中国乡村自治组织演变依然取决于理性约束下的政府偏好及其转变。种种迹象表明，新时代中国乡村自治组织一定会朝着更加合理、更为有效的方向演变和发展，乡村治理的群众性自治基础一定会被打造得更加牢固和殷实。

关键词：乡村自治组织；理论框架；演变规律；内在逻辑；前景展望

中共十九大提出了实现国家治理体系和治理能力现代化的战略任务，2018年中央1号文件按照中共十九大关于实施乡村振兴战略的重大决策部署，明确提出了实现乡村治理体系和治理能力现代化的战略任务以及“治理有效”的战略目标。文件指出，实施乡村振兴战略，治理有效是基础，实现乡村治理体系和治理能力现代化，必须坚持自治为基、法治为本、德治为先，自治、法治、德治相结合。乡村自治组织是乡村治理的组织基础，坚持自治为基，客观上要求深入推进乡村自治组织制度改革创新，不断完善乡村自治机制，加快实现乡村治理体系和治理能力现代化。本文的目的在于深入探索新中国成立70年乡村自治组织①演变规律和内在逻辑，剖析现行乡村自治实践面临的困境，预测和展望新时代乡村自治组织的演变趋势和发展前景，以期为实现乡村治理能力现代化和治理有效的乡村振兴战略目标提供理论依据和决策参考。

一、乡村自治组织演变的理论框架

社会治理组织是保障人类社会秩序的制度安排，其产生和演变有其自身的规律。一个主权国家

① 基于设定的研究目的，本文的乡村自治组织特指农民协会、人民公社、村民委员会等主体性乡村自治组织。

的乡村治理组织的产生和演变不仅受宪法秩序的影响，而且受政府偏好、公民意愿、经费保障等因素的影响。

宪法秩序，即政权的基本规则，深刻影响创立新制度的预期成本和收益，因而也就深刻影响对新制度的需求（卢现祥，1996）。尤其是作为国家根本法的宪法，具有至高无上的权威，对治理组织的性质、产生程序、框架结构和制度安排有着根本性影响。任何社会治理组织的产生和演变，都必须在宪法秩序下进行，都不得与宪法相抵触，否则，必将因无法抗拒的政治成本而被扼杀于襁褓之中。

新古典国家理论认为，国家作为公民协商一致的契约结果，从其诞生之日起，成为“在暴力方面具有比较优势的组织”[①]，国家能够以“暴力潜能”[②] 为政府的偏好和行为提供强制性保障。因此，政府对社会治理组织的偏好，往往决定治理组织的生死存亡。政府是国家的化身和代表，政府的偏好代表国家的意志。然而，政府的治理组织偏好也并非是凭空产生的，亦不是决策者个性的无端宣泄，政府是由作为“经济人”的决策者个体所组成的机构，政府的治理组织偏好不仅受政治任务、政治风险的影响，而且受决策者个人理性和个人净收益等因素的影响，并且政府理性是建立在个人理性基础之上的“集体理性”。由于“有限理性”，政府的盘算以及经盘算而形成的偏好及偏好下的决策有时也会出现纰漏，导致政府失灵、治理失效和经济衰退，甚至由此引发社会动乱和政治风险。这正是历史上国家繁荣和衰退的根源。

在现代民主国家，政府可以有自己的偏好，但不能不尊重民意，否则将影响其社会支持最大化目标的实现和政治安全。因此，公民意愿也是现代社会治理组织产生演变的重要影响因素。作为执政者的政府，选择什么样的社会治理组织，必须在政府及决策者个人“租金”[③] 最大化和公民福利最大化之间作出权衡，那些一厢情愿的政治决策往往成为政府失灵和政府垮台的根源。

任何组织都不是在真空中运行，治理组织的运行也需要花费成本，也必须有经费保障。因此，经费保障也是影响乃至决定治理组织产生演变的重要因素。治理组织是保障社会秩序的制度安排，全社会范围内的制度供给是政府的职责所在。那么，由谁承担治理组织运行成本、选择什么样的治理组织运行成本分担模式、如何保障治理组织的资金需求与供给之间的平衡，就成为政府在治理组织决策中必须认真考虑的问题。

除上述因素外，治理组织的产生演变还受社会科学知识、当地历史文化传统以及外来文化等诸多因素的影响。正如科技进步可以使生产函数的供给曲线右移一样，社会科学的发展和进步可以增强公民和决策者的制度理性，为决策者提供更多的制度集合和备选方案，从而为制度的有效变迁提供更多更大的可能。马克思主义认为，人类社会的发展是一个自然历史过程，过去、现在和将来有着千丝万缕的联系，治理组织的产生和演变不可能脱离当地历史文化传统而孤立发展。此外，在全球一体化的当今社会，人类已成为命运共同体和共同生活在“地球村”的“村民”，民族与民族之间、国与国之间的经济政治文化交流日益频繁，开放、包容、合作、发展已成为不可阻挡的历史大趋势。治理组织的产生演变也必然受到这一历史趋势和多元文化的影响。

新制度主义的制度变迁理论认为，社会治理组织演变是一个制度供给满足制度需求的过程。政府

---

① 道格拉斯·C. 诺思，1994. 经济史中的结构与变迁［M］. 陈郁，罗华平，等，译，上海：上海三联书店，上海人民出版社：21.

② 暴力潜能（Violence Potential）是 D. 诺斯在新古典国家理论中提出的概念，所谓暴力潜能，可以理解为实行对资源的控制而使用暴力的潜在力量，它影响和决定社会博弈中利益主体的谈判地位。“暴力潜能”具有十分丰富的内涵，它既包括军队、警察、监狱等暴力工具，也包括威信、特许权、垄断等无形资产｛参见：道格拉斯·C. 诺思，1994. 经济史中的结构与变迁［M］. 陈郁，罗华平，等，译，上海：上海三联书店，上海人民出版社：20－34｝。

③ 这里的“租金”一词是对原有租金意义的扩展，指依靠权力获取的各种利益｛参见：道格拉斯·C. 诺思，1994. 经济史中的结构与变迁［M］. 陈郁，罗华平，等，译，上海：上海三联书店，上海人民出版社：22｝。

的偏好等可以影响和决定治理组织制度①需求，但治理组织制度需求若要成为现实的组织存在，必须有制度供给的配合。影响制度供给的因素包括宪法秩序、现存制度规范、现有知识的积累及社会科学进步、技术水平、组织设计成本、可能的创新行动团体、决策者的预期净收益等（卢现祥，1996）。在政府集权的国家，政府既是影响和决定治理组织需求的重要因素，又是社会治理组织制度的供给者。因此，在治理组织的社会需求既定的情况下，治理组织制度创新和演变发展关键取决于政府能否有效利用已有的社会资源（如技术条件、知识精英、暴力潜能、舆论工具等）提供治理组织制度供给。

图 1 显示的是乡村自治组织需求和供给的影响因素及组织变迁过程。从图 1 中可以看出，乡村自治组织演变受众多因素的影响，自治组织制度需求和供给的契合亦即自治组织创新是一个极其复杂的过程。组织制度创新本质上是相关利益群体社会博弈的均衡结果，作为实现现有制度下潜在收益的手段和工具，乡村自治组织创新必须满足各有关主体的利益诉求，保障政府、作为代理人的决策者、治理对象等相关利益主体净收益的合理增长，否则，治理组织的平稳运行和可持续性将失去保障。然而，组织制度变迁多数情况下是一个“非帕雷托改进”的过程，一部分利益主体福利的增长可能要以另一部分利益主体的福利损失为代价（卢现祥，1996）。因此，所谓制度均衡只能是暂时的、偶然的，制度非均衡和制度动态演进才是经常的、永恒的，“改革永远在路上”正是对组织制度演变规律的生动概括和通俗而精彩的表达。

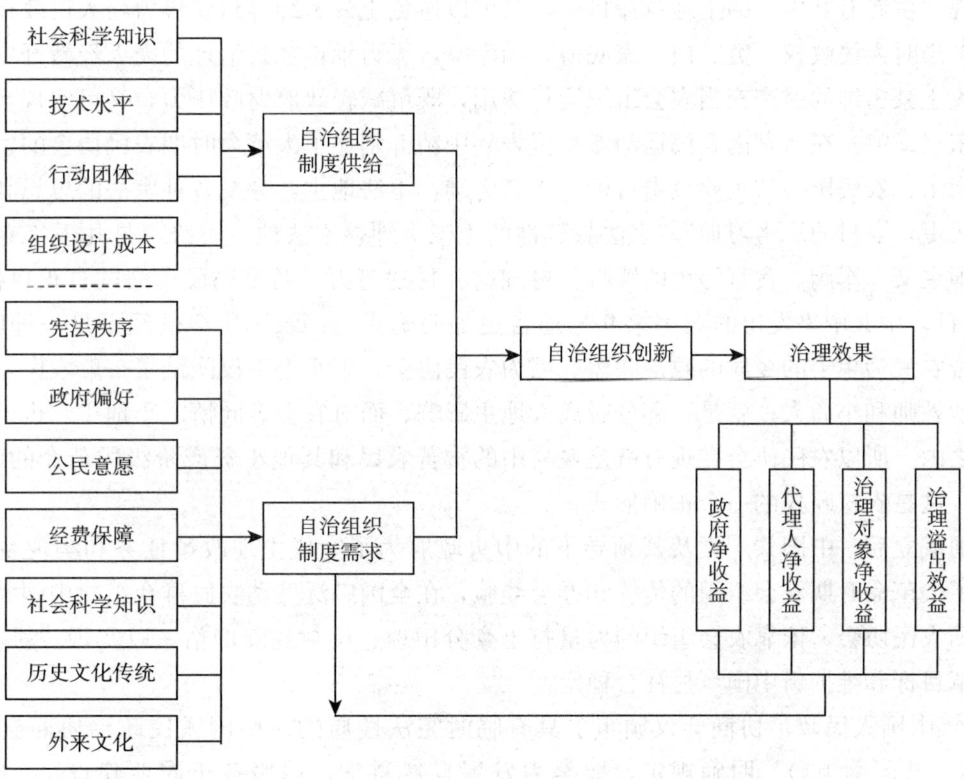

图 1　乡村自治组织演变的影响因素及变迁过程

① 在严格的意义上，组织和组织制度是既有联系又有区别的两个相对独立的范畴。组织是在一定框架（即所谓“基本规则”）下，由一群人共同组建起来的具有特定目的的社会经济生态复合系统，而组织制度则是组织的行为规则和契约化的利益一行为关系，它规定了组织的构造形式（内部结构）和行为方式。正是由于组织制度的不同，各种不同形式的组织才可以区分开来。组织和组织制度是不可分割的有机整体，通常所说的组织，则是包含组织制度在内的组织有机整体｛参见：阮文彪，2005. 中国农业家庭经营制度：理论检视与创新设计［M］. 北京：中国经济出版社：34－39｝。

二、新中国成立后乡村自治组织演变及其内在逻辑

（一）新中国成立初期的乡村自治组织

新中国成立初期，人民政权在农业农村工作方面面临三大政治任务，一是乡村社会治理，确保乡村社会稳定和人民政权安全，二是土地改革，实现“耕者有其田”，三是发展生产，保障农产品有效供给。其中乡村治理和土地改革是新中国成立初期摆在政府面前的首要政治任务。

近代中国发生了由传统社会向现代社会转型的大变革，农民从传统的血缘关系、宗族组织中解放出来，逐渐成为农村社会政治经济关系的主体（赵恒烈，1964）。农民协会（简称“农会”）作为与近代社会自治思潮联系在一起的农民自治组织，在清末“新政”改革期间就已产生（朱英，1991），新兴的农会组织超越了传统的宗族关系，在中国近代社会变迁过程中发挥着十分重要的作用。

基于农会的历史地位和作用，新中国成立之初，中国政府将农会作为乡村自治组织，实乃最佳选择。第一，实现“耕者有其田”是几千年封建土地所有制下广大佃农梦寐以求的夙愿。人民政权选择农会作为乡村自治组织，让农民组织起来，打土豪分田地、反封建除旧俗，既可以得到农民的拥护，实现“耕者有其田”的土地革命目标，又可以避免土豪劣绅等封建势力与人民政权的正面冲突。第二，当时人民政权一穷二白，家底薄，国库空，无力承担乡村治理的庞大经费开支，依靠农会组织没收土豪劣绅的财产充当农会组织运行费用，既可减轻政府财政压力，又可实现乡村治理目的。毛泽东（1991）在《湖南农民运动考察报告》中精辟阐述了大革命时期农民协会的宗旨和历史使命，他指出，农民协会“主要攻击目标是土豪劣绅，不法地主，旁及各种宗法的思想和制度，城里的贪官污吏，乡村的恶劣习惯”“宗法封建性的土豪劣绅，不法地主阶级，是几千年专制政治的基础，帝国主义、军阀、贪官污吏的墙脚。打翻这个封建势力，乃是国民革命的真正目标”。1927年7月20日，中共中央发出的农字第9号通告更加明确指出：农民协会已经不是一种职业组织，而是以穷苦农民为主干的乡村的政治联盟。因为农民协会，事实上不仅团结了一般农民，包括手工业者、小学教师和小商人；就是一部分脱离大地主影响、而对农会表同情之小地主，也已经联合在农民协会之内。所以农民协会在现时就是乡村中的贫苦农民和其他小资产阶级的革命的政治联盟、农民政权。这是农村政权的一个正确形式。

新中国成立后，中国共产党及其领导下的中央政府为了完成土地改革任务和实现乡村有效治理，继承了大革命时期农会组织的传统和办会经验，在全国广泛发动农民群众组建中国共产党领导下的新中国农民协会，依靠农会组织的力量打土豪分田地、反封建除旧俗，以实现“耕者有其田”的土地改革目标和维护新中国乡村社会稳定。

1949年中国人民政治协商会议颁布了具有临时宪法性质的《中国人民政治协商会议共同纲领》（简称《共同纲领》），明确规定，要努力发展自然科学，以服务于农业建设。《共同纲领》第三十四条规定：在一切已彻底实现土地改革的地区，人民政府应组织农民及一切可以从事农业的劳动力，以发展农业生产及其副业为中心任务，并应引导农民逐步地按照自愿和互利的原则，组织各种形式的劳动互助和生产合作。① 1950年6月，中央人民政府委员会通过并施行的《中华人民共和国土地改革法》规定：乡村农民大会，农民代表会及其选出的农民协会委员会，区、

① 平月，1952. 中国人民政治协商会议共同纲领［M］. 北京：中华书局：11－12.

县、省各级农民代表大会及其选出的农民协会委员会，为改革土地制度的合法执行机关。① 1950年7月，政务院通过并公布了《农民协会组织通则》，再一次确定，农民协会是农民自愿结合的群众组织，但同时规定：根据中华人民共和国的土地改革法，农民协会是农村中改革土地制度的合法执行机关。②

土地改革时期的农民协会是乡村政权机构和合法执行机关，组织农民开展土地革命和进行农村社会改革，其成员以贫苦农民为主体。其任务是：团结雇农、贫农、中农及农村中的一切反封建的分子，遵照人民政府的政策法令，有步骤地实行反封建的社会改革，保护农民利益；组织农民生产，举办农村合作社，发展农业和副业，改善农民生活；保障农民的政治和文化水平，参加人民民主政权的建设工作。《农民协会组织通则》规定，凡雇农、贫农、中农、农村手工业工人及农村中贫苦的革命知识分子，自愿入会者，经乡农民协会批准后，即可成为农民协会会员。凡被派到农村中从事农民运动的工作人员均得加入农民协会，加入时，须经当地农民大会或农民代表大会通过。在组织体制上，乡（或相当于乡的行政村）农民协会是基层自治组织。乡以上组织区农民协会，县农民协会，专区农民协会及省（行署区）农民协会。各级农民协会行使权力的机关是各级农民代表大会，其职权是根据政府法令和上级农民协会指示及当地农民要求，决定农民运动的方针和计划，审查农民协会委员会的工作报告，选举农民协会委员会。乡农民代表大会的代表，由全乡农民直接选举之。没有加入农民协会的农民，经乡农民协会委员会之批准，亦得参加选举。县和区农民代表大会的代表，由乡农民大会或乡农民代表大会选举之。在农民代表大会闭会期间，农民协会委员会是农民协会行使权力的机关。农民协会经费的来源是会员的会费和人民政府的补助。农民协会所需的房屋和设备由人民政府拨给，在利用邮政、电报、电话、铁路、公路、航运等方面，农民协会与同级人民政府机关享有同等待遇。根据这些法案规定，全国大多数地区都组建了农民协会这一组织。土地改革时期的农民协会实际上起到了基层政权的作用，是土地改革的执行机构，是中国共产党团结、教育全体农民进行农村革命与生产建设的主力军（于建嵘，2004）。

（二）农业社会主义改造时期的乡村自治组织

根据马克思主义经典作家的社会主义理论，社会主义基本经济特征之一是生产资料公有制（斯大林，1952）。因此，“耕者有其田”的土地改革目标实现后，如何把汪洋大海式的小农引向社会主义公有制发展道路，实现小农个体所有制的社会主义改造，是农村土地改革任务完成后政府面临的重大经济和政治任务。毛泽东主席在中共七届二中全会的报告中指出：“占国民经济总产值百分之九十的分散的个体的农业经济和手工业经济，是可能和必须谨慎地、逐步地而又积极地引导它们向着现代化和集体化的方向发展的，任其自流的观点是错误的。”③ 新中国成立后30年的农业合作化、集体化道路的序幕由此拉开，农业合作化还写进了《中国人民政治协商会议共同纲领》。作为马克思主义政党的中国共产党，一方面，党领导下的人民政府必然要遵循马克思主义经典作家关于农业社会主义改造的理论，以此指导中国的农业社会主义改革，另一方面，十月革命后的苏联被党和政府奉为社会主义的“老大哥”，政府必然不能无视苏联农业社会主义改造的做法和经验。因此，1953年春土地改革复查结束后，随着新中国政权机构的逐步建立，原先的农会骨干，大多转任乡（村）干部。1954年春，在民主选举的基础上，全国普遍建立了乡人民代表大会，乡农民协会组织

① 刘少奇，1952. 中华人民共和国土地改革法［M］. 北京：人民出版社：4.

② 梁玥，2016. 农民协会组织通则［C］//行政组织法典汇编（1949—1965）. 济南：山东人民出版社.

③ 毛泽东，2004. 在中国共产党七届二中全会上的报告（节选）［J］. 共产党员（上半月）（4）：51.

被乡人民代表大会所替代，乡以下的农会组织也被村政权所取代。与此同时，按照恩格斯、列宁农业合作制理论[①]并参照斯大林集体农庄模式，中国政府选择了“农业合作化”和“人民公社化”的农业社会主义改造道路，而那些在土改时期作为乡村社会权力体制中最重要的政治力量的农民协会，就此悄然地退出了中国乡村社会的政治舞台。

中国农业社会主义改造时期的乡村自治组织经历了由互助组、初级农业合作社、高级农业合作社到人民公社的快速演进过程，1958 年 8 月，中共中央作出了《关于在农村建立人民公社问题的决议》。在中央的号召下，声势浩大的人民公社化运动在全国范围内迅速掀起。至 1958 年 11 月初，全国就有 99.1%的农户参加了人民公社，原 74 万多个农业合作社合并成为 26 500 个人民公社（赵德馨，1989），在不到三个月的时间里，就在全国范围内实现了人民公社化。从互助组到人民公社，也仅仅用了 3 年多的时间，政府通过所有制升级和“大跃进”，实现了农业社会主义改造目标，建立了以生产资料集体所有制为基础的社会主义农村公有制经济制度和“一大二公”“政社合一”的人民公社体制，确立了人民公社在乡村自治组织中的主导地位。

体制改革和制度创新本质上是权力重新分配和利益调整的过程，总会随着一部分人受益而使另一部分人受损，因而改革必然会遇到各种社会阻力，加之人民公社化过程中存在的一些问题（如急躁冒进、浮夸风、工作方法简单粗暴等），而 20 世纪 60 年代初中国又遭遇“三年困难时期”，因而在人民公社制度的推行过程中，必然会引起乡村社会的各种矛盾和冲突，一些封建势力开始纷纷跳出来反对人民公社制度和集体经济，阶级矛盾日益突显出来。基于阶级斗争、维护人民公社集体经济的需要，政府再一次采用政治动员、发动群众的办法来对抗反动势力。1963 年 5 月《中共中央关于目前农村工作中若干问题的决定（草案）》要求，重新组织阶级队伍，全国农村成立了贫下中农协会筹备委员会，各县建立贫下中农协会，各区、公社和大队都建立了相应的协会组织，生产队建立了贫协小组，通过“贫协”在农村开展社会主义教育运动，巩固集体经济，发展集体生产。直到 1978 年十一届三中全会以后，各级贫协组织才逐渐消失，到 1982 年，全国各地贫协组织已基本上消失。

（三）计划经济时期的乡村自治组织[②]

尽管“一大二公”的人民公社体制后来被修正为“三级所有，队为基础”，但“政社合一”的组织属性始终没有改变，并且人民公社及其直接领导下的生产大队和生产小队这一乡村自治组织体系在中国乡村延续了 20 年之久。

那么，农会组织为何被人民公社体制所替代呢？归纳起来，主要有以下原因。受马克思主义经典作家关于农业社会主义改造理论和苏联集体农庄模式的影响。恩格斯和列宁认为，改造农民个体土地所有制，把封建小农引向社会主义道路，不能采取剥夺农民的办法，“合作制”是实现农业社会主义改造的唯一正确的方法。国家工业化的需要。国家工业化之初，不仅政府财政无力也不愿意承担乡村自治组织运行费用而且还需要农业农村为工业化提供大量建设资金。人民公社作为建立在生产资料集体所有制基础之上、“政社合一”的乡村自治组织，既可以在政府的指导下承担乡村社

① 恩格斯，1995. 法德农民问题［C］//马克思，恩格斯. 马克思恩格斯选集（第 4 卷）. 北京：人民出版社：498－499；列宁，1953. 论合作制［M］. 北京：人民出版社.

② 1954 年，中国制定和颁布了第一部宪法，其中第十五条规定：“国家用经济计划指导国民经济的发展和改造，使生产力不断提高，以改进人民的物质生活和文化生活，巩固国家的独立和安全。”这标志着计划经济体制已成为中国法定的经济体制。1992 年 10 月，江泽民在中共十四大报告中明确提出：中国经济体制的改革目标是建立社会主义市场经济体制，标志着计划经济时代的结束。本文所谓的计划经济时期，特指农业社会主义改造完成至改革开放这段时间，即 1958—1978 年。

会治理的职能，又可以借助集体所有制的名义组织集体生产，保障农产品的有效供给，并为人民公社体制组织运行提供经费来源，减轻国家财政负担。推行二元结构体制的需要。计划经济和城乡二元结构体制要求通过人民公社控制要素流向尤其是农村劳动力的外流，一方面，有利于农业农村稳定和保障农产品有效供给，另一方面，有利于缓解城市就业压力，确保工业化、城市化的社会秩序。

由于长期实行城乡二元结构体制，从农业中取得多、予得少，加之人民公社组织中无法克服的“外部性”① 和“搭便车”② 问题，农业扩大再生产能力受到严重压制，作为国民经济基础的农业长期大而不强，农民生活水平长期低下，贫困问题长期得不到解决，农民的获得感、幸福感、安全感无从谈起，直到改革前的1978年，全国农村仍然有1.2亿人口温饱问题没有解决。如此下去，不仅无法实现国民经济可持续发展，而且严重影响社会稳定和政治安全。

（四）改革开放后的乡村自治组织

迫于生存危机，1978年安徽省凤阳县梨园公社小岗生产队18户农民代表冒着被囚禁和杀头的风险，以敢为人先的“大包干精神”，秘密按下了18个红手印，在全国率先推行农业家庭联产承包责任制，通过改革人民公社经营体制，为计划经济和二元结构体制下的中国农业发展找到了突破口和希望，由此拉开了中国农业农村改革开放的序幕。然而，由于社会科学的落后和“左”倾思想的影响，农户经营在当时被认定为“小生产”，是社会主义改造的对象，而作为农业家庭联产承包责任制主要形式的“大包干”，也曾一度被认定为资本主义的劳动组织形式，是反党、反毛主席、不能触碰的“路线问题”和农业领域的“高压线”。因此，农业家庭联产承包责任制在当时引起了全社会的激烈争论，并非一开始就得到党和政府的认可。

大是大非问题的产生往往是人类社会历史转折的开始。1978年12月召开的中共十一届三中全会针对当时中国经济社会尤其是农业农村发展面临的困境和严重问题，恢复了党的“解放思想、实事求是”的思想路线，从而为当时被当作“路线问题”的农业家庭联产承包责任制获得合法“户口”奠定了思想基础、认识前提和政治保障，进而为一场“要方向，还是要产量”“要形而上学的政治要义，还是要生活富裕的社会主义”的理论论争画上了时代句号（陈吉元等，1993）。

随着农业家庭联产承包责任制在全国普遍推行，亿万小农户成了农业生产经营主体和市场主体，农户家庭承包权和经营自主权也得到宪法的认可和保护。家庭联产承包责任制这一创新使农业经营主体在短短几年内增加了几十倍，人民公社直接管理的对象由原来的生产大队和生产小队变成了亿万小农户，直接管理对象激增意味着管理难度和治理成本几倍、几十倍地增加，人民公社的政治权威、政策号召力受到严峻挑战，以前的那种一呼百应一去不复返，人们应对人民公社行政指令和政策号召更多的是观望、冷漠以待乃至抵触，催粮难、收税（费）难、计划生育难等难题接踵而

① 外部性通常是指一个人或一群人的行动和决策在未经相关利益主体同意的情况下使另一个人或一群人受损或受益的情况。外部性的概念最早由马歇尔和庇古在20世纪初提出，是指一个经济主体（生产者或消费者）在自己的活动中对旁观者的福利产生了一种有利影响或不利影响，这种有利影响带来的利益（或者说收益）或不利影响带来的损失（或者说成本），都不是生产者或消费者本人所获得或承担的，是一种经济力量对另一种经济力量“非市场性”的附带影响。新制度经济学将外部性概念引入制度和制度变迁研究，形成了著名的“科斯定理”，认为在交易成本为正的现实世界中，制度安排与选择对于解决外部性问题和提高资源配置效率至关重要（参见：H. 登姆塞茨，1991. 关于产权的理论［C］//R. 科斯，A. 阿尔钦，D. 诺斯，等. 财产权利与制度变迁. 刘守英，译. 上海：上海三联书店：96-113）。

② 搭便车是指在一个共同利益体中有人不付成本而坐享他人之利的机会主义行为，这一概念由美国经济学家曼柯·奥尔逊在1965年发表的《集体行动的逻辑：公共利益和团体理论》中首先提出｛参见：Sufrin S C，1965. The Logic of Collective Action: Public Goods and the Theory of Groups［J］. *Social Forces*，52（1）：159-192｝。

至，在人力财力有限的情况下，继续依靠人民公社组织实现乡村自治目标实乃勉为其难、力不从心。因此，人民公社何去何从，就成为摆在政府面前必须尽快解决的一大难题。

基于改革现实和乡村治理的需要，通过政治权力下移和治理重心下沉以加强乡村治理不失为理性的选择。1983 年 10 月 12 日，中共中央、国务院发布了《关于实行政社分开，建立乡政府的通知》。《通知》指出：当前农村改变政社合一体制的首要任务是把政社分开，建立乡政府；同时按乡建立乡党委，并根据生产的需要和群众的意愿逐步建立经济组织。《通知》规定，乡的规模一般以原有公社的管辖范围为基础，要求各地有领导、有步骤地搞好农村政社分开的改革，以改变党不管党、政不管政和政企不分的状况。到 20 世纪 80 年代中期，建立乡政府、废除人民公社建制的工作基本完成。

早在 1980 年，广西宜州区合寨村村民为走出当时的乡村治理困境，率先成立了基层群众性自治组织，称为“村委会”，新成立的村委会使村里的社会治安迅速好转。之后，河北、四川等省农村也出现了类似的群众性自治组织，并且在乡村治理方面发挥了较好的作用。基于村委会的实践效果和原生产大队行政管理体制改革及农村社区自治的需要，1982 年全国人大通过了经修改的《中华人民共和国宪法》，明确承认了村民委员会的法律地位，从而为改革开放后的村民自治实践提供了法律依据。1987 年 11 月 24 日第六届全国人民代表大会常务委员会第二十三次会议通过了《中华人民共和国村民委员会组织法（试行）》，从法律上明确了村民委员会的性质和职能，即“村民委员会是村民自我管理、自我教育、自我服务的基层群众性自治组织，办理本村的公共事务和公益事业，调解民间纠纷，协助维护社会治安，向人民政府反映村民的意见、要求和提出建议”。1988 年 2 月，民政部发出了关于贯彻执行《中华人民共和国村民委员会组织法（试行）》的通知，明确提出在全国范围内的行政村逐步成立村民委员会的要求。随着村委会的普遍建立，人民公社时期作为村一级集政权组织和经济组织于一体的生产大队被村委会这一村民自治组织所替代，其辖区内的生产小队相应更名为村民小组，由其代表本村民小组农民协助村民委员会行使乡村自治职能；村（组）集体经济组织也从原来的农村基层政权组织中剥离出来，成为具有独立利益主体地位、自主经营的经济组织。

实践证明，随着村委会这一村民组织的普遍建立，中国乡村自治的组织基础不断得到加强，村委会在行使村民自治权力、履行《村民委员会组织法》规定的职能和义务、促进乡村治理能力提升和治理效果根本好转等方面发挥了明显的作用。

从理论上讲，经过以上农村基层管理体制改革，可以实现基层政府职能和乡村自治职能的分离、乡村自治职能与经济职能的分离，但由于理论认识不到位和法治化建设滞后，加之政府的既定偏好和计划经济体制下的政府行为惯性，作为乡村自治组织的村委会在实际运行中存在诸多问题，新时代村民自治实践将面临一系列困境，下文将对此详述。

（五）新中国成立 70 年乡村自治组织演变的内在逻辑

通过对新中国成立 70 年乡村自治组织演变历程的回顾，可以发现，中国政府在乡村自治组织选择和制度安排上表现出以下明显偏好。第一，在政府乡村治理和乡村自治的关系上，偏好通过乡村自治组织实现乡村自治，主张由农民自己管理自己的事，政府在乡村治理方面仅起指导和监督的作用，必要时予以政府干预（如下派干部、工作队等），以便政府集中精力推进工业化和城市化。第二，在乡村治理组织运行费用与国民收入分配的关系上，偏好由农民自己承担乡村自治组织运行费用，避免给国库增加负担，并借助乡村自治组织为国家工业化提取资金积累，以减轻政府财政压力和集中财力用于工业化和城市建设。第三，在乡村自治组织与政府的关系上，偏好将乡村自治组织作为实现政府意志和乡村治理目标的工具，而不希望乡村自治组织的政治权力过度扩张，以防止乡村自治组织成为与政府讨价还价、争权夺利的谈判对手。

在以上三大偏好的驱使下，政府在乡村自治组织选择和制度安排上表现出了过人的智慧和理性，即使在农业合作化和人民公社化过程中出现过一些决策失误和波折，但也得到及时纠正和调整，从而既实现了70年乡村社会的持续稳定，又安全平稳地从农业农村中提取了巨额资金用于工业化和城市建设，以至于仅用了几十年的时间就走过了西方资本主义国家花费了几百年所走过的工业化、城市化历程，促进了中国综合国力的迅速增强。唯一遗憾的是，70年来，相对于城市居民和其他社会群体而言，中国农民背负了过重的工业化资金积累负担，农民成了收入水平和生活水平最低的社会群体。不过，改革开放以来，尤其是中共十八大以来的一系列强农惠农富农政策的推出以及中共十九大作出的实施乡村振兴战略的重大决策部署，使这一状况正在逐步改善，农民的获得感、幸福感、安全感正在日益增强。

综上，新中国成立70年来，中国乡村自治组织基本上按照“政府偏好—自治组织形态—自治效果—自治组织整改—自治组织发展”这一内在逻辑而产生和演变。甚至可以说，在过去70年，中国乡村治理组织的选择和去留几乎完全取决于政府偏好，这是中央集权的政治体制使然。在具有集权历史传统和高度集权的政治体制背景下，宪法秩序、农民意愿、经费保障、历史传统和外来文化等均必须服从于国家政治任务、通过影响政府偏好而间接地影响治理组织选择。当然，政府偏好也并非是决策者个性的无端宣泄，它受多种因素的影响和制约。作为中国共产党领导下的中央政府，要在政治风险、国家前途、农民利益、治理成本及经费保障之间作出权衡，以便在确保政治安全的前提下，实现经济发展、社会文明进步和农民福利的协调同步。然而，由于有限理性的约束，政府也并非是“完全理性”的“经济人”。鉴于政府的“有限理性”和偏好的历史性特点，一方面，不应苛求政府作出十全十美、一劳永逸的治理组织决策，另一方面，对政府的自治组织选择及制度安排的某些不当乃至失误，也不应过多地求全责备。理论工作者的任务和使命在于促进社会和政府理性边界的扩展，指出治理组织中存在的问题和备择方案，促进政府偏好的正常回归和治理组织的有效变迁。

三、新时代中国乡村自治实践面临的困境

（一）村委会能否担起新时代乡村治理能力现代化的历史重任

中共十九大提出了实现国家治理体系和治理能力现代化的战略目标，根据这一目标要求，2018年中央1号文件提出了“加快推进乡村治理体系和治理能力现代化”的战略任务。村委会作为新时代主体性乡村自治组织，其治理能力和治理水平直接关系到乡村治理能力现代化目标的实现。政治路线确定之后，干部就是决定的因素①。实现乡村治理能力现代化，关键取决于村委会的治理能力和治理水平能否适应治理能力现代化建设的需要，而受教育程度、知识结构和层次是衡量村委会治理能力和治理水平的重要标志。目前，除驻村挂职大学生外，我国村委会干部普遍未接受过高等教育，平均受教育水平在高中及以下，且《村民委员会组织法》对村委会干部候选人并未作出学历要求，一些地方村委会干部甚至只接受过九年义务教育。受教育程度决定知识结构和层次，从而在很大程度决定一个人的工作能力和创造性。驻村大学生作为组织部门对村委会工作的人才支持，一方

① 毛泽东，1991. 中国共产党在民族战争中的地位（一九三八年十月十四日）［C］//毛泽东选集（第二卷）. 北京：人民出版社：533.

面，驻村大学生数量有限，在村党支部和村委会干部中占绝对少数，另一方面，驻村大学生驻村工作有年限规定，期满后，大部分驻村大学生要离开所在村党支部。根据《村民委员会组织法》的规定，村干部由全体村民按民主程序在本村村民中选举产生。随着城镇化的快速推进，农村青壮年劳动力大量外流，留守农村的劳动力呈现以老弱妇孺为主的特征，村干部选举只能在"矮子里拔将军"，由此产生的村委会干部在"德、才、识、学、体"等方面的状况更加不容乐观。中国公民整体的科学素质与美国公民相差30年（刘立等，2018），而在各社会群体中，农民的科学素质相对更低。2016年中国劳动力平均受教育年限为9.02年（蔡禾，2017），而农村劳动力的平均受教育年限不足8年，文盲占6.8%，小学文化程度占32.7%，初中文化程度占49.5%，高中及以上文化程度仅占11%①。城镇居民具备科学素质的人口比例为11.55%，而农村居民的这一比例仅为4.93%②。发达国家的家庭农场主一般拥有农业大学学位，整体素质较高③。如丹麦农民中有85%是大学毕业生；法国有继承权的农场主子女，在接受基础教育之后，还要再上五年农校，再经过三年学徒期，考试合格后才能取得从事农业经营的资格④。发达国家的乡村治理组织管理队伍的学历层次则更高。相比之下，中国村委会干部队伍的文化素质、科学素质以及治理能力和治理水平可以说是捉襟见肘。试想，依托这样的村委会干部队伍及选人用人机制，如何实现乡村治理能力现代化，如何建设世界一流的现代农业和实现乡村振兴？

（二）由农民承担乡村治理费用是否有失公平、是否背离"城乡一体化"要求

根据《村民委员会组织法》的规定，村委会运行费用由所在村集体经济组织承担。鉴于目前中国一些地方村集体经济组织成为事实上的"空壳"和仅剩的"名头"，而村民自治职能又不能缺失，为保障村委会的正常运行，由政府通过财政转移支付的方式为村委会提供经费保障确有必要，但从政府偏好看，这是不得已而为之的办法。从城市社区管理实践看，城市社区居民委员会（简称"居委会"）的运行费用自始至终被纳入政府财政预算，由政府财政负担。《中华人民共和国城市居民委员会组织法》第十七条规定："居民委员会的工作经费和来源，居民委员会成员的生活补贴费的范围、标准和来源，由不设区的市、市辖区的人民政府或者上级人民政府规定并拨付；经居民会议同意，可以从居民委员会的经济收入中给予适当补助。"⑤ 根据《城市居民委员会组织法》和《村民委员会组织法》的相关规定，"村民委员会是村民自我管理、自我教育、自我服务的基层群众性自治组织，实行民主选举、民主决策、民主管理、民主监督。"⑥ "居民委员会是居民自我管理、自我教育、自我服务的基层群众性自治组织"⑦。两者在性质上并无区别。乡村是我国与城市相对应的部分，农民和城市居民同样都是中国公民，如果说在工业化初期为了国家前途和民族命运让农民更多地背负工业化资金积累负担和承担乡村自治组织运行费用还情有可原的话，那么，在国家进入工业化中期阶段、推进城乡一体化发展的新时代，在城乡居民自治组织运行费用分担机制上继续实现"双轨制"，不仅有失社会公平，而且背离城乡一体化的科学内涵和本质要求。所谓城乡一体化，就是要把工业与农业、城市与乡村、城镇居民与农村村民作为一个整体，统筹谋划、综合研究，通过体制改革和政策调整，促进城乡在规划建设、产业发展、市场信息、政策措施、生态环境保护、社

① 周坤，2012. 基于农村人力资源开发的中等职业教育发展研究［D］. 武汉：武汉大学：18.

② 数据来自中国科协第十次中国公民科学素质抽样调查结果。

③ 王肖芳，2015. 我国家庭农场的发展困境与对策研究［J］. 中州学刊（9）：51-54.

④ 孙浩然，朱敏，2006. 国外建设现代化的主要模式及其启示［J］. 社会科学家（3）：61-64.

⑤⑦ 2018. 中华人民共和国城市居民委员会组织法［M］. 北京：中国法制出版社.

⑥ 法律出版社，2010. 中华人民共和国村民委员会组织法［M］. 北京：法律出版社.

会事业发展等方面的一体化，改变长期形成的城乡二元经济结构，实现城乡在政策上的平等、产业发展上的互补、国民待遇上的一致，让农民享受到与城镇居民同样的实惠，使整个城乡经济社会全面、协调、可持续发展。解决好“三农”问题是全党工作的重中之重，实施乡村振兴战略是新时代“三农”工作的总抓手。在深入实施乡村振兴战略的时代背景下，如果继续由农民承担乡村治理费用，只能说明是二元结构体制下的重工轻农、重城市轻乡村的非农偏好在作祟，这一既定偏好不改变，城乡一体化就只能是空谈，乡村治理能力现代化和乡村振兴也只能是一种奢望。

（三）“政会不分”是否有悖民主社会法治精神

村民委员会在法律上被定性为村民自治组织，但实际上承担着诸多政府乡村社会治理职能，如协助政府完成各项任务，提供社区公共服务等。根据《宪法》和《村民委员会组织法》的规定，村委会除了要办理本村的公共事务和公益事业，还要承担调解民间纠纷、协助维护社会治安的义务。村民委员会虽不是国家政治组织，但事实上是一个准政府性质的公共权力机构（徐增阳、杨翠萍，2010），在某种意义上成为乡镇政府在农村的“派出机构”，既是农民土地所有权主体代表，又是基层政府的代表。由于“政会不分”，村委会要腾出相当一部分时间和精力代为行使政府乡村治理职能，这不仅不利于村委会集中精力办理好属于自身职责范围内的本村村民公共事务，影响村民自治效果，而且有悖民主社会法治精神。

中共十九大报告指出，全面依法治国是中国特色社会主义的本质要求和重要保障，深化依法治国实践，必须坚持厉行法治，推进科学立法、严格执法、公正司法、全民守法。2018 年中央 1 号文件对乡村振兴战略实施中建设法治乡村作出了战略部署，明确提出“坚持法治为本，树立依法治理理念，强化法律在维护农民权益、规范市场运行、农业支持保护、生态环境治理、化解农村社会矛盾等方面的权威地位。增强基层干部法治观念、法治为民意识，将政府涉农各项工作纳入法治化轨道”。目前，实践中的乡（镇）人民政府和村委会在乡村治理中的角色错位和职责职能划分不清，有悖全面依法治国、建设社会主义法治国家和法治乡村的精神和要求。

此外，由于政会不分、角色和职能错位，村民委员会事实上成了具有“双重人格”的“两性”（即政治性和群众自治性）组织，既是本村村民的代表、又是基层政府的代表，由此带来的另一个问题是，村民自治组织名义上是村民自治组织，但由于被赋予更多的政府乡村治理职能而成为事实上的乡镇政府在农村的“派出机构”，其价值取向和行为方式已经偏离了法律规定的身份定位，其“基层群众性自治组织”的可持续性和村委会自治下的农民权益难以得到切实保障。在农民的利益诉求与基层政府行政指令产生矛盾时，村委会一班人最有可能以自身利益最大化目标为行为取向，从中做出利益权衡和行为决策，从而导致农民的正当合法权益失去可靠保障，以至于在某些情况下村委会可能以牺牲农民的利益为代价来获取上级政府的认可和嘉奖。

（四）村民委员会与农村集体所有制是什么关系、村委会是否应该承担农村集体资产管理等经济职能

村民委员会作为社区性村民自治组织，与城市居委会一样，承担的是农村社区自治职能。然而，现实中的村委会被法律赋予本应由农村社区性集体经济组织承担的经济职能，如管理集体资产、负责集体土地发包等，从而使作为村民自治组织的村委会又具有经济组织的性质，加之前文所述村委会的“两性”特征，村委会实际上是兼具政治性、群众自治性和经济性的“三性”组织。这种多性质、多职能的组织定位必然带来农村基层组织运行秩序的冲突和混乱。比如在集体资产管理权限方面，根据《宪法》和《农业法》等法律规定，村集体经济组织是中国农村集体经济的主要组

织形式，其主要职责是代表社区范围内的农民管理集体资产、发展经济、实现集体资产的保值增值。《农业法》第十条规定："农村集体经济组织应当在家庭承包经营基础上，依法管理集体资产，为其成员提供生产、技术、信息等服务，组织合理开发、利用集体资源，壮大经济实力。"①。《村民委员会组织法》第八条规定："村民委员会依照法律规定，管理本村属于村农民集体所有的土地和其他财产，引导村民合理利用自然资源，保护和改善生态环境。"从以上法律条文看，农村集体土地等集体资产所有权主体代表和管理主体可以是农村集体经济组织，也可以是村民委员会，从而造成了村委会与农村集体经济组织管理权限上的重叠和交叉。这种重叠和交叉不仅见诸不同法律中，甚至呈现在同一部法律中。《土地管理法》第十二条规定，国家所有依法由农民集体使用的农村土地，由使用该土地的农村集体经济组织、村民委员会或者村民小组发包。《民法通则》第七十四条规定：集体所有的土地依照法律属于村农民集体所有，由村农业生产合作社等农业集体经济组织或者村民委员会经营、管理②。从这一规定上看，村集体土地所有权主体代表可以是村农业生产合作社，也可以是村集体经济组织、村委会。2018 年中央 1 号文件又提出"维护村民委员会、农村集体经济组织、农村合作经济组织的特别法人地位和权利"③。从以上法律和政策规定可以看出，村集体资产交由村集体经济组织负责管理或者交由村委会负责管理都有法律依据，那么，当村集体经济组织和村委会在村集体资产管理权限划分问题上发生矛盾和冲突时，究竟应当维护谁的"地位和权利"呢？制度尤其是作为制度硬化形态的法律，是调解社会生产关系和规范利益主体行为的工具，需要清晰地界定利益主体的行为界区，明确指出利益最大化主体可以做什么、不可以做什么、应该做什么、不应该做什么，以及做与不做应当承担的后果。只有这样，才能使各个利益主体各行其道、各司其职、有所为有所不为，以此形成良好的社会秩序。用产权经济学的观点看，一项资产的产权同时由两个利益主体所有，则破坏了产权的"排他性原则"，不利于产权的优化配置和合理利用，在村集体资产所有权主体代表和管理权限上，这种是似是而非、模棱两可的法律规定将不利于农村基层组织运行秩序的形成、经济运行成本的节约和集体资产的保值增值。

现行法律之所以赋予村委会经济职能，从根本上讲还是因为政府在村委会组织运行成本来源上的既定偏好。在政府看来，将村委会建立在集体所有制基础之上并赋予其经济职能，就可以名正言顺、冠冕堂皇地用集体资产收益解决村委会运行费用来源问题。这一制度安排虽然迎合了政府的既定偏好，但如前文所述，由此带来的负面影响却不应视而不见。其实，如果排除政府在村委会组织运行费用来源上的既定偏好，生产资料集体所有制主体代表和集体资产管理等经济职能完全可以从村委会中分离出来，交由村集体经济组织负责，这样即可还原村委会作为村民自治组织的原本属性，又可以实现"经会分开"，使村民自治组织和村集体经济组织各司其职、各负其责，促进农村基层组织运行新秩序的形成。

四、新时代中国乡村自治组织演变趋势和前景展望

（一）新时代乡村自治组织演变趋势预测

厘清了中国乡村自治组织变迁的影响因素和演变规律，也就不难预测新时代中国乡村自治组织

① 2014. 中华人民共和国农业法［M］. 北京：法律出版社.

② 从"由村农业生产合作社等农业集体经济组织或者村民委员会经营、管理"这一表述的内在逻辑看，"村农业生产合作社"在性质上是"集体经济"，是"农业集体经济组织"的一种形式。有学者指出，"合作经济"或"合作社经济"和"集体经济"在理论上应是两种不同的经济组织形式｛参见：阮文彪，杨名远，1998. 合作化·集体化·产业化——比较、借鉴与思考［J］. 中国农村观察（1）：41－47｝.

③ 2018. 中共中央国务院关于实施乡村振兴战略的意见［J］. 中华人民共和国国务院公报（5）：5－17.

的下一步走向和演变趋势。基于政府偏好在乡村自治组织产生演变中的决定性作用，未来一个时期，中国乡村自治组织演变最有可能是以下两种情形之一。

1. 政府偏好既定不变情况下乡村自治组织的演变趋势

在政府偏好既定不变的情况下，中国乡村自治组织只能在维系现有基层组织框架和体制格局的情况下，作出一些“拾遗补缺”的制度微调、法律修补和机制完善，村委会依然是与村集体经济组织、村合作经济组织并驾齐驱的乡村主体性自治组织，三者各自成为相对独立的利益主体和特别法人，村委员依然要依托村集体所有制为其提供经费来源，村委会的“三性”组织属性将难以发生根本性变化，城乡一体化发展格局将在相当长的时期内无法形成，乡村振兴战略实施将受到村委会人力资本短缺的掣肘，乡村治理能力现代化目标久久不能实现。

2. 政府偏好能够与时俱进、良性发展情况下乡村自治组织的演变趋势

在政府偏好能够与时俱进、良性发展的情况下，乡村自治组织体系和体制格局将发生根本性变化，村委会将回归村民自治组织的本来属性，职能被重新定位，为破解村委会人力资本积累和管理人才内部封闭循环的困局，村委会可能会被更加开放的其他形式的村民自治组织如农会组织替代，政府乡村治理重心将进一步下沉，在村一级设立作为基层政府派出机构的“村公所”① 或“驻村办”（政府驻村办公室）也不无可能，村民自治组织的运行费用将按城乡一体化要求纳入地方财政预算，基层政府及其村级派出机构、村民自治组织、村集体经济组织、村合作经济组织的性质和职能被准确定位，基层治理组织体系和体制机制得到不断优化，政府乡村治理、村民自治、村集体经济和合作经济发展将相得益彰，城乡一体化发展格局也将随着乡村自治组织的完善和财税体制的改革得以逐步形成，如此下来，既可以解决乡村治理人力资本积累缓慢和人才短缺的问题，又可以解决政会不分、经会不分、组织职能交叉错位、乡村治理能力现代化目标难以乃至无法实现等一系列困境，由此开辟村民自治和乡村治理新时代、新气象、新格局，助推乡村治理能力现代化和乡村全面振兴。

（二）新时代乡村自治组织发展前景展望

马克思指出，“社会经济形态的发展是一个自然历史过程”②，不以个人意志为转移。乡村自治组织演变发展有其自身的规律，认识和尊重乡村自治组织演变规律，因势利导，量力而行，久久为功，是乡村治理体系和能力现代化的客观要求。

中共十八大以来，以习近平同志为核心的党中央在领导全国人民建设中国特色社会主义事业过程中，不断推进马克思主义中国化，形成了习近平新时代中国特色社会主义思想，提出了创新、协调、开放、绿色、共享的新发展理念，坚持把解决好“三农”问题作为全党工作的重中之重，持续加大强农惠农富农政策力度，深入推进农业现代化和社会主义新农村建设，全面深化农村改革，农业农村发展取得了历史性成就。中共十九大对中国特色社会主义事业所处的历史方位和新时代中国社会主要矛盾作出了科学判断，提出了实施乡村振兴战略的重大决策部署。2018 年中央 1 号文件进一步强调了解决好“三农”问题在党和国家事业总体布局中的战略地位和重大意义。文件指出，实施乡村振兴战略，是解决人民日益增长的美好生活需要和不平衡不充分的发展之间的矛盾的必然

① 自 1987 年民政部颁布《村民委员会组织法》后，全国各省开始逐步推行村民自治，仅有广西壮族自治区自 1988 以后实行“村公所”体制。村公所试行近 7 年后，根据中共中央〔1993〕79 号文件关于“为减少管理层次，乡镇不再设置派出机构村公所”的决定和自治区党委的统一部署，广西壮族自治区从 1994 年 6 月起全面展开撤销村公所改设村委会的工作。截至 1996 年 1 月，全区基本完成了撤销村公所改设村委会的工作任务。

② 马克思，1975. 资本论（第 1 卷）[M]. 北京：人民出版社：12.

要求，是实现“两个一百年”奋斗目标的必然要求，是实现全体人民共同富裕的必然要求，是决胜全面建成小康社会、全面建设社会主义现代化国家的重大历史任务，是新时代“三农”工作的总抓手；实施乡村振兴战略，必须坚持农业农村优先发展。把实现乡村振兴作为全党的共同意志、共同行动，做到认识统一、步调一致，在干部配备上优先考虑，在要素配置上优先满足，在资金投入上优先保障，在公共服务上优先安排，加快补齐农业农村短板。综上，经过40年的改革开放，中国共产党及其领导下的人民政府的执政理念、执政能力和执政水平已经发生了历史性、根本性变化，国家现代化建设中的非农偏好正在得到逐步纠正，并开始由改革开放前的重工轻农、重城轻乡走向坚持农业农村优先发展前提下的工农互促、城乡互补、全面融合的城乡一体化道路，政府执政的科学化、法治化、民主化、现代化水平有了显著提高。尽管政府的理性是有限的，但带有历史性特点的政府偏好也不是不可以改变的，并且制度的有效变迁是一个不以个人意志为转移的历史趋势，中国政府也不会容忍无效的制度长期续存，正因为如此，才有理由相信，新时代中国乡村自治组织一定会朝着更加合理、更为有效的方向演变和发展。

五、结　论

乡村自治组织演变是一个制度供给满足制度需求、不以个人意志为转移的动态过程。影响乡村自治组织演变的因素众多，其中包括宪法秩序、政府偏好、社会科学知识、技术水平、组织设计成本等。在政治集权的国家，政府偏好往往成为乡村自治组织生死存亡的决定性因素。然而，政府的治理组织偏好也并非是决策者的为所欲为和无端宣泄，它受决策者个人制度理性、制度净收益、政治风险等因素影响，并且政府理性是建立在个人理性基础之上的“集体理性”。由于“有限理性”的局限，政府的盘算以及经盘算而形成的偏好有时也会出现纰漏，导致政府失灵、治理失效和经济衰退，甚至由此引发社会动乱和政治风险。这正是历史上国家繁荣和衰退的根源。

中国乡村自治实践已有百年以上的历史，以农会为代表的乡村自治组织在清末“新政”改革期间就已产生。新中国成立后，中国共产党及其领导下的人民政府继承了乡村自治的历史传统，在中国特色社会主义乡村自治道路上进行了艰苦探索，结合不同时期政治任务和对形势的判断，并根据自身的偏好，陆续创建了中国共产党领导下的农民协会、贫下中农协会、农业互助合作社、人民公社和村民委员会等新中国乡村自治组织。新中国成立70年来，乡村自治组织在配合政府完成政治和经济建设任务、维护乡村社会稳定、保障农产品有效供给、除旧俗树新风、促进农民收入增长等方面，发挥了不可磨灭的作用，为中国特色社会主义建设事业做出了巨大贡献。总体来看，中国共产党及其领导下的中央政府在既定偏好下的乡村自治组织选择及制度安排方面表现出了过人的智慧和高超的政治技巧。然而，由于政府理性的局限和偏好的历史性特点，新中国乡村自治组织和自治实践中必然存在一些不太成熟、不够完善的地方，甚至出现过决策失误，即使是当下以村民委员会为主体的村民自治实践也存在诸多问题，全面深化乡村自治组织改革依然是时代的课题。从乡村自治组织演变的客观规律看，新时代中国乡村自治组织演变依然取决于政府偏好。种种迹象表明，新时代中国乡村自治组织一定会朝着更加合理、更为有效的方向演变和发展，乡村治理的群众性自治基础一定会被打造得更加牢固和殷实。

参 考 文 献

蔡禾，2017. 中国劳动力动态调查：2017年报告［M］. 北京：社会科学文献出版社.

陈吉元，陈家骥，杨勋，等，1993. 中国农村社会经济变迁（1949—1989年）［M］. 山西经济出版社.

刘立，孙楠，牛桂芹，2018. 公民科学素质测评国际新进展及对中国的启示［J］. 全球科技经济瞭望（5）：39-45.
卢现祥，1996. 西方新制度经济学［M］. 北京：中国发展出版社：137.
毛泽东，1991. 湖南农民运动考察报告［C］//. 毛泽东选集（第1卷）. 北京：人民出版社：20-21.
斯大林，1952. 苏联社会主义经济问题［M］. 北京：人民出版社.
徐增阳，杨翠萍，2010. 合并抑或分离：村委会和村集体经济组织的关系［J］. 当代世界与社会主义（3）：16-18.
于建嵘，2004. 我为什么主张重建农民协会［J］. 中国社会导刊（2）：32-33.
赵德馨，1989. 中华人民共和国经济史（1949—1960）［M］. 郑州：河南人民出版社.
赵恒烈，1964. 中国共产党领导的初期的农民运动［J］. 史学月刊（10）：13-17.
朱英，1991. 辛亥革命前的农会［J］. 历史研究（5）：19-35.

贫困村设立与贫困户脱贫：效率及机理分析*

陈　杰[1]　朱红根[1]　翁　辰[2]

（1. 南京财经大学经济学院；2. 南京财经大学金融学院）

摘要：本文利用中部两省5个贫困县实地调研的数据，对贫困村设立对脱贫效率的影响展开分析。研究发现，国家设立贫困村能够有效提高贫困户的脱贫效率。背后的作用机制在于设立贫困村能够显著提高贫困户获得各类脱贫途径的可能性，其中，获得资金或实物支持发展自己产业的概率最大。这些脱贫途径能够有效提高贫困户的收入，从而最终提高脱贫效率。但是，本文也发现，在实践过程中，授人以鱼的扶贫方式，会让贫困户产生依赖，反而会降低脱贫效率。村庄基础设施的改善，能够显著提高贫困户的脱贫效率，然而并没有证据表明，贫困村基本公共服务的改善对提高贫困户脱贫效率的作用更大。2020年后，我国贫困村将会全部退出。对此，新时代中国农村的扶贫事业，一方面需要进一步巩固贫困村在扶贫过程中的成果，另一方面也需要注意区域性扶贫工作的协调发展。

关键词：贫困村设立；贫困户脱贫；脱贫效率；作用机理

一、引　言

区域瞄准是中国扶贫事业最显著的特征之一。自20世纪80年代中期以来，中央政府确定了一批国家级贫困县，并对这些贫困县给予资金和其他形式的帮扶。具体而言，1986年国家以1984年农民人均纯收入200元为贫困线，确定331个国家级贫困县；1994年国家实施了“八七扶贫攻坚计划”（亦称为“八七计划”），重新确定了592个国家级贫困县，旨在推进贫困地区经济社会发展，改善贫困人群的生存条件；2001年《中国农村扶贫开发纲要（2001—2010年）》出台后，中央政府将贫困县改为国家贫困开发工作重点县；2011年《中国农村扶贫开发纲要（2001—2020年）》将集中连片特困地区作为扶贫攻坚主战场，包括片区县和扶贫开发工作重点县在内的共832个县作为贫困地区成为我国扶贫开发重点区域。

2001年后，国家扶贫趋势由县向村转移，将扶贫开发重点转向14.8万个贫困村，强调以村为单位调动农民的参与性，进行农村扶贫综合开发。相比于县级层面，居住在相同村庄（社区）的居民，在自然资源、文化、基础设施和社会服务方面有着更多的共同点，更便于综合开发。此后，为了进一步应对扶贫工作过程中的目标偏离问题，2014年1月，中共中央办公厅和国务院办公厅联

* 基金项目：国家自然科学基金面上项目“精准扶贫背景下产业扶贫政策的福利效应、模式比较与瞄准机制研究”（71973061）；“家庭农场创业代际传递：弹性测度、内在机理及匹配效应”（71773045）；教育部人文社科研究项目“中国农村社会分层与代际收入流动性研究”（编号：17YJC630008）；江苏省社科基金项目“江苏农村贫困代际传递的测算、机制及阻断策略研究”（编号：18EYC004）；教育部人文社科研究项目“包容性金融发展对农村家庭创业的影响研究：基于放宽农村金融市场准入的视角”（编号：18YJC790177）。

合印发了《关于创新机制扎实推进农村扶贫开发工作的意见》，提出对每个贫困村、贫困户建档立卡，建设全国扶贫信息网络系统。国务院扶贫办随后制定了《建立精准扶贫工作机制实施方案》，在全国范围推进精准扶贫工作。至此，中国扶贫事业进入精准扶贫和精准脱贫新阶段。在这一阶段，一方面，扶贫瞄准对象进一步缩小，政府在扶贫过程中也更加注重点-面结合（陈志钢等，2019）。村作为最小的行政单位，与贫困户的联系最为紧密，是国家点-面结合扶贫过程中最为重要的一环，是精准扶贫、精准脱贫最直接的计划、组织和实施者（吴国宝，2016）。另一方面，2012—2017 年，贫困人口下降了 6 853 万，年均贫困人口减少速度是 2012 年前的 3.6 倍（汪三贵、曾小溪，2018）。

在上述背景下，贫困村的设立对贫困户脱贫效率，即脱贫所需时间的影响程度如何？其作用机理怎样？对于这一问题，以往研究鲜少针对贫困村展开研究，大部分是对其对贫困县的作用进行评估（张彬斌，2013；王艺明、刘志红，2016；黄志平，2018）。此外，这类研究大部分只探讨了贫困县对贫困户收入的作用，尚未有研究针对脱贫效率展开讨论。事实上，提高脱贫效率同样是脱贫攻坚战的重要目标。2015 年 11 月，《中共中央、国务院关于打赢脱贫攻坚战的决定》对“十三五”期间的扶贫与脱贫目标进行了具体阐述，即到 2020 年，确保中国现行标准下农村贫困人口实现脱贫，贫困县全部摘帽，解决区域性整体贫困。这意味着在五六年时间内，每年要减贫的人口达到 1 170 万，平均每月减贫 100 万人（王宇、林辉，2016）。贫困村是国家点-面结合扶贫过程中重要的一环，评估其设立对贫困户脱贫效率的影响就显得尤为重要。对此，本文利用 2018 年 12 月对中部两省 5 个贫困县实地调研的数据，探讨贫困村设立对贫困户脱贫效率的影响。本文的贡献主要有以下三点：第一，以往的研究主要是以收入为主来衡量脱贫效果，而本文主要以脱贫时间/速度来探讨贫困户的脱贫效率，这更有利于 2020 年脱贫攻坚目标的实现；第二，以往研究主要利用统计年鉴数据，探讨贫困县设立在扶贫中的作用，而本文则利用田野调研数据，从更为微观的贫困户层面评估贫困村设立在脱贫攻坚中的作用；第三，以往研究主要注重评估脱贫效果，缺乏对内在机理的探讨，而本文在评估贫困村设立对贫困户脱贫效率影响效果的基础上，进一步考察其影响的内在机理。

二、文献综述

扶贫瞄准是指扶贫工作中确定扶贫标准，选择扶贫对象和因扶贫对象的确定而实施的扶贫项目及其行动的覆盖范围（王朝明、王彦西，2018；马文武、杜辉，2019），是贫困识别工作的重要落脚点。贫困县或贫困村的瞄准，属于扶贫瞄准中的一种，与国际扶贫中以社区为基础的瞄准（community - basedtargeting）类似（Mansuri、Rao，2004；Bardhan、Mookherjee，2005）。对于贫困县或贫困村的瞄准，岳希明等（2007）利用国家统计局农调总队的数据进行的研究发现：一个县的人均纯收入增加会使得该县被认定为扶贫重点县的概率降低，但其影响在省内比省份间更大。张彬斌（2013）得出类似的结论，一个县的农村居民收入、人均生产总值与其被认定为国定贫困县的可能性之间具有负相关关系，而农业人口比例越大，被认定为重点贫困县的可能性会增加。郭君平等（2016）利用全国 31 个省 2 073 个区县数据，分析了国家级贫困县“帽子”的路径依赖现象。研究发现，国家级贫困县“帽子”均存在显著的“棘轮效应”，全国有八七扶贫重点县身份的候选县入选概率最大，且这种现象区域差异明显。对于贫困村，2001 年开始，中国农村扶贫的区域瞄准方式从县级瞄准转变为村级瞄准。2002 年，全国一共确定了 148 051 个贫困村作为扶贫工作重点村，强调以村为单位进行整村开发。确定的贫困村占全国行政村的 21.4%，覆盖 83%的贫困人口

(范小建，2008)，分布在全国 1 861 个县（区、市），占全国县单位总数的 68.8%（唐丽霞，2017)。汪三贵等（2007）研究发现，全国约 20%的村被确定为贫困村，约一半的贫困村位于西部地区。西北地区的贫困村比重最高，接下来依次是西南、东北和中部地区。不过，该研究认为，对贫困村的瞄准，错误率较高，甚至高于贫困县。李小云（2005）的研究结果也表明，指标式的确定方法在制度上排挤了一些真正的贫困村进入瞄准范围。

一些研究在瞄准的基础上，对于贫困县或贫困村在扶贫过程中的作用进行了探讨。Park 等（2002）研究发现，重点贫困县的农村居民收入在 1985—1992 年年均多增长 2.28%，在 1992—1995 年年均多增长 0.91%。刘冬梅（2001）基于国务院扶贫办 1990—1997 年对 592 个贫困县的调查数据，发现扶贫资金对农民纯收入、农业经济和国民经济增长均发挥着积极作用。王艺明和刘志红（2016）选取贵州、甘肃、内蒙古及河北四省区各县 1978—2012 年的样本数据，具体考察“八七计划”对各贫困县的政策效应。对于大部分贫困县而言，农民人均纯收入不但会在短期内激增，而且该效应在长期内依然显著。吴国宝（2018）研究发现，2015 年贫困县人均第一产业增加值相当于全国平均水平的 81%，远高于 1986 年的 56%。黄志平（2018）利用 2005—2015 年中国 993 个县的面板数据，研究了国家级贫困县的设立对县域经济发展的影响。分析结果表明，国家级贫困县的设立对县域经济发展具有显著且持续的推动作用，且国家级贫困县设立越久，推动作用越大。对于贫困村，国家统计局农村司的数据表明，2002—2008 年，贫困村农民人均收入增长达 9%，比贫困县高 0.7 个百分点，比全国平均农民收入增长率高 1.4 个百分点（汪三贵，2018)。Park 和 Wang（2010）利用 2001—2004 年的村级层面和家庭户调查数据进行研究发现，扶贫政策导致项目覆盖地域较为富有的家庭收入和消费分别提高 6.1%和 9.2%，但未提高较贫困家庭的收入和消费水平。与之类似，Galasso 和 Ravallion（2005）的研究同样表明，村庄层面的补贴对于贫困户作用有限。张彬斌（2013）针对贫困县的研究，得出国家贫困县农村居民人均纯收入受扶贫政策冲击不明显，而中等偏低收入组和中等收入组的增收效果明显的结论。在案例研究中，檀学文（2018）以皖北一个普通贫困村为例，讨论该村精准扶贫体制机制、扶贫措施和脱贫成效。研究发现，产业发展间接带动是主动的脱贫路径，包括光伏产业收益、农场就业、公益性就业等，发展农业经营、通过帮扶外出就业的情况相对较少。

综上所述，由于区域瞄准是中国扶贫事业最显著的特征之一，学者们一直关注贫困县或贫困村的设立在扶贫、减贫过程中的作用，相关研究结果也具有一定的启发性。但是，受数据限制，鲜有研究从更为微观的贫困户层面评估设立贫困村的作用，更无研究探讨贫困村的设立对贫困户脱贫效率的影响。基于此，本文利用实地调研数据，重点研究贫困村的设立对贫困户脱贫效率的作用，及其背后的影响机制，以期对现有研究做出一定补充。

三、数据与变量

本文数据来自课题组 2018 年 12 月对中部 A 省与 B 省 5 个贫困县的评估调研，此两省份贫困人口数在全国各省份中排名靠前，属于贫困发生率中等、贫困规模较大地区，具有较强的代表性。本次调研采用了分层整群随机抽样的方法，抽取了当地的建档立卡户，调研内容包括了户主基本情况、2018 年家庭人口情况、建档立卡与脱贫情况、各类扶贫方式情况、贫困退出认可度情况等。

本文研究的贫困户为建档立卡户，贫困户脱贫效率指脱贫时间，即从建档立卡到脱贫退出所需时间。其他核心变量的定义由表 1 给出。我们分别对贫困村与非贫困村建档立卡户的核心变量进行了统计。对于贫困村，是由国家确定，贫困户自身并无选择的权利。在处理各类异常值后，比如脱贫效率小于 0，家庭劳动力比例大于 1 等，我们共获得 2 499 个贫困村家庭样本，743 个非贫困村家庭样本。表 1 的统计结果显示，对于被解释变量，贫困村中贫困户脱贫平均需要 2.36 年，而非贫困村中贫困户脱贫则需要 2.72 年。t 检验的结果为 6.64，表明贫困户脱贫效率在贫困村与非贫困村之间存在显著差异。对于解释变量，非贫困村户主的年龄略高于贫困村，超 80%的户主为男性，户主平均受教育程度较低，介于小学及以下与初中之间，家庭劳动力比例平均偏低，未达到 0.5，有残疾、患大病、患慢性病成员的家庭中，患大病的比例较低。t 检验的结果表明，户主年龄、性别、受教育程度，家庭劳动力比例，家庭残疾人数在贫困村与非贫困村之间存在一定差别，而家庭患大病、患慢性病人数则不存在显著差别。

表 1　核心变量统计

变量	定义	贫困村		非贫困村		t 值
		平均值	标准差	平均值	标准差	
被解释变量						
脱贫效率	脱贫年数与建档立卡年数之差	2.36	1.24	2.72	1.51	6.64***
解释变量						
户主年龄	周岁年龄，单位：岁	61.87	13.2	62.58	12.94	1.28*
户主性别	男＝1；女＝0	0.84	0.36	0.81	0.39	−1.73*
户主受教育程度	小学及以下＝1；初中＝2；高中、职校、大专及以上＝3	1.44	0.54	1.36	0.51	−3.58***
家庭劳动力比例	家庭劳动力数/家庭总人数	0.37	0.36	0.39	0.37	1.3*
家庭残疾人数	单位：人	0.27	0.49	0.30	0.54	1.54*
家庭患大病人数	单位：人	0.07	0.27	0.08	0.28	0.58
家庭患慢性病人数	单位：人	0.77	0.73	0.80	0.73	0.97

注：*、**、*** 分别表示在 10%、5%、1%的水平上显著。

四、实证分析

（一）贫困村的设立对贫困户脱贫效率影响程度分析

本文采用多元回归的方法考察贫困村的设立对脱贫效率的影响，计量模型设定如下：

$$Speed_i=\beta_0+\beta_1\,Ifpovcounty_i+\gamma X_i+\varepsilon_i \quad (1)$$

其中，$Speed_i$ 表示农户 i 脱贫效率；$Ifpovcounty_i$ 表示农户 i 是否为贫困村的贫困户，为本文的核心解释变量；X_i 为一组控制变量，涵盖可能影响农户脱贫效率的户主与家庭层面因素，包括户主性别、户主受教育程度、家庭劳动力比例等变量。

表 2 汇报了贫困村的设立对贫困户脱贫效率影响总的估计结果。表 2 的结果共有 3 列，相较于第 1 列，第 2 列与第 3 列依次加入了户主与家庭的相关控制变量。首先考察本文的关键变量“是否贫困村”对贫困户脱贫效率的影响，3 列结果均显著为负，表明属于贫困村的贫困户，脱贫所需要的时间少，即脱贫效率高。相较于非贫困村，贫困村的贫困户平均可以提前 0.3 年脱贫。对于这一结果，需要说明的是，本文的研究对象为国家官方认定的建档立卡贫困户，而贫困村的认定如上文所述，同样是由国家确定，贫困户自身并无选择的权利，相当于同一县（区）贫困户被随机地分配到贫困村与非贫困村。因此，利用最小二乘法估计出的结果能够证明，国家设立的贫困村能够有效

提高贫困户的脱贫效率。其次，户主相关变量的估计结果表明，男性户主能够有效提高脱贫效率，户主受教育程度越高，脱贫效率越高。不过，随着户主年龄的提高，脱贫效率会下降。最后，家庭相关变量的结果表明，家庭中劳动力的比例越高，脱贫效率越高；家庭中残疾、患慢性疾病的人数越多，脱贫效率会显著下降。患大病人数变量的估计结果为正，但并不显著，可能的原因在于有患大病人员的家庭比例较低。

表 2　设立贫困村对贫困户脱贫效率的总体影响

项目	(1)	(2)	(3)
	脱贫效率	脱贫效率	脱贫效率
是否贫困村	−0.365***	−0.347***	−0.342***
	(0.054 9)	(0.054 6)	(0.054 4)
户主性别		−0.061 3	−0.114*
		(0.063 7)	(0.064 6)
户主受教育程度		−0.119**	−0.099 8**
		(0.046 6)	(0.046 6)
户主年龄		0.010 2***	0.007 54***
		(0.001 92)	(0.002 16)
家庭劳动力比例			−0.197***
			(0.071 8)
家庭残疾人数			0.242***
			(0.045 6)
家庭患大病人数			0.087 8
			(0.082 9)
家庭患慢性病人数			0.055 8*
			(0.032 8)
常数项	2.725***	2.300***	2.434***
	(0.048 2)	(0.172)	(0.191)
样本量	3 242	3 242	3 242
R^2	0.013	0.031	0.043

注：*、**、***分别表示在10%、5%、1%的水平上显著，括号中为稳健标准误。

为进一步验证贫困村设立对贫困户脱贫效率的影响，本文分别考察了户主不同年龄、户主不同受教育程度、家庭中是否有残疾人、家庭中是否有病人四类子样本。表 3 的估计结果显示，“是否贫困村”变量在各个子样本中均显著为负，表明对所有类型的贫困户，设立贫困村均能够显著提高脱贫效率。同时，这也表明本文的估计结果具有一定的稳健性。除此之外，对比各个子样本的估计结果，我们发现，设立贫困村对于户主年龄较大的贫困户，边际作用相对较小，而对户主受教育程度较低的贫困户的边际作用会略大一些；对于家中没有残疾人的贫困户，设立贫困村的边际作用较大；而设立贫困村对家中无病人、家中有病人的贫困户的边际作用则差别较小。

（二）作用机制分析

上文的结果表明设立贫困村能够有效提高贫困户的脱贫效率，在此基础上，本文将进一步讨论这背后的作用机制。在实践过程中，尽管贫困村在确定过程中会综合考虑农民人均收入、粮食人均产量、人均用电量、适龄儿童入学率、医疗卫生条件等，但是，农民人均收入毫无疑问是最为重要的指标之一。因此，在贫困村确定之初，贫困村中农民人均收入，特别是贫困户平均收入大概率要低于非贫困村。此后，随着国家对这些贫困村给予资金和其他形式的扶持，贫困村中贫困户的收入反而可能提高较快，从而导致脱贫效率较高。为了验证这一假说，本文首先统计了贫困村与非贫困村建档立卡户在评估时的收入，表 4 汇报了这一结果。与预期一致，在评估时，贫困村建档立卡户家庭纯收入的平均值显著低于非贫困村。进一步考察各个分项收入，我们发现，贫困村建档立卡户在种植、养殖、经商等经营性收入与务工、上班等工资性收入上显著低于非贫困村，而对于土地租金、征地、财政和信贷资金分红等财产性收入与各类政府补贴等转移性收入，两者并无显著差别。这一结果在一定程度上表明，在政策支持下，贫困村中建档立卡户收入增加较快，且这种增加主要体现在经营性收入与工资性收入上。

表 3　分样本分析设立贫困村对贫困户脱贫效率的影响

项目	户主年龄		户主受教育程度		家中是否有残疾人		家中是否有病人	
	(1)	(2)	(3)	(4)	(5)	(6)	(7)	(8)
	脱贫效率	脱贫效率	脱贫效率	脱贫效率	脱贫效率	脱贫效率	脱贫效率	脱贫效率
是否贫困村	−0.368***	−0.328***	−0.364***	−0.307***	−0.366***	−0.295***	−0.343***	−0.341***
	(0.089 3)	(0.068 3)	(0.067 0)	(0.092 7)	(0.063 5)	(0.105)	(0.096 0)	(0.065 8)
户主情况	控制	控制	控制	控制	控制	控制	控制	控制
家庭情况	控制	控制	控制	控制	控制	控制	控制	控制
常数项	2.939***	1.507***	2.180***	2.511***	2.260***	2.987***	2.233***	2.654***
	(0.323)	(0.340)	(0.224)	(0.274)	(0.229)	(0.355)	(0.311)	(0.246)
样本量	1 246	1 996	1 951	1 291	2 424	818	1 164	2 078
R^2	0.052	0.033	0.034	0.033	0.044	0.029	0.052	0.033

注：*、**、*** 分别表示在 10%、5%、1%的水平上显著，括号中为稳健标准误。方程（1）样本为户主年龄小于 60 岁，方程（2）样本为户主年龄大于等于 60 岁，方程（3）样本为户主受教育程度为小学及以下，方程（4）样本为户主受教育程度为初中及以上，方程（5）样本为家中没有残疾人，方程（6）样本为家中有残疾人，方程（7）样本为家中没有病人，方程（8）样本为家庭中有病人，包括大病和慢性病。

表 4　贫困户各类收入统计

项　目	贫困村		非贫困村		t 值
	平均值	标准差	平均值	标准差	
种植、养殖、经商等经营性净收入（元）	4 864.69	7 963.29	5 779.73	11 515.38	−2.02**
务工、上班等工资性收入（元）	20 988.52	24 788.42	23 372.61	36 397.19	−1.61**
土地租金、征地、财政和信贷资金分红等财产性收入（元）	1 354.87	3 426.38	1 412.24	2 099.58	−0.55
政府补贴和亲友馈赠转移性收入（元）	5 738.66	5 272.55	5 541.57	4 459.49	1.01
家庭纯收入（元）	32 951.93	26 730.43	36 099.13	37 997.15	−2.1**

注：*、**、*** 分别表示在 10%、5%、1%的水平上显著。

为了验证收入对贫困户脱贫效率的影响，本文首先采用多元回归的方法，计量模型设定如下：

$$Speed_i = \beta_0 + \beta_1 \ln income_i + \gamma X_i + \varepsilon_i \tag{2}$$

其中，$Speed_i$ 表示农户 i 的脱贫效率；$\ln income_i$ 表示农户 i 的家庭纯收入的对数形式；与上文一致，X_i 为一组控制变量，涵盖可能影响农户脱贫效率的户主与家庭层面因素，包括户主性别、户主受教育程度、家庭劳动力比例等变量。

由于家庭收入与脱贫效率之间可能存在因果关系，故本文将进一步采用工具变量法来缓解此内生性问题。结合上文分析，我们采用建档立卡户是否属于贫困村作为工具变量。工具变量的有效性来自：第一，设立贫困村可以有效提高收入的增长幅度，对建档立卡户的收入存在正向影响；第二，贫困村由国家设立，贫困户自身并无选择的权力，相当于同一县（区）贫困户被随机地分配到贫困村与非贫困村，符合有效工具变量外生性的条件。在此基础上，我们采用两阶段估计办法进行估计，其中，第一阶段的估计方程为：

$$\ln income_i = \alpha_0 + \alpha_1 Ifpovcounty_i + \delta X_i + \varepsilon_i \tag{3}$$

其中，$Ifpovcounty_i$ 表示农户 i 是否为贫困村居民；$\ln income_i$ 表示农户 i 的家庭纯收入；X_i 为一组控制变量。

估计式（3）得出 $\ln \widehat{income}_i = \hat{\alpha}_0 + \hat{\alpha}_1 Ifpovcounty_i + \hat{\delta} X_i$，代入上式替代 $\ln income_i$ 得到第二阶段估计方程为：

$$Speed_i = \beta_0 + \beta_1 \widehat{Income}_i + \gamma X_i + \varepsilon_i \tag{4}$$

为获取正确的标准误，我们一次性估计两个阶段的回归方程，估计得到的 β_1 即是建档立卡户家庭收入对脱贫效率的影响。

表 5 汇报了贫困户家庭纯收入对脱贫效率影响的估计结果。最小二乘法（OLS）的估计结果显示，家庭纯收入显著为负，表明家庭纯收入的提高会显著提高贫困户的脱贫效率。对于工具变量方法，IV（1）没有控制户主与家庭情况，IV（2）控制了相关变量。估计结果的 F 统计量均为 16.38，高于 10，可以拒绝“弱工具变量”的原假设。在第一阶段，是否贫困村显著为正，表明贫困村的设立的确可以有效提高贫困户收入；在第二阶段，家庭纯收入依旧显著为负，且绝对值要大于 OLS 估计结果。该结果进一步表明，贫困户家庭纯收入提高，其脱贫效率也会提高。

表 5　贫困户家庭纯收入对脱贫效率的影响

项目	OLS	IV（1）		IV（2）	
	脱贫效率	纯收入（对数）	脱贫效率	纯收入（对数）	脱贫效率
纯收入（对数）	−0.129***		−4.348**		−4.235***
	(0.035 0)		(1.794)		(1.548)
是否贫困村		0.084 0**		0.080 9***	
		(0.033 8)		(0.027 5)	
户主情况	控制			控制	控制
家庭情况	控制			控制	控制
常数项	3.469***	10.09***	46.60**	9.896***	44.35***
	(0.396)	(0.029 7)	(18.22)	(0.096 7)	(15.42)
样本量	3 232	3 232	3 232	3 232	3 232
R^2	0.036	0.002	−6.405	0.350	−4.080

注：*、**、*** 分别表示在 10%、5%、1%的水平上显著，括号中为稳健标准误。

上述结果表明，贫困户家庭收入越高，脱贫效率越高，而表 5 工具变量方法第一阶段的回归结果表明设立贫困村能够有效提高贫困户的家庭收入。那么，贫困村的设立究竟通过哪些途径影响村民家庭收入？从理论上讲，产业扶贫能够帮助贫困农户更好地利用当地资源，包括自然资源、空间资源和生态环境资源以及政策资源等，发展具有区域比较优势的产业，一般是整村脱贫攻坚的重头戏（任燕顺，2007）。产业扶贫方式可以衍生为两种模式，分别为贫困户自我发展和新型主体带动，比如贫困户发展政府引导的特色种养业，贫困户参加当地的合作社。此外，就业扶贫对于有劳动能力但缺少其他资源且又不会经营管理的扶贫对象来说，是一种可靠的重要形式（吴国宝，2016），通过开展就业培训，提高贫困户的人力资本，帮助他们在本地或外地就业。与此同时，贫困村金融扶贫的力度可能也更大，具体而言，贫困村的建档立卡户在获得金融贷款上可能更具优势，从而能够更好地满足脱贫致富过程中的生产经营活动以及教育和医疗等生活需要。最后，在贫困村，除了基层常规的村党支部和村委会，还有专门为精准扶贫工作配备的扶贫第一书记和扶贫工作队，以打通扶贫政策和帮扶工作落地的“最后一公里”。这些基层干部熟悉村内各户的贫困状况、原因、家庭条件以及可能的脱贫方式，熟悉村内农户之间、宗族之间的关系（吴国宝，2016），从而能够更具针对性地帮助贫困户，驻村帮扶的效果更好。表 6 检验了设立贫困村对贫困户获得各类脱贫途径的作用，(1)～(5) 方程分别检验了贫困户自我发展、新型主体带动、就业培训、小额信贷以及驻村帮扶的作用。表 6 的结果表明，设立贫困村能够显著提高贫困户获得各类脱贫途径的可能性，其中，在资金或实物支持发展产业上作用最大，贫困村建档立卡户获得这一途径的概率高了 15%。

表 6　贫困村的设立影响贫困户家庭纯收入的机制

项目	(1)	(2)	(3)	(4)	(5)
	资金或实物支持发展自己的产业	是否加入合作社	实际培训人数	是否借贷	驻村帮扶效果
是否贫困村	0.150*** (0.020 4)	0.059 0*** (0.016 3)	0.076 2* (0.040 5)	0.071 8*** (0.018 9)	0.063 4*** (0.016 4)
户主情况	控制	控制	控制	控制	控制
家庭情况	控制	控制	控制	控制	控制
常数项	0.439*** (0.071 8)	0.248*** (0.057 2)	0.544*** (0.142)	0.721*** (0.066 5)	2.658*** (0.057 8)
样本量	3 242	3 242	3 242	3 242	3 235
R^2	0.038	0.009	0.059	0.061	0.009

注：*、**、***分别表示在10%、5%、1%的水平上显著，括号中为稳健标准误。资金或实物支持发展自己的产业，是=1，否=0；是否加入合作社，是=1，否=0；实际培训人数即建档立卡以来，家里有几人实际参加就业培训；是否借贷，是=1，否=0；驻村帮扶效果，帮助不大=1，有帮助=2，有明显帮助=3。

（三）转移性收入作用分析

上文分析中家庭纯收入包括经营性收入、工资性收入、财产性收入以及转移性收入。表 5 的结果表明家庭纯收入的增加会使脱贫效率提高。但是，对于其中一项转移性收入，即“直接给钱”的扶贫方式对脱贫效率又会产生怎样的影响呢？我们分别检验了包括政府补贴和亲友馈赠的转移支付以及仅有政府补贴的转移支付对脱贫效率的影响。表 7 显示，无论是哪一种转移支付，其估计结果均显著为正，表明转移支付的提高会降低贫困户脱贫效率。进一步考察系数大小，我们发现纯政府补贴对降低贫困户脱贫效率的边际作用更大。以上结果说明，授人以鱼，即“直接给钱”的扶贫方式，会让贫困户产生依赖，且不愿放弃这种特殊照顾，反而会降低脱贫效率，甚至会产生“扶懒不扶贫”的作用。事实上，授人以鱼的扶贫方式不仅对于脱贫效率作用不佳，其脱贫效果同样不佳（朱方明等，2013；陈新、沈扬扬，2014），这也是国家在扶贫过程中逐渐弱化这一扶贫方式的重要原因。

表7　转移性收入对贫困户脱贫效率的影响

项目	(1)	(2)
	脱贫效率	脱贫效率
各类政府补贴、亲友馈赠等转移性支付（对数）	0.161*** (0.026 5)	
各类政府补贴（对数）		0.210*** (0.026 2)
户主情况	控制	控制
家庭情况	控制	控制
常数项	1.146*** (0.261)	0.762*** (0.264)
样本量	3 188	3 109
R^2	0.040	0.050

注：*、**、***分别表示在10%、5%、1%的水平上显著，括号中为稳健标准误。

（四）农村基本公共服务作用分析

上文分析了国家设立贫困村对贫困户这一微观个体脱贫效率的直接作用。事实上，设立贫困村也会对村庄产生影响，从而间接地影响贫困户脱贫效率，比如设立贫困村后各类基础设施、生产条件、生活环境获得显著改善①，而这些均会对村庄内部生产效率提高、吸引投资等产生正向作用。在此次调研中，我们调查了贫困户对2014年以来村庄基本公共服务变化的主观认可度。结果如表8所示，村庄基本公共服务变量代表贫困户对所在村庄的交通出行条件、电力设施、卫生环境等基本公共服务变化的总体评价，具体为：恶化＝1；有问题，维持＝2；无问题，维持＝3；改善＝4。分值越高，代表当地村庄基本公共服务改善越好，贫困户对此的满意度越高。表8估计了村庄基本公共服务对贫困户脱贫效率的影响，方程（2）在方程（1）的基础上控制了户主和家庭的相关变量，估计结果显示，“是否贫困村”变量显著为负，与上文一致。村庄基本公共服务变量同样显著为负，表明村庄基本公共服务的改善，同样会提高贫困户脱贫效率。但是，村庄基本公共服务与是否贫困村交互项的结果为正，表明设立贫困村并没有进一步推进村庄基本公共服务改善在贫困户脱贫效率提高中的作用。造成这一结果的原因可能在于贫困村中贫困户对于村庄基本公共服务改善的预期较高，从而导致在主观评价中分值略低于非贫困村中的贫困户。

表8　村庄基本公共服务对贫困户脱贫效率的影响

项目	(1)	(2)
	脱贫效率	脱贫效率
村庄基本公共服务	−0.412** (0.164)	−0.484*** (0.161)
是否贫困村	−1.302* (0.719)	−1.534** (0.709)

① 根据国家统计局对贫困县扶贫资金投向的监测调查，在基础设施和公共服务设施方面的投入，一直占外部到达贫困县扶贫资金的50%以上。财政扶贫资金的80%左右也主要用于改善贫困地区的基础设施和公共服务。

（续）

项目	(1)	(2)
	脱贫效率	脱贫效率
村庄基本公共服务×是否贫困村	0.239 (0.183)	0.304* (0.181)
户主情况		控制
家庭情况		控制
常数项	4.338*** (0.642)	4.328*** (0.663)
样本量	3 242	3 242
R^2	0.017	0.047

注：*、**、***分别表示在10%、5%、1%的水平上显著，括号中为稳健标准误。

五、结　　论

本文利用2018年12月对中部两省5个贫困县实地调研的数据，对贫困村设立在脱贫效率中的影响及其背后的作用机制展开分析。研究发现，国家设立贫困村能够有效提高贫困户的脱贫效率。此外，户主受教育程度越高，脱贫效率越高；户主越年轻，脱贫效率越高；家庭中劳动力的比例越高，脱贫效率越高；家庭中残疾、患慢性疾病的人数越多，脱贫效率越低。分样本的结果显示，设立贫困村对户主年龄较大的贫困户，边际作用较小；对户主受教育程度较低的贫困户，边际作用较大；对家中没有残疾人的贫困户，边际作用较大。

贫困村设立之所以可以提高贫困户的脱贫效率，原因在于其能够显著提高贫困户获得各类脱贫途径的可能性，其中，获得资金或实物支持发展自己产业的概率最大，贫困村建档立卡户获得这一途径的概率超出了15%。这些脱贫途径能够有效提高贫困户的收入，从而提高脱贫效率。但是，本文也发现，在实践过程中，授人以鱼的扶贫方式，会让贫困户产生依赖，反而会降低脱贫效率。在国家政策的支持下，村庄在各类基础设施、生产条件、生活环境等方面有了更大的改变，能够显著提高贫困户的脱贫效率。但是，并没有证据表明，贫困村基本公共服务的改善对提高贫困户脱贫效率的作用更大。

设立贫困村作为有效的脱贫政策，能够提高脱贫效率，但是，随着国家扶贫政策的变化，贫困村也在逐渐退出历史舞台。事实上，从2012年到2018年，建档立卡贫困村从12.8万个减少到2.6万个，有10万多个贫困村已经脱贫退出，而2020年后，我国贫困村更是将全部退出。对此，新时代中国农村扶贫事业需要进一步巩固、夯实设立贫困村在扶贫过程中的成果，主要包括三点：一是随着贫困标准的进一步提高，在扶贫过程中需要建立从相对贫困与多维贫困角度思考农村贫困的意识；二是以产业扶贫、就业扶贫及金融扶贫为基础，保持贫困村的内生性发展动力；三是重点关注贫困脆弱性问题，降低脱贫群众返贫的可能性。除此之外，贫困村退出后，扶贫工作更需要全盘整体规划精准扶贫，更需要注意区域性扶贫工作的协调发展。

参　考　文　献

陈新，沈扬扬，2014. 新时期中国农村贫困状况与政府反贫困政策效果评估——以天津市农村为案例的分析 [J]. 南开经济研究（3）：23-38.

陈志钢，毕洁颖，吴国宝，等，2019. 中国扶贫现状与演进以及 2020 年后的扶贫愿景和战略重点 [J]. 中国农村经济 (1)：2-16.

范小建，2008. 扶贫开发形式和政策 [M]. 北京：中国财政经济出版社.

郭君平，荆林波，张斌，2016. 国家级贫困县"帽子"的"棘轮效应"——基于全国 2 073 个区县的实证研究 [J]. 中国农业大学学报（社会科学版）(4)：93-105.

黄志平，2018. 国家级贫困县的设立推动了当地经济发展吗？——基于 PSM-DID 方法的实证研究 [J]. 中国农村经济 (5)：98-111.

李小云，张雪梅，唐丽霞，2005. 我国中央财政扶贫资金的瞄准分析 [J]. 中国农业大学学报（社会科学版）(3)：1-6.

刘冬梅，2001. 中国政府开发式扶贫资金投放效果的实证研究 [J]. 管理世界 (6)：126-131.

马文武，杜辉，2019. 贫困瞄准机制演化视角的中国农村反贫困实践：1978—2018 [J]. 当代经济研究 (5)：32-42.

任燕顺，2007. 对整村推进扶贫模式的实践探索与理论思考——以甘肃省为例 [J]. 农业经济问题 (8)：95-98.

檀学文，2018. 贫困村的内生发展研究——皖北辛村精准扶贫考察 [J]. 中国农村经济 (11)：48-63.

唐丽霞，2017. 精准扶贫机制的实现——基于各地的政策实践 [J]. 贵州社会科学 (1)：158-162.

汪三贵，2018. 整村推进扶贫战略的效果分析 [M] //李实，等. 21 世纪中国农村贫困特征与反贫困战略. 北京：经济科学出版社.

汪三贵，Albert Park，Shubham Chaudhuri，等，2007. 中国新时期农村扶贫与村级贫困瞄准 [J]. 管理世界 (1)：56-64.

汪三贵，曾小溪，2008. 从区域扶贫开发到精准扶贫——改革开放 40 年中国扶贫政策的演进及脱贫攻坚的难点和对策 [J]. 农业经济问题 (8)：40-50.

王朝明，王彦西，2018. 中国精准扶贫、瞄准机制和整村思考 [J]. 贵州财经大学学报 (1)：85-90.

王艺明，刘志红，2016. 大型公共支出项目的政策效果评估——以"八七扶贫攻坚计划"为例 [J]. 财贸经济 (1)：33-47.

王宇，林辉，2016. 为了让所有群众一道迈入全面小康社会——党的十八大以来扶贫开发工作成就启示 [N]. 人民日报 02-15.

吴国宝，2016. 中国扶贫开发与全面建成小康社会 [M] //李培林，魏后凯. 中国扶贫开发报告 (2016). 北京：社会科学文献出版社.

吴国宝，2018. 改革开放 40 年中国农村扶贫开发的成就及经验 [J]. 南京农业大学学报（社会科学版）(6)：17-30.

岳希明，李实，王萍萍，等，2007. 透视中国农村贫困 [M]. 北京：经济科学出版社.

张彬斌，2013. 新时期政策扶贫：目标选择和农民增收 [J]. 经济学（季刊）(3)：959-982.

朱方明，屈恩义，王弘，2013. 我国山区贫困与反贫困状况的调查与思考——以四川通南巴地区为例 [J]. 经济学家 (12)：84-92.

Albert Park，Sangui Wang，2010. Community-based development and poverty alleviation：a evaluation of China's poor village investment program [J]. Journal of Public Economics，94 (9-10)：790-799.

Albert Park，Sangui Wang，Guobao Wu，2002. Regional poverty targeting in China [J]. Journal of Public Economics，86 (1)：123-153.

Emanuela Galasso，Martin Ravallion，2005. Decentralized targeting of an antipoverty program [J]. Journal of Public Economics，89 (4)：705-727.

Ghazala Mansuri，Vijayendra Rao，2004. Community-based and-driven development：a critical review [J]. The World Bank Research Observer，19 (1)：1-39.

Pranab Bardhan，Dilip Mookherjee，2005. Decentralizing antipoverty program delivery in developing countries [J]. Journal of Public Economics，89 (4)：675-704.

贫困地区农户小额信贷市场参与行为的经验解释

——基于对内蒙古自治区农户的调查

黄惠春　管宁宁

（南京农业大学金融学院）

摘要：本文通过对内蒙古自治区两个贫困县的339个农户进行问卷调查和入户访谈，运用描述性统计和双变量Probit模型的方法，分析高利率的小额信贷为贫困地区农户所接受的基础条件。研究发现：贫困地区农户的低金融素养水平不足以解释高利率小额信贷在农村地区的发展。相反，农户金融素养水平对其资金需求和小额信贷可得性均具有显著的促进作用。小额信贷主要用于满足贫困地区受到金融机构或亲戚朋友完全或部分数量配给的农户的资金需求，刚性资金需求和受限资金可得性是高利率小额信贷在贫困地区得以生存和发展的主要原因。此外，贫困地区农户仍然面临较为严重的信贷约束，小额信贷虽然有效缓解了贫困地区中低收入水平农户的信贷约束，但考虑到贷款风险，其放贷决策仍较谨慎，贷款客户主要集中于中高等资产水平农户和生产经营风险相对较小的养殖户。因此，在贫困地区农户的金融素养水平普遍较低的现实背景下，普及农村地区的金融知识教育，以及在创新信贷扶贫工具时因地制宜地引入保险机制对于进一步改善贫困地区农户面临的信贷约束现状均具有积极作用。

关键词：贫困地区；信贷约束；小额信贷可得性；金融素养

一、引　　言

扶贫攻坚是目前我国政府的重点工作之一。自2004年实施精准扶贫战略以来，我国已成功实现7 000多万人的减贫增收，年均减贫1 300多万人，扶贫成效显著。然而，现阶段我国仍余下近4 000万的深度贫困人口，且主要集中在生存环境恶劣、致贫原因复杂、基础设施和公共服务缺口大的深度贫困地区。要加快这些地区的脱贫步伐，培育高质量的产业、刺激地区经济活力是关键。而以信贷扶贫为主的金融扶贫是实现相关目标的有效途径之一（Galor、Zeira，1993；Sehrawat、Giri，2016）。在广义上，金融扶贫是指金融系统所开展的与扶贫开发相关的诸多行为措施，包括信贷扶贫、资本市场金融扶贫以及保险扶贫等。在狭义上，金融扶贫则主要指通过信贷资金的投放来满足贫困地区农户的资金需求，从而支持贫困人口脱贫致富和贫困地区经济发展。

正规金融和非正规金融并存是我国农村地区的普遍现象。然而，农村金融市场上严重的信息不对称和高昂的交易成本使得正规金融机构只能甄别和利用一部分诸如需求方偏好、资金用途风险和盈利性等方面的信息。因而，在发展中国家的农村地区，农户尤其是中低收入农户受到正规信贷配给的现象相当普遍（Braverman、Guasch，1986；Carter，1988；张龙耀、江春，2011）。近年来，我国金融体系迅速发展，为突破农户融资瓶颈，拓宽农户融资渠道，进而缓解农户融资约束，创新出系列信贷产品，包括扶贫专项低息贷款、扶贫专项贴息贷款、小额信贷和扶贫再贷款等。其中以高利率、低额度和短周期等为特点的小额信贷在我国贫困地区的农村金融中发挥了举足轻重的作用。

小额信贷最早是在20世纪70年代由穆罕默德·尤努斯在孟加拉国启动实施的，旨在向被正规金融机构排除在外的低收入者提供小额度的、可持续的信贷等金融服务的扶贫工具。小额信贷作为金融服务的制度安排和技术创新在我国也经历了1994年初至1996年10月的初期试点阶段，1996年10月至2000年的项目扩展阶段，以及2000年至今的全面试行并推广阶段，在实践探索中得到不断发展。图1统计了2010—2017年我国小额信贷的贷款余额变化情况，2014年以前，虽然小额信贷贷款余额的同比增长率在逐年下降，但贷款余额的绝对规模一直保持较快增长，2016年以后，贷款余额增长率和贷款规模均呈现稳步上升的态势。截至2017年末，我国小额贷款行业贷款余额高达9 799亿元，已在农村信贷市场上占据较大份额。

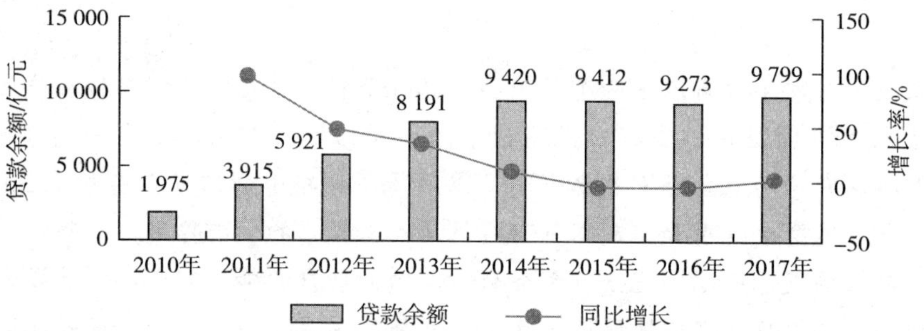

图1　2010—2017年小额信贷贷款余额变化

资料来源：中国人民银行数据统计。

然而，对小额信贷资金供给方而言，相比其他形式的贷款，其虽然通过高利率、短周期、定期还款等特殊的条款设置可以有效防止贷款资金被“精英俘获”，从而使得贷款资金瞄准中低收入农户，但是于资金需求方而言，中低收入农户为何能接受高利率的小额信贷？小额信贷和其他金融产品和服务一样，有与其相适应的客户群体和适用范围，那么，能够接受高利率小额信贷的客户群体又具有怎样的特征？这是本文拟回答的问题。对此问题的回答对于厘清贫困地区农户的信贷需求特征以及小额信贷产品的适用群体和适用范围，从而针对性地创新信贷扶贫工具，进而实现贫困地区资金供需双方间的高效对接，推动扶贫进程具有重要意义。

二、文献综述与研究假说

自小额信贷逐渐被众多发展中国家启动之后，学术界针对小额信贷展开了一系列研究，主要包括小额信贷的绩效研究（Khandker，2005；Karlan et al.，2010；尹志超等，2015；王正位等，2016）、小额信贷的可持续发展研究（汪三贵，2000；杜晓山，2006；石俊志，2007）等，较少考察小额信贷在贫困地区得以发展的原因。关于农户信贷决策的影响因素，相关研究一致认为农户个人特征、家庭禀赋特征以及因资金借贷产生的成本等均是影响农户信贷决策的主要因素（Hoff、Stiglitz，1997；Sarmistha，2002；颜志杰等，2005；刘西川等，2009）。

由于贷款合约的签订要求农户对贷款合约内容、贷款利率的基本计算以及贷款风险等具备一定的认知能力，所以金融知识与金融技能也是影响家庭参与金融市场、行使金融决策的重要因素（Bernheim et al.，2003；Lusardi、Mitchell，2007）。而金融素养就是指可以有效使用金融知识与金融技能对金融资源进行管理的能力（Alhenawi、Elkhal，2014）。较高的金融素养是人们避免做出错误金融决策的前提（Campbell，2006；Calvet、Campbell、Sodini，2009b）。金融素养水平高的农户对不同融资方式的成本、收益有较为理性的判断和预期，在选择借贷方式时更为理性，使用高成本借贷方式的概率更低（Moore，2003；Chatterjee，2013）。而根据《消费者金融素养调查分析报告（2017）》，我国居民金融素养水平不高，而且与城镇相比，农村地区，尤其贫困地区由于金融机构网点分布少，证券、保险等金融产品匮乏，金融覆盖率较低，加之受限于文化和网络可及性，贫困地区农户金融素养水平较低。基于此，本文提出假说 H1。

假说 H1：贫困地区农户的低金融素养水平在一定程度上促进了小额信贷的蓬勃发展。

金融机构按照组织化程度可以划分为正式、准正式和非正式金融机构三类。我国农村金融市场上的正式金融机构主要包括四大国有商业银行的农村分支、部分股份制商业银行等（赵丙奇、冯兴元，2011）。虽然正规金融机构的贷款利率远远低于市场利率，通常在 6%和 9%之间，然而，由于农村信贷市场上严重的信贷不对称，加之农户贷款具有规模小、风险高、分散等特点，正规金融机构偏好将贷款对象瞄准农村地区的“精英”群体，中低收入农户往往面临来自正规金融供给方严重的信贷配给（Braverman、Guasch，1986；Carter，1988；孔荣等，2010）。我国的非正式金融主要包括民间直接借贷、各种合会、高利贷等。作为农村金融市场中资金供给主体之一的非正规金融在满足农村资金需求方面起到了重要的作用（沈红丽、李宁，2018）。在非正规金融中，除亲友借贷通常不需要支付利息外，其他非正规金融组织的利率一般高于正规金融。与正规金融相比，非正规金融具有信息优势，较少依赖担保，而主要采用社会仲裁、声誉机制处罚违约借款者（Kislat et al.，2015）。但非正规金融往往缺乏规模优势，通常被认为服务于低端市场，主要向居民提供零星、小额度的资金支持（Mohieldin、Wright，2000；Andersen et al.，2006）。

我国的准正式金融机构主要包括小额贷款公司、部分社区发展基金、经注册登记的担保公司和投资公司等，其中小额信贷在我国的扶贫工作中发挥了重要的作用。小额信贷通过产品、渠道以及制度创新可以有效地利用当地信息，克服信息不对称带来的逆向选择、道德风险和合约实施问题（Stigilitz，1990；Besley、Coate，1995；Wenner，1995）。因此，与正规信贷相比，小额信贷更能接近借款人的社会网络，并在甄别、监督客户以及实施合约的过程中发挥优势（程恩江、刘西川，2010）。我国的小额信贷利率通常在 12%和 20%之间，介于正规金融机构贷款和高利贷利率之间。而在不考虑供给因素时，农户信贷决策主要受交易成本和贷款规模的影响（张少宁、张乐柱，2018）。因此，本文提出假说 H2。

假说 H2：贫困地区低息和零息资金的受限可得性是小额信贷得以蓬勃发展的重要原因。

三、模型设定、变量选择与说明

（一）模型设定

农户和金融机构之间的相互作用可能产生四种结果，即“有需求，有供给”“有需求、无供给”“无需求，有供给”和“无需求，无供给”。分别用虚拟变量 Y_D 和 Y_S 表示这四种结果：$Y_D=1$ 表示农户有信贷需求，$Y_D=0$ 表示农户无信贷需求，$Y_S=1$ 表示金融机构有供给意愿，$Y_S=0$ 表示金融机构无供给意愿。那么，以上四种结果可简单表示为（1，1）、（1，0）、（0，1）和（0，0）。通常，只有（1，1）能够被观察到，即农户获得金融机构贷款，可以用 P 表示，并设定 $P=1$ 表示获得，$P=0$ 表示未获得，在本文中称之为小额信贷可得性。Y_D^* 和 Y_S^* 分别表示小额信贷需求和小额信贷供给的隐藏变量。

1. Probit 模型

早期文献假定所有农户都存在资金需求，并指出农户参与信贷市场的结果只受到金融机构放贷决策的影响。因此，农户小额信贷可得性可直接采用如下 Probit 模型估计：

$$P_r(\text{acquire})=P_r(P=1|X_S)=P_r(Y_S=1|X_S) \tag{1}$$

2. 双变量 Probit 模型

近年来，农户均有信贷需求这一假定逐渐受到质疑，用于分离需求和供给效应的双变量 Probit 模型逐渐被采用。与单方程相比，联立方程可以估计包括借款者和非借款者在内的所有样本信息，避免了有偏估计。模型设置如下：

$$P_r(Y_D=1)=P_r(Y_D^*>0)=P_r(\varepsilon_D>-X_D\beta_D) \tag{2}$$

$$P_r(Y_S=1|Y_D=1)=P_r(Y_S^*>0)=P_r(\varepsilon_S>-X_S\beta_S) \tag{3}$$

式中 X_D 和 X_S 分别为影响小额信贷需求和供给的外生变量，β_D 和 β_S 是待估计参数，误差项 ε_D 和 ε_S 服从联合正态分布，记为 ε_D，$\varepsilon_S \sim BVN(0，0，1，1，\rho)$，其中 ρ 是 ε_D 和 ε_S 的相关系数。

（二）变量选择

（1）因变量：小额信贷可得性与小额信贷需求。对于小额信贷可得性，首先询问农户“是否向小额贷款公司申请过贷款”，若回答“是”，则进一步询问其“申请后是否获得所需资金”。对于农户小额信贷需求（包括显性资金需求和隐性资金需求），除了发生小额信贷农户的显性资金需求，还存在虽有小额信贷需求但未实际发生贷款行为的隐性小额信贷需求。其具体识别过程如下：对未向小额贷款公司申请贷款的农户进一步询问其未申请的原因，所列示的原因包括不需要资金、有其他渠道，小额信贷可申请额度少、期限短、利息高，担心自己以后还不起、信贷员认为自己以后还不起，不清楚贷款程序等。由于需求是指有支付能力的支付意愿，故本文定义的小额信贷需求不包括因担心自己日后还不起、信贷员认为自己以后还不起而未申请贷款的农户需求，也不包括不需要资金和有其他渠道的农户需求。

（2）核心自变量：金融素养和其他贷款渠道。本研究根据农户对问卷中设置的金融知识（包括基本计算、单利计算、复利计算、对单利与复利的理解、对通货膨胀的理解、对货币时间价值的理解、对风险与收益之间关系的理解和对金融产品的了解）、金融技能（真假币鉴别方法的选择）、金融意识（包括安全意识、投资意识、贷款意识、保险意识和信用意识）和金融行为（包括保险行为、支付行为和业务办理行为）4 个模块 18 个金融相关问题（包括客观单选题与主观多选题）的回答，并使用得分加总法测度农户的金融素养水平。其中对于客观单选题，每回答正确 1 个问题计 1 分，回答错误或不知道如何作答计 0 分，对于主观多选题则依据农户勾选选项数量计算分值，若农户对 1 道多选题勾选选项数量在 3 个及 3 个以下，该题计 0 分，3 个以上计 1 分。当农户存在亲戚朋友或正规金融机构贷款时，本研究将其他贷款渠道赋值为 1，否则赋值为 0。

（3）控制变量。结合本文的研究目的，参考以往相关研究，本文选取了如下控制变量：性别、年龄、受教育程度和风险偏好等反映农户个体特征的变量；是否有大事发生、劳动力人数占比、社会资本以及家庭与金融机构的距离等反映家庭特征的变量，其中，农户的社会资本用家庭人情礼节支出指标反映；耕地面积、牲畜规模和非农收入占比等反映家庭生产经营特征的变量；此外，本文还控制了“贷款经历”这一变量对农户信贷可得性的可能影响。同时，为了减小极值对分析结果的影响，本文对收入、财富等经济数据取对数处理。具体的变量选择和赋值说明如表 1 所示。

表 1　变量选择及赋值说明

变量属性	变量名称	赋值说明
被解释变量	小额信贷可得性	1=获得小额信贷，0=未获得小额信贷
	资金需求	1=有资金需求，0=无资金需求
	金融素养	根据农户对主观题和客观题的回答情况将得分加总
核心解释变量	其他贷款渠道	包括亲戚朋友借款等零息借款和银行贷款等低息贷款渠道，1=有其他贷款渠道，0=没有其他贷款渠道
	贷款经历	1=农户近三年获得过小额信贷，0=农户近三年未获得过小额信贷
	是否有大事发生	包括婚、丧、嫁、娶、买房、子女上大学等事件，1=农户近三年发生过大事，0=农户近三年未发生大事
	ln（日常消费）	日常消费指家庭年衣食住行支出
	种植业收入占比	家庭年种植业收入占年总收入的比重
	养殖业收入占比	家庭年养殖业收入占年总收入的比重
	非农收入占比	家庭年非农收入占总收入的比重，其中，非农收入包括本地/外出务工收入、公职收入等
	中等资产水平	1=家庭持有的生产性固定资产处于中等水平，否则，赋值为 0
	高等资产水平	1=家庭持有的生产性固定资产处于高等水平，否则，赋值为 0
控制变量	普通农户	1=普通农户，否则，赋值为 0
	个体工商户	1=个体工商户，否则，赋值为 0
	种养大户	1=种养大户，否则，赋值为 0
	家庭人口规模	家庭常住人口数量，不包括分家、出嫁和参军的子女，但包括外出打工的子女
	ln（人情往来支出）	家庭年人情往来支出
	是否有朋友在政府/金融机构上班	1=有朋友在政府部门或金融机构上班，否则，赋值为 0
	与金融机构的距离	农户与最近金融机构网点的距离
	年龄	户主的年龄
	年龄的平方	户主年龄的平方
	受教育程度	0=文盲，1=小学，2=初中及以上
	是否有常年患病的人	1=家庭中有常年患病的成员，否则，赋值为 0

四、数据来源及样本统计分析

（一）数据来源

本研究的数据来源于本课题组 2018 年 7 月在内蒙古自治区的两个贫困县——赤峰市巴林右旗和乌兰察布市商都组织的实地调研。内蒙古自治区是我国西部地区比较落后的边疆少数民族聚居地，也是国家重点扶贫的农牧区。巴林右旗和商都均位于内蒙古自治区东部，2017 年，巴林右旗和商都农村居民人均可支配收入分别为 9 498 元和 9 257 元①。两县均于 2013 年开始开展小额信贷

① 数据分别来自 2017 年巴林右旗和商都县国民经济和社会发展统计公报。

业务，至今已基本形成稳定的客户群体，适用于本文的研究目的。在选择调查样本时，本研究按照经济发展水平和人口密集程度在每个县选取4～6个有代表性的乡（镇），在每个样本乡镇分层选取2～3个样本村，并在每个样本村随机选择10～15个样本农户，采取一对一入户访谈形式展开调查，调查样本共涉及2个县12个乡（镇）30个自然村，覆盖面广，兼顾地理环境和区域经济发展水平差异，因而代表性较好。此次调研共发放问卷350份，调查内容涵盖家庭的经济状况、农户的个人特征情况、农户的信贷市场参与情况以及农户的金融素养等微观层次的相关信息①，在剔除关键变量缺失和前后矛盾的样本之后，获得339份有效问卷，其中有87份贫困农户样本，197份普通农户样本，31份个体工商户样本以及24份种植或养殖大户样本，问卷有效率96.86%。

（二）样本描述性分析

1. 金融素养的描述性分析

本研究根据农户对问卷中设置的金融知识、金融技能、金融意识和金融行为4个模块18个金融相关问题（包括客观单选题与主观多选题）的回答测度农户的金融素养水平。表2和表3分别汇报了样本农户对7道客观题的回答情况。如表2所示，样本农户正确回答问题的个数集中在4个，占比44.84%，仅有不到11.80%的农户正确回答6～7个问题，接近1/3的样本农户仅能正确回答3个及以下金融问题，体现出贫困地区农户普遍较低的金融素养。

表2　正确回答客观题个数的分布情况

单位：%

问题个数	0	1	2	3	4	5	6	7
样本量	1	5	30	59	152	52	24	16
占比	0.29	1.47	8.85	17.40	44.84	15.34	7.08	4.72

具体分析样本农户对各金融知识点的回答情况，结果如表3所示，近90%的样本农户具备基本的计算能力，超过80%的农户理解货币购买力、货币时间价值以及风险与收益的关系。然而，农户对与资金借贷密切相关的金融知识（包括单利计算、复利计算、单利与复利的理解）的掌握程度较低。超过70%的样本农户对存款单利计算问题和存款复利计算问题回答错误或不知道如何作答，仅1/5左右的样本农户能够理解单利与复利之间的关系。这进一步凸显了样本地区农户普遍较低的金融素养水平。

表3　金融知识客观题的回答情况

单位：%

金融知识点	回答正确	回答错误	不知道答案
基本计算	89.97	1.18	8.85
存款单利计算	20.35	14.45	65.19
存款复利计算	14.45	9.14	76.40
单利与复利的理解	19.47	15.04	65.49
货币购买力	81.71	8.55	9.73
货币时间价值	92.33	5.31	2.36
风险与收益的关系	84.66	4.42	10.91

① 本研究选取家庭户主或在家庭事务中有经济决定权或生产决定权的人群作为受访者。

2. 农户借款的描述性分析

农户的借款渠道包括正规金融机构、小额贷款公司和民间借贷（包括亲戚朋友借贷、担保公司借贷、合会借贷、私人钱庄借贷或高利贷等）。样本农户 2015 年以来的借贷情况如表 4 所示。由表 4 可以看出，样本地区参与借贷的农户比例逐年递增，无借贷农户占比从 2015 年的 67.26%下降至 2016 年的 58.11%，最后下降至 2017 年的 36.28%。其中小额信贷的贷款户也从 2015 年的 12.39%提高至 2017 年的 32.15%。此外，农户多渠道融资的现象愈加凸显，2017 年多渠道融资的农户占比近 20%，在一定程度上说明了样本地区农户面临着较严重的信贷配给，其资金需求需要通过多个渠道才能得到满足。

表 4　2015 年以来农户借贷情况

借款渠道	2015 年	2016 年	2017 年
无借贷	228（67.26%）	197（58.11%）	123（36.28%）
正规金融机构	64（18.88%）	78（23.01%）	134（39.53%）
小额信贷	42（12.39%）	58（17.11%）	109（32.15%）
民间借贷	21（6.19%）	30（8.85%）	41（12.09%）
单一渠道借款	95（28.02%）	118（34.81%）	149（43.95%）
多渠道借款	16（4.72%）	24（7.08%）	67（19.76%）

不同收入水平和不同生产性固定资产价值水平农户的贷款资金来源渠道如表 5 所示。由表 5 可以看出，不同收入水平和不同资产水平农户的资金需求情况和借贷发生率存在一定差异，有资金需求的农户占比和农户借贷发生率均随着收入水平和资产水平的提高而提高。从借款渠道上来看，高收入水平农户发生的 113 笔贷款中，仅 8 笔贷款来自亲戚朋友等民间借贷，占比 7.34%。高资产水平农户发生的 118 笔贷款中，仅 11 笔贷款来自民间借贷，占比 9.82%。而且正规金融机构贷款仍主要集中于满足高收入水平和高资产水平农户，中低收入水平农户仍受到来自正规金融机构较严重的信贷配给。而小额信贷确实在一定程度上改善了低收入水平农户的信贷约束情况。

表 5　不同收入和不同资产水平农户贷款情况

借款渠道	低收入水平组	中收入水平组	高收入水平组	低资产水平组	中资产水平组	高资产水平组
有资金需求	67（58.77%）	89（76.72%）	88（80.73%）	78（60.94%）	70（70.71%）	96（85.71%）
无借贷	58（50.88%）	37（31.90%）	28（25.69%）	64（50%）	33（33.33%）	26（23.21%）
正规金融机构	28（24.56%）	40（34.48%）	66（60.55%）	38（29.69%）	32（32.32%）	64（57.14%）
小额信贷	30（26.32%）	40（34.48%）	39（35.78%）	32（25%）	34（34.34%）	43（38.39%）
民间借贷	13（11.40%）	20（17.24%）	8（7.34%）	10（7.81%）	20（20.20%）	11（9.82%）

五、实证结果分析

（一）金融素养与农户小额信贷可得性

为验证内蒙古地区样本农户较高的小额信贷发生率是否缘于该地区农户的金融素养水平较低，出现了利率幻觉，本文运用计量模型进行实证检验。一般来说，农户金融素养水平越高，其对高成本资金的需求越低，所以如果农户的金融素养对其小额信贷可得性的影响系数为负，则可以在一定程度上说明内蒙古地区小额信贷得以存在并发展可以从该地区农户较低的金融素养水平上得到部分解释。实证模型的回归结果如表6所示。第（1）列是不加入任何控制变量的基准回归，结果显示农户金融素养水平在1%的水平上促进了其小额信贷可得性的提高，与预期不符。在模型（1）的基础上，进一步加入农户个人特征以及家庭经济特征等可能影响农户小额信贷可得性的一系列控制变量，回归结果如第（2）列所示，金融素养仍然在10%的显著性水平上促进其小额信贷可得性的提高。而且运用双变量Probit模型进一步分析可以发现，农户金融素养水平对其资金需求和小额信贷可得性均具有显著的促进作用。这可能是因为对农户而言，金融素养水平越高，其发现投资机会的能力越强，与资本结合创造利润的意愿越强烈，外部融资需求越高。而且，农户金融素养水平的提高，有利于增加其对小额信贷的贷款申请条件和申请程序的了解程度，使得贷款信息搜集成本和处理成本得到控制，从而提高其小额信贷需求。对小额信贷供给方而言，农户金融素养的提高，有利于提高农户的资金盈利能力和诚信水平，从而提高农户的还款能力，降低贷款违约率，小额信贷供给方的供给意愿得以提升。在小额信贷供需双方的作用下，农户小额信贷可得性提高。

表6　农户金融素养与小额信贷可得性

变量	Probit（1）	Probit（2）	双变量Probit（3）	
	小额信贷可得性	小额信贷可得性	资金需求	小额信贷可得性
金融素养	0.087 2***	0.069 0*	0.081 7**	0.074 4**
	(0.031 0)	(0.039 1)	(0.039 1)	(0.037 7)
贷款经历		0.497***		0.590***
		(0.160)		(0.147)
是否有大事发生		0.466***	0.211	0.551***
		(0.171)	(0.172)	(0.179)
ln（日常消费）		0.078 0	0.093 2	0.082 9
		(0.076 4)	(0.072 7)	(0.065 3)
种植业收入占比		0.074 5	−0.118	0.170
		(0.300)	(0.285)	(0.295)
养殖业收入占比		0.938**	0.279	1.024**
		(0.418)	(0.423)	(0.439)
非农收入占比		0.386	−0.396	0.525
		(0.346)	(0.336)	(0.351)
中等资产水平		0.303	0.158	0.289
		(0.195)	(0.189)	(0.199)
高等资产水平		0.419**	0.500**	0.471**
		(0.208)	(0.231)	(0.215)
普通农户		0.051 1	0.161	0.070 5
		(0.192)	(0.184)	(0.185)
个体工商户		−0.591	0.045 1	−0.506
		(0.375)	(0.361)	(0.362)
种养大户		−0.689*	−0.028 4	−0.737**
		(0.377)	(0.382)	(0.375)
家庭人口规模		−0.186**	0.034 0	−0.166**
		(0.086 8)	(0.077 3)	(0.078 1)

（续）

变量	Probit（1）	Probit（2）	双变量 Probit（3）	
	小额信贷可得性	小额信贷可得性	资金需求	小额信贷可得性
ln（人情往来支出）		−0.038 9 (0.026 3)		−0.044 1* (0.024 2)
是否有朋友在政府/金融机构上班		0.145 (0.191)		0.079 1 (0.178)
与金融机构的距离		0.000 797 (0.004 23)		0.000 750 (0.003 97)
年龄		0.205*** (0.073 8)	0.071 8 (0.064 9)	0.210*** (0.075 7)
年龄的平方		−0.002 24*** (0.000 757)	−0.000 893 (0.000 655)	−0.002 26*** (0.000 758)
性别		−0.001 36 (0.169)	0.012 4 (0.168)	0.047 0 (0.171)
受教育程度		−0.060 8 (0.115)	−0.117 (0.110)	−0.093 0 (0.116)
是否有常年患病的人			0.112 (0.160)	
常数项	−1.357*** (0.327)	−6.516*** (1.994)	−2.681 (1.757)	−7.041*** (2.085)
观测值	339	339	339	339

注：***、**、*分别表示变量在1%、5%、10%的水平上显著，括号内为标准误。

从控制变量来看，农户在正规金融机构或小额贷款公司的贷款经历对其小额信贷可得性在1%显著性水平上具有促进作用。这是因为农户的贷款经历会在一定程度上降低农户和金融机构之间的信息不对称程度，农户和金融机构为促进贷款合约达成所需付出的交易成本均有所降低。此外，与贫困农户和普通农户相比，个体工商户和种养大户的回归系数均为负，说明小额信贷的客户相对集中于农村地区的劣势群体，即非“精英”农户。但与低资产水平农户相比，中、高等资产水平农户的资金需求和小额信贷可得性均较高，且与样本地区高自然风险的种植业相比，养殖业收入占比对农户的小额信贷可得性具有显著的促进作用。这说明，小额信贷在瞄准中低收入群体的同时，考虑到贷款风险，其放贷决策仍较谨慎。

（二）其他贷款渠道与农户小额信贷可得性

本部分在表6的基础上进一步考虑了农户其他贷款渠道对其小额信贷可得性的影响，回归结果如表7所示。在第（1）列不加入其他控制变量的情况下，农户金融素养水平对其小额信贷可得性依然具有显著的促进作用，其他贷款渠道的回归系数为负但不显著。而加入一系列控制变量以及运用双变量Probit模型进一步回归后，金融素养对农户的资金需求和小额信贷可得性仍具有显著的促进作用。其他贷款渠道对农户的小额信贷可得性具有显著的负向作用，说明农户在面临外部融资需求时，正规金融机构和亲戚朋友等其他借款渠道对农户的小额信贷需求具有一定的替代作用。这是因为，对农户而言，尤其对贫困地区的农户而言，当其存在资金需求时，多为刚性需求，相比资金的借贷成本，农户更为关心资金的可得性。贫困地区农户的外部融资渠道包括无息的亲戚朋友借贷、低息的正规金融机构借贷、高息的小额信贷以及私人钱庄和高利贷等，即便小额信贷利率高于亲朋借贷和正规金融机构贷款利率，但仍介于正规金融机构与高利贷之间，而且小额信贷小额度、分期还款的制度安排使得其每一期的资金成本仍在低收入农户的可承受范围之内，即小额信贷具有“率大值小”的特征。因此，在亲戚朋友借贷或者银行贷款等零息或低息贷款不可得或者不能完全满足农户资金需求时，重视资金可得性的农户的理性选择便是小额信贷。

表7　农户其他贷款渠道与其小额信贷可得性

变量	Probit（1）	Probit（2）	双变量 Probit（3）	
	小额信贷可得性	小额信贷可得性	资金需求	小额信贷可得性
金融素养	0.094 2***	0.073 8*	0.070 1*	0.087 0**
	(0.031 8)	(0.039 3)	(0.039 0)	(0.038 3)
其他贷款渠道	−0.146	−0.389**		−0.931***
	(0.147)	(0.166)		(0.156)
贷款经历		0.532***		0.640***
		(0.163)		(0.168)
是否有大事发生		0.548***	0.270	0.668***
		(0.175)	(0.167)	(0.176)
ln（日常消费）		0.087 5	0.092 6	0.099 6
		(0.077 2)	(0.071 1)	(0.063 3)
种植业收入占比		0.069 9	−0.110	0.106
		(0.305)	(0.277)	(0.286)
养殖业收入占比		0.943**	0.268	0.986**
		(0.425)	(0.423)	(0.449)
非农收入占比		0.301	−0.293	0.150
		(0.355)	(0.336)	(0.360)
中等资产水平		0.322	0.202	0.325
		(0.196)	(0.193)	(0.207)
高等资产水平		0.449**	0.493**	0.502**
		(0.214)	(0.236)	(0.229)
普通农户		0.038 2	0.178	0.052 4
		(0.193)	(0.183)	(0.186)
个体工商户		−0.596	0.078 5	−0.523
		(0.383)	(0.365)	(0.393)
种养大户		−0.691*	−0.046 5	−0.637*
		(0.370)	(0.378)	(0.357)
家庭人口规模		−0.194**	0.040 7	−0.181**
		(0.088 7)	(0.078 5)	(0.082 5)
ln（人情往来支出）		−0.034 6		−0.032 8
		(0.026 3)		(0.025 8)
是否有朋友在政府/金融机构上班		0.129		0.037 9
		(0.193)		(0.178)

（续）

变量	Probit（1）	Probit（2）	双变量 Probit（3）	
	小额信贷可得性	小额信贷可得性	资金需求	小额信贷可得性
与金融机构的距离		0.000 932 (0.004 15)		0.001 89 (0.004 13)
年龄		0.227*** (0.076 9)	0.087 2 (0.063 9)	0.251*** (0.084 7)
年龄的平方		−0.002 50*** (0.000 793)	−0.001 04 (0.000 647)	−0.002 79*** (0.000 856)
性别		−0.041 3 (0.168)	0.071 3 (0.172)	−0.050 6 (0.172)
受教育程度		−0.038 0 (0.115)	−0.095 2 (0.113)	−0.039 0 (0.116)
是否有常年患病的人			0.124 (0.157)	
常数项	−1.352*** (0.327)	−6.932*** (2.044)	−3.116* (1.757)	−7.468*** (2.260)
观测值	338	338	338	338

注：***、**、*分别表示变量在1%、5%、10%的水平上显著，括号内为标准误。

六、结论与政策建议

本文基于内蒙古自治区两个贫困县339个农户的微观调查数据，考察金融素养和其他贷款渠道在我国贫困地区的小额信贷蓬勃发展过程中的作用。结果显示，我国贫困地区农户的金融素养水平较低，然而，低金融素养水平未能在一定程度上解释小额信贷的蓬勃发展。相反地，农户的金融素养水平对农户的资金需求和小额信贷可得性均具有显著的促进作用。对农户信贷市场参与情况进行分析之后发现，小额信贷虽然在一定程度上缓解了我国贫困地区农户的资金需求情况，但贫困地区农户仍然面临严重的信贷约束，主要表现为多渠道借款的现象凸显。低息银行贷款和零息亲朋借贷对于农户的小额信贷可得性具有显著的抑制作用。即便小额信贷利率较高，但仍介于银行贷款利率和高利贷利率之间，加之小额信贷贷款额度低，并采用定期还款的方式，所以分摊到每一期的贷款利息并不高，仍然在低收入群体的承受范围之内。而对贫困地区农户来说，当其存在资金需求时，多为刚性需求，相较于贷款成本，农户更在意信贷资金的可得性。所以刚性资金需求、低息银行贷款和零息亲朋借贷资金的受限可得性是贫困地区小额信贷得以蓬勃发展的重要原因。

结合本文的研究结论，本文提出以下建议：第一，在我国贫困地区农户金融素养水平普遍较低的现实背景下，加强金融知识的普及与教育，提升贫困地区农户的金融素养水平；第二，小额信贷和其他金融产品和服务一样，有其适应的客户群体和适用范围，不同类型的农户会有不同的借贷需求，所以可以因时因地制宜地灵活创新小额信贷产品，例如采用多样化贷款金额和贷款期限的组合方式；第三，信息不对称是导致信贷约束的一个重要原因，所以在小额信贷产品创新过程中引入保险机制对于进一步改善贫困地区农户面临的信贷约束现状具有积极作用。

参 考 文 献

程恩江，Abdullahi D Ahmed，2008. 信贷需求：小额信贷覆盖率的决定因素之一——来自中国北方四县的调查[J]. 经济学（季刊）(7)：1391-1414.

程恩江，刘西川，2010. 小额信贷缓解农户正规信贷配给了吗？——来自三个非政府小额信贷项目区的经验证据[J]. 金融研究（12）：190-206.

杜晓山，2004. 中国农村小额信贷的实践尝试 [J]. 中国农村经济（8）：12-19，30.

孔荣，陈传梅，衣明卉，2010. 农户正规信贷可得性影响因素的实证分析——以陕西省 756 户农户的调查为例[J]. 农业经济与管理（3）：36-45.

刘西川，陈立辉，杨奇明，2014. 农户正规信贷需求与利率：基于 TobitⅢ模型的经验考察 [J]. 管理世界（3）：75-91.

彭澎，吕开宇，2018. 贫困地区的扶贫贷款存在"社会精英"的俘获问题吗——基于 3 个省 37 个贫困村的经验证据 [J]. 现代经济探讨（1）：124-132.

彭澎，吴承尧，肖斌卿，2018. 银保互联对中国农村正规信贷配给的影响——基于 4 省 1 014 户农户调查数据的分析 [J]. 中国农村经济，(8)：32-45.

石俊志，2007. 小额信贷发展模式的国际比较及其对我国的启示 [J]. 国际金融研究（10）：4-9.

孙光林，李庆海，李成友，2017. 欠发达地区农户金融素养对信贷违约的影响——以新疆为例 [J]. 中国农村观察（4）：87-101.

汪三贵，2000. 中国小额信贷可持续发展的障碍和前景 [J]. 农业经济问题（12）：18-20.

王正位，邓颖惠，廖理，2016. 知识改变命运：金融知识与微观收入流动性 [J]. 金融研究（12）：111-127.

吴雨，宋全云，尹志超，2016. 农户正规信贷获得和信贷渠道偏好分析——基于金融知识水平和受教育水平视角的解释 [J]. 中国农村经济（5）：43-55.

尹志超，宋全云，吴雨，2014. 金融知识、投资经验与家庭资产选择 [J]. 经济研究（4）：62-75.

尹志超，宋全云，吴雨，等，2015. 金融知识、创业决策和创业动机 [J]. 管理世界（1）：87-98.

张兵，张宁，2012. 农村非正规金融是否提高了农户的信贷可获性？——基于江苏 1202 户农户的调查 [J]. 中国农村经济（10）：58-68，90.

Bernheim B Douglas，Daniel M Garrett，2003. The effects of financial education in the workplace：Evidence from a survey of households [J]. Journal of Public Economics，87（7-8）：1487-1519.

Besley T，Coate S，1995. Group lending，repayment incentives and social collateral [J]. Journal of Development Economics，41（1）：1-18.

Carter M R，1988. Equilibrium credit rationing of small farm agriculture [J]. Journal of Development Studies，28（1）：83-103.

Chatterjee S，2013. Borrowing decisions of credit constrained consumers and the role of financial literacy [J]. Economics Bulletin，33（1）：179-191.

Dohmen T，A Falk，D Huffman et al.，2010 Are risk aversion and impatience related to cognitive ability? [J]. American Economic Review，100（3）：1238-1260.

Galor O，Zeira J，1993. Income distribution and macroeconomics [J]. The Review of Economic Studies，60（1）：35-52.

Gathergood J，2012. Self-control，financial literacy and consumer over-indebtedness [J]. Journal of Economic Psychology，33（3）：590-602.

Honohan P，2004. Financial development，growth and poverty：How close are the links? [J]. World Bank Policy Research Working Paper：3203.

Karlan Dean，Jonathan Zinman，2010. Expanding credit access：Using randomized supply decisions to estimate the impacts [J]. Review of Financial Studies (23): 433 - 464.

Khandker S, 2005. Microfinance and poverty: evidence using panel data from Bangladesh [J]. The World Bank Economic Review, 19 (2): 263 - 286.

Sarmistha Pal, 2002. Household sectoral choice and effective demand for rural credit in India [J]. Applied Economics, 34 (14): 1743 - 1755.

Sehrawat M, Giri A K, 2016. Financial development, poverty and rural - urban income inequality: Evidence from South Asian countries [J]. Quality and Quantity, 50 (2): 577 - 590.

Sevim N, F Temizel, S Ozlem, 2012. The effects of financial literacy in the borrowing behaviour of turkish financial consumers [J]. International Journal of Consumer Studies, 36 (5): 573 - 579.

中国转型秩序下乡村振兴战略的制度供给逻辑*

董雪梅[1,2]　张艳荣[2]

（1. 华南农业大学经济管理学院；2. 甘肃农业大学财经学院）

摘要：乡村振兴战略与中国深化转型密不可分。中国转型秩序的特质源于极具中国特色的治理结构安排，一方面促进市场和社会等多元治理主体参与，另一方面保持中央权威的统筹调动能力，形成了单中心多渠道的乡村治理模式。这一治理结构引发的外部性主要表现为渐进式转型中权力和市场“混合体制”的僵化，现如今不触动制度环境改革的治理结构调整，很有可能是形式化、暂时性的，甚至可能会被已成势力的利益集团利用，演变成新型敛财工具。本文总结出 SCP 制度分析路径，将制度环境、治理结构调整和城乡秩序之间的嵌套关系理论化，以期为今后的研究提供一个规范的分析路径和逻辑起点。

关键词：中国转型；乡村振兴；制度逻辑；公平正义

一、乡村振兴战略的制度供给逻辑

中共十九大报告指出我国社会主要矛盾已经发生变化，不平衡不充分的发展抑制着中国转型的深入推进，改革开放以来相对于城市经济的飞速发展，乡村落后问题导致城乡差距日益增大，这也是不平衡不充分发展的关键所在，为此十九大首次明确提出乡村振兴战略，推进“农业农村优先发展”，成为未来较长一段时间描绘农村图景的基本定位。乡村振兴战略提出以后，学术界对战略内涵的解读方兴未艾，解读热度或者集中于实施乡村振兴的政策路径等传统思维，或者在城市精英的乡土浪漫情怀中脱离农村实际；地方政府也召开各类动员大会，在还没有深入理解战略内涵的情况下，忙于列规划却不知如何实现，乡村振兴战略学术研究滞后影响了政策的顺利实施。

事实上，乡村振兴首先需要克服的难题是理论探讨的缺乏，重中之重便是增加城乡融合的制度供给，2017 年中央农村工作会议作出战略规划，要求将到 2020 年基本形成制度框架和政策体系（钟钰，2018）作为乡村振兴战略第一阶段的部署目标。若在中国转型的总体脉络之中考虑乡村落后现象，可以发现乡村落后问题本身就是城乡制度不平等的结果，为了在扭曲的城乡关系下提取农业剩余以支持重工业发展，中国建立了一整套乡村发展制度框架，虽然十六大以来城乡统筹发展对减小公共政策差距、促进城乡资源均衡分配产生了重大影响，但这个过程仍是政府主导，市场参与度较低，在制度刚性下高度发达的城市经济“统筹”了乡村社会，大量农村资源向城市涌入，农村空心化现象埋下了严重的社会治理隐患，乡村落后局面并未得到扭转且存在加重的趋势。由此看来，如果在原有制度框架下强制推进乡村振兴战略，促进城乡平等的美好初衷极有可能被湮灭，政

* 基金项目：教育部重大项目“贫困治理效果评估机制研究”（编号：16JZD025）；甘肃农业大学学科建设专项基金“甘肃省乡村振兴战略的制度供给研究”（编号：GAU－XKJS－2018－245）。

策红利很难真正到达农村基层，因此必须对造成乡村落后的制度进行改革，解构原有制度中不合理部分或重建公平机制，如此乡村振兴的部署才是可行的、科学的、利民的。

（一）乡村落后的秩序挑战

中国转型是计划经济体制转向社会主义市场经济体制的一个渐进式过程，通过工农剪刀差的方式转移农业剩余和发展工业。转型和改革在深入推进，当这一制度安排红利基本释放结束以后，乡村发展瓶颈问题接踵而至，表现为中国转型秩序在农业、农村和农民各个层面的长期失衡，农业进步无法与工业化步伐一致，城市偏向致使城乡差距扩大。

农业发展失衡方面，后发经济体普遍认为繁荣的工业经济是社会现代化的重要标志（P. K. Chang，1949），与之相反，传统农业标志着发展落后，工业化被片面理解为向制造业转移经济重心（Chenery et al.，1986），二战后很多发展中国家倾向于提升制造业的劳动人口和国民收入，集中全社会资源用于制造业投资而牺牲农业，忽视了传统农业的工业化和现代化改造，这也是许多国家农业发展受挫，社会工业化进程愈发举步维艰的重要缘由（张培刚，1992）。中国在优先发展重工业战略下加速从农业国向工业国的转变，扭曲的农业生产要素和农产品价格，致使农业发展的速度缓慢和农业水平的普遍低下，农业机械化、科技化、产业化迟迟不能推进，农民赖以生存的农业收入水平较低，造成了大范围的农村长期贫困问题。

农村发展失衡方面，重工业优先发展战略逐渐演变为城市倾向政策，不仅是通过工农价格剪刀差积累城市工业资本，城市部门还占有绝对政治结构优势，拥有大部分的权力、组织核心和表达渠道，而农村部门居住分散、贫困人口较多、个体产出水平较低、资源要素价格低廉，致使集体沟通成本极高，城乡政治影响力和谈判地位悬殊（刘守英，2018）。通过户籍制度限制农村居民向城市流动，实行城乡居民福利待遇差别制，教育、医疗等公共服务设施差异较大，导致农村生活成本增加，不仅如此，自1988年修订后的《土地管理法》发布后，城乡二元分割的土地制度进一步加剧了城市偏向趋势，农村土地转为非农建设用地必须先征为国有土地，再加上建设用地年度指标管制和政府垄断，集体建设用地合法入市的通道基本关闭，乡村发展权被剥夺，乡村非农产业萎缩，产业形式窄化，是乡村凋敝和城乡财富积累且二者差距扩大的主要根源（刘守英，2018）。

农民权力失衡方面，在工农价格剪刀差和城市倾向政策下，社会公平正义受到损害，农民权力在三个层面上长期处于失衡状态：首先，以社会权和民事权为核心的权力配置失衡（郭忠华等，2007），农民不仅在劳动、土地、环境等权益争取过程中处于弱势地位（祁毓、卢洪友，2015），且难以支付商品化后公共物品价格；其次，风险分配失衡，农民、农村及农业更可能受到环境污染、食品安全、社会治安、市场波动等问题困扰；最后，财富分配失衡，农民和农民工面临被限制的要素收益、劳动力廉价购买和福利保障相对高支出（何艳玲、汪广龙，2016）。

（二）乡村振兴的制度嵌套

在不公平制度框架下，乡村落后成了“必然”结果，中国转型秩序面临种种挑战，实施乡村振兴战略首先要解决的就是制度供给不足问题，体现于乡村治理结构①，即制度安排的空间容量上，治理体制现代化鼓励市场、社会等多元主体参与乡村治理过程，扩大制度容量。综合有关乡村振兴的制度框架讨论，归纳如下：

① 本文“治理结构”与“制度安排”含义相同。

其一，转型中国的乡村秩序与治理结构之间的嵌套关系。通过调整治理结构减缓乡村秩序失衡状态，丰富乡村多元主体之间的博弈过程，有关政府与市场、中央与地方、国家与社会之间制度安排多样性的研究大量涌现，政府、市场和社会多元主体协同治理模式可扩充制度容量（范逢春、李晓梅，2014），促进基层自治秩序与权威秩序优势互补，实现路径大致有以下几类：第一，政府治理体系中垂直管理与属地管理两种行政体制之间的平衡（尹振东，2011）。第二，市场制成为替代科层制的重要备择选项（蔡长昆，2016），发挥市场在资源配置中的决定性作用有助于实现城乡融合（熊小林，2018）。第三，社会制度有助于实现制度改革，顶层设计需要民众参与，在此基础上的社会博弈机制才能表达基层利益诉求，施压并破除权贵资本主义（清华大学社会发展研究课题组、孙立平，2012）。

其二，治理结构调整与制度环境之间的嵌套关系。部分学者并没有直接讨论治理结构调整对乡村秩序的影响，而是进一步考虑影响治理结构的因素，由此可追溯到制度安排的被嵌入对象，即制度环境变量中，二者之间的嵌入关系将成为解决问题的关键，从公平的城乡发展秩序需要合理的治理结构，转化为合理的治理结构需要开放的制度环境（Granovetter，1985；North，1990；North，2005）。正式制度与非正式制度是制度环境的基本组成要素，体现为政治制度与社会制度之间的相互作用关系。

如前所述，实施乡村振兴战略，首先应是城乡秩序的重建和社会公平正义的促进，对乡村秩序的分析必须回到转型中国的治理结构上，事实上，虽然中国在不断推进治理结构现代化，鼓励市场、社会等多元主体参与乡村治理，但总体上来说还是压缩了社会治理空间，保留中央政府在各领域的统筹地位；中国在转型时期的这一特殊治理结构产生了一系列外部性，导致治理结构实质性的僵化和乡村治理困境；考虑制度环境、治理结构和乡村秩序之间的层层嵌套关系，将乡村振兴战略的制度逻辑根源定位于制度环境上，也是本文认为解决问题的关键，或者说通过这一系统性制度路径分析，本文将构建一个乡村振兴实施的制度框架和逻辑起点（图 1）。

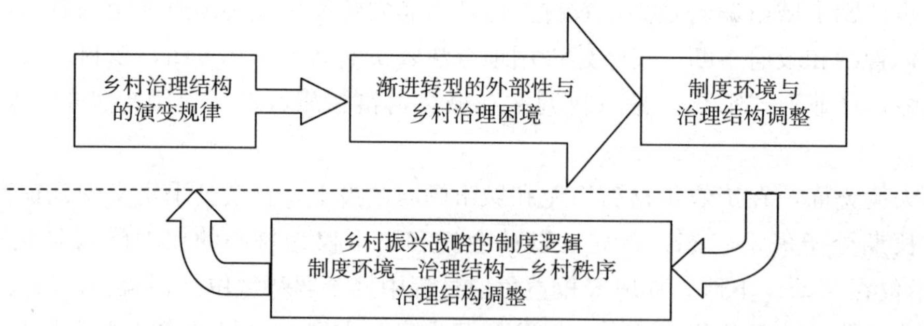

图 1　乡村振兴战略的制度分析

二、转型中国的乡村治理结构演变

中国转型期间的治理结构由中央集权的计划经济体制演化而来，在调整政府与市场、中央与地方、国家与社会三个维度上的治理参与度时，保持了中央政府的统筹地位和单中心治理模式，市场和社会等治理主体与中央政府的治理能力无法相提并论，因此乡村治理一直是以政府为核心的单中心治理，也就是说，乡村治理现状并不是多中心协同共治，市场、社会等治理组织不具有自主决策地位（周庆智，2016），仅为单中心治理模式下的多渠道路径，对于乡村治理结构的此项判断，是研究乡村治理结构演变规律的基础（图 2）。

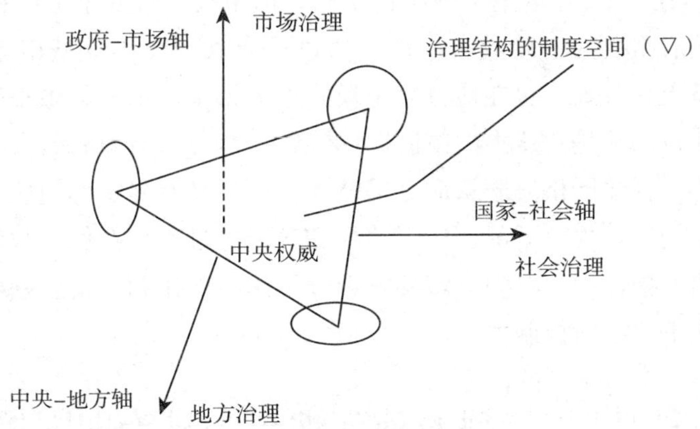

图 2 治理结构演变

其一，政府-市场维度上增加市场治理参与度，但保留对市场的政府定价与国家资本。一方面，20 世纪 80 年代开始，国家通过建立家庭联产承包责任制和逐步开放农副产品市场，促使剩余农副产品的小型交易集市得以恢复，1985 年起国家以“合同订购”和“订购任务”的方式取代了原有农产品统购统销体制，才使得 1987 年乡镇企业总产值首次超过农业总产值；90 年代，在双轨制并轨及财政包干制度背景下，各基层政府大办乡镇企业和小型国有企业，同时进一步放开价格管制，1992 年 2 月，国家将 571 种生产资料和产品的定价权交给企业，实现了绝大多数资料的自由购销（渠敬东等，2009）；接着 1998 年政府鼓励城市工商资本下乡，推进了大规模农业产业化模式（温铁军等，2016）。另一方面，为避免资本剥削和两极分化，实现社会主义制度下的共同富裕目标，国家在鼓励市场化发展的基础上，保留了政府定价，90 年代通过分税制改革，国家依托庞大的税收，极大地增强了直接投资和直接定价能力，此外，政府凭借行政权力，在征收乡村土地转为城市建设用地过程中，获取了巨额租金，致使财政收入占 GDP 比重、中央财政收入占全国财政收入比重大幅提高；同时，国家仍然直接控制着粮、油、棉等重要农产品的收购价格，对土地和劳动力定价存在绝对影响力，在能源、矿产、化工、金融、通信、交通等行业保持支配地位，并且越来越多地通过财政和货币政策，如财政支出规模与结构、税率、利率、国债、资产负债比、存款准备金等，以及节能减排、用地总量等指标政策来调控各资本主体的市场行为（邹东涛，2008）。

其二，国家-社会维度上调整社会治理参与度，但实行准入限制和分类管理。一方面，建立基于现代政治逻辑的国家与社会关系，培养乡村社会力量，确立基层自我管理地位，改革初期集体制下的乡镇企业，将村民拥有的土地权力转化为就业、福利分配等成员权力，在一定程度上可视为农村社会力量的兴起，2007 年以后农民合作社进入蓬勃发展阶段，作为农民联合组织成为吸纳农村社区资源、并与市场博弈的重要载体，除此之外，国家还通过制定《村民委员会组织法（1988 年）》，实现村民的自我管理与自我服务。另一方面，为对基层社会组织加强引导与管控，国家主要做法为：第一，通过 1998 年的《社会团体登记管理条例》，确立双重管理原则、人数与地域限制原则、非竞争原则等管控其准入和发展（康晓强，2012）；第二，农民群体在争取社会权与民事权过程中，所产生的纠纷解决途径大多数被替换为不断加强的行政程序，并进一步形成政府维稳机制（孙立平，2011；周望，2016）；第三，村委会作为村民自治组织，虽然具有民主选取和民主管理等特征，但事实上乡镇政府仍将其作为行政权力的基层延伸（贺雪峰、苏明华，2006）。

其三，中央-地方维度上增加地方治理参与度，但保留中心控制和集中人事的治理地位。一方面，为打破计划经济体制僵局，20 世纪 80 年代中期开始的近十年内，实施财政包干制调整中央与地方、省市县乡各级关系，给予地方政府自由活动空间，1984—1993 年，中央财政收入占比从

44%下降到22%，虽然在1994年取消了财政包干制，但事权一直处于下放状态；21世纪以来，农地征收制度成为地方政府重要的财政收入来源，通过征收农地与出让城市建设用地之间的巨额差距，迅速积累了大规模土地收入，也在地方竞争模式中赢得了政绩（渠敬东等，2009）。另一方面，中国行政体系基本上实行的还是“压力型体制”（荣敬本等，1998；马斌，2008），改革之初行政机构的设计就有等级森严、程序严格、服从命令等特征，而后又有界定部门职责、控制编制职数、党政领导干部选拔任用条例等，规范干部选拔、奖惩和升降等过程，在保留政治锦标赛激励机制的基础上，发挥行政问责的惩罚作用，在中央转移资金分配的专项化和项目化基础上，实现对地方政府支持权限的控制，强化中央纵向控制力度。

三、渐进转型的外部性与乡村治理困境

从以上分析可知，根据中国乡村治理结构的演变规律，在可以预见的未来仍会保留中央政府核心治理地位，同时推进乡村治理的现代化。事实上，中国治理任务一直是双重诉求并存，即总体性诉求与现代性诉求并存①，总体性诉求沿袭于计划经济时期的历史经验，具有自上而下的结构特征，而现代性诉求是基于现代国家和个人主义生发出来的自下而上的治理诉求（何艳玲，2018）。国家控制下单中心多渠道治理模式的灵活性与选择性，实现了国家治理的双重诉求，但同时也要意识到国家扮演双重角色的内在冲突性和外部性，以及由此造成的乡村治理困境。

（一）渐进式转型中混合体制的定型化

虽然中国转型的制度特征造就了“中国奇迹”，但要清醒认识到双重角色的矛盾冲突性：一方面，政府缔造社会规范与权力底线，是市场的规则者和中立者，另一方面，公权力和市场结盟，在强大的行政能力背景下，市场体制被打碎为市场因素②，权力通过重组市场因素，极有可能导致公共权力资本化和政府职能工具化。于是政府直接参与市场获利机制以及政府与资本间的庇护关系得以形成，结合权力与市场因素的这种混合体制（钟伟，2005；吴敬琏，2012），可以实现维护现有利益格局并使之定型化的目的。

近年来“改革进入深水区”的提法屡见不鲜，其实国家一直在颁布各种政策推进改革，但为何在这个过程中，无论是新颁布的政策还是大量国家资源的投入，都像在一汪深潭中投了枚石子，仅引起微微涟漪，实质性变革并未发生，反而是本就硕大的既得利益集团一次次蚕食国家资源和社会财富。更为复杂的是，名义上的改革还在进行，掌握大部分社会管理权和资源的既得利益集团，有动力也有能力将旧体制和改革的新体制因素改组重装，利用权力和市场的双重便利，推出一个能使既得利益集团获得最大收益的改革环节，当争论还集中在过度市场化或者是市场化不彻底时，已经意外地“创造”出要素非市场化衔接商品市场化的牟利方式，大肆牟取社会财富。例如政府以低价垄断土地征收，然后商品化后以高价卖出，正是这种新旧体制的打碎重装，导致改革举措犹如石沉大海，扭曲变形的改革消磨了民众热情，引起民众对改革的抵触情绪，今后的深化转型和改革可能

① 总体性诉求与现代性诉求在中国转型过程中，构成了一对矛盾与和谐的共生关系。一方面，总体性诉求强调治理结构的稳定性，彰显出“变中求定”的倾向，其主要通过三个途径达成，即保留国家自主性、党的执政地位以及动员能力；另一方面，现代性诉求则凸显了治理结构的开放性，以此回应外界环境的变化，具有“变中求变”的特征。

② 中国渐进式转型并没有完全运用市场体制，而是将市场作为一种“手段”或者“因素”，与总体性权力相结合，从而形成过渡时期的新体制，形成最有利于既得利益集团的奇异组合，以商品和服务的市场化，衔接要素的非市场化，从而牟取两者之间的巨额租金。

不仅需要考虑上层意志，同时也需要重建民众基础。

混合体制定型化最突出的表现就是社会结构趋于定型，并发展出社会断裂现象（清华大学社会发展研究课题组、孙立平，2012）。贫富差别落实到民众头上以后，就不太容易再改变，甚至出现代际传递，也就有了“富二代”“官二代”“农二代”等的说法，草根的发展空间被不断压缩，已经掌握社会主导权的阶层或者精英联盟，还可以继续捷足先登地抓住各种机会，并构筑机会垄断的高墙，贫富流动的减小大大降低了社会弹性，社会结构定型化引致的是日渐沉闷无助的社会气氛。

（二）中国乡村治理困境的理论溯源与实证分析

1. 乡村治理现状的结构演变

上文通过历史经验归纳总结出了乡村治理结构演变规律，将这一规律作为理论基础，可以用于指导中国乡村治理结构的现状分析，中国渐进式转型体制的外部性同样体现在中国乡村治理困境中，正如本文绘制的乡村治理现状结构图（图 3）。总体来看政府在乡村治理中拥有绝对话语权，在各个部分均保持着主导地位，市场与社会作为备选多渠道，参与乡村治理。

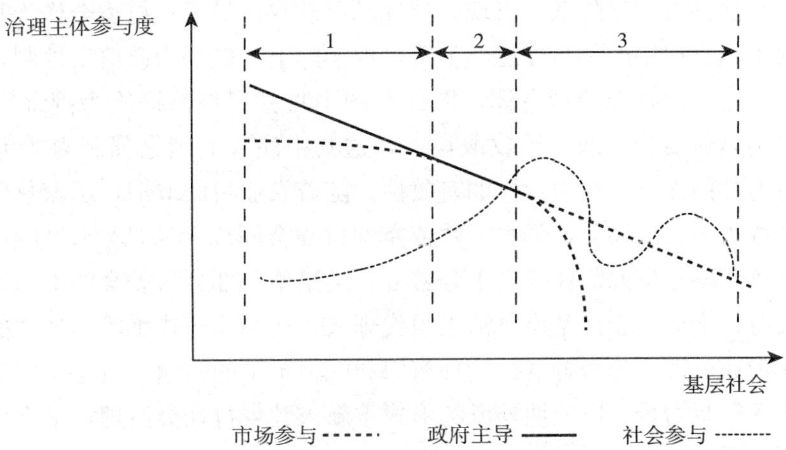

图 3　乡村治理现状结构演变图

图 3 第 1 部分为多元主体参与乡村治理的典型趋势，中国幅员辽阔，农村情况复杂多变，行政治理的纵向加深意味着边际制度成本攀升，乡镇政权在 1983 年才正式建立，因此越接近基层社会，行政主体治理力度与范围越小。与此同时，社会主体愈加广泛地参与乡村治理，一方面减少治理成本，另一方面实现基层治理的协商民主，结果便是基层自治单位的社会治理逐步增强。另外，由于农村一般地处偏远，随着市场经济对资源的配置能力减弱，其治理能力也呈下降趋势。

第 2 部分的重点为政府主导与市场参与的乡村治理出现了重叠，或者可以理解为联盟机制形成。现实经验中最为典型的为“土地财政”，政府以行政手段低价取得农民土地，转而以商品价格进行市场交易，政府与市场结盟获取中间利益，对政府来说是优异的财政和政绩考核，对市场来说是巨额利润，而农民却面临要素低收入和产品高价格的双重窘境。继土地财政之后，政府与市场的结盟关系并未终止，近年来这一结盟在国家扶贫战略下，表现为大量国家扶贫资源合理合法地进入市场精英组织，本意是以举国之力解决重工业赶超战略时期的历史遗留问题，但事实上扶贫战略的最大受益方仍是企业等市场主体。随着扶贫战略要求的提升，发展产业成为农村扶贫的主要内容之一，然而让一贫如洗、思想落后的农村建立产业体系并不是易事，政府需要长期大量的智力付出并承担风险，相对来说，交由企业运作资金，风险减小，行政负担也较轻，于是出现了大量类似国家资源入股企业，农民分红的扶贫模式，产业扶贫出现“虚化”现象，一旦国家资源退出，伪装的农村内生动力也将消失殆尽，贫瘠落后的标签仍无法摘去。不容置疑的是，精准扶贫战略极大改善了农村生产生活条件，体现出当权政党肩负的国家使命和历史担当，但仍要警觉，从土地财政再到产业扶贫虚化，利用权力和市场的双重便利，大量农村发展资源被蚕食，国家资源极度浪费，结果还是富者愈富，穷者愈穷。

第 3 部分有三个要点，首先，可以看出实际真正深入农村的市场机制仍十分不成熟，市场主体在基层治理中的参与程度迅速下降，支撑农村持续发展的市场机制培育并不健全，大多数国家资源被大中型市场主体截留，市场经济在基层社会中的资源配置能力较弱。其次，行政系统延伸至基层政权时，出现了“悬浮化”特征，在图中体现为虚线部分，农业税的取消，基本断了基层政权的“财路”，之后事权、人权也逐步减弱，国家资金下发后并不由基层行政机构掌握，而是绕开乡镇政权，由县级部门直接配套输入农村，乡镇行政机构仅起到协调落实作用，作为“不完全政府”参与乡村治理，面对复杂多变的农村情况时，乡镇部门既缺乏权威资源和物质资源，又需承担较高的行政负担，于是为应对压力型体制下的任务目标，发展出一套权宜的策略主义逻辑，只是按照行政程序采取“不出事”原则，对上严格按照行政任务提交各类数字报表，对下仅仅完成政治短期目标，乡镇部门权威性与合法性进一步降低，出现悬浮性基层政权。最后，村委会作为我国农村基层自治单位，虽然在乡村治理过程中的参与度逐渐上升，但实际上一般都为政府所控制，成为行政系统的附属机构，并非独立自主的社会治理主体，因此在图中将基层自治描绘为围绕行政治理的正弦曲线。农业税取消之前，村委会协助乡镇收取税费，这其中注入的国家强制力成为村委会的治理资源，村委会依附政府部门保证了权力运作的有效性。随着农业税的取消，国家总体性权力从农村逐步退出，基层自治权力大幅度弱化，失去行政依靠的村委会同样无法从农民群体中获取治理资源，而大扶贫时代协助落实国家资源的任务又十分繁复，结果便是部分村委会的不作为消极治理，或者地方势力上台，摇身一变成为合法基层自治组织代理人，运用非正式手段实现“摆平”式治理，乡村治理内卷化由此形成。即使为缓解基层治理权力和能力不足的问题，也是派出第一书记、驻村工作队、帮扶责任人等行政力量，以短期外派的形式重新入驻乡村社会治理，呈现出基层自治与政府权力交织错落的制度现实。

2. 甘肃省乡村治理的实证分析

为了进一步验证上文分析的合理性，选取甘肃省 Q 县的 4 个不同村落开展了实地调研。自 2012 年精准扶贫工作推进以来，产业扶贫成为脱贫攻坚的重要抓手，也是乡村治理引入市场主体的主要方式，根据村级座谈与问卷调查，Q 县的产业扶贫方式主要有 3 种，一是精准对接，按需扶持，根据农户养殖意愿的差异精准施策；二是产业扶贫资金入股分红；三是养殖入社托管，具体以 Q 县 H 村、C 村、T 村以及 G 村为例，分析产业扶贫路径（表 1），容易观察到，调研村大多采取了产业扶贫资金入股分红或者托管代养的模式。

表 1　Q 县四村产业扶贫路径

产业扶贫		额度（万元）	扶持方式	分红比例（元/年）	入股/托管企业
H 村	产业扶贫资金	1	入股分红	3 000[①]	种植农民专业合作社
	产业扶持缺额资金	1	入股分红	3 000	种植农民专业合作社
	农发行过桥贷款	6	托养奶山羊 10 只	固定分红 6 000＋保险 48	养殖股份有限公司
			托养湖羊 21 只	6 600	养殖农民专业合作社
	按需扶持	根据农户养殖意愿，投放湖羊 3 只，或者种猪 4 只			

（续）

	产业扶贫	额度（万元）	扶持方式	分红比例（元/年）	入股/托管企业
C村	产业扶贫资金	1	入股分红	3 000	种植农民专业合作社
	产业扶持缺额资金	1	入股分红	3 000	种植农民专业合作社
T村	产业扶贫资金	1	入股分红	基础分红 1 000＋盈利分红 500	特色养殖农民合作社
	按需扶持	根据农户养殖意愿，投放湖羊 3 只			
	扶贫小额贷款	5	入股分红	2 000	养殖农民专业合作社
G村	产业扶贫资金	1	入股分红	650	农产品加工公司
	菜单式扶贫资金	1	入股分红	650	农副产品批发公司
	东西协作帮扶资金	1	入股分红	650	牧业公司

注：①每年返本分红 3 000 元，包括返本的 2 000 元和分红 1 000 元，期限为 5 年。

可以看出，Q 县 4 村产业扶持资金输入来源多元化，大多按照“资金跟着贫困户”的原则开展精准帮扶，但事实上正如表 1 所示，产业资金的最终流向还是以乡村精英领衔的各类企业和合作社为主。在调查过程中了解到，T 村的产业扶贫资金投入了鹌鹑特色养殖农民合作社，然而事实上，鹌鹑合作社当时甚至都没有建成，名义上的扶贫资金实际上成为鹌鹑合作社的启动资金。企业或合作社与政府联合，将大部分产业扶贫资金截留到乡村精英群体，乡村治理模式类似于图 3 的第 2 部分。

Q 县政府选择“入股分红”的市场治理参与方式，是因为这类产业扶贫路径的最大优势就是“安全保底”，依托合作社或者企业实现规模养殖，同时避免了分散农户与市场博弈过程中，因信息不对称而造成的交易成本过高。但同时也要意识到，正是因为过于依赖入股分红，农户基本未参与产业扶贫过程，仅仅是收入有所增加，而无法提升农民融入市场的综合素质，可持续发展能力也并未在这个过程中得到锻炼增强，结果便是市场机制在真正的基层治理中，参与度反而急速下降，体现为图 3 的第 3 部分。

这一结果可以在 Q 县返贫调研中得到体现，市场机制的渗透与农业技术水平的提高息息相关，在大力发展产业扶贫的背景下，民众技术水平本应得到提高，提高农业发展的养殖技术、管理技术与销售技术等，并由此带动农户内生动力增强，但事实并非如此，如图 4 所示，在 Q 县 2013—2018 年主要的 5 项致贫原因中，“缺技术”一直稳居致贫原因首位，占比徘徊于 48%到 57%之间，在精准扶贫推进过程中虽然贫困人口规模总体上处于下降态势，但技术水平低下导致的贫困仍不容乐观。

在调研中了解到，Q 县的 T 村主要以苹果种植为主，全村共有 4 500 亩苹果，人均 1.5 亩，苹果种植利润为 7 000 元/亩左右，每年苹果丰收季大约收获 3 000 千克，销售渠道主要为游商收购，种植品种以红富士为主，但这种品种需要 8 年才能挂果，而它的替代品种——矮化密植苹果树 3 年便能挂果，且产量高于红富士，然而在入户调研中，多数农户表示自己并不愿意换植新品种，问其原因，表示“红富士皮实，好养活，矮化密植不会管”，苹果产业是 T 村的传统产业，具有品牌、资源环境等方面优势，但若是市场机制迟迟不能参与有效治理，产品扶贫无法提升农业技术，解决“不会管”“不会种”等问题，谁也不能保证，优势产业不会向衰败产业转变。

总结以上理论与实证分析，中国乡村治理的制度弊端可以总结为以下几点：其一，权力与市场构成利益联盟，无论国家下多大决心将大量资源用于发展农村经济，其中绝大部分都喂养了既得利益团体，并未在农村建立真切可行的市场机制；其二，基层自治缺失，很大程度上依附于政治力量，国家总体性权力的退出，一并弱化了基层自治，而且也没有从农民群体中获得治理资源，致使社会自治组织对上不能代表农村与国家权力博弈，对下不能维持乡村基本秩序；其三，无论是行政治理，还是市场和社会治理，参与深度和资源都显不足，整个农村落入了无人管的“真空”状态。

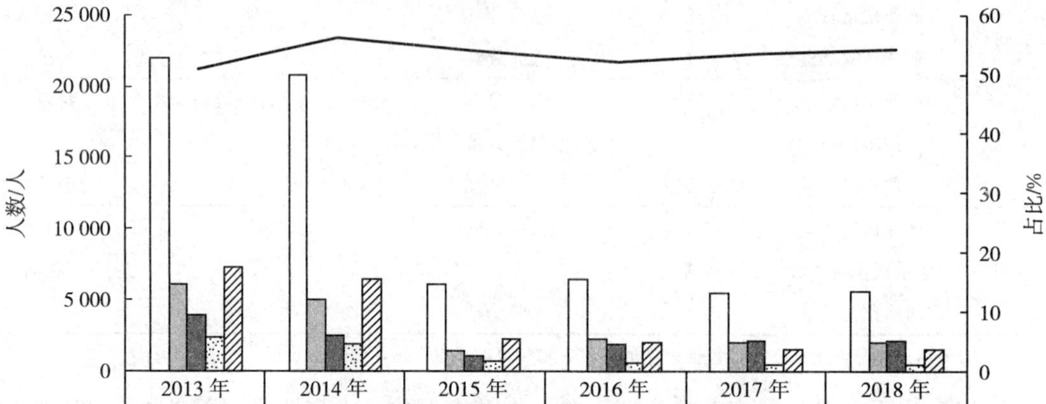

	2013 年	2014 年	2015 年	2016 年	2017 年	2018 年
□ 缺技术	21 871	20 766	5 983	6 431	5 427	5 529
▨ 缺资金	6 023	4 959	1 437	2 188	1 926	1 942
■ 因病	3 925	2 435	977	1 893	2 066	2 090
⊡ 因学	2 341	1 890	610	583	471	481
▨ 自身发展动力不足	7 191	6 424	2 220	2 008	1 477	1 484
— 缺技术占比	53%	57%	53%	49%	48%	48%

图 4　Q 县 2013—2018 年主要致贫原因变化情况

四、制度环境完善与乡村治理结构演进

无论是理论分析、历史经验总结还是实地调研，都映射出促进中国乡村治理结构演进的难题，正如上文分析的，如若单纯在治理结构调整上使力，“一厢情愿”地促进市场化，很容易导致虚假或表面形式上的市场化，此时出现的市场和社会等治理主体的有效性有待商榷，追根溯源，此时的研究方向更应该转向制度环境，即影响治理结构调整更深一层的嵌套制度。

（一）制度环境之政治制度与民众参与

中国乡村制度环境复杂，顶层权力、基层力量、产权分割以及社会资本之间相互作用、相互影响。其中政治制度环境中权力结构和产权结构决定制度安排是否与初始乡村治理目标相一致，开放的权力结构意味着权力共享、参与和制衡机制，而完备的产权结构需要系统法律规则的保障（李文钊、蔡长昆，2012）；社会制度是制度环境中的非正式制度，将行业规制、社会认知和社会自我管理融入制度框架，构建出一个更具综合性和包容性的制度环境体系，一方面乡村社会内部重复博弈可有效优化资源配置，另一方面基层民众表达是保障顶层设计合理性的重要因素，由此实现制度低成本稳定供给和基层利益最大化。

其实自改革开放以来，中国一直在不断扩大权力的开放度，越来越多地让权市场、放权地方，同时为社会治理主体确权，由于中国是从中央集权模式渐进式转型，国家在不同领域保留了总体性权力，但这个过程并没有及时划分权力界线，界定政府与市场、国家与社会的资源关系以此保证多元治理主体的有效性，政府-市场/社会之间的权力关系不清晰导致政府角色不明，市场监管者与参与者两种角色交替，致使权力“暗箱操作”泛滥，不受制约的权力被看作社会发展的隐疾，划分权力边界、促进权力公开运行成为完善制度环境的重要一环。产权与权力结构、国家治理之间密不可分（邓大才，2018），也是划分治理主体边界，降低市场风险的法律基础，市场/社会参与乡村治理作为一个资源投入过程，需要一系列产权法律体系的保障，减小各参与主体的不确定性，尤其是与政府交易的可信度，土地产权的历史演变很好地解释了中国权力集中与分散、中央进入与退出的历程，在乡村振兴战略促进城乡融合的今天，农民进城和资本下乡成为一个双向流动的趋势，人地分离普遍存在，在集体所有制框架下如何处理新出生和减少人口的土地权利？如何控制经营权的权利强度，以此平衡政府、市场与农民关系？如何利用分离出的土地经营权吸引城市资本，同时维护农村稳定？这些现实问题才是中国乡村治理的突破口，在权力和产权基础上方能推进治理结构演进，真正放活农村市场，到那时，并不是政府“推动”市场化改革，而是市场/社会主体在低风险制度环境中是有利可图的，是被主动吸引到乡村治理过程中来的。

上文已经分析出，中国乡村治理结构定型化趋势愈加凸显，利益集团在不断侵蚀社会财富，截留发展机会并构筑垄断高墙，社会气氛日渐压抑，民众不满情绪持续酝酿，要想打破现有治理结构和利益格局僵化的局面，需要将这种不满情绪融入制度框架，发挥社会矛盾积极面和社会自我管理能力来深化改革。权力结构和产权结构变革作为顶层设计，极容易被部门化的既得利益集团裹挟，处于社会中间层的集团联盟掌握着大部分社会资源，在政治参与中存在明显不合理的优势，几乎垄断了全部的发言权、管理权和决策权，在政治谈判中具有绝对影响力，在这种状况下的制度改革，极有可能演变成另一种利益集团的敛财工具。我国改革过程一直尚未有效融入民众参与，并形成制度化体系，顶层设计的合法性是在广大民众拥护的基础上长期维护的，我国治理体系现代化和治理结构演进，需要自上而下的果敢的顶层决策，也要下决心与中间利益集团分割，更需要自下而上的民众基础和制度互动，公权力的约束和基层民众的监督一起作用于地方化权力，才能避免制度改革被少数利益联盟所绑架。

（二）乡村振兴战略的制度供给逻辑

本小结主要对上文分析进行总结，梳理出乡村振兴战略的制度供给逻辑，为此，本文借用产业经济学的经典 SCP 分析范式（市场结构 Structure—市场行为 Conduct—市场绩效 Performance），将本文主要观点理论化、系统化，为今后关于乡村振兴战略的制度供给研究提供一个规范化的逻辑起点。在这之前，已经有很多学者对 SCP 一般分析框架进行扩展，分析中国经济体制转轨问题（何一鸣，2010；王燕，2012），本文认为制度环境、乡村治理结构与转型秩序之间存在因果机制，且制度环境是推进乡村治理结构演进的实质性根源，在借鉴制度“嵌入”性视角和制度分层思想上，运用 SCP 模式表明了三个制度层次之间的相互嵌套性（图 5）。

在中国经济转型情境下，虽然国家在不同领域促进了市场、社会、地方主体的治理参与度，但基本均保留了国家单中心治理地位，以实现中央统筹调动的制度目标，这在 SCP 制度供给逻辑中体现为治理结构 C。可以预见的是，单中心的治理模式仍是中国制度的主流方向，但协同治理正在成为建设现代化治理体系的趋势所在，虽然尚未形成多中心治理结构，但多渠道的制度安排模式已基本成熟。从表面上看，治理结构安排直接影响城乡秩序，但其嵌入于制度环境 S 之中，制度环境的完善情况决定治理结构演进，进而影响乡村振兴战略城乡融合目标的实现，因此从本质上来说，治理结构仅是此分析路径中的传递变量，表现制度环境的递进关系，没有权力、产权改革和民众参与的治理结构调整，是根基不稳的，改革结果的利益分配也是不明朗的。这样也就不难理解，为何市场化改革的成功经验不能直接嫁接至制度环境完全相异的区域，西方市场经济在中国制度环境下，极有可能面临高制度成本和低制度绩效，作为决定制度绩效的根本影响因素，中国制度环境复

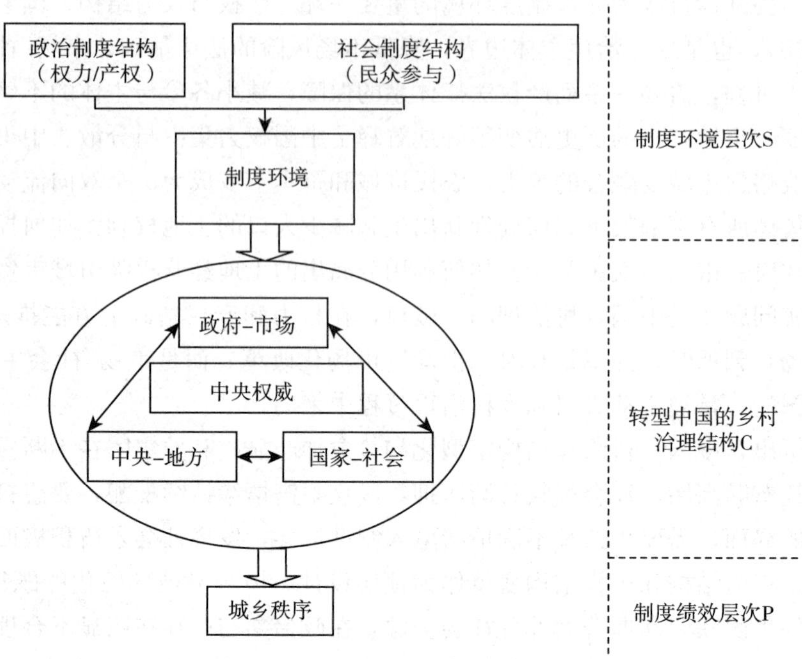

图5　乡村振兴战略SCP制度供给逻辑

杂多变，尤其在风土人情各异的乡镇村落，不论是正式制度结构还是非正式制度结构，都是千差万别，制度环境的差异导致治理结构的适用性也各不相同，即使相同的制度安排也是制度绩效高低有别，中国不同省份、不同市县、不同乡镇，甚至不同村落，治理结构演进程度不尽相同，高效的乡村治理，亟须最为适宜当地制度环境的治理结构安排，以及推进治理结构演进的制度环境改革。

五、结论与讨论

乡村振兴战略彰显了国家对破除当前既得利益格局、促进社会公平正义的决心，不可回避的是，乡村秩序失衡是转型中国制度悖论的现实回应，国家治理的双重诉求表现在中国乡村治理结构的演进规律上，本文通过SCP制度分析路径，将解决此问题的关键聚焦于对制度环境的研究。在中国转型尚未成功，改革需不断深化的背景下，新旧矛盾并存，这意味着需要政治制度和社会制度的不断改革，以及乡村治理结构的持续演进，但是这并不能说明中国渐进式转型是缺乏理性的战略计划，中国渐进式转型是在兼顾双重治理诉求下，探寻制度变迁平衡点的过程，正是这一基本制度设计带来了举世瞩目的大国奇迹。要想解决城乡秩序失衡问题，并不能完全借鉴西方制度经验，相反，乡村治理水平的提升更要立足中国方案，进一步探索治理结构演进的生发土壤，即制度环境影响制度变迁的深层机理。

在本文行将结束之际，还要指出的是，权力配置、风险分配和财富分配过程中公平正义的缺位，并不仅限于乡村领域，而是全社会弱势群体的共同面临的问题，是中国转型的痛点所在，如今的制度改革较之以往也更加举步维艰、更需谨慎，中国社会主义市场经济制度变迁，是多元利益格局不断叠加、协商、联盟、定型、破除而又重新博弈的过程，其复杂程度可见一斑。同时，鉴于中国转型问题本身的复杂性，本文仍不可避免地对制度变革机理进行了简化，可见，在研究理论和研究方法上都还有极为广阔的探索空间，本文仅仅是一次尝试，也是一个起点。如何在本文制度逻辑基础上，依托权威数据平台，引入可靠的计量模型，建立一个成本效益可行的、持续的制度绩效测度体系，是一个普遍的、持久的重大课题。

参 考 文 献

蔡长昆，2016. 制度环境、制度绩效与公共服务市场化：一个分析框架 [J]. 管理世界（4）：52-69，80，187-188.

邓大才，2018. 通向权利的阶梯：产权过程与国家治理——中西方比较视角下的中国经验 [J]. 中国社会科学（4）：42-66，205.

范逢春，李晓梅，2014. 农村公共服务多元主体动态协同治理模型研究 [J]. 管理世界（9）：176-177.

郭忠华，刘训练，2007. 公民身份和社会阶级 [M]. 南京：江苏人民出版社.

何艳玲，2018. 理顺关系与国家治理结构的塑造 [J]. 中国社会科学（2）：26-47，204-205.

何艳玲，汪广龙，2016. 中国转型秩序及其制度逻辑 [J]. 中国社会科学（6）：47-65，205.

何一鸣，罗必良，2010. 产权管制、制度行为与经济绩效——来自中国农业经济体制转轨的证据（1958—2005 年）[J]. 中国农村经济（10）：4-15.

贺雪峰，苏明华，2006. 乡村关系研究的视角与进路 [J]. 社会科学研究（1）：5-12.

康晓强，2012. 社会组织注册体制改革的困境与着力点 [J]. 中共中央党校学报，16（5）：80-83.

李文钊，蔡长昆，2012. 政治制度结构、社会资本与公共治理制度选择 [J]. 管理世界（8）：43-54.

刘守英，2018. 土地制度变革与经济结构转型——对中国 40 年发展经验的一个经济解释 [J]. 中国土地科学，32（1）：1-10.

刘守英，熊雪锋，2018. 我国乡村振兴战略的实施与制度供给 [J]. 政治经济学评论，9（4）：80-96.

马斌，2008. 政府间关系：权力配置与地方治理 [D]. 杭州：浙江大学.

祁毓，卢洪友，2015. 污染、健康与不平等——跨越"环境健康贫困"陷阱 [J]. 管理世界（9）：32-51.

清华大学社会学系社会发展研究课题组，孙立平，2012. "中等收入陷阱"还是"转型陷阱"? [J]. 开放时代（3）：125-145.

渠敬东，周飞舟，应星，2009. 从总体支配到技术治理——基于中国 30 年改革经验的社会学分析 [J]. 中国社会科学（6）：104-127，207.

荣敬本，等，1998. 从压力型体制向民主合作制的转变：县乡两级政治体制改革 [M]，北京：中央编译出版社.

孙立平，2011. 走向积极的社会管理 [J]. 社会学研究，26（4）：22-32，242-243.

王燕，2012. 政府投资项目建设市场化改革及其绩效研究 [D]. 长沙：中南大学.

温铁军，张俊娜，罗士轩，2016. 时空变换背景下的中国农业发展 [J]. 中共浙江省委党校学报，32（6）：1，5-12.

吴敬琏，2012. 当前中国面临的最严重危险是权贵资本主义 [J]. 领导文萃（7）：23-26.

熊小林，2018. 聚焦乡村振兴战略 探究农业农村现代化方略——"乡村振兴战略研讨会"会议综述 [J]. 中国农村经济（1）：138-143.

尹振东，2011. 垂直管理与属地管理：行政管理体制的选择 [J]. 经济研究，46（4）：41-54.

张培刚，1992. 新发展经济学 [M]. 河南：河南人民出版社.

中国社会科学院"国际金融危机与经济学理论反思"课题组，胡乐明，刘志明，等，2009. 国家资本主义与"中国模式"[J]. 经济研究，44（11）：31-37.

钟伟，2005. 解读"新双轨制"[J]. 中国改革（1）：20-23.

钟钰，2018. 实施乡村振兴战略的科学内涵与实现路径 [J]. 新疆师范大学学报（哲学社会科学版），39（5）：2，71-76.

周庆智，2015. 乡村治理转型：问题及其他 [J]. 江西师范大学学报（哲学社会科学版），48（6）：3-10.

周望，2016. 大调解、维稳与社会治理：功能解释及限度——南通大调解再认识 [J]. 郑州大学学报（哲学社会科学版)，49 (4)：34－38，142－143.

邹东涛，2008. 中国经济发展和体制改革报告——中国改革开放 30 年 (1978—2008) [M]. 北京：社会文献科学出版社.

Chenery H，S Robinson，M Syrquin，1986. Industrialiazation and growth [M]. Oxford：Oxford University Press.

Granovetter M，1985. Economic action and social structure：The problem of embeddedness [J]. American Journal of Sociology，91 (3)：481－510.

North D C，1990. Institutions，institutional change and economic performance [M]. Cambridge：Cambridge University Press.

North D C，2005. Understanding the process of economic change [M]. Princeton：Princeton University Press.

P K Chang，1949. Agriculture and industrialization [M]. Cambridge：Harvard University Press.

金融扶贫可以提高农户自雇收益吗?

翁　辰[1]　朱红根[2]　陈　杰[1]

(1. 南京财经大学金融学院；2. 南京财经大学经济学院)

摘要：本文利用 2019 年我国中部地区 2 省 5 个贫困县 4 060 户农户调查数据，考察了金融扶贫对农户自雇收益的影响。研究结果显示，金融扶贫可以显著提高农户自雇收益。进一步地，采用 2SLS 模型和 CMP 方法纠正内生性偏误后，所得结论依然稳健。金融扶贫不仅促使农户在生产经营中以资本投入替代劳动投入，扩大了家庭成员的就业机会，促进了家庭物质资本积累，还帮助农户提高家庭风险应对水平，缓解其可能面临的健康风险冲击，从而促进自雇收益的提升。最后，金融扶贫对农户自雇收益影响的群体异质性检验结果显示，金融扶贫对男性户主家庭、户主年龄较大家庭以及纯收入水平较高家庭的自雇收益影响较大。

关键词：金融扶贫；自雇收益；扶贫小额信贷；内生性

一、引　言

改革开放以来，我国农村减贫工作取得了巨大成就。1978—2017 年我国农村贫困人口累计减少约 7.4 亿①。但截至 2018 年底，我国仍有 1 660 万农村人口尚未脱贫②。如何打赢脱贫攻坚战，确保到 2020 年所有人民一道迈入全面小康社会，已成为当前党和政府面临的一项重大课题。贫困农户实现脱贫的关键在于通过提高农户自身发展能力，促进农户自主就业和创业。其中，农户创业型自我雇佣增收途径得到了诸多学者的关注。已有研究指出，信贷约束是制约农户创业型自我雇佣增收的重要因素（张海宁等，2013；翁辰、张兵；2015）。我国贫困地区农户收入水平较低，且缺乏合格的抵押担保物，当农户存在生产性信贷需求时，常常受到来自正规金融机构的信贷约束，这就制约了其内生发展动力。

已有研究证实微型金融可以改善贫困农户信贷可得性，增强其自身发展能力，帮助贫困农户获得可持续收入（Pitt、Khandker，1998；Coleman，1999；Khandker，2005）。从我国的实践来看，2006 年国务院扶贫办和财政部联合在全国范围内试点“贫困村村级发展互助资金”。该互助资金以财政扶贫资金为主，村民自有资金入股，实行“民有、民用、民管、民受益、周转使用、滚动发展”的管理模式，缓解贫困农户生产发展资金短缺的问题。但是该互助资金模式在具体实施中存在“贫困瞄准偏离、资金利用率低、贷款违约率高”等问题（林万龙、杨丛丛，2012；温涛、刘达，2019）。2013 年习近平总书记首次提出“精准扶贫”思想，如何通过金融创新为贫困农户提供精准

① 资料来源：《扶贫开发成就举世瞩目脱贫攻坚取得决定性进展——改革开放 40 年经济社会发展成就系列报告之五》，http：//finance. people. com. cn/n1/2018/0903/c1004－30268880. html。

② 资料来源：《集中力量支持深度贫困地区脱贫攻坚——一份来自全国人大常委会专题调研组的报告》，https：//baijiahao. baidu. com/s? id＝1626621675368006767&wfr＝spider&for＝pc。

有效的金融服务成为脱贫攻坚工作的重要挑战。

2013 年以来，我国在全国范围内推行金融精准扶贫项目，包括扶贫小额信贷、扶贫再贷款、扶贫金融债等，其中，针对建档立卡贫困户的金融扶贫方式主要是通过提供免抵押免担保且在金融机构基准利率水平上享受全额贴息（“两免一贴”）的扶贫小额信贷，用以满足其生产性信贷需求。根据国务院扶贫办统计，2015—2018 年累计发放“两免一贴”的扶贫小额信贷资金 5 300 多亿元，农村贫困人口每年减少 1 300 多万人①。由此可见，扶贫小额信贷资金在帮助农户发展生产，从根本上提升农户内生发展动力上发挥了不可忽视的作用，这对于最终实现决胜脱贫攻坚和全面建成小康社会具有重要意义。

现有对金融扶贫效果的研究多利用宏观层面的市（县）样本数据探讨金融精准扶贫绩效（杜兴洋等，2019；郑秀峰、朱一鸣，2019），或利用微观层面的农户调查数据探讨农村普惠金融发展的减贫增收效应（武丽娟、徐璋勇，2018；张栋浩、尹志超，2018；杨艳琳、付晨玉，2019），较少有研究着眼于金融扶贫对农户自雇收益的影响。当前针对建档立卡贫困难户开展的金融扶贫，主要是通过降低信贷门槛和信贷价格的方式，为农户产业发展提供资金支持。鉴于此，本文利用 2019 年我国中部地区 2 省 5 个贫困县农户的微观调查数据，拟考察金融扶贫对农户自雇收益的影响及其作用机制。与以往研究相比，本研究可能的贡献在于：①本文不仅探讨金融扶贫对农户自雇收益的影响，还识别其具体影响机制，这有助于丰富现有有关金融扶贫效果和农户自我雇佣问题的研究。②本文还剖析了金融扶贫对农户自雇收益影响的群体差异，这有助于针对不同类型农户制定差异化的金融扶贫政策。

二、文献综述与研究假说

（一）农户自雇收益的影响因素

根据国际劳工组织和联合国对劳动者就业状态的划分，劳动者的就业状态可细分为雇员、无报酬家庭帮工、雇主（雇佣一个或多个雇员）和个体经营者（不雇佣任何雇员）四类，并将后两类就业状态，即雇主和个体经营者归类为自我雇佣（石丹淅、赖德胜，2013）。已有研究表明，农户自雇收益受农户个人特质、社会网络、财富水平等微观个体（家庭）因素的影响和创业环境、政策支持等宏观经济环境因素的影响（Evans、Jovanovic，1989；朱红根，2012；朱红根、康兰媛，2013；刘畅等，2015；张博等，2015；温兴祥等，2017；杨婵等，2017；郭铖、何安华，2017；董静等，2018）。值得注意的是，由于自我雇佣可能存在风险性和不确定性，良好的金融环境是自雇活动得以顺利开展的重要保证。完善的金融市场有助于自雇者获得充分的信贷资金支持，促进自雇活动的发展（Klapper et al.，2006）。中国城乡家庭的创业型自我雇佣普遍面临金融约束，且农村家庭面临的金融约束程度更高（张海宁等，2013）。然而即使在农村地区，不同类型的农村家庭参与正规信贷市场的情况也存在差异。贫困家庭由于自有资产不足，且缺乏合格的抵押担保物，在产生生产性资金需求时往往难以从正规金融机构获得贷款。金融扶贫是当前解决贫困户融资难问题的主要手段，其特点是通过免抵押担保和财政贴息的方式为建档立卡贫困户提供信贷资金支持用以发展产业。因此，金融扶贫对农户自雇收益的影响是本文关注的重点。

---

① 资料来源：《国务院扶贫办就攻坚克难——坚决打赢脱贫攻坚战答记者问》，http：//www.cpad.gov.cn/art/2019/3/7/art_2241_341.html。

（二）金融扶贫是否会提高农户自雇收益

长期以来，发展中国家的小额信贷项目在改善贫困家庭信贷可得性，帮助其提高生产发展能力，实现脱贫增收方面发挥了重要作用。McKernan（2002）基于孟加拉国格莱珉银行小额信贷项目的实践，研究发现小额信贷项目不仅为贫困家庭提供信贷资金用以购买生产资料，同时也形成了成员间信息共享和相互监督的机制，且参与小额信贷项目可以显著提升农村家庭的自雇收益。Tedeschi（2008）基于秘鲁小额信贷项目的研究发现，从小额信贷项目获得过借款的小微企业利润要显著高于未获得过借款的小微企业。Lensink 等（2012）的研究表明，越南地区家庭参与小额信贷项目可以显著提高家庭自雇收益。Angelucci 等（2015）采用随机实验法研究了墨西哥地区小额信贷可得性对女性自雇活动的影响。研究表明，提高小额信贷可得性可以促进女性自雇收益的提升。Banerjee 等（2017）基于印度地区的随机实验研究发现，小额信贷项目可以帮助自雇者扩大经营规模和提高经营绩效。

随着精准扶贫工作在我国的不断推进，金融扶贫项目在全国多地得到推行。越来越多的学者开始关注金融扶贫的减贫增收效应，如陈清华等（2017）的研究发现，贫困村村级发展互助资金增加了贫困农户的信贷机会，缓解了农户生产资金短缺，对农户农业生产投资和农业收入的增加均具有显著的正向影响。吴本健等（2019）的研究指出金融扶贫在降低贫困农户获得信贷资金门槛的同时，也带来了还本付息的压力，这可以激励贫困农户努力生产经营，从而产生增收效应。武丽娟和李定（2019）的研究发现与富裕农户相比，贫困农户金融机构贷款资本的回报率相对较高，即贫困农户在获得单位信贷资金后，能够产生较高的边际收益率。然而，林万龙和杨丛丛（2012）基于四川仪陇县贫困村互助资金扶贫效果的研究指出，村级互助资金贷款存在“贫困瞄准偏离”的问题，贫困农户对互助资金贷款的需求不足，农户的资金需求是影响其互助资金贷款使用的重要原因，有生产投资活动等资金需求的农户更易获得贷款。吴本健等（2014）的研究也发现扶贫贷款在实践中存在排斥贫困农户和农业产业的问题。针对上述问题，2017 年银监会、财政部、人民银行、保监会和国务院扶贫办联合下发《关于促进扶贫小额信贷健康发展的通知》，要求各银行业金融机构在发放扶贫小额信贷时“始终精确瞄准建档立卡贫困户，加大对信用良好、有贷款意愿、有就业创业潜质、技能素质和一定还款能力的建档立卡贫困户支持力度，要将扶贫小额信贷精准用于贫困户发展生产或能有效带动贫困户致富脱贫的特色优势产业，不能用于建房、理财、购置家庭用品等非生产性支出”。该文件的出台有利于进一步规范扶贫小额信贷的发放与使用，满足贫困户的生产性资金需求，提高贫困户的内生发展动力，使贫困户真正通过产业发展脱贫致富。由此，本文提出假说 H1：

H1：金融扶贫可以显著提高农户的自雇收益。

（三）金融扶贫对农户自雇收益的影响机制

流动性约束是影响农户自雇活动的重要因素，诸多研究也证实了当自雇者难以通过借贷获得资本投入所需的最优规模资金时，则自有财富水平相对较高的自雇者将获得更好的自雇收益（Evans et al.，1989；Holtz-Eakin et al.，1994；Andersen et al.，2011）。金融扶贫通过降低贫困农户的信贷门槛和信贷价格，为其提供产业发展所需资金，直接增加了农户的信贷资本，提高了农户进行生产投资的积极性，促使农户在生产经营中以资本投入替代劳动投入，减少低效率的家庭劳动力使用。由于农村地区低收入群体的物质资本相对匮乏，其增加物质资本投入将带来较高的边际收益（程名望等，2015）。另外，农户生产经营中资本投入对劳动投入的替代作用也使得部分家庭成员得以寻找外出务工机会，增加家庭务工收入，促进家庭自有资本的积累，从而更好地进行自雇活动。已有研究也指出外出务工不仅有助于家庭积累更多储蓄，更有助于家庭在农业生产和非农项目上进行更具收益性的投资活动（徐超等，2017）。由此，本文提出假说 H2：

H2：金融扶贫使农户在生产经营中以资本投入替代劳动投入，扩大了家庭成员的就业机会，促进了家庭自有资本积累，从而对农户自雇收益产生显著的正向影响。

农户的生产经营投资活动也受背景风险因素的影响。背景风险是指家庭金融资产配置中所面临的各项难以通过多元化资产组合进行分散的风险，诸如收入风险、健康风险、支出风险等（何兴强等，2009）。家庭所面临的背景风险会影响其风险态度与对未来不确定性的风险预期，从而影响家庭风险投资决策。上述背景风险中，健康风险，以及因健康风险而可能产生的医疗支出风险是影响家庭自雇活动的重要因素。当农村家庭面临健康风险事件的影响时，倘若其风险应对能力较低，就会影响其正常的生产经营活动。金融扶贫通过降低贫困家庭所面临的信贷门槛和信贷价格，提高了其生产性信贷资金的可得性，这有利于提高其生产能力以及风险应对水平，缓解农户可能面临的健康风险冲击，从而有助于农户将更多的资金投入生产，促进自雇收益的提高。据此，本文提出假说 H3：

H3：金融扶贫通过帮助农户提高家庭风险应对水平，缓解了农户可能面临的健康风险冲击，从而对农户自雇收益产生显著的正向影响。

三、数据来源与模型构建

（一）数据来源

本文研究使用数据来自 2019 年对我国中部地区 A 省与 B 省 5 个贫困县的农户抽样调查数据，这两个省份贫困人口数在全国各省中排名靠前，属于贫困发生率中等、贫困规模较大地区，具有较强的代表性。调研对象涉及所在贫困县的建档立卡户和非建档立卡户。贫困县当地针对建档立卡户系统实施了产业扶贫、就业扶贫、金融扶贫等扶贫工作。金融扶贫工作的主要内容是贫困县当地金融机构通过降低信贷门槛和信贷价格的方式向建档立卡户提供扶贫小额信贷，满足其生产经营的资金需要。本次调研共收集了 6 063 户农户家庭的基本信息，包括家庭人口结构、就业状况、受教育情况、健康状况、2018 年家庭收入情况等。针对建档立卡户家庭，还进一步调查了其扶贫小额信贷使用情况，调查显示，3 584 户建档立卡户家庭中，约 31.25%的家庭申请使用了扶贫小额信贷，平均获贷额约为 1.02 万元。在对农户 2018 年家庭收入情况进行调查时，调查员分别询问了农户家庭四类主要收入来源，包括种植、养殖、经商等经营性净收入；务工、上班等工资性收入；土地租金、征地、分红等财产性收入；各类政府补贴、亲友给钱等转移性收入。根据国际劳工组织和联合国的定义，自我雇佣包括雇主（雇佣一个或多个雇员）和个体经营者（不雇佣任何雇员），本文将从事种植、养殖、经商等经营性活动的农户定义为自我雇佣者。由于本文重点关注农村家庭来自自雇活动的收入，因此研究仅保留了 2018 年家庭经营性净收入不为零的家庭样本，并对家庭经营性净收入在上下 1%的水平上进行了 Winsorize 处理，在删除存在变量数据缺失的样本后，最终获得 4 060 户农户样本，其中，建档立卡户 2 629 户，非建档立卡户 1 431 户。

（二）模型构建

1. 基准模型：OLS 模型

为估计金融扶贫对农户自雇收益的影响，本文构建了如下模型：

$$\ln(Y_i)=\alpha+\alpha_i C_i+\alpha_2 X_i+\alpha_3 Area_i+\varepsilon_i \tag{1}$$

(1) 式中，因变量 Y_i 表示样本农户 i 的自雇收益，估计时对自雇收益取对数；C_i 表示样本农户 i 的扶贫小额信贷使用情况；X_i 表示可观测到的样本农户 i 的特征；$Area_i$ 表示样本农户 i 所在村庄的特征；ε_i 为随机误差项。

2. 2SLS 模型和 CMP 方法

由于存在不可观测的因素如创业能力等可能同时影响农户的自雇收益和其扶贫小额信贷使用决策的因素，这会导致 (1) 式的估计有偏。解决上述问题的常用方法是引入工具变量，工具变量选择时需注意金融机构在向农户提供扶贫小额信贷时，是否运用外生的资格标准（Pitt、Khandker，1998）。Khandker 等（2009）的研究指出“意向处理”（Intention to Treat，ITT）是识别处理效应的有效工具变量，因为原则上“意向处理”是随机的。本文采用“农户扶贫小额信贷可得性”来表示“意向处理”，作为农户扶贫小额信贷使用的工具变量。据此，建立如下影响农户扶贫小额信贷使用模型：

$$C_i = \beta_0 + \beta_1 Z_i + \beta_2 X_i + \mu_i \qquad (2)$$

(2) 式中，因变量 C_i 表示样本农户 i 的扶贫小额信贷使用情况；Z_i 为工具变量，该变量影响农户扶贫小额信贷使用但不直接影响农户的自雇收益。考虑到农户是否为建档立卡户以及农户所在村庄是否为贫困村均是影响农户扶贫小额信贷可得性的外生资格标准，因此，本文构建农户扶贫小额信贷可得性指标，即“该农户是否为建档立卡户”与“该农户所在村庄是否为贫困村”的交互项作为工具变量。

在模型估计时，本文分别采用二阶段最小二乘法（2SLS 模型）和 Roodman（2011）提出的基于极大似然估计的条件混合过程（Conditional Mixed Process，CMP）方法进行回归估计。2SLS 模型估计的基本过程如下：第一步，用内生解释变量“农户扶贫小额信贷使用”对工具变量进行回归，得到拟合值；第二步，用被解释变量“农户自雇收益”对第一步回归得到的拟合值进行回归。如解释变量内生性检验结果显著拒绝原假设，则采用 2SLS 模型估计所得结果要优于 OLS 模型的估计结果。CMP 方法估计的基本思路则为：第一步，评估内生解释变量“农户扶贫小额信贷使用”与工具变量的相关性；第二步，将工具变量代入模型回归，根据内生性检验参数判断核心解释变量是否具有内生性。如内生性检验参数显著异于零，则采用 CMP 方法估计所得结果要优于 OLS 模型的估计结果。本文分别采用上述两种方法对模型进行估计，便于比较估计结果，并据此判断实证结果的稳健性。

（三）变量说明及统计特征

(1) 被解释变量。本文的被解释变量为农户自雇收益。调查中询问了样本农户 2018 年种植、养殖、经商等家庭经营性净收入情况，本文将该家庭经营性净收入作为农户的自雇收益。

(2) 核心解释变量。本文的核心解释变量是农户扶贫小额信贷使用情况①。本文从两个角度来衡量，一是该农户是否借过扶贫小额贷款；二是该农户借入扶贫小额贷款总额。

(3) 控制变量。本文控制了可能影响农户自雇收益的变量，包括户主特征变量（户主性别、年龄、受教育水平）、家庭特征变量（劳动力比例、患慢性病人口比例、低保人口比例、自有住房总数）。考虑到家庭所处村庄环境的差异也会影响其自雇收益，本文还进一步控制了村庄特征变量，包括交通出行条件、通信设施、饮水及农田水利设施、就医看病条件、卫生环境、文化设施等。

所有变量的描述性统计结果见表 1。样本农户家庭年经营性净收入平均值约为 6 446.42 元；全

---

① 需要说明的是，样本农户中仅建档立卡户有资格申请使用扶贫小额贷款。

样本中约 20.6%的农户借过扶贫小额贷款，平均获得扶贫小额贷款总额约为 6 840 元；样本农户中以男性户主为主，户主平均年龄在 60 岁左右，受教育水平集中在小学及以下或初中；样本农户家庭劳动力比例平均值约为 39.7%，患慢性病人口比例约为 31.4%，低保人口比例约为 17.2%，家庭平均拥有 1 处自有住房；农户所在村庄的交通出行条件、通信设施、饮水及农田水利设施、就医看病条件、卫生环境和文化设施都有改善，其中，交通出行条件、卫生环境和文化设施的改善程度较高。

表 1　变量描述性统计

变量名		变量定义	均值	标准差
被解释变量				
	自雇收益	种植、养殖、经商等年经营性净收入（单位：元）	6 446.420	7 805.348
核心解释变量				
	是否借过扶贫小额贷款	借过扶贫小额贷款＝1；未借过扶贫小额贷款＝0	0.206	0.405
	扶贫小额贷款总额	单位：万元	0.684	1.522
控制变量				
户主特征变量	户主性别	男性＝1；女性＝0	0.874	0.332
	户主年龄	单位：岁（周岁）	60.57	12.23
	户主受教育水平	小学及以下＝1；初中＝2；高中＝3；职校、中专＝4；大专及以上＝5	1.490	0.602
家庭特征变量	劳动力比例	家庭劳动力人数/家庭常住人口数	0.397	0.361
	患慢性病人口比例	家庭患慢性病人数/家庭常住人口数	0.314	0.350
	低保人口比例	家庭低保人口数/家庭常住人口数	0.172	0.320
	自有住房总数	单位：套	1.078	0.321
村庄特征变量	交通出行条件	2014 年以来，家庭所在村庄出行条件的变化：以前没问题，现在出问题＝1；以前有问题，现在还未解决＝2；以前没问题，现在也没问题＝3；以前有问题，现在变好了＝4	3.753	0.555
	通信设施	2014 年以来，家庭所在村庄通信设施条件的变化：以前没问题，现在出问题＝1；以前有问题，现在还未解决＝2；以前没问题，现在也没问题＝3；以前有问题，现在变好了＝4	3.612	0.514
	饮水及农田水利设施	2014 年以来，家庭所在村庄农田及水利设施条件的变化：以前没问题，现在出问题＝1；以前有问题，现在还未解决＝2；以前没问题，现在也没问题＝3；以前有问题，现在变好了＝4	3.699	0.486
	就医看病条件	2014 年以来，家庭所在村庄就医看病条件的变化：以前没问题，现在出问题＝1；以前有问题，现在还未解决＝2；以前没问题，现在也没问题＝3；以前有问题，现在变好了＝4	3.687	0.479
	卫生环境	2014 年以来，家庭所在村庄卫生环境条件的变化：以前没问题，现在出问题＝1；以前有问题，现在还未解决＝2；以前没问题，现在也没问题＝3；以前有问题，现在变好了＝4	3.794	0.433
	文化设施	2014 年以来，家庭所在村庄文化设施条件的变化：以前没问题，现在出问题＝1；以前有问题，现在还未解决＝2；以前没问题，现在也没问题＝3；以前有问题，现在变好了＝4	3.772	0.452

表 2 比较了借过与未借过扶贫小额信贷农户变量的差异。可以看出，借过扶贫小额贷款农户的年经营性净收入平均值约为 6 911 元，比未借过扶贫小额贷款农户的年经营性净收入高出 585 元；户主特征方面，借过扶贫小额贷款的农户户主年龄和户主受教育水平显著低于未借过扶贫小额贷款的农户；家庭特征方面，借过扶贫小额贷款农户的家庭劳动力比例、患慢性病人口比例和低保人口比例都显著高于未借过扶贫小额贷款的农户；村庄特征方面，借过扶贫小额贷款农户所在村庄的通信设施、饮水及农田水利设施、就医看病条件、卫生环境和文化设施改善程度显著低于未借过扶贫小额贷款农户所在村庄。

表 2　借过与未借过扶贫小额信贷农户变量差异的描述性统计

	变量名	借过扶贫小额信贷农户（*N*=838）		未借过扶贫小额信贷农户（*N*=3 222）		均值 t 检验
		平均值	标准差	平均值	标准差	
被解释变量						
	自雇收益	6 911.000	8 929.239	6 326.000	7 482.265	585.304*
核心解释变量						
	是否借过扶贫小额贷款	1.000	0.000	0.000	0.000	1.000
	扶贫小额贷款总额	3.316	1.579	0.000	0.000	3.316***
控制变量						
户主特征变量	户主性别	0.876	0.330	0.874	0.332	0.002
	户主年龄	58.660	12.105	61.06	12.215	−2.407***
	户主受教育水平	1.426	0.558	1.506	0.612	−0.080***
家庭特征变量	劳动力比例	0.420	0.357	0.391	0.362	0.029**
	患慢性病人口比例	0.359	0.367	0.302	0.344	0.056***
	低保人口比例	0.262	0.384	0.148	0.297	0.114***
	自有住房总数	1.063	0.276	1.082	0.331	−0.019
村庄特征变量	交通出行条件	3.755	0.532	3.753	0.561	−0.002
	通信设施	3.576	0.499	3.621	0.518	−0.045**
	饮水及农田水利设施	3.643	0.499	3.714	0.481	−0.071***
	就医看病条件	3.661	0.501	3.693	0.472	−0.032*
	卫生环境	3.761	0.448	3.802	0.429	−0.041**
	文化设施	3.748	0.479	3.778	0.444	−0.030*

注：***、**、*分别表示在 1%、5%和 10%的统计水平上显著。

四、结果与分析

（一）基准分析

本文首先运用 OLS 模型估计了金融扶贫对农户自雇收益的影响，结果如表 3 所示。表 3 中（1）列仅控制了核心解释变量“是否借过扶贫小额贷款”，结果显示，农户是否借过扶贫小额贷款对其自雇收益有正向影响，但在统计上并不显著。（2）列中加入控制变量后，农户借过扶贫小额贷款可显著提高其自雇收益，与未借过扶贫小额贷款的农户相比，借过扶贫小额贷款农户的家庭年经营性净收入将高出 6.5%。（3）列仅控制了核心解释变量“扶贫小额贷款总额”，结果显示，扶贫小额贷款数额增加将显著提高农户自雇收益。(4) 列中加入控制变量后，该结论依然成立。扶贫小额贷款数额每增加 1 万元，农户家庭年经营性净收入将提高 2.6%。

从控制变量的影响来看，户主特征方面，男性户主家庭的自雇收益显著高于女性户主家庭。户主年龄与自雇收益具有显著的非线性关系，农户年经营性净收入随着户主年龄的增长而增加，在到达一定峰值后则开始随着户主年龄的增长而下降。户主受教育水平对家庭自雇收益具有显著的正向影响。家庭特征方面，家庭劳动力比例与自雇收益显著正相关，家庭劳动力比例越高，则家庭年经营性净收入越高。家庭患慢性病人口比例和低保人口比例与自雇收益显著负相关，家庭患慢性病人口比例和低保人口比例越高，则家庭年经营性净收入越低。家庭自有住房数对自雇收益具有显著正向影响，自有住房数越多的家庭，其年经营性净收入越高。村庄特征方面，交通出行条件和就医看病条件对家庭自雇收益具有显著的负向影响，表明村庄交通出行条件和就医看病条件的改善不利于家庭自雇收益的提高，可能的原因是村庄交通出行条件的改善有利于农村家庭获得进城务工机会，而村庄医疗条件的改善则可能会增加农村家庭在就医看病方面的支出，以上因素都可能会挤出家庭在创业项目上的投资，进而制约其自雇收益的提高。村庄卫生环境对于家庭自雇收益具有显著的正向影响，表明良好的村庄卫生环境也有利于家庭年经营净收入的提高。

表 3　金融扶贫对农村家庭自雇收益的影响

项目	(1)	(2)	(3)	(4)
是否借过扶贫小额贷款	0.020 (0.037)	0.065* (0.036)		
扶贫小额贷款总额			0.022** (0.010)	0.026*** (0.009)
户主性别		0.239*** (0.044)		0.238*** (0.044)
户主年龄		0.049*** (0.009)		0.048*** (0.009)
户主年龄的平方		−0.000*** (0.000)		−0.000*** (0.000)
户主受教育水平		0.079*** (0.025)		0.079*** (0.025)
劳动力比例		0.261*** (0.045)		0.258*** (0.045)
患慢性病人口比例		−0.196*** (0.044)		−0.199*** (0.044)
低保人口比例		−0.303*** (0.045)		−0.305*** (0.045)
自有住房总数		0.249*** (0.044)		0.249*** (0.044)
交通出行条件		−0.068** (0.029)		−0.069** (0.029)
通信设施		0.031 (0.041)		0.030 (0.041)

（续）

项目	（1）	（2）	（3）	（4）
饮水及农田水利设施		0.062 (0.042)		0.063 (0.042)
就医看病条件		−0.119*** (0.042)		−0.118*** (0.042)
卫生环境		0.085* (0.045)		0.083* (0.045)
文化设施		0.056 (0.040)		0.058 (0.040)
常数项	8.314*** (0.017)	6.276*** (0.300)	8.304*** (0.016)	6.285*** (0.299)
R^2	0.000	0.097	0.001	0.098
样本量	4 060	4 060	4 060	4 060

注：***、**、*分别表示在1%、5%和10%的统计水平上显著。

（二）内生性讨论

上文初步研究表明，金融扶贫对农户自雇收益具有显著的正向影响。考虑到潜在的内生性问题，本文使用“该农户是否为建档立卡户”与“该农户所在村庄是否为贫困村”的交互项构建“农户扶贫小额信贷可得性”指标，作为“农户扶贫小额信贷使用”的工具变量。理论上而言，该指标满足工具变量的相关性与外生性条件。一方面，农户扶贫小额信贷可得性与农户扶贫小额信贷使用密切相关；另一方面，农户扶贫小额信贷可得性指标是基于外生标准构建的，对于农户自雇收益并无直接影响。

表4中（1）列和（2）列显示了2SLS模型的回归结果，其中，第一阶段的回归结果显示农户扶贫小额信贷可得性在1%的统计水平上显著正向影响农户扶贫小额信贷的使用，即当农户为建档立卡户且其所在村庄为贫困村时，该农户使用扶贫小额信贷的可能性更大，且使用扶贫小额贷款的总额更高。本文对工具变量的有效性做了如下检验：第一，工具变量的不可识别检验。（1）列和（2）列中Kleibergen-Paap rk LM统计量分别为376.6和226.3，且在1%的统计水平上显著，表明可拒绝“该工具变量是不可识别的”原假设，即本文的工具变量是可识别的。第二，弱工具变量检验。（1）列和（2）列中Kleibergen-Paap rk Wald F统计量分别为419.6和240.3，且在1%的统计水平上显著，表明可拒绝“存在弱工具变量”的原假设。第三，核心解释变量内生性检验。（1）列和（2）列中核心解释变量内生性检验的χ^2统计量分别为3.335和2.806，且在10%的统计水平上显著，表明可拒绝“核心解释变量为外生”的原假设，即采用2SLS模型所得估计结果要优于OLS模型估计结果。

2SLS模型的二阶段回归结果显示，采用工具变量法控制了核心解释变量可能的内生性后，农户是否借过扶贫小额贷款在5%的统计水平上显著正向影响家庭自雇收益，与未借过扶贫小额贷款的农户相比，借过扶贫小额贷款农户的年经营性净收入将高出26.4%。同时，农户获得的扶贫小额贷款总额也在5%的统计水平上对家庭自雇收益具有显著正向影响，农户所获得的扶贫小额贷款数额每增加1万元，其年经营性净收入将提高8.9%。进一步地，本文还采用CMP方法验证2SLS模型估计所得结论的稳健性。结果显示，CMP方法估计所得结果与2SLS模型估计所得结果相似，证实了农户使用扶贫小额信贷能显著提高其自雇收益。另外，采用CMP方法所得的内生性检验参数atanhrho_12在10%的水平上显著拒绝核心解释变量“扶贫小额信贷使用”为外生变量的原假设，即采用CMP方法估计所得结果要优于OLS模型估计结果。以上分析表明，本文的基准分析中核心解释变量存在内生性问题，采用2SLS模型和CMP方法修正潜在的内生性偏误后，核心解释变量的系数估计值均有所提高，上述分析表明金融扶贫能显著提高农户自雇收益这一结论是稳健可靠的。

表4　金融扶贫对农村家庭自雇收益的影响：基于2SLS模型和CMP方法

项目	2SLS模型		CMP方法	
	(1)	(2)	(3)	(4)
是否借过扶贫小额贷款	0.264** (0.117)		0.233** (0.106)	
扶贫小额贷款总额		0.089** (0.039)		0.089** (0.039)
控制变量	控制	控制	控制	控制
第一阶段				
扶贫小额贷款可得性 (是否贫困村×是否建档立卡户)	0.250*** (0.012)	0.742*** (0.048)	1.021*** (0.053)	0.742*** (0.047)
控制变量	控制	控制	控制	控制
atanhrho_12			−0.121* (0.072)	−0.109* (0.065)
Kleibergen - Paap rk LM统计量	376.6***	226.3***		
Kleibergen - Paap rk Wald F统计量	419.6***	240.3***		
χ^2统计量	3.335*	2.806*		
样本量	4 060	4 060	4 060	4 060

注：控制变量包括户主性别、户主年龄、户主年龄的平方、户主受教育水平、劳动力比例、患慢性病人口比例、低保人口比例、自有住房总数、交通出行条件、通信设施、饮水及农田水利设施、就医看病条件、卫生环境、文化设施，限于篇幅，没有报告上述控制变量的估计结果；括号内为标准误；***、**、*分别表示在1%、5%和10%的统计水平上显著。

（三）影响机制检验

进一步分析金融扶贫是通过何种机制来影响农户自雇收益的。基于已有文献和理论分析，金融扶贫使农户能够获得生产经营所需信贷资金，减少了生产经营中低效率家庭劳动力的投入使用，增加了家庭成员外出务工机会，务工收入的增加有助于提高家庭物质资本积累，从而更好地利用信贷资源，促进家庭自雇收益的提高。另外，金融扶贫还可以缓解农户的流动性约束，平滑消费，提高家庭的风险承担能力，进而增加自雇收益。据此，本文主要从扩大就业机会和缓解健康风险两个角度探讨金融扶贫对农户自雇收益的影响机制。

(1) 就业机会扩大机制。物质资本积累是影响家庭自雇活动的重要因素。金融扶贫不仅为农户直接提供了生产经营所需的信贷资金，同时也促使家庭经营以资本替代劳动力，增加了家庭成员外出就业的机会。已有研究表明外出务工有助于增加家庭物质资本积累，拓宽融资渠道，从而促进创业型自我雇佣（周广肃等，2017）。因此，本文分析了金融扶贫如何影响家庭外出务工人口占比，结果如表5中（1）列和（2）列所示。结果表明，借过扶贫小额贷款的家庭外出务工人口比例比未借过扶贫小额贷款的家庭高出约13.8%。另外，扶贫小额贷款总额也显著正向影响家庭外出务工人口比例，扶贫小额贷款数额每增加1万元，家庭外出务工人口比例将提高4.6%。以上分析说明金融扶贫使得家庭生产经营中劳动力资源优化配置，增加了家庭成员外出就业机会，家庭外出务工人口比例的提高可以增加务工收入，促进家庭物质资本积累，这也有助于提高家庭自雇收益。

（2）健康风险缓解机制。农户生产经营面临着诸多风险因素的影响，如经济环境变化、产业结构调整、产品价格波动、家庭成员健康状况等。基于数据可得性，本文主要从家庭成员健康风险因素角度进行分析。金融扶贫通过为农户生产经营提供扶贫小额信贷，可以提高农户的生产能力和风险应对水平，缓解农户可能面临的健康风险事件冲击，从而有助于农户将更多的资金投入生产，促进自雇收益的提高。据此，本文探讨了金融扶贫对农户健康风险缓解的影响，结果如表5中（3）列和（4）列所示。根据结果可以看出，借过扶贫小额贷款的家庭患大病人口比例显著低于未借过扶贫小额贷款的家庭。扶贫小额贷款数额每增加1万元，家庭患大病人口比例将显著降低约1.6%。这表明金融扶贫可以缓解农户可能面临的健康风险冲击，减少可能发生的大额医疗开支，促使农户将更多的资金用于生产经营，提高自雇收益。

表5 金融扶贫对农村家庭自雇收益的影响机制

项目	就业机会扩大机制 因变量：外出务工人口比例		健康风险缓解机制 因变量：患大病人口比例	
	（1）	（2）	（3）	（4）
是否借过扶贫小额贷款	0.138*** （0.028）		−0.048*** （0.016）	
扶贫小额贷款总额		0.046*** （0.010）		−0.016*** （0.005）
控制变量	控制	控制	控制	控制
样本量	4 060	4 060	4 060	4 060

注：（1）～（4）列均采用2SLS模型进行估计；控制变量包括户主性别、户主年龄、户主年龄的平方、户主受教育水平、劳动力比例、患慢性病人口比例、低保人口比例、自有住房总数、交通出行条件、通信设施、饮水及农田水利设施、就医看病条件、卫生环境、文化设施，限于篇幅，没有报告上述控制变量的估计结果；括号内为标准误；***、**、*分别表示在1%、5%和10%的统计水平上显著。

（四）扩展性分析

前文分析证实了基于全样本检验金融扶贫对农户自雇收益具有显著的正向影响，但并未考虑可能存在的群体异质性。本文进一步从户主性别、户主年龄、家庭纯收入三个维度将全样本划分为不同的子样本，进而检验金融扶贫对农户自雇收益的群体异质性影响，结果如表6所示。

（1）按性别分组。表6中（1）列男性户主家庭子样本采用了2SLS模型估计，（2）列女性户主家庭子样本采用了OLS模型估计，结果显示，金融扶贫对男性户主家庭自雇收益具有显著的正向影响，但对女性户主家庭的自雇收益影响并不显著。在户主为男性的农村家庭样本中，借过扶贫小额贷款的家庭年经营性净收入比未借过扶贫小额贷款的家庭年经营性净收入高出约29.2%。此外，农户获得的扶贫小额贷款数额每增加1万元，其家庭年经营性净收入将增长9.8%。

（2）按年龄分组。表6中（3）列和（4）列根据户主年龄中位数将样本划分为“低户主年龄”

组和“高户主年龄”组，其中，(3) 列“低户主年龄”子样本采用了 OLS 模型估计，(4) 列“高户主年龄”子样本采用了 2SLS 模型估计。结果显示，是否借过扶贫小额贷款仅对高户主年龄家庭的自雇收益具有显著正向影响，而对低户主年龄家庭的自雇收益影响并不显著。农户所获扶贫小额贷款总额则对不同年龄组家庭的自雇收益均具有显著的正向影响，且对高户主年龄家庭自雇收益的影响要显著高于对低户主年龄家庭自雇收益的影响。农户获得扶贫小额贷款数额每增加 1 万元，高户主年龄家庭的自雇收益将提高 24.6%，而低户主年龄家庭自雇收益的提升幅度仅为 2.6%。对这一结果的可能解释是，户主年龄较大的家庭积累的生产经验和资源相对丰富，因而增加额外可用的金融资本将带来较高的边际回报。

(3) 按家庭纯收入分组。表 6 中 (5) 列和 (6) 列根据家庭纯收入中位数将样本划分为“低纯收入”组和“高纯收入”组。其中，(5) 列“低纯收入”子样本采用了 OLS 模型估计，(6) 列“高纯收入”子样本中 Panel A 采用了 2SLS 模型估计，Panel B 采用了 OLS 模型估计。结果显示，金融扶贫仅对高纯收入家庭的自雇收益具有显著正向影响，而对低纯收入家庭的自雇收益影响并不显著。在高纯收入家庭样本中，借过扶贫小额贷款家庭的自雇收益比未借过扶贫小额贷款家庭的自雇收益要高出约 31.2%。而农户所获扶贫小额贷款数额每增加 1 万元，其自雇收益可提高约 2.6%。可能的原因是，低纯收入家庭可能会将所获扶贫小额贷款用于弥补生活消费，而不能有效地投入生产性活动，这就导致扶贫小额贷款对低纯收入家庭自雇收益的提升作用相对有限。

表 6　金融扶贫对农村家庭自雇收益的异质性影响

项目	按户主性别分组		按户主年龄分组		按家庭纯收入分组	
	男性	女性	低户主年龄	高户主年龄	低纯收入	高纯收入
	(1)	(2)	(3)	(4)	(5)	(6)
Panel A						
是否借过扶贫小额贷款	0.292**	0.038	0.042	0.672***	0.004	0.312*
	(0.122)	(0.099)	(0.049)	(0.218)	(0.047)	(0.166)
控制变量	控制	控制	控制	控制	控制	控制
样本量	3 549	511	2 030	2 030	2 030	2 030
Panel B						
扶贫小额贷款总额	0.098**	0.038	0.026**	0.246***	0.009	0.026*
	(0.041)	(0.028)	(0.012)	(0.081)	(0.013)	(0.013)
控制变量	控制	控制	控制	控制	控制	控制
样本量	3 549	511	2 030	2 030	2 030	2 030

注：控制变量包括户主性别、户主年龄、户主年龄的平方、户主受教育水平、劳动力比例、患慢性病人口比例、低保人口比例、自有住房总数、交通出行条件、通信设施、饮水及农田水利设施、就医看病条件、卫生环境、文化设施，限于篇幅，没有报告上述控制变量的估计结果；括号内为标准误；***、**、* 分别表示在 1%、5% 和 10% 的统计水平上显著。

五、结论与启示

本文基于 2019 年我国中部地区 2 省 5 个贫困县的农户调查数据，采用“农户是否借过扶贫小额贷款”和“农户扶贫小额贷款使用总额”作为金融扶贫的代理变量，研究了金融扶贫对农户自雇收益的影响。研究结果显示，金融扶贫可以显著提高农户自雇收益。在运用 2SLS 模型和 CMP 方法控制潜在的内生性问题后，所得结论依然稳健。金融扶贫可以通过以下两种机制影响农户自雇收益：一是金融扶贫促使农户在生产经营中以资本投入替代劳动投入，扩大了家庭成员的就业机会，促进了家庭物质资本积累，从而对农户自雇收益产生正向影响。二是金融扶贫可以帮助农户提高家庭风险应对水平，缓解农户可能面临的健康风险冲击，从而促进农户自雇收益的提升。金融扶贫对农户自雇收益的影响还表现出群体异质性，其对男性户主家庭、户主年龄较大的家庭以及纯收入水平较高的家庭自雇收益的影响较大。

本文的研究结论具有如下启示：第一，金融扶贫的本质在于破解贫困农户生产发展过程中的融资难问题，发挥“造血”功能，提高农户的内生发展动力。因此，金融扶贫要与贫困县当地的产业发展相结合，因地制宜，探索通过向产业链核心主体注资解决上下游经济主体的融资难问题，推进“金融机构→龙头企业→农户”和“金融机构→专业合作社（或家庭农场）→农户”等产业链融资新模式。第二，金融机构可针对贫困农户就业、医疗等的需求推出相应的信贷、保险等金融服务，提高贫困农户的就业能力和抗风险水平。第三，注意金融扶贫对农户自雇收益影响的异质性特征。对于家庭纯收入水平较高，具备自主经营能力的贫困农户，应充分发挥金融扶贫的精准性，通过满足其生产性信贷需求，提高其生产发展能力；而对于家庭纯收入水平较低，自主经营能力较弱的贫困农户，则可通过入股企业或合作社的方式获得分红，实现增收，但可以通过制定相关制度引导其参与企业或合作社的生产经营，逐步培育其自我发展能力。

参 考 文 献

陈清华，朱敏杰，董晓林，2017. 村级发展互助资金对农户农业生产投资和收入的影响——基于宁夏 13 县 37 个贫困村 655 户农户的经验证据 [J]. 南京农业大学学报（社会科学版）(4).

程名望，史清华，Jin Yanhong，等，2015. 农户收入差距及其根源：模型与实证 [J]. 管理世界（7）.

董静，徐婉渔，张瑜，2018. 我国农村创业企业绩效的调查研究——人情关系与“规范化”经验的影响与互动 [J]. 财经研究（1）.

杜兴洋，杨起城，邵泓璐，2019. 金融精准扶贫的绩效研究——基于湖南省 9 个城市农村贫困减缓的实证分析 [J]. 农业技术经济（4）.

郭铖，何安华，2017. 社会资本、创业环境与农民涉农创业绩效 [J]. 上海财经大学学报（2）.

何兴强，史卫，周开国，2009. 背景风险与居民风险金融资产投资 [J]. 经济研究（12）.

林万龙，杨丛丛，2012. 贫困农户能有效利用扶贫型小额信贷服务吗？——对四川省仪陇县贫困村互助资金试点的案例分析 [J]. 中国农村经济（2）.

刘畅，齐斯源，王博，2015. 创业环境对农村微型企业创业绩效引致路径的实证分析——基于东北地区实地调研数据 [J]. 农业经济问题（5）.

石丹淅，赖德胜，2013. 自我雇佣问题研究进展 [J]. 经济学动态（10）.

温涛，刘达，2019. 农村金融扶贫：逻辑、实践与机制创新 [J]. 社会科学战线（2）.

温兴祥，程超，2017. 教育有助于提高农村居民的创业收益吗？——基于 CHIP 农村住户调查数据的三阶段估计 [J]. 中国农村经济（9）.

翁辰，张兵，2015. 信贷约束对中国农村家庭创业选择的影响——基于 CHFS 调查数据 [J]. 经济科学（6）.

吴本健，葛宇航，马九杰，2019. 精准扶贫时期财政扶贫与金融扶贫的绩效比——基于扶贫对象贫困程度差异和多维贫困的视角 [J]. 中国农村经济（7）.

吴本健，马九杰，丁冬，2014. 扶贫贴息制度改革与“贫困瞄准”：理论框架和经验证据 [J]. 财经研究（8）.

武丽娟，李定，2019. 精准扶贫背景下金融资本对农户增收的影响研究——基于内部收入分层与区域差异的视角 [J]. 农业技术经济（2）.

武丽娟，徐璋勇，2018. 我国农村普惠金融的减贫增收效应研究——基于 4 023 户农户微观数据的断点回归 [J]. 南方经济（5）.

徐超，吴玲萍，孙文平，2017. 外出务工经历、社会资本与返乡农民工创业——来自 CHIPS 数据的证据［J］. 财经研究（12）.

杨婵，贺小刚，李征宇，2017. 家庭结构与农民创业——基于中国千村调查的数据分析［J］. 中国工业经济（12）.

杨艳琳，付晨玉，2019. 中国农村普惠金融发展对农村劳动年龄人口多维贫困的改善效应分析［J］. 中国农村经济（3）.

张博，胡金焱，范辰辰，2015. 社会网络、信息获取与家庭创业收入——基于中国城乡差异视角的实证研究［J］. 经济评论（2）.

张栋浩，尹志超，2018. 金融普惠、风险应对与农村家庭贫困脆弱性［J］. 中国农村经济（4）.

张海宁，张龙耀，应瑞瑶，2013. 金融约束与家庭创业收入：城乡差异与政策取向［J］. 江海学刊（4）.

郑秀峰，朱一鸣，2019. 普惠金融、经济机会与减贫增收［J］. 世界经济文汇（1）.

周广肃，谭华清，李力行，2017. 外出务工经历有益于返乡农民工创业吗?［J］. 经济学（季刊）（2）.

朱红根，2012. 政策资源获取对农民工返乡创业绩效的影响——基于江西调查数据［J］. 财贸研究（1）.

朱红根，康兰媛，2013. 农民工创业动机及对创业绩效影响的实证分析——基于江西省 15 个县市的 438 个返乡创业农民工样本［J］. 南京农业大学学报（社会科学版）（5）.

Andersen S，K M Nielsen，2011. Participation constraints in the stock market：Evidence from unexpected inheritance due to sudden death［J］. The Review of Financial Studies，24（5）：1667－1697.

Angelucci M，D Karlan，J Zinman，2015. Microcredit impacts：Evidence from a randomized microcredit program placement experiment by compartamos banco［J］. American Economic Journal：Applied Economics，7（1）：151－182.

Banerjee A V，E Breza，E Duflo，et al.，2017. Do credit constraints limit entrepreneurship? Heterogeneity in the returns to microfinance［R］. SSRN Working Paper Series.

Coleman B E，1999. The impact of group lending in Northeast Thailand［J］. Journal of Development Economics，60（1）：105－141.

Evans D，L S Leighton，1989. Some empirical aspects of entrepreneurship［J］. American Economic Review，79（3）：519－35.

Holtz－Eakin D，D Joulfaian，H S Rosen，1994. Sticking it out：Entrepreneurial survival and liquidity constraints［J］. Journal of Political Economy，102（1）：53－75.

Khandker S，G B Koolwal，H Samad，2009. Handbook on impact evaluation：Quantitative methods and practices［R］. The World Bank.

Khandker S R，2005. Microfinance and poverty：Evidence using panel data from Bangladesh［J］. The World Bank Economic Review，19（2）：263－286.

Klapper L，L Laeven，R Rajan，2006. Entry regulation as a barrier to entrepreneurship［J］. Journal of Financial Economics，82（3）：591－629.

Lensink R，T T T Pham，2012. The impact of microcredit on self－employment profits in Vietnam［J］. Economics of Transition，20（1）：73－111.

McKernan S M，2002. The impact of microcredit programs on self－employment profits：Do noncredit program aspects matter?［J］. Review of Economics and Statistics，84（1）：93－115.

Pitt M M，S R Khandker，1998. The impact of group－based credit programs on poor households in Bangladesh：Does the gender of participants matter?［J］. Journal of Political Economy，106（5）：958－996.

Roodman D，2011. Fitting fully observed recursive mixed－process models with cmp［J］. The Stata Journal，11（2）：159－206.

Tedeschi G A，2008. Overcoming selection bias in microcredit impact assessments：A case study in Peru［J］. The Journal of Development Studies，44（4）：504－518.

涉农企业精准扶贫意愿分析*

——基于A股上市公司的经验证据

易雨婷[1]　谢帮生[1]　周丽雪[1]　魏远竹[2]

（1. 福建农林大学管理学院；2. 宁德师范学院）

摘要：贫困问题是世界各国关注的重要问题，解决贫困问题也是联合国千年发展目标之一，而企业尤其是涉农企业扶贫在一定程度上有助于该目标实现。本文以中国精准扶贫背景下A股上市公司2013—2017年的数据研究了涉农企业扶贫的倾向和规模，并就其扶贫的经济结果进行分析，研究发现：①较其他类型企业而言，涉农企业参与扶贫以及参与产业发展扶贫项目的意愿更强、规模更大；②贫困压力大的地区涉农上市公司扶贫意愿较弱、规模较小；③涉农上市公司履行扶贫社会责任能够显著增加企业价值。本文进一步补充了企业扶贫和社会责任的文献，并为贫困问题的解决提供参考建议。

关键词：涉农上市公司；农村扶贫；产业扶贫；企业价值

一、引　言

纵观人类发展历程，可持续发展和贫困问题是长期困扰世界各国的问题，而反贫困和减贫也一直是各国政府尤其是发展中国家政府面临的主要任务（Resmi et al.，2018）。根据世界银行统计数据，世界贫困人口从1990年的35％大幅下降到2013年的10.7％（World Bank Group，2016）。然而，剩余贫困人口数量仍然较大，因此贫困问题的解决仍然受到各国政府的重视，针对贫困人口采取扶贫措施帮助其提升生活水平仍是21世纪世界各国的重要任务。然而，现有研究发现，对贫困户改善生活水平而言，政府直接给予贫困户补贴或是为其提供技能培训的帮助是极其有限的，仅靠政府主导扶贫工作存在诸如资源配置低效、信息扭曲、措施匮乏等缺陷，其扶贫效果和效率并不理想，但是市场机制的引入有助于改善该情况（郭俊华等，2018；Resmi et al.，2018；刘建生等，2017）。例如已有研究表明，政府转移支付中低保政策的受益群体往往是高于贫困线的人员而并非那些低于贫困线的贫困人员（Westmore，2018），但是在政府解决贫困和可持续发展问题时，私有部门的加入即企业的社会责任履行能够较好地提供帮助（Resmi等，2018）。主要有以下原因。首先，政府作为非营利性的组织机构，对贫困地区和贫困人口所在地的产品市场没有足够的洞察力，而作为市场主体的企业对市场的敏感性更高，也有相对更加雄厚的资金优势和专业知识，能够在基

* 基金项目：国家社会科学基金项目“上市公司精准扶贫社会责任履行的经济后果及溢出效应研究”；福建省社科研究基地重大项目（编号：FJ2018JDZ064）；福建省高校特色新型智库项目“精准扶贫与反返贫研究中心”；福建省财政专项研究课题（编号：闽财教指〔2014〕78号）。

础设施建设等项目上发挥重要作用，如恒大集团利用房产建设的优势通过易地搬迁带动了大量贫困户脱贫（郭俊华等，2018）；其次，企业可以更好地推广相关的农业科技技术，这些农业技术能够提升贫困农户的农产品生产能力和市场参与能力（李金祥，2016）；最后，相对政府而言，企业在宣传推广方面也具有一定的优势，例如企业在产业扶贫中可以在已有的平台销售产品，针对已有客户群和潜在客户群进行推广，能够把精准扶贫各种项目成果较快且稳定地变成实实在在的收入（刘建生等，2017）。因此企业扶贫在提高贫困人口收入的脱贫工作中扮演着十分重要的角色，在企业的帮助下农业商业化有助于减少贫困，实现可持续发展目标（Ogutu、Qaim，2019）。

然而，尽管近年来中国的企业扶贫逐渐白热化，但现有研究多在理论上分析其扶贫问题与对策（郭俊华等，2018；李金祥，2016），鲜有研究从微观企业角度根据企业特征实证分析其扶贫意愿以及扶贫动机。自2013年习近平主席提出“精准扶贫”理念以来我国大力发展扶贫工作，也鼓励企业履行精准扶贫社会责任。为响应国家政策，中国证监会和沪深交易所分别于2015年和2016年发布鼓励上市公司参与扶贫工作的相关文件，并给予相应的优惠政策，故企业在各方鼓励下助力脱贫攻坚战的热情高涨，从手工收集数据来看，参与扶贫的上市公司数量从2013年的35家增加到2017年的620家，扶贫平均金额从217.95万元增加到2 192.75万元。但是什么样的企业扶贫意愿更强烈？企业又是出于何种动机参与扶贫？企业扶贫能够给其自身带来怎样的经济效果？鲜有文献通过大数据对此进行解释，因此本文将对这些问题进行进一步的分析。

在企业扶贫方面，现有研究发现农业类企业和扶贫关系密切（Ogutu、Qaim，2019；王兴国、王新志，2017）。首先，需要被扶贫的贫困人口主要分布在农村区域，以贫困农户为主（Ogutu、Qaim，2019）。而贫困农户尤其是深度贫困农户大多以农业活动为生，农业活动往往是这些贫困家庭收入的主要来源，也有研究表明农业活动在减贫中的效果较其他活动更加显著（Christiaensen et al.，2011），如种植改良的农作物品种能够有效促进减贫（Wossen et al.，2019）。其次，在贫困农户的农业生产活动中涉农企业能够提供更多的帮助，例如农业龙头企业利用资金、技术、人才等优势，为农户提供相关的种养专业知识以及先进的农业技术，带动农户就业增收（王兴国、王新志，2017），在扶贫项目中更好地帮助贫困农户开展农业活动，而扶贫项目和农业活动的开展能够减少贫困中的极度贫困（Lin et al.，2019）。此外，企业扶贫也是一种企业社会责任（CSR），已有文献发现企业能够通过履行社会责任提升创新能力、获得政府信任（Flammer，2018）、提升自身声誉（Godfrey，2005），那么涉农企业是否也会出于某种经济动机进而参与扶贫呢？相对于其他类型企业而言，涉农企业在社会公众中的声誉并不算太好，甚至因各种食品安全事件给公众留下了负面印象，因此更需要关注品牌形象（Detre、Gunderson，2011），而履行社会责任可以积累一定的道德资本形成正面印象（Godfrey，2005）。但是，涉农类上市公司的生物资产容易遭受自然灾害和意外的影响，其计量方式也存在一定的差异，计量时也有一定的困难，这导致其生物资产信息披露水平较低，相应的会计信息也受到影响，因此涉农类上市公司信息披露水平整体较低（Gonçalves、Lopes，2015），另外，也有研究指出中国农业类上市公司的经营业绩普遍较差且不稳定（王怀明、薛英，2006），因此涉农上市公司可能难以承担扶贫的成本，也缺乏足够的资金参与扶贫工作，其扶贫相关信息披露也可能并不能为其带来经济收益，而这可能影响涉农上市公司扶贫的意愿。现有文献多从案例和博弈角度去分析企业扶贫的意愿（郭俊华等，2018），鲜有通过大数据进行实证分析和验证，因此涉农上市公司的扶贫意愿以及扶贫带给涉农上市公司的经济效果仍然是未验证的问题。

为研究这个问题，本文手工收集了2013—2017年上市公司扶贫数据，使用Logit模型分析了涉农上市公司的扶贫倾向和产业发展项目参与倾向，并用OLS回归模型分析了涉农上市公司的扶贫规模和产业扶贫规模，发现较非涉农上市公司而言，涉农上市公司具有更强的扶贫意愿和更大的扶贫规模以及更强的产业发展项目参与意愿和更大的参与规模。此外，本文通过倾向得分配对、Heckman 二阶段回归以及工具变量法等缓解了内生性以及自我选择偏差的影响，结果仍然不变，这进一步验证了涉农上市公司扶贫意愿较其他类型公司更强，说明涉农上市公司可能出于提高自身声誉获取更多经济利益的目的而参与更多扶贫工作。这证实了本文对涉农上市公司扶贫意愿的猜想，同时证实了涉农上市公司具有为获取各种利益提升自身价值而参与扶贫的动机。

本文的研究贡献主要体现在以下几个方面：首先，利用中国 2013 年以来精准扶贫的背景，研究了发展中国家企业扶贫的状况，为其他发展中国家今后的扶贫工作开展提供参考，扩展了发展中国家扶贫的文献；其次，扶贫数据比较难获得，本文通过手工收集中国企业扶贫的数据以进行实证分析，提供了扶贫和社会责任新的经验证据，进一步补充了社会责任相关文献；最后，通过研究涉农公司扶贫的意愿和动机，提供了研究涉农公司行为的新视角，对涉农公司行为相关研究有一定的贡献。

二、文献回顾与研究假设

（一）文献回顾

1. 涉农企业和社会责任

涉农企业的社会责任是近年来逐渐被关注的话题（Heyder、Theuvsen，2012；Luhmann、Theuvsen，2016）。已有研究表明涉农行业对经济增长有重要作用（Resmi et al.，2018），并且涉农企业的食物生产关系到所有人的基本需求，其所拥有的自然资源也对生态问题如生物多样性产生重要影响（Hartmann，2011），因此在社会对所有行业社会责任履行需求增加时，涉农行业是一种特殊的被公众高度关注的部门。然而，在逐渐被公众以及利益相关者关注的同时，涉农企业社会责任相关研究仍处于初期，对于涉农企业履行社会责任的动机和影响因素、财务以及非财务方面的经济效果的进一步研究也是必要的（Luhmann、Theuvsen，2016）。

在涉农企业履行社会责任的动机方面，已有研究通过德国涉农公司的数据发现，尽管涉农公司近些年才面临公众的更多关注和监督，但是与其他行业企业相比，涉农类企业与社会之间的冲突更加明显，声誉更加负面，而涉农类企业履行社会责任能够显著提高自身声誉（Heyder、Theuvsen，2012）。此外，Friedrich 等（2012）根据对德国涉农企业的可持续发展调查进一步发现，随着外部利益相关者的观点变得日益重要，涉农企业在长期运营中为了确保被社会所信任，通常会采取更多的可持续性管理措施以及履行更多的社会责任。但是很多企业尚不确定这带来的影响，因此在一段时间后将会调整他们的可持续性管理方式。另外，Heyder 等（2008）指出农业类公司生产了与公众生活息息相关的具有公共物品特征的食品，因此农业类公司存在更多的和利益相关者（如消费者）之间的冲突风险，而近年来暴露在公众视野中的大量农业企业丑闻（食品安全事件等）也使其面临着合法性风险的威胁，这可能会导致农业类公司将 CSR 作为一种风险管理策略，以将其农业类经营活动合法化进而降低合法性风险。Mueller 和 Theuvsen（2014）从消费者的角度研究发现，大量食品相关负面事件降低了涉农企业的声誉，也加剧了消费者对涉农企业的负面印象，因此食品行业的企业亟须通过满足社会的期望来保障其未来经营的合法性并增加消费者的信任，其研究表明消费者对社会责任了解得越多，越容易在涉农企业履行社会责任时产生信任。

在涉农企业履行社会责任的经济效果方面，Kong（2012）利用中国的自然实验发现，资本市场中的投资者近年来逐渐意识到食品安全的重要性，在做出投资决策时通常会考虑食品行业上市公司的社会责任活动，也对食品行业上市公司的社会责任相关事件具有强烈的市场反应，因此企业尤其是食品行业的企业能够通过承担社会责任来获取长期利益。然而，Detre 和 Gunderson（2011）利用事件研究法发现，投资者认为企业履行社会责任在短期内会增加成本，因此降低对企业的评估价值进而产生负向的市场反应。此外，Resmi 等（2018）通过孟加拉国的涉农企业数据发现，涉农企业的社会责任履行能够提升自身形象进而影响企业业绩。也有研究从涉农企业社会责任对发展问题的影响角度展开（Devin、Richards，2018；Bathla et al.，2018），如 Devin 和 Richards（2018）发现食品零售商如超市能够通过相应的社会责任行为有效减少食物浪费，在人口增加、食物需求增加时有助于解决持续发展问题，因此强调要重视用市场力量解决发展问题。另外，在不发达的依赖农业经济的地区，针对农业发展的公共投资能够增加农业生产效率并减轻区域贫困（Bathla et al.，2018）。

2. 社会责任的影响因素

在社会责任的影响因素研究方面，有学者发现公司治理特征、市场竞争均会对企业社会责任履行产生影响（Appuhami、Tashakor，2017；Flammer，2015）。如国外学者 Appuhami 和 Tashakor（2017）研究发现，审计委员会特征如审计委员会规模等均和 CSR 正相关。Dyck 等（2019）用 41 个国家的数据研究发现，机构投资者通过向其已经持有股票的公司传达他们对增加 E&S（环境和社会表现）的偏好而施加 CSR 披露的压力，促使公司履行社会责任。而 Davidson 等（2016）发现物质主义的 CEO 会追逐物质欲望而不愿意将资源分享给社会其他人员，因此物质主义的 CEO 更不愿意履行社会责任。在市场竞争压力方面，Flammer（2015）利用美国降低关税的准自然实验研究发现，由于美国国内企业比国外企业在当地利益相关者中有比较优势，而把资源投入到比较优势中可以维护竞争优势，国内企业倾向于把资源投入到利益相关者中以维护自己的竞争优势，即产品市场竞争会促进 CSR。

（二）研究假设

近年来，食品安全事件以及涉农类生物资产计量问题等得到大量报道，由于食品安全问题关系到人类基本需求，因此和食品生产销售密切相关的涉农类企业逐渐被公众所关注（Hartmann，2011；Heyder et al.，2008；Kong，2012；Luhmann、Theuvsen，2016），并且由于受到负面事件的影响，涉农企业的声誉较其他类型企业更低，其面临的公众压力更大（Heyder、Theuvsen，2012），在此背景下，涉农企业承担社会责任能够有效提升自身形象，建立与消费者和政府等利益相关者之间的信任（Mueller、Theuvsen，2014），有助于减轻食品安全等负面事件带来的不良影响，以保证企业经营的合法性以及可持续性（Heyder 等，2008）。因此，涉农上市公司能够通过履行社会责任获得一定的竞争优势（Friedrich 等，2012）。而自 2013 年“精准扶贫”理念提出以来，企业扶贫无疑是我国近年来为公众所特别关注的社会责任。Mueller 和 Theuvsen（2014）发现消费者对社会责任了解得越多，越容易在涉农企业履行社会责任时产生信任，因此涉农企业履行扶贫社会责任有助于在社会公众中提升企业形象和声誉，获得利益相关者提供的各项资源，增加企业竞争优势以促进企业可持续发展（Friedrich 等，2012）。也有研究表明涉农企业承担社会责任能够给企业带来长期利益，进而影响企业业绩（Resmi et al.，2018；Friedrich et al.，2012），因此，本文认为涉农企业为挽救较其他企业更差的声誉和形象，在其盈利能力稍弱的情况下仍然愿意参加精准扶贫工作，以提升企业声誉并获得政府和其他利益相关者的信任，因此其扶贫意愿较其他企业更强，即更愿意参与扶贫且扶贫规模也相对较大。基于此，我们提出假设 H1a 和假设 H1b：

假设 H1a：相对于非涉农上市公司，涉农上市公司履行精准扶贫社会责任的意愿更强。

假设 H1b：相对于非涉农上市公司，涉农上市公司履行精准扶贫社会责任的规模更大。

若涉农上市公司较其他类型上市公司的扶贫意愿更强，那么在产业发展扶贫方面，涉农上市公司具有相对更充足的涉农资源和技术优势（王兴国、王新志，2017），在农业产业扶贫项目中的投入成本相对较少，因此涉农上市公司参与产业发展项目扶贫的意愿也将更强，即涉农上市公司参与产业发展扶贫项目的意愿更强，规模也可能更大。据此，本文提出假设 H2a 和假设 H2b：

假设 H2a：相对于非涉农上市公司，涉农上市公司投入产业发展扶贫项目的意愿更强。

假设 H2b：相对于非涉农上市公司，涉农上市公司投入产业发展扶贫项目的规模更大。

三、研究设计

（一）样本选择与数据来源

本文研究所需的财务数据和公司治理数据来自 CSMAR 数据库，上市公司扶贫数据来源于巨潮资讯网站披露的上市公司年报、社会责任报告，通过手工收集整理获得，样本区间为 2013—2017 年，在初步确定分析样本后，本文按照如下步骤对样本进行了进一步的处理：①剔除金融行业的样本；②剔除被 ST、PT 等特殊处理的样本；③剔除研究变量存在缺失的样本；④对所有连续变量在 1%和 99%分位上进行 Winsorize 处理。最终得到的分析样本数为 12 625 个，其中涉农上市公司样本为 941 个，非涉农上市公司样本为 11 684 个，数据处理采用 Stata13. 0 软件。

表 1 展示了研究样本各方面情况。从行业分布角度看，样本共涉及 17 个行业，其中制造业最多，有 8 249 个样本。从年度分布角度看，2013—2017 年①样本分布相对均匀。从 Panel C 中可看到涉农上市公司样本占总样本的 7.45%。

表 1　样本情况表

单位：个，%

Panel A：行业分布		
行业	样本量	百分比
农、林、牧、渔业	188	1.49
采矿业	292	2.31
制造业	8 249	65.34
电力、热力、燃气及水生产和供应业	396	3.14
建筑业	337	2.67
批发和零售业	693	5.49
交通运输、仓储和邮政业	379	3.00
住宿和餐饮业	43	0.34
信息传输、软件和信息技术服务业	795	6.30
房地产业	562	4.45
租赁和商务服务业	149	1.18
科学研究和技术服务业	113	0.90

① 本文选择 2013—2017 年作为样本区间，主要有以下两个缘由：习近平总书记在 2013 年湘西视察时首次提出“精准扶贫”概念，自此精准扶贫得到社会各界的高度重视，故选择 2013 年作为起始年度；本文手工收集扶贫数据截止到 2017 年，故选择 2017 年作为终止年度。

（续）

Panel A：行业分布		
行业	样本量	百分比
水利、环境和公共设施管理业	143	1.13
教育	8	0.06
卫生和社会工作	22	0.17
文化、体育和娱乐业	164	1.30
综合	92	0.73
合计	12 625	100.00
Panel B：年度分布		
年度	样本量	百分比
2013	2 220	17.58
2014	2 212	17.52
2015	2 423	19.19
2016	2 705	21.43
2017	3 065	24.28
合计	12 625	100.00
Panel C：涉农分布		
是否涉农	样本量	百分比
涉农上市公司	941	7.45
非涉农上市公司	11 684	92.55
合计	12 625	100.00

（二）研究设计

1. 主要变量设计

（1）涉农上市公司。本文将农林牧渔行业上市公司以及其他行业中含有生物资产（消耗性、生产性以及公益性生物资产）的上市公司定义为涉农上市公司，若属于涉农上市公司，则 Agr 取 1，否则取 0。

（2）上市公司精准扶贫社会责任履行。本文使用扶贫倾向（dum_fp）和扶贫规模（fpm）来衡量上市公司扶贫履行情况，若公司在当年履行精准扶贫社会责任则二元哑变量 dum_fp 取值为 1，否则取值为 0。参考王营和曹廷求（2017）以及 Brown 等（2006）的研究，以扶贫金额加 1 后取自然对数的值来衡量企业履行精准扶贫社会责任的规模（fpm）。此外，本文手工收集了 2016—2017 年上市公司年报所披露的产业扶贫数据，用产业发展项目参与倾向（dum_CYFZ）和产业发展项目规模（$CYFZM$）来衡量上市公司产业发展项目履行情况，若公司在当年度参与产业发展项目建设，则 dum_CYFZ 取 1，否则取 0，$CYFZM$ 等于产业发展项目投入金额加 1 后取自然对数的值。

2. 回归模型及其他控制变量确定

为检验假设 1 和假设 2，本文分别构建以下两个模型：

$$Logit(dum\_fp=1)/fpm=\partial_0+\partial_1 Agr+\partial_2 Size+\partial_3 Lev+\partial_4 ROA+\partial_5 Board+$$

$$\partial_6 Tangibility+\partial_7 IDP+\partial_8 Dual+\partial_9 TobinQ+\partial_{10} MH+\partial_{11} top1+\partial_{12} SOE+\sum Year+\varepsilon \quad (1)$$

$$Logit\ (dum\_CYFZ=1)/CYFZM=\partial_0+\partial_1 Agr+\partial_2 Size+\partial_3 Lev+\partial_4 ROA+\partial_5 Board+\partial_6 Tangibility+\partial_7 IDP+\partial_8 Dual+\partial_9 TobinQ+\partial_{10} MH+\partial_{11} top1+\partial_{12} SOE+\sum Year+\varepsilon \quad (2)$$

模型（1）与模型（2）中，因变量和自变量定义如前文所述，此外，考虑到其他相关变量的影响，参考 Dyck 等（2019）、Appuhami 和 Tashakor（2017）、王营和曹廷求（2017）以及 Brown 等（2006）的研究，我们在方程中加入了以下控制变量。首先，控制了公司特征变量，包括公司规模（*Size*）、财务风险（*Lev*）、盈利能力（*ROA*）、企业价值（*TobinQ*）、固定资产比例（*Tangibility*）以及产权性质（*SOE*）；其次，控制了治理相关变量，包括董事会规模（*Board*）、独立董事比例（*IDP*）、第一大股东持股比例（*top*1）、两职合一（*Dual*）以及管理层持股比例（*MH*）；最后我们控制了年度固定效应。具体变量定义如表 2 所示。

表 2　变量定义

	变量名称	变量符号	变量定义
被解释变量	精准扶贫履行倾向	*dum_fp*	若上市公司履行精准扶贫社会责任，则取 1，否则取 0
	精准扶贫履行规模	*fpm*	精准扶贫投入金额加 1 后取自然对数
	产业发展项目履行倾向	*dum_CYFZ*	若上市公司参与产业发展项目，则取 1，否则取 0
	产业发展项目履行规模	*CYFZM*	产业发展项目金额加 1 后取自然对数
解释变量	涉农上市公司	*Agr*	属于涉农上市公司则取 1，否则取 0
控制变量	公司规模	*Size*	期末总资产的自然对数
	财务风险	*Lev*	期末总负债除以期末总资产
	盈利能力	*ROA*	净利润除以期末总资产
	董事会规模	*Board*	董事会总人数
	固定资产比例	*Tangibility*	固定资产除以总资产
	独立董事比例	*IDP*	独立董事人数除以董事会总人数
	两职合一	*Dual*	董事长与总经理是否兼任，兼任取 1，否则取 0
	企业价值	*TobinQ*	市场价值除以重置成本
	管理层持股比例	*MH*	管理层持股数除以总股数
	第一大股东持股比例	*top*1	第一大股东持股数除以总股数
	产权性质	*SOE*	属于国企取 1，否则取 0
	年度	*Year*	年度虚拟变量

四、实证检验及结果分析

（一）描述性统计分析

1. 扶贫现状描述

如表 3 所示，涉农上市公司扶贫数量从 2013 年的 4 家增长到 2017 年的 72 家，扶贫比例（扶贫数量除以涉农上市公司总数量）从 2.4%增长到 33.64%，非涉农上市公司扶贫数量从 2013 年的 31 家增长到 2017 年的 548 家，比涉农上市公司数量多，但是其扶贫比例（扶贫数量除以非涉农上市公司总数量）从 2013 年的 1.51%变为 2017 年的 19.22%，小于涉农上市公司扶贫比例，总的扶贫比例为 8.93%，小于涉农上市公司总的扶贫比例 15.09%。从图 1 中也可以看到，2013—2015 年涉农上市公司扶贫比例和非涉农上市公司相差不大，但是 2016 年和 2017 年涉农上市公司扶贫比例明显高于非涉农上市公司。因此初步认为涉农上市公司扶贫意愿相对更强。

表 3　上市公司扶贫分布表

单位：家，%

Panel A：涉农上市公司分布				
年度	未扶贫	扶贫	总数量	扶贫比例
2013	163	4	167	2.40
2014	173	1	174	0.57
2015	178	3	181	1.66
2016	143	62	205	30.24
2017	142	72	214	33.64
合计	799	142	941	15.09
Panel B：非涉农上市公司分布				
年度	未扶贫	扶贫	总数量	扶贫比例
2013	2 022	31	2 053	1.51
2014	2 002	36	2 038	1.77
2015	2 208	34	2 242	1.52
2016	2 106	394	2 500	15.76
2017	2 303	548	2 851	19.22
合计	10 641	1 043	11 684	8.93

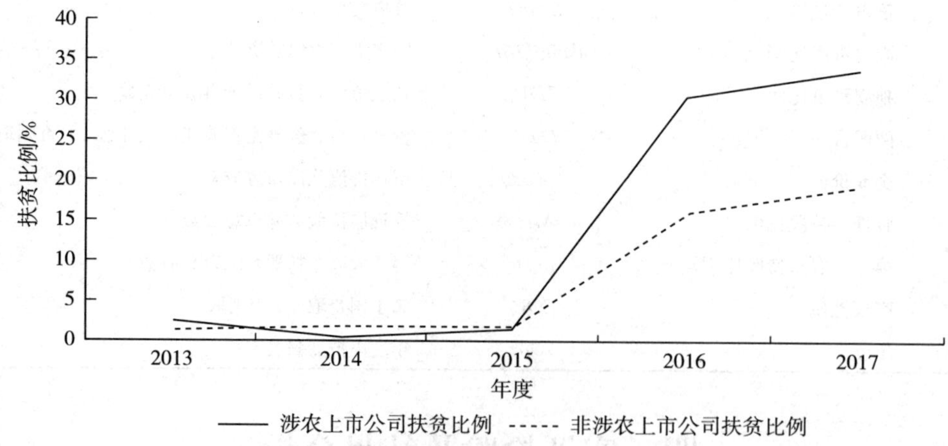

图 1　涉农与非涉农上市公司扶贫比例变化趋势比较

2. 主要变量描述性统计

表 4 是主要变量的描述性统计结果，其中全样本中扶贫倾向的均值为 0.093 9，表明只有 9.39%的样本参与了扶贫；扶贫规模的均值（标准差）为 1.243（3.933），表明样本扶贫规模波动较大；涉农上市公司样本扶贫倾向的均值为 0.151，表明涉农上市公司中的 15.1%参与了扶贫，平均扶贫规模为 2.052；非涉农上市公司扶贫倾向的均值为 0.089，表明非涉农上市公司中的 8.9%

参与了扶贫，平均扶贫规模为 1.177，均小于涉农上市公司。此外，从 t 检验中可以看到，非涉农公司的扶贫倾向和扶贫规模显著小于涉农公司，因此初步支持了本文假设 1。此外，涉农上市公司的产业扶贫倾向均值为 0.165，产业扶贫规模均值为 2.307；非涉农上市公司产业扶贫倾向的均值为 0.064，产业扶贫规模均值为 0.868，均显著小于涉农上市公司，因此初步支持假设 2。从其他变量的 t 检验中可以看出，非涉农上市公司的负债水平（*Lev*）显著小于涉农上市公司，而企业价值（*TobinQ*）显著大于涉农上市公司。

表 4　主要变量描述性统计分析

变量	观测值	均值	标准差	最小值	中位数	最大值	非涉农样本均值	涉农样本均值	均值差异
fp	12 625	0.093 9	0.292	0	0	1	0.089	0.151	−0.062***
fpm	12 625	1.243	3.933	0	0	16.12	1.177	2.052	−0.874***
dum_CYFZ	5 766	0.071 6	0.258	0	0	1	0.064	0.165	−0.101***
CYFZM	5 766	0.973	3.560	0	0	21.71	0.868	2.307	−1.438***
Agr	12 625	0.074 5	0.263	0	0	1			
Size	12 625	22.11	1.272	19.72	21.95	26.00	22.09	22.38	−0.288***
Lev	12 625	0.417	0.208	0.052 5	0.403	0.893	0.414	0.451	−0.036***
ROA	12 625	0.041 1	0.048 9	−0.142	0.037 1	0.186	0.041	0.039	0.002
Board	12 625	8.573	1.692	3	9	19	8.566	8.661	−0.095*
Tangibility	12 625	0.214	0.164	0.002 11	0.179	0.701	0.213	0.225	−0.011**
IDP	12 625	0.375	0.052 8	0.333	0.333	0.571	0.375	0.372	0.003
Dual	12 625	0.278	0.448	0	0	1	0.280	0.253	0.027*
TobinQ	12 625	3.073	2.298	0.909	2.338	13.88	3.116	2.541	0.575***
MII	12 625	0.144	0.205	0	0.006 95	0.688	0.147	0.113	0.033***
top1	12 625	0.347	0.148	0.086 0	0.328	0.748	0.347	0.350	−0.003
SOE	12 625	0.347	0.476	0	0	1	0.345	0.374	−0.029*

3. 相关性分析

表 5 显示了主要变量相关系数，从中可以看到各变量之间相关系数大多小于 0.5，故可以判断变量的相关性不大，且 VIF 分析（未列出）中各变量的 VIF 系数远小于 10，因此不存在严重多重共线性问题。

表 5　相关系数表

	fp	*fpm*	*dum_CYFZ*	*CYFZM*	*Agr*	*Size*	*Lev*	*ROA*	*Board*	*Tangibility*	*IDP*	*Dual*
fp	1											
fpm	0.984	1										
dum_CYFZ	0.581	0.610	1									
CYFZM	0.572	0.610	0.984	1								
Agr	0.095	0.099 8	0.101	0.105	1							
Size	0.278	0.303	0.234	0.243	0.089 1	1						
Lev	0.131	0.142	0.132	0.138	0.062 5	0.566	1					
ROA	0.002	0.005 5	−0.047 5	−0.044 1	−0.017 8	−0.119	−0.395	1				

（续）

	fp	*fpm*	*dum_CYFZ*	*CYFZM*	*Agr*	*Size*	*Lev*	*ROA*	*Board*	*Tangibility*	*IDP*	*Dual*
Board	0.134	0.139	0.125	0.121	0.038 5	0.285	0.179	−0.038 2	1			
Tangibility	0.154	0.156	0.148	0.146	0.021 8	0.108	0.070 5	−0.083 8	0.164	1		
IDP	−0.012 6	−0.003 9	0.001 2	0.002 6	−0.021 8	−0.020 5	−0.024 6	−0.011 3	−0.533	−0.066 1	1	
Dual	−0.091 3	−0.085 7	−0.081 8	−0.075 8	−0.019 5	−0.193	−0.144	0.088 3	−0.178	−0.069 5	0.117	1
TobinQ	−0.158	−0.165	−0.126	−0.127	−0.080 4	−0.607	−0.426	0.303	−0.196	−0.144	0.074 5	0.164
MH	−0.176	−0.174	−0.138	−0.130	−0.057 8	−0.390	−0.321	0.234	−0.209	−0.177	0.072 8	0.261
top1	0.076 2	0.084 4	0.086 0	0.084 9	−0.001 10	0.161	0.059 5	0.129	0.012 4	0.102	0.045 2	−0.024 1
SOE	0.231	0.225	0.222	0.210	0.026 9	0.360	0.293	−0.177	0.269	0.217	−0.058 1	−0.300

	TobinQ	*MH*	*top1*	*SOE*
TobinQ	1			
MH	0.289	1		
top1	−0.036 2	−0.079 7	1	
SOE	−0.281	−0.487	0.219	1

（二）回归结果与分析

模型（1）和模型（2）的回归结果如表 6 所示，其中（1）列和（2）列分别检验了涉农上市公司是否更愿意参与扶贫和是否有更大的扶贫规模，可以看到涉农上市公司（*Agr*）对扶贫（*fp*）的回归系数为 0.604 0，涉农上市公司（*Agr*）对扶贫规模（*fpm*）的回归系数为 0.738 8，均在 1%水平上显著，说明相对于非涉农上市公司，涉农上市公司的扶贫意愿更强、扶贫规模更大；（3）列和（4）列分别检验了涉农上市公司参与产业发展项目扶贫的倾向和规模，可以看到涉农上市公司（*Agr*）对产业发展参与（*dum_CYFZ*）和产业发展规模（*CYFZM*）的系数均在 1%水平上显著为正，表明涉农上市公司的产业发展项目参与意愿更强、参与规模更大，因此支持了本文假设 1 和假设 2，即涉农上市公司作为较敏感的备受关注的公司，可能出于提升较其他类型企业更低的声誉的目的进行扶贫，其更可能致力于通过扶贫社会责任的履行获得消费者和政府更多的信任从而获得经济利益，以提高自身价值。

表 6　涉农上市公司的扶贫倾向和规模回归

变量	(1)	(2)	(3)	(4)
	fp	*fpm*	*dum_CYFZ*	*CYFZM*
Agr	0.604 0***	0.738 8***	1.070 3***	1.131 5***
	(4.468 2)	(4.226 9)	(5.528 5)	(3.767 5)
Size	0.441 6***	0.654 0***	0.459 9***	0.622 5***
	(9.372 7)	(11.827 5)	(6.640 5)	(7.518 0)
Lev	−0.405 6	−0.598 7***	−0.187 8	−0.343 8
	(−1.532 8)	(−2.655 1)	(−0.474 1)	(−1.110 2)
ROA	3.392 3***	1.729 8**	−1.027 0	−1.975 3*
	(3.248 2)	(2.158 7)	(−0.647 5)	(−1.748 7)

（续）

变量	(1)	(2)	(3)	(4)
	fp	*fpm*	*dum_CYFZ*	*CYFZM*
Board	0.047 0* (1.645 3)	0.065 0* (1.901 0)	0.063 9 (1.575 3)	0.098 4* (1.934 7)
Tangibility	1.427 2*** (5.943 3)	1.846 2*** (6.597 3)	1.809 3*** (5.350 9)	2.203 1*** (5.248 3)
IDP	0.929 7 (1.056 9)	1.753 4* (1.889 3)	1.477 9 (1.211 5)	2.654 7** (2.079 7)
Dual	−0.051 2 (−0.500 4)	0.006 7 (0.079 7)	−0.108 3 (−0.651 4)	−0.030 1 (−0.317 0)
TobinQ	−0.000 0 (−0.000 6)	0.079 8*** (4.692 7)	0.057 9 (1.250 3)	0.129 7*** (4.865 6)
MH	−0.762 9*** (−2.612 3)	−0.402 7** (−2.156 8)	−0.441 8 (−0.780 3)	0.444 6* (1.945 4)
*top*1	−0.003 4 (−1.170 1)	−0.002 7 (−0.949 3)	0.002 2 (0.478 8)	0.004 2 (1.010 9)
SOE	0.664 9*** (6.291 7)	0.600 9*** (5.494 5)	1.023 5*** (5.888 9)	0.983 9*** (6.340 4)
Constant	−15.374 9*** (−14.293 9)	15.948 3*** (−12.809 9)	−15.339 6*** (−10.191 0)	−16.075 9*** (−8.264 9)
样本量	12 625	12 625	5 766	5 766
年度固定效应	Yes	Yes	Yes	Yes
R^2/Pseudo R－squared	0.251	0.150 7	0.166	0.101 7

注：结果均在公司层面聚类处理，括号内为稳健 t 统计量，***、**、*分别表示在1%、5%、10%水平上显著。

（三）稳健性检验

1. 倾向得分配对（PSM）

为解决样本选择性偏差问题，本文通过倾向得分配对方法给实验组一对一配对控制组，其中，对于模型（1），本文考虑了公司规模、财务风险、是否亏损等公司特征为每一个涉农公司样本配对了一个非涉农公司样本，最终得到实验组和控制组各 941 个；对于模型（2），此处同样根据公司特征为每一个涉农公司样本配对了一个非涉农公司样本，最终得到实验组和控制组各 418 个，回归结果见表 7 的 Panel A 部分，与表 6 结果类似，故结论不变。

2. Heckman 两阶段回归结果

本文通过 Heckman 二阶段回归进一步验证本文结论，具体操作步骤如下：首先，将是否为涉农上市公司作为因变量，公司特征和治理特征作为自变量并控制年度固定效应进行 Probit 回归；其次，根据回归结果计算出相应的逆米尔斯比率（IMR）；最后，将逆米尔斯比率加入模型（1）和模型（2）中重新进行回归，得到 Heckman 第二阶段回归的结果。从表 7 的 Panel B 中可以看到，结果与前文基本一致，因此对本文结论没有实质性影响，表明结果是稳健的。

3. 替换指标

本文的涉农上市公司样本中将含有生物资产的非农林牧渔行业的上市公司也包括在内，考虑到行业的影响，此处将涉农上市公司重新定义为只包括证监会 2012 年行业分布文件中属于农林牧渔行业的上市公司。若属于农林牧渔行业，则为涉农上市公司，且 *Agr_Ind* 取值为 1，否则取值为 0；此外，参考 Brown 等（2006）用收入标准化的做法，将扶贫金额除以营业收入再乘以 100 的值作为扶贫规模的替代变量（*fpm_revnue*），同时将产业扶贫金额除以营业收入再乘以 100 的值作为产业扶贫规模的替代变量（*CYFZM_revnue*），代入模型（1）和模型（2）中重新进行回归，回归结果见表 7 的 Panel C 部分。回归结果没有本质性变化，故进一步支持本文结论。

4. 删除生物资产比例过小的样本

此处考虑到生物资产占比过小的上市公司样本可能对回归结果产生影响，故将涉农上市公司的生物资产除以总资产得到生物资产占比，再将生物资产占比小于 1%的样本删除，然后重新进行回归。回归结果如表 7 的 Panel D 所示，涉农上市公司（*Agr*）的回归系数均在 1%水平上显著，和前文基本一致。

表 7　涉农上市公司扶贫意愿稳健性检验

Panel A：倾向得分配对				
变量	(1)	(2)	(3)	(4)
	fp	*fpm*	*dum_CYFZ*	*CYFZM*
Agr	0.682 5***	0.763 4***	0.901 3***	1.077 4***
	(3.856 0)	(3.625 7)	(3.561 2)	(3.049 0)
Constant	−19.540 4***	−24.201 5***	−15.421 9***	−22.748 3***
	(−7.555 4)	(−7.256 0)	(−4.615 4)	(−3.763 1)
控制变量	控制	控制	控制	控制
年度固定效应	控制	控制	控制	控制
样本量	1 882	1 882	836	836
R^2/Pseudo R - squared	0.302	0.209 4	0.102	0.083 8

Panel B：Heckman 两阶段回归				
变量	(1)	(2)	(3)	(4)
	fp	*fpm*	*dum_CYFZ*	*CYFZM*
Agr	0.604 8***	0.740 1***	1.070 1***	1.132 2***
	(4.472 2)	(4.232 2)	(5.526 2)	(3.769 8)
IMR	2.501 9	2.692 7	−0.380 4	2.490 6
	(0.865 1)	(1.191 3)	(−0.087 1)	(0.658 8)
Constant	−20.341 7***	−21.270 0***	−14.414 0	−22.139 2**
	(−3.498 5)	(−4.582 1)	(−1.358 2)	(−2.340 3)
控制变量	控制	控制	控制	控制
年度固定效应	控制	控制	控制	控制
样本量	12 625	12 625	5 766	5 766
R^2/Pseudo R - squared	0.251	0.150 8	0.166	Yes

（续）

Panel C：替换指标				
变量	(1)	(2)	(3)	(4)
	fp	*fpm_revnue*	*dum_CYFZ*	*CYFZM_revnue*
Agr_Ind	0.610 5*	0.007 3**	1.651 5***	0.012 6**
	(1.886 5)	(2.064 5)	(4.431 7)	(2.246 0)
Constant	−15.382 3***	−0.023 9***	−15.310 0***	−0.012 7*
	(−14.283 6)	(−3.880 4)	(−10.286 3)	(−1.785 3)
控制变量	控制	控制	控制	控制
年度固定效应	控制	控制	控制	控制
样本量	12 625	12 625	5 766	5 766
R^2/Pseudo R－squared	0.248	0.042 4	0.160	0.018 1
Panel D：删除生物资产占比过小的样本				
变量	(1)	(2)	(3)	(4)
	fp	*fpm*	*dum_CYFZ*	*CYFZM*
Agr	0.645 2***	0.718 8***	1.443 6***	1.595 0***
	(3.072 4)	(2.756 6)	(5.131 1)	(3.273 8)
Constant	−15.288 0***	−15.502 0***	−15.448 9***	−15.859 6***
	(−13.737 5)	(−12.207 0)	(−9.823 4)	(−7.965 4)
控制变量	控制	控制	控制	控制
年度固定效应	控制	控制	控制	控制
样本量	12 108	12 108	5 539	5 539
R^2/Pseudo R－squared	0.249	0.146 2	0.172	0.103 6

注：结果均在公司层面聚类处理，括号内为稳健t统计量，***、**、*分别表示在1%、5%、10%水平上显著。

五、进一步分析

（一）贫困压力的影响

本文根据中国592个贫困县的数据，用每个省份的贫困县数量除以该省份所有县数量得到相应的贫困比例，以此来衡量该省份的扶贫压力，然后根据贫困比例的年度中位数将不同省份划分为扶贫压力大以及扶贫压力小的组，若上市公司注册地所在省份属于扶贫压力大的组，则扶贫压力 Hpk 取1，否则取0，再将 Hpk 分别和扶贫倾向（fp）以及规模（fpm）相乘得到交乘项加入模型（1）中回归，以考察不同扶贫压力下涉农上市公司扶贫倾向以及规模是否受到影响。回归结果如表8所示。

其中（1）列为全样本中贫困压力对涉农公司扶贫倾向的回归结果，可以看到交乘项显著为负，（4）列为全样本中贫困压力对涉农公司扶贫规模的回归结果，交乘项的符号也显著为负，这表明贫困压力大的地区涉农上市公司参与扶贫的意愿弱，这可能是因为贫困压力大的地区通常处于市场化进程较慢的地区，当地上市公司尤其是涉农上市公司相对较少，因此涉农上市公司扶贫意愿相对较弱。（2）列和（5）列分别是贫困压力大的组中涉农上市公司扶贫倾向和规模的结果，可以看到涉农上市公司的系数均不显著，而（3）列和（6）列分别是贫困压力小的组中涉农上市公司扶贫倾向和规模的结果，相应系数都显著为正，因此本文认为贫困压力大的地区涉农上市公司扶贫意愿较弱。

表 8　贫困压力的影响

变量	扶贫倾向			扶贫规模		
	全样本	贫困压力大的组	贫困压力小的组	全样本	贫困压力大的组	贫困压力小的组
	(1)	(2)	(3)	(4)	(5)	(6)
Agr	0.845 2***	0.234 7	0.942 8***	1.239 1***	0.336 0	1.272 2***
	(3.320 7)	(0.933 2)	(3.534 3)	(3.389 4)	(0.945 1)	(3.518 7)
Hpk	0.116 5			0.168 7		
	(0.852 7)			(1.042 5)		
Agr_Hpk	−0.611 8*			−0.907 1*		
	(−1.703 1)			(−1.778 1)		
Constant	−13.593 7***	−13.679 6***	−13.143 6***	−15.850 7***	−17.954 2***	−13.607 1***
	(−7.571 3)	(−5.251 8)	(−4.993 3)	(−7.117 1)	(−5.563 5)	(−4.459 4)
控制变量	控制	控制	控制	控制	控制	控制
年度固定效应	控制	控制	控制	控制	控制	控制
样本量	4 008	1 953	2 055	4 008	1 953	2 055
R^2/Pseudo R－squared	0.300	0.300	0.300	0.202 1	0.202 2	0.206 4

注：结果均在公司层面聚类处理，括号内为稳健 t 统计量，***、**、*分别表示在 1%、5%、10%水平上显著。

（二）涉农上市公司扶贫对于企业价值的影响

以上分析认为涉农上市公司具有更强烈的扶贫意愿，那么对其而言是否有某种动机促使其参与扶贫？本文认为涉农企业履行社会责任有助于提升自身声誉，而扶贫是社会责任之一，因此涉农企业参与扶贫也将对自身声誉有提升的作用，使其更容易建立和政府之间的联系，以获取更多的利益进而达到提高企业价值的目的。为检验涉农上市公司样本中参与扶贫的公司是否增加了企业价值，本文参考 Kim 等（2018）、Jo 和 Harjoto（2011）的研究，构建以下模型：

$$TobinQ=\partial_0+\partial_1 fp/fpm+\partial_2 Size+\partial_3 Lev+\partial_4 Growth+\partial_5 ROA+ \\ \partial_6 top1+\partial_7 Dual+\partial_8 IDP+\partial_9 SOE+\partial_{10} Age+\sum Year+\varepsilon \qquad (3)$$

本文另外控制了营业收入增长率（*Growth*）和公司上市年龄（*Age*），其他变量定义如前所述，回归结果见表 9。其中（1）列和（2）列分别是未控制年度和控制年度的扶贫倾向（*fp*）对企业价值（*TobinQ*）的回归结果，*fp* 的系数均显著为正；（3）列和（4）列分别是未控制年度和控制年度的扶贫规模（*fpm*）对企业价值（*TobinQ*）的回归结果，*fpm* 的系数至少在 10%水平上显著为正。因此支持了涉农上市公司扶贫能够提升声誉并获取经济利益以增加企业价值的观点，较其他类型企业而言，涉农上市公司出于经济动机，有更强的扶贫意愿。

表 9　涉农上市公司扶贫对企业价值的影响

变量	(1)	(2)	(3)	(4)
	TobinQ	*TobinQ*	*TobinQ*	*TobinQ*
fp	0.251 4*	0.358 9**		
	(1.915 7)	(2.445 0)		
fpm			0.017 7*	0.025 7**
			(1.907 0)	(2.487 6)
Size	−0.527 6***	−0.564 0***	−0.531 2***	−0.569 6***
	(−7.159 1)	(−7.556 7)	(−7.125 8)	(−7.554 9)
Lev	−0.900 5*	−0.662 4	−0.906 4*	−0.669 4
	(−1.959 7)	(−1.422 5)	(−1.966 2)	(−1.433 2)
Growth	0.133 6	0.137 6	0.136 4	0.141 5
	(1.480 9)	(1.550 5)	(1.510 4)	(1.589 9)
ROA	5.157 3***	5.776 7***	5.133 2***	5.740 9***
	(2.918 0)	(3.230 3)	(2.909 9)	(3.220 9)
*top*1	0.007 9*	0.008 4*	0.007 9*	0.008 4*
	(1.731 0)	(1.830 4)	(1.738 8)	(1.849 8)
Dual	0.067 6	0.051 8	0.064 8	0.047 6
	(0.468 1)	(0.371 2)	(0.449 1)	(0.341 3)
IDP	1.666 9	1.770 6*	1.667 6	1.773 6*
	(1.581 7)	(1.672 4)	(1.586 1)	(1.681 7)
SOE	−0.022 3	−0.017 0	−0.018 1	−0.011 5
	(−0.132 8)	(−0.102 6)	(−0.107 4)	(−0.068 9)
Age	0.017 8	0.012 9	0.018 2	0.013 6
	(1.038 5)	(0.745 5)	(1.061 9)	(0.780 4)
Constant	13.361 9***	13.602 7***	13.437 3***	13.720 5***
	(9.015 6)	(9.189 3)	(8.971 8)	(9.179 6)
年度固定效应	未控制	控制	未控制	控制
样本量	628	628	628	628
R^2/Pseudo R－squared	0.333 1	0.430 7	0.333 2	0.431 4

注：结果均在公司层面聚类处理，括号内为稳健 t 统计量，***、**、*分别表示在1%、5%、10%水平上显著。

六、结论及启示

在中国脱贫攻坚的背景下，企业扶贫得到政府的支持后热情高涨，在帮助贫困区域消除贫困以及帮助贫困人口改善生活的同时也能够给其自身带来一定的收益，这也部分构成了企业参与扶贫工作的动机。由于涉农企业在扶贫工作中的特殊性，本文利用收集的企业精准扶贫数据，以涉农企业为研究对象，研究了其参与扶贫的意愿和规模，检验了其扶贫之后的经济效果，以考察和判断激励企业尤其是涉农企业参与扶贫工作的重点和方向。

本文的主要结论是：涉农上市公司参与扶贫的意愿度更高，具体来看，相对于非涉农上市公司，涉农上市公司更愿意参与扶贫且扶贫规模更大，同时，相对于非涉农上市公司，涉农上市公司更愿意参与产业扶贫且产业扶贫规模更大；为进一步检验不同区域的状况，本文使用全国592个贫困县的数据，通过比较高贫困率和低贫困率地区的企业扶贫情况，发现贫困率高的地区（脱贫压力大）涉农上市公司更不愿意参与扶贫，在贫困率低的地区（脱贫压力小）则相反，说明脱贫压力大的地区不能很好地调动涉农企业扶贫的积极性；本文在检验经济效果时发现，较未扶贫的涉农企业而言，参与扶贫的涉农企业能够增加企业价值。

本文提出如下政策建议：第一，为进一步调动企业扶贫的积极性，应该考察企业参与扶贫的不同动机，有针对性地制定和实施不同的扶贫政策以达到事半功倍的效果。第二，涉农企业作为与农业、农村、农民紧密相关的重要企业，应该得到发展中国家尤其是农村贫困问题严峻的国家更多的重视。第三，在中国脱贫攻坚战背景下，企业扶贫贡献了很大力量，表明政府应该积极鼓励企业参与扶贫，并且采取措施鼓励贫困程度深、脱贫压力较大地区的企业助力精准扶贫工作。

参 考 文 献

郭俊华，边少颖，2018. 西部地区易地移民搬迁精准扶贫的企业精准扶贫社会责任履行模式探析——基于恒大集团大方县扶贫的经验［J］. 西北大学学报（哲学社会科学版），48（6）：43-52.

李金祥，2016. 创新农业科技驱动精准扶贫［J］. 农业经济问题，37（6）：4-8.

刘建生，陈鑫，曹佳慧，2017. 产业精准扶贫作用机制研究［J］. 中国人口·资源与环境，27（6）：127-135.

王怀明，薛英，2006. EVA指标应用于我国农业上市公司经营业绩的实证分析［J］. 华中农业大学学报（社会科学版）（3）：56-60.

王兴国，王新志，2017. 农业龙头企业扶贫的理论阐释与案例剖析［J］. 东岳论丛，38（1）：82-88.

王营，曹廷求，2017. 董事网络下企业同群捐赠行为研究［J］. 财经研究，43（8）：69-81.

Appuhami R，Tashakor S，2017. The impact of audit committee characteristics on CSR disclosure：An analysis of Australian firms［J］. Australian Accounting Review，27（4）：400-420.

Bathla S，Kumar A，Joshi P K，2018. Regional income inequalities and public investments in rural India［J］. Agricultural Economics Research Review，31.

Briones PeÑAlver A J，Bernal Conesa J A，Carmen D N N，2017. Analysis of corporate social responsibility in Spanish agribusiness and its influence on innovation and performance［J］. Corporate Social Responsibility & Environmental Management，25（3）.

Brown W O，Helland E，Smith J K，2006. Corporate philanthropic practices［J］. Journal of Corporate Finance，12（5）：855-877.

Christiaensen L，Demery L，Kuhl J，2011. The（evolving）role of agriculture in poverty reduction—An empirical perspective［J］. Journal of Development Economics，96（2）：239-254.

Davidson R H，Dey A，Smith A J，2016. CEO materialism and corporate social responsibility［J］. Social Science Electronic Publishing.

Detre J D，Gunderson M A，2011. The triple bottom line：What is the impact on the returns to agribusiness?［J］. International Food and Agribusiness Management Review，14（4）：165-177.

Devin B，Richards C，2018. Food waste，power，and corporate social responsibility in the Australian food supply chain［J］. Journal of Business Ethics，150（1）：199-210.

Dyck A，Lins K V，Roth L，et al.，2019. Do institutional investors drive corporate social responsibility? International evidence［J］. Journal of Financial Economics，131（3）：693-714.

Flammer C，2015. Does product market competition foster corporate social responsibility? Evidence from trade liberalization［J］. Strategic Management Journal，36.

Flammer C，2018. Competing for government procurement contracts：The role of corporate social responsibility [J]. Strategic Management Journal，39 (5)：1299 - 1324.

Friedrich N，Heyder M，Theuvsen L，2012. Sustainability management in agribusiness：Challenges，concepts，responsibilities and performance [J].

Godfrey P C，2005. The relationship between corporate philanthropy and shareholder wealth：A risk management perspective [J]. The Academy of Management Review，30 (4)：777 - 798.

Gonçalves R，Lopes P，2015. Accouting in agriculture：Disclosure practices of listed firms [J]. Contabilidade & Gestão：Portuguese Journal of Accounting and Management (16)：9 - 44.

Hartmann M，2011. Corporate social responsibility in the food sector [J]. European Review of Agricultural Economics，38 (3)：297 - 324.

Heyder M，Theuvsen，Fritz M，et al.，2008. Legitimating business activities using corporate social responsibility：Is there a need for CSR in agribusiness? [J].

Heyder M，Theuvsen L，2012. Determinants and effects of corporate social responsibility in German agribusiness：A PLS model [J]. Agribusiness，28 (4)：400 - 420.

Jo H，Harjoto M A，2011. Corporate governance and firm value：The impact of corporate social responsibility [J]. Journal of Business Ethics，103 (3)：351 - 383.

Kim K H，Kim M C，Qian C，2018. Effects of corporate social responsibility on corporate financial performance：A competitive - action perspective [J]. Journal of Management，44 (3)：1097 - 1118.

Kong D，2012. Does corporate social responsibility matter in the food industry? Evidence from a nature experiment in China [J]. Food Policy，37 (3)：323 - 334.

Lin J，Zhang Z，Lv L，2019. The impact of program participation on rural household income：Evidence from China's whole village poverty alleviation program [J]. Sustainability，11 (6)：1545.

Luhmann H，Theuvsen L，2016. Corporate social responsibility in agribusiness：Literature review and future research directions [J]. Journal of Agricultural and Environmental Ethics，29 (4)：673 - 696.

Mueller H，Theuvsen L，2014. Influences on consumer attitudes towards CSR in agribusiness [J].

Ogutu S O，Qaim M，2019. Commercialization of the small farm sector and multidimensional poverty [J]. World Dev，114：281 - 293.

Resmi S I，Begum N N，Hassan M M，2018. Impact of CSR on firm's financial performance：A study on some selected agribusiness industries of bangladesh [J]. American Journal of Economics，Finance and Management，4 (3)：74 - 85.

Westmore B，2018. Do government transfers reduce poverty in China? Micro evidence from five regions [J]. China Economic Review，51：59 - 69.

World Bank Group，2016. Poverty and shared prosperity 2016：Taking on inequality [R]. World Bank Publications.

Wossen T，Alene A，Abdoulaye T，et al.，2019. Poverty reduction effects of agricultural technology adoption：The case of improved cassava varieties in Nigeria [J]. Journal of Agricultural Economics，70 (2)：392 - 407.

教育精准扶贫对农村大学生返乡意愿的影响研究*

李晓红　刘　东

（贵州大学经济学院）

摘要：本文识别了教育精准扶贫体系内部的结构性差异，将其区分为对教育体系内贫困学生的资助和对教育体系外贫困群体的帮扶，并聚焦教育体系内对建档立卡贫困户子女和因灾因病等特殊原因返贫非在册贫困户子女的教育资助政策，通过分析教育精准扶贫对返乡意愿的作用机理并加以验证，回应如何实现脱贫攻坚与乡村振兴有效衔接这一焦点问题。通过问卷设计、数据收集和实证分析，得出以下结论：①教育精准扶贫政策能够提升农村大学生的返乡意愿；②教育精准扶贫政策对返乡意愿的影响存在显著的性别差异；③教育精准扶贫政策对返乡意愿的影响在独生子女与非独生子女之间存在差异，但显著性水平不高；④就业指导课程建设以及国家对返乡就业支持政策的宣教效果有待加强，要破解乡村振兴的人才制约问题，还需进一步加强对大学生人才的引导。

关键词：教育精准扶贫；乡村振兴；农村大学生；返乡意愿

一、问题提出

我国最早的教育扶贫研究可以追溯到20世纪80年代，一直以来，无论是在学术探讨还是政策实践中，教育扶贫的理论体系和政策体系都在不断完善，在巩固脱贫攻坚成效、维护社会公平正义等方面发挥了无可替代的作用。2013年精准扶贫概念正式提出并扩展到教育领域，教育精准扶贫也随之确立和实施，教育精准扶贫政策实践在贫困学生群体中的表现之一为对建档立卡贫困户子女和因灾因病等特殊原因返贫非在册贫困户子女的教育资助。2018年1月，教育部与国务院扶贫办联合印发的《深度贫困地区教育脱贫攻坚实施方案（2018—2020年）》提出要显著增强教育服务区域经济社会发展和脱贫攻坚的能力①。2018年中央1号文件《中共中央　国务院关于实施乡村振兴战略的意见》明确提出：要把人力资本开发放在首要位置，注重吸引高校毕业生返乡建设，以破解人才瓶颈制约。《意见》同时强调继续实施好乡村教师计划、“三支一扶”、高校毕业生基层成长计划等有利于乡村人才发展的措施②。舒尔茨（1963）在《改造传统农业》中提出，改造传统农业的关键是要引进新的现代农业生产要素，其中心论点是把人力资本投资作为农业经济增长的主要源泉。魏后凯（2018）指出在乡村振兴的过程中，人是最关键、最活跃、起决定性作用的因素，同时

* 本文是国务院扶贫办课题“雷山县建立稳定脱贫机制研究”的阶段性成果之一。

① 内容参见：http：//www. cpad. gov. cn/art/2018/2/27/art_46_79213. html。

② 内容参见：http：//www. gov. cn/zhengce/2018-09/26/content_5325534. htm？trs=1。

也是目前乡村振兴的薄弱环节，要积极创造条件，鼓励大学生、城市各类人才下乡创新创业。无论是在理论上还是实践中，目前人才短缺制约我国农业农村发展已是不争的事实。

教育精准扶贫有利于促进教育机会均等化、推动教育资源合理配置，赋予了贫困大学生“人生出彩”的机会。与此同时，教育精准扶贫的资源投入与乡村振兴人才需求之间的衔接问题却越来越突出。一般认为，作为教育扶贫的受助主体之一，大学生的人力资本较高，在乡村产业发展、乡村治理改善、乡村教育提升等方面可以发挥关键作用，同时，大学生的职业选择空间大、流动性强，因此，农村大学生的返乡意愿在一定程度上决定着教育精准扶贫服务地方经济发展和脱贫攻坚的能力。现实中，对建档立卡贫困生的资助是如何影响其返乡意愿的呢？从已有研究来看，对教育扶贫的研究尚没有关注到帮扶政策对微观个体返乡意愿产生的影响，更没有关注这种影响在不同特征群体之间的差异；在大学生返乡意愿影响因素识别过程中，未关注教育扶贫政策与返乡意愿变化之间的关系。本文关注实践困境与理论研究的不足，对教育精准扶贫政策对农村贫困大学生返乡意愿的影响进行研究，以回应如何实现脱贫攻坚与乡村振兴有效衔接这一热点议题。

二、理论视角与研究假设

从人力资本的视角来看，无论是舒尔茨强调的“人力资本投资是农业经济增长的主要源泉”，还是目前学界对于乡村振兴战略的解读（魏后凯、刘奇等几位学者），都重视农村人力资本的投入和积累对于农业农村发展的关键意义。而教育扶贫作为脱贫攻坚的重要手段，是提升农村人力资本水平、“阻断贫困代际传递”不可替代的一环。教育扶贫的政策体系在实践过程中不断完善，其基本内含可以概括为“扶教育之贫”和“依靠教育扶贫”两个层面。目前学界很少对这两个层面进行辨析，更没有关注到这两层不同含义对于农村人力资本提升带来的效果差异。扶教育之贫，主要是对教育体系内的贫困学生进行帮扶，给予其完成学业的机会，政策表现为定向生、师范生、对建档立卡贫困生的资助等；依靠教育扶贫则是针对教育体系之外的农村贫困群体进行帮扶，如政府通过提供职业技能培训、政策宣讲、开办农民学校、扶志扶智等措施来提升人力资本水平。区分教育扶贫两层含义的重要意义在于：二者在帮扶对象上的差异会导致贫困地区后续发展特别是人才支撑方面的差异，即会造成教育服务贫困地区发展和建设的能力差异。依靠教育对贫困农户进行的帮扶，由于贫困群体流动性较弱的特征，这种人力资本投资极易沉淀并得到积累，为该地区后续的产业发展提供潜在支持；而教育体系内的大学生流动性较强，通过教育扶贫对其进行的人力资本投资能否为贫困地区的后续发展提供支持存在较强不确定性。从微观个体来看，农村大学生返乡意愿强弱在一定程度上决定了这种不确定性的强弱，农村大学生的返乡意愿越强，通过教育扶贫进行的人力资本投资服务区域经济发展的能力就越强，反之则越弱。

目前对于返乡意愿或者群体流动问题的研究，大多是使用推拉理论模型来寻找和验证特定群体流动的影响因素，如于丽卫（2015）、段彩丽（2016）、刘灵辉（2018）等的研究即是对大学生返乡意愿的影响因素进行识别并验证。但对于接受教育精准帮扶的贫困地区农村大学生这一特征群体而言，在使用推拉理论进行分析时更需要考虑这一群体的特殊性。教育精准扶贫的帮扶对象是贫困地区农村家庭子女，农村出身以及与之相伴的成长环境使得农村大学生与乡村有着一种天然的联系，这种联系具体表现为以下几个方面：一是在情感上，“乡情”“乡愁”是农村大学生内心深处的情感积淀。人类作为一种情感动物，其自身的情感诉求会对其行为选择产生重要影响。这种与乡村的情感联系，是大学生返乡的重要影响因素。2015 年 1 月，习近平总书记在云南考察时强调：新农村建设一定要走符合农村实际的路子……留得住青山绿水，记得住乡愁①。2018 年中央 1 号文件提出，要以乡情乡愁为纽带吸引和凝聚各方人士支持和服务乡村振兴事业②。问卷调查发现，返乡意愿支持因素当中，“对农村有感情”占比为 31.93%。二是社会资本的积累，乡村社会是一个典型的熟人社会，每个人的成长过程总是与周围环境有着千丝万缕的联系。刘传江等（2004）研究了社会资本与农民工的城市融合问题，认为农民工的边缘性地位与其社会资本的占有和使用具有高度的相关性。问卷调查显示，在大学生返乡意愿的支持因素中，“在农村有熟悉的社会关系”选项所占比例为 21.67%。三是随着农村发展水平的提升，有越来越多的工作岗位和就业、创业机会提供给大学生。虽然农村经济水平仍然落后于城市，但是近几年农村的基础设施条件改善、国家政策支持力度加强，极大地增强了对于年轻人的拉力。

就城市的推力而言，主要表现为贫困农村大学生的城市就业之路面临着更大压力。一方面，目前我国大学毕业生人数逐年递增，2019 年的毕业大学生已接近 830 万人③，面对激烈的社会竞争和沉重的就业压力，自主创业和返乡就业成为社会和学校鼓励大学生择业的重要方式。另一方面，对于贫困大学生而言，由于农村贫困家庭母亲角色认知不足或有偏以及角色实践的非理性，导致“寒门难出贵子”现象由个案开始向普遍蔓延；Peter Persson（2018）的研究显示，贫困家庭母亲较普通家庭母亲承受着更多的压力，这种压力会强化劣势的代际传递（intergeneration transmission of disadvantage）；Engle P. L. 等的研究发现贫困对儿童发展和教育成果有明显的抑制作用，且生活在贫困家庭的孩子更可能受到冲突（conflict）、暴力（violence）以及社会矛盾（social unrest）的伤害。因此，贫困家庭毕业生的城市就业之路必然会面临更大的压力。这些因素构成农村大学生返乡的重要推力。调研结果显示，在农村生源大学生返乡意愿的支持因素当中，“城市就业压力大”的选项占比为 36.69%。

在推拉理论分析的基础之上，教育精准扶贫政策是如何影响农村大学生的返乡意愿的呢？从宏观来看，脱贫攻坚与乡村振兴在制度上的衔接使教育扶贫能够增强农村大学生的返乡意愿。由脱贫攻坚向乡村振兴转换是全面建成小康社会的必然路径，二者在制度设计上多有契合之处。如产业扶贫政策为乡村产业振兴奠定了基础；生态扶贫为生态宜居提供了保障。实现教育扶贫与乡村人才振兴的有效衔接亦是振兴乡村、实现全面小康的内在要求。自脱贫攻坚战打响以来，扶贫力度空前强大，各项扶贫政策密集，涉及行业部门广泛。在 2018 年中央 1 号文件中同样提出强化五级书记抓乡村振兴的制度保障、树立农业农村优先发展政策导向。课题组在贵州调研发现，脱贫攻坚和乡村振兴受到高度重视，企业定点帮扶、东西部协作扶贫等制度为贫困地区的发展提供了很多机遇，特别是扶贫产业的发展，产生了大量的生产、管理、营销、技术岗位，为大学生实现人生价值提供了广阔空间。He（2017）在其研究中指出，大学生村官项目（college graduate village officials program）能够实现农村的亲贫式增长（pro - poor development），特别是在帮助贫困户从政府和社会的各种帮扶政策中获益方面作用显著。

对微观个体而言，返乡意愿的强弱和返乡与否的行为选择既是理性比较优劣条件的结果，同时也受其自身感恩心理的影响。农村贫困大学生作为教育扶贫政策的受益者，该群体的感恩心理现状、影响因素和社会效应受到学界关注。从心理学的视角来看，感恩是个体在认识到施恩者所给予自己的恩惠或者帮助的基础上产生的一种感激并力图有所回报的情感特质，是知、情、意、行的有

---

① 内容参见：http：//www. xinhuanet. com//politics/2015 - 12/29/c_1117601781. htm。

② 内容参见：2018 年中央 1 号文件。

③ 数据来源：国家统计局，http：//wap. stats. gov. cn/jd/201907/t20190715_1676118. html。

机统一，是一种积极的、具有社会道德意义的人格特质。何安明等（2015）采用心理量表调查了528名大学生以考察感恩在社会支持与孤独感之间的中介效应，结果显示社会支持与感恩显著正相关，且社会支持通过感恩对心理状态产生间接影响。教育精准扶贫政策作为一种典型的社会支持行为，是否获得这种支持也必然会影响大学生的感恩状态。魏昶等（2012）对162名大学生的问卷调查显示：大学生的感恩得分与社会支持显著正相关（$p<0.01$），男性得分显著低于女性（$p<0.01$）。张萍（2012）识别了独生子女与非独生子女、接受助学金与未接受助学金在特质性感恩情感形成过程中的差异，结果显示：非独生子女在感恩敏感性上得分高于独生子女（$p<0.01$），接受过助学金的大学生在感恩敏感性、持续性方面得分均显著高于未接受过助学金的大学生（$p<0.001$）。教育精准扶贫作为一种典型的社会支持，会对受助者的感恩心理产生正向影响，从而产生感恩行为。作为接受教育精准扶贫资助的大学生，选择返乡是其感恩行为的具体表现，乡村振兴对于人才的需求不仅利于其人生价值的实现，同时也是回报国家政策与社会支持的机会。

因此，基于以上分析，笔者提出以下研究假设：

假设1：对建档立卡贫困生的帮扶能够增强其返乡意愿。

假设2：对建档立卡贫困生帮扶对返乡意愿产生的影响在不同性别之间存在差异。

假设3：对建档立卡贫困生帮扶对返乡意愿产生的影响在独生子女与非独生子女之间存在差异。

三、实证分析

（一）问卷设计

结合上文分析和已有研究中所控制的变量，本文对各个变量进行问题设计。

本文因变量是返乡意愿，对“返乡”的界定是返回户口所在的村或者乡镇，返乡之后的工作可以是选择就业或是自主创业。根据大学生返乡意愿的强弱程度，设置李克特（Likert）5级量表：非常愿意=5，比较愿意=4，不太清楚=3，不太愿意=2，非常不愿意=1。要求受访学生根据自己的真实情况进行选择。

本研究的关键自变量是教育精准扶贫政策，前文已述，本文重点关注教育精准扶贫中对建档立卡贫困户子女和因灾因病等特殊原因返贫非在册贫困户子女的教育资助，在问卷调查的过程中，调研人员向受访对象详细解释这一政策的含义，保证受访对象对问题理解清楚正确。接受教育精准扶贫资助记为“1”，反之记为“0”。同时，本研究区分了教育精准扶贫政策与高校常规“奖、贷、助、补、减”政策[①]，二者在政策源流、受助对象确认程序等方面存在明显差异，因此，只获得常规资助的情况不在教育精准扶贫资助之列，此情况亦记为“0”。

其他控制变量中，乡村发展状况和城乡差别受到普遍关注。值得注意的是，随着社会经济发展和生活质量提高，人们对乡村的认知维度和评价标准也发生了改变，即在追求经济收益的同时，更加注重人居环境质量，这种认知观念的转变对大学生返乡意愿也产生了影响。本研究采用“乡村得分”（rural score）来测量大学生对乡村的认知和评价，为获得受访者对所在农村的综合评价，“乡村得分”在问卷中被细化为“基础设施情况”“生活居住条件”“工作环境”“收入水平”4个具体问题，并统一用李克特5级量表进行测量：非常好=5，比较好=4，不清楚=3，不太好=2，非常不好=1。乡村得分为综合4方面因素之后的加权结果，其计算公式为：乡村得分=基础设施情

① 高校助学金在所调研的高校学生中比例较低，在各学院公示的资料中，班级内助学金名额占比最低为12%。

况×25%+生活居住条件×25%+工作环境×25%+收入水平×25%。另外，城乡差别（urban-rural gap）也是影响农村生源大学生返乡意愿的重要变量。城乡差别客观存在，但现实中可能存在的情况是：虽然某一地区的城乡差别较大，但是这种差别没有被部分群体所感知，尽管人们对差别的主观感知与差别的客观存在逻辑上是正相关的。鉴于此，本研究在考察城乡差别这一变量时，注重农村大学生对这种差别的感知，在问卷中设置的问题是“您认为您家乡所在的乡村和城市之间的差别是怎样的”，选项同样是用李克特5级量表来测量：非常大=5，比较大=4，不确定=3，比较小=2，非常小=1。

在家庭因素方面，本文重点关注了“家庭收入水平”“是否为非独生子女”“父母对于返乡的态度”“城市中是否有亲戚”4个变量。在精准识别有效的前提下，家庭收入水平与是否接受精准扶贫资助显著负相关，家庭收入越高，接受扶持的可能性越趋向于0，反之趋向于1，在控制了家庭收入水平这一变量之后，可以回答教育精准扶贫与返乡意愿之间是否是虚假相关关系的问题。家庭收入水平的测量指标是家庭年收入，通常认为，家庭收入水平在问卷调查中属敏感问题，对此，问卷对收入水平进行了多维测量，同时采集农村大学生父母的学历、职业等信息，以验证其所填写的家庭收入水平的真实性。设置关于家庭年收入的5个等级：2万元以下=1，2万～3万元=2，3万～4万元=3，4万～5万元=4，5万元以上=5。农村养老保障机制不健全，子女基本是养老责任的唯一承担者，通常认为，在农村家庭中，子女数量越多，那么其子女外出的可能性越高，问卷用虚拟变量来表示是否为非独生子女：非独生子女=1，独生子女=0；大学生毕业后的去向容易受到父母想法的影响，本文亦对此进行控制：非常支持=5，比较支持=4，态度不明确=3，不太支持=2，非常不支持=1。亲戚作为一种社会关系往往被研究者视为一种社会资本，对于农村家庭的子女而言，城市中的亲戚在信息传递、进城发展机会获得以及进城后便利提供等方面往往起着积极作用，进而会对农村大学生的返乡意愿产生影响，本文用虚拟变量来表示城市中是否有亲戚：是=1，否=0。

在学校因素方面，重点关注学校组织开展的大学生职业生涯规划教育课程（courses）的次数，王明弘（2009）认为职业生涯教育的最终目的是培养大学生适应社会需求的、可持续发展的终身就业能力。本文对学校组织开展的职业规划课程进行了控制，学生根据参加过的课程次数填写。

在政策影响方面，国家采取的一系列鼓励大学生返乡创业就业的政策措施，如大学生村官、乡村教师支持计划、基层人才成长计划等，被认为会对大学生返乡意愿产生积极影响。本文用学生对“国家鼓励大学毕业生返乡政策的了解程度”来测量政策对返乡意愿的影响程度，比较了解=3，听说过=2，没听说=1。

（二）数据收集

为获得科学的分析结果，调研组于2019年3月进行了小规模预调研，对问卷中存在的问题进行了修改完善。于2019年4月至2019年6月对贵州省内的4所普通高校①进行了正式的问卷调查，受访4所高校的选取是基于学校文理科性质、学校综合排名等因素的考虑。调查对象主要包括大学三年级在校生和少量四年级毕业生，排除一、二年级学生的原因是该群体距离毕业尚有较长时间，对毕业后的去向尚不明确，如果不排除这一群体，会导致分析结果的较大偏差。调研地点为教室，并对调研现场进行控制：在问卷填写之前，向被调查对象作出关于问卷问题和选项的必要解释，并

① 调研的4所高校分别为贵州财经大学、贵州师范大学、贵州民族大学与贵州轻工职业技术学院。其中贵州财经大学、贵州师范大学、贵州民族大学均为普通本科类院校，贵州轻工职业技术学院为专科院校。4所高校均具备较强的培养乡村所需人才的属性，财经大学可以为乡村产业规划发展培养人才，师范大学毕业生是补充乡村教师队伍的重要力量，民族大学适应于贵州民族地区范围较广的特点，轻工职业技术学院培养的技能型人才契合乡村发展的需求。

对过程中的提问进行即时解答，同时避免引导性解释，数据收集过程做到严谨科学。

此次调研前后共发放问卷450份，回收426份，回收率为94.67%，回收率较高的原因是调查地点在教室，且在课间，并且对现场进行了控制。剔除其中城市生源学生的问卷、数据残缺的问卷，共收集有效问卷357份，有效回收率79.33%。从有效回收率可以看出受访对象中农村大学生占比较高，这与本文的研究对象相契合，有利于得出科学结论。样本分布情况如表1所示。

表1 变量的描述性统计

变量	均值	标准差	最小值	最大值	有效样本量（个）
性别（男=1）	0.443	0.497	0	1	357
返乡意愿 （非常愿意=5，比较愿意=4，不太清楚=3，不太愿意=2，非常不愿意=1）	2.899	1.364	1	5	357
建档立卡（是=1）	0.513	0.501	0	1	357
对所在农村的评价 （非常好=5，比较好=4，不清楚=3，不太好=2，非常不好=1）	3.060	0.716	1	5	357
对城乡差距的感知 （非常大=5，比较大=4，不确定=3，比较小=2，非常小=1）	3.317	1.548	1	5	357
家庭年收入水平	1.577	0.857	1	5	357
是否为非独生子女（是=1）	0.941	0.236	0	1	357
城市中是否有亲戚（是=1）	0.507	0.501	0	1	357
父母对返乡的态度 （非常支持=5，比较支持=4，态度不明确=3，不太支持=2，非常不支持=1）	3.311	0.887	1	5	357
返乡就业指导课程次数	2.154	0.791	0	5	357
对国家返乡政策了解程度 （比较了解=3，听说过=2，没听说=1）	2.087	0.628	1	3	357

（三）实证结果分析

在模型的选择方面，本研究采用多元线性回归模型。通常认为，处理序列变量的最佳选择是Ordered-Probit模型，但是Ordered-Probit在处理交互项时不利于分析结果的解读，如陆铭（2012）在分析幸福感（序列变量）的影响因素时有组间不平等和户口的交互项，研究亦是采用多元线性回归。同时，为保证分析结果的稳健，本文亦使用Ordered-Probit模型对数据进行分析以作对比，对比发现二者结果及显著水平趋于一致。线性回归模型的实证结果如表2所示。

表2报告了教育精准扶贫政策对农村大学生返乡意愿影响的线性回归模型结果。其中模型1是非交互模型，其目的是估计各个解释变量对因变量（返乡意愿）的净效应；模型2和模型3是交互模型，其目的在于估计教育精准扶贫政策与其他主要解释变量（性别、是否为独生子女）的交互效应，从而检验教育精准扶贫政策对农村大学生返乡意愿的效应在不同性别以及独生和非独生子女之间是否存在显著差异。由模型1可以发现，“户口所在地得分”“对城乡差距的感知”“家庭年收入

水平”3个解释变量的系数都在0.001的水平上显著，“教育精准扶贫”的系数在0.01的水平上显著，“性别”变量的系数在0.05的水平上显著。首先，教育精准扶贫政策对农村大学生返乡意愿有正向影响，控制了其他影响因素之后，接受扶贫资助的农村大学生比未接受资助的农村大学生在返乡意愿上高0.316。其次，农村发展状况以及城乡差距显著影响大学生的返乡意愿：家乡所在农村的各项指标（基础设施情况、生活居住条件、工作环境、收入水平）越好，大学生的返乡意愿越强；对城乡差距的感知越强烈，则越倾向于不返乡，这符合我们的预期。再次，在控制其他因素不变的情况下，男性大学生的返乡意愿高于女性（但是仅在0.05水平上显著），问卷调查显示，在男性大学生返乡意愿的支持因素中，对农村有感情、政府有优惠、城市压力大占据前三位，在男性返乡后计划从事的工作当中，乡镇事业单位占比最高。最后，家庭中除收入水平之外的其他因素（是否为非独生子女、城市中是否有亲戚、父母对返乡的态度），并不显著影响大学生的返乡意愿。

表2　估计教育精准扶贫对返乡意愿影响的线性回归模型

变量	模型1	模型2	模型3
性别	0.249* (0.123)	0.634*** (0.177)	0.248* (0.123)
教育精准扶贫	0.316** (0.115)	0.575*** (0.156)	0.885** (0.338)
户口所在地得分	0.303*** (0.078)	0.296*** (0.079)	0.297*** (0.079)
对城乡差距的感知	−0.316*** (0.042)	−0.311*** (0.042)	−0.314*** (0.042)
家庭年收入水平	−0.438*** (0.066)	−0.439*** (0.065)	−0.437*** (0.066)
是否为非独生子女	0.185 (0.187)	0.164 (0.185)	0.556* (0.282)
城市中是否有亲戚	0.153 (0.127)	0.174 (0.128)	0.147 (0.127)
父母对返乡的态度	0.097 (0.068)	0.081 (0.067)	0.097 (0.069)
返乡就业指导课程次数	0.018 (0.078)	−0.010 (0.078)	0.024 (0.078)
对国家返乡政策了解程度	0.151 (0.110)	0.183 (0.111)	0.153 (0.111)
教育精准扶贫×性别		−0.660** (0.234)	
教育精准扶贫×是否为非独生子女			−0.602* (0.358)
常数项	2.513*** (0.539)	2.491*** (0.531)	2.155*** (0.584)
N	357	357	357
R^2	0.307	0.319	0.310

注：括号里的数字是异方差稳健标准误；+p<0.10，*p<0.05，**p<0.01，***p<0.001（双尾检验）。

模型 2 在模型 1 的基础上增加了教育精准扶贫与性别的交互项，其目的是检验教育精准扶贫对返乡意愿影响的性别差异。可以看到，教育精准扶贫与性别的交互项系数是－0.660，且在 0.01 水平上显著，这表明不同性别在接受教育精准扶贫资助之后，产生的返乡意愿变化是不同的。具体来说，在控制除性别和精准扶贫政策之外的其他变量不变时，接受教育精准扶贫政策资助后，男女大学生在返乡意愿的强度上出现了逆转，男性的返乡意愿反而比女性低 0.026（交互项的系数与性别变量的系数综合，即 0.634－0.660＝－0.026），即教育精准扶贫政策对女性大学生的返乡意愿产生了更为积极的影响。这里的结果证实了前面对于教育精准扶贫政策产生的返乡意愿变化存在性别差异的假设。

模型 3 在模型 1 的基础上增加了教育精准扶贫与是否为非独生子女的交互项，用以估计教育精准扶贫产生的返乡意愿变化在独生子女与非独生子女之间的差异。结果显示，非独生子女变量的主效应为 0.556，在 0.05 的水平上显著，表明非独生子女的返乡意愿高于独生子女，这与常规认知存在差异，通常认为，独生子女更容易受到照顾父母的责任制约，因而更倾向于返乡，不过蒋勤英等（2013）的研究表明，子女数量的多少对老年人的养老质量并不存在显著影响，交互项系数为－0.602，仅在 0.05 的水平上显著，表明教育精准扶贫在独生子女与非独生子女之间产生的返乡意愿变化是不一样的，在控制除教育精准扶贫与兄弟姐妹之外的其他变量时，教育精准扶贫降低了非独生子女的返乡意愿（交互项的系数与非独生子女变量的系数综合，即 0.556－0.602＝－0.046）。此结果亦证实了教育精准扶贫产生的返乡意愿变化在独生子女与非独生子女之间存在差异的假设。

四、总结与讨论

本文基于脱贫攻坚与乡村振兴有效衔接的视角，聚焦教育精准扶贫政策对农村大学生返乡意愿的影响。首先对教育精准扶贫的内部结构性差异进行了识别，将扶持对象区分为教育体系内的贫困学生和教育体系外的其他贫困群体，分析了对不同帮扶群体进行人力资本投资所产生的效果差异。进一步地，将教育精准扶贫聚焦为对建档立卡贫困户子女和因灾因病等特殊原因返贫非在册贫困户子女的教育资助，通过问卷设计、数据收集和回归分析，验证了教育精准扶贫对农村大学生返乡意愿的影响。研究发现，教育精准扶贫增强了农村大学生的返乡意愿；政策产生的返乡意愿变化在不同性别大学生之间存在差异，教育精准扶贫更能够增强女性大学生的返乡意愿；相较于非独生子女，独生子女在接受教育精准扶贫帮扶之后更倾向于返乡。

本文的研究结果建立了脱贫攻坚与乡村振兴的具体有效衔接思路，即要关注教育精准扶贫大学生的返乡意愿和返乡发展需求，积极给予引导和提供政策支持，既有利于缓解“因教致贫”的困局，也为乡村振兴积累了人力资本。同时，也要关注精准扶贫资助群体的特征差异，因人施策。乡村振兴是一项系统性工程，其中人才支持是关键。农村大学生是建设家乡的重要力量，积极引导大学生返乡就业创业，对于建成农业强、农村美、农民富的局面具有重要作用。

参 考 文 献

慈勤英，宁雯雯，2013. 多子未必多福——基于子女数量与老年人养老状况的定量分析［J］. 湖北大学学报（哲学社会科学版），40（4）：69－74.

段彩丽，焦伟伟，范彬，2016. 大学生返乡创业倾向影响因素研究——基于结构方程模型［J］. 调研世界（7）：27－32.

何安明，惠秋平，刘华山，2013. 大学生感恩与自我和谐的交叉滞后分析［J］. 中国临床心理学杂志，21（5）：

804－806.

何安明，惠秋平，刘华山，2015. 大学生社会支持与孤独感的关系：感恩的中介作用［J］. 中国临床心理学杂志，23（1）：150－153.

何安明，刘华山，惠秋平，2012. 基于特质感恩的青少年感恩量表的编制——以自陈式量表初步验证感恩三维结构理论［J］. 华东师范大学学报（教育科学版），30（2）：62－69.

李强，龙文进，2009. 农民工留城与返乡意愿的影响因素分析［J］. 中国农村经济（2）：46－54，66.

李晓红，刘东，2019. 精准扶贫进程中农村贫困家庭母亲角色公共支持研究［J］. 广西民族大学学报（哲学社会科学版），41（1）：51－56.

刘传江，周玲，2004. 社会资本与农民工的城市融合［J］. 人口研究（5）：12－18.

刘军豪，许锋华，2016. 教育扶贫：从"扶教育之贫"到"依靠教育扶贫"［J］. 中国人民大学教育学刊（2）：44－53.

刘灵辉，唐海君，苏扬，2018. 农村大学生返乡创建家庭农场意愿影响因素研究［J］. 四川理工学院学报（社会科学版），33（3）：1－20.

王明弘，2009. 大学生职业生涯规划教育的完善［J］. 黑龙江高教研究（7）：80－82.

魏昶，安晓镜，刘芳，等，2012. 大学生感恩状况及其与应对方式、领悟社会支持的关系［J］. 中国健康心理学杂志，20（6）：947－948.

魏后凯，2018. 人才是乡村振兴中最关键最活跃的因素［J］. 农村工作通讯（9）：45.

西奥多·W. 舒尔茨，2006. 改造传统农业［M］. 梁小民，译. 北京：商务印书馆：150－152.

杨强，叶宝娟，2014. 感恩对汉区高校少数民族大学生幸福感的影响：基本心理需要的中介作用［J］. 中国临床心理学杂志，22（2）：347－353.

于丽卫，刘倩，2015. 大学生回乡创业意愿影响因素分析——基于计划行为理论视角［J］. 调研世界（12）：33－37.

张萍，2012. 感恩情感的形成机制及其干预［D］. 上海：上海师范大学.

Engle P L，Black M M，2008. The effect of poverty on child development and educational outcomes［J］. Annals of the New York Academy of Sciences，1136（1）：243－256.

He G，Wang S，2017. Do college graduates serving as village officials help rural China?［J］. Social Science Electronic Publishing.

Jiang S，Lu M，Sato H，2012. Identity，inequality，and happiness：Evidence from urban China［J］. World Development，40（6）：1190－1200.

Petra Person，Maya Rossin－Slater，2018. Family ruptures，stress，and the mental health of the next generation［J］. American Economic Review，108（4－5）：1214－1215.

专题二

技术创新、技术选择与农户行为

农业技术培训会减少农药施用量吗?*

——基于农户人际信任的差序视角

田清淞 喻 妍 项朝阳 李崇光

(华中农业大学经济管理学院)

摘要：如何改变我国农药使用长期过量的现实是农业供给侧改革亟待解决的问题。本文聚焦于农业技术培训的农药减量效果，基于湖北等四省调研数据，通过实证分析发现：第一，无论是露地蔬菜还是设施蔬菜，农业技术培训均会显著地降低农户农药支出，且培训的模式、农户对培训内容理解程度的差异也会导致农户农药支出差异；第二，农户对技术推广员的人际信任差序显著地调节培训的效果，即农户对推广员的信任程度越高，推广员越可能属于农户的“圈内人”，农业技术培训的减药效果越强，反之，则越弱。这为已有研究关于农业技术培训效果差异的争议提供了可行的解释。

关键词：农业技术培训；农药支出；蔬菜；人际信任

一、引　言

农药作为现代生产要素，对农业发展发挥着“双刃剑”作用。一方面，农药施用作为防止农作物病虫草害的有效手段，在稳定农产品产量、提高农业生产率、降低劳动力投入方面做出了巨大的贡献（李昊等，2017；应瑞瑶，2015）。据 Schreinemachers 和 Tipraqs（2012）对 119 个国家的估计，平均每公顷谷物产量增加 1.0%伴随着 1.8%的农药用量的增加。另一方面，我国农药使用强度严重超标，长期处于过量状况（魏后凯，2018），也带来农产品质量安全、作物药害、环境污染等问题（Parveen et al.，2005；米建伟、黄季焜，2012）。

据国家药品监督管理局数据，2016 年，全国 25.7 万批次抽检食品样品中，因农药残留等产生的不合格样品占 14.8%，其中抽检的 10 979 批次蔬菜制品中，454 批次不合格，占 4.1%，抽检的 6 995 批次水果制品中，370 批次不合格，占 5.3%。而在国际市场上，2008—2017 年，因农药残留超标，被美国、欧盟、韩国等 3 个国家和地区扣留/召回的蔬菜批次分别占总召回批次的 30%、19%、7%，严重影响我国蔬菜出口效益（石昊飞、郭林宇，2018）。

为实现农药减量控害，农业农村部先后设立农业技术推广站、农业技术培训基地、农药管理局，为农民提供农药技术指导、用药知识宣传、农药管理，以规范农户农药施用。但政策实施的效果却不尽相同，以农业技术培训为例，既有研究认为农业技术推广部门的信息支持和科学指导可以

---

* 基金项目：国家现代农业（蔬菜）产业技术体系产业经济研究专项（编号：CARS－23－F01）；国家自然科学基金项目“‘金融化’背景下我国农产品期货与现货市场风险评价与传导研究”（编号：71673103）。

有效地防止农户过量施用农药（周洁红，2006；Hu et al.，2007），也有学者发现农药施用技术培训对农户施用农药的影响不明显（黄祖辉，2016）。

那么，农业技术培训效果的差异源于何处？如果能进一步给予解释，则对增强政策实施效果，确保农药投入零增长具有十分重要的现实意义。由此，本文聚焦于现有研究关于农业技术培训效果争议的现实，拟从农户人际信任的差序视角分析农业技术培训的有效与失效，从而为完善现有的技术培训模式，规范农户农药施用行为，提供新的政策建议。

二、农户农药施用行为及影响因素综述

基于微观视角，农户施药行为及影响因素方面已形成了丰富的国内外研究成果。主要包括农户施药行为的界定和农户施药行为的影响因素。

对农户施药行为界定主要包括农药施用量、施用规范性及生物农药选择三种。施用农药所产生的负外部性与农户本身的施药行为息息相关，但现阶段中国农户在农药品种选择和农药施用量等方面并不规范（黄祖辉等，2016），因此从不同的维度厘清农户的用药行为是研究的起点。一是基于我国农药过量施用的现象普遍存在的现实（米建伟等，2012），大多研究集中于农药用量层面，如施药次数、农药支出（应瑞瑶、朱勇，2015），并按农药施用的边际收益是否低于边际成本，或按标准用量询问农户是否过量施用（王常伟、顾海英，2013；李昊等，2017）；二是农户施药规范性，包括是否仔细阅读说明书，是否采取防护措施、对药品粉剂袋的处理（王志刚、吕冰，2009；童霞等，2014）；三是生物农药的选择，较化学农药，生物农药的原料来源于天然活性物质、生物活体等，其在农产品质量安全和维护人类健康方面具有优势（邱德文，2015），研究农户对生物农药的选择行为有助于降低农户对化学农药的依赖（朱淀，2014；黄炎忠、罗小锋，2018）。

农户农药施用行为主要受到内在因素和外在因素的影响。内在因素主要包括经营主体特征、农户认知。已有研究发现户主性别、年龄、受教育水平等经营主体个体特征均会对农户的施药行为产生影响，一般认为男性较女性来说施药行为更加规范（Morris，2001），农户年龄越小、受教育程度越高，越倾向于低浓度配药或生物农药（Ntow，2006）。但个体特征的影响并不一致显著，比如，李昊等（2017）实证研究发现性别差异会显著影响水果种植户的施药行为，却不会显著影响蔬菜种植户的行为。此外，经营主体的家庭特征如家庭劳动力人数、收入状况也会影响农户施药行为。劳动力越少、劳动力短缺越严重，农户越会借助农药弥补劳力不足，从而稳定农产品产量（童霞，2011）；而农业收入占家庭总收入的比例越高，出于经济利润的考虑，农户会偏向于更高的农药投入。在认知层面，农户对农药残留、环境危害的认知以及农户掌握的技术信息会直接影响农户的施药行为（张云华、孔祥智，2004；黄季焜，2008）。农户的本质行为是内在信息认知的外在表现（黄浪，2018），因而农户的施药行为也取决于农户本身拥有的信息及其认知。农户对农药残留的认知越深入（吴林海，2011），对农药残留引发的农产品安全风险越明确，越考虑农药使用的安全间隔期（王建华等，2015）和规范施用农药（李红梅，2007）。

影响农户施药行为的外在因素主要是政府政策措施，包括政策激励、市场检测、技术培训等。研究表明，政府的宣传、培训、激励等支持性政策不仅会影响农户调整生产结构，也会影响其农药施用行为（Skevas，2012；王常伟、顾海英，2013）。由于当前市场监管体系、农产品可追溯体系和产品识别体系不完善（朱淀，2014），大量研究集中关注农业技术培训对农户施药行为的影响，

但所得结论莫衷一是：一些研究认为农业技术培训能够提高农药减量施用的概率（Jia et al.，2013；王建华等，2014；蔡荣等，2019），且培训技术中的完全技术指导的效果更好（应瑞瑶、朱勇，2015）；另一些研究则表明并未发现培训对农户施药行为的影响，如王常伟、顾海英（2013）实证发现政府的宣传和技术指导对农户超量施用农药的抑制作用并不显著，并从政府施政诉求角度予以解释；黄炎忠、罗小锋（2018）发现农业技术培训对稻农生物农药的选择没有显著的促进效果。黄祖辉（2016）指出农药施用技术培训、农产品安全生产宣传教育等宣传培训能有效规范农户在施药前阅读标签说明，但对农户施用农药的影响不大。

回顾已有研究，国内外学者对农户施药行为的内外影响因素进行了丰富的研究，但对农业技术培训的效果仍然存有争议，因而对于是否应该继续实施技术培训，或如何实施农业技术培训，有待进一步检验。本文试图从两个方面进行拓展：一是现有研究分析农业技术培训对农户施药行为的影响时，主要纳入农户的个体特征，而较少考虑农户与技术推广员之间的人际信任关系，但中国农民群体间具有差序格局下的特殊信任关系（章德宾，2015），这为解释培训效果的差异提供了新的视角；二是随着现代种植技术的推广，设施蔬菜的规模不断提升，设施蔬菜的高产量、高效益与病虫害扩散的高速会使得农户提高农药用量，降低潜在风险，因此本文考虑设施蔬菜、露地蔬菜两种蔬菜种植模式的农户施药行为。

三、理论分析与研究框架

（一）农户过度施用农药

借鉴 Feder（1979）研究框架构建农户决策模型，分析农户农药施用行为。给定蔬菜生产条件下，虫害数量（N）会直接影响蔬菜品质与产量，最终导致菜农收入（I）损失。设定损失函数为：

$$I(N)=\delta\cdot N \tag{1}$$

$\delta(\delta<0)$ 为损失系数，系数越高，则带来的损失越大。为降低损失，农户会施用农药（x）减少虫害。设定虫害剂量响应函数为：

$$k=k(x)k'>0;\ k''<0;\ k(\infty)=1 \tag{2}$$

k 为虫害减少的比例，因此，菜农蔬菜种植利润为：

$$\Pi=\Pi_0-\delta N[1-k(x)]-cx \tag{3}$$

Π_0 为没有虫害时的利润水平，$\delta N[1-k(x)]$ 为施用农药后，残留害虫导致的利润损失，cx 为农药投入成本。

假定农户是风险规避型的，效用函数为单调递增的凹效用函数（U），农户决策时通过施用最优的农药量以实现效用最大化。

$$\mathrm{Max}EU\{\Pi_0-\delta N[1-k(x)]-cx\} \tag{4}$$

$$U=U(\Pi_0);\ U'>0;\ U''<0 \tag{5}$$

E 为期望算子，此时的 x 为理论上的最优农药施用量。但由于风险不确定性，农户对作物减产有明显的损失厌恶特征，并会调整施用量，假定调整系数为 φ（$\varphi>1$），则式（4）调整为：

$$\mathrm{Max}EU\{\Pi_0-\delta N[1-k(\varphi x)]-c\varphi x\} \tag{6}$$

$$\frac{\partial E(U)}{\partial x}=E\{U'[\delta\varphi Nk(\varphi x)-c\varphi]\}\leqslant 0 \tag{7}$$

其中 δ、φ、c 会直接影响农户农药施用量。表现为由于信息缺失（Hu et al.，2007），过高估计虫害损失 $\delta N[1-k(x)]$ 的风险，农户会提高农药用量（Gong，2016），即 φ 值增加，进而导致农药过度施用；即使δ固定不变，φ的增加也可以直接降低边际虫害损失风险。

（二）农业技术培训对农户施药行为的影响

通过理论分析发现，农户施药行为的差异主要来源于农户对虫害损失的信息以及农药施用知识的缺失，且农药施用的边际正效用会助推农药使用的频率和用量。因此改变农户的行为，需要增加农药知识和信息的供给，措施之一便是农业技术培训。在人力资源管理中，培训被认为是改变员工态度、行为、技能从而提高生产效率，达到组织目标的有效手段（McGehee，1961）。农业技术培训则是通过知识传递致力于改变农户的用药态度、行为。

培训可以通过两种路径对农户产生影响：一是提供不同生产条件下的虫害损失情况的知识，帮助农户降低对虫害损失的风险估计。由于缺乏对不同生产条件的了解，农户可能因为潜在的虫害损失而感知到更多的风险，其感知到的δ更大，从而迫使农户施用更多的农药来降低风险（黄季焜等，2008）。培训则可以帮助农户了解不同降水、温度、湿度下的虫害发生情况及损失比例，帮助农户降低损失风险。二是增加农户农药知识，使其了解剂量响应函数。参加农业技术培训的农户能更好地了解农药的类型、用量及用药效果等，从而更好地发挥农药杀虫效果，对症下药，改变对农药边际效用的依赖。据此，本文提出如下研究假说：

H1：农业技术培训可以有效降低农户农药施用量。

（三）人际信任差序对农业技术培训效果的调节

将农业技术培训作为知识转移的过程，则农户与技术推广员之间的人际信任是促进知识有效转移的一个重要的因素。因为信任作为信息共享的基础性因素，可以降低知识转移成本、易化合作行为（Munch，1993；Smith、Barclay，1997，Zaheer，1998）。而在我国农村的经济社会体系中，人与人之间的信任水平会基于关系的亲疏远近形成人际信任的差序格局——以己为中心，正如水的波纹一样，向外越来越远，也越来越弱（Yan，1996）。但“外人”和“自己人”的边界是模糊的，任何一个人都可以通过关系的建立被包纳进“自己人”的圈子里而得到信任（杨宜音，1999），这便形成了以农户自己为中心，包含家庭成员、亲戚、朋友、技术推广员等不同关系的人际信任差序格局。

将这种人际信任的差序格局嵌入农业技术培训或农药知识转移中，则恰好可以解释培训效果的差异，包括农户防御性行为和接受培训知识的意愿（高祥宇等，2005）。农户为了降低虫害损失风险，会提高农药使用的频率和用量，这种既有的虫害管理经验往往与推广员讲授的农药施用知识不完全一致，甚至存在矛盾。农户是否接受推广员的技术取决于农户对推广员的信任：当推广员在农户“圈子”之外时，农户倾向于沿用自己的种植经验，不接受培训的知识，这种“不是自己的，就不用”的态度严重阻碍农药知识的转移，从而降低培训的效果；即使农户在接受培训后，可能对已有的知识产生怀疑，农户也会由于低水平的人际信任关系，担心新技术面临的潜在风险，从而采取防御性行为。相反，高度的人际信任可以提高农户接受培训知识的意愿。如果农户将推广员包纳进“自己人”圈子，进而对推广员知识转移的目标和价值给予更多的认同，则更愿意接受培训的知识，并运用于自己的生产实践，改变自己的态度和行为，从而提高培训的效果。由此，本文提出假说二：

H2：农户的人际信任差序会使得农业技术培训的效果存在差异。

四、研究设计

（一）实证策略

基于理论模型，为了实证分析农业技术培训、人际信任对农户施药行为的影响，本文设计如下两步实证思路：

第一步，借鉴应瑞瑶、朱勇（2015）农户施药行为研究，构建计量经济模型检验农业技术培训的影响。

$$y=\beta_0+\beta_1 train+\beta_2 monitor+\sum\beta_i Z_i+\varepsilon_1 \tag{8}$$

式（8）中，y 为农户施药行为，本文以农户每亩蔬菜一茬的农药支出作为观测变量，因为在调研中发现，相较于农户农药的用量，农户对农药支出的记忆更为明确，更能反映农户施药行为的真实水平。*Train* 为核心解释变量——农业技术培训，包括是否接受过培训、培训模式（按指导的程度分为三种：课堂讲授为一般指导模式，田间指导为具体指导模式，单独指导为完全指导模式）和农户对培训内容的理解程度三个维度。除了培训，政府或收购商也会采取售前检测检查农户蔬菜品质是否达标，直接影响农户的施药行为，因此增加售前检测变量（*monitor*）。此外，将农户的个体特征如性别、年龄、受教育程度以及家庭特征包括蔬菜种植面积、蔬菜收入占比、劳动力短缺作为控制变量（*Z*）。

第二步，在式（8）中引入人际信任变量，以培训与人际信任的交互项检验人际信任对农业技术培训效果的调节作用，具体如下：

$$y=\beta_0+\beta_1 train+\beta_2 monitor+\beta_3 train\times trust+\sum\beta_i Z_i+\varepsilon_2 \tag{9}$$

模型中各变量的设定与描述如表 1 所示。其中在测量人际信任时，对农户而言，“外人”和“自己人”的边界是相对的，借鉴何可、张俊飚（2012）的研究构建人际信任量表，农户分别对家人、朋友、亲戚、邻居、农药零售商、技术推广员 6 种人际关系的信任程度按照 1～10 分进行评分。以农户家人为参照，将家人和技术推广员信任评分差值作为人际信任的差序，差值在 0～4 分代表农户与技术推广员之间为高人际信任关系，推广员更可能属于农户的“圈内人”；差值在 5～10 分代表农户与技术推广员之间为低人际信任关系，技术推广员更可能属于农户的“圈外人”。

表 1　实证模型中变量的描述与赋值

	变量名称	变量含义和赋值
因变量	农药支出	每亩蔬菜每茬农药支出（百元）
信任（*trust*）	人际信任差序	1=低人际信任关系；0=高人际信任关系
检测（*monitor*）	售前检测	1=经过售前检测；0=不经过售前检测
培训（*train*）	是否接受过培训	1=已接受培训；0=未接受培训
	培训模式	1=一般指导模式；2=具体指导模式；3=完全指导模式
	培训内容理解	1=几乎不能理解；2=能理解少部分；3=能理解大部分；4=完全理解
个体特征（X_i）	性别	户主性别（男、女）
	年龄	户主年龄（岁）
	受教育程度	文盲、小学、初中、高中、大学及以上
家庭特征（X_j）	蔬菜规模	蔬菜种植面积（亩）
	蔬菜收入占比	蔬菜收入/年收入
	劳动力短缺	1=经常短缺；2=较少短缺；3=不短缺

（二）数据来源

本文实证数据来源于 2018 年 7—9 月课题组在湖北、甘肃、河北、上海开展的固定观测点调研，由于山东寿光发生了特大洪涝灾害，未能获取数据。此前，课题组已对四省农户进行了 9 年的蔬菜成本收益调研，农户对农药支出数据的测算具有较好的基础知识，有效降低了偏误。具体选取甘肃榆林、武山，河北张北，湖北武汉、长阳土家族自治县，上海，并在每个样本地区选取 4～5 个蔬菜种植村，每村抽取 10 名左右蔬菜种植专业农户，共抽取 250 个样本，最终获得 236 个有效样本，其中露地蔬菜样本 117 个，设施蔬菜样本 119 个，所种植的蔬菜中设施蔬菜品种主要为辣椒、番茄，露地蔬菜为萝卜、甘蓝。

被调研样本农户中，男性占 79.91%，远多于女性；被调研农户以中老年人为主，其中 40 岁以下占 9.40%，40～50 岁占 29.91%，50～60 岁占 37.18%，60 岁以上占 23.51%；受访者受教育程度普遍较低，以初中居多，占 49.57%。农户家庭特征中，露地蔬菜平均种植面积为 15.02 亩，种植蔬菜的年收入约为 5.02 万元；设施蔬菜为 1.81 亩，种植蔬菜的年收入约为 5.44 万元。被调研农户基本特征基本符合我国蔬菜生产现实，样本数据具有一定的代表性。

五、实证分析

（一）培训对农户农药支出的影响

由表 2 可知，接受过培训的农户农药支出要显著低于未培训农户的农药支出。在露地蔬菜中，未接受培训农户平均农药支出为每亩 315.98 元，其农药支出显著高于已接受培训农户的每亩 221.11 元（t 值为 2.472，$p<0.05$）；设施蔬菜农药支出整体高于露地蔬菜，但也表现为未接受培训农户的农药支出显著高于接受培训农户的农药支出（t 值为 4.685，$p<0.05$）。以上均值比较并未剥离农户特征、市场检测等因素对农户农药支出的影响，接着构建回归模型，进而得到农业技术培训的净效应。

表 2　培训与未培训农户的农药支出均值比较

	露地蔬菜		设施蔬菜	
	频数（次）	均值（元）	频数（次）	均值（元）
接受过培训的农户	74	221.11	60	240.60
未接受过培训的农户	43	315.98	59	334.66
t 值/P 值	2.472；p<0.05		4.685；p<0.05	

引入售前检测及其他控制变量，先进行多重共线性诊断。当自变量存在高度的多重共线性时，参数估计是非有效的，因而须先进行多重共线性检验，一般认为，当 VIF>3 时，模型存在一定的多重共线性；当 VIF>10 时，模型存在严重的多重共线性。本文露地蔬菜和设施蔬菜实证模型的方差膨胀因子（VIF）分别处于 1.036 和 1.344、1.050 和 1.221 之间，据此认为模型变量之间存在较弱的多重共线性。

在控制其他因素后，农业技术培训依然可以显著降低农户的农药支出。据表 3 的回归结果显示：无论是露地蔬菜，还是设施蔬菜，农户是否接受过农业技术培训均在 5%和 1%的显著性水平上负向影响农户的农药支出，影响系数分别为−0.875 和−1.142，意味着在其他因素不变的条件下，接受农业技术培训，露地蔬菜种植户的农药支出每亩可以降低 87.5 元，设施蔬菜种植户的农药支出每亩可以降低 114.2 元。农业技术培训通过增加农户农药施用知识、虫害生产风险等信息，可以帮助农户更为合理地确定农药施用量，验证了假说 1。

进一步分析可知，农业技术培训的模式和农户对培训内容的理解也会显著地影响农户农药支出。表现为培训模式的针对性和实践性越强，对农户的指导越具体，培训实施的效果越好，其中田间指导的效果好于课堂讲授，而单独指导的效果好于田间指导，但影响系数仅在露地蔬菜中显著。而农户对农药培训内容的理解程度越高，越倾向于将培训的农药知识运用于生产实践，降低农药支出，减少农药用量，露地蔬菜和设施蔬菜影响系数分别为−1.134 和−0.959，均在 1%的水平上显著，假说 1 进一步得到验证。

表 3　培训对菜农农药支出的影响

项目	露地蔬菜			设施蔬菜		
是否接受过培训	−0.875** (0.354)			−1.142*** (0.197)		
培训模式		−0.955*** (0.266)			−0.125 (0.242)	
培训内容理解			−1.134*** (0.252)			−0.959*** (0.209)
常数项	4.240*** (1.153)	4.275*** (1.198)	3.781* (1.105)	4.776*** (0.670)	5.243*** (1.002)	6.015*** (0.821)
蔬菜售前检测	−0.621* (0.347)	−0.506* (0.290)	−0.409 (0.145)	−0.974*** (0.196)	−1.067*** (0.001)	−0.698 (0.243)
性别	−0.440 (0.391)	0.149 (0.324)	0.337 (0.315)	0.444 (0.289)	0.708 (0.424)	0.621* (0.335)
年龄	−0.120 (0.178)	0.001 (0.015)	0.001 (0.014)	−0.106 (0.121)	−0.296* (0.161)	−0.186 (0.137)
受教育程度	−0.097 (0.248)	−0.185 (0.201)	−0.203 (0.294)	−0.395** (0.153)	−0.542** (0.220)	−0.332 (0.087)
蔬菜种植面积	−0.159 (0.174)	−0.135 (0.149)	−0.051 (0.722)	0.170 (0.151)	−0.054 (0.224)	−0.177 (0.190)
蔬菜收入占比	0.421 (0.702)	0.461 (0.592)	0.611 (0.570)	−0.249 (0.416)	0.269 (0.779)	−0.209 (0.697)
劳动力短缺	−0.071 (0.235)	−0.164 (0.196)	0.006 (0.187)	0.049 (0.143)	−0.404 (0.068)	−0.249 (0.182)
调整后 R^2	0.059	0.128	0.210	0.375	0.327	0.527

注：括号内为标准误；***、**、*分别代表在 1%、5%、10%的统计水平上显著。

控制变量中，蔬菜是否经过售前检测也显著影响农户的农药支出，即蔬菜售前检测可以有效抑制农户农药的过度施用。这一结论在黄祖辉（2016）的研究中也得到验证，他发现农产品监测对农户施用农药的行为具有较强的规范作用。蔬菜售前检测一旦发现农药残留超标，会直接影响农户当季蔬菜销售和收购价格，抑制农户的投机性心理。此外，农户的受教育程度在设施蔬菜中也显著负向影响农户的农药支出，受教育程度是人力资本存量的客观反映，通常会对农户行为产生影响（田云等，2015)。一般而言，受教育程度越高，认知能力越强，对农业技术培训的知识吸收速度越快，运用于蔬菜生产实践的概率越大。

（二）人际信任差序对农业技术培训效果的影响

以上分析论证了农业技术培训可以显著地降低农户的农药支出，下面进一步基于人际信任差序视角解释农业技术培训效果的差异。

平均层面，农户对技术推广员的人际信任水平低于其他关系的人际信任水平。基于人际信任量表构建农户人际信任的差序格局如图 1 所示，农户人际信任的差序格局从内向外可以分为四个层次，依次是自己（10 分），家人（9.84 分），亲戚、朋友、邻居（8.62 分、8.45 分、8.27 分），农药零售商、农技推广人员（6.41 分、6.09 分），农户对技术推广员的信任程度不及对家人、亲戚、朋友、邻居的信任程度。对单个农户而言，在农户的人际信任格局中，技术推广员属于农户的“圈内人”还是“圈外人”存在较大的差异，其中在接受过培训的农户样本中，11.28%的农户对推广员信任在 1～3 分，40.60%的农户对推广员的信任在 4～6 分，48.12%的农户对推广员的信任在 7～9 分，表明我国农村的人际信任关系中，不仅有特殊信任，也有除亲属及裙带关系外的泛化信任。

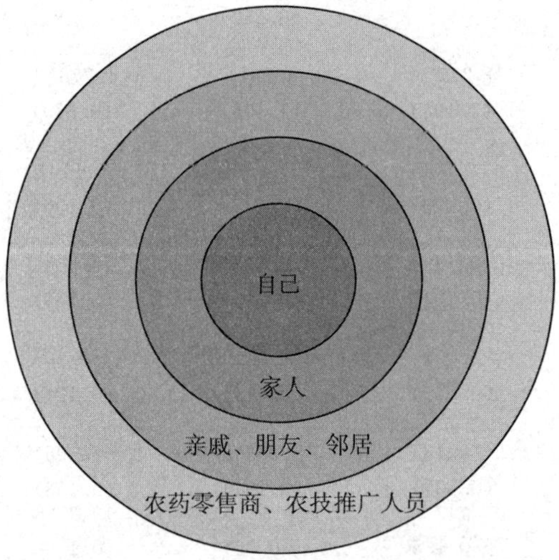

图 1 农户人际信任的差序格局

表 4 的回归结果显示，人际信任的差序会显著导致培训效果的差异。一是农户对农技推广人员的人际信任会直接影响接受培训的农户的农药支出，人际信任与是否参加培训的交互项在 1%的水平上显著地正向影响农户的农药支出，其在露地蔬菜和设施蔬菜中的影响系数分别是 0.979 和 0.847。意味着虽然培训可以降低农户农药支出，但当农户对推广员的人际信任与对家人的信任差值较大，农户对推广员的人际信任处于低水平时，相对于家庭成员，推广员属于农户的“圈外人”，则培训所产生的减药效果会受农户低技术接受意愿和防御性心理的影响而大打折扣。二是在不同的培训模式中，农户对推广员的人际信任也会影响培训模式所产生的效果，人际信任与培训模式的交互项均分别在 10%和 5%的水平上显著，即使是在完全指导模式下，如果农户对推广员表现出低信任水平，依然会使培训的效果显著降低。三是农户对推广员的人际信任差异，使得农户对培训内容产生抵触，导致减药效果产生差异。当农户对推广员的人际信任处于低水平时，即使农户理解培训内容，也会由于“不是自己的就不用”或其他防御性心理对培训内容产生抵触效应，弱化农业技术

培训的效果，两者交互项的影响在设施蔬菜种植模式中显著为正。表 4 的回归结果使假说 2 得到验证。

表 4　人际信任对培训效果的影响分析

项目	露地蔬菜			设施蔬菜		
是否接受培训	−1.256*** (0.388)			−1.507*** (0.224)		
人际信任×是否接受培训	0.979*** (0.442)			0.847*** (0.265)		
培训模式		−0.860*** (0.271)			−0.367 (0.258)	
人际信任×培训模式		0.414* (0.284)			0.479** (0.195)	
培训内容理解			−1.065*** (0.263)			−1.059*** (0.214)
人际信任×培训内容理解			0.300 (0.290)			0.357** (0.176)
蔬菜售前检测	−0.519 (3.344)	−0.390 (0.299)	−0.330 (0.255)	−0.869*** (0.189)	−0.854*** (0.289)	−0.610** (0.242)
常数项	4.525*** (1.139)	4.115*** (0.998)	3.613*** (0.888)	4.839*** (0.654)	5.445** (1.027)	6.328*** (0.860)
性别	−0.670* (0.095)	−0.003 (0.337)	0.208 (0.340)	0.270 (0.280)	0.346 (0.431)	0.385 (0.369)
年龄	−0.167 (0.176)	−0.028 (0.151)	0.029 (0.149)	−0.123 (0.115)	−0.288* (0.155)	−0.209 (0.134)
受教育程度	−0.075 (0.244)	−0.205 (0.201)	−0.180 (0.193)	−0.358** (0.150)	−0.490** (0.230)	−0.394* (0.199)
蔬菜种植面积	−0.257 (0.148)	−0.181 (0.150)	−0.101 (0.152)	00 024 (0.150)	−0.175 (0.220)	−0.232 (0.188)
蔬菜收入占比	0.492 (0.478)	0.516 (0.588)	0.647 (0.570)	−0.286 (0.398)	−0.138 (0.785)	−0.461 (0.675)
劳动力短缺	−0.069 (0.230)	−0.154 (0.194)	−0.034 (0.189)	0.152 (0.141)	−0.242 (0.228)	−0.190 (0.192)
调整后 R^2	0.093	0.143	0.212	0.407	0.345	0.520

注：括号内为标准误；***、**、*分别代表在 1%、5%、10%的统计水平上显著。

不可否认，人际信任的“润滑剂效应”是农户接受农业技术培训并运用于蔬菜生产实践的重要因素。农户在评价技术培训知识的有效性时，首先是评价知识提供方——技术推广员能力的可靠性，包括基于情感和基于认知两个层面（高祥宇，2005），并构成差序格局下的人际信任关系。其中，农户对推广员的高水平信任既可能是源于与推广员长期的联系产生的情感信任，也可能基于已有的农药知识积累或信息线索推断出培训知识的有效性，减少对培训技术的验证，从而提高减少农药支出的水平。并且随着城镇化进程的推进以及信息技术的扩散，农户间新的信任关系也逐渐通过沟通交流形成，不再仅局限于血统、姻亲等传统关系（章得宾等，2015），这种新的人际信任差序格局势必影响农户的生产及施药行为。

此外，在表 3 和表 4 的回归模型中，除了受教育程度，其他的农户个体特征和家庭特征影响系数均不显著。一方面可能受样本量的限制，本文样本仅涵盖了湖北、河北、甘肃、上海四省市 25 个村的部分蔬菜专业种植户，获取有效样本 236 个，影响了显著性水平；另一方面，也有许多研究并未发现农户特征对施药行为的显著影响，如黄炎忠、罗小锋（2018）在研究农户选择生物农药时，发现户主年龄、受教育程度的影响均不显著；李昊（2017）在分析水果种植户和蔬菜种植户的施药行为时，发现户主年龄、性别、家庭人数及收入状况的影响均不显著。

（三）进一步讨论

考虑到地区之间农户农药支出水平可能存在差异，进一步加入地区虚拟变量以控制地区之间农药支出的差异，新的模型定义为：

$$y=\beta_0+\beta_1 train+\beta_2 monitor+\beta_3 train\times trust+\sum\beta_i Z_i+\alpha_1 D_1+\alpha_2 D_2+\mu \qquad (10)$$

式（10）中，D_1、D_2 在露地蔬菜模型中分别表示该样本是否属于甘肃、河北，在设施蔬菜模型中是否属于甘肃、上海。μ 为新的随机扰动项，其他变量含义不变。

如表 5 所示，控制地区差异后，培训仍然显著地影响农户的农药支出，且农户对推广人员的人际信任也显著地影响培训的效果。首先，无论是露地蔬菜还是设施蔬菜，农户是否接受培训均会显著地降低农户农药支出，而接受培训的农户，对推广人员的人际信任越高，其与家庭成员的信任差值越低，培训所产生的减药效果越好；其次，在不同的培训模式中，人际信任与培训模式的交互项依然显著地正向影响农户的农药支出，意味着不同培训模式的效果也会受到农户人际信任的影响；再次，人际信任与农户对培训内容的理解程度的交互项也正向影响农户的农药支出，但仅在设施蔬菜中显著。控制地区差异后，假说 1 和假说 2 依然得到了验证。

表 5　考虑地区差异后的回归结果

项目	露地蔬菜			设施蔬菜		
是否接受培训	−0.679* (0.409)			−1.697*** (0.236)		
人际信任×是否接受培训	0.888** (0.432)			0.873*** (0.263)		
培训模式		−0.467* (0.260)			−0.399 (0.255)	
人际信任×培训模式		0.481* (0.271)			0.545** (0.205)	
培训内容理解			−0.675* (0.261)			−1.080*** (0.223)
人际信任×培训内容理解			0.391 (0.289)			0.396** (0.176)
甘肃	−0.847* (0.451)	−0.829* (0.352)	−0.726** (0.355)	0.316 (0.257)	0.731* (0.349)	0.612* (0.291)

（续）

项目	露地蔬菜			设施蔬菜		
河北/上海	−1.710*** (0.419)	−1.331*** (0.334)	−1.213*** (0.334)	−0.327 (0.251)	0.008 (0.985)	0.256 (0.373)
常数项	4.677*** (1.079)	4.076*** (0.901)	3.811*** (0.831)	4.904*** (0.693)	4.953*** (1.025)	5.836*** (0.870)
控制变量	控制	控制	控制	控制	控制	控制
调整后 R^2	0.210	0.313	0.344	0.427	0.393	0.544

注：括号内为标准误；***、**、*分别代表在1%、5%、10%的统计水平上显著。

六、结论与政策建议

考虑到农药的“双刃剑”作用和我国农药长期存在超量使用的现实，本文基于农户决策模型，利用湖北、甘肃、河北、上海四省市调研数据论证了农业技术培训对农户农药支出的影响，并从人际信任的差序视角对农业技术培训的效果差异进行解释。得出的结论如下：

第一，基于Feder的农户决策模型，农户过量施用农药的原因主要在于信息缺失导致过高估计虫害损失风险和过度依赖农药的边际效用，而农业技术培训恰好可以帮助农户增加虫害及农药使用的知识和信息，从而降低农药施用量；第二，无论是露地蔬菜还是设施蔬菜，接受过培训的农户的农药支出均显著地低于未接受培训农户的农药支出，且农业技术培训的模式、农户对培训内容的理解程度也会影响农户的农药支出水平；第三，农户对农业技术推广人员的人际信任会显著地调节农业技术培训对农户农药支出的影响，即农户对推广员的信任程度越高，农业技术培训对农户农药支出的影响越大，反之，农业技术培训对农户农药支出的影响就越小。

通过以上研究，本文的政策启示如下：第一，政府可以利用农业技术培训对农户农药施用行为的影响，进一步组织、实施农业技术培训，帮助农户了解农药施用知识和病虫害知识，且在指导模式上，除了组织课堂讲授以外，还可以组织田间指导等多种模式，对个别严重超量施用农药的农户通过单独技术指导，提升农业技术培训的效果；此外，在培训过程中，及时了解农户对技术培训的反馈，确保培训对农户有效。第二，农业技术推广员除了提高自身的专业知识素养外，也需学习沟通技能，了解当地风俗习性，从而在培训过程中增进与农户的情感，提高农户对推广员的人际信任水平，以降低农户的防御性心理，最大限度地发挥农业技术培训对农户农药施用的积极影响。

参 考 文 献

蔡荣，汪紫钰，钱龙，等，2019. 加入合作社促进了家庭农场选择环境友好型生产方式吗？——以化肥、农药减量施用为例 [J]. 中国农村观察 (1)：51-65.

高祥宇，卫民堂，李伟，2005. 人际信任对知识转移促进作用的研究 [J]. 科研管理 (6)：108-116.

何可，张俊飚，2014. 农民对资源性农业废弃物循环利用的价值感知及其影响因素 [J]. 中国人口·资源与环境，24 (10)：150-156.

黄季焜，齐亮，陈瑞剑，2008. 技术信息知识、风险偏好与农民施用农药 [J]. 管理世界 (5)：71-76.

黄浪，吴超，王秉，2018. 基于信息认知的个人行为安全机理及其影响因素 [J]. 情报杂志，37 (8)：121-127.

黄炎忠，罗小锋，2018. 既吃又卖：稻农的生物农药施用行为差异分析 [J]. 中国农村经济 (7)：63-78.

黄祖辉，钟颖琦，王晓莉，2016. 不同政策对农户农药施用行为的影响 [J]. 中国人口·资源与环境，26 (8)：

148－155.

李昊，李世平，南灵，2017. 农药施用技术培训减少农药过量施用了吗？[J]. 中国农村经济（10）：80－96.

米建伟，黄季焜，陈瑞剑，等，2012. 风险规避与中国棉农的农药施用行为 [J]. 中国农村经济（7）：60－71，83.

邱德文，2015. 生物源农药大有可为 [J]. 中国农村科技（10）：26－29.

石昊飞，郭林宇，2018. 我国蔬菜出口受阻情况及原因分析 [J]. 中国蔬菜（12）：5－8.

田云，张俊飚，何可，等，2015. 农户农业低碳生产行为及其影响因素分析——以化肥施用和农药使用为例 [J]. 中国农村观察（4）：61－70.

童霞，高申荣，吴林海，2014. 农户对农药残留的认知与农药施用行为研究——基于江苏、浙江 473 个农户的调研 [J]. 农业经济问题，35（1）：79－85，111－112.

童霞，吴林海，山丽杰，2011. 影响农药施用行为的农户特征研究 [J]. 农业技术经济（11）：71－83.

王常伟，顾海英，2013. 市场 VS 政府，什么力量影响了我国菜农农药用量的选择？[J]. 管理世界（11）：50－66，187－188.

王建华，马玉婷，王晓莉，2014. 农产品安全生产：农户农药施用知识与技能培训 [J]. 中国人口·资源与环境，24（4）：54－63.

王志刚，吕冰，2009. 蔬菜出口产地的农药使用行为及其对农民健康的影响——来自山东省莱阳、莱州和安丘三市的调研证据 [J]. 中国软科学（11）：72－80.

魏后凯，2018. 化肥农药使用减量行动计划亟须加快推进 [J]. 中国人大（9）：46.

吴林海，侯博，高申荣，2011. 基于结构方程模型的分散农户农药残留认知与主要影响因素分析 [J]. 中国农村经济（3）：35－48.

杨宜音，1999. "自己人"：信任建构过程的个案研究 [J]. 社会学研究（2）：40－54.

应瑞瑶，朱勇，2015. 农业技术培训方式对农户农业化学投入品使用行为的影响——源自实验经济学的证据 [J]. 中国农村观察（1）：50－58，83，95.

章德宾，青平，Paul David Mitchell，2015. 蔬菜种植户间仍是差序格局下的特殊信任关系吗——某高山反季节蔬菜基地的实证研究 [J]. 农业经济问题，36（12）：95－102，112.

周洁红，2006. 农户蔬菜质量安全控制行为及其影响因素分析——基于浙江省 396 户菜农的实证分析 [J]. 中国农村经济（11）：25－34.

朱淀，张秀玲，牛亮云，2014. 蔬菜种植农户施用生物农药意愿研究 [J]. 中国人口·资源与环境，24（4）：64－70.

Feder，Gershon，1979. Pesticides，information，and pest management under uncertainty [J]. American Journal of Agricultural Economics（2）：97－103.

Gong Y，Baylis K，Kozak R，2016. Farmers'risk preferences and pesticide use decisions：evidence from field experiments in China [J]. Agricultural Economics，47（4）：411－421.

Hu R，Cao J，Huang J，2007. Farmer participatory testing of standard and modified site－specific nitrogen management for irrigated rice in China [J]. Agricultural Systems，94（2）：331－340.

Jia X P，Huang J K，Xiang C，2013. Farmer's adoption of improved nitrogen management strategies in maize production in China：An experimental knowledge Training [J]. Journal of Integrative Agriculture，12（2）：364－373.

Mcgehee W，Thayer P W，1961. Training in business and industry [J]. Industrial & Labor Relations Review，15（2）：334－335.

Morris M L，Doss C R，2001. How does gender affect the adoption of agricultural innovations? The case of improved maize technology in Ghana [J]. Agricultural Economics（1）：27－39.

Ntow W J，Huub J G，2006. Farmer perceptions and pesticide use practices in vegetable production in Ghana [J]. Pest Management Science，62（4）：356－365.

Parveen Z，Khuhro M I，Rafiq N，2005. Monitoring of pesticide residues in vegetables（2000—2 003）in Karachi，Pakistan [J]. Bulletin of Environmental Contamination & Toxicology，74（1）：170.

Schreinemachers P，Tipraqsa P，2012. Agricultural pesticides and land use intensification in high，middle and low income countries [J]. Food Policy，37 (6).

Skevas T，Stefanou S E，Lansink A O，2012. Can economic incentives encourage actual reductions in pesticide use and environmental spillovers? [J]. Agricultural Economics，43 (3)：267 - 276.

Yan Y，1996. The culture of Guanxi in a north China village [J]. The China Journal，(35)：1 - 25.

Zaheer A，Mcevily B，Perrone V，1998. Does trust matter? Exploring the effects of interorganizational and interpersonal trust on performance [J]. Organization Science，9 (2)：141 - 159.

环境规制对生猪养殖技术进步的影响研究

——以不同规模生猪养殖为例

王善高　徐章星　周应恒　田　旭

（南京农业大学经济管理学院）

摘要：为探究环境规制对生猪养殖技术进步的影响，本文首先从理论上梳理了环境规制影响生猪养殖技术进步的可能路径，然后利用2004—2017年生猪养殖的省级宏观数据，通过随机前沿法测算了生猪养殖的技术进步率，在此基础上，考察了环境规制对生猪养殖技术进步率的影响。主要结论有：①小规模、中规模、大规模生猪养殖的技术进步率均值依次为0.005 6、0.007 4、0.006 5。②在时间上，三个规模生猪养殖的技术进步率呈现出了递减趋势；在空间上，三个规模生猪养殖的技术进步率呈现出东部、中部、西部依次递减的趋势。③在中规模和大规模生猪养殖中，环境规制和技术进步率之间呈现“倒U形”关系，而在小规模生猪养殖中，环境规制对技术进步率的影响不显著。④本文选取的畜牧站个数、劳动力受教育年限、政府支农力度等变量对生猪养殖技术进步率具有显著的影响。最后，基于本文的研究结论，提出相关的措施建议以促进环境规制政策的更好实施。

关键词：环境规制；生猪养殖；技术进步；随机前沿法

一、引　　言

改革开放以来，我国生猪养殖产业发展迅速，生猪养殖的规模化程度不断提高。规模养殖在提高综合生产能力、保障产品供给等方面发挥了重要作用，但高度集约化的养殖也带来了严重的环境污染问题（陈瑶、王树进，2014）。为保障生猪养殖产业的可持续发展，我国政府从2001年起就加强了对生猪养殖污染的治理，相继出台了针对性的政策法规及标准，特别是在2016年成立了“环保督察组”，进一步加强了对环境污染的监管。事实上，政府出台的这一系列政策、法规乃至环保督查本质上均属于环境规制。先行国家的经验表明，环境规制在解决环境污染的同时，也会对企业的技术创新产生影响。技术进步是企业发展的内在动力，技术进步受到抑制将会导致企业发展后劲不足。因此，在利用环境规制政策治理环境污染的同时，更要关注环境规制对企业技术进步方向的影响。那么，对于生猪养殖而言，环境规制对生猪养殖技术进步会产生何种影响呢？是促进还是抑制？这种影响在不同的养殖规模上是否存在差异？这些问题的解答对我国生猪养殖产业的发展具有重要的现实意义。

关于环境规制对企业技术进步影响的探讨，最早可以追溯到新古典经济学派，他们认为环境规制会增加企业的污染治理成本，这在一定程度上会挤占企业的技术创新支出，从而抑制企业的技术进步。不同的是，波特（1991）提出了“波特假说”，他认为严格的环境规制会激励企业进行技术创新，这种创新带来的收益不仅可以抵消环境规制所带来的生产成本增加，甚至可能会产生净收益。围绕着这两种观点，学者们进行了大量的研究，但疑惑与争议也一直不减，目前的研究结论大体可以概括为以下三种：第一，环境规制会促进企业技术进步。Lanjouw 和 Mody（1996）利用美国、日本、德国的数据分别研究了环境规制与技术创新之间的关系，发现环境规制强度的增加能够促进技术创新。Brunnermeier 和 Cohen（2003）利用美国制造业的数据研究了环境规制强度与环境专利数量之间的关系，发现环境规制强度对环境专利数量具有正向影响。同样地，在黄德春和刘志彪（2006）、李强和聂锐（2009）、徐鸿翔和韩先锋（2015）等学者的研究中也存在类似的结论。第二，环境规制对企业技术进步具有抑制作用。Lanoie 和 Tanguay（1998）指出环境规制会增加企业的污染治理成本，这在一定程度上会限制企业在其他方面的发展机会，从而可能会削弱企业的技术创新。Nakano（2003）利用日本纸浆和造纸工业企业的数据研究了环境规制与技术进步的关系，发现严格的环境规制会阻碍技术进步。同样地，Chintrakarn（2008）、王鹏和郭永芹（2013）等学者的研究也得出了类似的结论。第三，环境规制与企业技术进步之间存在不确定的曲线关系。持这一观点的学者认为，环境规制和技术进步之间不是单纯的线性关系，可能存在着某种曲线关系，而且这种曲线关系会受企业性质、企业规模以及企业所属行业等特征的影响。诸如：蒋伏心等（2013）、董直庆等（2015）研究发现环境规制和企业技术进步之间存在“U 形”关系，而韩先锋等（2014）、张晓莹和张红凤（2014）的研究结果却表明环境规制和企业技术进步之间存在“倒 U 形”关系。

总体来看，关于环境规制对技术进步的影响，现有文献进行了广泛探讨，但还存在一些不足：第一，现有研究主要集中在工业、制造业领域，鲜有学者探究环境规制对生猪养殖技术进步的影响。“猪粮安天下”，生猪养殖是我国的传统产业，在国民经济中具有重要的战略地位。虽然一些学者已经开始研究环境规制对生猪养殖的影响，但这些研究大多集中在环境规制对生猪养殖布局、生猪养殖规模以及生猪养殖效率等的影响（周建军等，2018；吴学兵等，2013），而忽视了对生猪养殖技术进步的考察。第二，现有研究在探究环境规制对技术进步的影响时，大多直接采用数理模型进行论证，而忽视了理论机制的分析。事实上，面对政府的环境规制，企业并不一定会直接想到升级生产技术，企业可能会基于自身的情况采取一种或多种策略行为，这些不同的行为对技术水平可能会产生不同的影响。第三，现有研究在测算技术进步的方法上，大多采用索洛余值法和数据包络法，事实上，无论是索洛余值法还是数据包络法，都无法剥离随机因素的干扰，而且索洛余值法测算出的技术进步同时包含了技术变化、效率变化以及随机因素，导致测算出的技术进步存在严重偏误。

针对现有研究的不足，本文拟做出以下改进：第一，考虑到生猪养殖在我国国民经济中的重要地位，拟对生猪养殖进行研究，考察环境规制对生猪养殖技术进步的影响，对现有文献作有益补充。第二，增加理论机制的探讨，从理论上把生猪养殖企业面对环境规制所采取的可能行为梳理出来，并探讨不同行为对生猪养殖技术进步的影响。第三，采用随机前沿法测算生猪养殖技术进步，随机前沿法不仅清晰地定义了“什么是技术进步”，而且还能有效剥离随机因素的干扰，我们将在下文对研究方法作详细介绍。

二、理论分析及模型构建

（一）环境规制影响生猪养殖技术进步的路径

环境规制实际是基于污染的负外部性，对包括企业在内的各类社会主体施加环境约束，从而使他们的行为发生调整，以实现环境保护的基本目标。大量文献指出，环境规制对环境质量的影响主要从源头、过程和末端治理三个维度传导（祁毓等，2016）。基于此，我们拟从养殖前、养殖中、养殖后三个维度来探讨环境规制背景下生猪养殖企业可能采取的行为，并探讨不同行为对生猪养殖技术进步的影响。图 1 为环境规制影响生猪养殖技术进步的示意图。

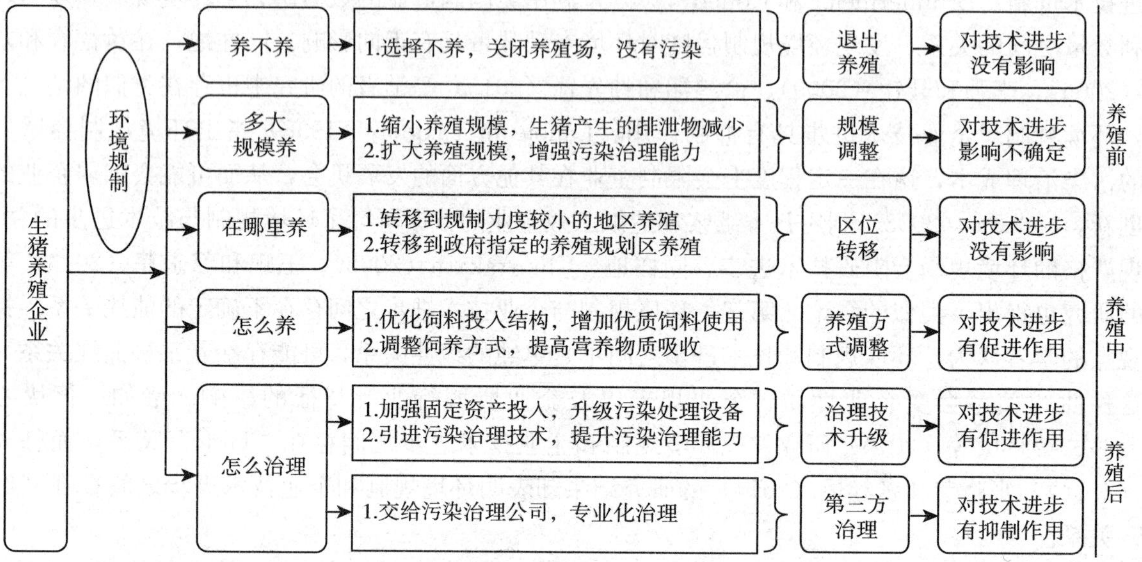

图 1　环境规制影响生猪养殖技术进步机制

1. 在养殖前环节

在这一环节，生猪养殖企业可以从退出养殖、规模调整和区位转移三个方面选择策略行为。具体而言：①退出养殖。随着环境规制强度的加大，生猪养殖企业面临环境治理规制和治理成本上升的双重压力，养殖企业须考虑外部环境成本，对于一些经济利润较低的生猪养殖企业，他们很有可能选择退出养殖。在这种情况下，生猪养殖技术不会得到提升。②规模调整。面对政府施加的环境规制，生猪养殖企业可能会对规模进行调整，并尝试找到最合适的经营规模。规模调整包含两个选择：a. 缩小规模，一般而言，生猪养殖场在建造之初大多就已经将粪污处理能力规划好。因此，面对政府严格的环境规制，生猪养殖企业可能会缩小养殖规模，减少生猪粪污的产生，将生猪养殖污染物的产生量控制在自身能够处理的范围内。此时，生猪养殖技术不会得到提升。b. 扩大规模，生猪养殖中普遍存在要素的不可分现象，所谓要素不可分是指要素的总成本是固定的，但随着产量增加分摊到单位产品上的边际成本又是递减的。要素的不可分使得生猪养殖企业有动力去扩大养殖规模，因为这能够降低单位生猪的养殖成本和污染物治理成本。随着养殖规模扩大，相应的养殖技术以及养殖设备也会跟进，因此扩大养殖规模对生猪养殖技术具有促进作用。总体来看，虽然扩大规模会促进生猪养殖技术进步，但缩小规模对生猪养殖技术没有影响，在二者的综合作用下，环境规制对生猪养殖技术进步的影响变得不确定。③区位转移。“污染天堂假说”认为，随着环境规制强度加大，污染密集产业的企业倾向于向环境标准相对较低的国家或地区转移。因此，根据“污染天堂假说”，面对环境规制，生猪养殖企业可能会向规制力度较弱的地区转移或者向政府划定的生猪养殖规划区内转移，这在地理上表现为空间区位转移。通常来说，简单的区位转移并不能使养殖技术提升。

2. 在养殖中环节

生猪粪污的源头是粪便，而动物大多是从饲料中获取营养物质，多余的则会被排泄掉，因此生猪养殖企业可能会选择在养殖过程中实现污染减排。孙忠媛（2018）指出生猪养殖污染可以通过调整饲料配方和养殖方式进行缓解，实现从源头上控制。①在饲料配方方面，生猪养殖中会用到青粗饲料和精饲料，精饲料又称精料，是单位体积或单位重量内含营养成分丰富，粗纤维含量低，可消化养分含量多的一类饲料，精饲料的饲料转化率相对较高。因此，面对环境规制，生猪养殖企业可能会调整饲料配方，增加精饲料使用比例，这会促进生猪养殖技术进步。②在饲养方式方面，微生态制剂和中草药等能有效改善动物生产性能，调节肠道菌群平衡、杀灭或抑制病原菌、提高饲料利用率、增强机体抗应激及免疫机能。因此，面对环境规制，生猪养殖企业可能会调整饲养方式，增加微生态制剂、中草药等的使用，调整畜禽消化系统，提高营养物质利用率，减少氮磷等物质排放，这会促进生猪养殖技术进步。总体来看，调整饲料配方和养殖方式均会促进生猪养殖技术进步。

3. 在养殖后环节

目前，治理生猪养殖污染的方式有很多，但从治理主体来看，可分为生猪养殖企业自己治理和第三方治理。具体而言：①生猪养殖企业自己治理。当生猪养殖企业选择自己治理污染物时，面对环境规制，生猪养殖企业可能会努力提升自身的污染物治理能力。包括：a. 引进先进的粪污处理工艺，诸如：粪污全量收集还田利用模式、粪污专业化能源利用模式、固体粪便堆肥利用模式、异位发酵床模式、污水肥料化利用模式等，实现污染物的资源化利用。b. 升级污染物的处理设备和设施，诸如：兴建堆粪场、沼气池、三级污水处理池等基础设施；引进清粪机械、干湿分离机等固液分离先进设备等，将生猪养殖污染降到最低，实现清洁生产。总体来看，无论是引进新的粪污处理工艺还是升级粪污处理设备，这两者均会促进生猪养殖技术进步。②第三方治理。所谓第三方治理是指生猪养殖企业将粪污交给专门的污染物治理公司处理，通过专业化的模式来降低生猪养殖污染，即与专业的污染处理公司签订生猪粪便消纳协议，让专业公司来进行生猪粪便的收集与处理。在这种情况下，生猪养殖企业会把更多的资金用于污染治理，这可能会减少生猪养殖企业在其他方面的发展机会（钟念等，2017），形成一种“挤占效应”，不利于生猪养殖技术进步。

综上所述，面对政府的环境规制，生猪养殖企业可能会采取不同的策略行为，而不同的策略行为又会对生猪养殖技术进步产生不同的影响。目前来看，退出养殖、区位转移对生猪养殖技术进步没有影响，规模调整对生猪养殖技术进步的影响不确定，而养殖方式调整和治理技术升级会促进生猪养殖技术进步，但第三方治理在一定程度上又抑制了生猪养殖技术进步。因此，在多种因素的综合作用下，使得环境规制对生猪养殖技术进步的影响充满了不确定性。技术进步是产业发展的动力和源泉，在环境规制日益严厉的背景下，通过计量实证方法来检验环境规制对生猪养殖技术进步的影响显得尤为重要。

（二）研究方法

1. 生猪养殖技术进步测算

关于技术进步的估算，当前比较常见的方法有索洛余值法、随机前沿法和数据包络法等。杨旭等（2017）对上述方法作了详细介绍，他们指出随机前沿法在设定出具体的生产函数形式后，通过回归得到相关参数，就可以将技术进步、效率改变等信息全部计算出来，不仅清晰地定义了“什么是技术进步”，而且还有效地剥离随机因素的干扰。考虑到随机前沿法的诸多优势，本文拟采用随机前沿法来测算生猪养殖的技术进步。

随机前沿分析最早由 Aigner 等（1997）和 Meeusen 等（1997）分别独立提出，随后逐步演化出了技术进步测算、全要素生产率分解的随机前沿法。为降低模型设定误差，也为更好地拟合各投入要素间的相互影响，本文在测算生猪养殖技术进步时，将随机前沿生产函数（SFA）设定为超越对数生产函数形式。值得说明的是，为体现生猪养殖污染排放强度对养殖技术进步的“倒逼效应”，我们将生猪养殖污染物也纳入随机前沿生产函数中，并将生猪养殖污染物作为一种特殊的投入要素处理。基于以上分析，最终将随机前沿生产函数设为如下形式：

$$
\begin{aligned}
\ln Y_{it} = {} & \beta_0 + \beta_1 \ln X_{1it} + \beta_2 \ln X_{2it} + \beta_3 \ln X_{3it} + \beta_4 \ln W_{it} + \beta_5 T + \frac{1}{2}\beta_{11}(\ln X_{1it})^2 + \\
& \frac{1}{2}\beta_{22}(\ln X_{2it})^2 + \frac{1}{2}\beta_{33}(\ln X_{3it})^2 + \frac{1}{2}\beta_{44}(\ln W_{it})^2 + \frac{1}{2}\beta_{55} T^2 + \beta_{12}\ln X_{1it}\ln X_{2it} + \\
& \beta_{13}\ln X_{1it}\ln X_{3it} + \beta_{14}\ln X_{1it}\ln W_{it} + \beta_{15}\ln X_{1it} T + \beta_{23}\ln X_{2it}\ln X_{3it} + \\
& \beta_{24}\ln X_{2it}\ln W_{it} + \beta_{25}\ln X_{2it} T + \beta_{34}\ln X_{3it}\ln W_{it} + \beta_{35}\ln X_{3it} T + \\
& \beta_{45}\ln W_{it} T + v_{it} - u_{it} \qquad (1)
\end{aligned}
$$

其中，i 和 t 表示第 i 省第 t 年份；Y_{it} 为生猪养殖产出；X_{1it} 为生猪养殖饲料投入；X_{2it} 为生猪养殖劳动力投入；X_{3it} 为生猪养殖资本投入；W_{it} 为生猪养殖污染物排放量；T 为时间趋势，这里用来反映生猪养殖技术进步；v_{it} 为随机误差项，服从独立于 u_{it} 的正态分布 $N(0, \delta_v^2)$；u_{it} 为技术非效率项，服从独立于 v_{it} 的半正态分布 $N(0, \delta_v^2)$。

在随机前沿法中，技术进步实际上是关于时间变量（T）的弹性，因此对公式（1）中的 T 求偏导，即可求得技术进步，计算公式如下：

$$TP_{it} = \frac{\partial \ln Y_{it}}{\partial T} = \beta_5 + \beta_{55} T + \beta_{15}\ln X_{1it} + \beta_{25}\ln X_{2it} + \beta_{35}\ln X_{3it} + \beta_{45}\ln W_{it} \qquad (2)$$

其中，TP_{it} 为技术进步率；Y_{it} 为生猪养殖产出；T 为时间趋势；（$\beta_5 + \beta_{55} T$）表示生猪养殖共同面临的技术进步水平，这主要来自技术进步的外溢效应；（$\beta_{15}\ln X_{1it} + \beta_{25}\ln X_{2it} + \beta_{35}\ln X_{3it}$）表示非中性技术水平，这主要来自养殖经营管理技术和服务技术进步；$\beta_{45} W_{it}$ 表示生猪养殖污染排放强度所“倒逼”而来的技术进步，这是因为随着生猪养殖污染物的增多，养殖企业所面临的环境约束将会越来越多，这些环境约束可能会迫使养殖企业进行技术创新。

2. 环境规制对生猪养殖技术进步的影响

借鉴李玲和陶锋（2012）、宋马林和王舒鸿（2014）等学者的思路，本文构造了如下的实证方程来检验环境规制对生猪养殖技术进步的影响。同时，考虑到环境规制对生猪养殖技术进步的影响可能不是简单的线性关系，我们在实证方程中也加入了环境规制的二次项。构造的实证方程如下：

$$TP_{it} = \alpha_0 + \alpha_1 G_{it} + \alpha_2 G_{it}^2 + \alpha_j X_{jit}^2 + \varepsilon_{it} \qquad (3)$$

其中，i 和 t 表示第 i 省第 t 年份；TP_{it} 为生猪养殖技术进步率；G_{it} 为生猪养殖环境规制强度；X_{jit} 为影响生猪养殖技术进步的诸多因素，包括生猪养殖技术推广、人力资本水平、生猪养殖状况、农业生产结构、政府支农力度、地区经济发展水平等；ε_{it} 为随机误差项。

三、数据来源与变量说明

（一）数据来源

本文的研究数据来源于 2005—2018 年的《全国农产品成本收益资料汇编》《中国畜牧兽医年鉴》《中国统计年鉴》《中国农村统计年鉴》以及第一次全国污染源普查公布的《畜禽养殖业源产排污系数手册》。其中，生猪养殖的投入产出数据来自《全国农产品成本收益资料汇编》；技术进步的影响因素数据来自《中国畜牧兽医年鉴》《中国统计年鉴》和《中国农村统计年鉴》；生猪养殖污染物的排污系数来自《畜禽养殖业源产排污系数手册》。

考虑到生猪散养样本相对较少，无法进行相关实证研究，本文选择规模养殖进行研究，将小规模、中规模、大规模生猪养殖作为研究对象。此外，由于《全国农产品成本收益资料汇编》每年公布的生猪养殖省份存在微调的情况，是一个非平衡面板数据，为保证样本的连续性，我们将数据转化为平衡面板数据。通过整理，本文共取得小规模、中规模、大规模生猪养殖的样本数依次为 308 个、336 个、322 个，样本分布相对均衡，能够较好地展示不同规模的生猪养殖状况。

（二）变量说明

1. 测度技术进步的指标

（1）产出（Y/千克）：考虑到仔猪具有一定重量，在计算产出时扣除了这一部分重量，用生猪养殖的主产品产量减去仔猪重量所得到的净增重量表示。

（2）投入要素：①饲料投入（X_1/千克）：用生猪养殖的精饲料使用量表示；②劳动力投入（X_2/日）：用生猪养殖的总投工表示，包含家庭用工和雇工两部分；③资本投入（X_3/元）：用生猪养殖的总费用表示，具体包括除饲料费用、劳动力费用以外的直接费用和所有间接费用两部分，为剔除价格因素的影响，以 2004 年为基期用生猪生产价格指数进行平减。

（3）污染物（W/千克）：关于污染物的计算，需要做如下说明：第一，《全国农产品成本收益资料汇编》是按小规模（30，100]、中规模（100，1 000]、大规模（1 000，+∞）统计的生猪养殖投入产出数据，而《畜禽养殖业源产排污系数手册》是按养殖专业户（50 头以上）、规模化养殖场（500 头以上）、养殖小区（未公布标准）统计的生猪养殖污染物排放系数。根据不同标准所对应的生猪养殖头数，同时，参照大多数学者的做法（杜红梅等，2017；王善高等，2019），将小规模与养殖专业户、中规模与规模化养殖场、大规模与养殖小区分别对应起来研究。第二，《畜禽养殖业源产排污系数手册》将生猪的粪尿处理方式分为干清粪、水冲粪和垫草垫料三种模式，不同处理模式下的排污系数不同。其中，垫草垫料模式易造成重金属污染且成本高昂，未被推广使用。祝其丽等（2011）对中国养殖场清粪方式进行过系统调研，发现小规模、中规模、大规模养殖场选择干清粪和水冲粪的比例依次是 9.09%和 90.91%、77.78%和 22.22%、79.31%和 20.69%。本文将按这三组比例系数来分别计算小规模、中规模、大规模生猪养殖的污染物。第三，《畜禽养殖业源产排污系数手册》界定的生猪养殖污染物包括化学需氧量、全氮、全磷、铜和锌五种，借鉴朱宁和秦富（2018）的做法，将其加总折算为一个指标，统称为污染物。计算公式为：污染物总量$=\sum$污染物$i=\sum$各污染物排污系数$i\times$平均饲养天数$\times$(实际重量/参考重量)。其中，i 为污染物种类；各污染物排污系数 i、生猪参考重量来自《畜禽养殖业源产排污系数手册》；平均饲养天数、生猪实际重量来自《全国农产品成本收益资料汇编》。

2. 环境规制的衡量

关于环境规制的衡量，目前学界还没有统一的标准。从已有文献来看，环境规制的测度包含两类：一是采用定性方式。用是否环境规制或者环境政策数量为指标对环境规制进行测度（Busse，2004；虞祎等，2011）。二是采用定量方式。在该种方式下，采用的方法相对较多，包括：①用污染治理费用衡量，该方法认为更高的环境治理费用往往代表了更加严格的环境规制（周力，2011；张先锋等，2014）。②用人均 GDP 衡量，原因在于随着地区经济发展水平的提高，人们会越来越关注环境污染问题，环境规制随之愈发严格（Antweiler，2011）。③用污染物排放量衡量，这是因为污染物排放强度越大，说明该地区污染越严重，政府的环境规制也将越严格（Javorcik，2013）。此外，还有部分学者采用主观赋值法来衡量，他们认为环境规制政策实施后，生产者将会率先感受到影响，因而能够对环境规制强度作出相应的判断（侯国庆、马骥，2017）。

考虑到环境政策和法规在执行过程中，往往涉及执法力度和强度的问题，因此简单以定性方式来衡量环境规制可能存在较大偏差。本文选择用定量方式来衡量环境规制。考虑到数据的可获得性，本文拟借鉴周力（2011）、张先锋等（2014）的思路，用政府环境治理支出来衡量环境规制强度。长期以来，我国采用“谁污染、谁治理”的原则来治理环境污染，环境规制与污染治理费用息息相关，地方政府环境保护支出越多表明其对环境污染越重视，环境规制也会变得越强。

3. 其他影响技术进步的因素

基于生猪养殖技术进步的实际情况，并借鉴王明利和李威夷（2012）、李翠霞和曹亚楠（2017）、周杨和郝庆升（2018）等学者的做法，拟选择生猪养殖技术推广、人力资本水平、生猪养殖状况、农业生产结构、政府支农力度、地区经济发展水平等作为影响生猪养殖技术进步的控制变量。相关变量的定义及描述性统计结果见表1。

表1　相关变量的定义及描述性统计

变量	单位	变量定义	小规模		中规模		大规模	
			均值	标准差	均值	标准差	均值	标准差
产出	千克	主产品产量减去仔猪重量	95.48	11.29	95.15	10.96	89.7	10.99
饲料	千克	精饲料使用数量	289.4	37.85	294.58	33.77	277.82	32.67
劳动力	日	自用工和雇工之和	3.88	1.62	2.47	1.12	1.43	0.79
资本	元	除饲料费用、劳动力费用以外的直接费用和间接费用之和	70.59	25.11	67.63	20.56	76	27.62
污染物	千克	化学需氧量、氮、磷、铜和锌排放量之和	72.02	15.85	20.57	5.5	27.16	13.39
环境治理支出	亿元	地方政府财政环境保护支出	90.37	69.4	89.39	74.04	91.02	74.99
生猪养殖技术推广	个	各地区生猪养殖畜牧站个数	147.3	103.61	141.59	113.19	129.98	105.31
人力资本水平	—	农村劳动力的平均受教育年限	7.96	0.77	8.12	0.83	8.23	0.84
生猪养殖状况	万头	各地区生猪出栏数量	2 633	1 850.4	2 388.5	1 921.7	2 312.7	1 779.0
农业生产结构	—	畜牧业产值占农林牧渔业总产值比重	0.32	0.09	0.32	0.09	0.32	0.09
政府支农力度	—	地方财政农林水事务支出占地方财政一般预算支出的比重	0.11	0.03	0.11	0.03	0.1	0.03
地区经济发展水平	万元/人	各地区的人均GDP	3.25	1.91	3.67	2.34	4.01	2.57

四、实证结果与分析

（一）生猪养殖技术进步的现状

1. 随机前沿生产函数的估计

利用Stata12.0软件对随机前沿生产函数进行了估计，结果见表2。结果显示：①三个模型中的likelihood（最大似然函数）的估计值依次为507.550、571.961、501.096，均处在相对较高水平，说明三个模型拟合相对较好。②值得注意的是，三个模型中的Usigma（技术无效率）、Vsigma（随机误差项）的估计值均在1%的水平上显著，说明小规模、中规模、大规模生猪养殖中均存在技术无效率和随机误差现象，这意味着选择随机前沿法进行分析是合理的。③此外，三个模型中的lambda（信噪比）的估计值均在0.62以上，且均在1%的水平上显著，说明混合误差项中的变异主要来自技术无效率，进一步说明采用随机前沿法进行分析符合生猪养殖的实际情况。

表 2　不同规模生猪养殖随机前沿生产函数的估计

变量名称	小规模		中规模		大规模	
	估计系数值	t 值	估计系数值	t 值	估计系数值	t 值
$\ln X_1$	−0.810	−1.550	3.108***	4.679	1.246***	3.181
$\ln X_2$	2.801***	4.527	−0.128	−0.343	−0.984**	−2.423
$\ln X_3$	−2.641***	−5.502	0.282	0.588	0.194	0.470
$\ln W$	4.266***	5.113	−4.106***	−4.032	−0.168	−0.379
t	−0.364***	−6.490	−0.081	−1.279	−0.241***	−5.102
$(\ln X_1)^2$	1.047***	5.629	−0.889***	−3.306	−0.291*	−1.948
$(\ln X_2)^2$	−0.162***	−3.722	−0.070**	−2.511	−0.008	−0.334
$(\ln X_3)^2$	0.171***	3.510	0.049	1.430	−0.070*	−1.738
$(\ln W)^2$	1.183***	7.840	−0.872***	−5.406	−0.038	−0.650
t^2	0.000	−0.569	−0.001*	−1.812	−0.001*	−1.920
$\ln X_1 \times \ln X_2$	−0.467***	−4.293	0.129*	1.939	0.182**	2.353
$\ln X_1 \times \ln X_3$	0.489***	5.682	−0.253***	−2.790	0.058	0.749
$\ln X_1 \times \ln W$	−1.467***	−7.963	1.057***	4.335	0.125	1.197
$\ln X_1 \times t$	0.074***	6.939	0.011	0.871	0.050***	5.546
$\ln X_2 \times \ln X_3$	0.006	0.181	0.057***	2.895	0.012	0.538
$\ln X_2 \times \ln W$	0.008	0.157	−0.265***	−5.646	−0.027	−1.150
$\ln X_2 \times t$	0.007*	1.883	0.004*	1.760	0.000	−0.021
$\ln X_3 \times \ln W$	−0.191***	−2.972	0.305***	6.735	−0.076***	−3.461
$\ln X_3 \times t$	0.009**	2.065	0.003	1.257	−0.001	−0.290
$\ln W \times t$	−0.021***	−3.133	0.005	1.063	−0.007***	−2.851
Usigma	−6.992***	−20.446	−7.177***	−25.737	−7.224***	−23.837
Vsigma	−6.627***	−37.150	−6.704***	−49.240	−6.279***	−55.384
lambda	0.833***	106.320	0.789***	141.730	0.623***	110.290
likelihood		507.550		571.961		501.096

注：*、**、***分别表示在10%、5%和1%的水平上显著。

2. 生猪养殖技术进步的时间变化

根据表 2 的估计系数，利用公式（2）计算了不同规模生猪养殖的技术进步率。表 3 展示了不同规模生猪养殖技术进步率的时间变化。总体来看，2004—2017 年，小规模、中规模、大规模生猪养殖的技术进步率均值依次为 0.005 6、0.007 4、0.006 5，均处在相对较低水平，说明我国生猪养殖的技术进步相对较慢。但这也符合生猪养殖的现实情况，事实上，技术进步本质上是把新知识、新技术转化为生产力的过程（赵芝俊、张社梅，2006），这期间需要经过技术发明、技术创新、技术扩散等环节，是一个漫长的过程，而且不同于种植业，畜禽养殖业在引进新的生产技术或新的生产设备时，需要大量的资金投入，因此对于一般的生猪养殖企业而言，技术进步也不是一蹴而就的。

从时间上来看，三个规模生猪养殖的技术进步率均呈现出了递减趋势，在随机前沿法中技术进步率实际上是关于时间变量的弹性，这说明随着时间推移，技术进步所带来的产出是呈现递减趋势的，这符合经济学中的边际产量递减规律。当然，这也是在提醒我们，要加快生猪养殖技术的研发和创新，推动生猪养殖技术的前沿面外移，促使生猪养殖技术跨上“新台阶”，实现整个生猪养殖行业的技术进步。值得注意的是，在2004—2007年，小规模、中规模、大规模生猪养殖的技术进步率均保持着相对较高的水平，这是因为在此期间我国政府出台了多项养猪鼓励政策，从2005年开始国家就实施了畜牧良种补贴政策；从2007年开始中央财政每年安排25亿元在全国范围内支持生猪标准化规模养殖场（小区）建设。在一系列利好政策的推动下，我国生猪养殖技术和养殖环境在此期间得到了很大的改善。

表3　不同规模生猪养殖技术进步率的时间变化

名称	2004年	2007年	2010年	2011年	2012年	2013年	2014年	2015年	2016年	2017年	平均
小规模	0.006 5	0.006 1	0.007 0	0.006 1	0.006 2	0.005 8	0.005 8	0.005 3	0.003 9	0.001 6	0.005 6
中规模	0.013 7	0.010 4	0.008 1	0.006 4	0.005 7	0.005 1	0.004 5	0.003 3	0.002 0	0.000 2	0.007 4
大规模	0.009 1	0.008 9	0.006 5	0.006 7	0.006 2	0.005 6	0.005 0	0.004 0	0.004 1	0.003 5	0.006 5

3. 生猪养殖技术进步的空间变化

图2为不同规模生猪养殖技术进步率的柱状图。总体来看，无论是小规模、中规模还是大规模生猪养殖，一个直观的感受是东部地区生猪养殖的技术进步率要高于中部地区，而中部地区生猪养殖的技术进步率要高于西部地区。出现这种现象的可能原因是：一方面，相比于中西部地区，东部地区经济发达，生猪养殖企业资本相对充足，而且在信贷能力上也相对较强，因而东部地区的生猪养殖企业可能有足够的资金去引进先进的生产技术或设备，技术水平会处在相对较高水平。另一方面，与东部地区相比，部分中西部地区生猪养殖基础薄弱，而且存在水资源短缺的情况。特别是农业部印发的《全国生猪生产发展规划（2016—2020年）》明确将陕西、甘肃、新疆、西藏、青海、宁夏等省区划为生猪养殖适度发展区，而这些省份大多在西部地区，这在一定程度上会限制生猪养殖的技术进步。

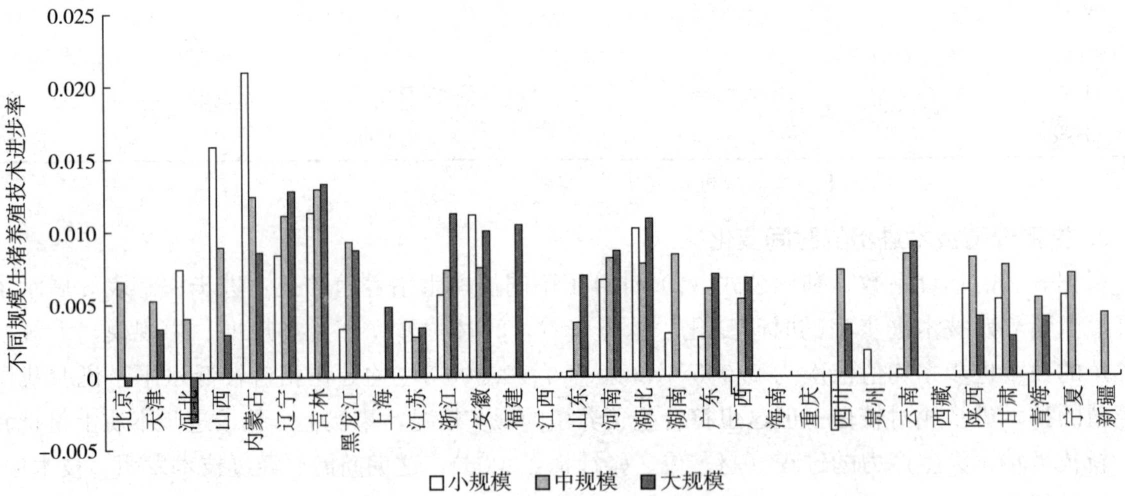

图2　不同规模生猪养殖技术进步率

值得注意的是，我们发现大部分省区的生猪养殖技术进步率均在0以上，说明我国生猪养殖的技术水平总体上在进步。但不可否认的是，也存在部分省区生猪养殖技术进步率小于0的情况，其中，尤以小规模生猪养殖为主。出现这种现象可能的原因是，为加强对畜禽养殖污染的监管，自

2001 年以来我国政府相继出台了针对性的政策法规及标准，诸如《畜禽养殖业污染物排放准》《畜禽养殖污染防治管理办法》等，特别是在 2016 年，中央成立了“环保督查组”，掀起一场治污问责风暴。在此背景下，大量不合规的小规模生猪养殖企业出现了关停现象。农业农村部统计数据显示，2016 年南方水网地区调减生猪超 1 600 万头；各地划定禁养区，减少生猪存栏 8%，调减生猪超 3 600 万头。

（二）环境规制强度

一直以来，我国的《环境保护法》采用“谁污染、谁治理”的原则来治理环境污染，在这种原则下，地方政府成了环境污染治理过程中的责任人和执行者，地方财政环境保护支出的变化在一定程度上能够体现政府环境规制强度的变化。表 4 显示了 2004—2017 年不同省份地方财政环境保护支出情况。从时间上来看，自 2004 年以来，我国地方财政环境保护支出呈现出明显的上升趋势，且这种上升趋势在 2007 年以后体现得尤为明显。具体而言，2007—2017 年，地方财政环境保护支出由 31.01 亿元增加至 169.90 亿元，增加了 4.48 倍，这意味着我国各地方政府越来越重视环境污染的治理，环境规制也越来越强。值得注意的是，在 2016—2017 年，地方财政环境保护支出急剧上升，出现这种现象可能的原因是，为进一步推动地方党委政府重视环境保护工作，强化落实地方党委政府的环境保护职责，中央政府在 2016 年 1 月成立了环境保护督查组，掀起了一场新的治污问责风暴，在此背景下，各地方政府进一步加强了对环境污染的监管。畜禽养殖业作为重要的污染源之一，污染途径包括大气污染、水污染、土壤污染和疫病传播等，因此自然也被纳入环保督查范围之内。

分地区来看，2004—2017 年，我国地方财政环境保护支出的平均值达到了 80.37 亿元，处于一个相对较高的水平，说明了我国政府对环境污染治理的重视。当然，地方财政环境保护支出不仅仅用于农业源污染的治理，也会用于工业污染源的治理，但不可否认，农业面源污染的加剧，也是政府增加环境保护支出，增强环境规制的一个重要原因。其中，北京、河北、内蒙古、黑龙江、江苏、浙江、安徽、山东、河南、湖北、湖南、广东、重庆、四川、云南、陕西等省份的环境保护支出相对较高，均在平均值以上，且部分省份达到了 160 亿元，接近全国平均水平的 2 倍。而这些省份几乎涵盖了我国的生猪主产区，其中，河南、湖南、四川、山东、湖北、河北、云南、广东等省份均是生猪养殖大省，说明畜禽养殖污染也是地方政府增加环境保护支出的一个重要推力。

表 4　不同省份地方财政环境保护支出

单位：亿元

省份	2004 年	2007 年	2010 年	2013 年	2017 年	平均	省份	2004 年	2007 年	2010 年	2013 年	2017 年	平均
北京	16.11	29.58	60.85	138.17	458.44	137.35	湖北	14.19	28.05	96.31	109.72	139.71	81.08
天津	3.29	5.91	27.1	48.44	110.22	35.38	湖南	15.82	29.84	90.82	128.67	173.28	89.17
河北	22.84	43.8	115.16	171.86	353.45	137.34	广东	15.66	26.71	239.16	307.78	433.23	182.73
山西	22.23	44.97	82.37	98.16	128.87	75.71	广西	7.26	14.1	63.99	64.23	85.11	51.36
内蒙古	32.17	61.73	107.99	132.11	143.67	104.79	海南	2.76	5.32	14.89	23.18	35.72	17.97
辽宁	16.22	30.73	77.44	108.59	106.53	69.05	重庆	19.89	38.62	69.01	114.55	154.95	83.31
吉林	17.5	30.45	71.55	126.83	115.12	78.53	四川	36.21	71.16	112.99	159.95	197.75	116.15
黑龙江	26.05	44.34	89	115.75	193.2	87.08	贵州	14.32	27.23	54.32	66.44	125.39	60.88
上海	12.7	20.04	47.31	56.43	224.66	62.48	云南	18.34	31.38	86.41	105.29	179.48	85.53

（续）

省份	2004 年	2007 年	2010 年	2013 年	2017 年	平均	省份	2004 年	2007 年	2010 年	2013 年	2017 年	平均
江苏	24.82	48.31	139.89	229.18	292.1	160.17	西藏	2.32	4.77	11.77	17.21	46.64	18.83
浙江	18.46	31.38	82.07	98.14	190.15	83.96	陕西	23.88	48.75	82.88	109.77	162.52	86.72
安徽	18.21	37.65	64.72	108.42	198.64	80.89	甘肃	17.76	33.6	68.31	69.82	102.2	61.44
福建	5.5	9.7	39.79	58.6	120.65	47.89	青海	9.24	18.98	36.15	66.78	60.93	40.69
江西	6.96	13.88	49.14	74.17	143.4	54.71	宁夏	6.49	12.76	30.79	32.93	57.61	27.62
山东	17.85	33.94	112.93	212.81	236.84	120.72	新疆	11.98	22.62	51.02	68.99	54.66	45.39
河南	28.66	60.92	96.38	111.92	241.65	106.44	平均	16.31	31.01	76.53	107.58	169.9	80.37

（三）环境规制对生猪养殖技术进步的影响

1. 简单描述性分析

为探究环境规制对生猪养殖技术进步的影响，我们首先绘制了环境规制与生猪养殖技术进步率的散点图（图 3）。由图 3 可知，在小规模、中规模、大规模生猪养殖中，均存在着一个相似的现象，即随着环境规制强度的提升，三个规模生猪养殖的技术进步率均呈现出了“先上升后下降”的趋势，且这种趋势在中规模和大规模生猪养殖中体现得相对明显，这说明环境规制和生猪养殖技术进步之间可能存在着“倒 U 形”关系。同时，这也从侧面说明了在实证研究中，加入环境规制的二次项是合理的。当然，此时仅是简单描述统计的结果，实际结果是否如此，还有待实证检验。

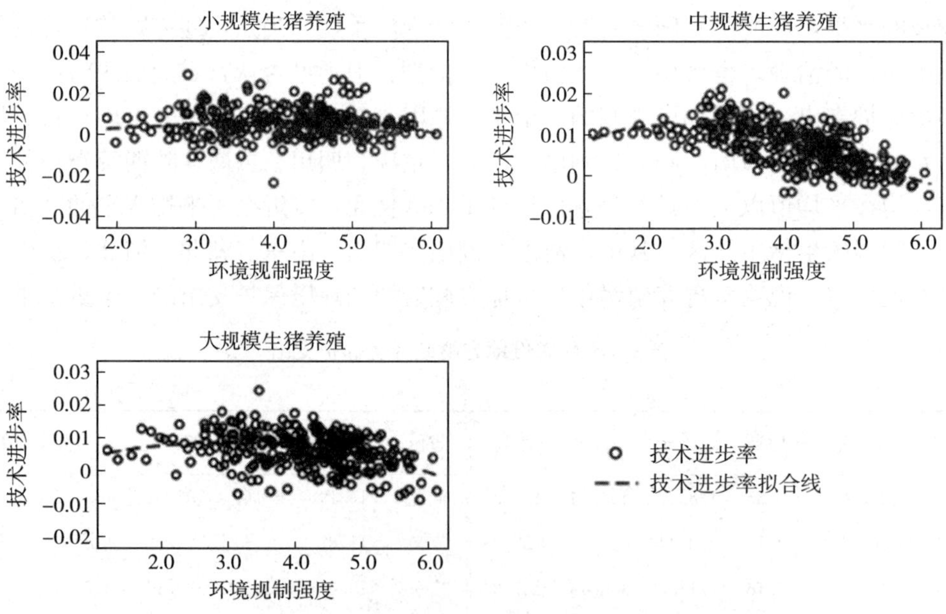

图 3　不同规模生猪养殖技术进步率与环境规制

有意思的是，在小规模生猪养殖中有相当一部分样本的生猪养殖技术进步率处于 0 刻度线以下，而在中规模和大规模生猪养殖中仅有一小部分样本的生猪养殖经济进步率处在 0 刻度线以下，这进一步验证了上文表 3 的结果，即中规模和大规模生猪养殖技术进步率的均值要明显高于小规模生猪养殖，这从侧面说明了小规模生猪养殖技术进步相对较慢，而中规模和大规模生猪养殖的技术进步较快。

2. 实证分析

利用公式（3）估计了环境规制对生猪养殖技术进步的影响。需要说明的是，第一，本文的被解释变量是生猪养殖技术进步率，其取值范围在0值附近，属于受限因变量，如果直接采用线性回归，可能会存在较大偏误。Greene（2003）指出对于受限因变量，采用Tobit模型进行估计所得到的结果不仅有效而且无偏。基于此，本文采用Tobit模型估计公式（3）。第二，对于Tobit模型，存在两种估计方法，一是混合Tobit模型，二是随机效应面板Tobit模型，其区别在于后者兼顾了样本的个体效应。考虑到生猪养殖可能存在个体效应，因此我们同时给出了混合Tobit模型和随机效应面板Tobit模型的回归结果，并采用LR检验来判别哪一个模型更合适，结果见表5。检验结果显示：LR检验强烈拒绝了原假设，认为生猪养殖存在个体效应，此时应采用随机效应面板Tobit模型进行回归。

第一，来看环境规制。在中规模和大规模生猪养殖中，环境规制一次项的估计系数分别在5%和10%的水平上显著为正，而二次项的估计系数分别在5%和1%的水平上显著为负，这验证了上文图2的结果，说明在中规模和大规模生猪养殖中，环境规制和技术进步之间存在“倒U形”关系。出现这种现象可能的原因是，中规模和大规模生猪养殖企业一般具备相对充足的资金，面对政府的环境规制，可以迅速实现生猪养殖技术和设备的更新换代，提升各自的生猪养殖技术水平。但当政府的环境规制超越某种强度以后，生猪养殖企业会把更多的资金用于污染治理，这会减少生猪养殖企业在其他方面的发展机会，形成了一种“挤占效应”，从而不利于生猪养殖企业进行技术创新，这在一定程度上会阻碍生猪养殖技术进步。值得注意的是，在小规模生猪养殖中，环境规制一次项、二次项的估计系数在统计学上均不显著，说明环境规制对小规模生猪养殖的技术进步没有显著影响。出现这种现象可能的原因是，一方面，小规模生猪养殖企业资金相对有限，难以在短时间引进先进的生产技术和设备，因此面对政府的环境规制，往往会选择缩小养殖规模来减少污染物总量（田文勇，2018），此时养殖技术并没有出现实质性改变。另一方面，小规模生猪养殖企业的规模相对较小，所谓“船小好调头”，当政府的环境规制较强时，小规模生猪养殖企业处理养殖废弃物的压力和环保达标的压力均会急剧上升，小规模生猪养殖企业可能会选择退出养殖，因此环境规制对小规模生猪养殖技术进步没有产生影响。

第二，来看畜牧站个数。畜牧站个数的估计系数在小规模、中规模、大规模生猪养殖中分别在1%、10%、10%的水平上显著为正，说明畜牧站个数对生猪养殖技术进步具有显著的正向作用。一种可能的解释是，畜牧站作为农业农村局所属公益一类的事业单位，主要承担着畜禽良种推广、疫病防治、饲草饲料试验与改良、动物检疫、养殖新技术和新模式推广、农民技术培训等的职责，这在一定程度上能促进新技术、新设备的传播，提升当地的生猪养殖技术水平。

第三，来看农村劳动力受教育年限。在小规模生猪养殖中，农村劳动力受教育年限的估计系数在5%的水平上显著为正，说明农村劳动力受教育年限对小规模生猪养殖技术进步具有正向影响。其可能的原因是，小规模生猪养殖企业资金实力相对薄弱，难以引进大型的机械设备，养殖中还较多依赖人力，而且在现实中还有很多的小规模生猪养殖场采用的是“家庭作坊式”管理，这更依赖于农村劳动力的质量，因此农村劳动力的受教育年限对小规模生猪养殖的影响较大。在中规模生猪养殖中，农村劳动力受教育年限的估计系数在10%的水平上显著为负，说明农村劳动力受教育年限对中规模生猪养殖技术进步具有负向影响。其可能的原因是，中规模介于小规模和大规模之间，具有一定的机械化程度，而且养殖中也会雇佣一定量的劳动力，由于机械和劳动力之间普遍存在替代关系，尽管可能雇佣的是受教育程度较高的劳动力，但如果雇佣的劳动力多了，这在一定程度上会阻碍机械化的发展，从而影响技术进步。在大规模生猪养殖中，农村劳动力受教育年限的估计系

表 5　环境规制对生猪养殖技术进步影响的估计结果

变量名称	小规模				中规模				大规模			
	混合估计		随机效应面板估计		混合估计		随机效应面板估计		混合估计		随机效应面板估计	
	估计系数	t 值	估计系数	t 值	估计系数	t 值	估计系数	t 值	估计系数	t 值	估计系数	t 值
环境规制	0.010**	2.413	−0.001	−0.295	0.003**	2.271	0.000**	2.353	0.006***	3.074	0.002*	1.842
(环境规制)^2	−0.001**	−2.208	0.000	0.141	−0.001***	−3.588	−0.000**	−2.032	−0.001***	−4.963	−0.000***	−2.918
ln（畜牧站个数）	0.000	0.355	0.002***	2.928	0.000	−0.257	0.000*	1.833	0.000	0.131	0.001*	1.844
劳动力受教育年限	0.006***	7.571	0.004**	2.338	0.001***	3.363	−0.001*	1.833	−0.002***	−3.821	−0.001	−1.438
ln（生猪出栏量）	−0.004***	−6.570	−0.003	−0.712	0.000	0.669	0.000	−1.887	0.002***	6.804	0.001	0.917
畜牧业产值占农林牧渔业总产值比重	0.007	1.621	0.008	0.927	0.011***	5.576	0.002	0.664	0.002	0.601	0.004	0.828
政府支农力度	0.030	1.554	0.050**	2.216	0.022**	2.541	0.023**	2.563	0.003	0.257	0.039***	2.960
ln（人均 GDP）	−0.003***	−2.630	0.000	−0.081	−0.004***	−7.292	−0.004***	−7.104	0.003***	4.086	0.000	0.177
常数项	−0.001	−0.104	−0.002	−0.116	0.035***	5.665	0.065***	9.434	−0.031***	−3.568	0.008	0.835
LR 检验	chibar2=129.76（P=0.000）				chibar2=248.08（P=0.000）				chibar2=205.14（P=0.000）			

注：*、**、*** 分别表示在 10%、5%和 1%的水平上显著。

数也为负，但在统计上不显著，说明农村劳动力受教育年限对大规模生猪养殖技术进步没有影响。其可能的原因是，大规模生猪养殖的机械化程度高，养殖中雇佣的劳动力少，而且随着农业劳动力价格迅速攀升，为了降低养殖成本，大规模生猪养殖企业在养殖过程中会较多地引进机械设备，由此雇佣的劳动力会越来越少，因此农村劳动力受教育年限对大规模生猪养殖技术进步的影响较小，甚至是不明显。

第四，来看生猪出栏量。生猪出栏量的估计系数在小规模、中规模和大规模生猪养殖中均不显著，说明生猪出栏量对养殖技术水平没有显著影响。一种可能的解释是，生猪出栏量的多少主要取决于市场需求，而市场需求又受销售价格、居民收入、疫病风险等的影响，但这些因素对生猪养殖技术水平均没有明显的促进作用。

第五，来看畜牧业产值占农林牧渔业总产值比重。畜牧业产值占农林牧渔业总产值比重的估计系数在小规模、中规模、大规模生猪养殖中均不显著，说明其对生猪养殖技术水平没有影响。一种可能的解释是，畜牧业产值占农林牧渔业总产值比重主要反映的是一个地区的农业生产结构，体现了畜牧业的养殖规模和总体水平，其主要影响的是地区生产要素配置的方向，而对生猪养殖技术水平的影响相对较小。

第六，来看政府支农力度。政府支农力度的估计系数在小规模、中规模、大规模生猪养殖中均显著为正，说明政府的支农力度越大，生猪养殖技术进步的空间越大。其可能的原因是，政府的支农力度在一定程度上体现了当地政府对农业的重视程度，政府支农力度越大，财政预算中用于农林水事务支出的比例也会越大，这在一定程度上会促进对农业、林业、水利等在内的农业生产设施的保护和改善，从而会提升生猪养殖技术水平。

第七，来看人均 GDP。人均 GDP 的估计系数在小规模和大规模生猪养殖中均不显著，而在中规模生猪养殖中显著为负，说明经济越发达的地区，生猪养殖技术进步越会受阻碍。一种可能的解释是，随着国家经济的发展和人们生活水平的提高，我国居民越来越重视环境污染问题，而生猪养殖属于高污染行业，因此经济越发达的地区越会严格监管生猪养殖产业的发展。《全国生猪生产发展规划（2016—2020 年）》就将北京、天津、上海等大城市和江苏、浙江、福建、安徽、江西等南方水网地区划为了约束发展区，明确要控制这些区域的生猪养殖，这在一定程度上会使得生猪生产发展空间受限。

五、结论与讨论

（一）研究结论

为探究环境规制对生猪养殖技术进步的影响，本文首先从理论上梳理了环境规制影响生猪养殖技术进步的可能路径，然后利用 2004—2017 年生猪养殖的省级宏观数据，通过随机前沿法测算了生猪养殖的技术进步率，在此基础上，考察了环境规制对生猪养殖技术进步率的影响。主要结论有：①2004—2017 年，小规模、中规模、大规模生猪养殖的技术进步率均值依次为 0.005 6、0.007 4、0.006 5，均处于相对较低水平。在时间上，三个规模生猪养殖的技术进步率呈现出了递减趋势。在空间上，三个规模生猪养殖的技术进步率呈现出东部、中部、西部依次递减的趋势。②环境规制对生猪养殖技术进步会产生影响，但这种影响存在明显的规模差异。在中规模和大规模生猪养殖中环境规制和技术进步率之间呈现“倒 U 形”关系，而在小规模生猪养殖中环境规制对技术进步率的影响不显著。③本文选取的畜牧站个数、劳动力受教育年限、政府支农力度等变量对生猪养殖技术进步率具有显著的影响。其中，畜牧站个数、政府支农力度等变量对生猪养殖技术进步率具有明显的促进作用。

（二）讨论

本文的研究结果表明，环境规制对生猪养殖技术进步会产生影响，但这种影响在不同的养殖规模上存在明显差异。具体而言，在中规模和大规模生猪养殖中环境规制和技术进步率之间呈现先上升后下降的“倒U形”关系，而在小规模生猪养殖中环境规制和技术进步率之间的影响关系不显著。对此，我们提出以下政策建议：①建议政府在对中规模和大规模生猪养殖企业实施环境规制时，要合理控制环境规制的标准和强度，防止环境规制强度过大而对生猪养殖技术进步产生阻碍作用。②在小规模生猪养殖中环境规制对技术进步的影响不显著，但这并不意味着是好事，出现这种现象可能的原因是“船小好调头”，面对政府严格的环境规制，小规模生猪养殖企业可能选择了退出养殖。事实上，简单关停只是在表面上实现了环境改善，但相应的污染治理技术并没有得到实质提升。随着政府环境规制风头的消失，这些小规模生猪养殖企业还有可能会再度兴起。因此，对于小规模生猪养殖企业的环境规制，要以引导为主，促进企业转型升级。

参考文献

陈瑶，王树进，2014. 我国畜禽集约化养殖环境压力及国外环境治理的启示［J］. 长江流域资源与环境，23（6）：862-868.

董直庆，焦翠红，王芳玲，2015. 环境规制陷阱与技术进步方向转变效应检验［J］. 上海财经大学学报，17（3）：68 78.

杜红梅，李孟蕊，王明春，等，2017. 基于SE-DEA模型的中国生猪规模养殖环境效率时空差异研究［J］. 中国畜牧杂志，53（1）：131-137.

韩先锋，惠宁，宋文飞，2014. 环境规制对研发技术进步的影响效应研究［J］. 中国科技论坛（12）：75-79.

侯国庆，马骥，2017. 我国环境规制对畜禽养殖规模的影响效应——基于面板分位数回归方法的实证研究［J］. 华南理工大学学报（社会科学版），19（1）：37-48.

黄德春，刘志彪，2006. 环境规制与企业自主创新——基于波特假设的企业竞争优势构建［J］. 中国工业经济（3）：100-106.

蒋伏心，王竹君，白俊红，2013. 环境规制对技术创新影响的双重效应——基于江苏制造业动态面板数据的实证研究［J］. 中国工业经济（7）：44-55.

李翠霞，曹亚楠，2017. 中国奶牛养殖环境效率测算分析［J］. 农业经济问题，38（3）：80-88，111-112.

李玲，陶锋，2012. 环境规制对工业技术进步的影响研究——基于各省2005—2009年工业面板数据的实证检验［J］. 科技管理研究，32（4）：41-45.

李强，聂锐，2009. 环境规制与区域技术创新——基于中国省际面板数据的实证分析［J］. 中南财经政法大学学报（4）：18-23.

祁毓，卢洪友，张宁川，2016. 环境规制能实现“降污”和“增效”的双赢吗——来自环保重点城市“达标”与“非达标”准实验的证据［J］. 财贸经济，37（9）：126-143.

宋马林，王舒鸿，2013. 环境规制、技术进步与经济增长［J］. 经济研究（3）：122-134.

孙忠媛，2018. 畜禽粪污特点及一些防治措施［J］. 吉林畜牧兽医，39（3）：52-53.

田文勇，2018. 环境规制背景下生猪养殖户适度规模养殖决策分析［J］. 贵州畜牧兽医，42（5）：15-18.

王明利，李威夷，2011. 基于随机前沿函数的中国生猪生产效率研究［J］. 农业技术经济（12）：32-39.

王鹏，郭永芹，2013. 环境规制对我国中部地区技术创新能力影响的实证研究［J］. 经济问题探索（1）：72-76.

王善高，田旭，张晓恒，2019. 生猪养殖产业集聚对环境效率影响的研究［J］. 农业现代化研究，40（3）：459-469.

吴学兵，乔娟，李谷成，2013. 环境约束下的中国规模猪场生产率增长与分解研究 [J]. 统计与决策 (20)：118-120.

徐鸿翔，韩先锋，宋文飞，2015. 环境规制对污染密集产业技术创新的影响研究 [J]. 统计与决策 (22)：135-139.

杨旭，田艳慧，郝翌，等，2017. 测算我国技术进步率及其经济增长贡献率的新方法 [J]. 数量经济技术经济研究，34 (7)：57-72.

虞祎，张晖，胡浩，2011. 地方环境规制、地区猪肉流通与污染天堂效应——基于引力模型的实证检验 [J]. 农业技术经济 (11)：84-90.

张先锋，韩雪，吴椒军，2014. 环境规制与碳排放："倒逼效应"还是"倒退效应"——基于 2000—2010 年中国省际面板数据分析 [J]. 软科学，28 (7)：136-139.

张晓莹，张红凤，2014. 环境规制对中国技术效率的影响机理研究 [J]. 财经问题研究 (5)：124-128.

赵芝俊，张社梅，2006. 近 20 年中国农业技术进步贡献率的变动趋势 [J]. 中国农村经济 (3)：4-12.

钟念，李廉水，刘军，2017. 环境规制对中国制造业技术创新的影响 [J]. 中国科技论坛 (5)：57-63.

周建军，谭莹，胡洪涛，2018. 环境规制对中国生猪养殖生产布局与产业转移的影响分析 [J]. 农业现代化研究，39 (3)：440-450.

周力，2011. 产业集聚、环境规制与畜禽养殖半点源污染 [J]. 中国农村经济 (2)：60-73.

周杨，郝庆升，2018. 基于省际面板数据的 Translog-SFA 分析规模生猪养殖技术效率 [J]. 家畜生态学报，39 (9)：68-72，88.

朱宁，秦富，2015. 畜禽规模养殖场环境效率与环境全要素生产率分析——以蛋鸡为例 [J]. 农业技术经济 (9)：86-98.

祝其丽，李清，胡启春，等，2011. 猪场清粪方式调查与沼气工程适用性分析 [J]. 中国沼气，29 (1)：26-28.

Aigner D，Lovell C A K，Schmidt P，1977. Formulation and estimation of stochastic frontier production function models [J]. Journal of Econometrics，6 (1)：21-37.

Antweiler W，Copeland B R，Taylor M S，2001. Is free trade good for the environment? [J]. Nber Working Papers，91 (4)：877-908.

Brunnermeier S B，Cohen M A，2003. Determinants of environmental innovation in US manufacturing industries [J]. Journal of Environmental Economics and Management，45 (2)：278-293.

Busse M，2004. Trade，environmental regulations and the WTO—New empirical evidence [J]. Social Science Electronic Publishing，30 (2)：87-91.

Chintrakarn P，2008. Environmental regulation and U. S. states' technical inefficiency [J]. Economics Letters，99 (3)：363-365.

Greene W H，2003. Econometric Analysis [M]. Beijing：China Renmin University Press.

Javorcik，Beata S，2013. Can survey evidence shed light on spillovers from foreign direct investment? [J]. World Bank Research Observer，23 (23)：139-159.

Lanjouw J O，Mody A，1996. Innovation and the international diffusion of environmentally responsive technology [J]. Research Policy，25 (4)：549-571.

Lanoie P，Tanguay G A，1998. Dix exemples de rentabilité financière liés à une saine gestion environnementale [M]. CIRANO.

Meeusen W，Julien V D B，1977. Efficiency estimation from Cobb-Douglas production functions with composed error [J]. International Economic Review，18 (2)：435.

Nakano M，2002. Can environment regulation improve technology and efficiency [R]. Working Paper.

Porter M E，1991. Towards a dynamic theory of strategy [J]. Strategic Management Journal，12 (S2)：95-117.

产品质量认证能否提高农户生产技术效率*

——基于山东、河北典型蔬菜种植区的证据

李　晗　陆　迁

（西北农林科技大学经济管理学院）

摘要：产品质量认证作为重要的质量安全规制工具能否有效提升农户生产技术效率，现有研究缺乏实证检验。为此，本文基于河北廊坊、山东寿光两地典型蔬菜种植区 1 388 份微观数据，利用超越对数随机前沿生产函数构建生产技术效率微观分析框架，在此基础上运用倾向得分匹配法（PSM）构建“反事实”分析框架，估计了三种不同类型的产品质量认证对农户生产技术效率的平均处理效应，并基于回归调整方法对其内部机制进行分解，评价产品质量认证对生产技术效率提升的具体作用路径。研究结果表明：对比未认证农户，有机农产品认证与绿色食品认证对农户技术效率具有显著的提升作用，农户的生产技术效率分别提高 0.218 和 0.196；而无公害农产品认证没有在统计水平上显著提升农户的生产技术效率。效率分解的结果显示，有机农产品认证和绿色食品认证对生产技术效率的提升作用按贡献率排序依次来源于溢价激励的提升、成本压力的反应、社会网络的拓展。考虑到某些不可观测的因素及采用稳健性估计以后，其结论仍然稳健成立。

关键词：产品质量认证；生产技术效率；溢价激励；成本压力；倾向得分匹配

一、引　　言

农产品质量安全是我国农业由增产导向转向提质导向进程中亟须解决的一大问题，而该问题很大一部分来源于农产品生产过程中非法投入品的使用以及合法投入品的滥用。为提高我国农业可持续发展能力，农业投入品的源头控制与农业生产标准化体系建设成为必然选择。为此，2004—2019 年中央 1 号文件持续强调建立以“三品一标”认证为主的产品质量认证体系，乡村振兴战略着力培育农产品品牌，保护地理标志农产品，打造一村一品发展新格局。中国绿色食品发展中心的数据显示，截至 2018 年底，全国“三品一标”获证单位总数达到 58 442 家，产品总数 121 743 个，为“质量兴农”战略和“供给侧结构性改革”的实施发挥了积极的示范作用。

推行认证生产的主要目的之一是通过严格控制农业生产要素投入，实现规制工具由末端管理向源头控制的转变，促使农户绿色生产。主要目的之二在于构建农业市场与政府规制的桥梁，增强高端绿色农产品的市场竞争力，促进农户增收（幸家刚，2018）。在严格的规制背景之下，产品质量

* 基金项目：国家自然科学基金面上项目“现代通讯技术使用对农户市场参与行为及绩效影响机制研究——基于交易成本视角”（编号：71773093）；“集体行动对农户水土保持关联技术采用行为影响机制研究——以黄土高原为例”（编号：71673223）。

认证给农户带来正反两方面效应，一是由于投入品的约束，农户面临着更大的劳动、资本投入以及产量损耗的负面影响；二是产品价格提升，销售渠道拓展等市场绩效改善的正面影响（严功岸等，2019）。那么，一个值得深思的现实问题是，产品质量认证导致的显著成本压力和经济激励能否诱发农户采用先进技术、改善要素配置效率，提升农户技术效率？如果答案是肯定的，那么农户进行产品质量认证后，具体哪些因素变化引起农户的效率增加，这些因素对效率提高的贡献有多大？基于产品质量认证实施过程，准确评价产品质量认证对农户生产效率的影响，判断产品质量认证能否成为绿色农业发展背景下“藏粮于地、藏粮于技”的新力量，对未来国家制定和执行相关政策具有一定的理论和现实意义。

产品质量认证在规制农户生产行为，改善农产品品质的同时，不可避免地影响农户生产过程中资本、劳动等资源的再分配以及新技术采纳（Ban Van Ho et al.，2018），进而影响农户生产效率。然而，学术界较少关注产品质量认证的农业生产效率问题，Ruth S DeFries（2017）通过对 2 600 多份关于产品质量认证的学术论文的梳理分析得出，现有研究缺乏构建“反事实”假设检验产品质量认证对农业生产效率的影响。部分学者仅对产品质量认证下农业产出及农户福利进行了分析。例如，Oscar I. Ayuya（2015）基于肯尼亚菜农与养蜂者的调研数据，实证分析得出有机产品认证农户相比非认证农户陷入多维贫困的可能性更低，但需要投入更多的劳动力，其产量也更低。Duc Tran（2019）利用对 401 户茶农的调研数据分析得出产品质量认证虽然会导致更高的劳动力成本，但认证生产依旧带来显著的纯收入增长。然而 Pradyot Ranjan Jena（2012）对埃塞俄比亚小规模咖啡种植农户认证生产进行评估，发现认证并没有提高小农户的生产力水平，而且产品溢价也不明显，同时暴露出难以从合作组织获得认证指标和信息服务等问题。具体到中国的产品质量认证，幸家刚（2018）通过关注浙江省 1 261 家新型经营主体的农产品质量安全认证绩效，发现 41%的认证经营主体产品售价得到明显的提升，但同时 41%的认证经营主体表示经营成本也有显著增加。严功岸等（2019）通过对河南省猕猴桃种植农户的绿色生产认证实证分析，发现绿色认证能够保证产品质量，提升销售价格，但同时造成生产成本增加、产量降低。

梳理文献可知，现有研究对产品质量认证的溢价效果与经营成本给予了大量评价，且存在争议。另外，还存在以下不足之处：一是单方面考察产品质量认证对产出或者投入的影响，没有将其放在一个综合的分析框架中，缺乏对产品质量认证政策有效性的验证。二是虽有学者将产品质量认证农户认证前后纯收入（即“利润”）进行对比，作为衡量认证生产的可行性标准，但利润本身会掩盖投入和产出之间的关系，可能存在虚假盈利，夸大或者低估生产真实绩效，进一步来说农户收入的提高可能是由于较多的资本和劳动力创造的，而并非效率提高推动，实质上不是产业发展的正确方向。现有研究已经大量证实产品质量认证下农户生产需要投入大量的劳动力资源，政策制定者不得不考虑产品质量认证是否存在“农业内卷化”陷阱。三是没有考虑产品质量认证带来的某些不可观测因素对于农业产业和农户生产的影响（例如，劳动力的重新配置、规模经济等），可能会造成产品质量认证的评价偏误。而生产技术效率测算了生产过程中农作物实际产出与潜在产出之间的差距，是总产出增长扣除劳动力、资本及其他中间投入要素生产率后余下的部分，可集中反映其产出能力、资源利用效率和成本控制等多方面的经营特征，是效率的集中体现，为上述问题的解决提供了一个新的思路（范丽霞、李谷成，2012；吕娜、朱立志，2019）。

基于此，综合考察产品质量认证的生产技术效率，衡量认证生产的有效性成为本文的重点。通过构建分析产品质量认证下农户生产技术效率的微观理论模型，并在此基础上，采用一种非实验评价策略和典型蔬菜种植区微观调研数据，识别产品质量认证与生产技术效率的关系。由于农户是“自选择”认证与否，因此样本中的认证户与非认证户划分并非随机，这将导致样本自选择问题和模型估计偏误。为解决这一问题，本文选用倾向得分匹配法（PSM）构建一组与认证农户样本相匹配的虚拟的非认证农户样本，从而建立一个反事实框架，既可以准确评价农户产品质量认证的生产技术效率，还可以利用两组匹配样本深入分析生产效率变化的具体来源。

二、产品质量认证影响生产技术效率的机理分析

产品质量认证基于明确的市场价格信号，以严苛的认证标准和显著的质量溢价为组合，是国内外食品安全领域广泛应用的环境规制手段。而学术界关于环境规制与生产效率的讨论一直存在争议。新古典经济学的观点认为，环境规制作为一种合规压力，意味着对生产主体产生额外的负担（Gray，1987），短期内可能会使生产效率出现倒退的现象（Jorgenson、Wilcoxen，1990）。但以波特为代表的经济学家提出了反对意见，并提出具有影响力的波特假说，即严格而灵活的环境规制可以通过创新激励、效率改进和内部要素重新配置等传导途径诱发更高的生产效率（Porter、Van der Linde，1995）。而产品质量认证以"新合作主义规制框架——包含不具约束力的规则和标准，公私合作，自我规制"为特征（McCarthy，2004；幸家刚，2018），可以使农户在绿色生产过程中拥有较强的灵活性。面临产品质量合规成本增加时，追求利益最大化的农户能够更为灵活地选择提高生产效率以降低生产成本，并最终缓解甚至抵消产品质量认证带来的成本压力。因此本文认为产品质量认证可以提高农户的生产技术效率，具体分析如下：

（1）产品质量认证能够促使农户通过对农业技术的采纳与改进提高生产技术效率。现有研究较多认为通过技术创新活动能够提升生产主体的生产效率（Albrizio et al.，2017），而对于我国分散的小农生产来说，农户一般不具备技术创新能力和条件，往往通过直接采用已有农业技术来提升自身的生产能力和效率。然而，小农户农业技术采用具有高投入、高风险等特点（王如芳等，2011），农户是否采用新技术取决于外部激励水平。产品质量认证通过农户新技术采纳提高农业生产技术效率主要表现在以下三个方面：①在产品质量认证作用下，农户由于投入品特别是增产效果明显的农用化学品限制，往往面临着较高价格的替代品，例如有机肥、低毒农药等，而且在农户绿色生产初期往往伴随着产量的下降。作为利润最大化的追求者，农户生产的预期成本增加和收益下降，倒逼农户寻求更高效的农业生产技术和农田管理方法来弥补上述损失。②产品质量认证下农户不是达到标准就会获得同等的收购价，质量溢价往往与分级收购制联系在一起（蔡荣等，2019），品质越高的农产品，溢价水平也就越高。而高质量意味着需要更先进的生产技术，此时，产品质量认证为农户技术采纳与改进提供"持续动态的经济激励"。③认证生产能够为农户提供互相学习和知识共享的平台，能够提高农户的分析能力、创新思维和能力（Oscar I. Ayuya，2015），从而有助于农户发现农业生产潜在的技术，提高生产技术效率。

（2）产品质量认证促使农户通过优化资源配置提高生产技术效率。在技术水平不变的条件下，生产要素从低效率部门流向高效率部门也能促进生产效率的提升（钱雪松等，2018）。产品质量认证通过改进要素配置促进生产技术效率提高主要体现在以下两个方面：①产品质量认证最明显的特征是基于农业投入要素的规定，在其带来的显著成本压力下，农户基于长期经济利益的考虑会重新配置生产要素，减少污染性和低效率生产要素的投入，而增加清洁性和高效率生产要素的投入，进而提高农户生产技术效率。②需要注意的是，在我国，小农户是通过农民合作组织融入产品质量认证生产中（苏昕、王可山，2013），大量研究已经证实农民合作组织在技术支持、信息服务、利益驱动等方面的优势，可明显提高与其互动成员的人力资本水平（顾莉丽、郭庆海，2015），而人力资本的提高则会进一步对农业技术和生产管理水平产生积极影响，促进农业技术效率的提高。另

外，周月书等（2019）实证研究发现，农户通过参与合作组织能够进一步拓展社会资本，有效地缓解正规信贷约束。产品质量认证基于合作组织，一方面能够通过明确的生产标准，明晰生产要素资金具体需求，另一方面增加资金的可获得性，进一步提高了资本配置效率和流转速度。因此，产品质量认证有利于农户改善生产要素配置并最终促进生产技术效率的提高。具体作用机理和路径由图1给出。

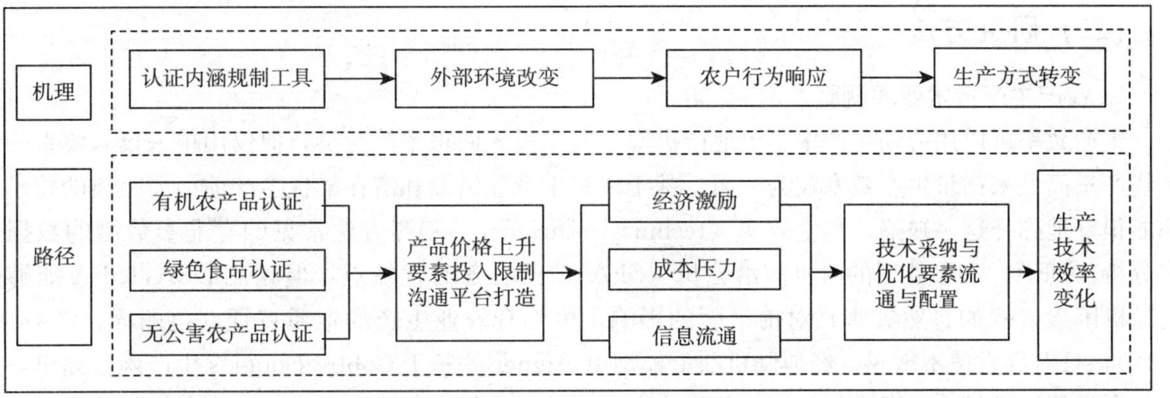

图1　产品质量认证诱发农户生产技术效率变化的作用机理及路径分析

三、数据来源、研究方法和变量选取

（一）数据来源

本文以设施蔬菜作为研究对象，是基于以下考虑：我国农业生产体系中，蔬菜是除粮食作物外栽培面积最广、经济地位最重要的作物。2015年我国蔬菜种植面积2 140.479万公顷，产量76 918.4万吨。随着人们生活水平的提高，市场对于无公害、有机蔬菜的需求日益强劲，但蔬菜种植过程中，化肥、农药等密集使用对蔬菜质量造成严重影响，而认证生产在蔬菜产业也较为普遍。因此，本文以蔬菜种植为例，探讨产品质量认证与农户生产技术效率之间的关系。

本文数据来源于课题组2017年10—11月在山东、河北两省对蔬菜种植农户进行的分层抽样与随机抽样调查，这两省是我国蔬菜种植的优势产区，亦是保障北方蔬菜供应的重要产区，聚集了全国“十三五”蔬菜规划重点县，其中寿光蔬菜种植规模大，品种繁多，绿色无公害，营养丰富；廊坊蔬菜基地紧靠京津，蔬菜种植不断引进各类新品种、新产品、新技术，产业发育较为成熟。为了保证数据的差异性，课题组共抽取了4个样本地区进行调查，包括山东省寿光市，河北省廊坊市安次区、永清县和固安县，在每个区（县）当中随机选择2～8个镇或街道办事处。基于同样的选点逻辑，分别在每个镇、街道办事处中随机选择3～5个村庄。调查以调查人员与受访农户（主要为家庭生产经营决策人）一对一访谈的方式进行，共发放1 450份农户问卷，剔除无效样本（为了避免模型回归结果偏差，剔除了多重认证农户）后共获得1 388份有效问卷，有效率为95.72%。调查样本农户中山东785户（56.56%）、河北603户（43.44%），样本在不同地区基本呈现均匀分布。数据收集工作由本课题组成员承担，设施蔬菜的品种以黄瓜、番茄、甜椒等果类蔬菜为主，这类蔬菜在生产投入与管理上差异较小，因此放在统一的分析框架内（董莹、穆月英，2019）。

样本整体情况如下：未认证农户483户，占比34.80%；有机农产品认证130户，占比9.37%；绿色食品认证农户168户，占比12.10%；无公害农产品认证607户，占比43.73%。从个体基本特征看，男性和女性受访者的占比分别为64.10%和35.90%；户主平均年龄为50岁，受教育程度集中为初中水平，占比为59%。从家庭特征看，家庭劳动力数量为“2个以下”“2个”“3个及以上”的占比分别为5.07%、83.36%和11.57%；家庭中存在金融机构从业人员占比为3%。从农户经营特征看，样本实际经营耕地面积的均值为5.37亩；参与合作社的农户占比为20.64%。

（二）研究方法

1. 农户生产技术效率测算

生产效率可以用劳动生产率、土地产出率、资本投入回报率等衡量，但仅用单一投入要素的农作物产量高低来衡量生产效率较为片面。基于现实生产前沿面和潜在最优生产前沿面距离的技术效率能很好地弥补这一缺陷。技术效率（technical efficiency）测算方法常见的有非参数型的数据包络分析（DEA）和参数型的随机前沿分析（SFA）。两者各有优缺点，但相比DEA，SFA能够避免随机因素（例如自然灾害）对前沿面的影响，更吻合农业生产的本质特征（范丽霞、李谷成，2012），且对异常值不敏感。经典随机前沿模型由Aigner等基于Cobb-Douglas生产函数提出，其中暗含的假设是投入要素之间是完全替代或完全互补的，但在农业生产中，要素之间的替代弹性往往是不确定的，所以本文选择相对灵活的超越对数生产模型，模型具体形式如下：

$$\ln Y_i=\beta_0+\beta_1\ln L_i+\beta_2\ln K_i+\beta_3\ln T_i+\beta_4(\ln L_i)^2+\beta_5(\ln K_i)^2+\beta_6(\ln T_i)^2+\beta_7\ln L_iK_i+\beta_8\ln L_iT_i+\beta_9\ln T_iK_i+(V_i-\mu_i) \tag{1}$$

（1）式中，i代表农户，β为待估参数。Y_i为第i个农户的产出，用农户当年蔬菜种植的总产值表示；L为劳动力投入指标，用劳动工日（自雇工日和雇佣工日之和）表示；K为资本投入指标，用农户蔬菜种植的直接资本投入金额表示，包括耕种、肥料、农药、地租、雇工、社会化服务等环节的支出；T为土地投入指标，用农户蔬菜种植面积表示；（$V_i-\mu_i$）为混合误差项，V_i为服从正态分布的随机误差，μ_i为非负的农户生产效率损失率。农户生产的技术效率（TE_i）测算公式如下：

$$TE_i=exp(-\mu_i),\ 0\leqslant exp(-\mu_i)\leqslant 1 \tag{2}$$

（2）式表示，农户生产效率等于实际产出与完全有效农户使用相同投入所能得到的有效产出（$\mu_i=0$）之比。$0\leqslant TE_i\leqslant 1$，表示农户生产效率损失率（$\mu_i$）越大其技术效率水平（$TE_i$）越低。

2. 倾向得分匹配

与已有研究相比，本文选用倾向得分匹配法（PSM）探讨产品质量认证（有机产品认证、绿色食品认证、无公害农产品认证）对农户生产技术效率的影响。主要基于三个方面考虑：①产品质量认证以自愿为主，是否参与认证由农户自己决定，因此样本中认证农户与非认证农户并非随机，存在样本“自选择”问题。②研究产品质量认证对农户生产技术效率的影响，由于处理组与对照组农户初始禀赋不同，存在“选择偏差”，通过倾向得分匹配法可以研究处理组农户生产技术效率与上述农户如果没有参与产品质量认证的生产技术效率是否一致。③由于无法获取处理组农户未获取产品质量认证时的数据，直接比较两组农户差异会产生内生性问题，倾向得分匹配法通过搭建一个“反事实假设”，将农户的对多维度信息浓缩为一个因子，多维度将处理组与对照组进行匹配，可以有效解决内生性问题。

将实验组（有机产品认证、绿色食品认证、无公害农产品认证）与对照组（未认证农户）分别进行匹配，在控制相同外部条件背景下，探讨不同类型认证农户对农业生产技术效率的影响。研究步骤如下：

(1) 运用 Logit 模型估计农户参与产品质量认证的条件概率拟合值，即倾向得分值（P-score）为：

$$PS_m = Pr(R_m = 1 | X_m) = E(R_m = 0 | X_m) \quad (3)$$

式（3）中 $R_m = 1(m=1, 2, 3)$ 表示获得有机产品认证、绿色食品认证、无公害农产品认证的农户；$R_m = 0$ 表示未获得产品质量认证的农户；X_m 表示可观测到的户主特征、家庭特征和经营特征。

(2) 将处理组与对照组进行匹配。为了验证匹配结果的稳健性，本文选取 K 近邻匹配（1～5 匹配）、卡尺匹配、核匹配三种方法。其中，K 近邻匹配（1～5 匹配）是以倾向得分值为基础，为每一个认证农户寻找倾向得分值最接近的 5 个非认证农户，并将五个非认证农户进行加权平均得到一个样本，将该样本作为认证农户的匹配样本；卡尺匹配是指通过限制倾向得分绝对距离进行匹配，本文将卡尺设为 0.020，对倾向得分值相差 2%的观测值进行匹配；核匹配是指通过设定倾向得分宽带为 0.060，对宽带内对照组样本加权平均后同参与有机产品认证、绿色食品认证、无公害农产品认证的农户进行匹配。

(3) 计算处理组和对照组农户生产技术效率差异，即平均处理效应（ATT），以得到产品质量认证（有机产品认证、绿色食品认证、无公害农产品认证）对农户生技术效率的影响。

$$ATT = E(Y_{1m} | R_m = 1) - E(Y_{0m} | R_m = 1) = E(Y_{1m} - Y_{0m} | R_m = 1) \quad (4)$$

式（4）中 Y_{1m} 为认证农户的生产技术效率；Y_{0m} 为认证农户（假设）没有获得认证农户的生产技术效率。$E(Y_{1m} | R_m = 1)$ 可以直接观测到，但 $E(Y_{0m} | R_m = 1)$ 不可直接观测到，属于反事实结果，运用倾向得分匹配法构造相应替代指标。

(4) 双重检验。共同支撑域检验，即判断处理组和对照组是否具有共同支撑区域，取值范围是否存在部分重叠；平衡性检验，即通过比较处理组和对照组在解释变量上是否存在显著差异来判断匹配质量。

（三）变量选取

从数据中，选取农户生产技术效率作为因变量，选取产品质量认证①（有机产品认证、绿色食品认证、无公害农产品认证）为处理变量。此外，借鉴已有研究（Duc Tran，2019；Bac H. V.，2018）从户主特征（年龄、受教育程度、种植经验）、家庭特征（家庭规模、劳动力规模、种植规模、摩托车数量）、经营特征（是否加入合作社、土地流转、与集镇间距离、技术培训次数）中选择 11 个潜在协变量。另外，为了防止由于地区差异造成估计偏误，在估计方程中加入地区虚拟变量。

由表 1 的描述性统计可知，产品质量认证中有机农产品认证、绿色食品认证与无公害农产品认证对农户生产技术效率具有显著的正向影响。具体来看，认证农户与未认证农户的生产技术效率相差分别为 0.207、0.132 和 0.116。对于三类认证农户与非认证农户，各类经济指标均显示出统计水平上的显著差异，这有助于我们确定农户产品质量认证的影响因素。

需要特别注意的是，由于产品质量认证是农户的“自选择”行为，上述各指标的统计差异可能不是产品质量认证的必然结果，而是由其他因素导致的。因此，需谨慎使用表 1 中的结果，并建立因果关系分析分别来检验三种产品质量认证对农户生产技术效率的影响。

---

① 在我国，产品质量认证广义上是指“三品一标”认证，本文不讨论地理标志认证原因在于：其是整个区域的农业品牌打造，在生产和管理上有严格的国家标准，而且较难准确评价对每个农户的规制作用，因此不是本文关注的重点。

表1　三种认证农户与未认证农户指标均值差异的描述性统计

变量名称	赋值说明	未认证 (D)	有机 (A)	差值 (A-D)	绿色 (B)	差值 (B-D)	无公害 (C)	差值 (C-D)
生产效率指标								
生产技术效率	SFA计算所得	0.512	0.719	0.207**	0.644	0.132*	0.628	0.116***
户主特征								
年龄	户主年龄/岁	53.185	48.246	−4.939*	49.405	−3.780**	49.033	−4.152*
受教育程度	受教育年限/年	6.816	7.854	1.038**	7.345	0.529*	7.541	0.725*
种植年限	种植蔬菜年限/年	30.456	24.892	−5.564*	26.607	−3.849**	25.087	−5.369
家庭特征								
家庭规模	家庭总人数/人	5.098	4.431	−0.667*	4.851	−0.247**	4.505	−0.593**
劳动力规模	从事蔬菜种植的人数/人	2.111	2.146	0.035***	2.053	−0.058*	2.158	0.047**
种植规模	蔬菜种植面积/亩	4.073	2.682	−1.391*	4.329	0.256**	3.338	−0.735**
是否拥有摩托车	1=是，0=否	0.514	0.185	−0.329**	0.387	−0.127**	0.332	−0.182**
经营特征								
加入合作社	1=是，0=否	0.167	0.100	−0.067*	0.021	−0.146**	0.064	−0.103*
土地流转	1=转入，0=转出	0.054	0.073	0.019*	0.096	0.042***	0.094	0.040**
与集镇间距离	与最近的集镇间距离/千米	4.117	0.998	−3.119**	3.824	−0.293*	0.867	−3.250*
技术培训	培训次数/次	3.989	4.754	0.765*	4.184	0.105**	4.164	0.175**

注：(1) 实验组：有机农产品认证户、绿色食品认证户、无公害农产品认证户分别用字母A、B、C表示；(2) 对照组：未认证户用字母D表示；(3) *、**、***分别代表10%、5%、1%的显著性水平。

四、实证结果与分析

(一) 随机前沿模型估计农户生产技术效率

利用Frontier 4.1软件对文中式 (1) 生产函数进行极大似然估计，先后对未认证农户、有机农产品认证农户、绿色食品认证农户、无公害农产品认证农户进行了效率测算。为了验证SFA模型函数形式设定下测算结果的稳健性，本文借鉴朱秋博 (2019) 的做法，采用LR检验对模型进行两方面的假设检验：首先原假设应设置C-D函数形式为前沿生产函数形式；其次原假设是希克斯中性的。通过LR统计量发现，两项假设均被拒绝，且各子模型绝大多数变量均高度显著。这说明本文所选SFA模型拟合较好，为进一步倾向得分匹配法模型估计提供了良好基础。表2为对各项认证农户和未认证农户的农业技术效率进行估计和初步统计的结果。结果显示，有机农产品认证、绿色食品认证与无公害农产品认证的平均农业技术效率均高于未认证农户。

表2　随机前沿函数估计结果

变量	未认证	有机农产品认证	绿色食品认证	无公害农产品认证
$\ln L$	0.062*** (0.013 4)	1.317*** (0.000 2)	0.802*** (0.078 7)	−1.616** (0.521 9)
$\ln K$	1.960** (0.695 7)	1.465*** (0.000 1)	−0.739** (0.312 6)	1.239*** (0.323 3)

（续）

变量	未认证	有机农产品认证	绿色食品认证	无公害农产品认证
$\ln T$	0.402*** (0.060 6)	−0.968*** (0.000 3)	1.147*** (0.281 1)	2.012*** (2.012 5)
$(\ln L)^2$	−0.024*** (0.001 4)	0.009*** (0.000 1)	0.046*** (0.004 1)	0.038* (0.038 1)
$(\ln K)^2$	−0.100 (0.145 4)	−0.028 (0.021 2)	0.130** (0.052 5)	−0.096** (−0.095 8)
$(\ln T)^2$	−0.018* (0.008 3)	−0.276*** (0.002 8)	−0.100 (0.117 4)	−0.046 (0.063 8)
$\ln L \ln T$	−0.100*** (0.006 0)	0.117*** (0.002 3)	−0.134** (0.056 1)	0.032 (0.072 9)
$\ln K \ln L$	0.200 (0.204 2)	0.171*** (0.002 4)	0.069*** (0.015 6)	−0.256** (0.095 0)
$\ln K \ln T$	−0.053*** (0.001 1)	−0.154 (0.101 6)	−0.157*** (0.011 4)	0.141 (0.644 0)
Sigma_u	0.597*** (0.056 6)	0.850*** (0.012 4)	0.773*** (0.140 1)	0.237* (0.023 5)
Sigma_v	1.075*** (0.104 6)	0.961*** (0.053 4)	0.821** (0.366 7)	0.903*** (0.039 1)
Lambda	1.801*** (0.152 3)	1.129*** (0.045 2)	1.062** (0.497 4)	3.810*** (0.054 8)
Likelihood	−681.016	−74.601	−233.755	−508.510
观测值	483	130	168	607
平均技术效率	0.512	0.719	0.644	0.628

注：*、**、***分别代表10%、5%、1%的显著性水平。

（二）农户产品质量认证决策方程估计

1. 决策方程估计结果

为实现认证户与非认证户样本匹配，首先需要估计农户的产品质量认证决策方程（包括有机农产品认证、绿色食品认证、无公害农产品认证）。本文使用在河北、山东两省的微观调研数据，其中有机农产品认证户130户、绿色食品认证户168户、无公害农产品认证户607户，未认证农户483户。基于Logit模型的极大似然估计结果由表3给出。

表3　基于Logit模型的农户产品质量认证决策方程估计结果

指标名称	有机农产品认证方程	绿色食品认证方程	无公害农产品认证方程
户主特征			
年龄	−0.037 2*	−0.030 5*	−0.040 1*
受教育程度	0.024 6**	0.021 9*	0.125 3**
种植年限	−0.035 8*	−0.041 0**	0.025 6*

（续）

指标名称	有机农产品认证方程	绿色食品认证方程	无公害农产品认证方程
家庭特征			
家庭规模	0.114 2**	0.037 9**	0.122 3**
劳动力规模	0.503 9*	0.105 4***	0.639 1*
是否拥有摩托车	−0.740 4**	−0.516 1*	0.125 8**
经营特征			
加入合作社	0.643 9**	0.412 4***	0.587 9**
土地流转	0.573 3***	0.246 7*	0.986 2*
与集镇间距离	0.134 3***	0.059 3**	0.236 4*
技术培训	2.183 5***	1.869 1**	1.156 8**
地区固定效应	2.005 8***	1.145 8***	2.781 6**

注：*、**、***分别代表10%、5%、1%的显著性水平。

从表3可以看出本文选取的协变量对产品质量认证（有机农产品认证、绿色食品认证、无公害农产品认证）均存在显著影响。其中，各变量对三种认证的影响方向基本一致。户主年龄、种植经验、家庭是否拥有摩托车对有机农产品认证和无公害认证均存在显著负向影响。其余变量对农户有机农产品认证和绿色食品认证均存在显著正向影响。户主年龄对无公害农产品认证存在显著的负向影响，其余变量对农户无公害农产品认证存在显著的正向影响。地区固定效应对三种认证均存在显著影响，说明控制地区差异非常有必要。

2. 共同支撑域检验

为了保证匹配的质量，在获得农户选择产品质量认证的倾向得分后，还需要讨论匹配的共同支撑域条件。图2是农户倾向得分匹配后的密度函数图。可以看出，匹配过后有机农产品认证、绿色食品认证、无公害农产品认证和对照组农户的倾向得分区间具有相当大范围的重叠，此重叠区间即是共同支撑域，可见本文共同支撑域条件令人满意，大多数观察值在共同取值范围内，进行倾向得分匹配仅会损失少量样本。

不同的匹配方法会损失不同的样本数，表4给出了在不同匹配方法下样本的最大损失结果。可以发现，有机农产品认证中实验组中最多损失4个样本，而对照组损失12个样本后，471个样本参与匹配；绿色食品认证中实验组最多损失14个样本，而对照组损失6个样本，477个样本参与匹配；无公害农产品认证中实验组最多损失54个样本，对照组损失12个样本，471个样本参与匹配。以上结果表明本文实验组和对照组最终匹配效果良好。

3. 平衡性检验

倾向得分估计的一个目的是平衡产品质量认证农户和未认证农户之间的解释变量分布，而不是获得农户认证概率的精确预测。因此，在样本完成匹配后，本文进一步分别检验了三种认证类型的两组样本之间解释变量之间差异的统计显著性，平衡性检验结果由表5给出。

样本匹配后，解释变量的标准化整体偏差小于4%，显著降低了总体偏误。LR统计量显著下降，有机农产品认证LR统计量从匹配前的114.3下降到匹配后的0.79～1.25，绿色食品认证LR统计量从匹配前的27.58下降到匹配后的1.98～2.98，无公害农产品认证LR统计量从匹配前的420.42下降到匹配后的2.69～3.34。$P-R^2$值显著下降，有机农产品认证$P-R^2$值从匹配前的0.132下降到匹配后的0.002～0.003，绿色食品认证$P-R^2$值从匹配前的0.027下降到匹配后的0.004～0.006，无公害农产品认证$P-R^2$值从匹配前的0.221下降到匹配后的0.002。结果表明，倾向得分匹配显著降低了实验组与对照组之间解释变量的差异，样本匹配质量较好。

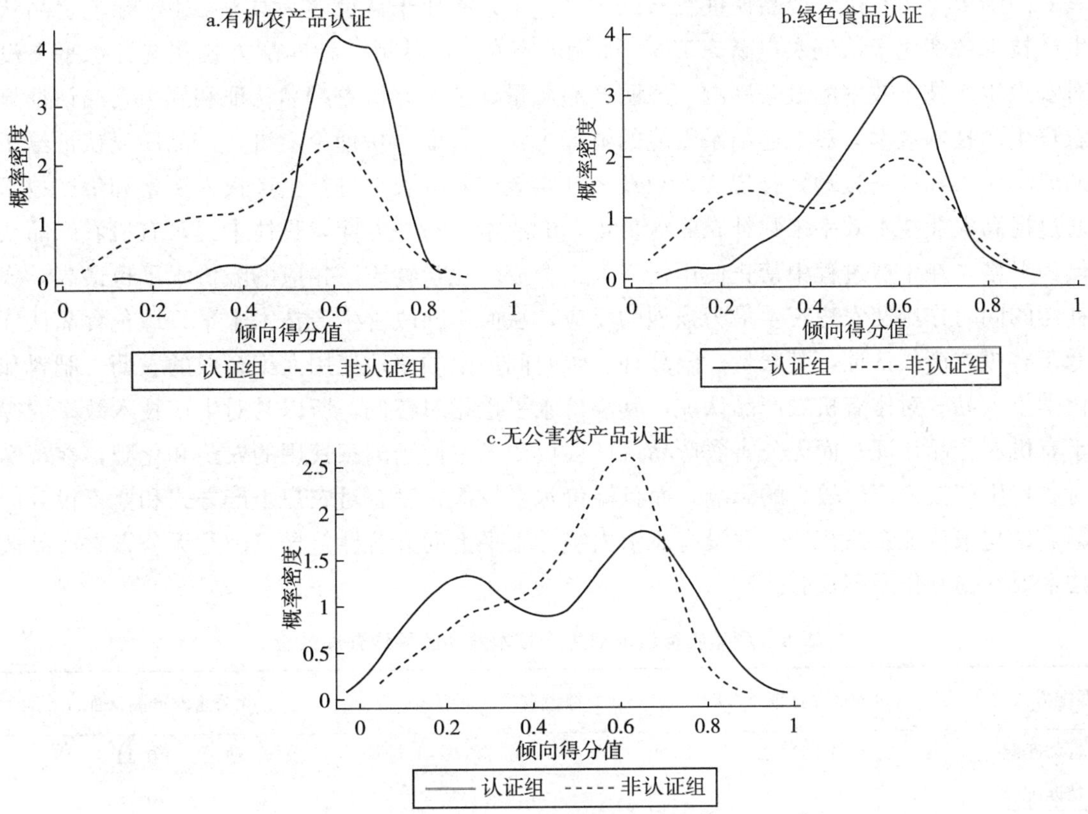

图 2　不同认证类型实验组与对照组共同支撑域

表 4　倾向得分匹配结果

	有机农产品认证			绿色食品认证			无公害农产品认证		
	未匹配样本	匹配样本	总计	未匹配样本	匹配样本	总计	未匹配样本	匹配样本	总计
实验组	4	126	130	14	154	168	54	553	607
对照组	12	471	483	6	477	483	12	471	483
总计	16	597	613	20	631	651	66	1 025	1 091

表 5　平衡检验结果

	有机农产品认证			绿色食品认证			无公害农产品认证		
	$P-R^2$	LR 统计量	标准化误差	$P-R^2$	LR 统计量	标准化误差	$P-R^2$	LR 统计量	标准化误差
匹配前	0.132	114.3	28.3	0.027	27.58	7.2	0.221	420.42	32.4
K 近邻匹配	0.002	0.80	2.2	0.004	1.98	0.4	0.002	3.19	3.7
卡尺匹配	0.002	0.79	2.3	0.006	2.98	0.5	0.002	3.34	3.5
核匹配	0.003	1.25	2.3	0.006	2.75	0.9	0.002	2.69	1.7

4. 产品质量认证对农户生产技术效率影响的平均处理效应

表 6 给出了三种不同匹配方式测算的产品质量认证对生产技术效率的影响。可以发现虽然采取了多种匹配方法，但从定性的角度看，三种方法测算的结果是一致的，产品质量认证对生产技术效率的影响方向和影响程度基本相同，说明估计结果具有较好的稳健性。在表 6 的最后一行给出了三

种测算方法的平均值。整体来看，不同类型的产品质量认证对农户生产技术效率呈现差异化影响。

表6的结果显示有机农产品认证农户的生产技术效率比未认证农户高0.218，绿色食品认证农户的生产技术效率比未认证农户高0.196，而无公害农产品认证三种匹配方式在统计水平上没有表现出对农户生产技术效率的显著影响，说明产品质量认证中有机农产品认证和绿色食品认证显著提高了农户生产技术效率。对上述结果可能的解释为：一方面，从理论上讲，产品质量认证给予农户一定的成本压力和经济激励，合规成本和经济补偿效应刺激农户进行生产投入要素和生产技术的改进，通过提高农业技术效率来弥补农业绿色生产的成本。另一方面，具体来说，有机农产品认证的要求最为严格，在生产过程中禁止使用任何人工合成的化学物质，相应的溢价水平也最高，成本和经济补偿的同时作用使农户产生最为强烈的反应，从而不断改善生产技术水平；绿色食品认证的要求略低于有机农产品认证，其限量、限品种、限时间、限频率地使用人工合成的农药、肥料和调节剂等化学投入品，对比有机农产品认证，其溢价水平也相对较低，所以其对生产技术效率的提升作用低于有机农产品认证；而无公害农产品认证仅仅要求不使用国家禁用的农药和化肥，在现实中并没有对农户生产投入产生较大的影响，而且溢价水平较低，没有对农户生产方式和要素投入产生较大的影响，与未认证农户相比，并没有显示出统计水平上的显著性差异，因此无公害农产品认证的生产技术效率提升作用不显著。

表6　产品质量认证对生产技术效率的平均处理效应

匹配方法	有机农产品认证（ATT）	绿色食品认证（ATT）	无公害农产品认证（ATT）
K近邻匹配	0.221***	0.195**	0.110
核匹配	0.227***	0.207***	0.154
卡尺匹配	0.206***	0.186*	0.128
平均值	0.218	0.196	0.131

注：*、**、***分别代表10%、5%、1%的显著性水平。

五、进一步分析

前文研究表明，产品质量认证中的有机农产品认证和绿色食品认证对农户生产效率提升有显著的促进作用，但更重要的是，需要对这种提升的生成机理给出更为直观的经济解释。即农户农产品得到产品质量认证后具体哪些因素变化引起农户生产技术效率提高，这些因素对效率提升的贡献有多大？为此，本文在对产品质量认证下的效率增长进行分解的基础上，对其具体来源和影响机制进行进一步分析与验证。参照Rubin（1979）提出的回归调整方法，并借鉴陈飞等（2015）构建的分解方程，具体分析如下：

第一，计算农户生产技术效率在认证组与非认证组之间的差分，记为$\Delta y_i = y_{1i} - y_{0i}$该差分变量代表农户$i$参与产品质量认证的效率增长。

第二，分析并计算生产技术效率决定变量在认证组和非认证组之间的差分，记为$\Delta m_i = \Delta m_{1i} - \Delta m_{0i}$，该变量用来衡量产品质量认证所带来的农户生产技术效率变化，是产品质量认证作用于生产效率的主要原因。认证组与其匹配样本可以看作同一农户的两次不同实验结果，因此，与认证无关的其他影响农户生产技术效率的变量在两组农户之间的差异应显著为零，而受产品质量认证影响的变量在两组农户之间的差异显著不为零。

第三，构建Δy_i对Δm_i的回归方程，研究Δm_i中各分量对净效率增长Δy_i的影响，并计算各分量对农户产品质量认证净效率增长的贡献率。

正如前文理论分析所述，产品质量认证可以通过技术的采纳与改进以及生产要素的优化配置两种途径来提升生产效率。但更深层次的原因在于产品质量认证所内含的规制工具对农户行为的驱动。因此，产品质量认证所导致的溢价激励和成本压力是引起生产效率提升最为根本的原因。本文使用认证组和非认证组的实际销售单价和中间投入差值来衡量农户所经受的溢价激励和成本压力。此外，产品质量认证在一定程度上还为农户搭建信息服务平台，促进了农户与组织、农户与农户之间的交流与合作，乔丹等（2017）认为农户通过社会互动交流和学习，可以获取有效信息，增进自己的知识积累，提高技术利用效率，而这种交流与合作可以看作农户社会网络的拓展。因此，本文还使用认证组与非认证组样本农户社会网络的差值衡量由信息因素驱动导致技术效率的提高。关于社会网络的衡量，本文借鉴陆迁、乔丹等人的研究方法，使用家庭礼金支出作为社会网络的代理变量。鉴于此，本文构建农户产品质量认证净效率增长分解方程，具体形式由式（5）给出：

$$\Delta y_i=\theta_0+\theta_1\Delta P_i+\theta_2\Delta F_i+\theta_3\Delta S_i+\xi_i \tag{5}$$

其中，变量 Δy_i 为产品质量认证的净效率增长，Δp_i 为认证农户与非认证农户销售价格的差值，ΔF_i 为中间投入的差值，ΔS_i 社会网络的差值。方程（5）的加权 OLS 估计结果由表 7 第三列给出；生产效率净增长的平均处理效应由表 7 第四列给出，其基于 K 邻匹配法（1～5 匹配）计算，显著性水平利用 Bootstrap 得到（重复抽样次数为 200 次）；第五列给出净效率增长来源，利用效率决定变量的 ATT 值乘以系数估计值得到；第六列给出各变量对农户产品质量认证的净效率值的贡献率。

表 7　农户生产技术效率增长分解结果

有机农产品认证	系数	估计值	效率决定变量的 ATT 值	净效率增长来源	贡献率（%）
溢价激励差值 ΔP_i	θ_1	0.541**	0.131***	0.071 1	32.65
成本压力差值 ΔF_i	θ_2	0.446*	0.124**	0.055 5	25.46
社会网络差值 ΔS_i	θ_3	0.119***	0.187*	0.022 3	10.23
绿色食品认证	**系数**	**估计值**	**效率决定变量的 ATT 值**	**净效率增长来源**	**贡献率（%）**
溢价激励差值 ΔP_i	θ_1	0.485***	0.126**	0.061 3	31.28
成本压力差值 ΔF_i	θ_2	0.456**	0.121*	0.055 3	28.26
社会网络差值 ΔS_i	θ_3	0.127**	0.203***	0.028 5	14.57

注：（1）*、**、*** 分别代表 10%、5%、1% 的显著性水平。（2）有机农产品认证方程的判定系数 $R^2=0.886$，绿色食品认证方程的判定系数 $R^2=0.914$。（3）有机农产品认证的平均处理效应为 0.218，绿色食品认证的平均处理效应为 0.196（表 4）。

表 7 的第四列显示，有机农产品认证和绿色食品认证的生产效率决定变量的 ATT 值均在统计水平上显著，这表明产品质量认证带来的生产技术效率增长主要是通过溢价激励的提升、成本压力的反应和社会网络的拓展来实现。对于两种认证的农户，溢价激励的边际效应分别为 0.541、0.485，其对生产技术效率净增长的贡献率最大，分别为 32.65%、31.28%。这意味着，农户作为理性人，其对农业生产方式的改变主要取决于其预期收益，认证带来销售价格提升后，农户更有动力改变传统的生产和管理方式、改良土壤土质和肥力，通过提高单位土地的生产率来实现农业生产效益的提升。另外，产品质量认证下的合规成本压力对农户生产技术效率提升的贡献率也较大，分别达到 25.46%、28.26%。农户感受到要素投入成本上升可能带来的收益损失，会积极选用先进的农业技术一方面替代成本较高的生产要素、另一方面提高生产要素的使用效率，来填补成本的上升空间，从而倒逼农户提高生产技术效率。社会网络对农户生产效率的提升分别达到 10.23% 和

14.57%。这说明产品质量认证下农户的相互交流促进了技术扩散和生产要素的流通与优化配置，可在一定程度上提升农户生产技术效率。

六、稳健性检验

需要注意的是，使用倾向得分匹配法是基于农户可观测因素的异质性对样本农户进行匹配，以解决样本偏差问题，但在变量选择时可能存在遗漏变量或者某些不可观测因素产生的异质性造成的样本选择性偏差，从而造成估计偏误（Ma、Abdulai，2016）。为了检验上述结果的稳健性，本文进一步运用内生转换回归模型（ESR），同时考虑可观测因素与不可观测因素的影响，在有效解决样本选择造成内生性的基础上验证产品质量认证对农户生产技术效率平均处理效应。实证结果如表8所示，有机农产品认证与绿色食品认证农户的平均处理效应（ATT）分别为0.215和0.197，并在1%的统计水平上显著，无公害农产品认证同样没有对生产技术效率表现出显著的提升作用，与前文运用倾向得分匹配法获得平均处理效应仅有较小差异，说明通过倾向得分匹配对样本选择进行处理，产品质量认证对农户生产技术效率提升效果较为稳健。另外，通过内生转换回归模型进一步得出未认证农户三组平均处理效应（ATU），分别为0.316、0.397和0.004，但无公害农产品认证下的ATU没有表现出统计水平上的显著性，说明未进行无公害农产品认证的农户，如果进行了认证，其生产技术效率也不会得到提升。其他两组在1%统计水平上显著，表明未进行有机农产品认证的农户，如果进行了认证，其生产技术效率将会提升0.316；同样的，未进行绿色食品认证的农户，如果得到了认证，其生产技术效率将会提升0.397。上述结果从侧面反映了，有机农产品认证和绿色食品认证对农户生产技术效率具有显著的提升作用。

表8　内生回归转换的平均处理效应

处理效应	有机农产品认证	绿色食品认证	无公害农产品认证
ATT	0.215***	0.197***	0.105
ATU	0.316***	0.397***	0.004
样本量	130	168	607

注：*、**、***分别代表10%、5%、1%的显著性水平。

七、研究结论与政策启示

随着农业产业不断融入国际市场，加之国内资源环境约束趋紧，我国农业迫切需要走出一条产出高效、产品安全、资源节约、环境友好的现代化道路。产品质量认证在规制农户绿色生产方面发挥了积极作用，但较高的农业生产标准能否促进农户改善生产效率，提高产出水平成为备受关注的问题。本文利用河北、山东两省典型蔬菜种植区的微观调研数据，以生产技术效率来表征农户的生产效率，基于计量分析模型构建“反事实”分析框架，估计了三种类型的产品质量认证对农户生产技术效率的平均处理效应，并对产品质量认证提升生产技术效率的具体机制进行分解与实证分析。本研究发现，对比未认证农户，有机农产品认证与绿色食品认证对农户技术效率分别提升0.218和0.196；而无公害农产品认证没有在统计水平上显著提升农户的生产技术效率。进一步分析发现，有机农产品认证和绿色食品认证对生产技术效率的主要提升作用依次来源于溢价激励的提升、成本压力的反应、社会网络的拓展。

根据上述研究结论，本文得到如下三点政策启示：第一，基于当前产品质量认证普及率低，农户反应冷漠现象，积极推广产品质量认证生产模式，鼓励农民合作组织申请产品质量认证，特别是有机农产品认证和绿色食品认证，激励农户参与到认证生产中。在实践中，利用广播、电视、网络等媒介大力开展产品质量认证宣传教育活动，提升农户参与认证生产的积极性。第二，基于产品质量认证作用生产技术效率的路径，发挥市场机制诱导农户实施产品认证生产行为。具体来说，增强认证农产品在市场上的辨识度，提升产品价格，增强绿色生产的效益水平，进而运用市场激励诱导利益相关者的绿色生产行为。第三，应借鉴欧洲国家的经验，出台相应激励与补偿政策，切实保障绿色生产农户的经济利益。

参 考 文 献

蔡荣，汪紫钰，钱龙，等，2019. 加入合作社促进了家庭农场选择环境友好型生产方式吗？——以化肥、农药减量施用为例［J］. 中国农村观察（1）：51－65.

陈飞，翟伟娟，2015. 农户行为视角下农地流转诱因及其福利效应研究［J］. 经济研究，50（10）：163－177.

范丽霞，李谷成，2012. 全要素生产率及其在农业领域的研究进展［J］. 当代经济科学，34（1）：109－119.

顾莉丽，郭庆海，2015. 农民合作社在农产品质量安全管理中的功能及运作机制——基于吉林省农民合作社的分析［J］. 中国流通经济，29（8）：100－105.

陆迁，王昕，2012. 社会资本综述及分析框架［J］. 商业研究（2）：141－145.

吕娜，朱立志，2019. 中国农业环境技术效率与绿色全要素生产率增长研究［J］. 农业技术经济（4）：95－103.

钱雪松，康瑾，唐英伦，等，2018. 产业政策、资本配置效率与企业全要素生产率——基于中国 2009 年十大产业振兴规划自然实验的经验研究［J］. 中国工业经济（8）：42－59.

乔丹，陆迁，徐涛，2017. 社会网络、信息获取与农户节水灌溉技术采用——以甘肃省民勤县为例［J］. 南京农业大学学报（社会科学版），17（4）：147－155.

苏昕，王可山，2013. 农民合作组织：破解农产品质量安全困境的现实路径［J］. 宏观经济研究（2）：76－79.

田红宇，祝志勇，2018. 农村劳动力转移、经营规模与粮食生产环境技术效率［J］. 华南农业大学学报（社会科学版），17（5）：69－81.

王如芳，张吉旺，董树亭，等，2011. 我国玉米主产区秸秆资源利用现状及其效果［J］. 应用生态学报，22（6）：1504－1510.

幸家刚，2016. 新型农业经营主体农产品质量安全认证行为研究［D］. 杭州：浙江大学.

严功岸，刘瑞峰，马恒运，2019. 为什么要保护绿色认证生产者的利益——来自河南西峡猕猴桃的证据［J］. 农业技术经济（6）：70－81.

周月书，孙冰辰，彭媛媛，2019. 规模农户加入合作社对正规信贷约束的影响——基于社会资本的视角［J］. 南京农业大学学报（社会科学版）. 19（4）：126－137.

朱秋博，等，2019. 信息化提升了农业生产率吗？［J］. 中国农村经济（4）：22－40.

Albrizio S，T Kozluk，V Zipperert，2017. Environmental policies and productivity growth：Evidence across industries and firms［J］. Journal of Environmental Economics and Managemen，81（3）：209－226.

Ayuya O I，et al.，2015. Effect of certified organic production systems on poverty among smallholder farmers：Empirical evidence from Kenya［J］. World Development. 67：27－37.

Bac H V，Nanseki T，Chomei Y，2018. Proft efciency of tea farmers：Case study of safe and conventional farms in northern Vietnam［J］. Environ. Dev. Sustain，6：1－19.

Defries R S，Fanzo J，Mondal P，et al.，2017. Is voluntary certification of tropical agricultural commodities achieving sustainability goals for small－scale producers? A review of the evidence［J］. Environmental Research Letters，12（3）：033001.

Gray W B，1987. The cost of regulation：OSHA，EPA and the productivity slowdown［J］. American Economic Review，77（5）：998－1006.

Jena P R，et al.，2012. The impact of coffee certification on small－scale producers' livelihoods：A case study from the Jimma Zone [J]. Ethiopia. Agricultural Economics，43（4）：429－440.

Jorgenson D W，P J Wilcoxen，1990. Environmental regulation and economic growth [J]. Rand Journal of Economics，21（2）：314－340.

Ma W，A Abdulai，2016. Does cooperative membership improve household welfare? Evidence from apple farmers in China [J]. Food Policy，58（1）：94－102.

McCarthy J，S Prudham，2004. Neoliberal nature and the nature of neoliberalism [J]. Geofbmm，35：275－283.

Porter M E，C Van der Linde，1995. Toward a new conception of the environment competitiveness relationship [J]. Journal of Economic Perspectives，9（1）：97－118.

Rubin，Donald B，1997. Estimating causal effects from large data sets using propensity scores [J]. Annals of Internal Medicine，127：757.

Tran D，D Goto，2019. Impacts of sustainability certification on farm income：Evidence from small－scale specialty green tea farmers in Vietnam [J]. Food Policy，83：70－82.

技术进步对粮食单产的影响是线性的吗？*

——基于非线性视角的验证

姚 升 王洪江

（安徽省农业科学院农业经济与信息研究所）

摘要：本研究放宽了技术进步对粮食单产线性影响的假设，验证了非线性条件下技术进步对粮食产量的影响。研究发现：技术进步与水稻、小麦以及玉米粮食作物单产水平之间是由技术进步水平分隔的分段函数；技术进步对三种粮食作物单产水平的非线性影响在由两个门限值所划分的三个区间内都具有正向的影响，其中对水稻单产的影响呈现出“L”形的轨迹特征，对小麦和玉米单产的影响呈现出“∩”形的轨迹特征。要通过提高技术进步与粮食生产之间的耦合度实现协调发展，尤其要重视在要素层面提高技术进步与粮食生产的匹配关系，进一步发挥技术进步对粮食生产的提高作用。

关键词：技术进步；粮食；单位面积产量；非线性

一、引 言

粮食安全是国家安全的重要基础。中国粮食产量在过去多年整体保持增长的趋势，但这并不能减少对粮食安全问题的担忧，反而越来越多的学者担心，一旦出现粮食产量高位回落将可能对社会经济带来强烈冲击。何况即使在“十二连增”时期，粮食产量的提高也主要来源于玉米产量的提高，稻米等口粮增加有限，粮食安全问题远比表面上看起来更加严峻。粮食不仅没有过剩，反而可能存在巨大的需求缺口（朱信凯、夏薇，2015），传统意义上的自给率实际已不能全面刻画与评估中国的粮食安全形势（毛学峰等，2015）。

长期以来，中国习惯于藏粮于仓、藏粮于民、以丰补歉的策略，然而实际运行效果却并不理想，不能保证中国的粮食安全。“藏粮于地、藏粮于技”战略是针对当前中国粮食安全问题所做的新的战略调整，不但要向土地要粮，也要向科技要粮。“藏粮于地、藏粮于技”战略的实施凸显了粮食安全新路径，确保谷物基本自给，口粮绝对安全。

2016年，中国粮食产量止步“十二连增”，其主要原因是受到播种面积减少和单产水平下降的双重影响。在耕地资源有限、劳动力大量转移以及化肥、农药等生产资料投入已经到达或接近增产临界点的情况下，如何保证粮食生产的可持续和粮食产量的稳定增长？科技是农业现代化的重要支

* 基金项目：安徽省自然科学基金面上项目“中间商行为与小宗农产品价格波动研究”（编号：1808085MG225）；国家社科基金一般项目“要素市场扭曲下不同地域农民增收路径优化与支持政策创新研究”（编号：17BJY110）；安徽省科技创新战略与软科学研究专项“技术进步与安徽省粮食安全研究”（编号：201806A02020032）。

撑，粮食生产的根本出路在于科技进步。中国粮食生产的关键问题在于加快技术进步，实现粮食产量的可持续增长（杨锦英等，2013）。“藏粮于技”是保障粮食安全的必然选择，要走依靠科技进步，提高单产的内涵式发展道路。粮食生产能力提高表现为抵御生产风险的能力提高，减少产量波动性，粮食趋于稳定增长；在耕地、劳动力以及其他生产资料投入约束的条件下，依靠技术进步保持单产水平的提高。进一步强化技术进步对粮食生产的促进作用，符合乡村振兴战略和“藏粮于地、藏粮于技”战略的政策取向。

本研究在分析技术进步对主要粮食作物（水稻、小麦、玉米）生产线性影响的同时，进一步验证了非线性条件下技术进步对粮食产量的影响，了解这种非线性关系的目的在于推动技术进步与粮食生产之间达到高度耦合的协调发展，这是本研究的主要创新点。

本文剩余部分的结构安排如下：第二部分是文献回顾，对相关研究进行梳理和总结；第三部分是分析框架，从理论上分析技术进步与粮食生产之间的非线性关系；第四部分是变量的选择、方程的构建及数据来源，包括因变量、核心自变量和控制变量的确定，基准估计、内生性分析方程和非线性方程的设定以及相关数据的来源；第五部分是实证分析，对相关方程的估计结果进行了分析；第六部分是结论和政策启示。

二、文献回顾

在农业与粮食生产发展的历程中，科技始终发挥着重要的作用。每一轮农业科技革命，都有力地促进了粮食生产水平的提高（翟虎渠，2010）。未来农业及粮食安全只能依靠技术进步（Garnett，2013），如何发展技术提高粮食生产能力、保障粮食安全成为研究热点（Kolawole Ogundari，2014）。如 Emerick 等（2016）的研究发现，技术进步可通过减少灾年的风险从而实现农业增产；Cole（2016）则发现生产管理技术的提高能够显著提高作物产量；Robertson（2016）对澳洲农民的研究发现农户对不断进步的技术的乐观抵消了气候变化对他们生产造成的负面影响；Njuki 等（2018）使用技术手段对广义技术进步进行分解，并观察其不同部分在农业生产率增长中的作用。

中国农业取得成功的原因一方面在于生产要素特别是现代农用工业品使用数量的大幅增加，另一方面则得益于农业生产率的提高（李谷成，2009）。随着耕地、劳动力等因素对中国粮食生产的约束越来越紧，对“未来中国粮食增产将主要依靠什么”问题的思考成为中国农业经济学者重点关注的领域之一（陈飞等，2010；星炎、胡小平，2013；朱晶等，2013；田甜等，2015；马述忠等，2015）。除验证各种生产要素投入、政策、气候、农户行为等因素对粮食生产的影响外，聚焦于技术进步的研究在其中也占有很大的比重。大量的研究使用 C－D 生产函数、CES 生产函数、索洛函数、空间面板模型等方法考察了技术进步对粮食生产的影响。虽然使用方法不同，但这些研究得出的结论却表现出较强的一致性，几乎所有此类相关研究都验证了技术进步对中国粮食产量的提高做出了重要贡献（魏丹、王雅鹏，2010；姜松等，2012；杨义武等，2017），并且通过提高技术进步水平增加粮食产量仍有较大的发展空间（肖洪波、王济民，2012）。同时，农业技术进步受农业政策（王成军等，2016）、气候变化和科技存量（尹朝静等，2016）、要素市场扭曲（朱喜等，2011）、公共投资（米建伟等，2009）、劳动力转移（李士梅、尹希文，2017）、农业信息化（韩海彬、张莉，2015）等因素的影响。

虽然对技术进步影响粮食生产的相关研究可谓卷帙浩繁，然而该领域的研究几乎都是在线性框架下展开的分析，隐含着技术进步与粮食生产之间线性关系的假设。但这个假设是否成立却有待进一步考证，本研究旨在验证技术进步与粮食生产之间是否存在非线性的关系，以及如果存在非线性关系，技术进步对粮食生产的影响有着怎样的具体特征。

三、分析框架

技术进步有利于粮食生产水平的提高已是公认的事实，但这种影响未必是线性的，二者之间有可能存在着非线性的关系，粮食生产并不是技术进步的简单叠加。

首先，从技术进步的角度看，技术进步与其他资源不同，它可以呈几何级数变化，所以技术进步的发展轨迹一定是非线性的，通常会有加速度（邱东、宋旭光，2004）。①技术进步变迁的角度，中国技术进步变迁表现出“诱致性技术变迁”与“强制性技术变迁”并存的二元结构特征；要素价格和市场化的影响在技术进步变迁过程中震荡产生相变，使技术进步的演化突变为非线性。②技术进步演化的角度，技术进步的发展路径并非始终保持线性的平衡状态，技术革命的出现改变原有技术进步的框架，突破技术进步的阈值界面，将技术进步的演化状态从线性转变为非线性。

其次，从粮食生产的角度看：①从耗散理论出发，粮食生产过程是复杂的多元系统，涉及技术进步、要素投入、政策、自然环境等多方面要素，同时也是一个动态的开放系统，与外界存在物质流、信息量、能量流的交换，才能实现由无序向有序、低级有序向高级有序的发展。系统内各要素的分布不仅具有差异性，且处于非平衡状态，进而导致粮食生产系统成为远离平衡的系统。技术进步只是粮食生产增长的必要非充分条件。在粮食生产的大系统内，技术进步与其他影响要素各子系统之间的非线性作用是形成耗散结构的必要条件，也是粮食生产自组织、自适应向高水平有序结构发展的内在动力。②粮食生产系统的发展是一个耗散结构不断形成的过程。各种因素的变化都会对粮食生产造成冲击，如技术进步的发展，乡村振兴战略、农村税费改革这类大政方针的出台，或者如劳动力转移和资本流动均会推动、诱使或倒逼粮食生产系统的转型升级。在这个过程中，粮食生产系统不断形成新的耗散结构，推动其不断向前发展。

同理可推测，在更微观的层面上，技术进步对不同品种粮食作物（如水稻、小麦和玉米）生产的影响是非线性的，且非线性的具体影响路径也可能存在着显著的异质性。

最后，从技术进步与粮食生产耦合度的角度看：①技术进步与粮食生产均可能处于非线性的演化路径中，二者之间的耦合度也处于动态过程中，多数时间可能都处于非平衡结构，导致技术进步对粮食生产的影响很难始终保持线性状态。②技术进步是否能够在粮食生产中得到充分发挥一方面取决于技术从研发到推广应用的过程中的吸收程度，另一方面取决于农民的技术选择偏好。技术推广吸收程度和技术选择偏好都会改变技术进步与粮食生产之间的耦合程度，导致“阈值”出现，进而使得技术进步对粮食生产影响的非线性。

线性关系是非线性关系的特殊情况或局部简化，如果以线性方法的传统思维处理客观世界存在的非线性问题，其结果虽然可以勉强解释弱非线性问题，但在解释强非线性问题时的偏差就会非常大（王晓东，1997）。如果粮食生产与技术进步之间的关系本质是非线性的，那么使用线性模型显然将无法捕捉它们之间的非线性关系，导致单纯从线性的角度论证和解释技术进步对粮食生产的影响可能存在较大的局限性。

四、变量的选择、方程的构建及数据来源

（一）变量的选择

本研究的因变量为水稻、小麦和玉米的单位面积产量。核心自变量是技术进步，本研究使用广

义技术进步（全要素生产率）作为具体指标，原因在于技术进步是技术创新或技术引进的结果，并表现为全要素生产率的提高（唐未兵等，2014）；全要素生产率（TFP）体现了生产活动中的要素利用程度和效率水平，是技术进步和规模效应对增长的综合反映（李士梅、尹希文，2017）。该指标根据DEA-Malmquist指数方法测算得到，在测算过程中，产出变量为单位面积产量，投入变量为用工数量（日）、种子费、农药费、肥料费、机械动力费以及其他（水稻的相关数据由早籼稻、中籼稻、晚籼稻和粳稻平均而得）。由于通过DEA-Malmquist指数方法计算所得到的TFP等生产率指标是相对于上一年的生产率变化率，借鉴邱斌、杨帅（2008）的处理方法，将基期年的生产率指标设定为1，之后通过将各指标逐年累乘的方式获得其他年份的技术进步指标。

控制变量方面，本研究针对影响粮食单位面积产量的因素选择变量，围绕种植制度、投入、气候条件以及政策四个方面确定控制变量，包括：

（1）复种指数：复种指数是耕作制度的重要指标，是在耕地总面积既定的条件下，通过增加播种面积提高粮食产量。在耕地资源受到约束、粮食单产提高难度加大的形势下，通过提高耕地复种指数，走耕地内涵式集约利用模式，是实现粮食增产、保证国家粮食安全的重要途径（吴文斌等，2018）。

（2）财政支农力度：农业发展离不开资金的支持，财政通过税费减免和财政资金转移支付实现对农业的支持，是实现粮食增长的重要财力保障和物质基础。从投入产出的角度看，财政资金的投入直接或间接地对粮食生产起到了促进作用（徐建军、星炎，2013）。财政支农的效应广泛，不仅体现在刺激单产上，也体现在扩大播种面积、增加农民收入等方面。

（3）预期种粮收益。基于预期理论，在给定其他条件的情况下，农户预期通过改变农户生产行为进而影响粮食单产水平，当预期种粮收益较高时，农户一方面将增加生产投入，另一方面将改进生产管理。一定技术条件下，理性生产者追求的是预期产出、产品价格和生产成本三要素构成的预期农业生产收益最大化（赵玉、严武，2016）。在实际生产经营中，每亩净利润中包含有很强的市场价格和农户生产决策信息，是形成农户预期的关键。

（4）气候因素：日照时间、降水量和温度等气候因素是作物生长的基本条件。虽然设施农业的发展能够在一定程度上弱化自然日照、降水量和温度对作物生长的影响，但从目前整体层面看，气候因素对于绝大部分粮食生产而言仍然属于不可控因素，过高或者过低都会不利于粮食生产。随着未来气候变化的加速，气候因素对粮食安全的影响将进一步凸显。

（5）投入要素：劳动力投入，种子、农药、肥料、机械动力使用量是影响粮食综合生产能力的关键要素。当这些要素的投入或使用处于合理区间内时，对提高粮食单产的影响将是显著的；如果处于合理区间之外，要素的边际效益将发生递减，对粮食单产的提高不但没有作用，反而会产生负面的影响。

对相关需要平减的变量，使用以2005年为基期的CPI进行平减，变量的详细说明见表1。

（二）方程的构建

1. 线性方程

（1）基准方程。本研究使用静态面板进行基准方程的估计，具体估计方法包括可行广义最小二乘法和固定面板模型两种。

$$\ln Y=\alpha+\beta_1\ln Tfp+\beta_2\ln Mci+\beta_3\ln FSupport+\beta_4\ln R(-1)+\beta_5\ln Tem+\beta_6\ln Rf+\beta_7\ln Lt+\beta_8\ln Labor+\beta_9\ln Seed+\beta_{10}\ln Pes+\beta_{11}\ln Fer+\beta_{12}\ln Mech+\mu_i \quad (1)$$

式（1）中，Y是粮食单位面积产量，α是常数项，β_i是自变量的估计系数，μ_i是误差项。

表1　变量及定义

变量	名称	单位	符号	定义
因变量	单位面积粮食产量	千克/亩	Y	单位面积粮食产量
核心自变量	技术进步	—	Tfp	农业全要素生产率
控制变量	复种指数	%	Mci	播种面积/耕地面积
	财政支农	%	$FSupport$	财政支农资金/农业总产值
	预期收益	元/亩	$R(-1)$	滞后一期每亩净利润
	日照	时	Tem	样本省份主要城市累计日照时数平均值
	降水量	毫米	Rf	样本省份主要城市降水量平均值
	温度	摄氏度	Lt	样本省份主要城市温度平均值
	劳动力投入	工日/亩	$Labor$	平均每亩用工数量（日）
	种子投入	元/亩	$Seed$	平均每亩种子投入费用
	农药投入	元/亩	Pes	平均每亩农药投入费用
	肥料投入	元/亩	Fer	平均每亩肥料投入费用
	机械动力	元/亩	$Mech$	平均每亩机械动力投入费用
	前期单位面积产量	千克/亩	$Y(-1)$	滞后一期粮食单位面积产量

（2）内生性分析。基准方程的估计过程中未考虑内生性问题，方程的内生性偏误主要包括：①遗漏变量偏误，本研究虽然聚焦技术进步对粮食生产的影响，且在方程中加入控制变量，但由于数据可得性等条件的限制，仍然有一部分变量未能进入方程；②联立性偏误，粮食生产会对技术进步产生反向影响，导致粮食生产与技术进步之间存在一定程度的双向因果关系；③测量误差，使用DEA-Malmquist指数方法对技术进步进行度量可能存在误差，导致其与真实值之间存在偏差，此时，基准方程的系数估计有偏且不一致。

本研究在基准方程估计的基础上，在控制变量中加入滞后一期的因变量，构造动态面板，使用广义矩估计（GMM）方法对该动态面板模型进行估计，以保证估计量的一致性。广义矩估计（GMM）包括差分广义矩估计（first-difference GMM）和系统广义矩估计（system-GMM）。差分广义矩估计首先将原方程中的固定效应通过一阶差分进行消除，但即使如此，在滞后因变量与误差项间仍然存在序列相关；其次在工具变量的选择上，以解释变量的滞后水平变量作为差分变量的工具变量。这种方法使用在经济增长方程中时，一方面能够消除掉被忽略的个体效应，另一方面也能够消除由于联立带来的内生性问题。但是差分广义矩估计的问题在于，它不仅要求作为工具变量的滞后水平变量能够很好地解释差分变量，而且在样本量偏小的情况下，其估计系数还有可能是有偏的，从而导致弱工具变量问题的出现。系统广义矩估计则是使用初始条件中隐藏的信息来生成有效估计值，它的基本原理在于使用常规方法的同时，以变量的滞后一阶差分作为工具变量运用到方程中以达到增加工具变量有效性的目的，相较于差分广义矩估计，系统广义矩估计的估计效率更高。因此本章使用系统广义矩估计进行计量分析。对于动态面板GMM参数估计有效性的检验主要依赖于两个诊断统计量，即：AR（2）和Sargan检验，前者检验误差项是否存在二阶相关，后者检验是否存在过度识别条件。

本研究使用系统广义矩估计，以滞后期粮食单位面积产量作为工具变量，进行内生性分析，构建方程如下：

$$\ln Y=\alpha+\beta_1\ln Tfp+\beta_2\ln Mci+\beta_3\ln FSupport+\beta_4\ln R(-1)+\beta_5\ln Tem+\beta_6\ln Rf+\beta_7\ln Lt+$$

$$\beta_8 \ln Labor+\beta_9 \ln Seed+\beta_{10} \ln Pes+\beta_{11} \ln Fer+\beta_{12} \ln Mech+\beta_{13} \ln Y(-1)+\mu_i \quad (2)$$

2. 非线性方程

本研究使用 Hansen（1999）提出的门限模型考察验证技术进步和粮食生产之间的非线性关系。"门限回归"方法可以视为对"分组检验"方法的一种扩展，在面板门限模型中，通过确定门限变量将观测值进行分组，不同组之间的观测值是异质的，而组内观测值则是同质的，回归系数根据门限变量的取值在不同状态之间进行转换（段文斌、余泳泽，2012）。在进行门限回归的参数估计后，需要进行门限效应的显著性检验和门限估计值的真实性检验。前者使用自抽样法（Bootstrap）获得渐进分布，进而构建其 P 值；后者使用极大似然法进行检验。当有一个以上门限值时，会重复进行检验，搜索第二、第三个甚至更多个门限值，直到不能拒绝原假设为止。

以技术进步为门限变量设立以下单门限模型：

$$\begin{aligned}\ln Y=&\alpha+\beta_1 \ln Tfp(Tfp\leqslant\theta_1)+\beta_2 \ln Tfp(Tfp>\theta_1)+\beta_3 \ln Mci+\\&\beta_4 \ln FSupport+\beta_5 \ln R(-1)+\beta_6 \ln Tem+\beta_7 \ln Rf+\beta_8 \ln Lt+\\&\beta_9 \ln Labor+\beta_{10} \ln Seed+\beta_{11} \ln Pes+\beta_{12} \ln Fer+\beta_{13} \ln Mech+\beta_{14} \ln Y(-1)+\mu_i \quad (3)\end{aligned}$$

式（3）中，θ_i 是门限值，根据门限效应的检验结果，如果出现 2 个门限值则需构建双门限模型：

$$\begin{aligned}\ln Y=&\alpha+\beta_1 \ln Tfp(Tfp\leqslant\theta_1)+\beta_2 \ln Tfp(\theta_1<Tfp\leqslant\theta_2)+\beta_3 \ln Tfp(Tfp>\theta_2)+\\&\beta_4 \ln Mci+\beta_5 \ln FSupport+\beta_6 \ln R(-1)+\beta_7 \ln Tem+\beta_8 \ln Rf+\beta_9 \ln Lt+\\&\beta_{10} \ln Labor+\beta_{11} \ln Seed+\beta_{12} \ln Pes+\beta_{13} \ln Fer+\beta_{14} \ln Mech+\beta_{15} \ln Y(-1)+\mu_i \quad (4)\end{aligned}$$

当存在更多门限值时，可根据（3）式、（4）式进行拓展处理，以获得相应模型。

（三）数据来源及样本地区的确定

样本期的确定。本研究进行计量分析的样本期为 2005—2016 年，这样处理的原因主要是出于回避取消农业税断点的考虑。取消农业税对农业、农村生产和生活的冲击影响显著，甚至有学者将取消农业税视为继农村土地改革、家庭联产承包责任制后的第三次重大农村革命。虽然正式废止《农业税条例》是在 2006 年 1 月 1 日，但实际上取消农业税的试点工作在 2004 年已经开始启动，到 2005 年底，中国已有 28 个省区市及河北省、山东省和云南省三省的 210 个县（市）全部免征了农业税。出于回避断点的考虑，本研究将研究样本期确定为 2005—2016 年。

样本地区的确定。考虑到水稻、小麦和玉米在中国的种植范围很广，但在政策引导以及要素流动的影响下，粮食作物向产区集中的趋势明显，产区的重要性和代表性愈加凸显，且产区的种植面积和产量相对稳定。基于此，本研究以水稻、小麦和玉米重要产区所包含的省（区）作为样本地区，以减少计量结果的偏差。本研究确定水稻、小麦、玉米各四个产区，选定 17 个水稻样本地区、13 个小麦样本地区和 18 个玉米样本地区，具体见表 2。

表 2　样本地区

品种	种植优势区	样本地区
水稻	华南双季稻区	广东省、广西壮族自治区、福建省、海南省
	华中单双季稻区	江苏省、浙江省、安徽省、江西省、湖北省、湖南省
	西南单双季稻区	四川省、重庆市、贵州省、云南省
	东北早熟稻区	辽宁省、吉林省、黑龙江省

（续）

品种	种植优势区	样本地区
小麦	西部春麦区	甘肃省、宁夏回族自治区、新疆维吾尔自治区
	北部冬麦区	河北省、山西省、陕西省
	黄淮及长江中下游冬麦区	山东省、河南省、江苏省、安徽省、湖北省
	西南冬麦区	云南省、四川省
玉米	北方春玉米区	辽宁省、吉林省、黑龙江省、内蒙古自治区、山西省、宁夏回族自治区
	黄淮海夏玉米区	山东省、河北省、河南省、陕西省、江苏省、安徽省
	西南山地玉米区	四川省、云南省、广西壮族自治区、湖北省
	西北灌溉玉米区	甘肃省、新疆维吾尔自治区

本研究所用数据来源于《全国农产品成本收益资料汇编》《中国统计年鉴》以及《中国农村统计年鉴》（2005—2017年），国家气象局中国气象数据网数据以及《中国气象年鉴》。

五、实证分析

（一）线性估计结果

1. 基准方程

本研究使用可行广义最小二乘法和固定面板模型两种方法进行基准方程的估计。估计结果显示（表3），在未考虑内生性问题的情况下，核心自变量技术进步在三种粮食作物共计六个方程中的估计系数均为正，且通过了1%水平上的显著性检验，说明技术进步对水稻、小麦和玉米作物单产水平的提高具有显著的意义。对控制变量的解释以广义矩估计的结果为准。

表3　基准方程估计结果

变量	水稻		小麦		玉米	
	XTGS	FE	XTGS	FE	XTGS	FE
技术进步	0.458 8***	0.458 8***	0.448 7***	0.448 7***	0.569 6***	0.569 6***
复种指数	−0.034 5	−0.034 5	−0.021 2	−0.021 2	0.018 7	0.018 7
财政支农	0.005 4	0.005 4	0.002 7	0.002 7	0.069 6***	0.069 7**
预期收益	−0.006 4	−0.006 4	0.004 9	0.004 9	−0.011 4*	−0.011 4
日照	−0.006 0	−0.006 0	0.004 8	0.004 7	0.001 9	0.002 0
降水量	0.003 7	0.003 7	−0.013 1**	−0.013 1*	0.003 1	0.003 1
温度	0.006 2	0.006 2	−0.000 2	−0.000 2	0.005 8	0.005 8
劳动力投入	0.054 9	0.054 9	0.015 3	0.015 3	0.192 4***	0.192 4***
种子投入	−0.031 5	−0.031 5	0.203 6***	0.203 6***	0.193 1***	0.193 1***
农药投入	0.015 3	0.015 3	−0.016 9	−0.016 9	−0.015 1	−0.015 1
肥料投入	0.157 9***	0.157 9***	0.105 3***	0.105 2***	0.193 5***	0.193 5***
机械动力	0.082 3***	0.082 3***	0.058 9**	0.058 9*	−0.020 8	−0.020 8
c	7.441 6***	7.613 9***	6.415 8***	6.922 9***	7.043 0***	6.954 8***
Log likehood	338.155 2	—	210.913 5	—	243.543 1	—
F	—	20.23***	—	30.02***	—	18.03***

注：***、**和*分别表示在1%、5%和10%的水平上显著。

2. 内生性分析

考虑到静态面板回归估计结果可能存在的有偏性和不一致性，本研究在静态面板中引入滞后一期粮食单产作为控制变量构建动态面板，使用系统广义矩估计（system - GMM）方法进行估计，部分消除方程存在的内生性问题，其估计结果同时作为对基准方程的稳健性分析与基准方程相互检验。

对水稻、小麦与玉米的系统广义矩估计（system - GMM）的结果显示（表4），AR（2）和Sargan检验均未能通过显著性检验，拒绝原假设，证明所建方程不存在二阶序列相关以及过度识别。在对内生性进行处理后，技术进步的估计系数仍然为正，并通过了至少5%水平的显著性检验，与基准方程的估计基本吻合，证明核心自变量的估计结果具有较好的稳健性，再次说明技术进步对于水稻、小麦和玉米单产水平的提高具有显著的积极作用。

控制变量中，复种指数变量的估计系数不显著，且在水稻方程中的估计系数为负值，在本研究使用的方法和样本条件下，复种指数对粮食单产水平的提高没有显著的影响，这可能是因为近年来，全国各地普遍出现了以减少粮田复种为特征的种植业结构调整，导致农田复种指数持续下降。

预期收益变量在水稻、小麦和玉米方程中的估计系数为正，但不显著，可能原因在于近年来粮食价格始终在低位徘徊，农民种粮成本与售粮收入相差无几，很多地区农民只能靠补贴实现盈利，导致预期收益难以有效刺激农户增加生产投入或提高耕作精细程度。

财政支农对玉米单产水平的提高具有显著的正向影响，说明对农业的财政投入具有成效，诸如改善农业基础设施、加大对农业的各种补贴等财政支农手段能够有效地刺激单产水平的提高。

气候因素中，温度对提高水稻单产水平具有显著的影响，一方面水稻属于喜温作物，另一方面样本期内的温度状况整体上较有利于水稻的生长。

投入要素中，劳动力投入变量的估计系数在所有方程中均为正，并通过显著性检验，说明现阶段人工的投入对于水稻、小麦和玉米单产水平的提高具有显著的积极作用。种子投入能够显著提高小麦单产水平，近年来小麦育成一批突破性品种，在优质、高产以及抗病性等方面均有较好表现。肥料投入对三种粮食作物单产水平的提高有显著的正向影响，证明施肥是提高粮食单产最重要的农业技术之一。机械动力投入在玉米方程中的估计系数为正，且通过1%水平的显著性检验，这主要得益于农机补贴带来的政策红利。

表4　GMM估计结果

变量	水稻	小麦	玉米
技术进步	0.491 9**	0.635 5***	0.827 3***
复种指数	−0.063 6	0.107 7	0.308 1
财政支农	0.023 4	0.057 9	0.180 3*
预期收益	0.000 3	0.000 4	0.000 6
日照	−0.022 1	−0.004 1	−0.023 2
降水量	−0.013 5	−0.005 7	0.000 8
温度	0.045 9**	0.003 8	0.042 6
劳动力投入	0.196 8*	0.309 8***	0.447 2***
种子投入	−0.003 1	0.172 4***	−0.002 9
农药投入	0.025 1	−0.010 2	0.046 4
肥料投入	0.092 9*	0.107 9**	0.267 6**

（续）

变量	水稻	小麦	玉米
机械动力	0.119 1	0.110 8	0.169 1***
前期单位面积产量	0.048 2	0.217 2	−0.057 3
c	6.772 8***	4.380 3***	6.630 9***
AR（2）	1.38	0.49	0.23
Sargan	40.10	17.74	0.31

注：***、**和*分别表示在1%、5%和10%的水平上显著。

（二）非线性估计结果

以技术进步同时作为解释变量和门槛变量，分别构建水稻、小麦和玉米的门限回归方程，考察技术进步与粮食单产水平之间的非线性关系。对方程门限效应的检验结果显示（表5），水稻、小麦和玉米的单门限和双门限的F统计值都至少通过了10%水平的显著性检验，说明技术进步对粮食单产的影响存在着双门限效应，本研究在10%的显著性水平上接受双门限模型。

表5　门限效应检验

作物	原假设	备择假设	F统计值	概率值	显著性水平临界值		
					1%	5%	10%
水稻	线性模型	单门限模型	57.915***	0.003	45.481	31.288	23.397
	单门限模型	双门限模型	−0.837*	0.077	8.303	3.021	−2.238
小麦	线性模型	单门限模型	7.990*	0.070	18.861	10.113	7.321
	单门限模型	双门限模型	9.438*	0.090	52.760	15.138	8.860
玉米	线性模型	单门限模型	12.043*	0.070	22.541	16.158	9.995
	单门限模型	双门限模型	7.395***	0.010	7.320	4.638	3.977

注：F值和相关临界值均采用Bootstrap法反复抽样300次得到；***、**和*分别表示在1%、5%和10%的水平上显著。

以技术进步为核心自变量所建门限模型的参数估计结果显示（表6），技术进步与水稻、小麦以及玉米粮食作物单产水平之间并不是简单的线性关系，而是由技术进步水平分隔的分段函数。核心自变量技术进步在由两个门限值所划分的三个区间内的估计系数均为正，并且通过了1%水平的显著性检验，说明技术进步对三种粮食作物单产水平的非线性影响在不同的门限值区间内都具有正向的影响；但当这种影响具体到不同的作物品种时，仍然能够发现其中存在明显的异质性。

对于水稻而言，当技术进步的水平低于第一个门限值时，其对水稻单产水平影响的弹性系数达到三个区间内的最高值；技术进步处于第一个门限值与第二个门限值之间时对水稻单产的弹性系数降到三个区间内的最低值；而当跨过第二个门限值后，弹性系数又表现出轻微的回升。整体影响呈现出“L”形的轨迹特征。

技术进步对小麦和玉米单产水平的非线性影响态势与水稻表现出明显的差异性，当技术进步跨过第一个门限值，处于第一个门限值与第二个门限值之间时，它对水稻单产水平的影响随着技术进步水平的提高而逐渐变大，其弹性系数为三个区间内的最高值，而在第一个区间和第三个区间内则相对较小。整体影响呈现出“∩”形的轨迹特征。

表6　门限模型估计结果

水稻	估计系数	标准差	小麦	估计系数	标准差	玉米	估计系数	标准差
复种指数	−0.026 0	0.019 2	复种指数	0.085 7***	0.033 2	复种指数	0.087 6***	0.030 1
财政支农	−0.064 3***	0.016 9	财政支农	0.074 7***	0.028 9	财政支农	0.047 9	0.032 5
预期收益	−0.005 9	0.006 9	预期收益	0.014 4*	0.007 5	预期收益	−0.013 2*	0.007 5
日照	−0.011 4	0.014 4	日照	−0.001 5	0.008 8	日照	0.015 2	0.013 8
降水量	0.003 1	0.010 4	降水量	−0.033 8***	0.010 0	降水量	−0.008 9	0.011 8
温度	0.004 9	0.018 4	温度	−0.014 4*	0.008 9	温度	−0.009 6	0.027 7
劳动力投入	0.009 6	0.028 6	劳动力投入	0.090 3**	0.041 1	劳动力投入	0.020 7	0.036 5
种子投入	0.011 7	0.019 1	种子投入	0.090 5*	0.046 4	种子投入	0.121 6***	0.029 4
农药投入	−0.044 5*	0.023 6	农药投入	−0.060 2***	0.022 4	农药投入	−0.039 6**	0.017 5
肥料投入	0.059 8**	0.030 3	肥料投入	0.033 2	0.053 4	肥料投入	0.286 2***	0.048 8
机械动力	0.095 6***	0.030 1	机械动力	0.078 5*	0.040 2	机械动力	−0.129 9***	0.026 7
前期单位面积产量	0.708 7***	0.058 4	前期单位面积产量	0.515 4***	0.069 3	前期单位面积产量	0.555 7***	0.055 4
TFP≤−0.113	0.718 7***	0.083 7	TFP≤0.052	0.313 0***	0.092 9	TFP≤−0.064	0.454 7***	0.057 1
−0.113<TFP≤0.846	0.177 9***	0.055 5	0.052<TFP≤0.145	0.637 3***	0.120 5	−0.064<TFP≤0.112	1.035 2***	0.226 6
TFP>0.846	0.222 4***	0.060 6	TFP>0.145	0.318 7***	0.052 7	TFP>0.112	0.302 7***	0.077 4
c	1.872 6***	0.571 2	c	3.579 9***	0.593 2	c	2.917 4***	0.541 1
F	27.28		F	42.33		F	32.47	

注：***、**和*分别表示在1%、5%和10%的水平上显著。

六、结论与政策启示

本研究聚焦技术进步对主要粮食作物（水稻、小麦、玉米）生产的影响，从线性和非线性两个角度展开研究，发现：技术进步与水稻、小麦以及玉米粮食作物单产水平之间并不是简单的线性关系，而是由技术进步水平分隔的分段函数；技术进步对三种粮食作物单产水平的非线性影响在由两个门限值所划分的三个区间内都具有正向的影响，其中对水稻单产的影响呈现出“L”形的轨迹特征，对小麦和玉米单产的影响呈现出“∩”形的轨迹特征。

基于上述结论，本研究得到的启示是：处于一定区间内的技术进步对粮食单产水平提高的促进作用最大，高于或者低于这一区间都不利于技术进步增产效应的充分发挥。故应通过提高技术进步与粮食生产之间的耦合度实现协调发展，尤其要重视在要素层面提高技术进步与粮食生产的匹配关系，进一步发挥技术进步对粮食生产的提高作用。重点实现路径包括：

第一，优化完善科技创新与推广体系。加强对水稻、小麦和玉米品种改良、栽培技术等的科技攻关，对诸如“分子设计”育种等重大、关键技术要加大投入力度；进一步改革和完善农业科技推广体系，培育多元化农业科技推广体系，多种形式、多种载体开展农业技术推广服务。

第二，提高技术进步与产区要素禀赋的耦合度。完善技术进步与地区要素禀赋之间的连接互动机制，减轻技术进步路径依赖和要素禀赋结构缓慢变化对二者耦合关系造成的滞缓（魏金义、祁春节，2015）。不仅要根据水稻、小麦和玉米的种植区分区进行技术供给，还要根据种植区内的优势产区和非优势产区实行精准供给；要规划和引导不同种植区优化技术选择。

第三，提高技术进步与粮食生产要素的耦合度，使技术进步与劳动力、种子、农药、化肥等生产投入要素之间形成良好的互动关系，通过提高耦合度放大技术进步对粮食增产的作用；要注意实现技术进步与粮食生产要素在变动情况下的动态匹配。

参 考 文 献

陈飞，范庆泉，高铁梅，2010. 农业政策、粮食产量与粮食生产调整能力 [J]. 经济研究（11）：101-114.

段文斌，余泳泽，2012. FDI资本挤入（挤出）效应的内在机制及其“门槛特征”研究——理论推导与面板门限实证检验 [J]. 南开经济研究（6）：49-63.

韩海彬，张莉，2015. 农业信息化对农业全要素生产率增长的门槛效应分析 [J]. 中国农村经济（8）：11-21.

姜松，王钊，黄庆华，等，2012. 粮食生产中科技进步速度及贡献研究——基于1985—2010年省级面板数据 [J]. 农业技术经济（10）：40-51.

李谷成，2009. 转型期中国农业单要素生产率变化及资源利用特征 [J]. 经济问题探索（5）：28-34.

李士梅，尹希文，2017. 中国农村劳动力转移对农业全要素生产率的影响分析 [J]. 农业技术经济（9）：4-13.

马述忠，叶宏亮，任婉婉，2015. 基于国内外耕地资源有效供给的中国粮食安全问题研究 [J]. 农业经济问题（6）：9-19.

毛学峰，刘婧，朱信凯，2015. 中国粮食结构与粮食安全：基于粮食流通贸易的视角 [J]. 管理世界（3）：76-85.

米建伟，梁勤，马骅，2009. 我国农业全要素生产率的变化及其与公共投资的关系 [J]. 农业技术经济（3）：4-16.

邱斌，杨帅，辛培江，2008. FDI技术溢出渠道与中国制造业生产率增长研究：基于面板数据的分析 [J]. 世界经济（8）：20-31.

邱东，宋旭光，2004. 可持续发展的非线性思考——兼对“三个零增长”观点的反思 [J]. 东北财经大学学报（1）：3-5.

唐未兵，傅元海，王展祥，2014. 技术创新、技术引进与经济增长方式转变 [J]. 经济研究（7）：31-43.

田甜，李隆玲，黄东，等，2015. 未来中国粮食增长将主要依靠什么？——基于粮食生产“十连增”的分析 [J]. 中国农村经济（6）：13-22.

王成军，吕晓泓，费喜敏，等，2016. 中国粳稻生产中技术进步研究——基于粳稻生产省面板数据的分析 [J]. 管理评论（10）：79-88.

王晓东，1997. 科技进步对经济增长作用的非线性思考 [J]. 科技管理研究（6）：21-22.

魏丹，王雅鹏，2010. 技术进步对三种主要粮食作物增长的贡献率研究 [J]. 农业技术经济（12）：94-99.

魏金义，祁春节，2015. 农业技术进步与要素禀赋的耦合协调度测算 [J]. 中国人口·资源与环境（1）：90-96.

吴文斌，余强毅，陆苗，等，2018. 耕地复种指数研究的关键科学问题 [J]. 中国农业科学（9）：1681-1694.

肖洪波，王济民，2012. 新世纪以来我国粮食综合技术效率和全要素生产率分析 [J]. 农业技术经济（1）：36-46.

星炎，胡小平，2013. 中国新一轮粮食增产的影响因素分析：2004—2011年 [J]. 中国农村经济（6）：14-26.

徐建军，星炎，2013. 财政支农粮食产出效应的区域比较研究 [J]. 财政研究（1）：54-57.

杨锦英，韩晓娜，方行明，2013. 中国粮食生产效率实证研究 [J]. 经济学动态（6）：47-53.

杨义武，林万龙，张丽琴，2017. 农业技术进步、技术效率与粮食生产——来自中国省级面板数据的经验分析 [J]. 农业技术经济（5）：46-56.

尹朝静，李谷成，范丽霞，等，2016. 气候变化、科技存量与农业生产率增长 [J]. 中国农村经济（5）：16-28.

翟虎渠，2010. 科技进步：粮食增产的重要支撑 [J]. 求是（5）：51-53.

赵玉，严武，2016. 市场风险、价格预期与农户种植行为响应——基于粮食主产区的实证 [J]. 农业现代化研究（1）：50-56.

朱晶，李天祥，林大燕，等，2013. “九连增”后的思考：粮食内部结构的贡献及未来潜力分析 [J]. 农业经济问题（11）：36-43.

朱喜，史清华，盖庆恩，2011. 要素配置扭曲与农业全要素生产率 [J]. 经济研究（5）：86-98.

朱信凯，夏薇，2015. 论新常态下的粮食安全：中国粮食真的过剩了吗？［J］. 华中农业大学学报（社会科学版）（6）：1－10.

Eric Njuki，Boris E，Bravo－Ureta，et al.，2018. A new look at the decomposition of agricultural productivity growth incorporating weather effects［J］. Plos One，13（2）：e0192432.

Garnett J，Radielet S，Warmer A，1997. Economic growth and income of the poor［Z］. CAER Discussion Paper No. 36，Harvard Institute for International Development，Cambridge MA USA.

Hansen B E，1999. Threshold effects in non－dynamic panels：Estimation，testing，and inference［J］. Journal of Econometrics，93（2）：345－368.

Kolawole Ogundari，2014. The paradigm of agricultural efficiency and its implication on food security in Africa：What does meta－analysis reveal［J］. World Development（64）：690－702.

Kyle Emerick，Alain de Janvry，Elisabeth Sadoulet，et al.，2016. Technolygical innovations，downside risk，and the modernization of agriculture［J］. American Economic Review，106（6）：1537－1561.

Michael Robertson，Roy Murray－Prior，2016. Five reasons why it is difficult to talk to Australian farmers about the impacts of，and their adaptation to climate change［J］. Regional Environmental Change，16（1）：189－198.

Shawn Allen Cole，A Fernando，2016. "Mobile" izing agricultural advice：Technology adoption，diffusion and sustainability［Z］. Harvard Business School Finance Working Paper No：13－47.

时间偏好影响了新生代农民的职业选择意愿吗？*

——基于 CLDS 数据的分析

余志刚　胡雪琨

（东北农业大学经济管理学院）

摘要：新生代农民是新型职业农民的最主要来源，其务农意愿直接影响到新型职业农民培育的成效。本文基于 2016 年 CLDS 数据，测算了新生代农民的时间偏好，并运用混合 Logit 模型实证分析了时间偏好对新生代农民职业选择行为的影响。研究表明：新生代农民的时间偏好程度在性别、年龄、地区、受教育程度等方面存在明显的异质性；时间偏好对新生代农民职业选择行为具有显著的负向影响；此外，性别、年龄、婚姻状况、健康状况、收入、家庭居住位置等变量对新生代农民的职业选择行为也具有显著影响。鉴于此，本文提出通过分类筛选进行培训、加大政府投入减少农民培训成本、加强政府宣传和指导、引导农民理性择业等方式消除农民时间偏好的负向影响。

关键词：新生代农民；时间偏好；职业选择；影响因素

一、引　言

随着我国工业化、城镇化进程的加快，大量农村劳动力尤其是青壮年劳动力进行非农转移，农业劳动力短缺、"谁来种地"的问题日益凸显；调整农业劳动力结构，培育一支"爱农业、懂技术、善经营"的新型职业农民队伍成了解决问题的根本途径（朱启臻、胡方萌，2016）。与老一代农民（一般指 1980 年之前出生的农民）不同，新生代农民①是农民中最具有活力和潜力的一个群体，也是新型职业农民最主要的来源，其职业选择行为②对新型职业农民的数量和质量有着关键的影响。但从实际情况来看，新生代农民在职业选择上有着明显的"非农"倾向，成为制约新型职业农民培育的关键问题。2012 年 3 月，15 位"两院"院士联名向中央提交的《关于解决"三农"问题的建议》中提出，"若不从战略上研究并解决新生代农民弃农问题，人口大国将面临无人种地的局面"

* 基金项目：教育部人文社科基金项目"扶贫视角下的粮食主产区农民能力测度及培育问题研究"（编号：18YJA790100）；黑龙江省哲学社会科学研究规划一般项目"粮食主产区利益补偿机制创新与政策调整"（编号：14B118）；黑龙江省自然科学基金项目"粮食主产区农民能力与贫困的耦合关系研究"（编号：G2018002）；东北农业大学"学术骨干"计划项目"粮食主产区农民能力及培养问题研究"（编号：17XG13）。

① 在参考新生代农民工的定义（王春光，2010）与相关文献（吕莉敏，2016；张新民、韩占兵，2014；等）的基础上，本研究将新生代农民界定为：20 世纪 80 年代以后出生的，16 周岁以上且具有农村户籍，正在务农或者将来有可能务农的农村劳动人口和外出人口。

② 本文所说的职业选择行为是指新生代农民村内务农、村内务工和外出务工三种选择，暂不考虑其具体就业行业的选择。

(李剑平，2012)。

对于农民职业选择行为影响因素的研究大多数都是从确定性因素（如农民个体特征、家庭环境因素等）方面来展开，而对于农民偏好的关注度不够。其主要原因一方面在于人们的选择性忽视，另一方面也是囿于理论研究的滞后。新古典经济学在很长一段时间内，都将偏好假设为外生给定、同质和稳定不变的（Joskow，2008），这虽然有助于简化问题，更快建立模型、分析结果，但是也背离了真实情况。近年来的研究对 Becker（1976）提出的“人的偏好是恒定不变的”的假设提出了质疑（Lichtenstein、Slovic，2006），运用行为实验、仿真模拟和计量等方法，分析了异质性偏好对于合同选择（Fischer、Wollni，2018）、工作搜索（Dagsvik、Jia，2016）和家庭迁移（Dustmann、Görlach，2015）等行为的影响，为本项目的开展提供了理论和方法基础。

在理论和现实发展的基础上，本文研究的重点是：作为“理性”的微观主体，新生代农民的时间偏好是否对其职业选择行为产生影响？影响机理和影响程度如何？研究的开展对于分析农民决策行为、推进新型职业农民培育、解决农业长远发展问题具有重要意义。本文余下部分结构安排如下：第二部分对现有文献进行回顾与梳理并提出相应的研究假设。第三部分介绍数据来源、时间偏好的测算方法并进行异质性分析。第四部分构建混合 Logit 模型，对新生代农民职业选择的影响因素进行分析，重点研究时间偏好对其职业选择行为的影响。第五部分是结论和政策建议。

二、文献回顾与研究假设

由于社会经济发展的需要，务农不再是新生代农民唯一的职业选择，其选择逐渐开始多元化（余礼信，2013）。作为理性的经济主体，新生代农民也可以按照自身利益偏好做出职业选择，其中包括选择就地非农务工、进入城市打工或是留守农村继续从事农业生产甚至成为职业农民。徐辉（2016）认为农民的职业选择行为是一个由多种因素相互作用构成的十分复杂的动力系统的影响结果，影响农民职业选择行为因素包括多种，既有个体因素、家庭因素，还有社会环境等外在因素。

周瑾、夏志禹（2018）从影响农民从业选择行为的微观因素入手，研究发现男性、处于中等年龄阶段、文化程度高、家庭人口多的农民更倾向于成为生产经营型职业农民。在农民个体因素方面，年龄的增长降低了农民非农务工尤其是外出务工的可能性（石敏、李大胜，2018），劳动者受教育年限的提高能够显著增加其非农就业的选择机会（柳建平、刘卫兵，2018）。家庭因素对于农民职业选择也具有显著影响，家庭耕地面积越大、家庭劳动力数量越多的农民有更强的职业务农意愿（钟涨宝、贺亮，2016），家庭收入越高的农民其生活压力越小，更倾向于选择并经过培育成为职业农民（徐辉等，2018）。陈宪、黄健柏（2009）、王仁伟（2011）从政府和市场需求等方面指出，政府服务水平和劳动力市场分割是社会外界影响农民职业选择的重要因素，职业选择的背后是社会资源和就业机会的配置（李瑞琴，2018）。

国外相关学者指出，农民的行为偏好是理性主体做出的利益最大化的选择。Jaeck 和 Lifran（2014）运用选择实验法考察了农民对于农业种植和管理做法的偏好，并估算了每种做法预期的货币价值，有助于当地政府根据农民的喜好设计有针对性的合同。Binici 等（2003）研究了土耳其农民风险偏好对其面对干旱事件的影响，并指出探索农民对风险的态度对于理解他们的决策行为是非常重要的。国内一些学者对于农民偏好对其行为的研究，主要包括农民偏好对农业生产与投入行为的影响（仇焕广等，2014；侯麟科等，2014）、时间和风险偏好对于农民经营意愿的影响（白江迪等，2016）、农民风险偏好对其借贷行为的影响（李锐、李超，2007；郑继春等，2017）、农民选择偏好对其契约选择的影响（朋文欢、黄祖辉，2017）等。

但由于现阶段缺少较详细的微观数据和不易测度农民时间偏好等因素的限制，学界有关农民时间偏好对其行为决策影响的研究还比较少。刘金山、贺琛（2018）指出，时间偏好在诸多经济问题上起着基础性作用。对于农民时间偏好的研究，就是研究劳动者如何权衡现在及未来若干时间点所取得的收益，也是影响农民行为的关键性因素。傅安国（2018）从农民的跨期决策（即时间偏好）角度出发，分析出低收入农民群体在跨期选择中表现出短视行为，更容易忽视未来的收益。在此基础之上的关于农民时间偏好对其职业选择行为影响的研究就少之又少。

因此，在劳动力市场中，新生代农民有着比老一代农民更加强烈的职业发展诉求，在职业选择和未来发展等方面都有着强烈的期望。农民对于职业的选择，是继续从事农业劳动甚至成为职业农民或是外出务工，实质上都可以看作农民基于自身特质和偏好所做出的跨期选择过程（张宁等，2017）。时间偏好弱的新生代农民更愿意为了潜在的经济利益等待，他们愿意承担新技术培训和职业教育所花费的时间成本且不急于在短期内获得回报，更倾向于留守村内务农甚至经过培育成为职业农民；而时间偏好强的新生代农民则急于短期消费，不愿意接受培训成为新型职业农民。

由此本文提出如下假设：新生代农民的时间偏好对其务农行为的选择具有显著的负向影响。

三、数据来源与时间偏好测度

（一）数据来源与描述性统计

本研究采用了中山大学社会科学调查中心 2016 年进行的中国劳动力动态调查数据（China labor - force dynamic survey，简称 CLDS）。该项调查通过跟踪收集劳动力个体、家庭、社区三个层面的数据，以劳动力的教育培训、职业选择、流动意愿、所在家庭的人口结构、农村家庭生产、所处社区环境等为核心，反映中国城市和农村劳动力的现状和变迁。2016 年 CLDS 样本覆盖全国 29 个省区市，样本规模为 14 226 户家庭、21 086 个个体。由于本文的研究对象是新生代农民，因此根据新生代农民的定义首先对 CLDS 数据进行了有效的筛选和甄别，筛选出具有农村户籍、村居类型为农村、1980 年之后出生且年龄在 16 周岁以上的样本数据，其次对筛选出的个体数据和所在家庭数据进行有效的接驳，并对问卷中回答“不适用”“拒绝回答”以及缺失的样本进行剔除，最终得到 2 539 个研究样本。具体的样本构成见表 1。

从样本新生代农民的个体基本信息来看（表 1），新生代农民的平均年龄为 28.85 岁，其中男性被访者占 46.47%，女性被访者占 53.53%。受教育程度为小学及以下的被访者占 16.3%，初中的占 47.07%，高中及以上的占 36.63%，11.54%的被访者甚至接受了大专以上的高等教育，表明新生代农民的受教育程度较高。从政治面貌来看，中共党员仅占样本总体的 3.31%。从农业生产经历看，68.53%的新生代农民没有农业生产的经历（这里的农业生产经历指务农这一职业，不包括学生时期帮助家人干农活的情况），这一群体多数完成学业后在城市务工，进行非农转移，对土地的依赖性不强。

在收入支出方面，被访者 2015 年家庭总收入均值为 49 713 元，家庭消费总支出为 46 693 元，其中礼品礼金及人情支出为 3 346 元，占家庭消费总支出的 7.17%。被访者家庭方面，2015 年家庭从事农业生产的受访者占 60.22%，家庭耕地面积均值为 7.41 亩，反映出超过半数的新生代农民的家庭依旧以农业生产为主。对于被访者的个人经历及职业流动意愿，只有 26.86%的新生代农民有过外出务工的经历，62.73%的被访者在接下来的职业规划中选择继续务农，选择在村里从事其他非农工作所占比例为 19.15%，选择到镇（县）里从事非农工作所占比例为 18.12%。

表 1　调查样本的基本情况（N=2 539）

变量	组别	占比/平均数	变量	组别	占比/平均数
性别	男	46.47%	政治面貌	中共党员	3.31%
	女	53.53%		民主党派	0
年龄（岁）	—	28.85		群众	96.69%
最高学历	小学及以下	16.30%	2015 年家庭是否从事农业生产	是	60.22%
	初中	47.07%		否	39.78%
	高中（中专、职高或技校）	25.09%	家到最近的县（市）中心的距离（千米）	—	7.21
	大专及以上	11.54%	家庭耕地面积（亩）	—	7.41
是否有农业生产经历	是	31.47%	职业选择意愿	在村内务农	62.73%
	否	68.53%		到镇（县）里从事非农工作	18.12%
2015 年家庭总收入（元）	—	49 713		在村里从事其他非农工作	19.15%
2015 年家庭消费总支出（元）	—	46 693	是否有外出务工（跨乡镇/县流动半年以上）经历	是	26.86%
2015 年礼品礼金及人情支出（元）	—	3 346		否	73.14%

资料来源：CLDS 数据库计算整理得出。

（二）新生代农民时间偏好的测算

农民的时间偏好是一个受主观因素影响较大、很难进行直接测量的潜在变量，学者对于农民时间偏好的测度主要有两种方式：一是实验经济学方法，例如 Loewenstein 和 Prelec（1992）的实验研究；二是计量经济学方法，较早的研究包括 Samuelson（1937）、Olsen（1993）对时间贴现因子的测算。

结合以往研究经验，本文通过对被研究者在日常真实环境中所做出的选择来估算新生代农民的时间偏好。具体来说，本文使用 2016 年 CLDS 问卷中礼品礼金及人情支出占家庭消费总支出的比重进行替代。人情支出是一种特殊类型的消费支出，具体包括对亲戚朋友及同村居民生子、升学、嫁娶、丧葬、过年等各方面的礼品及礼金支出。如今社会，家庭礼品礼金及人情支出已逐渐成为维持生存的一种刚性支出，是反映人们社会资本高低及社会关系强弱的代理变量。对于人情礼金支出的一种经济理论解释是：人情是一种经济互助机制（贺雪峰，2011），这时的人情礼金支出是一种经济储蓄，待日后自家操办仪式时再收回来。由于新生代农民年龄相对较小，在子女长大之前，他们操办仪式的机会不多，所以在很长一段时间内，他们只能涉身于单向的人情支出而不能立即获得回报（张旭青等，2018），因此对于新生代农民是否愿意对同村居民进行随礼或是人情支出的多少也可看作是农民基于自身特质和偏好所做出的跨期决策过程。一般来说，人情交往是一种礼尚往来的行为，现在的人情支出越多，未来收到的回报就越高。研究发现，礼金支出比重越高的家庭，所积累的社会资本就越雄厚（杭斌，2015），就越有可能在村内赢得较高的社会地位，潜在的经济利益也越大。从时间偏好角度来说，时间偏好较弱的新生代农民，不急于在短期内获得回报，更看重长期积累的社会资本，其人情支出占家庭消费总支出的比重较大，时间偏好参数趋近于 1；而时间偏好强的农民群体在跨期决策中往往表现出短视行为，不能承受较高的人情成本而更在乎眼前的收支，导致其退出人情循环，人情往来不可持续，因此人情支出占家庭消费总支出的比重较小，时间偏好参数趋近于0。

（三）新生代农民时间偏好异质性分析

由表2可以看出，时间偏好呈现出明显的性别、年龄、受教育程度和地区差异。

表2 新生代农民时间偏好测度及描述性统计

项目	N	极大值	极小值	均值	标准差
性别					
男	1 180	1	0	0.096 1	0.116 7
女	1 359	0.777 8	0	0.108 6	0.113 4
年龄					
≤20岁	611	0.703 1	0	0.078 0	0.099 5
21～30岁	1 185	1	0	0.101 6	0.118 8
>30岁	743	0.777 8	0	0.106 8	0.119 0
受教育程度					
小学及以下	414	1	0	0.078 2	0.129 7
初中	1 195	0.769 2	0	0.076 4	0.123 4
高中（中专、职高或技校）	637	0.500 0	0	0.106 9	0.090 4
大专及以上	293	0.566 0	0	0.119 2	0.092 6
地区					
东北地区	165	0.500 0	0	0.157 1	0.129 2
东部地区	901	0.706 2	0	0.064 0	0.086 6
中部地区	476	0.760 2	0	0.110 8	0.135 3
西部地区	997	1	0	0.112 6	0.116 1
总计	2 539	1	0	0.097 9	0.114 9

注：本文把CLDS样本覆盖的29个省（市）按地理位置分为四个地区，东北地区包括：黑龙江、吉林、辽宁、内蒙古；东部地区包括：北京、天津、河北、上海、江苏、浙江、福建、山东、广东；中部地区包括：山西、安徽、江西、河南、湖北、湖南；西部地区包括：重庆、四川、云南、贵州、陕西、广西、甘肃、宁夏、青海、新疆。

（1）不同性别的新生代农民时间偏好差异。从性别角度来说，样本数据中男性的时间偏好参数为0.096 1，而女性的时间偏好参数为0.108 6，男性的时间偏好较强，表明女性比男性更愿意为未来的收益而等待，这可能和传统中国社会中男性具有更大责任有关系。男性需要承担更大的经济压力，他们的收入是家庭主要的收入来源，因此更注重当前收入；而女性更多在家相夫教子，有较强的耐心，且更多处理在教育、财务等方面的投资，反映在经济学上则表现为在面临跨期选择问题时愿意等待未来的回报，时间偏好弱。

（2）不同年龄的新生代农民时间偏好差异。样本农民的平均年龄是28.85岁，最大年龄是37岁，最小年龄为16岁，本文把新生代农民的年龄分为三个阶段进行分析，发现年龄与时间偏好呈现明显的反向趋势，即随着新生代农民年龄的增长，其人情支出占家庭消费总支出的比重增大，时间偏好水平降低。这说明受农民自身经济能力的制约，年轻的农民农业生产及外出务工的经历较少，所持有的资金较少，更愿意立即得到回报，时间偏好较强，而随着年龄和经历的增长，农民的时间偏好会不断减弱。

（3）不同教育程度的新生代农民时间偏好差异。样本农民的平均受教育程度为3.92，即高中文化程度。根据数据，受教育程度高的新生代农民人情支出占家庭消费总支出的比重更大，会更加理性地考虑未来回报并进行跨期选择，从而表现出较低的时间偏好水平。由表2可知，受教育程度为小学及以下和初中的新生代农民的时间偏好参数均值仅为0.078 2和0.076 4，低于样本总体的时间偏好参数均值；而受教育程度为高中（中专、职高或技校）与大专及以上的新生代农民的时间偏好参数分别为0.106 9与0.119 2，人情支出占比均超过10%。

（4）不同地区新生代农民时间偏好差异。本文把样本所在省份划分为四个地区，分别为东北地区、东部地区、中部地区及西部地区，由表2可以看出，地区间新生代农民时间偏好参数是存在差异的。总体来看，东北地区新生代农民的人情支出占比最大，高达15.71%，时间偏好最弱。中部地区农民时间偏好参数水平居中，相反，由于东部地区较为发达，消费水平较高，较多新生代农民外出务工，亲戚朋友大多不在身边，人们更看重现时的利益，农民的时间偏好更强，时间偏好参数只有0.064。各地区经济发展水平、消费边际效用弹性的差异及人们自身特质与偏好共同导致了新生代农民时间偏好参数的这种规律特征。

四、模型设定与实证结果分析

（一）混合Logit模型的选取与构建

以往学者在研究人们选择行为或行为决策时大多采用离散选择模型中较为简单的多项Logit模型（multinomial logit model，MNL），为了照顾MNL模型的简单易操作，只能假定系数恒定，并要求随机误差满足“不相关选项间的独立性”（independence from irrelevant alternatives，IIA）特性及决策者的偏好是同质的（McFadden，1973；Luce，2012）。相比于传统Logit模型，混合Logit模型不仅能刻画随个体而变的可观测特征，还能刻画随方案而变的不可观测因素，适用条件更为广泛。新生代农民的时间偏好具有异质性，这种异质性必然受到不可观测因素的影响，选择混合Logit模型更为合适。该模型克服了传统Logit模型忽略个体异质性、无法处理随机偏好的差异只能刻画可观测变量的限制，允许解释变量的系数是随机变动的（Train，2009），即具有相同特征的新生代农民其β_i不同。已有研究表明，新生代农民的偏好程度、个体特征、人力资本以及家庭特征等因素均可能对其职业选择行为产生影响，因此影响新生代农民职业选择行为的混合Logit模型具体设定如下：

$$U_{ij}=\beta_i X_{ij}+\varepsilon_{ij}\quad (i=1,\cdots,n;\ j=1,\cdots,J),\ \beta_i \sim f(\beta_i|\theta) \tag{1}$$

其中，U_{ij}为个体i选择方案j所能带来的随机效用；ε_{ij}为效用函数随机项；X_{ij}为解释变量；β_i为偏好差异，由于个人喜好不同等原因可被视为服从$f(\beta_i|\theta)$分布的随机向量；$f(\beta_i|\theta)$是β_i在总体参数θ（如均值、标准差等）已知下的概率密度。如果不存在偏好差异，β_i就为一个固定的值，在β_i不变的情况下，个体i的条件选择概率为：

$$P(y_i=j|X_{ij})=\frac{exp(\beta_i X_{ij})}{\sum_{K=1}^{J} exp(\beta_i X_{ik})} \tag{2}$$

而混合Logit模型认为待估向量β_i并非是固定的值，而是随机变化的，因此混合Logit模型函数可看作是多项Logit模型在随机变量β_i上的积分，新生代农民i选择第j个方案的概率可表示为：

$$P_{ij}=\int P(y_i=j\mid X_{ij})\mathrm{d}\beta_i=\int\frac{exp(\beta_i X_{ij})}{\sum_j exp(\beta_i X_{ij})}f(\beta|\theta)\mathrm{d}\beta \tag{3}$$

$$V_{ij}(\beta_i)=\beta_i X_{ij}=f(T_i,\ I_i,\ R_i,\ H_i,\ C_i) \tag{4}$$

V_{ij}是衡量新生代农民 i 选择第 j 个方案的系统参数，T_i 为时间偏好参数，I_i 为个体特征参数，R_i 为人力资本参数，H_i 为家庭特征参数，G_i 为农业认知参数。

（二）变量的选择及说明

在（4）式中，因变量是新生代农民未来职业选择意愿，根据 CLDS 问卷对于农民流动意愿部分中“您接下来的打算”的回答进行相应赋值，对“在村内务农”“到镇上或县里进行非农务工”“在村里从事其他的非农工作”分别赋值 1、2、3。时间偏好是关键解释变量，表示新生代农民的时间偏好程度，由本文第三部分对于时间偏好参数测算得到。

为了提高混合 Logit 模型估计的准确性，本文结合相关学者的研究成果引入了下列影响新生代农民职业选择的控制变量：①农民个体特征。例如被访者性别、年龄、婚姻状况、政治面貌、兄弟姐妹数量、是否有农业生产经历等。其中，新生代农民的年龄根据问卷中被访者出生年份计算得出（2016 年调研时的年龄）。②人力资本变量。对应被访者受教育程度、健康状况、技术培训及职业技能教育。技术培训指新生代农民是否参加过以学习专业技术或实用技能为主的培训或进修，包括生产技能培训及就业技能培训等；职业技能教育是指新生代农民是否接受过区别于普通教育的职业技能教育，也包括由政府提供的或者有政府补贴的知识教育与职业技能培训。③家庭特征变量。包括家庭总收入、家庭耕地面积、是否为农业生产专业户、家庭居住位置。其中，家庭耕地面积包括家庭成员自身拥有的耕地（水田和旱地）以及承包他人的耕地，不包括已经弃耕的土地；农业生产专业户指专门或主要从事某种生产活动的家庭，生产规模远远大于普通农户的平均水平，生产的产品以销售为主，若与他人合作经营，也算作专业户；家庭居住位置用家到最近的县（或者镇）商业中心的距离表示。④农民农业认知。主要包括新生代农民对于新推广的农业技术、外出打工、农业生产、农村生活的看法。考虑到样本覆盖全国 29 个省区市，分布较为分散，模型还引入了地区虚拟变量以控制不可观测的地区层面异质性。本文对 2 539 份样本按其问卷的赋值标准进行统计测算，变量的具体结果如表 3 所示。

表 3 模型相关变量定义及统计特征

变量	赋值标准	均值	标准差	最大值	最小值
被解释变量					
职业选择	在村内务农=1，在镇上或县里进行非农务工=2，在村里从事其他的非农工作=3	1.564 0	0.793 1	3	1
关键解释变量					
时间偏好程度	用时间偏好参数衡量	0.097 9	0.114 9	1	0
控制变量					
性别	男=1，女=0	0.464 7	0.498 9	1	0
年龄	根据问卷中被访者出生年份计算得出（2016 年计算）	28.85	6.502 4	37	16
婚姻状况	未婚=1，初婚=2，再婚=3，离异=4，丧偶=5，同居=6	1.638 8	0.644 4	6	1
政治面貌	中共党员=1，民主党派=2，群众=3	2.933 8	0.357 9	3	1

（续）

变量	赋值标准	均值	标准差	最大值	最小值
兄弟姐妹数量①	根据问题“您有几位兄弟姐妹”赋值	1.829 9	1.388 1	11	0
农业生产经历	是否有农业生产经历（指务农这一职业），是＝1，否＝0	0.314 7	0.464 5	1	0
受教育程度②	根据问卷中最高学历变量分别赋值1～11	3.918 5	2.057 1	10	1
健康状况	根据问卷中的答案赋值1～5，其中“非常健康”赋值1	1.954 7	0.838 4	5	1
技术培训	根据问题“是否参与过至少5天的技术培训”赋值，是＝1，否＝0	0.102 8	0.303 8	1	0
职业技能教育	根据问题“是否接受过由政府提供的或者有政府补贴的职业技能教育”赋值，是＝1，否＝0	0.064 6	0.245 9	1	0
家庭总收入	2015年家庭总收入（元）	49 713	63 424	800 000	0
家庭耕地面积	家庭耕地（水田/旱地）总面积（亩）	7.412 1	24.422 2	900	0
农业生产专业户	根据问题“您家是否是农业生产专业户”赋值，是＝1，否＝0	0.087 0	0.282 0	1	0
居住位置	家到最近的县（或者镇）商业中心的距离（千米）	7.213 9	7.909 3	100	0
新技术	根据问题“相对于其他村民，我会积极采用新推广的农业技术”赋值1～5，其中“非常赞同”赋值1，下同	2.539 2	0.973 0	5	1
外出打工	根据问题“外出打工比在家务农好”赋值1～5	2.560 5	1.138 5	5	1
农业生产	根据问题“农业生产对你家来说越来越不重要”赋值1～5	3.282 9	1.134 2	5	1
农村生活	根据问题“我越来越不适应农村生活”赋值1～5	3.631 0	1.029 7	5	1
地区	以西部地区为参照组，东北地区、东部地区、中部地区分别赋值为1	—	—	—	—

注：①对于兄弟姐妹数量变量，为被访者同父母的兄弟姐妹数量，若被访者为独生子女，赋值为0。②受教育程度变量，调查问卷依次给出“未上过学”“小学/私塾”“初中”“普通高中”“职业高中”“技校”“中专”“大专”“大学本科”“硕士”“博士”11个选项。

（三）实证结果分析

为了确保模型估计结果准确可靠，文章首先使用方差膨胀因子（variance inflation factor，VIF）来检验变量间的多重共线性问题，经检验发现变量间VIF值最大为4.82，最小为1.04，均小于10，变量间不存在多重共线性问题。由于计量模型（3）式不是闭合的解析形式，因此本文通过极大似然估计法得到新生代农民时间偏好程度对其职业选择的影响。回归模型（1）为基准模型，回归模型（2）中引入地区变量进行估计，以考察估计结果的稳健性。从模型结果看，各变量无论是系数大小和方向还是显著性水平均比较稳健。模型具体估计结果见表4。

表4的两个回归模型结果均表明，新生代农民时间偏好程度对其职业选择行为有显著的负向影响，与本文的假设是一致的，即时间偏好越弱的新生代农民，选择在村内务农的可能性越高。在控制了地区变量后，结果显示时间偏好程度对新生代农民职业选择行为的影响在1%的水平上显著且系数为负。其可能的原因在于，在村内务农时一般农民只有在收获的季节才能得到上年种植或多年养殖的收入，若是愿意继续成为职业农民还需要较长时间的培训，这必定要花费大量的时间和精

力，收益的时间则会更晚；在镇上或县里进行非农务工一般是按月或数月支付报酬而选择在村里从事其他非农工作所获报酬的时间最短，大多是按天进行支付。时间偏好强的农民总是偏好现在的收益甚于将来的收益，更有可能做出短视的决定，因此他们选择在村里从事其他非农工作和在县里进行非农务工的可能性更大；时间偏好弱的新生代农民更愿意为未来的收益而等待，他们不急于在短期内获得回报，更倾向于选择继续在村内务农甚至进行长远计划成为新型职业农民。

表 4　新生代农民职业选择行为的模型估计结果

	到县里进行非农务工模型		在村里从事其他的非农工作模型	
	回归（1）	回归（2）	回归（1）	回归（2）
关键解释变量				
时间偏好程度	−1.858*** (0.517)	−2.005*** (0.530)	−7.801*** (0.817)	−7.942*** (0.836)
控制变量				
性别	0.274** (0.113)	0.287** (0.114)	−0.013 (0.116)	0.001 (0.116)
年龄	−0.045*** (0.012)	−0.048*** (0.119)	−0.075*** (0.013)	−0.080*** (0.013)
婚姻状况	−0.032* (0.107)	−0.042* (0.108)	−0.355** (0.138)	−0.347** (0.138)
政治面貌	0.394 (0.200)	0.368 (0.201)	−0.111 (0.156)	−0.147 (0.157)
兄弟姐妹数量	−0.047 (0.043)	−0.021 (0.044)	−0.094* (0.047)	−0.050 (0.048)
农业生产经历	−0.069 (0.140)	−0.030 (0.143)	0.137 (0.152)	0.164 (0.154)
受教育程度	−0.024 (0.031)	−0.026 (0.031)	−0.039 (0.031)	−0.037 (0.031)
健康状况	0.089** (0.068)	0.109** (0.068)	0.154** (0.069)	0.167** (0.069)
技术培训	0.219 (0.183)	0.250 (0.184)	−0.349 (0.214)	−0.316 (0.215)
职业技能教育	0.343 (0.227)	0.371 (0.228)	−0.020 (0.278)	−0.022 (0.279)
家庭总收入	−0.006** (0.009)	−0.007** (0.009 7)	−0.002** (0.001)	−0.003** (0.001 7)
家庭耕地面积	−0.005 (0.004)	−0.005 (0.004)	−0.001 (0.003)	−0.003 (0.004)
农业生产专业户	−0.213 (0.208)	−0.195 (0.208)	−0.331 (0.219)	−0.327 (0.220)
居住位置	−0.020** (0.008)	−0.015* (0.008)	0.006 (0.007)	0.010 (0.007)

（续）

	到县里进行非农务工模型		在村里从事其他的非农工作模型	
	回归（1）	回归（2）	回归（1）	回归（2）
新技术	−0.002 (0.058)	−0.007 (0.058)	−0.045 (0.059)	−0.048 (0.059)
外出打工	−0.500*** (0.056)	−0.500*** (0.056)	−0.351*** (0.055)	−0.361*** (0.055)
农业生产	−0.230*** (0.058)	−0.222*** (0.059)	−0.140** (0.061)	−0.135** (0.061)
农村生活	0.116** (0.056)	0.119** (0.056)	0.045 (0.057)	0.043 (0.057)
东北地区		−0.160** (0.276)		−0.906*** (0.250)
东部地区		0.135 (0.146)		0.271 (0.147)
中部地区		0.567*** (0.156)		0.443*** (0.167)
Log likelihood	−2 095.21	−2 081.74		
Pseudo R - squared	0.201 5	0.207 3		

注：模型指定观测值最多的方案（在村内务农）为参照方案；***、**、*分别表示模型估计结果在1%、5%、10%水平上显著；括号内数字为各变量标准误；地区虚拟变量自动以西部地区为参照组。

对于控制变量，性别对于新生代农民选择到县里进行非农务工具有显著正向影响，对于选择在村内进行非农务工的影响不显著，意味着男性比女性更容易选择到县里进行非农务工，女性更倾向于稳定、熟悉的环境，更多选择在村内务农并照顾家庭，这与劳动力市场的特点和传统的家庭角色的定位相一致。年龄在1%水平上负向影响新生代农民的职业选择行为，年龄越大越不可能选择外出非农务工，说明随着年龄的上升，新生代农民留在农村务农的意愿增强。婚姻状况变量分别在10%和5%水平上对新生代农民选择外出非农务工或在村内选择非农工作影响显著，这是由于结婚后的新生代农民担负着家庭的责任，往往需要照顾整个家庭并抚养孩子，更容易选择在村内务农。健康状况变量在两个模型中均通过5%水平的显著性检验并且具有正向作用，这种促进作用对于选择外出非农务工更为显著，反映出新生代农民的身体状况越好，越倾向于非农务工尤其是外出务工。主要原因是非农务工一般从事的是体力劳动，需要具备较好的身体素质，身体情况越好的农民在体能上越能胜任非农工作。技术培训和职业教育并没有通过显著性检验，其可能的原因是新生代农民真正能参加技术培训和职业教育的机会不多，即使有这样的培训也多数流于形式，农民难以把所学技能学以致用，辅助自身的生产生活。家庭总收入在5%水平上对新生代农民的职业选择行为具有显著的负向影响，家庭收入越低的新生代农民外出务工的概率越大，这说明家庭经济负担越大，新生代农民外出务工的意愿越强烈，越需要获得更多的劳动报酬。家庭居住位置对新生代农民选择到镇上或县城务工存在负向影响，表明新生代农民家庭距最近县市中心的距离越近，其外出务工的意愿越强烈，这与徐晓鹏（2016）等学者的结论是一致的。可能的原因有：第一，家庭的居住位置距县中心越近，交通越便利，劳动力外出务工的交通成本就越低，就越倾向于去镇上或县城务工获取较高收益；第二，距离城区较近的农民人际关系范围会相对更广，周围来自同一村庄的务工人员也更多，这种强社会关系使他们更容易找到工作，增强其外出务工的意愿。而居住位置对新生代农民选择在村里从事非农工作的影响不显著，这与他们仍留在本村庄内，与选择留守在村内务农的农民没有居住位置上的差异有关。在农业认知因素中的外出务工、农业生产变量分别通过显著性检验，说明新生代农民对于外出务工比务农好、农业生产越来越不重要的认知是影响其务农意愿的重要因素。与相关学者研究结论一致，新生代农民本身缺乏农业生产经历、对土地依赖性不强、有“弃农厌农”思想都是其从事农业生产的阻碍因素。其他控制变量，如政治面貌、兄弟姐妹数量、受教育程度、是否有农业生产经历、家庭耕地面积、是否为农业生产专业户等变量对新生代农民职业选择行为在统计上不显著。

表 4 的回归（2）加入地区变量，考察了地区差异对新生代农民职业选择的影响。结果显示，地区虚拟变量对新生代农民选择村内非农务工和外出务工具有显著影响，相比于西部地区而言，中部地区新生代农民选择务工的概率更大，且中部地区变量对新生代农民选择外出到县城务工的作用程度要大于其选择在村里从事非农工作的作用程度。东北地区新生代农民更倾向于选择在村内务农，可能的原因有二，一是东北地区的土地环境造就了东北地区更适宜农业生产的条件；二是东北地区相对偏远，新生代农民外出务工也相对困难。东部地区对于新生代农民务农或非农务工的选择没有显著影响。

五、研究结论及政策建议

相关研究已经从农民自身可观测角度研究了农民的职业选择，而对于农民偏好等不可观测变量对其职业选择行为影响的研究却很少。本文使用 2016 年中国劳动力微观调查数据测算了新生代农民时间偏好程度，并在此基础上运用混合 Logit 模型对时间偏好程度、个体特征变量、人力资本等变量进行显著性分析，探究影响新生代农民职业选择的因素。研究表明：第一，在职业选择意愿方面，新生代农民选择在村内务农的比重最大，占总体的 62.73%，说明通过积极地创造条件，新生代农民群体具有成为新型职业农民的可能性。第二，新生代农民的时间偏好程度在性别、年龄、地区、受教育程度等方面存在明显的异质性，女性、年龄大、受教育程度高的新生代农民有着更弱的时间偏好。第三，时间偏好程度对新生代农民职业选择行为具有显著的负向影响，具体表现为随着新生代农民时间偏好程度的增加，其选择在村内务农的意愿降低。第四，在控制变量中，性别、年龄、婚姻状况、健康状况、收入、农业认知、家庭居住位置等变量对新生代农民的职业选择也具有显著影响，其中男性、年龄小、没有配偶、身体健康状况较好、家庭居住位置距县中心近等因素均对新生代农民外出非农务工具有正向影响。

从本文的研究结果来看，时间偏好对新生代农民的务农职业选择具有显著负向影响，为了提高新生代农民务农的积极性，从而为新型职业农民培育提供更多的年轻、高学历、高素质的人力资本，应该通过各种手段，消除农民时间偏好的负向影响。具体来说，可以首先考虑通过时间偏好的测度对新生代农民进行筛选、划分类别，有层次、有重点地安排新型职业农民相关培训工作；其次，由于时间偏好，农民对于新型职业农民培训成本会产生“厌恶”，可以加大政府对于农民培训的投入力度，减少农民培训个人投入成本，或者采用分期付费、先培训后付费等形式减少农民的“厌恶”心理；最后，考虑到影响新生代农民务农意愿的其他因素，政府应通过舆论引导、就业指导、典型示范等方式，引导新生代农民进行理性择业，减少其“被动型”务农意愿，使新生代农民由“生存型择业”转化为“发展型择业”，实现个人效用的最大化。

参 考 文 献

白江迪，沈月琴，朱臻，等，2016. 农户风险和时间偏好对森林碳汇经营意愿的影响分析 [J]. 林业经济问题，36 (1)：72-78.

陈宪，黄健柏，2009. 农民工就业影响因素的主成分分析 [J]. 生产力研究 (18)：30-32.

仇焕广，栾昊，李瑾，等，2014. 风险规避对农户化肥过量施用行为的影响 [J]. 中国农村经济 (3)：85-96.

傅安国，2018. 较低收入群体跨期选择的心理学解释 [N]. 中国社会科学报 09-03 (6).

杭斌，2015. 人情支出与城镇居民家庭消费——基于地位寻求的实证分析 [J]. 统计研究，32 (4)：68-76.

贺雪峰，2011. 论熟人社会的人情 [J]. 南京师大学报（社会科学版）(4)：20-27.

侯麟科，仇焕广，白军飞，等，2014. 农户风险偏好对农业生产要素投入的影响——以农户玉米品种选择为例 [J]. 农业技术经济 (5)：21-29.

李剑平，2012. 15 位两院院士联名上书中央：提防人口大国无人种地 [J]. 人口与计划生育 (6)：61.

李锐，李超，2007. 农户借贷行为和偏好的计量分析 [J]. 中国农村经济 (8)：4-14.

李瑞琴，2018. 农村家庭职业选择的代际特征：分异性抑或传承性 [J]. 现代经济探讨 (3)：105-113.

刘金山，贺琛，2018. 时间偏好的区际差异：分布特征与影响因素 [J]. 中央财经大学学报 (7)：75-88.

柳建平，刘卫兵，2018. 教育是如何帮助脱贫的？——基于劳动力职业选择作用的分析 [J]. 人口与经济 (1)：61-68.

吕莉敏，2016. "互联网＋"时代新生代农民职业教育培训策略研究 [J]. 中国职业技术教育 (29)：45-49.

朋文欢，黄祖辉，2017. 契约安排、农户选择偏好及其实证——基于选择实验法的研究 [J]. 浙江大学学报（人文社会科学版），47 (4)：143-158.

石敏，李大胜，2018. 土地股份合作制下的农民就业与职业选择——基于广东南海的实证研究 [J]. 经济经纬，35 (3)：38-43.

王春光，2010. 对新生代农民工城市融合问题的认识 [J]. 人口研究，34 (2)：31-34，55-56.

王仁伟，2011. 新生代农民工择业行为的影响因素分析 [J]. 职业时空，7 (10)：126-127.

徐辉，2016. 新常态下新型职业农民培育机理：一个理论分析框架 [J]. 农业经济问题，37 (8)：9-15，110.

徐辉，许泱，李红，等，2018. 新型职业农民培育影响因素及其精准培育研究——基于 7 省 21 县（市、区）63 乡（镇）的调研数据 [J]. 江西财经大学学报 (3)：86-94.

徐晓鹏，2016. 农民工外出务工意愿的影响因素研究——基于禀赋视角和 386 份问卷数据 [J]. 湖南农业大学学报（社会科学版），17 (4)：56-62.

余礼信，2013. 对农民务农或务工行为选择的实证分析 [J]. 四川行政学院学报 (4)：83-85.

张宁，李旷奇，樊毅，等，2017. 时间偏好、收入水平与农民参保积极性——对中部两县农民参加社会养老保险的行为分析 [J]. 农业技术经济 (7)：60-70.

张新民，韩占兵，2014. 新生代农民的利益诉求与新型职业农民培育 [J]. 职教论坛 (4)：56-59.

张旭青，杜丽永，何伟，2018. 家庭生命周期对农户人情往来的影响研究——基于 CHFS 数据的实证分析 [J]. 消费经济，34 (1)：72-79.

郑春继，余国新，赵向豪，2017. 农户禀赋、风险偏好与农户参保决策行为差异性——基于新疆棉区农户的实地调查 [J]. 农村经济 (10)：104-111.

钟涨宝，贺亮，2016. 农户生计与农村劳动力职业务农意愿——基于 301 份微观数据的实证分析 [J]. 华中农业大学学报（社会科学版）(5)：1-9，143.

周瑾，夏志禹，2018. 影响新型职业农民从业选择的微观因素分析 [J]. 统计与决策，34 (12)：94-98.

朱启臻，胡方萌，2016. 新型职业农民生成环境的几个问题 [J]. 中国农村经济 (10)：61-69.

Binici T，Koc A A，Zulauf C R，et al.，2003. Risk attitudes of farmers in terms of risk aversion：A case study of lower Seyhan plain farmers in Adana province，Turkey [J]. Turkish Journal of Agriculture and Forestry，27 (5)：

305 - 312.

Dagsvik J K, Jia Z, 2016. Labor supply as a choice among latent jobs: Unobserved heterogeneity and identification [J]. Journal of Applied Econometrics, 31 (3): 487 - 506.

Dustmann C, Görlach J S, 2015. Selective out - migration and the estimation of immigrants' earnings profiles [M] // Handbook of the Economics of International Migration. North - Holland, 1: 489 - 533.

Fischer S, Wollni M, 2018. The role of farmers' trust, risk and time preferences for contract choices: Experimental evidence from the Ghanaian pineapple sector [J]. Food Policy, 81: 67 - 81.

Jaeck M, Lifran R, 2014. Farmers' preferences for production practices: A choice experiment study in the Rhone river delta [J]. Journal of Agricultural Economics, 65 (1): 112 - 130.

Joskow P L, 2008. Introduction to new institutional economics: A report card [J]. New Institutional Economics: A Guidebook: 1 - 19.

Lichtenstein S, Slovic P, 2006. The construction of preference [M]. Cambridge: Cambridge University Press.

Loewenstein G, Prelec D, 1992. Anomalies in intertemporal choice: Evidence and an interpretation [J]. The Quarterly Journal of Economics, 107 (2): 573 - 597.

Luce R D, 2005. Individual choice behavior: A theoretical analysis [J]. Journal of the American Statal Association, 67 (293): 1 - 15.

McFadden D, 1974. Conditional logit analysis of qualitative choice behavior [J]. Frontiers in Econometrics.

Olsen J A, 1993. Time preferences for health gains: An empirical investigation [J]. Health Economics, 2 (3): 257 - 265.

Samuelson P A, 1937. A note on measurement of utility [J]. The Review of Economic Studies, 4 (2): 155 - 161.

Train K E, 2009. Discrete choice methods with simulation [M]. Cambridge: Cambridge university press.

非农就业对农户生态生产行为的影响

——基于农业生产经营特征的中介效应和家庭生命周期的调节效应

畅 倩 李晓平 谢先雄 赵敏娟

（西北农林科技大学经济管理学院）

摘要：非农就业对农户生态生产行为的影响尚无定论。本文在构造农户生态生产行为综合值的基础上，通过构建“非农就业—农业生产经营特征（经营规模、地块集中程度、生产专业化水平）—农户生态生产行为”理论分析框架，探讨了非农就业对农户生态生产行为的影响路径，并分析了家庭生命周期在非农就业对农户生态生产行为影响中的调节作用。研究结果表明：①非农就业对农户生态生产行为的影响效应不仅包括直接效应还包括间接效应，非农就业会通过农业生产经营特征影响农户生态生产行为。具体而言，非农就业通过缩小农户经营规模来加深其对生态生产行为的负向影响，但会通过影响地块集中程度和生产专业化水平来缓解其负向影响效应。②随着家庭生命周期阶段的向后推移，非农就业对农户生态生产行为的消极影响会逐渐增大。本研究对改善和提升农户生态生产行为、推动农业可持续发展有重要的意义。

关键词：非农就业；生产经营特征；农户生态生产行为；家庭生命周期

一、引　　言

农业可持续发展已经成为目前中国农业政策的新目标（蔡颖萍、杜志雄，2016）。农户生态生产行为兼具环境污染治理与资源循环利用之效（刘可等，2019），是实现农业可持续发展的重要路径。但作为农业生产经营主体的农户，对其响应并不积极（蔡颖萍、杜志雄，2016）。探究农户生态生产行为的影响因素及作用机理是当前学界关注的重点问题。有关资本禀赋积累（巩前文等，2010）、社会规范（徐志刚等，2016）、生态技术认知（赵瑾、郭利京，2017）、生态意识（童霞等，2014；肖新成，2015）、政府补贴（黄炜虹等，2017；朱长宁、王树进，2015；黄祖辉等，2016）、市场收益（王常伟、顾海英，2013）等因素对农户生态生产行为影响的研究已十分丰富。生态生产作为一种农业生产性投资（刘可等，2019），是农户对劳动力、资金、土地等生产要素合理配置的结果。随着市场化进程的推进，参与非农就业的农户比例持续增加，农户非农就业带来的收入多元化、劳动力兼业化等正逐渐成为影响农户在农业生产领域中配置资源（高明等，2012）、进而影响其生态生产行为的重要因素。然而，非农就业对农户生态生产行为的影响效应十分复杂，已有研究尚无定论。

当前，非农就业对农户生态生产行为影响效应的研究主要有以下四种观点。第一，非农就业促进了农户的生态生产行为，如闵继胜和胡浩（2012）认为非农就业将减少农户的能源消耗量与农用化学品使用量；梁流涛等（2008）的研究表明，Ⅱ型兼业农户的化肥投入量小于Ⅰ型兼业农户和纯农户。第二，非农就业对农户生态生产行为的影响不显著，如 DeBrauw 和 Rozelle（2008）的研究表明，非农收入的增加不会影响农户农业生产方面的投入。第三，非农就业抑制了农户的生态生产行为，如黄炜虹等（2017）认为农户家庭非农就业成员比例越高，其从事生态循环农业的意愿越低；朱长宁和王树进（2015）的研究表明农户的非农就业程度对农户生态农业生产方式采用行为有显著的负向影响。第四，非农就业对农户生态生产行为的影响具有不确定性，纪月清等（2015）认为非农就业对农户生态生产行为的影响会因农户兼业地点的不同而存在差异；同时，农户生态生产行为不仅会受到自家非农就业状况的影响，还会受到同村其他村民非农就业行为的影响（陈奕山等，2017；纪月清等，2015）。

关于非农就业与农户生态生产行为关系的研究未达成一致，一是因为非农就业的影响效应不仅包括直接效应还可能包括间接效应（王珊珊、张广胜，2013），厘清非农就业对农户生态生产行为的影响机理是重要的解析途径。二是当前研究虽然关注了农户资本禀赋状况的差异（刘可等，2019），但农户生产性决策的制定不仅与其资本禀赋积累有关，还受制于农户家庭所处的阶段。由于各阶段家庭发展任务、抵御风险的能力、消费需求等方面的不同（赵微、张宁宁，2019），农户的生产经营决策也会有所差异（何可等，2013），进而表现为农户生态生产的行为差异。家庭生命周期理论为此提供了新的视角。三是现有研究对农户生态生产行为的探讨多是以某项生产行为为例来展开的，但对于完整的农业生产过程而言，衡量生态生产行为应该关注整个生产链，并对农业生产各个环节进行综合考察以量化分析农户在整个农业生产环节的生态生产行为实施状况。因此，本研究拟在构造农户生态生产行为综合值的基础上，探讨非农就业对农户生态生产行为的影响机理。首先，通过构建“非农就业—农业生产经营特征—农户生态生产行为”分析框架揭示非农就业对农户生态生产行为的影响路径；其次，探讨家庭生命周期阶段对非农就业影响的调节效应；最后，利用陕西省 630 户种稻农户数据对以上分析进行实证检验。

二、概念界定与文献综述

（一）概念界定

1. 农户生态生产行为界定

农户生态生产行为是中国农业转型升级的根本要求和重要路径，承担着实现农业政策新目标的重要任务。本文参考农业部“一控两减三基本”的防治目标①，在借鉴现有研究（蔡颖萍、杜志雄，2016；刘可等，2019；叶孙红等，2019）对农户生态生产行为定义的基础上，将“减少农业污染、节约资源、保护生态环境”的农户生产行为定义为生态生产行为。通过对农业生产各个环节中农户行为的梳理，依次从耕种、施肥、打药和农业废弃物处理四个环节中选择了“农田（机）深松、施用农家肥或有机肥、施用测土配方肥、减少化肥施用量、施用生物农药或进行物理防治、减少农药使用量、回收农膜、回收或掩埋农药瓶”8 项农户行为②作为研究对象，通过构造农户生态生产行为综合值，从整体上量化农户的生态生产行为。

① 2015 年，农业部在《关于打好农业面源污染防治攻坚战的实施意见》中就防治农业面源污染提出了“一控两减三基本”的目标：“一控”即严格控制农业用水总量，大力发展节水农业；“两减”即减少化肥和农药使用量，实施化肥、农药使用量零增长行动；“三基本”指畜禽粪便、农作物秸秆、农膜基本实现资源化利用。

② 调研区域水资源丰富，农户普遍未采用节水灌溉技术；受资料限制，调研过程中未考虑免耕、少耕、秸秆机械化还田等行为，因此，本文未将上述三项农户行为纳入农户生态生产行为。

2. 家庭生命周期阶段划分

美国社会人口学家 Paul C. Glick（1947）首次提出了较为完备的家庭生命周期理论，随后各国学者基于各自研究区域社会、人口、经济等特征及研究需要对家庭生命周期理论进行了完善（Duvall，1988；Rex Y. Du、Wagner A.，2006），丰富了家庭生命周期理论的研究框架。Derrick F. W. 和 Lehffld. A. K.（1980）认为家庭生命周期的阶段划分应根据研究目的的不同和研究数据的完备情况而重新进行界定。因此，本文根据中国农村多代同居的实际情况，借鉴汪为和吴海涛（2017）的农村家庭生命周期划分方法，对西方经典家庭生命周期理论模型进行了修正，将中国农村家庭生命周期划分为 6 个阶段，分别为起步期、抚养期、负担期、稳定期、赡养期和空巢期。

需要特别说明的是，与已有观点（林善浪、王建，2010；汪为、吴海涛，2017）不同，本文对家庭生命周期阶段的划分并没有以子女或孙子女年满 16 岁作为划分阶段的临界点，而是考虑其主要身份和收入状态。在当前中国教育制度下，若子女或孙子女仍是无收入的学生，不管其是否年满 16 岁，均很少参与或几乎不参与家庭生产性活动，仍需要家庭抚养，因此都应归类于需要抚养的家庭成员中。本研究对于样本区域的调研也发现，仍在读书的家庭成员基本不会参与家庭农业生产活动。基于此，本文的农村家庭生命周期阶段划分及划分依据如表 1 所示。

表 1　农村家庭生命周期阶段及划分依据

划分阶段	划分依据
起步期	年轻夫妇，无子女
抚养期	子女或孙子女出生，最小的子女或孙子女为儿童或无收入的学生，无 65 岁以上老人
负担期	子女或孙子女出生，最小的子女或孙子女为儿童或无收入的学生，有 65 岁以上老人
稳定期	最小的子女或孙子女已工作，无 65 岁以上的老人
赡养期	最小的子女或孙子女已工作，有 65 岁以上老人
空巢期	家中仅有一个或两个老人常住，且户主年龄大于 65 岁

（二）文献综述与研究假设

非农就业对农户生态生产行为的影响可能是直接影响效应和间接影响效应的综合结果（王珊珊、张广胜，2013）。

首先，非农就业可能直接影响农户生态生产行为。分析如下：第一，随着非农收入占比增大，农户对农业生产的依赖程度和关注程度必然降低（朱明芬等，2001），农户可能不重视农业生产的效用，轻视农业生产并减少农业生产性投资（钱龙、洪名勇，2016），包括降低农户生态生产行为投入等；第二，兼业化、老龄化以及农业劳动力短缺等在一定程度上阻碍了农业新技术的采用（卢华等，2016），从而导致了农户粗放经营，导致农户生态生产行为低下；第三，由于短期内农户生态生产行为实施的正外部性无法得到补偿，非农收入占比越高的农户实施生态生产行为的机会成本就越大，因而农户对其实施可能缺乏动力。因此，非农就业对农户生态生产行为的直接影响可能表现为抑制作用。

其次，非农就业对农户生态生产行为可能存在间接影响。现有研究普遍认为，非农就业主要是通过影响农户种植规模和地块集中程度来提升其生态生产行为（王珊珊、张广胜，2013；李明艳等，2010）。通过转入土地扩大经营规模的农户一般对农业的投资收益预期较高，且更容易实现规模化经营，不仅有利于农户引进更先进的农业机械、技术和管理手段（钱龙、洪名勇，2016），还可能促使农户增加生态生产行为投入；同时，相同经营面积条件下地块集中程度越高的农户在实施生态生产行为方面更为便捷，更有优势（刘涛等，2008），因此地块集中度较高的农户可能更愿意实施生态生产行为。上述研究虽然有助于理解非农就业对农户生态生产行为影响的作用机制，但有两方面不足。一是有研究表明非农就业对土地流转的效应被高估（朱文珏、罗必良，2018；许庆、陆钰凤，2018），即非农就业对农户经营规模和地块集中程度的影响并没有预期那么大；二是忽视了农业生产专业化程度的中介作用（高明等，2012）。农户可能在不改变经营规模的基础上，增加或减少种植作物种类，而经营种类的调整也可能会影响农户的生态生产行为。因此，本文认为非农就业可能通过经营规模、地块集中程度和生产专业化水平三类农业生产经营特征变量影响农户的生态生产行为。据此，本文提出假设 1 和假设 2：

H1：非农就业对农户生态生产行为存在显著的抑制作用。

H2：非农就业会通过农业生产经营特征间接提升农户生态生产行为。

已有大量学者直接或间接地探讨了非农就业对农户生态生产行为的影响，但鲜有学者关注家庭生命周期不同阶段在非农就业影响农户生态生产行为中的制约作用。家庭生命周期理论是理解家庭决策和行为的重要视角（汪为、吴海涛，2017），主要研究处于家庭生命周期不同阶段的家庭决策和行为差异。整体来看，处于家庭生命周期不同阶段的农户家庭，在人口结构、就业偏好、资本积累等方面均有不同，在面对非农收入占比增加的时候，表现出差异性的农业生产性投入。同时，家庭生命周期与农户家庭劳动力供给、家庭收入、消费储蓄等经济行为密切相关，因此对家庭生产性决策、资源配置等具有显著的影响（诸培新等，2017），可能导致非农就业与农业生产投入比例及侧重的调整。进一步地，从家庭生命周期各阶段来看，起步期农户家庭一般还未履行直接的照料义务，多以非农就业为主，较少进行农业生产性投入的调整，在此阶段，非农就业对农户生态生产行为的影响可能较小；随着家庭抚养和赡养义务的履行，农户家庭有效劳动力数量减少、家庭负担逐渐增加，农户在提高非农收入的同时可能会将收益最大化作为农业生产的主要目标而不关注生态问题，从而减少其生态生产行为；而空巢期农户家庭，非农就业对其生态生产行为的抑制作用可能更为强烈，处于空巢期的农户家庭，家庭成员均是 65 岁以上的老人，其时间和精力都极为有限，非农劳动的增加必然会促使他们减少农业生产性投入，包括生态生产性投入等。综上，处于家庭生命周期不同阶段的农户家庭，非农就业对农户生态生产行为的影响程度可能不同。基于此，本文提出假设 3：

H3：在家庭生命周期不同阶段，非农就业对农户生态生产行为的影响存在差异。

三、数据来源、模型设定与变量选取

（一）数据来源与样本基本特征

本文数据来自课题组 2016 年 12 月与 2017 年 12 月在秦巴生态功能区腹地的安康市和汉中市开展的实地调查，两次调查均是针对农户家庭 2016 年的生产经营状况进行提问。该研究区不仅是国家重点生态功能区，也是南水北调中线的水源涵养地，但农业面源污染和生活污水问题严峻（李晓平等，2018），是推广农户生态生产、推进农业可持续发展的重要区域。样本的选择采取了分层随机抽样法，在综合考虑研究区农业生产、经济、地形等因素的基础上，共抽取 8 个县（区）①，每个县（区）抽取 2～3 个自然村，每个村随机抽取 20～35 户农户。此次调查共发放问卷 670 份，剔除前后不一致和重要数据缺失的样本后，共获取有效问卷 632 份，其中安康市 311 份，汉中市 321 份。根据上文家庭生命周期划分方法，处于各家庭生命周期阶段的农户数量及占比如表 2 所示，其

① 8 个样本县（区）分别为：安康市的汉阴县、汉滨区、汉滨县、平安县、平利县和汉中市的城固区、城固县、勉县。

中处于起步期的家庭仅有 2 户，占比不足 1%，不具有代表性。因此，下文分析仅就其余 5 个阶段的 630 户样本农户展开。

表 2　样本农户家庭生命周期阶段分布

家庭生命周期阶段	频数（户）	频率（%）
起步期	2	0.32
抚养期	150	23.73
负担期	163	25.79
稳定期	156	24.68
赡养期	124	19.62
空巢期	37	5.85

从样本家庭的基本特征（表 3）看，户主受教育程度基本为初中及以下水平，这一部分样本所占比例超过 90%；户主年龄在 51～65 岁的样本占总数的 52.38%；样本农户家庭规模以 3～6 人居多；家庭非农劳动力为 1～2 人的样本占总数的 60.48%；家庭经营规模主要以 2～5 亩为主；有土地流转行为[①]的农户占 42.38%，略少于没有进行土地流转的样本；家庭年收入低于 5 万元的家庭有 424 户，占比 67.30%。样本基本特征与同期研究类似，样本具有一定的代表性。

表 3　样本家庭的基本特征

类别	选项	样本数（户）	比例（%）
户主受教育年限（年）	[0，6]	313	49.68
	[7，9]	256	40.63
	[10，12]	61	9.68
户主年龄（岁）	[28，35]	14	2.22
	(35，50]	148	23.49
	(50，65]	330	52.38
	(65，97)	138	21.90
家庭总收入（万元）	[0，1]	112	17.78
	(1，3]	154	24.44
	(3，5]	158	25.08
	(5，8]	118	18.73
	(8，32)	88	13.97

类别	选项	样本数（户）	比例（%）
家庭经营规模	[0.3，2)	130	20.63
	[2，5)	346	54.92
	[5，8)	93	14.76
	[8，108]	61	9.68
是否有土地流转行为	否	363	57.62
	是	267	42.38
家庭规模	[1，2]	90	14.29
	[3，4]	224	35.56
	[5，6]	254	40.32
	[7，11]	62	9.84
家庭非农劳动力数量	0	121	19.21
	[1，2]	381	60.48
	[3，4]	115	18.25
	[5，7]	13	2.06

（二）模型设定

1. 有序 Logit 模型

本文的农户生态生产行为是离散的有序变量，因此使用有序 Logit 模型进行估计，有序 Logit 模型的一般形式是：

① 包括土地转出行为和土地转入行为。

$$Y^{*}=\alpha_0+\alpha_1 X+\alpha_2 C_i+\varepsilon \tag{1}$$

式中 Y^{*} 为未观察到的潜变量；Y 为观测到的实施数量；X 为非农就业；C_i 为控制变量；α_n 为待估计参数；ε 为随机扰动项，服从逻辑分布且 $E[\varepsilon \mid X]=0$。则被解释变量（农户生态生产行为）的选择标准为：

$$Y=\begin{cases} 0，若 Y^{*}\leqslant r_1 \\ 1，若 r_1<Y^{*}\leqslant r_2 \\ 2，若 r_2<Y^{*}\leqslant r_3 \\ 3，若 r_3<Y^{*}\leqslant r_4 \\ 4，若 r_4<Y^{*}\leqslant r_5 \\ 5，若 r_5<Y^{*}\leqslant r_6 \\ 6，若 r_6<Y^{*}\leqslant r_7 \\ 7，若 r_7<Y^{*}\leqslant r_8 \end{cases} \tag{2}$$

其中，r_1、r_2、r_3、r_4、r_5、r_6、r_7、r_8 为切点，由模型估计而得。

2. 中介效应模型

为识别非农就业对农户生态生产行为的影响路径，即非农就业如何通过农业生产经营特征（经营规模、地块集中程度、生产专业化程度）间接影响农户生态生产行为。本文借鉴温忠麟和叶宝娟（2014）对中介效应检验流程的改进方法①，构建以下回归方程进行检验：

$$Y=\alpha_1 X+\alpha_2 C_i+\varepsilon_1 \tag{3}$$

$$M_j=\alpha_3 X+\alpha_4 C_i+\varepsilon_2 \tag{4}$$

$$Y=\alpha_5 X+\alpha_6 M_j+\varepsilon_3 \tag{5}$$

其中 M_j 为农业生产经营特征变量，即中介变量，包括经营规模、地块集中程度和生产专业化水平；其余变量与（1）式相同。

（三）变量选取及描述性统计

1. 农户生态生产行为综合值

为了量化分析农户在整个农业生产环节的生态生产行为，本文借鉴已有研究的做法（Willy、Holm-Müller，2013；杨志海，2018；刘可等，2019），将农户生态生产行为的实施数量作为衡量指标。样本农户在不同环节的生态生产行为实施情况见表 4。将 8 项农户生态生产行为均设定为二元变量，已实施行为赋值为 1，未实施行为则赋值为 0，加总得到每个农户生态生产行为的综合值。统计发现，样本农户生态生产行为的实施情况有 9 种，分别为“未实施”“实施 1 项”“实施 2 项”“实施 3 项”“实施 4 项”“实施 5 项”“实施 6 项”“实施 7 项”“实施 8 项”。未实施任何生态生产行为的农户占 18.25%，实施 1 项生态生产行为的农户占 33.17%，实施 2 项、3 项生态生产的农户分别占 22.06%和 15.40%，实施 4 项、5 项、6 项、7 项生态生产行为的农户总占比不到 12%，8 项生态生产行为均实施的农户数量为 0。由此可见，样本农户的生态生产行为实施情况不容乐观，农户生态生产行为的实施程度尚待提高。

① 具体检验步骤如下：第 1 步，检验方程（3）核心自变量的系数 α_1，如果显著，按中介效应立论。第 2 步，依次检验方程（4）核心自变量的系数 α_3 和方程（5）中介变量的系数 α_6，如果两个都显著，则间接效应显著，直接进行第 4 步；如果至少有一个不显著，则进行第 3 步。第 3 步，用 Bootstrap 法直接检验 $H_0: \alpha_3\times\alpha_6=0$。如果显著，则间接效应显著，进行第 4 步，否则间接效应不显著，停止分析。第 4 步，检验方程（5）的系数 α_5，如果不显著，说明为直接不效应显著，为完全中介效应，如果显著，说明直接效应显著。第 5 步，比较 $\alpha_3\times\alpha_6$ 和 α_5 的符号，如果同号，属于部分中介效应，如果异号，属于遮掩效应。

表 4　农户生态生产行为统计

农业生产环节	生态生产行为类别	已实施农户		农户实施的生态生产行为数量（项）	已实施农户	
		频数（户）	频率（%）		频数（户）	频率（%）
耕种环节	农田（机）深松	209	33.17	0	115	18.25
施肥环节	施用农家肥或有机肥	292	46.35	1	209	33.17
	施用测土配方肥	73	11.59	2	139	22.06
	减少化肥施用量	59	9.37	3	97	15.40
打药环节	施用生物农药或进行物理防治	36	5.71	4	52	8.25
				5	13	2.06
	减少农药使用量	45	7.14	6	4	0.63
农业废弃物处理环节	农膜回收	161	25.56	7	1	0.16
	农药瓶回收或掩埋	207	32.86	8	0	0.00

进一步地，本文分析了处于不同家庭生命周期阶段的农户家庭实施生态生产行为的数量分布情况。由表 5 可以看出，在不同家庭生命周期阶段，农户生态生产行为实施情况差异较大。在稳定期，实施 4 项生态生产行为的农户家庭明显多于其他 4 个阶段，且未实施生态生产行为的农户也较少，可能与稳定期农户家庭负担较轻，风险应对能力较强，有更多的资金投入生态生产有关；实施 1 项及以上生态生产行为的农户家庭，在各个生命周期阶段的分布由多到少分别为：稳定期＞抚养期＞赡养期＞负担期＞空巢期，其中稳定期和抚养期农户比例均在 85%以上，说明稳定期和抚养期农户家庭可能会成为未来发展生态生产的主体。

表 5　不同家庭生命周期农户生态生产行为差异分析

单位：户，%

家庭生命周期阶段	抚养期（N=150）		负担期（N=163）		稳定期（N=156）		赡养期（N=124）		空巢期（N=37）	
	频数	频率	频数	频率	频数	频率	频数	频率	频数	频率
未实施	22	14.67	34	20.86	21	13.46	25	20.16	13	35.14
实施 1 项	54	36.00	59	36.20	47	30.13	42	33.87	7	18.92
实施 2 项	31	20.67	37	22.70	37	23.72	22	17.74	12	32.43
实施 3 项	28	18.67	18	11.04	27	17.31	20	16.13	4	10.81
实施 4 项	12	8.00	10	6.13	20	12.82	9	7.26	1	2.70
实施 5 项	2	1.33	4	2.45	3	1.92	4	3.23	0	0.00
实施 6 项	1	0.67	0	0.00	1	0.64	2	1.61	0	0.00
实施 7 项	0	0.00	1	0.61	0	0.00	0	0.00	0	0.00

2. 核心解释变量与中介变量

本文选择非农收入占总收入的比例来衡量农户家庭非农就业状况。首先，非农收入占比反映了农业劳动力在非农产业获取报酬的能力（吴洋等，2008），非农收入占比越大说明农户在非农产业获得报酬的能力越强，从事农业生产的机会成本越高，因此，可能会对农户生态生产行为的投入产生影响；其次，目前学界对农户类型的划分主要是依据农户的收入构成（即非农收入占比）（廖洪乐，2012；赵微、张宁宁，2019），因此非农收入占比变量的选取不仅可以探究农户非农就业能力的影响效应，还可在一定程度上反映农户类型对生态生产行为的影响。

农户生产经营特征主要包括经营规模、地块集中程度和生产专业化水平三类。经营规模用农户

2016年种植总规模表示（叶孙红等，2019）；地块集中程度用农户经营的土地块数衡量（李寅秋、陈超，2011），经营土地块数越少，表示土地细碎化程度越低，即地块集中程度越高；农户生产专业化水平用农户种植作物种类来衡量（王珊珊、张广胜，2013），仅种植水稻1种作物的农户为高专业化农户，种植2种作物的农户为中专业化农户，种植3种及以上作物的农户为低专业化农户。

3. 控制变量

本文选取户主受教育年限、家庭总收入、生态生产技术认知、土地质量主观评价、社会网络以及地区等可能影响农户生态生产行为的因素作为控制变量。户主受教育程度越高，农户家庭采纳生态生产行为的可能性越大（蔡颖萍、杜志雄，2016）；家庭总收入越高，农户进行生态生产的资金约束越小，且风险应对能力较强，可能更愿意进行生态生产；由于生态生产行为存在明显的正外部性和收入不确定性，农户对生态生产技术认知程度越高，越可能实施生态生产行为（杨志海，2018）；耕地质量状况也是影响农户生态生产行为的因素，认为自家耕地质量较好的农户，可能更愿意实施生态生产行为以保持土地较高的持续生产能力；农户社会网络的拓展能显著提升农户生态生产行为（杨志海，2018），本文以经常联系人的数量来衡量农户的社会网络状况；考虑到不同地区间存在着某些难以观察的系统差异，如地理位置、人文风俗等，可能会对农户生态生产行为产生影响，因此本文还考虑了地区虚拟变量，以控制不同市区间的差异。变量的选取及描述性统计结果见表6。

表6　变量选取与描述性统计

	变量名称	变量含义和赋值	均值	标准差
被解释变量	Y：生态生产行为总值	农户生态生产行为的实施数量：0=未实施；1=实施1项；2=实施2项；3=实施3项；…；7=实施7项	1.717 5	1.340 2
家庭生命周期类型	L_1：抚养期	处于抚养期的样本农户=1；其他=0	0.238 1	0.426 3
	L_2：负担期	处于负担期的样本农户=1；其他=0	0.258 7	0.438 3
	L_3：稳定期	处于稳定期的样本农户=1；其他=0	0.247 6	0.432 0
	L_4：赡养期	处于赡养期的样本农户=1；其他=0	0.196 8	0.397 9
	L_5：空巢期	处于空巢期的样本农户=1；其他=0	0.058 7	0.235 3
核心解释变量	X：非农收入占比	农户家庭非农收入与总收入的比值（2016年收入）	0.707 4	0.357 9
中介变量	M_1：经营面积	农户家庭2016年的经营面积（亩）	4.235 5	5.917 1
	M_2：地块集中程度	农户家庭2016年经营的土地块数（块）	6.450 8	9.142 6
	M_3：生产专业化水平	农户种植种类：1=高专业化农户；2=中专业化农户；3=低专业化农户	1.888 9	0.561 4
控制变量	C_1：户主受教育年限	单位为年	6.415 9	3.512 2
	C_2：家庭总收入	农户2016年家庭总收入（万元）	4.390 0	3.713 4
	C_3：生态生产技术认知	实施生态生产行为可以保护生态环境：1=完全不赞同；2=不太赞同；3=一般；4=比较赞同；5=完全赞同	4.003 2	1.097 8
	C_4：土地质量主观评价	农户所在县的耕地生态环境质量主观评价：0=非常差；…；5=一般；…；10=非常好	6.096 8	2.059 2
	C_5：社会网络	经常联系人数量：1=0人；2=1～3人；3=4～6人；4=7～10人；5=11～20人；6=21～50人；7=50人及以上	3.749 2	1.431 2
	C_6：地区虚拟变量	0=汉中市；1=安康市	0.490 5	0.500 3

四、回归分析

（一）非农就业的总体效应与中介效应分析

本文运用 Stata15.0 软件估计了非农就业对农户生态生产行为的总体效应及中介效应（表 7）。模型一是非农就业对农户生态生产行为影响的总体效应回归结果。非农就业对农户生态生产行为有显著的负向影响，即随着家庭非农收入占比的增加，农户生态生产行为实施数量会呈现下降趋势。可见，总体而言，非农就业对提升农户生态生产行为发挥了消极作用。户主受教育年限的影响不显著，可能与样本农户受教育程度普遍偏低有关。而家庭总收入、生态生产技术认知、土地质量主观评价、社会网络等变量对农户生态生产行为均有显著的正向影响（表 7 模型一），与已有研究结论一致。假设 1 得证。

表 7　非农就业的总体效应与中介效应回归结果

变量	模型一（Y）	模型二（M_1）	模型三（M_2）	模型四（M_3）	模型五（Y）	模型六（Y）	模型七（Y）	模型八（Y）
X	−0.937 0*** (0.231 4)	−6.629 1*** (0.679 7)	−8.657 4*** (1.064 0)	−1.158 2*** (0.280 8)	−0.756 6*** (0.251 3)	−0.764 7*** (0.244 8)	−0.830 5*** (0.234 9)	−0.694 6*** (0.252 8)
M_1	— —	— —	— —	— —	0.025 1* (0.014 7)	— —	— —	0.000 9 (0.024 1)
M_2	— —	— —	— —	— —	— —	0.019 7** (0.009 6)	—— ——	0.015 6 (0.015 4)
M_3	— —	— —	— —	— —	— —	— —	0.351 3*** (0.129 1)	0.317 2** (0.130 5)
控制变量	已控制	已控制	已控制	已控制	已控制	已控制	已控制	已控制
常数	— —	6.428 0*** (1.253 0)	12.505 6*** (1.961 4)	— —	— —	— —	— —	— —
Prob>F	—	0.000 0	0.000 0	—	—	—	—	—
Prob>chi2	0.000 0	—	—	0.001 2	0.000 0	0.000 0	0.000 0	0.000 0

注：***、**、*分别表示在 1%、5%和 10%水平上显著；括号中数字是标准误；模型已通过多重共线性检验。

为了进一步揭示非农就业通过农业生产经营特征（经营规模、地块集中程度以及生产专业化水平）间接影响农户生态生产行为，本文采用中介效应模型对其作用机制进行实证检验。表 7 中，模型二到模型四分别是非农就业对经营规模、地块集中程度和生产专业化水平三类生产经营特征变量的回归结果。模型五到模型八分别是控制了非农就业的直接效应后，上述生产经营特征变量的回归结果。从模型估计结果看，各个方程拟合情况较好，整体显著。上文已经证明，非农就业对农户生态生产行为存在显著的负向影响（模型一），即方程（3）中的系数 α_1 显著，假设存在中介效应；模型二到模型四中核心自变量 X 的系数对应方程（4）中的系数 α_3，生产经营特征变量 M_1（经营规模）、M_2（地块集中程度）、M_3（生产专业化程度）的系数对应方程（5）中的系数 α_6，上述系数值均显著，说明间接效应显著；模型五到模型七中核心解释变量 X（非农就业）的系数对应方程（5）中的系数 α_5，即在分别控制了三类生产经营特征变量的影响后，非农就业的影响系数 α_5 仍然显著；进一步地，将所有中介变量均纳入模型中（模型八），非农就业对农户生态生产行为依旧具有显著的负向影响，说明直接效应显著。对比以上回归结果中 α_5 与 $\alpha_3 \times \alpha_6$ 的符号，发现均为负，说明非农就业的间接效应和直接效应符号相同，即存在部分中介效应。本文分析的非农就业对农户生态生产行为影响的三条中介路径，均证明了部分中介效应的存在，其中经营规模、地块集中程度和生产专业化水平的中介效应占比分别为17.76%、18.20%和43.42%。可见，非农就业不仅直接影响农户生态生产行为，而且还通过中介变量间接影响农户生态生产行为。假设2得证。

进一步地，我们分析了三类生产经营特征变量的具体影响。非农就业对农户经营规模具有显著的负向影响（模型二），在控制了非农就业的直接影响效应后，经营规模与农户生态生产行为存在显著正向相关性（模型五），说明随着非农收入占比的增加，农户倾向于流转出土地以缩小经营规模，而经营规模越小的农户实施生态生产行为的数量越少，农户生态生产行为实施程度越低，即非农就业通过影响农户经营规模降低了农户生态生产行为；非农就业对农户地块集中程度具有显著的负向影响（模型三），即随着农户非农收入占比的提高，农户地块集中程度会增加，地块集中程度与农户生态生产行为存在正相关性（模型六），即地块集中程度的增加会导致农户实施的生态生产行为数量上升，可见，农户地块集中程度会缓解非农就业对农户生态生产行为的负向影响；非农就业对农户生产专业化程度的影响显著且为负（模型四），说明随着非农收入占比的增加，农户会减少种植的作物种类，其生产专业化水平会提高，而生产专业化水平与农户生态生产行为存在显著的正相关关系（模型七、模型八），说明，非农就业也会通过影响农户生产专业化水平来缓解对农户生态生产行为的负向影响。综上所述，非农就业会通过缩小农户经营规模来加深对农户生态生产行为的负向影响效应，但会通过影响地块集中程度和生产专业化水平来缓解对农户生态生产行为的负向影响效应。可见，非农就业对农户生态生产行为的影响效应是多维度的综合结果。

（二）家庭生命周期的调节效应分析

模型九到模型十三（表8）是基于家庭生命周期阶段分组后，非农就业对农户生态生产行为影响的回归结果。与总体效应回归结果（模型一）类似，在家庭生命周期的各个阶段，非农就业对农户生态生产行为均呈现负相关性。其中，仅处于抚养期的农户家庭，其非农就业对农户生态生产行为的影响效应不显著；其他四个阶段（负担期、稳定期、赡养期和空巢期）非农就业对农户生态生产行为均有显著的负向影响，且随着生命周期阶段的推进，非农就业的负向影响逐渐增强。可见，在家庭生命周期的不同阶段，非农就业的影响效应存在差异。假设3得证。

表8　家庭生命周期的调节效应回归结果

变量	模型一总体效应（N=630）	模型九抚养期（N=150）	模型十负担期（N=163）	模型十一稳定期（N=156）	模型十二赡养期（N=124）	模型十三空巢期（N=37）
X	−0.937 0***	−0.700 5	−0.988 1*	−1.206 5**	−1.211 6**	−1.982 6*
	(0.231 4)	(0.521 0)	(0.540 8)	(0.487 4)	(0.523 0)	(1.136 3)
C_1	0.016 9	−0.004 2	0.051 2	−0.035 2	0.000 1	0.156 4
	(0.022 1)	(0.048 9)	(0.044 5)	(0.049 2)	(0.050 1)	(0.104 6)
C_2	0.068 9***	0.070 8*	0.053 2	0.143 8***	0.065 0	0.089 5
	(0.022 0)	(0.040 1)	(0.048 6)	(0.054 7)	(0.044 0)	(0.321 5)
C_3	0.177 7***	0.142 1	0.534 5***	0.183 9	0.102 5	0.309 4
	(0.066 7)	(0.143 0)	(0.156 5)	(0.116 2)	(0.154 6)	(0.341 1)

（续）

变量	模型一总体效应（N=630）	模型九抚养期（N=150）	模型十负担期（N=163）	模型十一稳定期（N=156）	模型十二赡养期（N=124）	模型十三空巢期（N=37）
C_4	0.096 4***	0.066 2	0.227 1***	0.080 1	0.213 0**	0.097 6
	(0.034 8)	(0.070 9)	(0.070 9)	(0.069 5)	(0.089 1)	(0.199 4)
C_5	0.114 9**	0.196 1*	0.202 3*	−0.194 3	0.122 7	0.320 5
	(0.053 2)	(0.108 3)	(0.104 3)	(0.126 4)	(0.120 0)	(0.298 5)
C_6	0.457 5***	0.508 5	0.602 1**	−0.048 2	0.692 3*	0.943 2
	(0.152 5)	(0.316 6)	(0.303 0)	(0.316 8)	(0.364 7)	(0.673 9)
Prob>chi2	0.000 0	0.106 7	0.000 2	0.090 3	0.068 6	0.182 0

注：***、**、*分别表示在1%、5%和10%水平上显著；括号中数字是标准误；模型已通过多重共线性检验。

五、研究结论与政策建议

本文的创新之处在于，一是通过对农业生产各个环节中农户行为的梳理，依次从耕种、施肥、打药和农业废弃物处理四个环节中选择出8项生态生产行为，构建了农户生态生产行为综合值，更能准确地反映农户在整个生产过程中的生态生产行为实施水平；二是引入了经营规模、地块集中程度和生产专业化水平三类农业生产经营特征作为中介变量，构建了“非农就业—农业生产经营特征—农户生态生产行为”的理论分析框架，厘清了非农就业对农户生态生产行为的影响路径；三是探讨了家庭生命周期在非农就业对农户生态生产行为影响中的调节作用，进一步解析了非农就业对农户生态生产行为影响的差异性。本文的研究结论主要包括以下三点：

（1）非农就业总体上减少了农户生态生产行为。

（2）非农就业对农户生态生产行为的影响效应不仅包括直接效应还包括间接效应，非农就业会通过农业生产经营特征影响农户生态生产行为。具体而言，非农就业会通过缩小农户经营规模来加深对农户生态生产行为的负向影响效应，但会通过影响地块集中程度和生产专业化水平来缓解对农户生态生产行为的负向影响效应。

（3）非农就业对处于各个家庭生命周期阶段的农户家庭生态生产行为存在不同程度的影响，即随着家庭生命周期阶段推移，非农就业对农户生态生产行为的消极影响会逐渐增大。

基于以上结论，提出以下政策建议：

（1）由于农户经营规模越小、地块集中程度以及生产专业化水平越低的农户家庭，其生态生产行为实施水平也越低，因此，应该鼓励一部分农户通过土地流转扩大经营规模，集中连片土地进行专业化生产，以改善和增加农户的生态生产行为。

（2）政府应在农户生产经营决策中起到引导作用，鼓励非农就业程度较高且不愿意流转土地的农户家庭进行专业化生产，以优化农户生态生产行为选择。

（3）应通过鼓励非农就业程度较高的赡养期和空巢期农户家庭，逐渐减少家庭劳动力的非农劳动参与，将经济来源的重心转移到农业领域，以减弱非农收入占比增加对其生态生产行为的消极影响。

参考文献

蔡颖萍，杜志雄，2016. 家庭农场生产行为的生态自觉性及其影响因素分析——基于全国家庭农场监测数据的实证

检验 [J]. 中国农村经济 (12)：33-45.

陈奕山，钟甫宁，纪月清，2017. 农户兼业对水稻杀虫剂施用的影响 [J]. 湖南农业大学学报（社会科学版），18 (6)：1-6，19.

高明，徐天祥，朱雪晶，等，2012. 兼业背景下贫困地区农户资源配置的特征与效率分析 [J]. 经济社会体制比较 (2)：163-169.

巩前文，穆向丽，田志宏，2010. 农户过量施肥风险认知及规避能力的影响因素分析——基于江汉平原 284 个农户的问卷调查 [J]. 中国农村经济 (10)：66-76.

何可，张俊飚，田云，2013. 家庭生命周期、人口学特征与劳动节约型技术需求——基于 582 户农民的调查 [J]. 软科学，27 (8)：118-122.

黄炜虹，齐振宏，邬兰娅，等，2017. 农户从事生态循环农业意愿与行为的决定：市场收益还是政策激励？ [J]. 中国人口·资源与环境，27 (8)：69-77.

黄祖辉，钟颖琦，王晓莉，2016. 不同政策对农户农药施用行为的影响 [J]. 中国人口·资源与环境 (8)：148-155.

纪月清，刘亚洲，陈奕山，2015. 统防统治：农民兼业与农药施用 [J]. 南京农业大学学报（社会科学版），15 (6)：61-67，138.

李明艳，陈利根，石晓平，2010. 非农就业与农户土地利用行为实证分析：配置效应、兼业效应与投资效应——基于 2005 年江西省农户调研数据 [J]. 农业技术经济 (3)：41-51.

李晓平，谢先雄，赵敏娟，2018. 资本禀赋对农户耕地面源污染治理受偿意愿的影响分析 [J]. 中国人口·资源与环境，28 (7)：93-101.

李寅秋，陈超，2011. 细碎化、规模效应与稻农投入产出效率 [J]. 华南农业大学学报（社会科学版），10 (3)：72-78.

梁流涛，曲福田，诸培新，等，2008. 不同兼业类型农户的土地利用行为和效率分析——基于经济发达地区的实证研究 [J]. 资源科学 (10)：1525-1532.

廖洪乐，2012. 农户兼业及其对农地承包经营权流转的影响 [J]. 管理世界 (5)：62-70.

林善浪，王健，2010. 家庭生命周期对农村劳动力转移的影响分析 [J]. 中国农村观察 (1)：25-33，94-95.

林玉妹，林善浪，王健，2010. 家庭生命周期、土地流转与农业结构调整 [J]. 福建师范大学学报（哲学社会科学版）(2)：27-34.

刘可，齐振宏，黄炜虹，等，2019. 资本禀赋异质性对农户生态生产行为的影响研究——基于水平和结构的双重视角分析 [J]. 中国人口·资源与环境，29 (2)：87-96.

刘涛，曲福田，金晶，2008. 土地细碎化、土地流转对农户土地利用效率的影响 [J]. 资源科学，30 (10)：1511-1516.

卢华，胡浩，傅顺，2016. 农地产权、非农就业风险与农业技术效率 [J]. 财贸研究，27 (5)：75-82.

闵继胜，胡浩，2012. 江苏省农业生产过程中碳减排潜力的理论与实证分析 [J]. 科技进步与对策，29 (8)：35-38.

钱龙，洪名勇，2016. 非农就业、土地流转与农业生产效率变化——基于 CFPS 的实证分析 [J]. 中国农村经济 (12)：2-16.

童霞，高申荣，吴林海，2014. 农户对农药残留的认知与农药施用行为研究——基于江苏、浙江 473 个农户的调研 [J]. 农业经济问题，35 (1)：79-85，111-112.

汪为，吴海涛，2017. 家庭生命周期视角下农村劳动力非农转移的影响因素分析——基于湖北省的调查数据 [J]. 中国农村观察 (6)：57-70.

王常伟，顾海英，2013. 市场 VS 政府，什么力量影响了我国菜农农药用量的选择？[J]. 管理世界 (11)：50-66，187-188.

王珊珊，张广胜，2013. 非农就业对农户碳排放行为的影响研究——来自辽宁省辽中县的证据 [J]. 资源科学，35 (9)：1855-1862.

吴洋，聂勇，胡振虎，等，2008. 家庭生命周期、土地细碎化与农户农业生产性投入——来自湖北省老河口市的数据［J］. 云南财经大学学报（1）：70－75.

肖新成，2015. 农户对农业面源污染认知及其环境友好型生产行为的差异分析——以江西省袁河流域化肥施用为例［J］. 环境污染与防治，37（9）：104－109.

徐志刚，张炯，仇焕广，2016. 声誉诉求对农户亲环境行为的影响研究——以家禽养殖户污染物处理方式选择为例［J］. 中国人口·资源与环境，26（10）：44－52.

许庆，陆钰凤，2018. 非农就业、土地的社会保障功能与农地流转［J］. 中国人口科学（5）：30－41，126－127.

杨志海，2018. 老龄化、社会网络与农户绿色生产技术采纳行为——来自长江流域六省农户数据的验证［J］. 中国农村观察（4）：44－58.

叶孙红，齐振宏，黄炜虹，等，2019. 经营规模、信息技术获取与农户生态生产行为——对不同生产行为及农户类型的差异性分析［J］. 中国农业大学学报，24（3）：173－186.

赵瑾，郭利京，2017. 新技术认知对农户亲环境行为的影响机理研究——以菜农生物农药施用为例［J］. 广东农业科学，44（1）：183－192.

赵微，张宁宁，2019. 耕地经营规模、家庭生命周期与农户生计策略［J］. 中国人口·资源与环境（5）：157－164.

朱长宁，王树进，2015. 退耕还林背景下农户生态农业生产方式采用行为研究［J］. 南京农业大学学报（社会科学版）（3）：69－74，124.

朱明芬，李南田，2001. 农户采用农业新技术的行为差异及对策研究［J］. 农业技术经济（2）：26－29.

朱文珏，罗必良，2018. 农地价格幻觉：由价值评价差异引发的农地流转市场配置“失灵”——基于全国 9 省（区）农户的微观数据［J］. 中国农村观察（5）：67－81.

诸培新，杨子，饶芳萍，2017. 家庭生命周期对土地规模经营的影响研究［J］. 中国人口科学（6）：43－53，126－127.

DeBrauw A，Rozelle S，2008. Migration and household investment in rural China［J］. China Economic Review，19：320－335.

Derrick F W，Lehffld A K，1980. The family life cycle：An alternative approach［J］. The Journal of Consumer Research（9）：214－218.

Duvall，Evelyn Millis，1988. Family development's first forty years［J］. Family Relations，37（2）.

Paul C Glick，1947. The family cycle［J］. American Sociological Review，12（1）：164－174.

Rex Y Du，Wagner A，2006. Household life cycles and lifestyles in the United States［J］. Journal of Marketing Research（2）：121－132.

Willy D K，K Holm－Müller，2013. Social influence and collective action effects on farm level soil conservation effort in rural Kenya［J］. Ecological Economics，90（3）：94－103.

农机社会化服务对小规模农户劳动力转移的促进作用研究

杨思雨

（中国农业大学经济管理学院）

摘要：本研究基于对中国 11 省份的 2 399 份问卷调查，运用参数估计和非参数估计系统分析农机社会化服务对农村劳动力转移的促进作用。研究发现农机社会化服务对农村劳动力转移具有显著正向影响，且农机社会化服务显著促进小规模农户进行劳动力转移，促进了小规模农户融入现代农业发展，具有一定政策参考价值。

关键词：农机社会化服务；农村劳动力转移；IVTobit 模型；倾向得分匹配法（PSM）

在城镇化背景下，我国农村劳动力转移呈上升趋势，由 1978 年的 1 912 万人增至 2018 年的 28 836 万人（陈咏媛，2019），增长 14.08 倍。与此同时，中国农业机械总动力快速增加，从 1978 年的 11 749.9 万千瓦增至 2018 年的 100 000 万千瓦增长 7.51 倍。农业机械的广泛应用，不仅极大地提高了农业劳动生产率，也逐步把农民从传统的"面朝黄土背朝天"的高强度农业生产劳动中解放出来，在一定程度上促进了农村劳动力转移。

在今后相当长的时间内，以小规模农户家庭经营为主体，仍是中国农业的基本国情和无法绕开的选择，小规模农户难以自购农机自行耕种，农机社会化服务应运而生。农机社会化服务为小规模农户利用机械提供了便利，帮助小规模农户更好地融入现代农业。那么，农机社会化服务是否对农村劳动力转移有促进作用呢，农机社会化服务是否可以解决小规模农户"买不起、用不好"农业机械的问题，进而帮助小规模农户与现代农业有机衔接呢？这是十分重要的问题，却鲜有研究。

一、问题的提出

在"大国小农"的基础上实现农业现代化是中国的特殊国情。近年来，在工业化、城镇化迅速推进和老龄化日益加剧的影响下，大量农村劳动力转移到非农领域。中国农业受小规模农户生产特点的制约，小规模农户难以自购农机进行农业生产，农业发展又面临粗放经营、"后继无人"等问题（芦千文，2019）。农机社会化服务的发展为解决此问题提供了新的办法，在实践中也发挥着日益重要的作用。

农机社会化服务与农村劳动力转移相辅相成、相互影响，两者具有互为因果的内生性关系，但通过运用工具变量法可以消除。造成农村劳动力转移的原因有很多，其中有不少学者研究农业机械化这个重要推力对农村劳动力转移的影响。2000 年以来，我国农村劳动力加速向非农领域转移，同时农业机械化水平也快速提高。国内许多学者分析并证实了农业机械化与农村劳动力转移之间存在的显著关系（李小阳等，2003；祝华军，2005；卢秉福，2014；周振等，2016），实际上农业机械化对农村劳动力转移的推动作用被普遍认为是理所当然的，机械化是农业应对“刘易斯拐点”和人口红利消失的必然选择。毛泽东主席曾提出“农业的根本出路在于机械化”，诚然农业机械化能大幅提高劳动生产率，但是并不能提高土地产出率。

农业机械化有两种实现途径，自购农机和采用农机社会化服务。农机社会化服务对不同规模农户劳动力转移作用不同，但对小规模农户劳动力转移的促进作用更为明显。小规模农户不具备自购农机的能力，只能采用农机社会化服务。新时期我国现代化进程加快，伴随中国农业劳动力大量外流，农业劳动机会成本持续增加，在家庭联产承包责任制和农户小规模经营的约束下，中国农业在人均和单个农户耕地规模都没有实质性扩大的条件下，为保证国家粮食安全，采用农机社会化服务走出了一条有特色的农业机械化道路。尤其通过农业生产环节的分工，在没有变动基本经营制度的前提下推进农机社会化服务，把农业劳动力从土地中释放出来，促进农村劳动力转移，实现小规模农户与现代农业的有机衔接（李谷成，2018）。那么，新时期农业机械化的实现方式农机社会化服务究竟如何影响农村劳动力转移呢？

农机社会化服务是小规模农户实现机械化的必由之路，在发展土地集中型规模经营的同时，大力发展服务带动型规模经营，以服务规模化弥补经营细碎化的严重不足。促进小规模农户与现代农业有机衔接，是为解决中国现阶段农机高需求与小规模农户低购买力的矛盾问题，长期可采用土地流转方式改变农户小规模经营现状，但是土地流转后将有大量农民从农业中分离出来，短期内中国第二、第三产业难以容纳。短期采用社会分工下的农机社会化服务，不受小规模经营、农机购置成本所限。现实中虽然农机社会化服务成本较高，但农户只需每年支付服务费就能实现农业机械化生产。由此提出，农机社会化服务对小规模农户劳动力转移是否更有帮助？

究其本源，农机社会化服务是社会化服务组织、农机户为其他农业生产者提供的机耕、机播、机收、排灌、植保等各类农机作业服务，以及相关的农机维修、供应、中介、租赁等有偿服务的总称。农机社会化服务可应对有效劳动力的日益短缺、用工成本的日益走高，进而实现基于社会化服务的节本增效、提质增效。本研究聚焦于农机社会化服务的耕整地、播种、收获服务，重点考虑小规模农户采用农机社会化服务对农村劳动力转移的促进作用。

二、理论分析

农机社会化服务最主要的作用就是对人工的替代，在城镇化进程不断推进的背景下，从事农业生产的劳动力急剧下降，中国大量农村劳动力的非农转移促进了非农部门经济快速增长。中国农场规模平均低于1公顷，土地细碎程度高，然而中国粮食产量稳步增长，我们认为这种矛盾可以部分由农业机械化程度增加来解释。因劳动力供给缺乏弹性带来的抑制作用可以由机械技术的发展而抵消（郭熙保、苏甫，2013；潘彪、田志宏，2018；芦千文等，2019）。

农业机械化有两种实现路径：一是自购农机，主要适用于规模农户，实现土地适度规模经营，发展集约型农业生产。二是采用社会化服务组织、农机户提供的农机社会化服务方式来使用农业机械，主要适用于小规模农户，因难以实现土地规模化经营，而应用服务规模化来替代。农机社会化服务为小规模农户使用昂贵农机创造了条件，在一定程度上也可以促进农村劳动力转移。

小规模农户以农机社会化服务替代劳动力投入成为理性选择，在农机社会化服务市场的作用下，农业机械转变成社会化服务，相当于将农机分割成很多份，并以服务的形式进入农户生产过程。农机社会化服务改变了农机的稀缺状态，使其成为比劳动力更为富裕的要素（图1）。

本研究据此提出两个假说：

假说 1：农机社会化服务对农村劳动力转移有促进作用。

假说 2：小规模农户采用农机社会化服务对农村劳动力转移有促进作用。

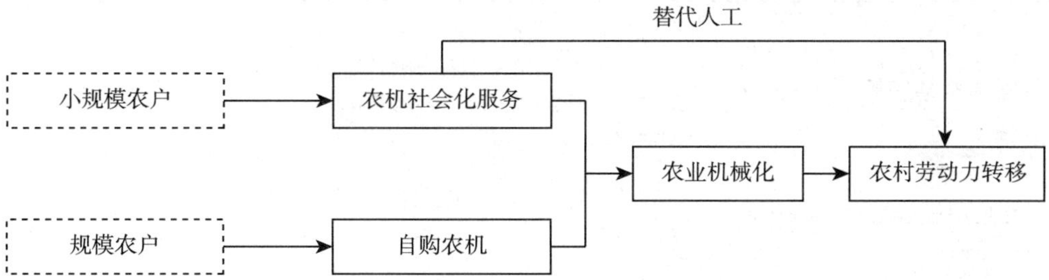

图 1　农机社会化服务对农村劳动力转移的影响机制

三、数据来源、变量选择与研究方法

(一) 数据来源

本文使用数据来自 2016 年中国农业大学国家农业农村发展研究院在河北、黑龙江、吉林、山东、安徽、江苏、河南、湖北、湖南、广西、四川开展的农村调查。此次调查共回收问卷 2 399 份。调查的地域分布较广，遍布中国 11 个省区市。其中，既有中部传统的农业大省，例如河南、河北、湖北、湖南、安徽；也包含东北的粮食主产地，例如黑龙江、吉林；还有经济比较落后的西部农业主产区，如广西；也包括东部沿海的经济发达省份，如山东、江苏。因此，调查样本具有较强的代表性。

(二) 变量选择与测度

(1) 被解释变量。农村劳动力转移比例作为被解释变量。

(2) 解释变量。选取“是否采用农机社会化服务”作为研究的关键变量。同时选取相应控制变量，并分为两个维度：①经营情况，包括农户总收入的对数、农业经营收入在农户收入中的比重、农户是否签订土地流转合同、家庭经营面积、家庭经营地块数、粮食种植面积。②农户个人特征，包括户主年龄、户主文化程度、户主健康状况、户主性别、家庭受农业生产经营培训情况、家庭干部情况。

(3) 工具变量。无论是理论上还是依据实际调研情况来看，打工地点都对采用农机社会化服务起到了巨大的推动作用。本研究中，以各农户打工地点作为工具变量。打工地点的远近能够影响到农机社会化服务的采用，然而打工地点相对农村劳动力转移而言则为外生变量。本研究涉及的估计变量如表 1 所示。

表 1　变量定义及描述性统计

类型	变量	变量代码	变量定义及说明	样本量	最小值	最大值	均值	标准差
因变量	农村劳动力转移	*migrantratio*	农村劳动力转移比例＝外出务工和非农经营收入/农户收入	2 185	0	1	0.47	0.37
核心解释变量	农机社会化服务	*service*	农机社会化服务＝（购买社会化服务耕整地规模＋购买社会化服务播种规模＋购买社会化服务收获规模）/家庭经营规模	2 185	0	1	0.53	0.50

（续）

类型	变量	变量代码	变量定义及说明	样本量	最小值	最大值	均值	标准差
经营情况	农户总收入的对数	ln（*income*）	农户总收入＝农业经营收入＋外出务工和非农经营收入＋工资及补助＋财产性收入＋五保收入＋养老保险补助＋灾害救济收入＋其他收入	2 185	−1.20	18.04	10.68	1.34
	农业经营收入占比	*agincome*	农业经营收入占比＝农业经营收入/农户收入	2 185	0	1	0.46	0.37
	土地流转合同	*contract*	签订土地流转合同＝1，没有签订土地流转合同＝2，不清楚＝0	2 185	0	2	0.75	0.85
	家庭经营面积（亩）	*acer*	实际家庭经营面积	2 185	0	7 500	43.73	273.55
	家庭经营地块数（块）	*lock*	实际地块数	2 185	0	1 200	8.85	47.35
	粮食种植面积（亩）	*area*	粮食种植面积＝水稻种植面积＋小麦种植面积＋玉米种植面积	2 185	0	3 400	33.04	162.01
农户个人特征	户主年龄（岁）	*age*	实际年龄	2 185	12	87	50.47	10.50
	户主文化程度	*edu*	文盲＝1，小学＝2，初中＝3，高中＝4，大专＝5，大专以上＝6	2 185	1	6	2.76	0.93
	户主健康状况	*hea*	好＝1，一般＝2，差＝3，无劳动能力＝4	2 185	1	4	1.35	0.57
	户主性别	*sex*	女性＝0，男性＝1	2 185	0	1	0.82	0.38
	家庭农业培训情况	*tra*	受过农业生产经营培训＝0，没有受过农业生产经营培训＝1	2 185	0	1	0.23	0.42
	家庭干部情况	*lea*	有干部＝0，没有干部＝1	2 185	0	1	0.99	0.08
工具变量	打工地点	*spot*	本村＝1，本乡＝2，本县＝3，本省＝4，外省＝5	2 185	0	5	1.75	1.50

（三）IVTobit 模型

研究农机社会化服务对农村劳动力转移的影响，农机社会化服务为核心解释变量。考虑到指标获得的可行性，课题组以农户从事非农行业作为农村劳动力转移的替代指标。农村劳动力转移是一个介于 0 与 1 之间的受限变量，且为右侧截尾分布，因此采用受限因变量的 IVTobit 模型检验农机社会化服务对农村劳动力转移的影响。具体估计模型如下

$$
\begin{aligned}
Migrantratio_i = {} & \alpha + \beta_1 service_i + \beta_2 \ln(income_i) + \beta_3 agincome_i + \beta_4 contract_i + \\
& \beta_5 acer_i + \beta_6 lock_i + \beta_7 area_i + \beta_8 age_i + \beta_9 edu_i + \beta_{10} hea_i + \\
& \beta_{11} sex_i + \beta_{12} tra_i + \beta_{13} lea_i + \varepsilon_i
\end{aligned}
$$

其中，*Migrantratio* 为农村劳动力转移，*service* 为购买农机社会化服务规模，*income* 为农户收入，*agincome* 为农户经营收入占比，*contract* 为签订土地流转合同，*acer* 为家庭经营面积，*lock* 为家庭经营地块数，*area* 为粮食种植面积，*age* 为户主年龄，*edu* 为户主文化程度，*hea* 为户主健康状况，*sex* 为户主性别，*tra* 为农户家庭是否受过农业生产经营培训，*lea* 为农户家庭有几位干部，ε 为随机干扰项。值得注意的是，规模农户多采用自购农机，也有一定的劳动力转移作用，但本研究所依据的调研数据中规模农户较少，可能造成的影响也较小。

（四）倾向得分匹配法（PSM）

针对农户是否采用农机社会化服务将农户样本分为采用农机社会化服务组和不采用农机社会化服务组，由于难以保证组别之间有相同的属性分布，如果采用 OLS 估计可能导致估计结果偏差。为最大限度地消除非随机分配所导致的估计偏误，选取倾向得分匹配法进行估计（胡新艳等，2016）。PSM 在评估农机社会化服务对农村劳动力转移的影响时，将采用农机社会化服务农户组成处理组，不采用农机社会化服务农户组成对照组。

由于无法获取采用农机社会化服务农户在不采用时的状态，需要构造一个反事实框架，即在给定一组协变量（X_i）的情况下，对每一农户进行打分，计算其进入处理组的概率 p（X_i），记为倾向得分，实际上是对一组协变量在处置维度上投影的一个降维，从而在多个维度上将采用农机社会化服务组农户与不采用农机社会化服务组农户进行匹配，使得配对的两个农户协变量分布相同，只是一个分配在采用农机社会化服务组，另外一个分配在不采用农机社会化服务组，这相当于一个随机试验（Brookhart M. A. et al.，2006）。在这种情况下，以 X_i 为条件，D_i（是否采用农机社会化服务）与（Y_{i1}，Y_{i0}）（结果变量）相互独立，即：

$$(Y_{i1},\ Y_{i0}) \perp D_i \mid p(X_i)$$

在对全体样本配对后，计算配对样本组之间在结果变量上的差异，即可得到平均事后处理效应的有效估计值 ATT：

$$ATT = E(Y_{i1} \mid D_i = 1) - E(Y_{i0} \mid D_i = 1) = E(Y_{i1} - Y_{i0} \mid D_i = 1)$$

由期望迭代定理：

$$\begin{aligned} ATT &= E\{E[Y_{i1} - Y_{i0} \mid D_i = 1, p(X_i)]\} \\ &= E\{E[Y_{i1} \mid D_i = 1,\ p(X_i)] - E[Y_{i0} \mid D_i = 0,\ p(X_i)] \mid D_i = 1\} \end{aligned}$$

四、实证结果与分析

（一）IVTobit 模型回归结果

农机社会化服务与农村劳动力转移具有互为因果的内生性关系。一般来说，由于农机社会化服务可替代人工，农村劳动力可以转移到城镇从事非农行业。反之，农村劳动力转移也能为农机社会化服务提供条件。并且研究不可能捕捉到农户家庭的生产经营决策者和其他成员的劳动就业、收入及风险偏好等所有个人特征变量，而上述被遗漏变量可能影响农户选择农机社会化服务的决策集，进而导致农户农机社会化服务选择与扰动项相关，因此，需要在计量模型中分离出农机社会化服务对农村劳动力转移的单向作用。

采用工具变量法来解决内生性问题，在参考已有文献资料的基础上，选择从事非农工作地点作为工具变量，从事非农工作地点的远近对农户农机社会化的选择产生直接影响，对农村劳动力的转移尚不产生直接影响，因而满足外生性要求。

模型Ⅰ～Ⅴ均使用 IVTobit 模型回归，估计结果如表 2 所示，以农户打工地点为工具变量，限于篇幅未列出第一阶段估计结果。在第一阶段估计结果中，农户打工地点对农机社会化服务指标的估计系数均非常显著。其中模型Ⅰ是包含所有变量的回归结果，模型Ⅱ、模型Ⅲ、模型Ⅳ、模型Ⅴ是依据变量的 z 检验值，将不显著且较为次要的变量依次剔除，进行逐步回归的结果（曹阳、胡继亮，2010）。

模型 I～V 的估计结果显示，农机社会化服务对农村劳动力转移均具有显著的正向影响，且弹性系数的显著程度均在 1%水平以下，表明农机社会化服务是推动农村劳动力转移的显著性因素。

表 2　IVTobit 模型回归结果（因变量：农村劳动力转移）

项目	模型Ⅰ	模型Ⅱ	模型Ⅲ	模型Ⅳ	模型Ⅴ
service	3.094 4*** (0.524 0)	5.226 6*** (1.192 4)	5.272 7*** (0.932 4)	5.269 0*** (0.753 2)	5.138 3*** (0.851 0)
ln (*income*)	0.122 2*** (0.034 4)	0.160 7*** (0.052 5)	0.154 3*** (0.050 4)	0.147 6*** (0.049 0)	0.150 2*** (0.047 0)
agincome	−1.258 2*** (0.117 9)	−1.410 2*** (0.199 2)	−1.427 5*** (0.182 4)	−1.468 0*** (0.179 0)	−1.447 6*** (0.174 5)
contract	−0.074 5 (0.049 9)				
acer	−0.000 4** (0.000 2)	−0.000 4 (0.000 3)			
lock	−0.000 4 (0.000 9)	−0.000 6 (0.001 5)	−0.000 6 (0.001 6)		
area	0.000 2 (0.000 3)	0.000 2 (0.000 5)	−0.000 1 (0.000 5)	0.000 1 (0.000 4)	
age	−0.018 8*** (0.004 9)	−0.023 9*** (0.008 7)	−0.024 1*** (0.007 7)	−0.023 6*** (0.007 0)	−0.023 2*** (0.007 2)
edu	0.044 8 (0.043 9)	−0.064 5 (0.075 9)	−0.067 7 (0.062 8)	−0.068 2 (0.062 4)	−0.065 3 (0.061 2)
hea	0.294 4*** (0.090 4)	0.315 9** (0.136 3)	0.316 2** (0.126 8)	0.311 2*** (0.121 6)	0.304 3** (0.121 5)
sex	0.335 4*** (0.103 7)	0.506 1*** (0.148 0)	0.510 7*** (0.150 6)	0.509 1*** (0.155 3)	0.496 2*** (0.151 8)
tra	−0.332 6*** (0.101 7)	−0.456 4** (0.180 1)	−0.464 2*** (0.164 2)	−0.463 9*** (0.155 3)	−0.448 8*** (0.155 1)
lea	0.090 4 (0.483 5)	0.748 1 (0.749 4)	0.751 7 (0.741 8)	0.747 9 (0.735 0)	0.728 0 (0.720 4)
常数项	−1.800 9** (0.767 5)	−3.542 8*** (1.362 1)	−3.487 9*** (1.227 9)	−3.418 9*** (1.141 3)	−3.372 4*** (1.159 3)
对数似然值	−1 081.91	−1 297.83	−1 303.97	−1 309.06	−1 311.03
Wald chi2	151.00	91.16	89.65	94.54	86.55
Prob>chi2	0.000 0	0.000 0	0.000 0	0.000 0	0.000 0

注：***、**、*分别表示在 1%、5%、10%水平上显著；括号内的数值为标准误。

（二）异质性分析

参照学界惯例和国家统计局官方统计口径，按照农户家庭经营面积是否大于 50 亩，将样本分为规模农户组和小规模农户组，分别进行 IVTobit 回归；按农户总收入是否大于样本平均值，将样本分为高收入组和低收入组，分别进行 IVTobit 回归；我国北方多平地、南方多山地，土地状况会对农机社会化服务对农村劳动力转移的影响效果产生影响，将样本所含 11 省以秦岭淮河分界线分为北方、南方，分别进行 IVTobit 回归，估计结果如表 3 所示。

表 3 IVTobit 模型回归结果（因变量：农村劳动力转移）

项目	模型Ⅱ（规模农户组）	模型Ⅱ（小规模农户组）	模型Ⅱ（高收入组）	模型Ⅱ（低收入组）	模型Ⅵ（北方组）	模型Ⅴ（北方组）	模型Ⅵ（南方组）
service	0.919 4 (1.232 5)	3.142 9** (1.596 0)	0.088 7*** (0.016 0)	−8.228 3*** (0.715 7)	0.497 8** (0.219 6)	0.506 7*** (0.151 1)	−0.581 3** (0.239 8)
ln (*income*)	0.060 0** (0.028 5)	0.112 7** (0.044 7)	−0.007 2 (0.013 8)	−0.099 3 (0.089 8)	0.047 3*** (0.009 2)	0.043 3*** (0.008 5)	0.032 9** (0.013 1)
agincome	−0.960 6*** (0.160 4)	−1.301 8*** (0.155 0)	−0.981 8*** (0.022 2)	−0.577 0* (0.301 6)	−1.057 7*** (0.033 1)	−1.063 2*** (0.029 8)	−0.972 9*** (0.072 9)
acer	−0.000 2* (0.000 1)	0.004 3 (0.004 7)	−0.000 1 (0.000 1)	−0.016 6*** (0.004 7)	−0.000 7*** (0.000 2)		−0.000 3** (0.000 2)
lock	−0.000 3 (0.000 4)	0.031 0* (0.017 7)	3.130 6 (0.000 1)	−0.038 4*** (0.012 9)			
area	0.000 2 (0.000 2)	−0.015 6* (0.008 5)	0.000 1* (0.000 1)	0.021 4*** (0.004 9)	0.000 6*** (0.000 2)		0.000 2 (0.000 1)
age	0.000 1 (0.004 9)	−0.017 6** (0.008 1)	0.001 0 (0.001 0)	0.032 2*** (0.010 4)	−0.005 0*** (0.001 3)	−0.005 1*** (0.001 2)	−0.000 7 (0.001 9)
edu	0.002 0 (0.042 2)	−0.050 5 (0.047 4)	−0.010 5 (0.009 7)	0.163 8 (0.106 4)	−0.013 4 (0.011 7)	−0.013 9 (0.010 5)	−0.020 9 (0.013 3)
hea	0.076 2 (0.104 7)	0.141 7 (0.111 4)	0.007 4 (0.018 9)	−0.528 0*** (0.186 8)	−0.030 1* (0.017 3)	−0.029 4* (0.017 3)	−0.101 0** (0.039 5)
sex	0.104 1 (0.267 3)	0.293 7* (0.175 6)	−0.013 6 (0.030 3)	−0.784 5*** (0.258 3)	0.070 6* (0.040 9)	0.070 6** (0.029 9)	−0.023 2 (0.031 6)
tra	−0.128 6 (0.151 4)	−0.336 6** (0.167 8)	−0.040 3** (0.017 1)	0.472 2* (0.246 2)	−0.125 7*** (0.041 3)	−0.126 8*** (0.033 2)	−0.077 7*** (0.027 5)
lea	0.301 4 (0.528 0)	0.403 2 (0.563 5)	0.006 2 (0.105 0)	−1.368 1 (1.229 8)	−0.003 2 (0.101 4)	0.000 6 (0.101 9)	−0.154 2 (0.179 6)
常数项	−0.766 2 (1.584 0)	−1.647 8 (1.387 7)	0.948 6*** (0.213 3)	6.855 7*** (1.783 7)	0.428 0** (0.176 9)	0.467 6*** (0.163 7)	1.232 1*** (0.308 6)
对数似然值	−132.67	−1 094.12	−109.83	−1 125.54	−710.19	−719.65	−529.63
Wald chi2	44.61	127.48	6 140.86	207.44	1 904.77	1 894.40	1 121.98
Prob>chi2	0.000 0	0.000 0	0.000 0	0.000 0	0.000 0	0.000 0	0.000 0

注：***、**、*分别表示在 1%、5%、10%水平上显著；括号内的数值为标准误。

模型 II 的估计结果显示，小规模农户采用农机社会化服务对农村劳动力转移具有显著的正向影响，相比于购买昂贵的农机，小规模农户更愿意支付一定的费用获得农机社会化服务，从而使农忙时节不必返乡从事农业生产，促进了农村劳动力转移。但规模农户采用农机社会化服务对农村劳动力转移不具有显著影响，可能与规模农户直接购买农机自行耕种有关。

针对高收入农户组，农机社会化服务对农村劳动力转移具有显著的正向影响，即农机社会化服务存在“马太效应”。而针对低收入农户组，农机社会化服务对农村劳动力转移具有显著的负向影响，可能是农机社会化服务定价普遍偏高导致了这一现象。模型Ⅴ的估计结果显示，北方省份农机社会化服务对农村劳动力转移具有显著的正向影响，南方省份农机社会化服务对农村劳动力转移具有显著的负向影响，北方耕地多为平原旱地，南方耕地多为山地、丘陵水田，南方土地的宜机化整理效应较高。

（三）基于 PSM 的稳健性检验

基于倾向得分匹配，本研究对样本进行匹配并分别计算出采用各阶段农机社会化服务在农村劳动力转移中的平均处理效应（*ATT*）。应用最近邻匹配、半径匹配、卡尺内最近邻匹配和核匹配得到的结果无明显差异，说明结果是稳健的，不依赖于具体方法。

对比匹配前后的结果，发现多个变量的显著性程度及其系数值都发生了一定变化，这表明采用 PSM 进行匹配存在必要性。经共同支持检验可见实验组和对照组之间存在重叠，表明二者的各方面特征已非常接近，匹配效果较好。平衡性检验的结果表明，对比匹配前，大多数变量的标准化偏差均有所缩小，PSM 有效降低了采用农机社会化服务组、不采用农机社会化服务组之间农户样本的组间异质性。

利用匹配后的计量结果，进一步分析农户是否采用农机社会化服务对农村劳动力转移的影响，并参照学界惯例，将农机社会化服务分为耕整地、播种和收获阶段，分别估算其对农村劳动力转移的平均处理效应，结果如表 4 所示。

表 4　耕种收环节与分环节的平均处理效应

变量		y：是否有劳动力转移		
		ATT	*S.E.*	*T*
是否采用农机社会化服务（耕种收）	匹配前	0.045 3*	0.025 9	1.75
	匹配后	0.065 9**	0.029 8	2.21
耕整地农机社会化服务	匹配前	0.019 1	0.024 0	0.79
	匹配后	0.046 4*	0.024 8	1.88
播种农机社会化服务	匹配前	0.017 9	0.024 0	0.74
	匹配后	0.054 0**	0.025 0	2.16
收获农机社会化服务	匹配前	0.009 6	0.023 4	0.41
	匹配后	0.043 2*	0.023 9	1.81

注：***、**、*分别表示在1%、5%、10%水平上显著。

PSM 模型结果与 IVTobit 模型结果基本一致，因此本研究的分析结果是稳健的，结论没有实质性差异。农户采用包括耕种收环节的农机社会化服务对农村劳动力转移具有显著促进作用。匹配后，耕种收环节采用农机社会化服务比不采用在农村劳动力转移上多 0.065 9（*ATT* 值），且在 5%水平上显著。分别采用耕整地、播种、收获环节的农机社会化服务，在农村劳动力转移上都具有显著促进作用。

除全体样本外，依照国家统计局官方统计口径，按农户家庭经营面积是否大于 50 亩，将样本分为规模农户组和小规模农户组；依照农户总收入是否大于样本平均值，将样本分为高收入组和低收入组。通过与上文相同的倾向得分匹配法，估算各子样本的 *ATT* 值，并总结于表 5。

表5　不同规模、收入农户的平均处理效应

变量		y：是否有劳动力转移		
		ATT	*S.E.*	*T*
小规模农户（家庭经营面积≤50亩）	匹配前	−0.019 6	0.021 6	−0.91
	匹配后	0.055 5**	0.025 5	2.18
规模农户（家庭经营面积>50亩）	匹配前	0.065 8	0.063 3	1.04
	匹配后	0.068 8	0.065 0	1.06
低收入农户（农户总收入≤平均值）	匹配前	0.001 4	0.021 9	0.06
	匹配后	−0.005 8	0.024 8	−0.23
高收入农户（农户总收入>平均值）	匹配前	0.025 0	0.023 9	1.05
	匹配后	0.066 9**	0.027 5	2.44
北方农户	匹配前	0.071 9**	0.028 3	2.53
	匹配后	0.083 5***	0.029 7	2.81
南方农户	匹配前	−0.065 2*	0.034 2	−1.90
	匹配后	−0.108 5***	0.036 1	−3.01

注：***、**、*分别表示在1%、5%、10%水平上显著。

无论是全体样本，还是不同组别的样本，农机社会化服务都基本促进了农村劳动力转移。值得注意的是，小规模农户采用农机社会化服务对农村劳动力转移具有显著促进作用，匹配后，采用农机社会化服务比不采用农机社会化服务在农村劳动力转移上多0.055 5（*ATT*值），且在5%水平上显著。农机社会化服务显著促进了小规模农户进行劳动力转移，促进了小规模农户与现代农业有机衔接，然而对于规模农户，采用农机社会化服务对劳动力转移影响并不显著。这与国务院于2019年2月颁布的《关于促进小农户和现代农业发展有机衔接的意见》中“加强面向小农户的社会化服务，把小农户引入现代农业发展轨道”相吻合，也验证了IVTobit模型回归结果。

五、研究结论与政策启示

（一）研究结论

（1）农机社会化服务对农村劳动力转移有显著正向影响。农机社会化服务既为广大农户解决了耕种难的问题，也通过农机的载体功能，把先进适用的农业技术更好地进行了应用推广，实现劳动节约型技术进步，使得农村劳动力可以转移到非农产业。

（2）农户总收入对农村劳动力转移有显著正向影响，而农户农业经营收入占比对农村劳动力转移有显著负向影响。农户总收入的提高，农户农业经营收入占比的降低，促进农村劳动力转移。因为农村劳动力转移受到城镇二、三产业预期收入高于从事农业经营收入的影响，持续转移到非农产业。此外，户主性别、年龄、健康状况、家庭农业生产经营培训情况对农村劳动力转移有显著影响。户主为男性、较为年轻、较健康且家庭没有受过农业生产经营培训的农户更易转移到非农产业。

（3）小规模农户采用农机社会化服务对农村劳动力转移有显著正向影响，而规模农户采用农机社会化服务对农村劳动力转移影响并不显著。不同于规模农户，小规模农户缺乏自购农机进行农业生产的能力，农机社会化服务能够提升小规模农户发展现代农业的能力，加快推进农业农村现代化，把劳动力从农业生产中释放出来，促进农村劳动力转移。虽然发展适度规模经营是农业现代化的必由之路，但小规模农户经营在很长一段时间内却是中国农业基本经营形态的国情农情，若要正确处理好发展适度规模经营和扶持小规模农户的关系，应加强对标小规模农户的农机社会化服务，促进小规模农户和现代农业发展有机衔接。

（二）政策启示

（1）以农机社会化服务为抓手促进农村劳动力转移的政策参考价值。农机社会化服务与农村劳动力转移是一个动态循环过程，农机社会化服务发展，则农村劳动力转移，再发展，再转移，直至城乡二元结构消除，城市与农村各要素自由流动，农业劳动力占劳动力总量比例降至较低水平，农业劳动力转移才会停止。农机社会化服务与农村劳动力转移互为条件、互为因果。但是研究农机社会化服务对农村劳动力转移的单向作用意义重大，在促进农村劳动力转移方面应着重强调提升农机社会化服务，把农村劳动力从农业中解放出来，拓展非农产业就业增收空间；加快农机社会化服务提档升级，给予社会化服务组织更多政策支持，提高我国农机社会化服务的供给。

（2）引导农机社会化服务与农村劳动力转移政策耦合。在农业政策制定过程中，引导农机社会化服务与农村劳动力转移政策耦合，促进农业机械化发展，实现农村劳动力有序转移，使我国农机社会化服务与农村劳动力转移的路径实现自我优化。农机社会化服务可有效缓解请工难、用工难的问题，迎合农户对机械化的迫切需求。

（3）农机社会化服务促进小规模农户融入现代农业发展，通过农机社会化服务，使以机械化为主的现代农业生产方式替代以人畜力为主的传统生产方式，实现小规模农户农业现代化。实现“小规模农户＋农机社会化服务”农业现代化进步，可缓解农村劳动力转移可能引起的粮食生产难题，保障国家粮食安全。中国农户普遍采用购买农机社会化服务的方式来使用农业机械，农机社会化服务呈现蓬勃发展态势。但是若中国农户过分依赖于农机社会化服务，小规模农户必将长期存在，难以发展农业规模经营，长此以往，对中国农业现代化发展十分不利。然而若不推广农机社会化服务，强行扩大农业生产规模，以我国目前二、三产业尚处初级阶段的实情来说，对农村劳动力的吸纳能力有限，受城镇户籍、社保制度等限制，无地可种的农户应该怎么做？这一可能会影响到社会稳定的问题，有待后续深入研究。

参　考　文　献

蔡键，刘文勇，2017. 社会分工、成本分摊与农机作业服务产业的出现——以冀豫鲁三省农业机械化发展为例［J］. 江西财经大学学报（4）：83－92.

蔡键，刘文勇，2018. 农业机械化发展及其服务外包的原因分析——源自冀豫鲁3省问卷调查数据的证明［J］. 中国农业资源与区划，39（2）：230－236.

蔡键，刘文勇，2019. 农业社会化服务与机会主义行为：以农机手作业服务为例［J］. 改革（3）：18－29.

曹阳，胡继亮，2010. 中国土地家庭承包制度下的农业机械化——基于中国17省（区、市）的调查数据［J］. 中国农村经济（10）：57－65，76.

陈咏媛，2019. 新中国70年农村劳动力非农化转移：回顾与展望［J］. 北京工业大学学报（社会科学版），19（4）：18－28.

程名望，盖庆恩，Jin Yanhong，等，2016. 人力资本积累与农户收入增长［J］. 经济研究，51（1）：168－181，192.

程名望，贾晓佳，俞宁，2018. 农村劳动力转移对中国经济增长的贡献（1978—2015年）：模型与实证［J］. 管理世界，34（10）：161－172.

方师乐，卫龙宝，伍骏骞，2017. 农业机械化的空间溢出效应及其分布规律——农机跨区服务的视角［J］. 管理世界（11）：65－78，187－188.
盖庆恩，朱喜，程名望，等，2015. 要素市场扭曲、垄断势力与全要素生产率［J］. 经济研究，50（5）：61－75.
郭熙保，苏甫，2013. 速水佑次郎对农业与发展经济学的贡献［J］. 经济学动态（3）：101－108.
胡新艳，罗必良，2016. 新一轮农地确权与促进流转：粤赣证据［J］. 改革（4）：85－94.
李婵媛，2018. 农业机械化对农业劳动力转移的影响研究［D］. 厦门：厦门大学.
李谷成，李烨阳，周晓时，2018. 农业机械化、劳动力转移与农民收入增长——孰因孰果？［J］. 中国农村经济（11）：112－127.
李小阳，孙松林，蒋苹，2003. 农业机械化与农业劳动力转移［J］. 农机化研究（1）：23－26.
林善浪，叶炜，张丽华，2017. 农村劳动力转移有利于农业机械化发展吗——基于改进的超越对数成本函数的分析［J］. 农业技术经济（7）：4－17.
卢秉福，2014. 黑龙江省农业机械化发展与农村剩余劳动力转移互动性研究［J］. 中国农机化学报（3）.
芦千文，吕之望，李军，2019. 为什么中国农户更愿意购买农机作业服务——基于对中日两国农户农机使用方式变迁的考察［J］. 农业经济问题（1）：113－124.
马九杰，赵将，吴本健，等，2019. 提供社会化服务还是流转土地自营：对农机合作社发展转型的案例研究［J］. 中国软科学（7）：35－46.
潘彪，田志宏，2018. 中国农业机械化高速发展阶段的要素替代机制研究［J］. 农业工程学报，34（9）：1－10.
速水佑次郎，弗农·拉坦，2014. 农业发展的国际分析［M］. 北京：商务印书馆.
速水佑次郎，神门善久，2009. 发展经济学——从贫困到富裕［M］. 北京：社会科学文献出版社.
王跃梅，姚先国，周明海，2013. 农村劳动力外流、区域差异与粮食生产［J］. 管理世界（11）：67－76.
翁贞林，徐俊丽，2019. 农机社会化服务与农地转入：来自小规模稻农的实证分析［J］. 农林经济管理学报，18（1）：1－11.
伍骏骞，方师乐，李谷成，等，2017. 中国农业机械化发展水平对粮食产量的空间溢出效应分析——基于跨区作业的视角［J］. 中国农村经济（6）：44－57.
郑旭媛，徐志刚，2017. 资源禀赋约束、要素替代与诱致性技术变迁——以中国粮食生产的机械化为例［J］. 经济学（季刊），16（1）：45－66.
周晓时，2017. 劳动力转移与农业机械化进程［J］. 华南农业大学学报（社会科学版），16（3）：49－57.
周振，马庆超，孔祥智，2016. 农业机械化对农村劳动力转移贡献的量化研究［J］. 农业技术经济（2）：52－62.
祝华军，2005. 农业机械化与农业劳动力转移的协调性研究［J］. 农业现代化研究（3）：190－193.
Brookhart M A，Schneeweiss S，2006. Variable selection for propensity score models［J］. American Journal of Epidemiology，163（12）：1149－1156.

返乡劳动力的再就业抉择与主观家庭经济满意度*

——乡村振兴的人力资本配置和可持续发展隐忧

张凤兵　乔翠霞

（山东师范大学经济学院）

摘要：文章基于2014年和2016年“中国劳动力动态调查”（CLDS）的返乡劳动力数据，在OLS和有序Logit基准回归的基础上，采用倾向得分匹配法（PSM）和工具变量法，实证考察了在农村内部的再就业抉择对返乡人员主观家庭经济满意度的真实影响。结果显示返乡劳动力中选择非农就业者的主观家庭经济满意度显著高于选择务农者；进一步的分析表明，返乡劳动力基于市场理性的就业抉择使得农村区域内人力资本流动存在向非农产业过度溢出的倾向，造成农村内部收入分化，威胁农村的可持续发展。

关键词：乡村振兴；返乡劳动力；经济满意度；人力资本

一、引　　言

乡村振兴需要农村人口的回归和聚集，以返乡农民工为主体的“城归”人口给农村带来了人力资本补偿、激励创业、倒逼产业结构优化、推动农业现代化、启动和促进流出地非农经济发展等诸多正面“回流效应”（Zhao，2002；Ma，2002；Woodruff et al.，2007；Vadean、Piracha，2009；石智雷等，2010；任远、施闻，2017；林亦平、魏艾，2018），新人口红利正在乡村形成（厉以宁，2017；梁栋、吴存玉，2019），城归人口成为实现乡村振兴战略的重要支撑点（林亦平、魏艾，2018）。返乡劳动力的经济行为是政策关注的重点，再就业是重中之重，城归人口的再就业行为正在出现分化（罗凯，2009；谢勇、周润希，2017），正在重塑农村内部劳动力和人力资本在农业与非农产业间的配置格局。

大量文献关注基于城市发展视角的农村劳动力外流问题，而着眼农村发展讨论劳动力返乡问题的研究相对较少，集中在外出劳动力返乡意愿或行为的比较分析及其影响因素的实证考察（Zhao，2002；Wang、Fan，2006；李强、龙文进，2009；李楠，2010；Hu et al.，2011；王子成、赵忠，2013；刘新争、任太增，2017；刘祖云、姜姝，2019）、回流对返乡者自身和农村经济发展的影响

* 基金项目：教育部人文社会科学研究青年基金项目“断裂与重构：基于利益格局调整的城乡产业融合发展体制机制研究”（编号：18YJC790213）；山东省社会科学规划项目“乡村振兴视角下的山东城乡要素整合路径和保障机制研究”（编号：19CJJ29）；山东省社会科学规划项目“‘三权分置’背景下山东农村土地流转创新路径研究”（编号：18CJJ34）。

（Dustmann et al.，2002；石智雷等，2010；任远、施闻，2017；雷洪、赵晓歌，2017；林亦平、魏艾，2018）和返乡者再就业行为等方面。对返乡者再就业行为的研究主要关注外出经历对再就业行为的影响（Zhao，2002；白南生、何宇鹏，2002；王西玉等，2003；石智雷、杨云彦，2011；谢勇、周润希，2017）和返乡择业的影响因素（Vadean、Piracha，2009；罗凯，2009；石智雷、杨云彦，2012；马芒等，2012）。对返乡劳动者再就业行为的研究离不开微观调查，如表1所示，现有文献的劳动力回流调查多为局限于部分省市或单一省份部分区县的区域数据，覆盖全国的代表性调查严重缺乏；返乡劳动力规模及其就业分化因调查地域范围不同而各异，但基本可以判断返乡劳动力规模已超过外出劳动力总数的1/3且有增加趋势，返乡劳动力的再次就业仍以务农为主但非农就业倾向增强。返乡劳动力再就业是乡村发展的重要研究议题，近年来，学界对返乡创业行为关注较多（徐超等，2017；秦芳等，2018；梁栋、吴存玉，2019；杜威漩，2019；刘志阳、李斌，2019）。然而，具有较高人力资本水平的回乡创业人员仅占返乡者的极少部分，对一般意义上返乡者再就业的研究较为少见，且描述性统计与定性分析居多，实证层面的定量分析缺乏；在研究视角上关注再就业抉择本身，而较少关注再就业抉择结果即返乡者个体家庭经济状况的变化，以及由此导致的劳动力和人力资本在农业与非农产业的配置格局变化乃至对农村可持续发展的影响。

表1　近年来相关研究文献：返乡者规模及其就业分化

典型文献	调查年份	调查地域范围	返乡者比重	返乡者就业分化
Zhao（2002）	1999	6省	38.4%	—
白南生和何宇鹏（2002） Wang和Fan（2006）	1999	皖川2省62县	28.5%	多数回归传统农业，本地务工11.2%，养殖1.6%，非农经营2.7%
王西玉等（2003）	1997	9省13县	17.0%	4成以上返乡者不再从事传统农业；从事传统农业的返乡者中，从事传统种植业的占48.5%，从事非种植业的占51.5%
石智雷和杨云彦（2012）	2010	湖北恩施土家族苗族自治州8县	44.9%	—
马芒等（2012）	2011	安徽3市	32.0%	从事农业生产者3.9%
王子成和赵忠（2013）	2007 2008	冀苏浙皖豫赣粤川渝9省市82县	37.4%	—
谢勇和周润希（2017）	2012	CLDS：全国31个省区市除西藏、海南以外的其余29个省区市	35.88%	务农45.97%，雇员非农就业24%，自我雇佣16.76%，失业13.26%
任远和施闻（2017）	2013	皖赣豫鄂川贵渝7省市41县	41.5%	从事非农产业者55.8%

乡村振兴，产业兴旺是重点；产业兴旺，留住人用好人是关键。乡村振兴推动工商资本下乡，农村非农就业机会增多，农民的身份与职业日益分离。返乡劳动力在农村内部的重新就业，面临"回归农业"还是"从事非农工作"的抉择，直接决定着其家庭的收入水平和社会经济地位，进而通过就业示范效应影响着农村人力资本配置和产业融合的效果与调整方向。农村非农产业与现代农业的振兴都需要具有较高人力资本水平的城归人口，返乡劳动力的永久性回归需要通过农村内部择业获得应有的经济地位予以保障，否则会出现劳动力的再次外出迁移。然而，在体制机制不健全的情况下，返乡劳动力基于个人理性的就业抉择，有可能在农村内部形成劳动力和人力资本在农业与非农产业间的配置偏误，从而给农村产业融合乃至农村发展的可持续性带来隐患。

基于现有研究在数据选择、研究内容和研究视角方面的不足，本文立足全国性调查数据，着眼一般意义上以农民工为主体的返乡者再就业抉择的结果，实证考察再就业抉择对返乡劳动力家庭经济状况（家庭经济满意度）的真实影响，深入分析个体再就业的市场理性可能给乡村振兴带来的人力资本配置和农村可持续发展隐忧，在此基础上，对当前乡村发展实践中的某些做法提出预警，对未来的政策调整和城乡融合体制机制构建具有重要的指导价值。

二、数据来源、模型选择与变量描述

（一）数据来源

本文使用数据来自中山大学社会科学调查中心开展的“中国劳动力动态调查”（CLDS），该调查采用多阶段、多层次、与劳动力规模成比例的概率抽样方法和轮换样本追踪方式，包含个人、家庭和村居三部分调查，覆盖全国 29 个省区市；其中，CLDS2014 包含个体调查 23 594 份、家庭调查 14 214 户、村居调查数量 401 个，CLDS2016 涵盖个体样本 21 086 个、家庭样本 14 226 户、村居样本 401 个。根据研究需要，在将 CLDS2014 与 CLDS2016 的个人、家庭和村居调查数据进行合并的基础上，我们从中抽取返乡农村劳动力数据，确认准则为村居类型为“农村”，“具有半年以上外出务工（县外）经历”并明确表示“不再打算外出务工”的返乡农村劳动力，共得到合格样本 3 133 个。对于返乡劳动力的就业抉择，我们将回答“村中务农”者认定为“务农”，将回答“在村中从事非农工作”与“到镇上或县城工作”者确认为“非农就业”，分别得到 1 665 个务农和 1 468 个非农就业样本，返乡劳动力再就业仍是选择务农者居多。

（二）模型选择与估计步骤

关注返乡劳动力的就业选择与其家庭经济满意度之间的真实因果关系，需要考虑和解决以下问题：第一，返乡劳动力的就业抉择并非是随机行为，而是受自身、家庭和村居等诸多个性特征的影响，务农抑或非农就业是一种“自选择”行为，而传统的估计方法很难将返乡者的就业抉择与其他因素对家庭经济满意度的影响区分开来，即自选择问题会导致有偏的估计结果。第二，社会调查可以得到返乡劳动力已经选择“务农”或“非农就业”的相关观测数据，却无法获得现“非农就业”（“务农”）者如果选择“务农”（“非农就业”）时的资料，即存在数据的“反事实缺失”；对未发生的就业情形无法验证，而缺少与实际情况相反的数据，调查所得样本的非随机性会使估计结果产生偏误。第三，受认知水平或调查资料所限，有可能没能控制某些应当控制的变量，遗漏变量的显性选择偏差与无法观测或测量的隐藏性选择偏差都会导致估计结果偏误。第四，还可能会存在一些同时影响返乡者就业抉择和家庭经济满意度但却未能观测到的因素，而这些潜在的隐藏性因素带来的内生性问题也会导致有偏的结论。

鉴于此，我们的研究分三步进行。第一，采用传统的 OLS 模型和有序 Logit 模型（OLogit），在忽略个体特征差异的条件下，对返乡劳动力的就业抉择与家庭经济满意度进行初步探讨。第二，使用基于“反事实框架”的倾向得分匹配法（propensity score matching，PSM）来处理自选择问题和显性或隐性选择性偏差。第三，尝试采用工具变量法，选择合适的工具变量解决和验证潜在的内生性问题。

（三）变量设置与统计性描述

目前，除生存动机外，返乡者再就业更注重人生价值的实现，但家庭经济状况仍是衡量其人生价值的核心指标。根据研究目的，我们将被访者对“家庭经济满意度”的主观评价设定为结果变量，而未采用返乡劳动者的个人或家庭收入指标，原因在于：个人收入或家庭收入的绝对水平或其对数值无法反映返乡劳动力的相对收入状况，而家庭经济满意度是劳动者将返乡后家庭收入水平与外出务工时的家庭收入水平、无外出务工经历的留乡者家庭收入水平进行对比后的综合主观评价结果，能够更好地反映其个人和家庭经济状况的相对状况。

劳动力返乡后在农村选择“务农”还是“非农就业”对家庭经济满意度的影响是本文关注的核心问题，因而将“就业抉择”设定为处理变量，即：将回答“村中务农”者认定为“务农”，编码为“0”；将回答“在村中从事非农工作”与“到镇上或县城工作”者确认为“非农就业”，编码为“1”。

影响劳动者家庭经济满意度的因素众多，为准确分离再就业抉择的净效应，借鉴已有相关研究，本文对返乡劳动力的个体特征、家庭特征和村庄特征加以控制。①个体特征：性别、年龄及其平方项、婚姻状况、受教育水平、健康状况、个人的社会保障参加状况（新型农村合作医疗、新型农村社会养老保险、工伤保险、生育保险、失业保险）、技术培训状况、个人务农经历、在家乡的投资经营活动、父母是否健在；②家庭特征：是否有家用拖拉机（农业生产条件）、家庭耕地面积、土地承包经营权证书（土地确权）；③村庄特征：本村土地是否被征用或租用、本村非农产业发展水平。各个变量的详细解释如表 2 所示。

表 2　变量描述性统计

变量		变量定义与赋值	样本量	均值	标准差	最小值	最大值
结果变量	*ecostatus*	家庭经济满意度：1=非常不满意，2=不满意，3=一般，4=满意，5=非常满意	3 132	2.937 4	1.049 7	1	5
处理变量	*work*	就业抉择：1=非农就业（在村中从事非农工作/镇上或县城工作），0=务农	3 133	0.468 6	0.499 1	0	1
个体特征	*gender*	性别：1=男，0=女	3 133	0.599 4	0.490 1	0	1
	age	年龄（岁）：调查年份年龄	3 129	44.035	12.520	17	81
	ages	年龄的平方	3 129	2 095.7	1 129.0	289	6 561
	marriage	婚姻状况：1=有伴侣（初婚/再婚/同居），0=无伴侣（未婚/离异/丧偶）	3 132	0.932 6	0.250 7	0	1
	edu	受教育水平：1=小学及以下，2=初中，3=高中，4=大专及以上	3 130	1.757 5	0.726 8	1	4
	health	健康状况：1=非常不健康，2=比较不健康，3=一般，4=健康，5=非常健康	3 133	2.494 1	1.049 7	1	5
	MedIn	新型农村合作医疗：1=有，0=没有	3 100	0.882 6	0.322 0	0	1
	Pension	新型农村社会养老保险：1=有，0=没有	3 093	0.472 4	0.499 3	0	1
	workIns	工伤保险：1=有，0=没有	3 109	0.051 1	0.220 3	0	1
	birthIns	生育保险：1=有，0=没有	3 114	0.022 5	0.148 3	0	1
	unemIns	失业保险：1=有，0=没有	3 113	0.025 1	0.156 3	0	1
	tecTrain	技术培训：1=有，0=没有	3 133	0.062 2	0.241 6	0	1
	agrwork	个人务农经历：1=有，0=没有	2 827	0.783 5	0.411 9	0	1
	invest	在家乡的投资经营活动：1=有，0=没有	3 133	0.050 1	0.218 2	0	1
	parliv	父母健在：1=健在（至少一方），0=去世	2 803	0.712 5	0.452 7	0	1

（续）

变量		变量定义与赋值	样本量	均值	标准差	最小值	最大值
家庭特征	*Ftruck*	家用拖拉机：1=有，0=没有	3 118	0.123 5	0.329 0	0	1
	Farmland	家庭耕地面积（亩）	3 089	5.256 9	12.248	0	500
	Fcerland	土地承包经营权证书：1=有，0=没有	2 856	0.420 9	0.493 8	0	1
村庄特征	*Cgovland*	本村土地征用或租用：1=是，0=否	3 035	0.506 8	0.500 0	0	1
	Cnonagr	本村非农经济：1=有，0=没有	3 035	0.303 5	0.459 8	0	1

注：①以 PSM 估计为基准进行变量类别划分；②考虑研究问题的客观性和全面性，对回乡农民工的界定只需有半年以上县外务工经历且回乡就业即可，未剔除超出劳动年龄的少数人口（视其为多年前就已返乡的人员）；③后文实证分析将受教育水平（*edu*）和健康状况（*health*）分拆为多个 0-1 虚拟变量。

三、实证研究

（一）忽略个体特征差异的估计

不考虑个体特征差异的估计结果虽有偏差，但可为我们提供进一步分析的有效基础信息。主观家庭经济满意度的度量由低到高分为五个等级，取值范围为 1～5，既可以从基数的角度探讨，也可从序数维度进行分析。因此，我们首先分别采用传统的 OLS 模型和有序 Logit 模型（OLogit）进行回归分析，基本模型设定为：

$$ecostatus_i = \beta_0 + \beta_1 work_i + \beta_2 X + \varepsilon_i$$

其中，被解释变量 $ecostatus_i$ 为以 1 到 5 来衡量的主观家庭经济满意度，核心解释变量 $work_i$ 是就业抉择的二元变量，X_i 为个体、家庭和村庄特征等影响主观家庭经济满意度的其他控制变量。

根据表 3，OLS 估计结果表明，与选择务农者相比，返乡劳动力中非农就业者的家庭经济满意度显著提高；有序 Logit 模型的边际效应估计则表明，非农就业返乡劳动力的家庭经济状况中“非常不满意”和“不满意”的概率分别下降了 3.4%和 5.8%，同时“一般”“满意”和“非常满意”的概率则分别上升了 0.46%、6%和 2.7%，且均显著。此外，在其他控制变量的系数符号和显著性水平上，OLS 的估计结果和有序 Logit 边际效应估计结果均表现出高度的一致性。由此，我们可以得到一个基本认知：非农就业返乡农村劳动力的主观家庭经济状况满意度要显著高于选择务农的返乡者。

表 3　基准回归：OLS 估计系数与有序 Logit 模型边际效应估计

ecostatus	OLS	有序 Logit				
		非常不满意	不满意	一般	满意	非常满意
work	0.256***	−0.034***	−0.058***	0.004 6*	0.060***	0.027***
	(0.053)	(0.008)	(0.013)	(0.002 4)	(0.013)	(0.006)
gender	−0.061	0.008	0.014	−0.001	−0.014	−0.006
	(0.049)	(0.007)	(0.011)	(0.001)	(0.012)	(0.005)
age	−0.045***	0.006***	0.011***	−0.001*	−0.011***	−0.005***
	(0.013)	(0.002)	(0.003)	(0.000)	(0.003)	(0.001)
ages	0.001***	−0.000***	−0.000*	0.000*	0.000***	0.000***
	(0.000)	(0.000)	(0.000)	(0000)	(0000)	(0000)

（续）

ecostatus	OLS	有序 Logit				
		非常不满意	不满意	一般	满意	非常满意
marriage	0.040 (0.112)	−0.005 (0.016)	−0.009 (0.026)	0.001 (0.002)	0.009 (0.027)	0.004 (0.012)
edu2	−0.152*** (0.049)	0.022*** (0.007)	0.037*** (0.012)	−0.003* (0.002)	−0.038*** (0.012)	−0.017*** (0.006)
edu3	−0.078 (0.080)	0.010 (0.011)	0.016 (0.019)	−0.001 (0.002)	−0.017 (0.020)	−0.008 (0.009)
edu4	0.046 (0.212)	−0.003 (0.030)	−0.005 (0.050)	0.000 (0.004)	0.005 (0.052)	0.002 (0.023)
health2	0.226 (0.160)	−0.035 (0.024)	−0.059 (0.041)	0.005 (0.004)	0.061 (0.042)	0.028 (0.019)
health3	0.458*** (0.156)	−0.070*** (0.024)	−0.119*** (0.040)	0.010* (0.005)	0.124*** (0.041)	0.056*** (0.019)
health4	0.775*** (0.156)	−0.115*** (0.025)	−0.194*** (0.039)	0.015** (0.008)	0.202*** (0.042)	0.091*** (0.020)
health5	1.067*** (0.161)	−0.158*** (0.026)	−0.266*** (0.041)	0.022** (0.011)	0.277*** (0.043)	0.125*** (0.021)
MedIn	0.027 (0.073)	−0.004 (0.010)	−0.007 (0.018)	0.001 (0.001)	0.007 (0.018)	0.003 (0.008)
Pension	0.007 (0.045)	0.001 (0.006)	0.001 (0.011)	−0.000 (0.001)	−0.001 (0.011)	−0.001 (0.005)
workIns	0.071 (0.141)	−0.006 (0.019)	−0.011 (0.032)	0.001 (0.003)	0.011 (0.034)	0.005 (0.015)
birthIns	0.243 (0.235)	−0.033 (0.033)	−0.056 (0.056)	0.005 (0.005)	0.059 (0.058)	0.026 (0.026)
unemIns	−0.099 (0.254)	0.003 (0.035)	0.005 (0.060)	−0.000 (0.005)	−0.005 (0.062)	−0.002 (0.028)
tecTrain	0.138 (0.103)	−0.017 (0.015)	−0.029 (0.025)	0.002 (0.002)	0.031 (0.026)	0.014 (0.012)
agrwork	0.060 (0.070)	−0.009 (0.010)	−0.014 (0.016)	0.001 (0.001)	0.015 (0.017)	0.007 (0.008)
invest	0.178* (0.103)	−0.024 (0.015)	−0.040 (0.025)	0.003 (0.003)	0.042 (0.026)	0.019 (0.012)
parliv	−0.041 (0.055)	0.007 (0.008)	0.012 (0.013)	−0.001 (0.001)	−0.013 (0.014)	−0.006 (0.006)
Ftruck	0.075 (0.066)	−0.011 (0.009)	−0.018 (0.016)	0.001 (0.001)	0.019 (0.016)	0.009 (0.007)
Farmland	0.003 (0.002)	−0.000* (0.000)	−0.001* (0.000)	0.000 (0.000)	0.001* (0.000)	0.000* (0.000)

（续）

ecostatus	OLS	有序 Logit				
		非常不满意	不满意	一般	满意	非常满意
Fcerland	0.054 (0.045)	−0.009 (0.006)	−0.016 (0.011)	0.001 (0.001)	0.016 (0.011)	0.007 (0.005)
Cgovland	−0.025 (0.045)	0.003 (0.006)	0.005 (0.011)	−0.000 (0.001)	−0.006 (0.011)	−0.003 (0.005)
Cnonagr	−0.016 (0.050)	0.001 (0.007)	0.002 (0.012)	−0.000 (0.000)	−0.002 (0.012)	−0.001 (0.006)
_cons	2.816*** (0.328)	—	—	—	—	—
R^2/Ps R^2	0.107 8			0.040 0		
F 值	0.000 0			0.000 0		
有效样本			2 155			

注：①***、**、*分别表示在1%、5%和10%的水平上显著；②部分系数、标准误的零值现象和貌似存在的显著性问题（t值计算）为四舍五入造成；③本文的所有实证研究结果均由Stata14.0软件得出。

（二）倾向得分匹配（PSM）估计

传统的OLS回归和有序Logit估计忽略了个体特征差异的影响，返乡劳动者的就业抉择并非是随机或外生的，而是受诸多已观测到和未观测到的个性化因素的影响。若不对样本的“自选择”进行控制，则可能导致就业抉择对家庭经济满意度的影响被高估或低估。

基于“反事实框架”的倾向得分匹配法（PSM）能够较好地解决变量的“自选择”问题，基本思想是：按照倾向得分将处理组样本（实验组）和控制组样本（对照组）进行匹配，使得处理组和控制组的主要特征尽量相似，用控制组样本来模拟处理组样本的反事实状态，在此基础上进行估计和比较，有效减少处理变量对结果变量的估计偏误。PSM因果效应估计通常分为估计倾向得分、匹配和估计处理效应三个主要步骤，即将多个维度的信息浓缩成单一维度的倾向得分因子，然后选择相应的方法进行匹配，并在完成一系列检验的基础上，对平均处理效应进行估计。鉴于此，本文的PSM分析过程如下：首先，采用Logit模型，在给定样本特征即共变量（也被称为协变量，即上文的控制变量）的情况下，计算返乡劳动力在农村选择非农就业（处理变量）的条件概率即倾向得分（propensity scores，PS）；其次，选择不同的匹配方法，根据倾向得分PS对处理组样本（work=1）和控制组样本（work=0）进行匹配，并对共变量的平衡性、重合性和敏感性进行检验和分析；最后，估算参与者（即非农就业者）的平均处理效应（average treatment effect on the treated，ATT），分析返乡劳动力的就业抉择对其主观家庭经济满意度的净影响。

1. 返乡劳动力的就业抉择：倾向得分估计

依据Rosenbaum和Rubin（1983）的定义，在样本特征 z 给定的条件下，返乡劳动力进入处理组的条件概率即倾向得分可以表达为：

$$p(z)=Pr[work_i=1|z]=E[work_i|z]$$

其中，共变量 z 为一系列影响个体返乡劳动力就业抉择的因素，包含个人、家庭、村庄三类变量；p 为个体返乡劳动力选择非农就业的概率即倾向得分，需通过Logit或Probit二元概率模型进行估计。本文选择Logit模型估算返乡劳动力非农就业的倾向得分，并以此为基础进行后续匹配。

表 4 的 Logit 估计结果显示，部分个人因素、家庭因素和村庄因素对返乡劳动力的非农就业决策有着或正向或负向的显著影响。返乡劳动者的年龄（*age*）对非农就业选择存在倒“U”形影响；受教育水平（*edu*）、工伤保险（*workIns*）、回乡投资（*invest*）、土地被政府或企业征用或租用（*Cgovland*）和本村非农经济（*Cnonagr*）均显著提高了返乡劳动者的非农就业概率，而农业生产经历（*agrwork*）、家用拖拉机（*Ftruck*）、农村土地承包经营确权颁证（*Fcerland*）则显著降低了返乡劳动力选择非农就业的概率。其他变量虽不显著，但也存在一定程度的正向或负向影响：性别（*gender*）、婚姻状况（*marriage*）、健康状况（*health*）、生育保险（*birthIns*）、失业保险（*unemIns*）提高了返乡劳动力的非农就业概率，医疗保险（*MedIns*）、养老保险（*Pension*）、技术培训（*tecTrain*）、父母健在（*parliv*）、家庭耕地面积（*Farmland*）则对返乡劳动力的非农就业存在负向影响。也就是说，返乡劳动力的就业决策并非随机行为，而是在个人、家庭和村庄等诸多因素影响下的选择，因此未控制个体特征差异的 OLS 估计和有序 Logit 估计结果是有偏的。

表 4　返乡劳动力非农就业抉择的 Logit 模型估计结果

workplan	系数	标准误	z 值	P 值	95%的置信区间	
gender	0.149 22	0.120 03	1.24	0.214	−0.086 19	0.384 35
age	0.086 93	0.034 98	2.49	0.013	0.018 39	0.155 49
ages	−0.001 28	0.000 38	−3.38	0.001	−0.002 03	−0.000 54
marriage	0.358 85	0.294 82	1.22	0.224	−0.218 98	0.936 68
对照组：*edu*1（小学及以下）						
*edu*2	0.548 7	0.117 8	4.66	0.000	0.317 8	0.779 6
*edu*3	0.677 4	0.194 9	3.48	0.001	0.295 5	1.059 4
*edu*4	2.289 0	0.838 6	2.73	0.006	0.645 3	3.932 7
对照组：*health*1（非常不健康）						
*health*2	0.354 8	0.430 0	0.83	0.409	−0.488 0	1.197 6
*health*3	0.329 7	0.419 4	0.79	0.432	−0.492 2	1.151 7
*health*4	0.456 1	0.419 1	1.09	0.277	−0.365 4	1.277 6
*health*5	0.631 8	0.430 1	1.47	0.142	−0.211 1	1.474 8
MedIns	−0.138 5	0.183 7	−0.75	0.451	−0.498 6	0.221 6
Pension	−0.005 3	0.110 6	−0.05	0.961	−0.222 2	0.211 5
workIns	1.099 3	0.374 1	2.94	0.003	0.366 1	1.832 5
birthIns	0.181 3	0.706 1	0.26	0.797	−1.202 6	1.565 2
unemIns	0.159 1	0.753 5	0.21	0.833	−1.317 7	1.635 9
tecTrain	−0.103 2	0.263 1	−0.39	0.695	−0.618 8	0.412 3
agrwork	−2.380 9	0.188 7	−12.62	0.000	−2.750 8	−2.011 0
invest	0.864 1	0.243 2	3.55	0.000	0.387 4	1.340 7
parliv	−0.009 9	0.134 1	−0.07	0.941	−0.272 7	0.252 9
Ftruck	−0.608 2	0.169 2	−3.59	0.000	−0.939 8	−0.276 5
Farmland	−0.003 6	0.005 6	−0.63	0.529	−0.014 6	0.007 5
Fcerland	−0.204 1	0.110 1	−1.85	0.064	−0.419 9	0.011 7
Cgovland	0.778 3	0.108 2	7.19	0.000	0.566 2	0.990 5
Cnonagr	0.875 7	0.118 5	7.39	0.000	0.643 5	1.107 9
_cons	−1.107 5	0.874 2	−1.27	0.205	−2.821 0	0.605 9

2. 倾向得分匹配及其检验

为降低样本选择偏差，分离出就业抉择对家庭经济满意度的净效应，必须对样本的个体特征差异加以控制。依据选择“务农”还是“非农就业”，我们将返乡劳动力分为处理组和控制组两组，然后根据所估算的个体倾向得分对非农就业返乡劳动力样本（处理组）和务农返乡劳动力样本（控制组）进行匹配。PSM有多种不同的方法，然而实际运用中采用何种方法为佳并无定论；不同的匹配方法在偏差和匹配效率的权衡上有异，Caliendo等（2008）指出不同匹配方法所得到的估计结果可能存在差异。因此，出于推论结果的稳健性考虑，我们尝试同时采用K近邻匹配、卡尺内K近邻匹配、半径匹配和核匹配等四种常用PSM方法进行匹配，并对结果进行比较分析。①K近邻匹配，寻找与倾向得分最近的K个不同组个体进行匹配；着眼于最小化均方误差（MSE），根据Abadie等（2004）的建议，本文令K=4，进行有放回的一对四近邻匹配。②半径匹配（即卡尺匹配），对倾向得分的绝对距离进行限制，以改善“近邻距离可能较远而导致K近邻匹配失去可比性”的问题；根据陈强（2014）的估测方法，本文保守地将卡尺范围限定为0.06，即对倾向得分相差6%的观测值进行匹配。③卡尺内K近邻匹配，将K近邻匹配与半径匹配相结合，在给定的卡尺范围内寻找最近匹配；本文选择0.06的卡尺范围，对倾向得分相差6%的观测值进行一对四近邻匹配。④核匹配，本文采用默认带宽0.06，将倾向得分在带宽内的所有控制组样本进行权重调整后与处理组样本匹配，权重通过二次核函数得到。为保证估计结果的可靠性，在对匹配估计的平均处理效应进行讨论之前，必须对匹配质量进行检验。

（1）匹配平衡性检验。平衡处理组和控制组间的匹配变量（共变量）分布是PSM分析的基础，通过检验匹配前后匹配变量有无显著差异对匹配质量作出判断，即两组间匹配变量的差异被消除才说明匹配控制组是一个合理的反事实。我们借鉴Rubin（2001）的方法，从三个方面进行平衡性检验：①比较匹配前后处理组和控制组间匹配变量的标准偏差变化，标准偏差减小表明处理组与控制组的差异减小。一般来讲，匹配后共变量的标准化偏差不超过10%为佳；Rosenbaum和Rubin（1985）则认为，匹配后处理组与控制组样本的标准化偏差小于20%就意味着匹配比较成功。②通过t检验来判断匹配后处理组与控制组间匹配变量的均值是否存在显著差异；若匹配后二者“不存在显著差异”的原假设无法被拒绝，表明匹配效果较好。③考察伪R^2（Pseudo-R^2）、χ^2统计量、均值偏差（mean bias）、中位数偏差（med bias）、B值和R值，从整体上检验匹配是否满足平衡性假定；所有值均显著下降意味着匹配质量提升，Rubin（2001）指出，若B<25%、R∈[0.5，2]，则可认为匹配平衡性假定条件得到了充分满足。

如表5所示，以核匹配为例，匹配后处理组和控制组间所有匹配变量的标准偏差都有不同程度的降低且均在20%以内，绝大多数匹配变量的标准偏差不超过10%；偏差消减幅度为18.4%～98.9%，绝大多数匹配变量的偏差消减幅度在60%以上。图1更直观地展示了核匹配的平衡性检验结果，匹配后共变量偏差的消减表明匹配比较成功。从处理组和控制组匹配变量均值t检验的显著性来看，匹配前除性别（*gender*）外的匹配变量均值都存在显著差异，而匹配后绝大多数匹配变量的均值不再存在显著差异。总之，匹配后共变量的偏差降低，处理组与控制组的差异不再显著，倾向得分偏差得到修正，数据获得了较好的平衡，返乡劳动力的个体特征差异得到了有效控制。

根据表6，在不同的PSM方法下，伪R^2、χ^2统计量、均值偏差、中位数偏差、B值和R值均显著下降。匹配前，均值偏差和中位数偏差都大于20%，匹配后则分别降为5.5%～6.1%和4.7%，均在10%以内；虽然匹配后的B值都大于25%，匹配仍有改善空间，但与匹配前130.2%的水平相比已有大幅度下降；匹配后R值则均从匹配前的2.96降到2以内。我们依据整体平衡性检验结果可以判断，匹配显著降低了处理组和控制组之间匹配变量的差异，最大限度地降低了样本选择偏误，满足了匹配平衡性的假定。

表 5　平衡性检验：共变量偏差消减（以核匹配为例）

变量	匹配结果	均值		标准偏差（%）	偏差消减（%）	t 检验	
		处理组	控制组			t 值	P 值
gender	匹配前	0.582	0.613	−6.3	26.5	−1.45	0.148
	匹配后	0.582	0.604	−4.7		−0.98	0.329
age	匹配前	41.637	48.985	−64.1	98.7	−14.60	0.000
	匹配后	41.637	41.736	−0.9		−0.18	0.854
ages	匹配前	1 861.7	2 533.9	−64.0	98.9	−14.39	0.000
	匹配后	1 861.7	1 868.8	−0.7		−0.15	0.876
marriage	匹配前	0.943	0.961	−8.1	64.7	−1.89	0.059
	匹配后	0.943	0.949	−2.9		−0.57	0.567
edu2	匹配前	0.543	0.402	28.5	55.0	6.51	0.000
	匹配后	0.543	0.607	−12.8		−2.70	0.007
edu3	匹配前	0.129	0.076	17.5	31.4	4.09	0.000
	匹配后	0.129	0.093	12.0		2.44	0.015
edu4	匹配前	0.027	0.002	21.6	18.4	5.39	0.000
	匹配后	0.027	0.006	17.7		3.43	0.001
health2	匹配前	0.107	0.183	−21.8	61.3	−4.89	0.000
	匹配后	0.107	0.136	−8.5		−1.90	0.057
health3	匹配前	0.277	0.336	−12.9	90.0	−2.94	0.003
	匹配后	0.277	0.283	−1.3		−0.28	0.781
health4	匹配前	0.387	0.311	15.9	91.9	3.64	0.000
	匹配后	0.387	0.381	1.3		0.26	0.792
health5	匹配前	0.221	0.141	21.0	63.2	4.87	0.000
	匹配后	0.221	0.191	7.7		1.54	0.124
MedIns	匹配前	0.853	0.911	−18.2	71.2	−4.25	0.000
	匹配后	0.853	0.836	5.3		0.98	0.328
Pension	匹配前	0.441	0.517	−15.2	82.2	−3.47	0.001
	匹配后	0.441	0.455	−2.7		−0.57	0.568
workIns	匹配前	0.085	0.013	34.1	85.9	8.35	0.000
	匹配后	0.085	0.075	4.8		0.79	0.428
birthIns	匹配前	0.035	0.005	21.9	73.2	5.38	0.000
	匹配后	0.035	0.043	−5.9		−0.88	0.378
unemIns	匹配前	0.041	0.004	25.1	65.3	6.22	0.000
	匹配后	0.041	0.054	−8.7		−1.27	0.205
tecTrain	匹配前	0.069	0.036	14.8	93.8	3.48	0.001
	匹配后	0.069	0.067	0.9		0.17	0.864
agrwork	匹配前	0.608	0.965	−97.0	97.8	−23.83	0.000
	匹配后	0.608	0.616	−2.2		−0.34	0.731
Invest	匹配前	0.070	0.031	17.8	39.7	4.19	0.000
	匹配后	0.070	0.094	−10.7		−1.80	0.073

（续）

变量	匹配结果	均值		标准偏差（%）	偏差消减（%）	t 检验	
		处理组	控制组			t 值	P 值
parliv	匹配前	0.787	0.636	33.7	86.0	7.58	0.000
	匹配后	0.787	0.766	4.7		1.06	0.290
Ftruck	匹配前	0.079	0.175	−29.0	96.7	−6.44	0.000
	匹配后	0.079	0.083	−1.0		−0.24	0.807
Ffarmland	匹配前	4.110	6.424	−15.7	61.9	−3.80	0.000
	匹配后	4.110	4.991	−6.0		−1.31	0.189
Fcerland	匹配前	0.372	0.464	−18.8	90.4	−4.28	0.000
	匹配后	0.372	0.381	−1.8		−0.38	0.700
Cgovland	匹配前	0.627	0.390	48.9	92.4	11.14	0.000
	匹配后	0.627	0.609	3.7		0.78	0.433
Cnonagr	匹配前	0.421	0.196	50.2	68.7	11.70	0.000
	匹配后	0.421	0.350	15.7		3.05	0.002

注：K 近邻匹配、卡尺内 K 近邻匹配和半径匹配的共变量平衡性检验得到了一致性的结论。

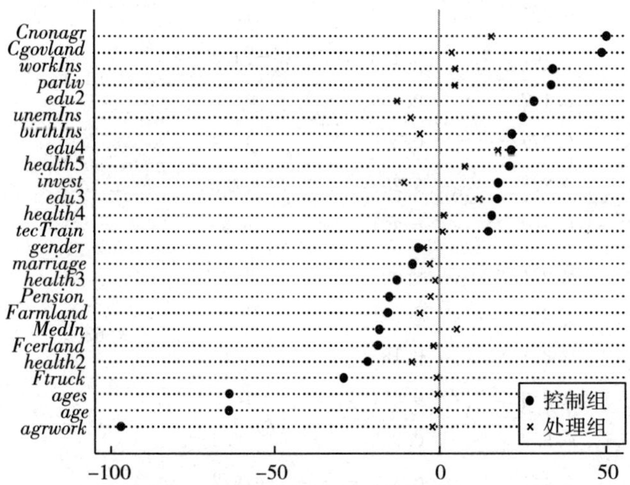

图 1　处理组与控制组共变量的分布平衡性

综合共变量和整体平衡性检验，匹配后处理组和控制组的异质性偏差得到了有效控制，匹配结果良好；四种不同匹配方法下平衡性检验结果基本一致，表明匹配结果稳健可靠。

表 6　不同 PSM 方法的平衡性检验结果

	Pseudo R^2	χ^2 统计量	P 值	均值偏差	中位数偏差	B 值	R 值
匹配前	0.268	782.38	0.000	28.9	21.6	130.2*	2.96*
K 近邻匹配（K=4）	0.025	61.46	0.000	6.1	4.7	37.4*	1.50
卡尺内 K 近邻匹配（K=4）	0.025	61.46	0.000	6.1	4.7	37.4*	1.50
半径匹配（卡尺 0.06）	0.020	49.29	0.003	5.5	4.7	33.3*	1.75
核匹配（二次核）	0.022	52.99	0.001	5.8	4.7	34.6*	1.59

注：B>25%或者 R 在区间［0.5，2］外者均标注 *，未标注 * 代表匹配比较成功。

（2）重合性检验：共同支撑域。与缺乏平衡性相比，共变量分布缺乏重合导致的样本损失所造成的估计偏差可能更为严重；为保证匹配质量，需要进一步讨论匹配后共变量的重合性，即要满足共同支撑假设（common support condition）。以核匹配为例，图2给出了匹配后处理组和控制组倾向得分的共同支撑域。从图2中可以看出，匹配后处理组选择非农就业的返乡劳动力和控制组选择务农返乡劳动力的倾向得分均在共同取值范围之内，匹配没有造成样本损失①，共同支撑假设得到满足。

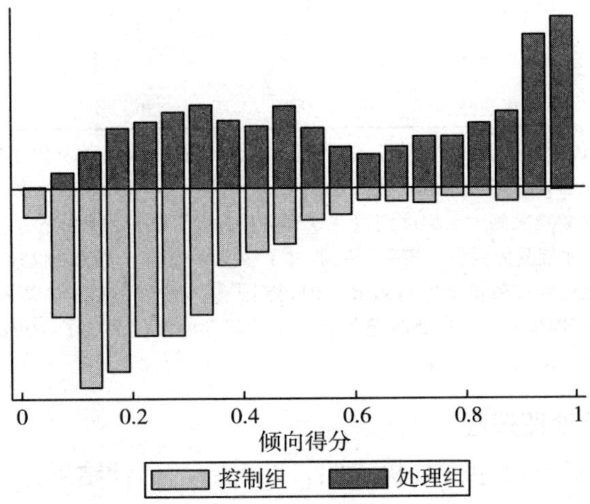

图2 处理组和控制组倾向得分重合性

（3）敏感性检验。在倾向得分匹配过程中，即便共变量的分布平衡性和重合状况良好，仍有可能存在选择性偏差或未控制某些应当控制的共变量，而这些隐藏性偏差（overt bias）将导致原有的分析结果不可靠甚至无效。为解决这一问题，Rosenbaum（2002）提出了PSM的敏感性分析原理，探究存在无法控制遗漏变量和选择性偏差的情况下，估计结果是否依然稳健有效。仍以核匹配为例，根据表7，当Γ=2时，Wilcoxon符号秩检验的上界和下界的显著性仍然都小于5%的水平，即便在存在隐藏性偏差的情况下，依然拒绝了“处理效应无效”的原假设。同时，当Γ=2时，Hodges-Lehmann检验法点估计的上界和下界都大于零，95%的置信区间［0.022，0.853］也不包含零，点估计在统计上是显著的，也拒绝了“处理效应无效”的原假设。Wilcoxon符号秩检验和Hodges-Lehmann检验同时表明，可能的隐藏性偏差影响原有分析结果的敏感性低，必须存在非常大的隐藏性偏差才会改变原有的分析结果，即我们的推论不受潜在的隐藏性偏差的影响，研究结果是稳健可靠的。

表7 敏感性检验：以核匹配为例

Γ	sig^+	sig^-	$t-hat^+$	$t-hat^-$	CI^+	CI^-
1.0	0.000	0.000	0.407	0.407	0.355	0.470
1.1	0.000	0.000	0.376	0.445	0.314	0.542
1.2	0.000	0.000	0.344	0.492	0.250	0.588
1.3	0.000	0.000	0.306	0.550	0.200	0.619

① 本文实证分析损失了978个样本，但此样本损失是由调查中相关问题无回答所造成的变量观测值缺失，而非因匹配造成；后续研究可尝试在对缺失值进行数据多重插补的基础上予以进一步探讨。

（续）

Γ	sig⁺	sig⁻	t - hat⁺	t - hat⁻	CI⁺	CI⁻
1.4	0.000	0.000	0.251	0.588	0.171	0.644
1.5	0.000	0.000	0.207	0.615	0.144	0.671
1.6	0.000	0.000	0.179	0.636	0.122	0.693
1.7	0.000	0.000	0.156	0.658	0.100	0.728
1.8	0.000	0.000	0.135	0.679	0.076	0.770
1.9	0.003	0.000	0.118	0.698	0.048	0.809
2.0	0.016	0.000	0.099	0.728	0.008	0.836

注：①本表根据 Stata14.0 软件的 rbounds 程序获得。②Γ 是无法观测到的因素对发生不同接触处理发生比的对数；sig^+ 和 sig^- 分别是 Wilcoxon 符号秩检验显著性水平的上界和下界；t - hat^+、t - hat^-、CI^+、CI^- 分别是 Hodges - Lehmann 检验法点估计和 95%信用区间的上界和下界。③Γ 必须大到一定程度使得"处理效应无效"的原假设成立，才有可能改变处理效应对结果的推论；Rosenbaunm（2002）主张 Γ>2 才接受原假设，表明研究通过了敏感性检验。④此处仅选择性展示核匹配（二次核）的敏感性检验结果，其他匹配方法的敏感性检验在数值上略有差异，但得到了基本一致的结论：Wilcoxon 符号秩检验和 Hodges - Lehmann 检验通过其一即可视为通过敏感性检验；K 近邻匹配和卡尺内 K 近邻匹配仅通过了 Wilcoxon 符号秩检验，半径匹配同时通过了 Wilcoxon 符号秩检验和 Hodges - Lehmann 检验。

3. 非农就业抉择的平均处理效应

平衡性检验、重合性检验与敏感性分析表明，匹配后的估计结果是可靠的，因而可以进一步分析返乡劳动力的非农就业抉择对主观家庭经济满意度的净处理效应（ATT）。如表 8 所示，采用 K 近邻匹配、卡尺内 K 近邻匹配、半径匹配和核匹配等四种匹配方法得到的 ATT 估计无明显差异，ATT 的范围为 0.410 1～0.426 3，且均在 1%的水平上显著，研究结果具有较强的稳健性。PSM 分析表明，返乡劳动力选择非农就业会显著提升其主观家庭经济满意度，采取不同匹配方法所得到的估计结果高度稳定，未消除个体特征差异的 OLS 回归和有序 Logit 回归低估了非农就业对主观家庭经济满意度的影响。

表 8　基于不同匹配方法的平均处理效应（ATT）

匹配方法	处理组	控制组	处理效应（ATT）	自助标准误	z 统计量	P 值
K 近邻匹配（K=4）	3.062 4	2.636 1	0.426 3	0.093 5	4.56	0.000
卡尺内 K 近邻匹配（K=4）	3.062 4	2.636 1	0.426 3	0.090 8	4.69	0.000
半径匹配（卡尺 0.06）	3.062 4	2.649 1	0.413 3	0.074 7	5.53	0.000
核匹配（二次核）	3.062 4	2.652 2	0.410 1	0.076 9	5.33	0.000

注：标准误和 z 统计量通过自助法（Bootstrap）获得，重复抽样次数为 1 000 次。

（三）就业抉择的内生性：工具变量法处理

尽管我们尽可能多地控制了影响主观家庭经济满意度的因素，但返乡者的就业抉择与主观家庭经济满意度之间仍可能存在复杂的内生性问题——二者可能存在双向因果关系：返乡者的就业抉择影响其主观家庭经济满意度，而主观家庭经济满意度也可能反过来影响返乡者的就业决策，即示范效应下家庭经济满意度高的劳动者更倾向于选择非农就业。PSM 方法控制了影响处理组和控制组的众多可观测变量，但潜在的同时影响返乡者就业决策及其家庭经济满意度的不可观测因素带来的内生性难题仍可能导致有偏的估计。为此，我们进一步采取工具变量法（IV）对内生性进行验证和处理。

本文选择返乡者能否流利地讲普通话（*mand*）和所在村庄是否为山区（*ci*）作为就业抉择的

工具变量，并以两阶段最小二乘法（TSLS）为基础进行处理。第一阶段的回归发现，*mand* 和 *ci* 均在 1%的水平上显著，普通话流利对返乡者的非农就业抉择有正向影响，而村庄地处山区则存在显著的负向作用，这与通常的主观性经验认知吻合。为保证结果的可靠性，必须对工具变量的有效性进行检验。根据表 9，Kleibergen－Paap rk LM 统计量的 P 值为 0.000，强烈拒绝“不可识别”的原假设。TSLS 估计第一阶段的 Shea's 偏 R2 为 0.015 8，但 F 统计量远大于 10，且 P 值为 0.000，可以认为不存在弱工具变量；对内生解释变量的显著性进行名义显著性水平 5%的 Wald 检验，最小特征值统计量 F 为 17.044，远远大于 15%显著性水平的临界值 11.59，可以拒绝“弱工具变量”的原假设；Cragg－Donald Wald F 统计量与 Kleibergen－Paap rk Wald F 统计量均大于 Stock－Yogo 检验 15%的临界值，也排除了弱工具变量的可能性。Hansen J 统计量的 P 值高达 0.739，无法拒绝“所有变量都是外生”的原假设，所选工具变量与扰动项不相关。一系列检验表明，*mand* 和 *ci* 是返乡劳动力就业抉择的良好工具变量。

表 9　工具变量识别检验

(1) 不可识别检验				
Kleibergen－Paap rk LM 统计量＝32.295	P 值＝0.000			
(2) 弱工具变量检验				
Shea's 偏 R^2＝0.015 8	TSLS 第一阶段 F 统计量＝16.580 7		P 值＝0.000	
最小特征值统计量 F＝17.044 1				
	10%	15%	20%	25%
2SLS Size of nominal 5% Wald test	19.93	11.59	8.75	7.25
LIML Size of nominal 5% Wald test	8.68	5.33	4.42	3.92
Cragg－Donald Wald F 统计量＝17.044				
Kleibergen－Paap rk Wald F 统计量＝16.581				
Stock－Yogo 检验临界值	10% 19.93	15% 11.59	20% 8.75	25% 7.25
(3) 过度识别检验				
Hansen J 统计量＝0.111	P 值＝0.739			

为保证检验结果稳健，第二阶段我们同时采用两阶段最小二乘法（TSLS）、对弱工具变量不太敏感的有限信息最大似然法（LIML）、允许扰动项存在异方差与自相关的广义矩估计的两部法（GMM）和迭代法（IGMM），并将之与 OLS 回归进行比较。然而，表 10 的结果显示，四种 IV 估计在共变量的符号和显著性上都表现出与 OLS 估计的高度一致性；处理变量 *workplan* 的符号一致，OLS 回归被低估，但四种 IV 估计都未通过显著性检验；经过包括重新寻找工具变量在内的反复试验和调整，仍未能解决 IV 估计关键变量的不显著问题。由此，我们怀疑处理变量本身可能不存在内生性。

表 10　内生性处理：OLS 估计与不同工具变量法估计

	OLS	TSLS	LIML	GMM	IGMM
		IV：能否流利地讲普通话（*mand*）、所在村庄是否为山区（*ci*）			
work	0.256***	0.398	0.398	0.396	0.277
	(0.053)	(0.419)	(0.421)	(0.419)	(0.395)
gender	－0.061	－0.065	－0.065	－0.065	－0.037
	(0.049)	(0.050)	(0.050)	(0.050)	(0.053)

（续）

	OLS	TSLS	LIML	GMM	IGMM
		IV：能否流利地讲普通话（*mand*）、所在村庄是否为山区（*ci*）			
age	−0.045*** (0.012)	−0.047*** (0.013)	−0.047*** (0.013)	−0.047*** (0.013)	−0.058*** (0.014)
ages	0.001*** (0.000)	0.001*** (0.000)	0.001*** (0.000)	0.001*** (0.000)	0.001*** (0.000)
marriage	0.040 (0.107)	0.032 (0.110)	0.032 (0.110)	0.032 (0.110)	0.118 (0.122)
edu2	−0.152*** (0.049)	−0.166*** (0.064)	−0.166*** (0.064)	−0.166*** (0.064)	−0.187*** (0.066)
edu3	−0.078 (0.080)	−0.094 (0.093)	−0.094 (0.093)	−0.094 (0.093)	−0.106 (0.095)
edu4	0.046 (0.212)	0.014 (0.234)	0.014 (0.234)	0.013 (0.234)	−0.052 (0.246)
health2	0.226 (0.188)	0.217 (0.189)	0.217 (0.189)	0.218 (0.189)	0.151 (0.196)
health3	0.458** (0.183)	0.450** (0.184)	0.450** (0.184)	0.450** (0.184)	0.369* (0.190)
health4	0.775*** (0.183)	0.763*** (0.186)	0.763*** (0.186)	0.763*** (0.186)	0.718*** (0.192)
health5	1.067*** (0.189)	1.051*** (0.195)	1.051*** (0.195)	1.051*** (0.195)	1.014*** (0.202)
MedIns	0.027 (0.076)	0.029 (0.076)	0.029 (0.076)	0.030 (0.076)	−0.004 (0.082)
Pension	0.007 (0.045)	0.008 (0.045)	0.008 (0.045)	0.007 (0.045)	0.037 (0.048)
workIns	0.071 (0.131)	0.046 (0.153)	0.046 (0.153)	0.049 (0.152)	0.063 (0.155)
birthIns	0.243 (0.234)	0.243 (0.229)	0.243 (0.229)	0.244 (0.229)	0.314 (0.248)
unemIns	−0.099 (0.246)	−0.095 (0.242)	−0.095 (0.242)	−0.098 (0.242)	−0.137 (0.262)
tecTrain	0.137 (0.111)	0.140 (0.111)	0.140 (0.111)	0.140 (0.111)	0.168 (0.124)
agrwork	0.060 (0.065)	0.119 (0.187)	0.120 (0.187)	0.119 (0.187)	0.052 (0.176)
invest	0.178 (0.114)	0.156 (0.129)	0.156 (0.130)	0.156 (0.129)	0.153 (0.134)
parliv	−0.041 (0.057)	−0.041 (0.057)	−0.041 (0.057)	−0.040 (0.056)	−0.046 (0.062)

（续）

	OLS	TSLS	LIML	GMM	IGMM
		IV：能否流利地讲普通话（*mand*）、所在村庄是否为山区（*ci*）			
Ftruck	0.075 (0.065)	0.089 (0.077)	0.089 (0.077)	0.090 (0.077)	0.037 (0.089)
Farmland	0.003** (0.001)	0.003** (0.001)	0.003** (0.001)	0.003** (0.001)	0.003** (0.001)
Fcerland	0.054 (0.045)	0.058 (0.047)	0.058 (0.047)	0.059 (0.047)	0.063 (0.050)
Cgovland	−0.025 (0.045)	−0.044 (0.070)	−0.044 (0.070)	−0.043 (0.070)	−0.034 (0.067)
Cnonagr	−0.016 (0.050)	−0.037 (0.080)	−0.038 (0.080)	−0.037 (0.080)	−0.086 (0.083)
_cons	2.816*** (0.327)	2.767*** (0.355)	2.767*** (0.355)	2.767*** (0.355)	3.137*** (0.375)
N	2 155	2 155	2 155	2 155	1 873
R^2	0.108	0.105	0.105	0.105	0.114

根据表 11，不考虑异方差的传统 Hausman 检验的 P 值为 0.736 0，无法拒绝“所有解释变量均为外生变量”的原假设；异方差稳健的 Dubin－Wu－Hausman 检验的 P 值同样不显著，也无法拒绝“所有解释变量均为外生的”原假设。也就是说，在 OLS 估计与 IV 估计之间，OLS 估计更可靠，所有解释变量都是外生的，即处理变量没有内生性问题。

综上可以判断，PSM 估计是稳健可靠的，返乡劳动力的就业抉择与主观家庭经济满意度间的因果关系是单向的，不存在反向因果关系，返乡劳动力中选择非农就业者的主观家庭经济满意度显著高于选择务农者。

表 11　变量内生性检验：OLS 还是 IV

统计检验	统计量	P 值
Hausman 检验	0.11	0.736 0
Dubin 检验	0.115 1	0.734 4
Wu－Hausman F 检验	0.113 7	0.736 1

四、结果讨论与政策建议

（一）结果讨论

本文使用 2014 年和 2016 年“中国劳动力动态调查”（CLDS）的返乡劳动力数据，研究了就业抉择对返乡劳动力主观家庭经济满意度的影响。不考虑个体特征差异的 OLS 和有序 Logit 基准回归低估了非农就业对返乡劳动者主观家庭经济满意度的影响；我们采用四种倾向值匹配方法来控制样本自选择以排除个体特征差异，并通过匹配平衡性检验、重合性检验和敏感性检验，来排除遗漏变量的显性选择偏差与无法观测或测量的隐藏性选择偏差，采用工具变量法排除内生性问题带来的反向因果效应，对选择非农就业和回归农业的两大返乡劳动力群体加以对比，实证结果显示，在排除个体差异特征的干扰下，返乡劳动力中选择非农就业者的主观家庭经济满意度显著高于回归农业者。

乡村振兴是为了解决农村发展不平衡不充分的突出问题，离不开农村人口尤其是高素质劳动力的回归和聚集，然而我们对实证研究进行深入分析发现，返乡劳动者基于市场理性的就业抉择带来两大群体主观家庭经济满意度的显著差异，会给农村区域内部的人力资本配置和农村可持续发展带来隐患，农村内部新的发展不平衡和不充分风险必须引起重视和警惕。

1. 农村区域内人力资本向非农产业的过度溢出倾向

我们注意到，在PSM分析中，年龄对返乡劳动者的就业抉择存在倒“U”形影响，根据表4的估计结果测算，以34岁为界，此前随着年龄增长返乡劳动力更倾向于选择非农就业，而此后返乡劳动力回归农业的动力更强。受教育水平对返乡劳动力的非农就业有着显著的正向影响，随着受教育水平的提高，返乡劳动者选择非农就业的概率增加。从年龄分布来看，选择非农就业的返乡劳动力平均39.7岁，34岁以下者占37.04%；选择务农者平均47.8岁，34岁以下者仅有16.06%。从受教育程度分布来看，选择非农就业者的学历以初中为主，占非农就业样本的53.52%；务农人员受教育程度则以小学及以下为主，占务农样本的50.93%；全部样本中68.22%的小学及以下学历者选择务农，53.77%的初中学历人员、63.37%的高中学历人员和89.09%的大专及以上学历人员选择非农就业；34岁以下返乡者中，80.72%的高中学历人员和91.11%的大专及以上学历人员选择非农就业，仅有19.28%的高中学历人员和8.89%的大专及以上学历人员回归农业。

也就是说，具有较高人力资本存量的青壮年返乡劳动力进入农村非农产业的居多，人力资本存量较低、年龄较大者则多选择回归传统农业生产。与农村人力资本向城镇的单向区域外溢出不同，返乡劳动力基于市场理性的就业抉择引起农村内部人力资本向非农产业过度聚集；在示范效应下，原有留乡劳动力中具有较高人力资本者也将倾向于流向农村非农产业。二者共同作用，将形成农村区域内人力资本向非农产业的不合理溢出。若不加以合理引导，非农产业与农业的人力资源竞争将导致农村内部人力资本的产业配置不均衡，现代农业所需的高素质职业农民流失，使本已处于劣势的农业衰败风险增大。

2. 再就业抉择冲突与农村内部收入分化隐忧

样本统计显示，50.34%的返乡者回乡的原因是“照顾家人”，13.82%因生病、受伤等原因而回归，仅有9.03%返乡者是为获得较好的收入。对多数人而言，回乡仍是一种无奈之举。经济收入水平和地位是劳动力进行迁移和就业抉择的首要考虑因素。实证分析表明，在返乡劳动力的再就业抉择中，选择非农就业者的主观家庭经济满意度远远高于选择务农者。然而，样本中53.14%即过半数的返乡劳动力选择回归农业而其经济满意度相对较差，非农就业者经济满意度较高但就业总量较少，返乡者再就业存在抉择冲突；低收入返乡者聚集于农业，两大群体的收入差距有拉大风险。可以合理推断，择业冲突的原因在于农村内部存在劳动力非农流动障碍。例如，如表3所示，个体人力资本不足、村庄没有非农产业等，使部分返乡者不得已选择回归农业。作为人力资本的重要形成途径，培训（*tecTrain*）对返乡者非农就业的影响虽不显著但有负向效应，即接受过培训者选择非农就业的概率下降，这与我们的经验性认知相左，可能是返乡者所接受的培训与农村的非农工作需求不匹配所致。对于择业冲突与内部收入差距，若不加以合理引导，经济状况无法获得保障的返乡者尤其是高素质返乡者将选择再次外出，乡村产业兴旺所需的人口回归和聚集难以稳定，农村发展的可持续面临威胁。

(二) 政策建议

乡村振兴，产业兴旺，需要积极引导工商资本下乡，在农村内部创造更多的就业机会，吸引外出劳动力尤其是高素质劳动力返乡。返乡劳动力和人力资本向非农产业聚集是乡村振兴的必然要求和趋势，但现代农业的发展也应同步推进，农村发展绝不可陷入新的不平衡和不协调中，返乡劳动力再就业应避免农村区域内人力资本向非农产业过度溢出的倾向，避免择业冲突造成农村内部两大群体收入差距扩大对农村发展可持续性的伤害。

为实现乡村振兴，对返乡劳动力在农村的再就业应进行分类引导。第一，鼓励和引导普通返乡劳动力选择非农就业，增加其家庭收入，降低农村内部收入分化的风险。第二，出台优惠措施，引导高素质劳动力回归农业，培养职业农民，推动传统农业改造和结构升级，大力发展现代农业，降低高素质返乡者的过度非农聚集倾向。第三，加强分类培训，在摸清返乡劳动力特点和就业需求的基础上，积极开展有针对性的农业科技培训和适应农村非农产业需求的职业技能培训，由返乡者根据自己的实际就业意愿自主选择参加，提升高龄归农劳动力的农业生产技能和低龄返乡劳动力的非农就业竞争力。第四，建立多层次的扶持体系，鼓励高素质劳动力返乡创业，创造更多的农业与非农就业机会。第五，因地制宜，做好农村产业发展规划，严格市场准入，引导下乡工商资本在农村的产业布局，大力发展与农业相关的非农产业。

参 考 文 献

白南生，何宇鹏，2002. 回乡，还是外出？——安徽四川二省农村外出劳动力回流研究 [J]. 社会学研究 (3)：64-78.

陈强，2014. 高级计量经济学及Stata应用（第二版）[M]. 北京：高等教育出版社.

杜威漩，2019. 农民工返乡创业减贫效应生成机理及政策启示——政策激励视角的分析 [J]. 经济体制改革 (2)：76-83.

雷洪，赵晓歌，2017. “城归”现象：主体特征、形成机理与生成逻辑 [J]. 河南师范大学学报（哲学社会科学版）(4)：58-62.

李楠，2010. 农村外出劳动力留城与返乡意愿影响因素分析 [J]. 中国人口科学 (6)：102-108.

李强，龙文进，2009. 农民工留城与返乡意愿的影响因素分析 [J]. 中国农村经济 (2)：46-54.

厉以宁，2017. “城归”将成为新的人口红利 [J]. 理论与当代 (2)：33-37.

梁栋，吴存玉，2019. 论乡村振兴的精准推进——基于农民工返乡创业与乡村振兴的内在逻辑与机制构建 [J]. 青海社会科学 (2)：122-128.

林亦平，魏艾，2018. “城归”人口在乡村振兴战略中的“补位”探究 [J]. 农业经济问题 (8)：91-96.

刘新争，任太增，2017. 农民工回流意愿的影响因素与农民工分流机制的构建——基于二分类Logistic模型的实证分析 [J]. 学术研究 (7)：95-102.

刘志阳，李斌，2019. 乡村振兴战略视野下的农民工返乡创业——基于“千村调查”的证据 [J]. 福建论坛（人文社会科学版）(3)：34-41.

刘祖云，姜姝，2019. “城归”：乡村振兴中“人的回归”[J]. 农业经济问题 (2)：43-52.

罗凯，2009. 打工经历与职业转换和创业参与 [J]. 世界经济 (6)：77-87.

马芒，徐欣欣，林学翔，2012. 返乡农民工再就业的影响因素分析——基于安徽省的调查 [J]. 中国人口科学 (2)：95-102，112.

秦芳，李晓，吴雨，等，2018. 省外务工经历、家庭创业决策及机制分析 [J]. 当代经济科学 (4)：91-100，127-128.

任远，施闻，2017. 农村外出劳动力回流迁移的影响因素和回流效应 [J]. 人口研究 (3)：71-83.

石智雷，谭宇，吴海涛，2010. 返乡农民工家庭收入结构与创业意愿研究［J］. 农业技术经济（11）：13－23.

石智雷，杨云彦，2011. 外出务工对农村劳动力能力发展的影响及政策含义［J］. 管理世界（12）：40－54.

石智雷，杨云彦，2012. 家庭禀赋、家庭决策与迁移劳动力回流研究［J］. 社会学研究（3）：157－170，245.

王西玉，崔传义，赵阳，2003. 打工与回乡：就业转变和农村发展——关于部分进城民工回乡创业的研究［J］. 管理世界（7）：99－109.

王子成，赵忠，2013. 农民工迁移模式的动态选择：外出、回流还是再迁移［J］. 管理世界（1）：78－88.

谢勇，周润希，2017. 农民工的返乡行为及其就业分化研究［J］. 农业经济问题（2）：92－101.

徐超，吴玲萍，孙文平，2017. 外出务工经历、社会资本与返乡农民工创业——来自 CHIPS 数据的证据［J］. 财经研究（12）：30－44.

Dustmann C，Kirchkamp O，2002. The optimal migration duration and activity choice after re－migration［J］. Journal of Development Economics，67（2）：351－372.

Hu F，Xu Z，Chen Y，2010. Circular migration，or permanent stay? Evidence from China's rural－urban migration［J］. China Economic Review，22（1）：64－74.

Ma Z，2002. Social－capital mobilization and income returns to entrepreneurship：The case of return migration in rural China［J］. Environment and Planning A，34（10）：1763－1784.

Vadean F P，Piracha M，2009. Circular migration or permanent return：What determines different forms of migration?［R］. Discussion Paper No. 4287.

Wang W，Fan C，2006. Success or failure：Selectivity and reasons of return migration in Sichuan and Anhui，China［J］. Environment and Planning A，38：939－958.

Woodruff C，Zenteno R，2007. Migration networks and microenterprises in Mexico［J］. Journal of Development Economics，82（2）：509－528.

Zhao Y H，2002. Causes and consequences of return migration：Recent evidence from China［J］. Journal of Comparative Economics，30（2）：376－394.

中国农民创业选择动机：机会型还是生存型？
——基于家庭背景和地区差异的视角分析

范波文　应望江

（上海财经大学公共经济与管理学院）

摘要：本文使用2016年上海财经大学“千村调查”项目对全国31个省区市1 209个村庄的3 464名创业农民的问卷调查数据，从家庭背景和地区差异的视角，通过构建计量模型实证分析了家庭背景、地区差异与创业选择动机之间的关系及其他影响中国农民创业动机的因素。结果表明：在其他条件不变的情况下，无论是在中国的东部、中部、西部还是东北地区，比起普通型家庭创业农民，精英型家庭创业农民都倾向于选择机会型创业，地区之间没有显著性的差异。然而，地区的差异却显著影响普通型家庭创业农民的创业选择动机，其中东部地区的普通型家庭创业农民机会型创业动机概率显著高于其他地区的普通型家庭创业农民，比中部地区高出8%、比西部地区高出4.6%、比东北地区高出8.8%。此外，农民的性别和受教育水平亦显著影响农民的创业选择动机，男性比女性、高学历者比低学历者机会型创业动机概率显著提高。对于中国农民而言，生存型创业是目前的主导形式，推动中国农民的创业动机向机会型转变有利于促进农民高质量创新创业，有助于提高整个国家的生产力水平。

关键词：农民创业；创业动机；家庭背景；地区差异；创新创业

一、引　言

新中国成立70年来，中国在经济快速增长的同时也面临着一些严峻的问题，其中“三农”问题仍然是新时代中国要面对的难题，在我国广大的农村地区，大部分的农民仅依靠传统农耕作业获取的回报已难以满足家庭日益增长的物质需要，于是大量的农民纷纷选择外出务工寻求生计，这也直接导致了村落凋零、空巢老人、留守儿童等社会问题。2004—2019年，党中央连续16年发布以“三农”问题为主题的中央1号文件，强调了“三农”问题在中国社会主义现代化建设中的重要性，农业问题、农村问题和农民问题成为关系社会稳定、国家富强的“瓶颈”。

农民创业是农村经济可持续增长的引擎之一（Akgün et al.，2010），立足于农村地区实现自我创业是乡村振兴、恢复农村活力、减贫增收、带动就业、缓解农村地区社会矛盾的有效方法。例如，在2003年至2012年的十年间，美国北卡罗来纳地区因制造业空心化导致大量农民失业，但由于当地农村地区创业项目的蓬勃发展，使得失业农民能够重新获得就业机会，从而使得当地的经济重新焕发生机（Scott，2012；危旭芳等，2014）。此外，农民创业也可以提高政府税收收入，促进出口，提高整个国家的生产力发展水平。

农民创业动机研究是农民创业理论研究的重要部分，创业动机为预测创业能否成功提供了基础

(Amit et al.，1996)。创业动机是激发、维持、调节人们从事创业活动，并引导创业活动朝向某一目标发展的内部心理过程或内在动力（曾照英等，2009），由于客观环境与个体因素的差异，创业者创业的驱动力有所不同。某些人创业可能出自物质需要，另一些人创业可能是为得到社会认同或实现自身价值，更多的个体创业可能出于多种需要。因此，对创业动机因子进行更充分的洞察，将有助于理解创业者的行为模式及其对成功创业的影响（刘美玉，2013）。中国农村是最好的试验田，根据2016年上海财经大学“千村调查”项目对全国31个省区市1 209个村庄的3 464名创业农民的问卷调查情况来看，有近半数创业者（47%）是出于改善生活的目的而选择创业，被迫创业（没有其他更好的工作选择）所占的比重为9%左右，为了成就事业创业占比约为13%（图1）。

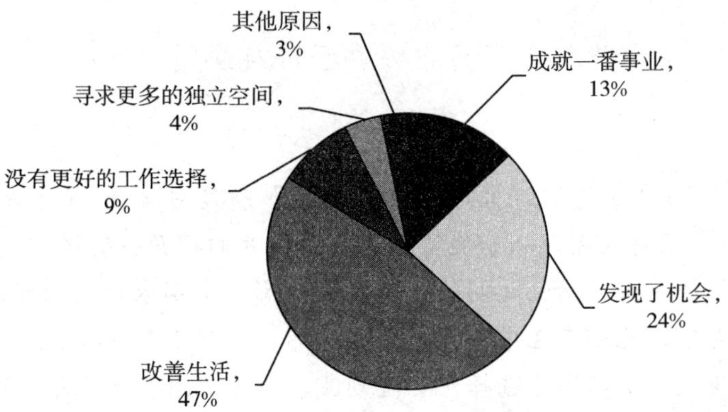

图1　中国农民的创业选择动机

为什么不同的农民会有不同的创业动机？这背后的影响因素是什么？家庭背景、地区差异与农民创业选择动机是否存在关系？过去，学者们在该方面的研究往往缺乏经验数据的支持，使得规范分析陷入僵局，因此这些问题还有待深入实证和探讨。本文将使用2016年上海财经大学的“千村调查”项目数据，通过数理模型和实证分析解析农民的创业选择动机，分析中国农民的家庭背景、地区差异与其创业选择动机的关系。

本文的边际贡献主要体现在，第一，利用分布在中国31个省区市1 209个自然村落的3 464名创业村民问卷调查数据，从家庭背景和地区差异两个角度探究农民创业选择动机的作用机制，为理解农民创业选择过程提供了经验证据。第二，本文针对当前我国“大众创新、万众创业”的政策导向，从动机的角度研究了农民创业。动机在一定程度上决定了创业的成败，本文发现家庭背景和地区的异质性等因素会对农民的创业选择动机产生影响，丰富了农民创业理论，为推动营造良好的农民创业环境政策体系提供了借鉴。

文章其他部分的安排如下：第二部分在梳理文献的基础之上提出理论假说；第三部分主要是数据、变量和描述性统计结果；第四部分主要是介绍计量模型、实证结果及解释和稳健性检验；第五部分是结论、启示与建议。

二、文献综述和研究假设

在国外，虽然对创业理论的研究有相当长的一段历史，但是从文献来看，针对农民（农村、农业）创业的研究也是直到20世纪80年代后才有零星的文章发表（危旭芳等，2014；Wortman，1990），国内最早的关于农民创业的研究文献可以追溯到学者林红于1985年发表在《中国农村经济》杂志第5期的一篇名为“从乡镇企业的发展看农民创业的积极性”的文章。在随后的二十年间也只有零星的文章发表，直到2004年农民创业问题的研究才开始得到国内学者们的关注，发表的相关文章开始多起来。从文献内容来看，学者们多是从某个视角研究农民创业，例如农民创业融资的视角（程郁等，2009；翁辰等，2015；李祎雯等，2016；李树等，2018），农民创业资源禀赋的视角（许昆鹏等，2013；罗明忠等，2016；朱红根等，2016），农民创业绩效的视角（罗明忠等，2014；苏岚岚等，2016；易朝辉等，2018），农民创业环境的视角（朱红根等，2013；张益丰等，2014；吴小立等，2016），农民工返乡创业的视角（石智雷等，2010；陈文超等，2014），等等。但是，从动机的视角研究农民创业的文献却较为鲜见，动机是激发和维持个体活动并引导该活动朝向某一目标发展的内部心理过程或内在动力，是构成人类大部分行为的基础（Weiner，1985），创业动机是个体创业行为发生的起点和推动力，对农民创业动机进行研究，将有助于理解创业者的心理活动和行为模式，农民的创业动机研究是农民创业理论研究的重要组成部分。

驱动创业者实施创业行为的动机有很多，包括：追求个体的自由、成为自己的老板、通过自主决策控制自身命运（Kuratko，1987），金钱和股份、个体的内部控制需要和成就需要、实现个体独立与自我控制、为自己和家庭提供保障的安全需求（Kuratko et al.，1997）等。在特定的群体创业动机方面，例如新生代农民工，他们的创业动机可能包括实现个人价值、追求城市化和市民化（李丽群等，2011）；增加收入和改善生活条件，不满打工现状，渴望自己当老板，希望能有自己的事业，更好地融入城市等（邓婉婷等，2011）。

面对创业者各式各样的动机，Amit 和 Muller（1995）将创业划分为“推动”型创业和“拉动”型创业，王玉帅等（2008）将创业划分为生存动机创业、关系动机创业和发展动机创业，曾照英等（2009）认为创业可以分为事业成就型创业和生存需求型创业两大类，刘美玉（2013）将新生代农民工的创业动机分为经济性动机、社会性动机和成就性动机三个维度。2002年英国伦敦商学院和美国百森学院发起成立的全球创业观察（GEM）项目发布的报告指出①，创业者的创业动机可分为机会拉动型创业和需求推动型创业（也称作机会型创业和生存型创业）。机会拉动型创业是个体为把握现有商业机会，敢于承担一定的风险，为实现某种目标而实施的创业行为，需求推动型创业是指个体迫于生存上、经济上或是社会上等压力选择创业来解决其所面临的困难的行为（肖建忠等，2005）。目前，多数学者对于创业者的创业动机的分类是以 GEM 提出的为依据。基于此，本文将中国农民的创业动机分类为生存型创业和机会型创业。

精英是指社会上的成功人士，虽然是社会的少数，但他们在能力、见识、财产、素养等诸多方面超越大多数人，帕累托（2001）认为广义上的精英是指那些在人类活动的各个领域里取得突出成绩从而达到较高层次的冒尖人物。在中国的农村，同样存在那么一群人，他们有能力、有知识、有财产、有素养，其父辈有丰富的财富、经验和资源。农村精英可分为政治精英、经济精英和社会精英（陆学艺，2001），精英型个体成就了精英型家庭。因此，本文把满足如下条件之一的创业农民归属于精英型农民家庭，其他创业农民归属于普通型农民家庭：第一，政治精英：在政府部门有过任职、或担任过人大代表、或担任过政协委员，或父母一方或双方担任过行政领导、公务员；第二，经济精英：有私营企业管理经历、或有外企管理经历、或有国企管理经历；第三，社会精英：父母一方或双方有创业经历、或受过高等教育（有本科、硕士研究生、博士研究生学历）。家庭层面的诸多因素是影响农民创业选择的重要方面（Cooper et al.，1986），社会精英家庭的潜在创业者有更多的渠道和机会获取政府资源与政府支持，精英身份意味着得到社会的认可，其衍生而来的光环效应使得他们更容易结交政府官员，社会精英家庭成员创建的企业更容易获得政府的资源，比

① GEM报告内容参考来源：https：//www.gemconsortium.org/report。

普通型家庭背景的创业者面临更加良好的政策环境，精英型家庭的创业者可以更容易地在税负、土地、信贷以及行业进入方面享受优先待遇（吴文锋等，2008；罗党论等，2009；杨婵等，2017）。因此，无论是精英型农民家庭和普通型农民家庭自身禀赋的差距，还是创业后获取资源能力的差异，都可能使得精英型农民家庭创业者和普通型农民家庭创业者有不同的创业选择动机。

基于上述分析，本文提出如下假设：

假设1：农民的家庭背景可能会影响其创业选择动机，与普通型家庭背景相比，精英型家庭背景创业者将更多地表现为机会型创业。

除此之外，地区之间的差异可能导致中国不同地区的农民有着不同的创业选择动机。改革开放以前，中国就在东、中、西部地区存在显著的经济差距，总体而言，东部沿海地区和一部分中部地区的经济发展水平和人均收入就高于西部地区（王小鲁等，2004），改革开放后，虽然政府有实施缩小地区经济差距的政策，但是到目前为止，中国东、中、西及东北地区间经济发展差距仍然十分明显，总体来说，东部地区的经济发展在过去30年间显著高于其他地区。中兼和津次（1994）分析中国地区差异的机制时认为，经济发展及人均收入水平是决定地区差异的最重要因素，但也包括政治问题和社会问题。因此，经济发展水平、人均收入水平、政治和社会的差异都会导致中国东、中、西及东北地区的地区差异，而决定地区差异的因素必然决定了人的心理和行为的差异。

基于上述分析，本文提出如下假设：

假设2：地区之间的差异可能会影响农民的创业选择动机，经济发展水平相对较高的东部地区的农民将更多地表现为机会型创业。

三、数据、变量与描述性统计

（一）数据来源

本文的数据来源于2016年上海财经大学“千村调查”项目，此次调查的主题是“中国农村创业现状”，调查采用随机抽样定点调查和学生返乡调查相结合的方式，通过入户问卷调查、进村问卷调查和个人访谈的方式，共发放问卷3万余份（包含镇长问卷、村主任/支书问卷、村委会班子问卷、创业村民和非创业村民调查问卷），覆盖全国31省区市和澳门一千多个村落近万个农户家庭。本研究只用到创业村民问卷，回收的创业村民问卷共4 601份，有效问卷3 464份，其中包含东部地区受访村落512个，受访的创业村民1 462名；中部地区受访村落298个，受访的创业村民893名；西部地区受访村落333个，受访的创业村民920名；东北地区受访村落66个，受访的创业村民189名。调查的具体地域分布如表1所示①。

表1　受访村落和创业村民分布

区域	受访村落数量（个）	百分比（%）	受访创业农民数量（人）	百分比（%）	区域	受访村落数量（个）	百分比（%）	受访创业农民数量（人）	百分比（%）
东部地区	512	42.35	1 462	42.21	西部地区	333	27.54	920	26.56
北京	8	0.66	23	0.66	内蒙古	13	1.08	33	0.95
天津	7	0.58	15	0.43	广西	25	2.07	73	2.11

① 注：参考国家统计局2011年对我国的经济区域划分，参考来源：http：//www.stats.gov.cn/ztjc/zthd/sjtjr/dejtjkfr/tjkp/201106/t20110613_71947.htm。

（续）

区域	受访村落数量（个）	百分比（%）	受访创业农民数量（人）	百分比（%）	区域	受访村落数量（个）	百分比（%）	受访创业农民数量（人）	百分比（%）
河北	64	5.29	179	5.17	重庆	34	2.81	101	2.92
上海	135	11.17	348	10.05	四川	60	4.96	159	4.59
江苏	81	6.70	240	6.93	贵州	45	3.72	122	3.52
浙江	77	6.37	244	7.04	云南	43	3.56	122	3.52
福建	23	1.90	56	1.62	西藏	5	0.41	12	0.35
山东	71	5.87	228	6.58	陕西	33	2.73	81	2.34
广东	39	3.23	111	3.20	甘肃	27	2.23	87	2.51
海南	7	0.58	18	0.52	青海	13	1.08	38	1.10
中部地区	298	24.65	893	25.78	宁夏	7	0.58	17	0.49
山西	36	2.98	110	3.18	新疆	28	2.32	75	2.17
安徽	68	5.62	198	5.72	东北地区	66	5.46	189	5.46
江西	49	4.05	156	4.50	辽宁	22	1.82	69	1.99
河南	73	6.04	211	6.09	吉林	26	2.15	67	1.93
湖北	28	2.32	94	2.71	黑龙江	18	1.49	53	1.53
湖南	44	3.64	124	3.58	总数	1 209	100.00	3 464	100.00

资料来源：根据上海财经大学 2016 年千村调查数据整理得到。

（二）变量设置及描述性统计

1. 被解释变量：创业动机

本文借鉴 GEM（2002）对创业动机的分类方法，将创业动机分为机会型创业和生存型创业，在调查问卷询问农民创业原因的题项中，创业农民选择“发现了机会”“寻求独立”“成就一番事业”或“其他”归类为机会型创业，创业农民选择“改善生活”或“没有更好的工作选择”归类为生存型创业，机会型创业赋值为 1，生存型创业赋值为 0，那么在全部 3 464 个创业农民的样本中，43.2%（1 495 人）属于机会型创业，56.8%（1 969 人）属于生存型创业。

2. 解释变量：家庭背景、地区差异

在家庭背景方面，将精英型农民家庭赋值为 1，普通型农民家庭赋值为 0。依据本文对精英型农民家庭和普通型农民家庭的界定，在全部 3 464 个创业农民的样本中，34%（1 178 人）归属于精英型农民家庭，66%（2 286 人）归属于普通型农民家庭。在全部 1 178 名精英型农民中，55.3%（651 人）属于机会型创业，44.7%（527 人）属于生存型创业。在全部 2 286 名普通型创业农民中，37%（844 名）属于机会型创业，63%（1 442 名）属于生存型创业。

在地区差异方面，根据国家统计局 2011 年为反映我国不同区域经济社会发展状况发布的我国东中西部和东北地区划分方法，东部地区包括北京市、天津市、河北省、上海市、江苏省、浙江省、福建省、山东省、广东省、海南省；中部地区包括山西省、安徽省、江西省、河南省、湖北省、湖南省；西部地区包括内蒙古自治区、广西壮族自治区、重庆市、四川省、贵州省、云南省、西藏自治区、陕西省、甘肃省、青海省、宁夏回族自治区、新疆维吾尔自治区；东北地区包括辽宁省、吉林省、黑龙江省。本文为便于分析地区差异，将东部地区赋值为 1，中部地区赋值为 2，西部地区赋值为 3，东北地区赋值为 4。

3. 控制变量：个体特征

控制变量主要包括创业农民的个体特征：性别、年龄、民族、学历、身体状况、宗教信仰、是否是单亲家庭、是否在国企工作过、是否是中共党员、是否有手艺、是否打过工、是否服过兵役。

具体的变量设置和描述性统计如表 2 所示。

表 2　变量定义及描述性统计

变量类别	变量名	符号	变量赋值	均值	标准差
因变量	创业动机	*EntrepreMotivation*	1=机会型创业，0=生存型创业	0.432	0.495
解释变量	家庭背景	*EliteFamily*	1=精英家庭，0=普通家庭	0.340	0.474
	地区差异	*District*	1=东部地区，2=中部地区 3=西部地区，4=东北地区	1.953	0.951
控制变量	性别	*Gender*	1=男，0=女	0.800	0.400
	年龄	*Age*	在 17 岁与 80 岁之间	44.932	10.062
	民族	*Nation*	1=汉族，0=少数民族	0.917	0.277
	学历	*Education*	赋值 0～5，数字越大学历越高	2.577	1.140
	身体状况	*Health*	赋值 1～8，数字越大身体越差	1.664	0.727
	宗教信仰	*Religion*	1=有宗教信仰，0=无宗教信仰	0.100	0.301
	是否是单亲家庭	*SingleFamily*	1=是，0=否	0.022	0.148
	是否在国企工作过	*SOEs*	1=是，0=否	0.035	0.184
	是否是中共党员	*CCP*	1=是，0=否	0.208	0.406
	是否有手艺	*Skill*	1=有，0=无	0.380	0.486
	是否打过工	*WorkOutside*	1=是，0=否	0.376	0.484
	是否服过兵役	*ServeArmy*	1=是，0=否	0.061	0.239

注：描述性统计的有效样本量 N=3 464。

四、计量模型与实证分析

（一）模型设定

按照 GEM（2002）的分类方法，我们设定：

$$\begin{cases} y_i=1\text{，如果该创业农民是机会型创业} \\ y_i=0\text{，如果该创业农民是生存型创业} \end{cases} \quad (1)$$

要分析家庭背景与地区差异与农民创业选择动机的关系，我们设定模型：

$$y_i=\alpha_0+\alpha_1 EliteFamily+\alpha_2 District+\beta_i X_i+\varepsilon_i \quad (2)$$

考虑到被解释变量是二值选择（binary choices），使用普通的线性回归计量模型一方面将导致预测值出现大于 1 或者小于 0 的不现实情形，另一方面扰动项必然与解释变量相关，使得估计不一致（陈强，2014）。为了避免上述局限性，考虑如下方程：

$$P(y=1|x)=G(\beta_0+\beta_1 x_1+...+\beta_k x_k+\varepsilon)=G(z) \quad (3)$$

我们使 G 函数是一个取值范围严格介于 0 和 1 之间的函数，则可保证 $P(y=1|x)$ 的概率严格介于 0 和 1 之间。

若我们取（4）式作为 G 函数：

$$G(z)=exp(z)/[1+exp(z)] \quad (4)$$

则对于所有的 z，G 函数都满足介于 0 和 1 之间，可以推导出：

$$\ln\left[\frac{P(y=1|x)}{1-P(y=1|x)}\right]=\beta_0+\beta_1 x_1+\ldots+\beta_k x_k+\varepsilon \tag{5}$$

该模型为对数单位模型即 Logit 模型。

若我们取（6）式作为 G 函数：

$$G(z)=\Phi(z)=\int_{-\infty}^{z}\varphi(t)\,\mathrm{d}t \tag{6}$$

其中 $\varphi(\cdot)$ 是标准正态分布密度函数，则对于所有的 z，G 函数也都介于 0 和 1 之间，可以推导出：

$$\int_{-\infty}^{\beta_0+\beta_1 x_1+\ldots+\beta_k x_k+\varepsilon}\frac{1}{\sqrt{2\pi}}\mathrm{e}^{-\frac{t^2}{2}}\mathrm{d}t=P(y=1|x) \tag{7}$$

该模型为概率单位模型即 Probit 模型。

由于 Probit 模型与 Logit 模型所使用的分布函数不同，其参数估计值并不可比，但其边际效应可以直接比较（陈强，2014），因此本文选择使用 Logit 模型分析家庭背景和地区差异对农民创业选择动机的影响，并使用 Probit 模型进行稳健性检验，进行稳健性检验时，比较其边际效应，若两者的边际效应基本一致，则可表明实证的结果是稳健的。

因此本文设定实证分析的 Logit 计量模型为：

$$\ln\left[\frac{P(y_i=1|x)}{1-P(y_i=1|x)}\right]=\alpha_0+\alpha_1 EliteFamily+\alpha_2 District+\beta_i X_i+\varepsilon_i \tag{8}$$

稳健性检验的 Probit 计量模型为：

$$\int_{-\infty}^{\alpha_0+\alpha_1 EliteFamily+\alpha_2 District+\beta_i X_i+\varepsilon_i}\frac{1}{\sqrt{2\pi}}\mathrm{e}^{-\frac{t^2}{2}}\mathrm{d}t=P(y_i=1|x) \tag{9}$$

对于公式（8），记 $p\equiv P(y=1|x)$，则 $1-p\equiv P(y=0|x)$，模型（8）可记为：

$$\ln\left(\frac{p}{1-p}\right)=\alpha_0+\alpha_1 EliteFamily+\alpha_2 District+\beta_i X_i+\varepsilon_i \tag{10}$$

其中，对于本文所研究的问题而言，若 p 表示机会型创业动机的概率，则（$1-p$）为生存型创业动机的概率。对于方程（10）回归系数的解释，设 $\hat{\alpha}_i$ 为某解释变量的估计系数，在其他控制变量不变的情况下，若该解释变量变动一单位，那么：

$$\frac{\dfrac{p'}{1-p'}}{\dfrac{p}{1-p}}=e^{\hat{\alpha}_i} \tag{11}$$

$e^{\hat{\alpha}_i}$ 在本文中表示该解释变量变动一单位引起农民机会型创业动机的概率相对于生存型创业动机的概率的变化倍数。

（二）基本实证分析

本文的实证分析运用的是 Stata14.0 计量软件，使用极大似然法进行估计，为了使得估计更加精确，使用的均是稳健的标准误，并将稳健的标准误与普通的标准误进行比较，若两者非常接近，则基本可以不必担心模型设定的问题（陈强，2014）。在回归中，都加入了年龄的平方（Age^2），目的是引入年龄的非线性作用，年龄的增加对于因变量的边际作用取决于这个增加是在哪个年龄段发生的，例如，若 Age 系数小于零而 Age^2 的系数大于零，那么一个创业农民的年龄增加降低了他选择生存型创业的概率，但是随着其年龄增大这种影响也会减小。

首先，根据问卷调查的数据，对全部 3 464 名创业农民进行一个基本 Logit 回归分析，经过 4 次迭代后收敛，说明模型并不存在严重的多重共线性问题，稳健的标准误与普通的标准误相差并不大，则基本可以不必担心该模型的设定问题，回归结果见表 3。

表 3　基本回归分析

	Model 1				
	Coefficient	P - Value	Robust Std. Err	Std. Err	Odds Ratio
EliteFamily	0.436*** (5.23)	0.000	0.083	0.083	1.546
District	−0.069* (−1.70)	0.089	0.040	0.041	0.934
Gender	0.310*** (3.33)	0.001	0.093	0.092	1.363
Age	0.002 (0.09)	0.930	0.023	0.023	1.002
Age^2	−0.000 (−0.27)	0.789	0.000	0.000	1.000
Nation	0.206 (1.45)	0.148	0.142	0.145	1.228
Education	0.228*** (6.06)	0.000	0.037	0.037	1.256
Health	−0.111** (−2.23)	0.026	0.050	0.051	0.895
Religion	0.098 (0.81)	0.420	0.122	0.123	1.103
SingleFamily	−0.222 (−0.90)	0.366	0.246	0.247	0.801
SOEs	0.023 (0.12)	0.904	0.194	0.193	1.024
CCP	0.144 (1.56)	0.119	0.092	0.092	1.155
Skill	0.080 (1.09)	0.275	0.073	0.073	1.084
WorkOutside	0.017 (0.22)	0.823	0.075	0.075	1.017
ServeArmy	0.363** (2.43)	0.015	0.149	0.150	1.438
Constant	−1.184** (−2.07)	0.038	0.571	0.562	
观测值＝3 464	伪对数似然值＝ −2 265.037 2		Wald $\chi^2(15)$＝ 190.80	Prob＞χ^2＝0.000	Pseudo R^2＝0.043 7

注：括号中为 z 值；*** 代表在 1%的水平上显著，** 代表在 5%的水平上显著，* 代表在 10%的水平上显著。

从表 3 的回归结果中可以发现：首先，*EliteFamily* 的系数为 0.436，且在 1%的水平上显著，说明农民的家庭背景对其创业选择动机有着显著的影响，对应的 *Odds Ratio* 为 1.546，表明就全国范围的样本而言，在其他条件不变的情况下，若创业的农民家庭背景由普通型转变为精英型，其机会型创业动机的概率与生存型创业动机概率的比值将在原来的基础之上提升 54.6%。为了让解释更加直观易懂，我们也计算 *EliteFamily* 的平均边际效应（表 5），其平均边际效应（AME）为 0.101，说明在其他条件不变的情况下，比起普通型家庭创业者，精英型家庭创业者的机会型创业动机概率将提升 10.1%。其次，*District* 的系数在 10%的显著性水平上显著，说明地区差异对农民的创业选择动机有着显著影响，下一小节将通过实证深入地分析此问题。

此外，从表中还可发现：第一，农民的性别显著影响其创业选择动机，在其他条件不变的情况下，比起女性，男性机会型创业动机的概率提升 7.2%（表 5）。第二，农民的受教育程度显著影响其创业选择动机，在其他条件不变的情况下，受教育程度越高，创业农民越可能表现为机会型创业。第三，农民的健康状况显著影响其创业选择动机，在其他条件不变的情况下，身体越差越会降低其机会型创业动机的概率。第四，农民是否服过兵役显著影响其创业选择动机，在其他条件不变的情况下，比起普通的创业农民，退役军人农民机会型创业概率提升了 8.4%（表 5）。

（三）进一步的实证分析

上一小节的实证分析发现农民的家庭背景和地区差异对其创业选择动机有着显著的影响，为了进一步分析它们之间的关系，本节分别对普通型家庭创业者和精英型家庭创业者进行实证分析，结果见表 4，其中稳健的标准误与普通的标准误均相差不大（为了节省论文篇幅，表中不再展示对比的标准误）。

表 4　家庭背景、地区差异与创业选择动机的实证分析

	精英型家庭				普通型家庭					
	Model 2		Model 3		Model 4		Model 5		Model 6	
	Coefficient	Odds Ratio	Coefficient	Odds Ratio	Coefficient	Odds Ratio	Coefficient	Odds Ratio	Coefficient	Odds Ratio
East					0.357*** (3.15)	1.428	0.205* (1.74)	1.228	0.598*** (2.84)	1.819
Middle							−0.152 (−1.19)	0.859	0.242 (1.12)	1.273
West					0.152 (1.19)	1.164			0.393* (1.86)	1.482
Northeast					−0.242 (−1.12)	0.785	−0.393* (−1.86)	0.675		
District	0.077 (1.09)	1.080	−0.145*** (−2.84)	0.865						
Gender	0.462*** (2.89)	1.587	0.218* (1.92)	1.244	0.218* (1.92)	1.244	0.218* (1.92)	1.244	0.218* (1.92)	1.244
Age	0.036 (1.03)	1.036	−0.031 (−1.00)	0.969	−0.026 (−0.82)	0.975	−0.026 (−0.82)	0.975	−0.026 (−0.82)	0.975
Age^2	−0.000 (−1.04)	0.999	0.000 (0.79)	1.000	0.000 (0.61)	1.000	0.000 (0.61)	1.000	0.000 (0.61)	1.000

（续）

	精英型家庭		普通型家庭							
	Model 2		Model 3		Model 4		Model 5		Model 6	
	Coefficient	Odds Ratio	Coefficient	Odds Ratio	Coefficient	Odds Ratio	Coefficient	Odds Ratio	Coefficient	Odds Ratio
Nation	0.365 (1.54)	1.441	0.110 (0.62)	1.116	0.165 (0.92)	1.180	0.165 (0.92)	1.180	0.165 (0.92)	1.180
Education	0.224*** (4.38)	1.251	0.241*** (4.22)	1.273	0.241*** (4.22)	1.273	0.241*** (4.22)	1.273	0.241*** (4.22)	1.273
Health	−0.094 (−1.03)	0.910	−0.114* (−1.89)	0.892	−0.111* (−1.84)	0.895	−0.111* (−1.84)	0.895	−0.111* (−1.84)	0.895
Religion	0.163 (0.81)	1.177	0.046 (0.29)	1.047	0.019 (0.12)	1.019	0.019 (0.12)	1.019	0.019 (0.12)	1.019
SingleFamily	−0.547 (−1.35)	0.578	−0.042 (−0.14)	0.959	−0.033 (−0.11)	0.968	−0.033 (−0.11)	0.968	−0.033 (−0.11)	0.968
SOEs	−0.108 (−0.45)	0.898	0.289 (0.92)	1.335	0.288 (0.90)	1.334	0.288 (0.90)	1.334	0.288 (0.90)	1.334
CCP	0.071 (0.52)	1.073	0.199 (1.56)	1.220	0.200 (1.57)	1.222	0.200 (1.57)	1.222	0.200 (1.57)	1.222
Skill	−0.096 (−0.78)	0.909	0.174* (1.89)	1.190	0.175* (1.89)	1.191	0.175* (1.89)	1.191	0.175* (1.89)	1.191
WorkOutside	0.061 (0.48)	1.063	−0.004 (−0.05)	0.996	0.001 (0.01)	1.001	0.001 (0.01)	1.001	0.001 (0.01)	1.001
ServeArmy	0.389 (1.60)	1.476	0.331* (1.74)	1.393	0.328* (1.71)	1.388	0.328* (1.71)	1.388	0.328* (1.71)	1.388
Constant	−1.998 (−2.40)	0.135	−0.139 (−0.18)	0.871	−0.784 (−1.03)	0.456	−0.633 (−0.85)	0.531	−1.026 (−1.32)	0.358
观测值	1 178		2 286		2 286		2 286		2 286	
伪对数似然值	−788.909		−1 467.664		−1 464.370		−1 464.370		−1 464.370	
Wald χ^2	41.69		73.02		79.13		79.13		79.13	
Prob>χ^2	0.000		0.000		0.000		0.000		0.000	
Pseudo R^2	0.026		0.025		0.027		0.027		0.027	

注：括号中为z值；***代表在1%的水平上显著，**代表在5%的水平上显著，*代表在10%的水平上显著。

表4中Model 2和Model 3的实证结果显示普通型家庭创业者的创业选择动机在地区间存在着显著的差异，而精英型家庭创业者的创业选择动机在地区间并不存在显著的差异，这也补充了上一小节的结论，即在其他条件不变的情况下，比起普通型家庭创业者，精英型家庭创业者倾向于机会型创业，即使存在地区差异，此结论也同样成立。为了进一步探究地区差异影响普通家庭创业者的创业选择动机这一现象，本文的Model 4、Model 5、Model 6分别以中部地区、西部地区、东北地区为基组，分析家庭背景影响普通型家庭创业者创业选择动机的地区差异。此外，Model 2和Model 3实证结果的差别也显示了一些有趣的现象，包括：第一，身体状况差显著抑制了普通型家庭创业者机会型创业动机的概率，然而对于精英型家庭创业者来说，其影响并不显著。第二，掌握

技能显著地提高了普通型家庭创业者机会型创业动机的概率，但对精英型家庭创业者机会型创业选择动机的影响并不显著。第三，服兵役的经历显著提高了普通型家庭创业者机会型创业动机的概率，但对精英型家庭创业者机会型创业动机的概率的影响并不显著。第四，从全样本的回归来看（Model 1），*Age* 系数大于零而 Age^2 的系数小于零，显示为一个创业农民的年龄增加提高了他选择机会型创业的概率，随着其年龄增大这种影响也会增大，但 *Age* 的影响并不显著。然而，将样本区分为精英型家庭和普通型家庭时，却发现普通型家庭创业者表现出不一样的现象：普通型家庭创业者 *Age* 系数小于零而 Age^2 的系数大于零，显示出年龄的提高降低了其机会型创业的概率，这种影响随着年龄的增大而降低，总而言之，*Age* 的影响不论是对普通型家庭还是精英型家庭来说都不显著。

当以中部地区的普通型家庭创业者为基组进行实证分析时，*East* 的系数为 0.357，对应的平均边际效应（AME）为 0.08（表 5），且在 1%的水平上显著，表明东部地区普通型家庭创业者与中部地区普通型家庭创业者相比存在显著的差异，在其他条件不变的情况下，前者的机会型创业概率提升了约 8%。此外，Model 4 的实证结果也显示，西部地区和东北地区的普通型家庭创业者与中部地区的相比，其创业选择动机并不存在显著的差异。

当以西部地区的普通型家庭创业者为基组进行实证分析时，*East* 和 *Northeast* 的系数分别为 0.205 和－0.393，对应的平均边际效应（AME）为 0.046 和－0.088（表 5），且均在 10%的水平上显著，表明东部地区的普通型家庭创业者与西部地区的普通型家庭创业者相比存在显著差异，在其他条件不变的情况下，前者的机会型创业概率提升了约 4.6%。东北地区的普通型家庭创业者与西部地区相比存在显著差异，在其他条件不变的情况下，东北地区的普通型家庭创业者机会型创业概率降低了约 8.8%。中部地区和西部地区的普通型家庭创业者，其创业选择动机仍然不存在显著的差异。

当以东北地区的普通型家庭创业者为基组进行实证分析时，*East* 和 *West* 的系数分别为 0.598 和 0.393，对应的平均边际效应（AME）为 0.134 和 0.088（表 5），*East* 的系数在 1%的水平上显著，*West* 的系数在 10%的水平上显著，表明东部地区的普通型家庭创业者与东北地区的普通型家庭创业者相比，在其他条件不变的情况下，前者的机会型创业概率提高了约 13.4%。在其他条件不变的情况下，西部地区的普通型家庭创业者比东北地区的普通型家庭创业者机会型创业概率提高了约 8.8%。中部地区与东北地区相比，其普通型家庭创业者创业选择动机仍然不存在显著差异。

（四）稳健性检验

上文的实证分析得出了诸多的结论，为了验证实证结果的稳健性，本文使用 Probit 模型进行稳健性检验。表 5 是本文的 6 个实证 Model 使用 Logit 模型估计和 Probit 模型估计得出的平均边际效应（AME）比较表，从中可以看出无论是使用 Logit 模型估计还是 Probit 模型估计，得出的平均边际效应（AME）几乎相等，表明本文的实证结果是稳健的。

表 5　平均边际效应（AME）比较

	Model 1		Model 2		Model 3		Model 4		Model 5		Model 6	
	Logit	Probit	Logit	Probit	Logit	Probit	Logit	Probit	Logit	Probit	Logit	Probit
East							0.080	0.080	0.046	0.046	0.134	0.134
Middle									−0.034	−0.034	0.054	0.054
West							0.034	0.034			0.088	0.088

（续）

	Model 1		Model 2		Model 3		Model 4		Model 5		Model 6	
	Logit	Probit	Logit	Probit	Logit	Probit	Logit	Probit	Logit	Probit	Logit	Probit
Northeast							−0.054	−0.054	−0.088	−0.088		
EliteFamily	0.101	0.101										
District	−0.016	−0.016	0.018	0.018	−0.033	−0.032						
Gender	0.072	0.071	0.110	0.110	0.049	0.049	0.049	0.049	0.049	0.049	0.049	0.049
Age	0.000	0.000	0.008	0.008	−0.007	−0.007	−0.006	−0.006	−0.006	−0.006	−0.006	−0.006
Age^2	−0.000	−0.000	−0.000	−0.000	0.000	0.000	0.000	0.000	0.000	0.000	0.000	0.000
Nation	0.048	0.049	0.087	0.087	0.025	0.025	0.037	0.039	0.037	0.039	0.037	0.039
Education	0.053	0.052	0.054	0.053	0.054	0.054	0.054	0.054	0.054	0.054	0.054	0.054
Health	−0.026	−0.026	−0.022	−0.022	−0.026	−0.026	−0.025	−0.025	−0.025	−0.025	−0.025	−0.025
Religion	0.023	0.023	0.039	0.039	0.010	0.010	0.004	0.005	0.004	0.005	0.004	0.005
SingleFamily	−0.051	−0.051	−0.131	−0.131	−0.009	−0.009	−0.007	−0.009	−0.007	−0.009	−0.007	−0.009
SOEs	0.005	0.007	−0.026	−0.026	0.065	0.065	0.065	0.066	0.065	0.066	0.065	0.066
CCP	0.033	0.033	0.017	0.017	0.045	0.045	0.045	0.046	0.045	0.046	0.045	0.046
Skill	0.019	0.019	−0.023	−0.023	0.039	0.039	0.039	0.039	0.039	0.039	0.039	0.039
WorkOutside	0.004	0.004	0.015	0.015	−0.001	−0.000	0.000	−0.000	0.000	−0.000	0.000	−0.000
ServeArmy	0.084	0.084	0.093	0.093	0.075	0.075	0.074	0.075	0.074	0.075	0.074	0.075

五、结论、启示与建议

本文研究结论如下：

第一，在其他条件不变的情况下，比起普通家庭，精英型家庭的机会型创业概率将提升10.1%，即使存在地区的差异，精英型创业农民也倾向于选择机会型创业。因此，本文的假设1是成立的，这也在一定程度上与马斯洛的需求层次理论相吻合，精英型农民在满足了基本的生存需求之后有条件追求自己的理想、发掘并利用更多的创业机会主动创业，而不是被动创业。

第二，地区的差异并不会改变精英型农民倾向于机会型创业的事实，但是却显著地影响普通型农民的创业选择动机。就全国2 286名普通型创业农民的样本实证分析发现，东部地区的普通型家庭创业者机会型创业动机概率显著高于其他地区，比中部地区高出8%、比西部地区高出4.6%、比东北地区高出8.8%。因此，本文的假设2不完全成立，一个可能的原因是地区间经济发展水平、人均收入水平、政治和社会的差异对普通型家庭创业者的创业心理和行为的影响，相对于精英型家庭创业者来说更大。

第三，不论背景是普通型家庭还是精英型家庭，性别和受教育程度对创业选择动机均有着显著的影响，男性比女性、高学历者比低学历者机会型创业动机的概率显著提高，这在一定程度上反映了农村地区农民创业的两个现象，一是性别差异导致的创业心理差异，二是农村教育水平对农民创业有着重要的影响。此外，本文还发现一些有趣的现象：有好的身体、有手艺、在军队服过役显著提高了普通型家庭创业者机会型创业动机的概率，然而对提升精英型创业农民的机会型创业动机概率并无显著的帮助，对于这个有趣的差别，可能还是如上文推断的一样，即普通型家庭农民相对于精英型家庭农民来说，其创业选择动机对于地区间经济发展水平、人均收入水平、政治和社会变化更加敏感。

创业动机在一定程度上决定了创业的方式和内容，机会型创业是生存型创业的更高层次，通常来讲促进创业动机由生存型向机会型转变将有助于提高创新创业的比例，从而提高创业的质量，例如，在本文所研究的3 464名农民创业者中，出于机会型创业动机的创业者“创新创业”占比为49%，而出于生存型创业动机的创业者“创新创业”比例只有38.7%①。虽然精英型家庭和经济发达、创业环境较好的东部地区农民倾向于机会型创业，但是，本文的研究数据表明生存型创业仍然是当前中国农民创业的主流形式，这在一定程度上决定了我国农村地区的农民创业方式是比较原始的（以模仿创业、没有竞争力的低端产业创业为主），进行着一些没有太多科技含量和不需要高超管理技巧的低效率、薄利润的创业活动。因此，中国的农民创业方式和创业内容急需注入创新元素，提高创业质量，培育能够运用高科技创新创业的知识型农民。为此，本文为相关决策者提出如下三点建议。第一，高校是创新人才培养汇聚的主要阵地，是基础研究和前沿技术领域创新的源头。据统计，“十三五”期间，我国每年新增本专科毕业生700多万名②，制定政策引导和鼓励大学生利用所学专长借助农村地区的优势资源进行创业，尤其是引导农村地区的大学生返乡创业，一方面将有利于缓解社会就业压力，另一方面将有助于提升农村地区的创业质量，为农村创业引入技术和现代管理经验，注入创新元素和活力。第二，在农村地区建立“创业导师”“现代学徒制”等机制，实现创业经验和技能的直接传递，将有助于让更多的农民通过创业实现自己的理想和目标。此外，还可以鼓励公益性组织、志愿者为创业农民提供信息、技术和管理经验等咨询服务。第三，根据各地区的特点引进技术和管理经验并传授给农民，培育地方特色产业，并为农民提供优惠的融资服务，营造良好的创业环境。

总之，“三农”问题是关系国计民生的根本性问题，实施乡村振兴战略是一项系统性工程，需要为农民创业营造优良的创业环境，培养知识型农民、激发农民创新智慧，充分利用农村资源禀赋，注入高科技元素、运用现代管理技巧、培育高端产业、促进农民的创业动机由生存型向机会型转变，这些举措将有助于提高农民创业的质量，促进农民的创业内容向高端、精细、尖端的方向发展，这对乡村振兴和提高整个国家的生产力发展水平都有很大的帮助。

参 考 文 献

陈强，2014. 高级计量经济学及Stata应用［M］. 2版. 北京：高等教育出版社.

陈文超，陈雯，江立华，2014. 农民工返乡创业的影响因素分析［J］. 中国人口科学（2）：96-105.

程郁，罗丹，2009. 信贷约束下农户的创业选择——基于中国农户调查的实证分析［J］. 中国农村经济（11）：25-38.

邓婉婷，岳胜男，沙小晃，2011. 新生代农民工创业意向调查实践报告［J］. 学理论（18）：107-112.

李丽群，胡明文，黄大星，2011. 新生代农民工的特征与创业动机分析［J］. 江苏农业科学（3）：581-583.

李树，于文超，2018. 农村金融多样性对农民创业影响的作用机制研究［J］. 财经研究（1）：4-19.

李祎雯，张兵，2016. 非正规金融对农村家庭创业的影响机制研究［J］. 经济科学（2）：93-105.

林红，1985. 从乡镇企业的发展看农民创业的积极性［J］. 中国农村经济（5）：23-25.

刘美玉，2013. 创业动机、创业资源与创业模式：基于新生代农民工创业的实证研究［J］. 宏观经济研究（5）：62-70.

陆学艺，2001. 内发的村庄［M］. 北京：社会科学文献出版社.

① 注：问卷中有一个询问创业者是属于“创新创业”还是属于“模仿创业”的题项。

② 数据来源：中国教育科学研究院课题组，2015. 未来五年我国教育改革发展预测分析［J］. 教育研究（5）：20-37.

罗党论，刘晓龙，2009. 行业壁垒、政治关系与企业绩效［J］. 管理世界（5）：97-106.

罗明忠，陈江华，2016. 资源禀赋、外部环境与农民创业组织形式选择［J］. 产经评论（4）：103-115.

罗明忠，陈明，2014. 人格特质、创业学习与农民创业绩效［J］. 中国农村经济（10）：62-75.

帕累托，2001. 普通社会学纲要［M］. 田时纲，译 . 上海：三联书店 .

石智雷，谭宇，吴海涛，2010. 返乡农民工家庭收入结构与创业意愿研究［J］. 农业技术经济（11）：13-22.

苏岚岚，彭艳玲，孔荣，2016. 农民创业能力对创业获得感的影响研究——基于创业绩效中介效应与创业动机调节效应的分析［J］. 农业技术经济（12）：63-75.

王小鲁，樊纲，2004. 中国地区差距的变动和影响因素［J］. 经济研究（1）：33-44.

王玉帅，尹继东，2008. 江西地区创业者创业动机实证分析［J］. 当代财经（5）：80-84.

危旭芳，罗必良，2014. 农业创业研究：一个文献综述［J］. 中大管理研究（3）：187-208.

翁辰，张兵，2015. 信贷约束对中国农村家庭创业选择的影响——基于 CHFS 调查数据［J］. 经济科学（6）：93-102.

吴文锋，吴冲锋，刘晓薇，2008. 中国民营上市公司高管的政府背景与公司价值［J］. 经济研究（7）：130-141.

吴小立，于伟，2016. 环境特性、个体特质与农民创业行为研究［J］. 外国经济与管理（3）：19-29.

肖建忠，付宏，胡家勇，2005. 转型经济条件下的创业精神——“机会拉动”与“贫穷推动”解释的扩展研究［J］. 经济理论与经济管理（11）：45-51.

许昆鹏，杨蕊，2013. 农民创业决策影响机制研究——基于创业者资源禀赋视角［J］. 技术经济与管理研究（3）：40-44.

杨婵，贺小刚，李征宇，2017. 家庭结构与农民创业——基于中国千村调查的数据分析［J］. 中国工业经济（12）：170-188.

易朝辉，罗志辉，兰勇，2018. 创业拼凑、创业能力与家庭农场创业绩效关系研究 . 农业技术经济（10）：86-96.

曾照英，王重鸣，2009. 关于我国创业者创业动机的调查分析［J］. 科技管理研究（9）：285-287.

张益丰，郑秀芝，2014. 企业家才能、创业环境异质性与农民创业——基于 3 省 14 个行政村调研数据的实证研究［J］. 中国农村观察（3）：21-28.

中国教育科学研究院课题组，2015. 未来五年我国教育改革发展预测分析［J］. 教育研究（5）：20-37.

中兼和津次，1994. 中国地区差异的结构及其机制［J］. 管理世界（5）：171-176.

朱红根，康兰媛，2013. 金融环境、政策支持与农民创业意愿［J］. 中国农村观察（5）：24-33.

朱红根，康兰媛，2016. 家庭资本禀赋与农民创业绩效实证分析［J］. 商业研究（7）：33-56.

Akgün A A，Nijkamp P，Baycan T，et al.，2010. Embeddedness of entrepreneurs in rural areas：A comparative rough set data analysis［J］. Tijdschrift voor Economische en Sociale Geografie，101（5）：538-553.

Amit R，Muller E，1995. “Push” and “pull” entrepreneurship［J］. Journal of Small Business and Entrepreneurship，12（4）：64-80.

Cooper A C，Dunkelberg W C，1986. Entrepreneurship and paths to business ownership［J］. Strategic Management Journal，7（1）：53-68.

Kuratko D F，Hornsby J S，Naffziger D W，1997. An examination of owner' goals in sustaining entrepreneurship［J］. Journal of Small Business Management，35（1）：24-33.

Weiner B，1985. An attributional theory of achievement motivation and emotion［J］. Psychological Review，92（4）：548-573.

Wortman，Jr M S，1990. Rural entrepreneurship research：An integration into the entrepreneurship field［J］. Agribusiness，6（4）：329-344.

专题三

农地制度、规模经营与现代农业

从“续租难题”到“长期激励”

——中国家庭农场何以长期发展？

李　静

（安徽大学经济学院）

摘要：在“续租难题”与“长期激励”的双重框架下，本文尝试回答中国家庭农场成为一个长期农业组织形式的激励条件。研究发现：完善土地确权制度可以降低续租的交易成本，提高家庭农场主长期运作的激励；和借助外部投资相比，家庭农场主更愿意依靠自身积累解决“续租难题”，并且资本积累足够，自主投资对于长期运作的激励比靠外部投资产生的激励要大；为促进家庭农场组织形式长期发展，严格的金融政策扶持对象应该是那些不具有足够原始资本的农场主，并且是短期的扶持；然而，资本积累足够的家庭农场主，其面临的竞争强度能增加其受到的激励效果。除此之外，可通过短期扶持个体的方式，长期培育群体，增强家庭农场主间的竞争性，利用好“续租难题”（部分）源自农场主间的竞争性这一点，提升激励的效果。

关键词：家庭农场主；土地确权；续租难题；马尔科夫完美均衡

一、引　言

习近平总书记强调，推进农业现代化，就要突出抓好加快建设现代农业产业体系、现代农业生产体系、现代农业经营体系三大重点。而其中现代农业经营体系是现代农业经营主体、组织方式、服务模式的有机组合，重点是解决“谁来种地”和经营效益问题（韩长赋，2016）。伴随着中国城市化、工业化迅速发展，农村大量劳动力进入城市从事非农产业，“谁来种地”“谁来种粮”已成为保障中国粮食安全和经济社会协调健康发展的突出难题。因此，如何激励农业经营主体实现规模经营，完成从小农户到现代农业的有机衔接至关重要，而推进家庭农场的规模化经营是实现农业现代化的需要（韩朝华，2017）。事实上，从发达国家农业发展的经验来看，无论是地多人少，土地经营规模较大的美国、加拿大等国家，还是人地相当，土地经营规模适中的法国等国家，抑或是人多地少，土地经营规模相对较小的日本等国家，这些农业发达国家共同特点就是农业大都采用以家庭经营为基础的经营方式。从表1可以看到，每个国家在工业化过程中，其农场规模都是扩大的，而且人均耕地面积越大的国家，家庭农场规模扩大越迅速。

就中国而言，截至2015年6月，家庭农场总数已经超过87万家，据数据统计，中国传统农户平均每户承包经营土地面积为7.5亩，而家庭农场经营规模平均达到200.2亩。其中，面积在50～100亩的家庭农场有18.98万个，占21.6%；面积100～500亩的家庭农场有17.07万个，占19.5%；500～1 000亩的家庭农场有1.58万个，占1.8%；1 000亩以上的家庭农场有1.65万个，占1.9%。

表 1　典型国家家庭农场规模变化情况（以 40.468 56 公顷为统计单位）

国家	1930 年	1950 年	1960 年	1970 年	1980 年	1990 年	2000 年	2010 年
美国	156.91	214.98	311.35	397.84	425.02	459.62	434.90	417.61
加拿大	222.39	276.76	358.30	462.09	509.04	595.52	674.60	775.91
法国	27.18	44.48	54.36	64.25	76.60	79.07	108.73	130.97
日本	2.74	2.17	2.55	2.84	2.99	4.57	5.41	7.14

资料来源：美国农业部国家农业统计局网站、加拿大统计局网站、联合国粮农组织统计数据库、欧盟统计网站和日本统计局网站。

依照发达国家的农业发展经验，家庭农场模式是最有效率的农业组织形式。这意味着在快速发展过程中，将家庭与规模经营相结合的家庭农场模式可以成为农业生产中的重要模式。但家庭农场在中国毕竟是新生事物，其成长虽然迅速，却仍存在诸多疑问亟待解答。首先，中国土地集体所有制度的现实，使家庭农场不可能签订流转土地使用权的“永久租约”①，多次流转必然造成交易成本的多次沉入，这就提出疑问：家庭农场效率高的国外经验在中国是否成立？其次，土地流转的“长期租约”往往面临着中断的风险②，根据调研访谈，即便长期租约上设定了土地流转价格每年的浮动机制，仍然有农场主选择在期满前退出，因为生产前设定的价格浮动机制无法保证生产后农场主和土地所有者之间形成双赢局面，需要双方重新协商流转协议，那么，在这种情况下中国家庭农场是否可以在土地流转的短期租约下持续开展？再者，土地流转的短期租约和土地的有限供应会让农场主之间的“模仿”变成“租地竞争”，租地竞争是否会妨碍家庭农场的可持续发展③？最后，如果家庭农场在中国也是可以持续发展的农业组织形式，那么生产的投资应该从何处获得，家庭农场必须由那些自身原始积累充足的个体来经营，还是说家庭农场主是可以通过金融扶持政策支撑起来的一个群体④？以上是本文的主要研究背景。具体而言，本文以短期的“半完备契约”为理论工具⑤，以家庭农场主所受的“长期激励”为视角，解释家庭农场主的“长期激励”问题成因，并且寻求最有效的解决方案和引致其“长期激励”的机制，以促成中国家庭农场长期可持续发展。

二、文献述评

家庭农场的生成、发展和演变正是对农业现代化这一历史性变迁的回应。从总体上看，我国农业正处于由传统农业向现代农业转型的农业现代化进程之中，面临着大规模非农就业、人口自然增长减慢和农业生产结构转型的历史性变迁，需要革新和转变传统的农业生产组织和经营方式（黄宗智、彭玉生，2007）。家庭农场是当前发展最快、最典型的一种新型农业经营主体，但中国家庭农场的培育和发展在实践中还处于起步阶段，因此，很多学者围绕家庭农场相关主题展开系列研究。国外的研究文献主要集中在家庭农场的组织有效性和影响家庭农场规模的因素等方面展开讨论

① 使用权的“永久租约”等价于所有权易主。在我国的土地集体所有制下，“永久租约”是不可信的。

② 根据调研，承包一定规模土地的家庭农场，为便于使用农机具，实现规模生产，往往需要在经营的初期先沉入一部分的土地整理成本，所以他们为收回整地成本，往往倾向于长期租约。

③ 根据调查访谈，租地竞争已经在农业大省安徽的多地出现，表现为新型经营主体之间争夺高质量农用地的使用权。

④ 根据调查访谈，较多数家庭农场主有着充足的原始资本积累，然而银行和农村信用社有意愿吸纳家庭农场主作为他们的客户，并希望和农业新型经营主体在农业信贷上做出新的尝试。

⑤ 在调查中发现几乎所有流转合同都满足：当期租约细节是写明的，因此是完备的；潜在的续约也是写明的，但不写明其细节，因此是不完备的。所以，我们称之为“半完备契约”。

(Dogliotti et al.，2014；Burton、Wilson，2006)。这些文献大多是基于农业发达国家或者是与中国差异较大的发展中国家的经验或样本数据做出的理论与实证研究，尽管不乏借鉴意义，但这些成果及结论与我国的现实情况相差甚远，参考价值存在局限性。国内学者则对中国家庭农场的生成机制、发展过程和演变趋势等方面展开研究，主要可归纳为四个方面：①家庭农场的特征与界定。相关研究文献主要以家庭经营、市场化、专业化和规模化等方面来界定家庭农场的基本特征（付飞翔，2013）。②家庭农场的优势与动因。如有学者研究发现，家庭农场具有规模经济效应，体现为家庭农场在食品安全、生产过程监管等方面比小农经营更具优势，并且可以实现劳动力激励相容和监督成本的降低，以及有效提升人地资源配置效率、土地产出率和劳动生产率（赵佳、姜长云，2015）。近年来，传统农户向家庭农场演变的动力在逐渐加大，发展家庭农场还可以避免大规模流转土地带来的农业劳动力过度释放和农业精细化不足等问题，以及促使农户参与市场活动带来更高回报（高强等，2013）。③影响家庭农场规模的因素。宏观层面的影响因素包括：要素价格、非农就业机会、农场收入、技术进步、经济发展水平以及未预期的经济波动、土地制度改革、殖民统治等（钟甫宁、纪月清，2009；郭熙保、冯玲玲，2015）；微观层面影响家庭农场的因素主要是农户要素禀赋，包括年龄、社会职务、受教育程度、从事农业经验以及农地制度、农业社会化服务体系等（肖卫东、杜志雄，2015；吕惠明、朱宇轩，2015；薛亮、杨永坤，2015）。④家庭农场发展的政府支持路径。一些学者研究指出，要实现家庭农场组织形式的长期可持续发展，有关部门应提供农业专业技术人员与家庭农场的对接服务，协助成立家庭农场协会，加强家庭农场与农业产业化经营的规划衔接，培养家庭农场主（朱启臻等，2014）。

另一些研究文献直接关注农户对土地的长期投资激励问题，如学者将农户的长期投资分为“与特定地块不相连的长期投资”和“与特定地块相连的长期投资”，研究发现，“减人减地”使农户第一类长期投资大幅下降，“增人增地”对第一类长期投资没有什么影响（许庆、章元，2005）。由于农户经营土地的时间长短与地权是否稳定息息相关，因此，一些学者就地权不稳定带来的不利影响展开研究，具体包括以下几个方面：①地权不稳定会降低中长期土地投资激励，抑制农地改良（姚洋，2000）；②地权不稳定引致的交易成本增加会抑制土地流转和农地市场发育（钱忠好，2003；叶剑平等，2010；程令国等，2016）；③地权不稳定抑制农村人口向城市非农产业部门的迁移(Zhao，1999；Mullan et al.，2011)。

与此同时，农地确权造成的实际影响也一直是学界关注的热点，相关研究文献分别从农地确权对农业生产率、农业投资、信贷规模和农地租赁等的影响展开讨论，具体包括：①土地登记或确权能显著促进农地生产率提升（Feder、Nishio，1998）；②农地确权会增加农户对土地的投资（马贤磊，2009；Saint-Macary et al.，2010；黄季焜、冀县卿，2012）；③农户通过土地抵押获得贷款的可能性及贷款规模均较大（Routray、Maheswar，1995）。由此，一些研究文献主张通过农地确权重新配置农村土地资源，以提高农地资源利用效率（Jin、Deininger，2009；黄枫、孙世龙，2015）。还有一些学者注重于土地制度调整方面的研究，如有研究基于新制度经济学的诱致性制度变迁理论对中国农村土地调整的制度演进进行解读，并运用微观调查数据对区域差异进行实证分析。研究表明，中国农村土地调整的制度演进具有典型诱致性制度变迁特征，而地理条件、人均GDP及非农产业占比等是显著影响因素。同时，农民面对中央“不得调地”政策的态度是复杂的，但明确表示“支持”的比例仍显著高于“反对”的比例（丰雷等，2013）。

三、理论分析

首先，本文提出如下假说：①家庭农场的农业组织形式确定后，变换组织形式的成本大，因此在足够多的激励下，家庭农场自身就会“永远”继续下去（建模也将着重刻画“代表性家庭农场主”长期运作的激励）。②土地确权制度减少了家庭农场主面临的“交易成本”（为探讨确权的作用，模型将验证家庭农场长期运作的激励是否由“交易成本”决定）。③家庭农场主可能借助外部投资，也可能利用自身的原始资本积累。本文将通过比较这两个情景，分析农业金融政策的作用条件。外部投资方（例如银行和农村信用社）依赖“监督”产生的信号，判断是否可以继续为家庭农场主提供贷款；如果家庭农场主靠原始积累投资农业生产，将不依赖信号，继续投资的限制也会更加宽松。④长期运作的家庭农场主将面对短期的“续租难题”。一方面，家庭农场主不可能获得“永久租约”（等价于买下农用土地），他们需要面对下次续租谈判；另一方面，家庭农场主会面临竞争，其他家庭农场主也希望通过流转获得某块农用地的种植权。我们认为家庭农场主持有的土地租约是一个“半完备契约”：明确当期土地耕种权是否归属于家庭农场主，且双方承诺会在当期末就下一期土地流转展开谈判，因为预期到了未来竞争的影响，流转价格无法事前写出。

（一）基本模型设定

考虑一个存活无穷期的代表性家庭农场主（$t=1, 2, \cdots, \infty$）。本文将考察家庭农场这样的农业组织形式能否长期持续下去，因而研究对象并不是某个特定的家庭农场主；与很多宏观模型类似，这里使用代表性生产者来替代家庭农场主。代表性家庭农场主外生的时间贴现因子是$\delta \in (0, 1)$，这里δ可以度量家庭农场主等待未来收益的耐心程度，也可以表示“预期”中的通货膨胀对于未来收益的折现作用。为使分析足够简单，假设代表性家庭农场主是风险中性的，即其仅仅最大化自己的期望收益。

1. 家庭农场的“续租难题”

受土地集体所有这个现实的约束，代表性家庭农场主不得不重复面对续租谈判。由于确权所有者的利润不是探讨的重点，因此，不需要设定其形式（于是建立在谈判双方利益分配基础上的、常规的谈判框架，如纳什谈判，并不适合本部分的研究）。我们做出这样的假设：t期末的、关于$t+1$期的续租谈判，其结果$\theta_t \in \{G, B\}$会在t期初被决定，$\theta_t=G$，代表性大户必定获得续租；$\theta_t=B$，则不能获得续租。

根据调查也发现，对θ_t的影响部分也来自家庭农场主间的竞争：在t期初（$\forall t \geqslant 1$）有“进入”机会的概率为$\lambda_E(0<\lambda_E<1)$。这就产生了“续租难题”：如果$\theta_{t-1}=G$，家庭农场主拥有在t期的种植权（即$t-1$期续租成功），其在t期初将有λ_E的可能面临进入者的竞争，并可能失去$t+1$期的种植权（即$\theta_t=B$，t期续租失败）；如果$\theta_{t-1}=B$，其没有t期的种植权（即$t-1$期续租失败），那么其将在t期初以同样的可能成为进入者，并可能获得$t+1$期的种植权（即$\theta_t=G$，t期续租成功）；而如果t期初，“进入”没有发生，则有$\theta_t=\theta_{t-1}=G$或者B。

本文以“进入”的自由度定义家庭农场主间的竞争强度：λ_E越大，竞争度越高。如此设定有两点原因：①家庭农场的规模和数量都是不确定的，本研究也将表明农业金融政策可以激励更多的农民，帮助他们“由小变大”成为大户，而使用动态寡头竞争需要讨论“不对称均衡”（家庭农场间存在规模差异）如何演变成对称均衡（规模差异逐渐缩小），这对于研究的主题是不必要的（Ericson、Pakes，1995）；②完全的“自由进入”也是不可能的——家庭农场主受到来自民俗和户籍制度的限制，使本文不能用以“自由进入”为前提的垄断竞争框架，何况垄断竞争需要产业满足“规模报酬递增”，而农业在较多文献中被认为是较为接近“规模报酬不变”的。

2. “策略性投资”和交易成本

在t期初，代表性家庭农场主可以做“策略性投资”：支出交易成本ca_t，其中$a_t \in [0, 1]$是家庭农场主的策略，而 $c(>0)$ 会随着确权制度的建立而降低。此策略性投资是用于对抗或者强化“进入”的，如果 t 期初，“进入”并未发生（概率为 $1-\lambda_E$），那么交易成本的支出将不会改变 $\theta_t=\theta_{t-1}=G$ 或者 B；反之，“进入”发生了，ca_t 将对 θ_t 起决定作用，此时 $Pr(\theta_t=G)=a_t$ 且 $Pr(\theta_t=B)=1-a_t$。家庭农场主对讨价还价（发生于 t 期末）的准备进行得越充分，就越容易拿下续租契约。然而，家庭农场主的交易成本支出仅仅在“进入”发生时起作用：从调研数据中看出，少数家庭农场主签下了时间较长的土地流转合同（等价于一直续约），我们认为这是确权方预期到未来“进入”发生的概率较低，因此家庭农场主无须准备也能成功续约；而更多的家庭农场主只能签短期的流转合同，这可能是因为确权方预期到未来“进入”的概率高，而我们也观察到此情况下，家庭农场主会试图与确权方保持相对较好的社会关系，相当于“家庭农场主为始终续约作充分准备”。

为简化计算，假设代表性家庭农场主无法观测到“进入”是否发生，其仅仅知道 λ_E，以及“进入”是无记忆性发生的，即在 t 期“进入”发生与否，不影响 $t+s$ 期（$\forall s\geqslant 1$）“进入”发生的概率；而当 θ_t 形成后，家庭农场主可以观察到它。这是因为“进入”是他或者竞争者的“机会”，机会是否真的出现了，很难直接判断；只有当机会被他或竞争者抓住的时，机会才能被证明是存在的（隐性激励的设定：机会是隐性的）（Holstrom，1999）。

3. 外部投资方的信念和监管产生的信号

分析需建立在家庭农场主和外部投资方之间的重复博弈之上。然而，在家庭农场主依靠原始资本积累的情景下，外部投资方将不会存在（也就不存在博弈了）。为了让模型足够一致，我们省略投资行为，改用投资方的信念。具体来说，外部投资方不能直接观察到 θ_t，他依赖的信念 $\beta_t=\widetilde{Pr}(\theta_t=G)\in[0,1]$（$\widetilde{Pr}$表示投资方主观猜测的概率）作投资，这是因为 t 期投资需要在 $t+1$ 期以后逐渐回收，而 $t+1$ 期能否续租又取决于 θ_t。β_t 增大（即投资方对家庭农场主获得续租的信任度提高），贷款会相应增加。家庭农场主每期种植利润为 $\pi(\beta_t)$（减去利息且平均到亩），假设利润随着贷款递增，即 $\pi'(\beta_t)>0$。本文还假设即便家庭农场主没有种植权，其也可以利用贷款通过非种植获得 $\pi(\beta_t)$——利用国家扶持农业的信贷政策，进行贷款套利是可以持续的（骗局是可能的）①，因此外部投资方的监督是非常必要的。相对的，代表性家庭农场主将受到有限责任制的保护（后续将详细说明）。

β_t 的形成也依赖监督产生的信号：假设信号的出现也是无记忆性的（Keller、Rady，2010），每一期出现的频率恒为 $\lambda_s\in(0,1)$。另外，信号是完美的：如果信号在 t 期出现，$\theta_t=\theta_{t-1}=G$ 或 B 就会被准确观测到，因此 $\beta_t=1$ 或 0。无论融资契约采取何种形式，也无论国家采用什么样的农业金融政策，外部投资方都会对家庭农场主进行融资审查（例如信用评级、抵押评估等）。本文并不研究农村金融的细枝末节，主要从监督的力度出发，分析农业金融政策的作用。λ_s 越大，监督越严格。

当没有信号时，β_t 依赖投资方对 a_t 的猜测（猜测值为 $\tilde{a}_t$）。这是因为 t 期初，a_t 在 β_t 形成时是观察不到的。与家庭农场主一样，投资方也观测不到“进入”是否发生，仅仅知道竞争强度 λ_E 和“进入”的无记忆性。使用贝叶斯估计，此时 $\beta_t=Pr(\theta_t=G|\beta_{t-1},\tilde{a}_t)=(1-\lambda_E)\beta_{t-1}+\lambda_E\tilde{a}_t$，因为投资方也知道当“进入”发生时，$\widetilde{Pr}(\theta_t=G)=\tilde{a}_t$。

综上，(1) 式给出了 t 期初的时间轴：

① 尽管利用贷款进行非农投资可能获得更高利润，但为了简化分析，这里忽略这种可能。

$$\underbrace{\left.\begin{array}{l}\text{“进入”与否}\\ \text{农场主决定 } a_t\end{array}\right\}\rightarrow\text{进入，}\left\{\begin{array}{l}Pr(\theta_t=G)=a_t\\ Pr(\theta_t=B)=1-a_t\end{array}\right.\text{（未进入，}\theta_t=\theta_{t-1}\text{）}\rightarrow \\ \text{农场主获知 }\theta_t\rightarrow\left\{\begin{array}{l}\text{有信号：}\beta_t=1\text{ 或者 }\beta_t=0\\ \text{无信号：}\beta_t=(1-\lambda_E)\beta_{t-1}+\lambda_E\tilde{a}_t\end{array}\right.\rightarrow\text{投资方根据 }\beta_t\text{ 进行投资}}_{t\text{期初}} \tag{1}$$

4. 家庭农场主靠资本积累投资生产

调查显示多数家庭农场主依靠自身的资本积累进行生产。本部分主要考虑代表性家庭农场主的“利润积累”问题，加上家庭农场主是风险中性的，融资方式的差异只会带来微小变化：

（1）我们将投资分为由 β_t 决定的生产性投资和由激励决定的策略性投资 ca_t。如果农场主利用自身积累作投资，则 $\beta_t\in\{0，1\}$（即农场主在投资前已经知道 $\theta_t=G$ 或 B），而外部投资时，$\beta_t\in[0，1]$（即外部投资方在投资时不一定可以观察到 $\theta_t=G$ 或 B）。结合式（1）中的 β_t 的生成过程，将 β_t 的动态方程写成：

$$\beta_t=(1-\lambda_S)[(1-\lambda_E)\beta_{t-1}+\lambda_E\tilde{a}_t]+\lambda_S \mathrm{I}_{G,t} \tag{2}$$

其中 θ_t 指示函数 $\mathrm{I}_{G,t}=1$，当且仅当 $\theta_t=G$。技术上的变化在于：如果自我投资，信号频率满足 $\lambda_S\equiv1$，相对于外部投资情景而言，信息结构更加完美（自我监督最为严格）。

（2）代表性家庭农场主自我欺骗不会带来利润提升（即便信号不完美且行为人是有限理性的，一般也只在长辈“欺骗”晚辈时，可以使代表性家庭收入提高）（Benabou、Tirole，2006），所以未获续租时不会有“欺骗”发生。虽然本文在外部投资情景中允许“欺骗”，但在均衡中，“欺骗”几乎不存在（本文接下来的均衡分析将给出证明），所以代表性家庭农场主对自己的诚实也不会对分析带来太多变化。

（3）外部融资有更为严格的投资停止条件，此条件有外生性（随后给出）；而自我融资的投资停止条件是系统内生的，即只有在投资不如撤资（激励不足）的情况下才会停止。

在其他设定上，两个情景是一致的。特别是代表性家庭农场主的理性程度是完美的：靠自身积累运作农场，其会计算资本放贷的利息（机会）成本，因此真实的单期利润函数 $\pi(\beta_t)$ 也不会变。如前所述，代表性家庭农场主是家庭农场这种农业组织形式的替代，虽然个体家庭农场主不一定完全是理性的，但本文研究对象是家庭农场的农业组织形式，研究其是否可以“永远”持续，这就要求代表性家庭农场主足够理性，能够判断激励是否充分到值得“永远”做下去。基于以上原因，本部分以分析外部投资情景为主线，推出自我融资的结果。

5. 最大化代表性家庭农场主的净现值和相关数学符号

利润减去交易成本 $\pi(\beta_t)-ca_t$ 是代表性家庭农场主单期的净收入。其决策是在面对（2）式给出的信念序列 $\beta=\{\beta_t\}_{t=1}^{+\infty}$ 时，选择决策序列 $a=\{a_t\}_{t=1}^{+\infty}$。其中 $a_t=a_t(h_{t-1})$，而历史序列满足 $h_{t-1}=\{\theta_0，(a_1，\beta_1，\theta_1)，\cdots，(a_{t-1}，\beta_{t-1}，\theta_{t-1})\}$，且 $h_0=\theta_0\in\{G，B\}$（表示在第 1 期是否获得种植权）。短期决策对于历史（过去发生的事件）的依赖，在博弈论中被称为策略具有完整性与或然性，这也是代表性家庭农场主理性的要求。

代表性家庭农场主决策的目标是：最大化其在第 1 期的净现值 $E\left\{\sum_{t=1}^{\infty}\delta^{t-1}[\pi(\beta_t)-ca_t]\mid\beta_0,\theta_0\right\}$，其中 $\beta_0\in[0，1]$ 是给定的初期信念，因为初期也有投资方监督的可能，β_0 并不是任意给定的。由于未来面临竞争冲击（伴有随机性），故净现值采取数学期望的形式。

令 $t+1$ 期最大化的净现值为 $V_{\theta_t}(\beta^{t+1})=\max_{a^{t+1}}E\left\{\sum_{s=1}^{\infty}\delta^{s-1}[\pi(\beta_{t+s})-ca_{t+s}]\right\}$，其中 $a^{t+1}=\{a_{t+l}\}_{l=1}^{+\infty}$，而给定的 $\beta^{t+1}=\{\beta_{t+l}\}_{l=1}^{+\infty}$ 也符合（2）式的动态过程。由逆推归纳法得均衡时：

$$\tilde{a}_t = a_t^* = \mathrm{arcmax}_{a_t}\{[\pi(\beta_t) - ca_t] + \delta E[V_{\theta_t}(\beta^{t+1}) \mid h_t]\} \quad (3)$$

在任意的纳什均衡概念中，投资方关于 a_t 的猜测符合事实。

（二）均衡分析

引理 1：给定 $\beta^{t+1}=\{\beta_{t+l}\}_{l=1}^{+\infty}$（任意的 $t\geqslant1$），家庭农场主最优反应是如果 $\lambda_E\Delta V(\beta^{t+1})\geqslant c/\delta$，$a_t^*=1$；反之，$a_t^*=0$。其中，$\Delta V(\beta^{t+1})=V_G(\beta^{t+1})-V_B(\beta^{t+1})$。

证明：给定 β^{t+1} 的条件下，$V_{\theta_t}(\beta^{t+1})$ 只和 a_t、θ_{t-1} 以及"进入"发生与否相关，所以：

$$E[V_{\theta_t}(\beta^{t+1}) \mid h_t] = \lambda_E[a_t V_G(\beta^{t+1}) + (1-a_t)V_B(\beta^{t+1})] + (1-\lambda_E)V_{\theta_{t-1}}(\beta^{t+1}) \quad (4)$$

即 a_t 以 λ_E 为概率起作用［此时以 a_t 的概率帮助家庭农场主在未来获得 $V_G(\beta^{t+1})$，而以（$1-a_t$）的概率获得 $V_B(\beta^{t+1})$］，又以（$1-\lambda_E$）为概率不起作用（即 $\theta_t=\theta_{t-1}$）。将（4）式代入（3）式求一阶条件，引理得证。

引理 1 中的 $\Delta V(\beta^{t+1})$ 就是家庭农场主进行策略性投资的激励，较大时，家庭农场主投资就尽可能多；反之，家庭农场主不会投资。根据引理 1，下面定义模型的 Markov 完美均衡（MPE）：

$a^*=\{a_t\}_{t=1}^{+\infty}$ 和 $\beta=\{\beta_t\}_{t=1}^{+\infty}$ 构成一个 MPE，如果：

（1）任意的 $t\geqslant0$，（β_t，$\beta^{t+1}=\{\beta_{t+l}\}_{l=1}^{+\infty}$）满足 $\beta_{t+l}=\begin{cases}\lambda_E\tilde{a}_t+(1-\lambda_E)\beta_{t+l-1}，如果没信号\\ I_{G,t}，如果有信号\end{cases}$；

（2）$\tilde{a}_t=a_t^*=\begin{cases}1，如果\ \lambda_E E[\Delta V(\beta^{t+1}) \mid \beta_t]\geqslant c/\delta\\ 0，如果\ \lambda_E E[\Delta V(\beta^{t+1}) \mid \beta_t]< c/\delta\end{cases}$。

其中 $\beta_0\in[0，1]$ 是给定的初期信念，而指示函数 $\mathrm{I}_{G,t}=1$，当且仅当 $\theta_t=G$。

和引理 1 不同：序列 $\beta^{t+1}=\{\beta_{t+l}\}_{l=1}^{+\infty}$ 不是给定的，a_t^* 的选择需要依据 $E[\Delta V(\beta^{t+1}) \mid \beta_t]$ 所提供的激励。使用 MPE 这个特殊子博弈完美均衡概念，是因为家庭农场这种组织形式是自发的（spontaneous）：家庭农场主并未和政府或银行承诺永远继续，带有明显的"走一步看一步"的意味，而 MPE 正能表达这种自发性①。而初期信念 β_0 并不是任意给定的，无论是外部投资还是家庭农场主自己投资，监督信号都可能在 0 期就有。

以下将给出 MPE 下的代表性家庭农场主的激励性质。令 $\widetilde{V}_{\theta_t}(\beta_t)=E[V_{\theta_t}(\beta^{t+1}) \mid \beta_t]$ 为 MPE 下的期望净现值：根据马尔可夫性质，未来的预期只和当期的 β_t 和 θ_t 相关。信号出现时，如果 $\theta_t=G$，期望为 $\widetilde{V}_G(1)$；$\theta_t=B$，则期望为 $\widetilde{V}_B(0)$。

引理 2：令 $\chi=\delta(1-\lambda_E)(1-\lambda_S)$。如果有外部投资方，在 MPE 中，对于任意的 $\beta_t\in[0，1]$ 和 $t\geqslant0$，$E[\Delta V(\beta^{t+1}) \mid \beta_t]\equiv\dfrac{\chi}{(1-\chi)}\dfrac{\lambda_S}{(1-\lambda_S)}[\widetilde{V}_G(1)-\widetilde{V}_B(0)]$。

受篇幅限制，引理 2 的证明不予列出。此引理表明在 MPE 中，代表性家庭农场主的激励被"打了折扣"：

假设初期无信号时，外部投资方信念生成分布是 $F(\beta_0)$，其中 $\beta_0\in(0，1)$ 且此分布和 θ_0 无关。因此 $\theta_0=G$ 对于代表性家庭农场主而言，产生的期望净现值为：

$$E_{\beta_0}[\widetilde{V}_G(\beta_0)] = (1-\lambda_S)\int_0^1 \widetilde{V}_G(\beta_0)\mathrm{d}F(\beta_0) + \lambda_S\widetilde{V}_G(1)$$

其以（$1-\lambda_S$）的概率获得 $\widetilde{V}_G(\beta_0)$（其中 β_0 是随机生成的），又以 λ_S 的概率获得 $\widetilde{V}_G(1)$。同理

① 一些"实验经济学"的研究表明：在动态博弈中，有限理性的个体难以遵守事前的承诺，他们会依据之前的状态调整自身的短期策略，而产生的结果会逼近"无限理性"下的 MPE。例如：Battaglini M，Nunnari S，Palfrey T，2015. The dynamic free rider problem：A laboratory study [Z]. Working Paper，Econ. Theory Center，Princeton Univ.

如果 $\theta_0=B$，产生的期望净现值为：

$$E_{\beta_0}[\widetilde{V}_B(\beta_0)]=(1-\lambda_S)\int_0^1\widetilde{V}_B(\beta_0)\mathrm{d}F(\beta_0)+\lambda_S\widetilde{V}_B(0)$$

因为 $\delta\in(0,1)$ 且 $\lambda_E\in(0,1)$，所以 $\chi=\delta(1-\lambda_E)(1-\lambda_S)<1-\lambda_S$，由引理 2 知：

$$E[\widetilde{V}_G(\beta_0)-\widetilde{V}_B(\beta_0)]=\frac{\lambda_S}{1-\chi}[\widetilde{V}_G(1)-\widetilde{V}_B(0)]>$$

$$\frac{\chi\lambda_S}{(1-\chi)(1-\lambda_S)}[\widetilde{V}_G(1)-\widetilde{V}_B(0)]=E[\Delta V(\beta^1)|\beta_0] \tag{5}$$

直观上，如果代表性家庭农场主在初期也可以投入交易成本来抵消竞争者的“进入”（或者强化自身的“进入”），此时其向外部投资方承诺“下一期肯定续租成功”，且外部投资方选择相信这个承诺，（5）式中的 $E[\widetilde{V}_G(\beta_0)-\widetilde{V}_B(\beta_0)]$ 就是需考虑的激励。本文假设变换组织形式需要较高的成本，因此外部投资方可以相信家庭农场主“希望”永远运作。但家庭农场主并没有证据使人相信其“能够”永远运作，这源于“续租难题”：家庭农场主需要融资时（t 期初）并没有签下续租合约（续约谈判发生在 t 期末）；虽然相关交易成本也是在 t 期初沉入的，但是交易成本不能作为承诺可信的支撑。综上，在“续租难题”引发的 MPE 下，我们更需要增加家庭农场主激励和提升激励效率的政策手段。

结合引理 2 和 MPE 的定义，如果代表性家庭农场主计划长期运作下去，那么必须有：

$$\frac{\chi\lambda_S}{(1-\chi)(1-\lambda_S)}[\widetilde{V}_G(1)-\widetilde{V}_B(0)]\geqslant\frac{c}{\delta\lambda_E} \tag{6}$$

此时对于任意 $t\geqslant1$，有 $a_t^*\equiv1$，且在 MPE 中：只要 $\theta_0=G$，有 $\theta_s=G(\forall s\geqslant0)$；若 $\theta_0=B$，那么第一次“进入”机会发生在 r 期（$\forall r\geqslant1$），就会有 $\theta_{r+s}=G(\forall s\geqslant0)$。因此，只要（6）式成立，即意味着激励充分，代表性家庭农场主就会（或迟或早地）自行解决“续租难题”。

如果（6）式成立（$a_t^*\equiv1$），根据（2）式：$\beta_t=1(\forall t\geqslant0)$ 使得 $\beta_{t+s}\equiv1(\forall s\geqslant1)$。因此 $\widetilde{V}_G(1)\equiv\sum_{t=1}^{\infty}\delta^{t-1}[\pi(1)-c]=[\pi(1)-c]/(1-\delta)$。而代表性家庭农场主对于外部投资的“依赖”可以用 $\widetilde{V}_B(0)=0$ 表示：①投资方发现其不能续租，就立即停止借款；②外部投资方一旦停止借款，其将没有继续运作下去的能力。另外，由（6）式可知：在有限责任制［避免 $\widetilde{V}_B(0)<0$］和增强激励的政策下，借贷合同也必然要求 $\widetilde{V}_B(0)=0$。由此将（6）式改写为：

$$\frac{\chi}{1-\chi}\cdot\frac{\lambda_S}{1-\lambda_S}\cdot\frac{\pi(1)-c}{1-\delta}\geqslant\frac{c}{\delta\lambda_E} \tag{7}$$

（7）式左边越大，说明家庭农场主长期运作的激励越大；右边越小，则说明激励的效果越好。由于 δ、λ_E 和 $\pi(1)$ 是外生给定的，政策将只能作用在交易成本 c 和投资方审查力度 λ_S 上（之后也将考察政策对竞争程度 λ_E 的影响）：①显然 c 变小既可以增强激励，也可以提升激励的效果；②$\lambda_S\to1$ 时，（7）式左边将趋近于激励的上限 $[\pi(1)-c]/(1-\delta)$ ｛c 给定，由洛必达法则求出 $(\chi\lambda_S)/[(1-\chi)(1-\lambda_S)]\to1$｝即加强审查到 λ_S 逼近于 1 是最优的政策。

命题 1：在“续租难题”背景下，外部投资能够激励代表性家庭农场主长期运作，需要（7）式成立。给定代表性家庭农场主受到有限责任制保护，以及其时间贴现因子 δ、面对的竞争强度 λ_E 和单期种植最高利润 π（1），①制度上的政策应降低“续租”所需的交易成本 c，这样既可增加家庭农场主所受激励，又可以提升激励的效果；②金融上的政策应满足当发现家庭农场主在骗取农业贷款进行套利时，彻底停止贷款，且保持较大的监督力度，这样能够提高激励。

命题 1 给出了应对“续租难题”的主要政策建议。通过分析发现，“续租难题”对家庭农场主的长期运作产生两个影响：第一，续租需要家庭农场主事先支出交易成本；第二，续租可能失败，所以外部投资方不能相信关于长期运作的承诺，因此影响家庭农场主的激励。

提出如下政策建议：

（1）完善确权制度。即便不是集体所有制，土地的耐用品性质也会引发“只租不卖”现象（Tirole，1988），因此也会产生“续租难题”。而我国的人口众多，农业关乎14亿中国人的口粮问题，确权制度能够规制农地用途，以保障粮食生产。我国确权制度的建立主要基于以上原因。本文则进一步提出，完善确权制度可以降低续租的交易成本①，提高家庭农场主长期运作的激励且提升激励的效果。

（2）采用严格的农业金融政策。农业生产利润薄，农业需要金融政策的扶持。但命题1提出：“扶持”只能体现在较低的还款利率上，但不能在监督上放松，对欺诈行为（利用农业金融较低的还款利息进行套利）采取零容忍的态度。这是因为，严格的金融政策将增加计划长期从事农业的家庭农场主的激励。

四、两种模式的比较

下文将先给出“家庭农场主自我投资”的均衡结果，再对它和“外部投资”模式进行比较。

假设代表性家庭农场主拥有足够多的资本积累：当其拥有t期的种植权时，他将获得π（1）的种植利润。注意到$\pi'(\beta_t)>0(\forall \beta_t\in[0,1]$ 和$\forall t\geqslant 1)$，之前假设（拥有充足资本的）外部投资方对续租越信任（β_t越高），贷款额度越大，所以产生的利润就越高。在“家庭农场主自我投资”情景中，只要$a_t=1$就一定有$\beta_t=1$（家庭农场主可以观察到自己的决策a_t）。可是，如果家庭农场主没有足够的资本，即便对自身完全信任，也无法达到$\pi(1)$的利润。为符合实际，这个假设将在考虑金融政策时放松。

和外部投资情景一样，家庭农场主计划长期运作即在均衡中$a_t^*\equiv 1$，$\forall t\geqslant 1$。如果代表性家庭农场主在1期有种植权，其计划长期运作产生的净现值为$V(1)=\sum_{t=1}^{\infty}\delta^{t-1}[\pi(1)-c]$；如果他在1期没有种植权，其计划长期运作产生的净现值为：

$$V(0)=-c+\delta[\lambda_E V(1)+(1-\lambda_E)V(0)] \tag{8}$$

根据我们之前的假设：家庭农场主不能欺骗自己，所以在第1期没有$\pi(1)$的收入，只有交易成本支出c；当然他还预期在第2期以λ_E的概率获得V（1），以（$1-\lambda_E$）的概率获得$V(0)$。令$\Delta V=V(1)-V(0)$，由引理1可知：当且仅当$\delta\Delta V\geqslant c/\lambda_E$时，激励才足够家庭农场主选择$a_t^*\equiv 1$。同时由（8）式可推出$(1-\delta)V(0)=-c+\delta\lambda_E\Delta V$，因此只要$V(0)\geqslant 0$，家庭农场主就有足够的激励长期运作下去。进一步由（8）式推算：$V(0)=[\delta\lambda_E V(1)-c]/[1-\delta(1-\lambda_E)]$，所以$V(0)\geqslant 0$仅需要：

$$V(1)=\frac{\pi(1)-c}{1-\delta}\geqslant\frac{c}{\delta\lambda_E} \tag{9}$$

比较（7）式与（9）式，易发现：如果代表性家庭农场主的资本积累足够，自主投资的对于长期运作的激励比靠外部投资产生的激励要大，因为对于$(\delta,\lambda_E,\lambda_S)\in(0,1)^3$，（7）式左边严格小于$[\pi(1)-c]/(1-\delta)$。注意到（9）式右边随着$\lambda_E$的增加而下降（显然也随着$c$的减少而下降），因此激励的效果会随着竞争强度的提高而提高。

命题2：假设代表性大户拥有足够多的资本积累，在“续租难题”背景下，其进行自我投资，

① 交易成本是交易方为保障未来的交易顺利进行，而在事前支出的成本。完善确权制度将有效降低政府对于续租的干涉能力，让续租更多成为大户和确权所有者之间的问题，平均来看，这会减少大户续租中所需的交易成本。

激励自身长期运作需要（9）式成立。此时的激励永远比他靠外部投资来的大。给定他的时间贴现因子δ和单期种植最高利润$\pi(1)$，当他面临的竞争强度增加时，激励的效果更好。

命题2可以解释在现实中，为什么很多家庭农场主是依靠自身的资本积累进行运作的。其中原因并不是外部投资的还款计息会降低代表性大户的收入（之前已假设他在自我投资的模式下会扣除放贷的机会成本），而是“续租难题”。在续租可能失败的前提下，外部投资方不能相信他长期运作的承诺，而他自身却是可以相信自己的。因此解决“续租难题”的最优方案是：先让大户拥有足够多的资本积累，再让大户靠自身积累进行长期的运作。这意味着，金融扶持的对象是那些不具有足够原始资本的大户，对他们采用命题1中所描述的金融政策，而这种扶持针对个体，只会是较短期的（直到他们拥有足够的资金为止）。而命题2又表明，在家庭农场主自我投资的过程中，激励的效果会随着竞争强度的提升而提升，所以金融扶持对于家庭农场主这个群体可以是长期的，因为有扶持才会出现更多的家庭农场主，家庭农场主之间才会出现更强的竞争性；基本框架中强调：“续租难题”的一个成因正是竞争，这里的政策可以说是因势利导——提高续租的难度，反而可以提高激励的效果。

综合命题1和命题2，我们对相关的农业金融政策做如下归纳。

推论：为有效解决“续租难题”，促进家庭农场组织形式长期良性发展，在完善确权制度的同时，需要的金融政策应是：①短期扶持个体，帮助有计划长期从事粮食种植的家庭农场主尽快完成资本的原始积累，并采用严格的金融审查政策，杜绝一切利用农业贷款利率低的特点而进行的套利行为；②通过短期扶持个体的方式，长期培育群体，增强家庭农场主间的竞争性，利用好“续租难题”部分的缘于竞争性这一点，通过群体培育，提升激励的效果。

在此，我们做技术上的补充注解：

（1）在“外部投资”模式下，如果$\lambda_S \to 1$，（7）式和（9）式等价，也就是说从代表性家庭农场主的角度来看，如果采用最优的审查政策（$\lambda_S \to 1$），两种模式是等价的。所以，在短期扶持后，进入家庭农场主自我投资模式，激励条件不变［仍为（7）式］，因此命题1中的政策是有效的。然而，外部投资方的审查（审查后才能相信家庭农场主可以解决“续租难题”）需要投资方投入审查成本，但家庭农场主相信自身却无须成本，这也是为什么我们不建议对于个体的、长期的金融扶持。

（2）模型部分统一使用了MPE概念，λ_E（竞争强度）的增加虽然会改变一些结果（对λ_E增长率作不同的假设会有不同的结果），但最优政策下的激励条件必然近似于$[\pi(1)-c]/(1-\delta) \geqslant c/\delta\lambda_E(t)$，其中$\lambda_E(t)$是$t$期的竞争强度，因为当$\lambda_E(t)$逼近于1（最高值）时，它不会再显著增加，将逐渐收敛于（9）式中的激励条件。这使本文无须设计随着λ_E变化的金融政策，仅仅为提高λ_E给出长期群体扶持的政策建议。

五、调查数据的例证：两个事实和一个基本特征

（一）两个事实检验

这一部分主要检验以上理论部分中的两个结论：土地确权制度的“长期激励”效果和农业金融政策的短期作用。本文数据来源于课题组针对安徽省、山东省和四川省162个行政村关于农村确权问题展开的实地调研（共收集1 627份问卷），以及安徽省宿州市、阜阳市、淮北市、合肥市、芜湖市、安庆市、宣城市及河南省息县等176个行政村关于家庭农场的实地调研（共收集415份问卷）。

首先考察土地确权与农场主收入的关系，其中土地确权变量为虚拟变量：如果当期之前农民拿到土地承包经营权确权证书取值为1，反之，取值为0。由于本文调查的对象是注册成立半年以上实际经营超过3年以种植业为主的家庭农场，因此，本文用家庭农场经营纯收入来考察家庭农场的

绩效状况。除此之外，本文还选取了其他控制变量包括农场主的年龄、性别、教育程度、身份（是否村干部）、家庭成员数量、承包土地亩数以及租金等。

表 2 第（1）列为 OLS 估计结果，实证结果显示，当控制其他变量之后，土地确权变量（*Rights*）系数在 5%的置信水平上显著为正，这表明实施土地确权制度可以显著提高农场主农场经营收入。考虑到解释变量和被解释变量之间可能存在逆向因果关系，以及遗漏变量、数据残缺等系统性误差使得解释变量与随机干扰项相关所导致的内生性问题，表 2 第（2）列进一步采取工具变量估计方法进行估计，我们选取农民是否参与土地确权村民会议作为土地确权的工具变量。工具变量估计显示土地确权变量系数依然显著为正。因此，基于调查数据的实证结果和理论结论是一致的，符合本文的理论预期。以上实证结果表明，完善土地确权制度可以降低续租的交易成本，提高家庭农场主长期运作的激励且提升激励的效果，表现为能够提高农场主的经营收入。

表 2　土地确权与“长期激励”

项目	(1)	(2)
	OLS	IV
Rights	0.231 5** (0.112 0)	0.679 4* (0.406 7)
Constant	−3.935 5*** (0.568 3)	9.300 1*** (0.355 2)
控制变量	√	√
R^2	0.759 9	0.376 9
F	94.94	84.17
观察值	1 050	1 050

注：***、**、*分别表示 1%、5%、10%的置信水平，括号内数字为标准误。

表 3 考察农业金融政策与农场主收入的关系。其中金融政策变量为虚拟变量：如果当期之前农场主依赖银行贷款为 1，反之，取值为 0。理论研究认为，严格的金融政策扶持对象应该是那些不具有足够原始资本的大户，并且是短期扶持行为，如果代表性家庭农场主的资本积累足够，自主投资对于长期运作的激励比靠外部投资产生的激励要大。我们做一个近似检验，选择收入分位数低的 30%的代表性农场主样本进行分析。表 3 的第（1）列估计结果显示，农业金融政策变量（*fin_policy*）系数显著为正，这表明，对于那些原始资本积累低的农场主，金融政策扶持可以提高激励效果。进一步地，表 3 的第（2）列估计结果显示，当我们选择收入分位数最高的 90%的代表性农场主样本时，农业金融政策变量系数不显著，并且为负值。这表明，金融政策扶持对那些原始资本积累高的农场主，并不可以提高激励效果，且在一定程度上起到负向作用。

表 3　金融政策的短期行为

项目	(1)	(2)
	0.3 分位数	0.9 分位数
fin_policy	0.322 0** (0.147 7)	−0.116 3 (0.308 1)
Constant	9.487 4*** (0.727 8)	11.127 7*** (1.112 4)

（续）

项目	(1)	(2)
	0.3分位数	0.9分位数
控制变量	√	√
Pseudo R^2	0.010 5	0.007 1
观察值	405	405

注：***、**、*分别表示1%、5%、10%的置信水平，括号内数字为标准误。

（二）一个特征描述

表4为调查数据反映的不同收入阶段农场主的融资行为倾向，由表4可以发现，农场主寻求银行贷款的意愿随着自身资本的增加而减弱，这和本文理论模型的预测一致：在“续租难题”下，除非农场主自身积累不足，其靠自身资本运作带来的激励较借助外部投资更大（在不考虑外部融资的利息成本的条件下）。并且无论注册资本多寡，农场主大多都意识到依靠原始积累对自身的发展更加有利。这是因为农场主面临的“续租难题”会造成外部投资方对其的不信任，进而限制农场主自身的发展。进一步根据表4发现，注册资金额较低的农场主除了靠原始积累，还希望银行贷款扶持，以及希望政府财政支持和加入合作社。

表4　农场主的融资行为倾向

单位：%

注册资金	银行贷款	政府财政支持	合作社	民间借贷	原始积累
800万～1 000万元	1.2	—	—	38	82
550万～780万元	1.7	—	—	38	87
320万～480万元	32	—	—	45	77
120万～300万元	47	51	55	24	74
50万～100万元	71	56	61	35	64
<40万元	77	79	66	14	64

注：表4的数据为家庭农场主主观选择不同融资方式的比例。

六、结论与建议

在世界农业发展史上，家庭农场模式被证明是农业生产中最有效率的经营模式。这就意味着在未来，以家庭经营与规模经营相结合为特征的家庭农场模式将成为中国农业生产的主导模式。但是家庭农场在中国还是个新生事物，中国学术界对家庭农场的理论研究还不多。本文以短期的“半完备契约”为理论工具，结合实地调研，对中国家庭农场的未来发展问题进行了思考。研究结果表明：第一，中国家庭农场主普遍存在对“续租难题”的担忧，完善土地确权制度可以降低续租的交易成本，提高家庭农场主长期运作的激励，而且当激励充分时，家庭农场主可以自行解决“续租难题”；第二，从制度绩效来看，模糊地权充满效率的观点并不正确，中央政府试图通过“稳定所有权，明晰承包权”的确权路径来化解其模糊性，是一次重大的理论创新与实践探索；第三，为促进家庭农场组织形式长期发展，严格的金融政策扶持对象应该是那些不具有足够原始资本的大户，并且应是短期扶持行为；第四，如果代表性家庭农场主的资本积累足够，自主投资对于长期运作的激励比靠外部投资产生的激励要大，当面临的竞争强度增加时，激励的效果更好。

本研究的政策建议有：第一，以降低续租交易成本为目的，坚持并完善土地确权制度，遵循不完全契约的思想，使得土地流转双方（农场主与受确权所有者委托的村委会）下次重新协定土地租约能够有序开展，并在制度上做出保障；第二，制定并坚持针对个体的、短期的金融扶持政策，扶持那些不具备足够原始资本的个体，让他们加入家庭农场主的群体中去，充分发挥租地竞争的良性作用；第三，长期培育群体，增强家庭农场主间的竞争性，利用好“续租难题”部分缘于竞争性这一点，提升激励效果；第四，加强政府和家庭农场主之间的协调合作，政府适度加大关键性生产资料的投入力度，引导家庭农场主自主经营的积极性。除此之外，发展家庭农场除了要有系统的制度支撑外，还需要良好的农业基础设施、健全的合作组织和高效率的知识创新系统。

参　考　文　献

程令国，张晔，刘志彪，2016. 农地确权促进了中国农村土地的流转吗？[J]. 管理世界（1）.

丰雷，蒋妍，叶剑平，2013. 诱致性制度变迁还是强制性制度变迁？——中国农村土地调整的制度演进及地区差异研究 [J]. 经济研究（6）.

付飞翔，2013. 创新我国农业经营方式的未来选择：家庭农场 [J]. 农村经济（7）.

高强，刘同山，孔祥智，2013. 家庭农场的制度解析：特征、发生机制与效应 [J]. 经济学家（3）.

郭熙保，冯玲玲，2015. 家庭农场规模的决定因素分析：理论与实证 [J]. 中国农村经济（5）.

韩长赋，2016. 构建三大体系，推进农业现代化——学习习近平总书记安徽小岗村重要讲话体会 [N]. 人民日报 05-18.

韩朝华，2017. 个体农户和农业规模化经营：家庭农场理论述评 [J]. 经济研究（7）.

黄枫，孙世龙，2015. 让市场配置农地资源：劳动力转移与农地使用权市场发育 [J]. 管理世界（7）.

黄季焜，冀县卿，2012. 农地使用权确权与农户对农地的长期投资 [J]. 管理世界（9）.

黄宗智，彭玉生，2007. 三大历史性变迁的交汇与中国小规模农业的前景 [J]. 中国社会科学（4）.

吕惠明，朱宇轩，2015. 基于量表问卷分析的家庭农场发展模式研究 [J]. 农业经济问题（4）.

马贤磊，2009. 现阶段农地产权制度对农户土壤保护性投资影响的实证分析：以丘陵地区水稻生产为例 [J]. 中国农村经济（10）.

钱忠好，2003. 农地承包经营权市场流转：理论与实证分析 [J]. 经济研究（1）.

肖卫东，杜志雄，2015. 家庭农场发展的荷兰样本：经营特征与制度实践 [J]. 中国农村经济（2）.

许庆，章元，2005. 土地调整、地权稳定性与农民长期投资激励 [J]. 经济研究（10）.

薛亮，杨永坤，2015. 家庭农场发展实践及其对策探讨 [J]. 农业经济问题（2）.

姚洋，2000. 中国农地制度：一个分析框架 [J]. 中国社会科学（2）.

叶剑平，丰雷，蒋妍，等，2010. 2008 年中国农村土地使用权调查研究——17 省份调查结果及政策建议 [J]. 管理世界（1）.

俞海，黄季焜，Scott Rozelle，等，2003. 地权稳定性、土地流转与农地资源持续利用 [J]. 经济研究（9）.

赵佳，姜长云，2015. 兼业小农抑或家庭农场——中国农业家庭经营组织变迁的路径选择 [J]. 农业经济问题（3）.

钟甫宁，纪月清，2009. 土地产权、非农就业机会与农户农业生产投资 [J]. 经济研究（12）.

朱启臻，胡鹏辉，胡汉译，2014. 论家庭农场：优势、条件与规模 [J]. 农业经济问题（7）.

Benabou R，Tirole J，2006. Belief in a just world and redistributive politics [J]. The Quarterly Journal of Economics，121（2）：699-746.

Burton R J F，G A，Wilson F，2006. Injecting social psychology theory into conceptualisations of agricultural agency：Towards a ‘Post-Productivist’ farmer self-identity [J]. Journal of Rural Studies，22（1）：95-115.

Dogliotti S，M C Garcia，S Peluffo，et al.，2014. Co-innovation of family farm systems：A systems approach to sustainable agriculture [J]. Agricultural System, 126: 76 - 86.

Ericson R, Pakes A, 1995. Markov - perfect industry dynamics: A framework for emperical work [J]. Review of Economic Studies, 62 (1): 53 - 82.

Feder G, A Nishio, 1998. The benefits of land registration and titling: Economic and social perspectives [J]. Land Use Policy, 15: 25 - 43.

Holstrom B, 1999. Managerial incentive problems: A dynamic perspective [J]. Review of Economic Studies, 66 (1): 169 - 182.

Jacoby Hanan G, Guo Li, Scott Rozelle, 2002. Hazards of expropriation: Tenure insecurity and investment in rural china [J]. American Economic Review, 92 (5): 1420 - 1447.

Jin S, K Deininger, 2009. Land rental markets in the process of rural structural transformation: Productivity and equity impacts from China [J]. Journal of Comparative Economics, 37 (4): 629 - 646.

Keller G, Rady S, 2010. Strategic experiment with poisson bandit [J]. Theoretical Economics, 5 (2): 275 - 311.

Mullan K, P Grosjean, Kontoleon A, 2011. Land tenure arrangements and rural - urban migration in China [J]. World Development, 39 (1): 123 - 133.

Routray J K, S Maheswar, 1995. Implications of land title for farm credit in thailand [J]. Land Use Policy, 12: 86 - 89.

Saint - Macary C, A Keil, M Zeller F, et al., 2010. Land titling policy and soil conservation in the northern plands of vietnam [J]. Land Use Policy, 27: 617 - 627.

Tirole J, 1988. The thoery of industrial organization [M]. Cambridge: The MIT Press.

Zhao Yaohui, 1999. Leaving the countryside: Rural to urban migration decisions in China [J]. American Economic Review, 89 (2): 281 - 286.

农地确权能够提高农地产出吗？*

——基于土地细碎化的中介效应实证分析

高　强[1]　孙光林[2]

（1. 南京林业大学农村政策研究中心；2. 南京财经大学金融学院）

摘要：提高农地产出是发展现代农业的重要目标，而土地细碎化是制约目标实现的主要障碍之一。农地确权作为一场政治动员，旨在通过促进土地流转、扩大经营规模，有效提高农地产出。本文根据对中国黄淮海农区6省18县（市、区）1 026个农户的调查数据，在理论分析农地确权影响土地产出的基础上，利用基于细碎化的中介效应模型，实证检验了农地确权、土地细碎化与农户土地产出的关系。研究发现：①农地确权对农地产出具有显著正向影响，农地确权能够有效提高农户的土地产出；②农地确权可以通过提高农户的土地经营规模，来提高农户经营耕地的土地产出；③农地确权能有效提高农户单块土地的经营面积，从而提高土地产出，即农地确权在缓解土地细碎化的基础上促进了土地有效整合，进而提高了土地产出。

关键词：农地确权；土地细碎化；土地产出；中介效应模型

一、引　　言

作为土地产权制度改革的核心内容，农村土地承包经营权确权登记颁证（以下简称“农地确权”）是中央从深化农村改革全局出发作出的一项重大决策，是以保障农民土地权益为根本出发点的一项关键性顶层设计。这项改革社会关注度高、牵扯面广，不仅是实行集体所有权、农户承包权和土地经营权“三权分置”的制度保障，还是落实农村土地承包关系“长久不变”的基础前提。长期以来，人多地少的小农生产经营格局，决定了我国农地经营规模过小且分散的现实。然而，规模经营仍然是实现农业现代化的最重要指标之一①。虽然近年来，国家相关部门逐步对土地流转政策进行调整，强调不断健全面向小农户的社会化服务体系，发展服务带动型规模经营，但土地集中型规模经营无疑仍是实现土地高产出的最重要路径之一。农村土地细碎化既是由我国基本国情农情所决定的，又是现有农村基本经营制度形塑的结果。从自然属性上看，土地细碎化成为促进土地规模经营的天然制约因素之一。从制度属性上看，家庭承包制确定了农户经营的制度边界。农地确权进一步依法确定了承包地块的四至，强化了农户承包地的物权属性，为农村双层经营体制带来新的机遇与挑战。因此，研究农地确权对规模经营以及农户土地产出的影响，并就土地细碎化问题进行深

---

* 基金项目：国家自然科学基金青年项目“农地确权对农户生产行为的影响机理与对策研究”（编号：71703077）。

① 根据国务院发布的《全国农业现代化规划（2016—2020年）》，到2020年我国多种形式土地适度规模经营占比要达到40%，比2015年提高10个百分点。

度讨论，具有重要而深远的意义。

从既有的实践观察看，农户通过土地流转扩大了经营规模，但由于农地没有连成片，而无法缓解地块细碎化问题，导致技术进步速度和生产率难以提高，从而对土地产出造成不利影响（何秀荣，2016）。因此，农地确权对农户土地产出的影响研究十分重要，将土地细碎化纳入分析框架，对农地确权、规模经营与农户土地产出进行综合考量更具有政策含义。那么，农地确权如何在土地细碎化方面影响土地产出？如果有影响，其作用机理是怎样的？对此，现有研究并没有给出明确的解释。事实上，土地细碎化会从多个方面对土地产出产生不利影响：一是土地细碎化会直接增加田埂与沟渠所占的面积，造成耕地资源浪费，不利于规模化经营；二是土地细碎化导致单块耕地面积过小，导致各农作物品种种植过于分散，不利于大型农业机械与生产技术应用，很难对农作物病虫防治和农田灌溉进行统一管理，从而降低了农地的经营效率；三是零散化的土地会影响农户的投资决策，不利于农户对土地进行长期性投资；等等。总体来看，这些都不同程度地对土地产出造成不利影响。因此，本文从土地细碎化视角分析农地确权对规模经营、土地产出的影响，并对细碎化与土地产出的关系进行合并考察，既有助于加深对农户土地产出形成机制的理解，又有利于为相关部门进一步完善农地确权政策提供参考。

二、理论分析与研究假说

农地确权属于一种强制性制度变迁，是以政府信用为基础对不同农户之间土地产权关系的重构和确认（高强、徐雪高，2017）。农地确权作为政府发动的一场涉及广泛的社会动员，旨在最大化地提供外部性内在化的激励。农地确权的制度绩效之一，就是可以从多个方面提高农地产出。具体来看，首先，农地确权提高了农户土地产权的安全性，减少了土地被强制征收的风险，增强了农户经营耕地的信心，会直接增加农户对土地的要素投入，从而提高农地产出的水平。其次，不安全的地权会让农户觉得土地只是在短期内属于自己，更倾向于使用化肥和农药等追求短期的利益，这会造成土地肥力下降，降低农地产出，而农地确权会增强农户的土地产权意识，提高他们长期投入土地的信心，增大土地要素的使用效率，从而增大产出。再次，资本是农户土地经营的核心投入要素之一，但具备信贷需求的农户往往由于缺乏抵押品而无法获得贷款，面临信贷配给问题，这会对土地产出造成不利影响。农地确权以后，农户可以使用土地权证抵押从银行获得贷款，增大农户生产性投资资本的获取途径，从而提高生产要素的配置效率，提高农地产出。最后，农地确权会使农户更放心地流转土地，土地产出边际效应偏低的农户往往更乐意转出土地，而产出效率高的农户会转入土地，从而实现土地的集约化经营，增加土地产出。因此，基于以上理论分析，本文提出第一个研究假说：

假说 1：农地确权会提高农户的农地产出。

从理论上来说，增大农户土地的经营规模可以通过规模经济效益提高劳动投入生产效率和土地利用率，从而提高土地产出水平。但农地确权以前，想规模经营的农户会感觉产权不安全，这在一定程度上会抑制规模农户扩大土地投资的欲望，更不愿长期性地对规模经营进行技术投入，从而抑制土地产出。而农地确权以后，直接增强了农户的权属意识，土地的权利边界变得更清晰，权属关系更顺畅，农户的土地剩余控制权得到有效保障，为有意愿流转土地的农户创造了条件，进而有效地促进经营规模的扩张，提高土地产出水平。同时，农地确权能够明晰产权、确定边界，并通过解决土地纠纷等方式降低交易成本，从而促进土地流转与扩大经营规模（Deininger、Jin，2008；Zhou、Chand，2013；程令国等，2016）。此外，农地确权后农户有了纳入不动产统一管理的土地承包经营权证，有利于促进土地流转产品创新和业务升级，进一步活跃农地交易市场。农户可以选择自己经营承包的土地，也可以选择保留承包权、出让经营权，但总体来看土地会流入生产效率更高的农户手中，有利于提高土地产出水平（高强、徐雪高，2017；刘恺、罗明忠，2018）。最后，农地确权有利于建立所有权、承包权与经营权“三权”平等保护的机制，进一步增加土地流入方对农业投资的积极性，使农户特别是新型经营主体对未来农业的投资形成良好的收益预期，从而扩大土地的经营规模以增加土地产出（韩家彬等，2018）。基于以上理论分析，本文提出第二个研究假说：

假说 2：农地确权能通过促进规模经营并缓解土地细碎化产生的不利影响，增大土地产出。

农地确权是否能够对土地碎片化产生积极的政策效应，关键在于能否有效影响农户的生产行为。农户生产行为是农户生产经营决策的外在表现，也是农地确权政策绩效的客观反映。农户决策既是理性判断又受感性影响，呈现多目标、复杂性等特点。因此，农户生产行为既是多样化的（林毅夫，1992；刘莹、黄季焜，2010），又在不同的阶段呈现不同的状态及趋势。农地确权在一定程度上会减弱地块的实质边界，进一步降低土地碎片化的负向效应，从而提升单块土地的规模化经营效率，对土地产出产生积极影响。事实上，土地碎片化会从多方面抑制土地产出，而农地确权可以从两个维度降低土地细碎化程度。一方面，从客观角度看，农地确权是利用现代信息手段对承包地块面积的“实测”，使得确权后的地块面积更加精确。一般而言，确权后的“实测面积”比“合同面积”平均多出 20％～30％。另一方面，从主观角度看，农地确权可以增强农户的产权意识，并从法律层面健全了承包地登记管理制度。因此，农户之间可以进行超越地块边界的“土地整治”“互换并地”等行为，从而提高地块的经营面积。基于以上理论分析，本文提出第三个研究假说：

假说 3：农地确权能通过提高农户平均地块经营面积，降低土地细碎化的程度，从而提高农地产出。

农地确权影响土地产出的机理见图 1。

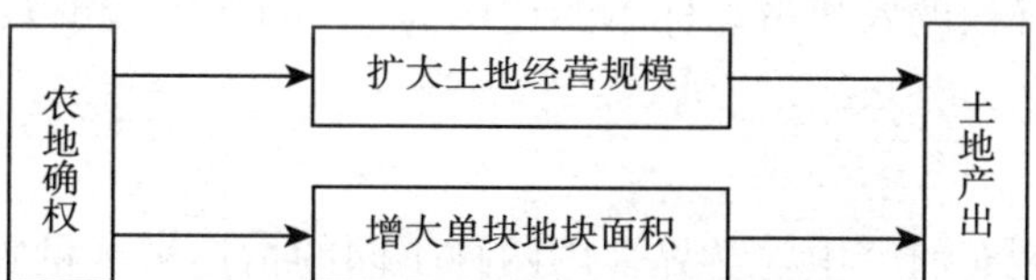

图 1　农地确权影响土地产出的机理

三、数据与变量

（一）数据来源

本文使用数据来自课题组①于 2018 年 1 月至 3 月在黄淮海农区②的联合调查。调研时正值春节前后，农户会集中返乡，便于课题组随机获取农户样本。值得注意的是，调查员均是经过培训的课题组成员以及中国人民大学、中国农业大学的博士生及硕士生，入户调查是以一对一的形式对户主和家庭主事人进行访谈。为了使调研结果更加客观真实，访谈过程中也鼓励其他家庭成员进行补充

① 国家社科基金重点项目“城镇化进程中农户土地退出及其实现机制研究”和国家自然科学基金青年项目“农地确权对农户生产行为的影响机理与对策研究”开展的联合调查。

② 黄淮海农区是中国九大农区之一，包括江苏、安徽北部，河南、河北大部和山东、天津、北京全部，具有较好的代表性。

或纠正。

调研采用分层抽样的方法，具体而言：首先，在黄淮海农区 318 个县（市、区）中随机抽取 20 个样本县（市、区），但随机抽取的县（市、区）可能在空间布局上较为集中，为了使样本更具代表性，课题组特意对 3 个样本县（市、区）进行调整，最终样本区域中山东省、河南省与河北省均涉及 5 个县（市、区），安徽省和江苏省各涉及 2 个县（市），天津涉及 1 个区。其次，在上述抽样得到的县（市、区）中，各随机抽取 2 个乡镇，然后，在每个乡镇再随机抽取 2 个村，在每个村中又随机选择 10～20 个农户进行调研。同时，为使调研更具有代表性，剔除特别大或特别小的村庄后进行调研。最终，本次调研共计获得 1 026 个农户样本，这为本文研究奠定了良好的数据基础。

（二）变量说明

1. 因变量：土地产出

现有文献大都采用土地亩产农作物的数量来衡量土地产出（吉星等，2019；刘同山，2019）。但农户耕种农作物的种类和品种质量等会通过价格影响土地实际产出情况，虽然亩产能够较好地体现出土地产出的数量，但无法区分质量，且不同类型的农作物之间无法进行直接对比。因此，本文认为农户扩大农作物的经营规模更主要是为了提高收入，从土地产出的价值角度能够更有效地对土地产出进行测度，且能够对农户间的土地经营差异进行有效对比。为此，本文采用农户农产品的总价值衡量土地产出，其中，农产品总价值等于农产品总产量和农产品市场单价的乘积。

2. 核心变量：农地确权

本研究的关键点是把样本农户有效地分为农地确权组与非确权组。为了较好地衡量农户的确权情况，本文在调查问卷中询问："你家是否已经拿到了土地承包证"，将回答"是"的农户纳入农地确权组，赋值为 1，反之纳入未确权组，赋值为 0，从而有效地把农户分为农地确权组与非确权组。样本调查结果显示，农地确权的农户占总样本的比例为 62.64%，能够较好地满足本文实证对数据的要求。

3. 中介变量

（1）土地经营规模。现有研究中，学界采用两种不同的指标来衡量农户的土地经营规模。一种是农户通过土地流转与集中实现规模经营，主要指标是农户租种土地的经营面积；另一种是通过土地托管与生产环节外包实现规模经营，主要指标是服务带动的农户土地面积。这其实反映了"土地集中型规模经营"与"服务带动型规模经营"两种不同的实现方式（胡新艳等，2016），代表了"土地+服务"的二元规模化路径（胡凌啸，2018）。由于本文主要基于农户视角展开研究，关注的是农地确权是否有利于缓解一些制度性障碍，从而促进农户扩大土地经营规模。土地细碎化是制度性障碍的客观反映，而这种客观反映可以由土地集中型规模经营较好地体现出来。为此，本文主要考察的是土地集中型规模经营状况，采用 2017 年农户实际经营耕地的亩数来衡量土地经营规模。

（2）单块土地平均面积。土地细碎化会导致土地经营效率损失。首先，土地细碎化会增加田埂与沟渠占有土地的面积；其次，土地细碎化自然形成较多小块耕地，不利于大型农业机械作业和先进生产技术推广；最后，土地细碎化会直接增加农户经营耕地的道路网络，增加生产管理成本，从而对农业生产带来负外部性。为此，本文采用农户经营耕地单块面积的均值来衡量农地细碎化程度。相对而言，黄淮海平原地区农户人均耕地面积普遍较少，耕地经营的土地块数越多，形成的田埂、沟渠与道路等越多，占据的耕地面积也就越大，越不利于农户从事规模化经营。因此，单块土地面积的大小能够较好地衡量耕地的细碎化程度。

4. 控制变量

除了农地确权、土地经营规模和单块土地的平均面积影响土地产出以外，其他因素也可能会对土地产出产生影响。为此，结合理论分析，借鉴倪国华和蔡昉（2015），刘同山（2019）等的做法，本文还在受访者个人特征与家庭经济特征等方面选取了以下控制变量：受访者性别、教育程度、健康状况、家庭劳动力、务工状况、政策认知与土地流转态度，变量的定义及描述性统计结果见表1。

表1 变量定义及描述性统计

变量	变量说明	均值	标准差
土地产出	农产品的总价值（元）	13 847.27	28 791.09
土地细碎化	2017年受访者家庭经营耕地的块数（块）	3.178 3	1.785 6
土地经营规模	2017年受访者家庭经营耕地的面积（亩）	9.472 3	16.639 1
农地确权	2017年受访者家庭承包地是否获得权证，是=1，否=0	0.624 6	0.484 4
教育程度	2017年受访者的受教育年限（从小学开始计算）	6.813 8	4.553 5
性别	受访者的性别：男=1，女=0	0.686 1	0.464 3
健康状况	2017年受访者的健康状况：非常差=1，比较差=2，一般=3，比较健康=4，很健康=5	1.995 1	1.077 8
家庭劳动力	2017年受访者家庭16～65岁劳动力数量（个）	3.378 2	1.433 8
务工状况	2017年受访者是否出去务工：是=1，否=0	0.292 3	0.455 1
政策认知	“如果政策允许，有外人想在你们村买房子和承包地，并成为集体的一员，您的态度”选项及赋值：坚决不同意=1，不同意=2，无所谓=3，同意=4，完全同意=5	2.938 5	1.236 3
土地流转态度	“您是否想把家里正在种的地流转出一部分”选项及赋值：是=1，否=0	0.368 7	0.482 7

四、模型构建

（一）基准模型构建

为了检验农地确权对土地产出的影响，本文构建以下基准模型对农地确权的作用机理进行实证检验，具体模型如式（1）所示：

$$value=\beta_0+\beta_1 CLR_0+\beta X+\varepsilon_1 \quad (1)$$

其中，$value$ 为因变量，表示农户土地产出；CLR 为是核心解释变量农地确权，用以衡量农户是否已经拿到土地承包证；β_0 表示常数项；β 表示控制变量参数向量；X 表示其他变量向量；ε 表示随机扰动项；β_1 是本文关注的重点，即农地确权对土地产出的直接效应。

（二）中介效应模型构建

本文借鉴温忠麟等（2004）的做法，构建中介效应模型对土地经营规模和单块土地经营面积的中介效应进行检验，具体模型如下：

$$land=\alpha_0+\beta_2 CLR_0+\beta X+\varepsilon_2 \quad (2)$$

$$value=\gamma_0+\beta_3 CLR_0+\beta_4 land+\beta X+\varepsilon_3 \quad (3)$$

$$aver=\alpha_0+\beta_5 CLR_0+\beta X+\varepsilon_4 \quad (4)$$

$$value=\gamma_0+\beta_6 CLR_0+\beta_7 aver+\beta X+\varepsilon_5 \tag{5}$$

其中，*land* 为中介变量，表示农户土地经营规模；*aver* 是中介变量单块土地的经营面积，表示农户土地细碎化程度；α_0 和 γ_0 为常系数；其他符号解释与式（1）一致。

本文利用式（1）～式（5）的估计结果检验中介变量的中介效应，具体检验过程如下：第一步，对回归方程（1）进行检验，看农地确权对土地产出影响是否显著，即考虑 β_1 的显著性，如果该系数值显著，继续检验，反之，则停止检验，表明农地确权与农户土地产出之间不存在显著关系；第二步，利用回归方程（2）～（5）检验回归系数 β_2、β_4、β_5 和 β_7 的显著性，如果 β_2 和 β_4、β_5 和 β_7 两组系数均显著，则进行第四步，如果两组系数中至少有 1 个不显著，则进行第三步；第三步是做 Sobel 检验，该检验广泛应用于中介效应考察，但在临界值上，Soble 检验的 0.05 的显著水平是 0.97，并不是通常认为的 1.96；第四步，检验系数值 β_3 和 β_6 的显著性，如果该系数显著，则说明土地经营规模和单块土地面积的中介效应显著，反之，则说明完全中介效应显著。

五、实证结果分析

（一）基准回归结果

本文利用普通最小二乘法（OLS）对农地确权的基准回归模型进行估计，结果如表 2 所示，第（1）列是未加入任何控制变量的估计结果，第（2）列是加入家庭劳动力和教育年限 2 个控制变量后的实证结果，第（3）列是在第（2）列的基础上又增加了性别和健康状况 2 个控制变量的实证结果，第（4）列是加入全部控制变量的基准回归结果。通过观察表 3（1）～（4）列中农地确权的系数值可以发现，在 1%的水平上，农地确权对农户土地产出具有显著正向影响，这说明农地确权会提高农户经营耕地的积极性，从而提高土地产出水平。同时，（1）～（4）列农地确权的系数值依次为 0.197 7、0.228 5、0.251 0 和 0.244 9，可以看出系数值大小和显著性并无显著差异，表明估计结果是稳健的。因此，研究假说 1 得到验证。

本文利用第（4）列的基准回归结果分析控制变量对农户土地产出的影响。由表 2 中第（4）列可知，在 1%的置信水平上，家庭劳动力对农户土地产出具有显著正向影响。人力资本是决定农户土地产出的重要影响因素，关键是其具有的特殊的生产功能，一方面，它是农户生产经营过程中必须要投入的先决要素，另一方面，人力资本还是农户提高土地经营效率的关键因素，而家庭劳动力的数量在一定程度上代表着农户家庭人力资本的丰富程度，家庭劳动力的数量越多，农户在土地经营过程中的人力资源成本越低，越可能大规模经营土地，土地产出水平也会越高。在 10%的置信水平上，农户受教育年限对土地产出具有显著影响，说明受教育年限越高的农户土地产出水平越高，产生这一现象的主要原因是教育能够提高农户的人力资本质量，提高农户经营土地的效率，从而提高土地产出水平。在 1%的置信水平上，农户健康状况对土地产出具有显著的正向影响，这表明健康状况越好的农户土地产出水平越高。在 5%的置信水平上，务工对农户土地产出具有显著正向影响，这并不难理解，农户出去务工能够对土地产出产生两方面显著影响，一是务工会降低农户对土地的依赖，农户更多的精力会放在务工上，且家庭更多的收入来自务工而并非土地经营，这会直接降低农户土地产出的数量；二是农户出去务工无法照看农田，会有更大的可能性把土地流转出去，只留下较小块的土地种植粮食以满足基本的家庭生活需求，这会直接降低农户土地经营的效率，从而降低土地的产出。在 5%的置信水平上，农户土地流转态度对土地产出具有显著负向影响，这说明土地流转意愿越强烈的农户土地产出水平就越低。

表 2 农地确权对土地产出的影响

项目	(1)	(2)	(3)	(4)
农地确权	0.197 7*** (0.069 2)	0.228 5*** (0.067 5)	0.251 0*** (0.067 4)	0.244 9*** (0.067 2)
家庭劳动力		0.135 8*** (0.024 0)	0.128 1*** (0.023 7)	0.126 3*** (0.023 7)
教育程度		0.012 3* (0.006 6)	0.009 1* (0.004 8)	0.008 4* (0.004 4)
性别			−0.042 4 (0.075 6)	0.009 0 (0.078 1)
健康状况			0.134 7*** (0.030 5)	0.138 6*** (0.030 9)
务工状况				−0.171 2** (0.072 5)
政策认知				−0.000 5 (0.028 3)
土地流转态度				−0.148 2** (0.067 9)
常系数	8.963 5*** (0.051 2)	8.400 8*** (0.103 7)	8.731 6*** (0.130 0)	8.825 4*** (0.162 1)
观测值	1 026	1 026	1 026	1 026

注：***、**、*分别表示在1%、5%、10%的统计水平上显著；括号内的数值为标准误。

(二) 中介效应回归结果

1. 土地经营规模中介效应实证结果分析

本文利用中介效应检验程序对土地经营规模的中介效应进行分析。由表3可知，(1)～(4)列是加入部分控制变量的估计结果，第(5)列和第(6)列是加入全部控制变量的基准估计结果。此外，第(1)、第(3)和第(5)列是农地确权对土地经营规模的实证结果，第(2)、第(4)和第(6)列是农地确权和土地经营规模对土地产出的回归结果。如表2中第(4)列所示，在1%的置信水平上，农地确权对土地产出具有显著正向影响，表明可以进行中介效应的第二步检验。由表3中第(1)、第(3)和第(5)列可知，在1%的置信水平上，农地确权对农户土地经营规模具有显著的正向影响。同时，从表3中第(2)、第(4)和第(6)列的实证结果可知，在5%的置信水平上，土地经营规模对土地产出具有显著的正向影响，且农地确权的系数值在1%的置信水平上显著，这表明土地经营规模的中介效应显著，即存在"农地确权——土地经营规模——土地产出"的传导路径。

由表3中第(1)、第(3)和第(5)列可知，农地确权对土地经营规模的影响系数值分别为2.453 4、2.665 8和2.560 2，且均在1%的显著水平上显著，无论是显著性还是系数值大小，在逐步回归的过程中并未发生明显变化，表明农地确权对土地经营规模的促进作用是稳健的，这说明农地确权会提高农户经营耕地的积极性，从而提高土地经营的面积。由表3中第(2)、第(4)和第(6)列可知，土地经营规模对土地产出影响的系数值分别是0.024 2、0.023 5和0.023 2，均在

5%的置信水平上显著，表明提高农户的生产经营规模能够提高土地产出水平。形成农地确权提高土地经营规模，从而促进土地产出这一传导路径的原因是农地确权增强了农户自身的权属意识，使其更放心地流转土地，有利于农户扩大生产经营规模，由此带来的规模效应和生产效率的改善，可以直接提高土地产出水平。

本文利用表 3 第（5）列的基准回归结果分析控制变量对农户土地经营规模的影响。在 1%的置信水平上，农户家庭劳动力对土地经营规模具有显著正向影响，这表明提高农户家庭劳动力的数量可以增大土地经营的规模，产生这一现象的原因是家庭劳动力数量是农户提高生产规模的基础，家庭劳动力越多农户越能够投入更多的劳动力去经营土地。在 1%的置信水平上，农户健康状况对土地经营规模具有正向影响，说明健康状况越好的农户越可能大面积地经营土地，这一结果并不难理解。在 5%的置信水平上，务工对农户土地经营规模具有显著负向影响，这主要是因为出去务工频繁的家庭，土地收入占家庭收入的比例往往较低，农户并不会把主要的生产要素投入到土地经营中，因此，土地产出水平相对更低。在 5%的置信水平上，农户土地流转意愿对土地经营规模具有显著的负向影响，这表明土地流转意愿强烈的农户土地产出往往也更少。

表 3　土地经营规模的中介效应结果

项目	(1)	(2)	(3)	(4)	(5)	(6)
	经营规模	土地产出	经营规模	土地产出	经营规模	土地产出
农地确权	2.453 4*** (0.906 8)	0.154 0** (0.064 2)	2.665 8*** (0.930 0)	0.172 1*** (0.064 6)	2.560 2*** (0.909 7)	0.169 4*** (0.064 2)
经营规模		0.024 2** (0.009 4)		0.023 5** (0.009 2)		0.023 2** (0.009 1)
家庭劳动力	0.951 1*** (0.220 6)	0.112 9*** (0.023 2)	0.867 9*** (0.216 9)	0.108 0*** (0.022 8)	0.863 1*** (0.211 7)	0.106 8*** (0.022 8)
教育程度	0.152 8* (0.085 7)	0.007 5 (0.005 5)	0.115 0* (0.068 5)	0.005 4 (0.005 8)	0.109 6 (0.071 5)	0.004 7 (0.005 9)
性别			−0.620 9 (1.015 4)	−0.033 7 (0.069 5)	0.014 8 (1.100 5)	0.003 9 (0.071 6)
健康状况			1.483 3*** (0.437 2)	0.096 2*** (0.029 4)	1.511 5*** (0.460 6)	0.100 3*** (0.029 7)
务工状况					−2.256 5** (0.925 8)	−0.123 7* (0.066 6)
政策认知					−0.175 0 (0.535 9)	0.002 9 (0.025 8)
土地流转态度					−1.745 9** (0.684 1)	−0.099 8 (0.063 6)
常系数	3.696 1*** (1.103 7)	8.322 4*** (0.103 2)	7.485 7*** (1.515 5)	8.562 9*** (0.137 2)	9.050 4*** (2.483 8)	8.621 4*** (0.154 8)
Sobel 检验	无须检验		无须检验		无须检验	
中介效应	显著		显著		显著	
观测值	1 026	1 026	1 026	1 026	1 026	1 026

2. 单块地块面积的中介效应实证结果分析

表 4 给出了单块地块面积的中介效应估计结果。由表 4 可知，(1)～(6) 列是逐步放入控制变量的估计结果，其中，第 (1)、第 (3) 和第 (5) 列是农地确权对单块地块面积的实证结果，第 (2)、第 (4) 和第 (6) 列是农地确权和单块地块面积对土地产出的回归结果。由第 (1)、第 (3) 和第 (5) 列的结果可以发现，在 10%的置信水平上，农地确权对单块地块面积具有显著影响，可以继续检验。由表 4 中第 (2)、第 (4) 和第 (6) 列可知，单块地块面积和农地确权对土地产出均具有显著影响，表明单块地块面积的中介效应显著，即存在"农地确权——单块地块面积——土地产出"的传导路径。

由表 4 中第 (1)、第 (3) 和第 (5) 列可知，农地确权对单块地块面积影响的系数值分别是 0.494 8、0.563 4 和 0.505 5，至少在 10%的置信水平上显著，表明农地确权对土地细碎化具有显著正向作用效果，这说明农地确权会进一步强化农户的土地权属意识，有利于农户串联与互换地块，从而降低农户经营耕地的细碎化程度，扩大单块土地的经营面积。由表 4 中第 (2)、第 (4) 和第 (6) 列可知，在 1%的置信水平上，单块地块面积对土地产出具有显著正向影响，这表明提高单块地块的面积有利于提高农户的土地产出水平，这不难理解，农户减少地块数量，有利于农地连成片，降低农户地块的细碎化程度，促进土地的规模经营，这可以直接提高农户的生产经营效率，从而增大土地产出。综上，根据中介效应检验程序对回归系数的要求，单块地块面积的中介效应显著，即存在"农地确权——单块土地面积增大——土地产出增加"的传导路径，表明农地确权有利于缓解土地的碎片化问题，提高农户经营土地的集约化效率，从而提高土地产出水平。因此，基本研究假设 3 得到验证。

本文利用基准回归结果第 (5) 列分析控制变量对单个地块土地面积的影响。在 5%的置信水平上，家庭劳动力对农户单块地块面积具有显著正向影响，表明家庭劳动力越多的农户越可能通过土地合并或互换来增大单块土地的经营面积。在 1%的置信水平上，农户健康状况对单块土地面积具有显著正向影响，表明农户身体越健康越可能增加单块土地的经营面积。在 10%的置信水平上，受教育年限对单块土地面积具有显著正向影响，受教育年限越长的农户，个人文化素养越高，越懂得通过合理途径扩大单块土地的经营面积。在 1%的置信水平上，务工会显著抑制单块地块面积的增加。在 1%的置信水平上，农户土地流转意愿对单块土地经营面积具有负向影响，表明流转意愿越强的农户越不可能增大单块土地的经营面积。

表 4　单块地块经营面积的中介效应结果

项目	(1)	(2)	(3)	(4)	(5)	(6)
	单块地块面积	土地产出	单块地块面积	土地产出	单块地块面积	土地产出
农地确权	0.494 8*	0.165 4**	0.563 4**	0.181 8***	0.505 5*	0.182 6***
	(0.262 8)	(0.064 2)	(0.266 9)	(0.064 1)	(0.262 2)	(0.063 6)
单块地块面积		0.097 6***		0.094 7***		0.093 0***
		(0.013 9)		(0.013 7)		(0.013 6)
家庭劳动力	0.239 0***	0.117 7***	0.210 8**	0.113 2***	0.203 9**	0.112 6***
	(0.088 0)	(0.022 3)	(0.088 7)	(0.022 1)	(0.088 0)	(0.022 1)
教育程度	0.062 9*	0.005 6	0.053 2*	0.003 7	0.051 6*	0.003 4
	(0.033 3)	(0.005 4)	(0.029 4)	(0.005 8)	(0.030 9)	(0.005 9)
性别			−0.346 0	−0.023 9	−0.144 8	0.015 1
			(0.312 7)	(0.070 3)	(0.314 3)	(0.072 8)

（续）

项目	(1)	(2)	(3)	(4)	(5)	(6)
	单块地块面积	土地产出	单块地块面积	土地产出	单块地块面积	土地产出
健康状况			0.456 8***	0.089 3***	0.456 8***	0.093 0***
			(0.114 6)	(0.028 3)	(0.117 8)	(0.028 8)
务工状况					−0.698 3***	−0.113 3*
					(0.238 8)	(0.067 1)
政策认知					−0.075 9	0.007 9
					(0.123 8)	(0.025 8)
土地流转态度					−0.782 2***	−0.106 2
					(0.229 3)	(0.064 8)
常系数	1.915 5***	8.217 9***	3.182 5***	8.440 8***	3.831 5***	8.480 1***
	(0.375 1)	(0.097 1)	(0.575 2)	(0.123 5)	(0.812 8)	(0.150 4)
Sobel 检验	无须检验		无须检验		无须检验	
中介效应	显著		显著		显著	
观测值	1 026	1 026	1 026	1 026	1 026	1 026

注：***、**、*分别表示在1%、5%、10%的统计水平上显著；括号内的数值为标准误。

六、结论与政策建议

本文利用对中国黄淮海农区6省18县（市、区）1 026个农户的调查数据，运用中介效应模型实证考察了农地确权与农地产出的关系，研究结果表明：农地确权对农户土地产出具有显著的正向影响，这说明农地确权会提高农户经营耕地的积极性，从而提高土地产出水平；土地经营规模的中介效应显著，即存在“农地确权——土地经营规模——土地产出”的传导路径，说明农地确权可以通过提高农户的土地经营规模促进土地产出；农地确权对单块土地面积具有正向影响，单块地块面积对土地产出具有显著正向影响，这表明提高单块地块的面积有利于降低农地细碎化程度，促进土地的规模经营，这可以直接提高农户的生产经营效率，从而提高土地产出水平。

根据本文研究结论，提出以下政策建议：一是在当前全国范围内组织开展的承包地确权登记颁证“回头看”工作中，尽快明确“互换并地”后多出的土地面积的确权定性问题，将“互换并地”作为解决暂缓确权等遗留问题的重要政策工具。二是在明晰农户承包地产权关系的基础上，适当保留村集体经济组织的农地调整权和监督权，进一步促进土地要素活化，促进农地规模经营。三是适当调整对于土地集中型规模经营的支持方向，鼓励农户积极参与土地整理，在土地流转过程中促进土地适度集中，缓解土地细碎化问题。四是进一步精准核查纠错，将数据质量控制贯穿确权工作整改全过程，创新确权成果应用形式。

参　考　文　献

程令国，张晔，刘志彪，2016. 农地确权促进了中国农村土地的流转吗？[J]. 管理世界（1）：88-98.

高强，徐雪高，2017. 农业供给侧结构性改革背景下的农地确权 [J]. 理论探索（3）：11-17.

韩家彬，张书凤，刘淑云，等，2018. 土地确权、土地投资与农户土地规模经营——基于不完全契约视角的研究 [J]. 资源科学，40（10）：2015-2028.

何秀荣，2016. 关于我国农业经营规模的思考 [J]. 农业经济问题，37 (9)：4 - 15.

贺雪峰，2014. 农村土地确权应当慎行 [J]. 决策 (7)：16.

胡凌啸，2018. 中国农业规模经营的现实图谱："土地＋服务"的二元规模化 [J]. 农业经济问题 (11)：20 - 28.

胡同泽，王晓辉，2007. 农村人口流动对土地规模经营的影响与对策——对重庆市 12 个镇的调查与分析 [J]. 经济纵横 (11)：43 - 45.

胡新艳，朱文珏，罗必良，2016. 产权细分、分工深化与农业服务规模经营 [J]. 天津社会科学 (4)：93 - 98.

黄祖辉，王朋，2008. 农村土地流转：现状、问题及对策——兼论土地流转对现代农业发展的影响 [J]. 浙江大学学报（人文社会科学版）(2)：38 - 47.

李博伟，张士云，2014. 种粮大户土地规模经营影响因素实证研究 [J]. 山西农业大学学报（社会科学版），13 (1)：69 - 74.

林毅夫，1992. 制度，技术与中国农业发展 [M]. 上海：上海三联书店.

刘凤芹，2006. 农业土地规模经营的条件与效果研究：以东北农村为例 [J]. 管理世界 (9)：71 - 79.

刘恺，罗明忠，2018. 农地确权、集体产权权能弱化及其影响——基于细碎化情景的讨论 [J]. 经济经纬，35 (6)：44 - 50.

刘莹，黄季焜，2010. 农户多目标种植决策模型与目标权重的估计 [J]. 经济研究 (4)：148 - 157.

罗必良，2000. 农地经营规模的效率决定 [J]. 中国农村观察 (5)：18 - 24.

任治君，1995. 中国农业规模经营的制约 [J]. 经济研究 (6)：54 - 58.

温忠麟，张雷，侯杰泰，等，2004. 中介效应检验程序及其应用 [J]. 心理学报，36 (5)：614 - 620.

许月明，2006. 土地规模经营制约因素分析 [J]. 农业经济问题 (9)：13 - 17.

钟文晶、罗必良，2013. 禀赋效应、产权强度与农地流转抑制——基于广东省的实证分析 [J]. 农业经济问题 (3)：6 - 16.

Deininger K，Jin S，2008. Land sales and rental markets in transition：Evidence from rural vietnam [J]. Oxford Bulletin of Economics and Statistics，70 (1)：67 - 101.

Zhou Y，Chand S，2013. Regression and matching estimates of the effects of the land certification program on rural household income in China [J]. Academic Journal of Interdisciplinary Studies，2 (8)：350 - 359.

农业补贴与农村家庭非农创业*

——基于中国家庭金融调查（CHFS）数据的实证分析

缪书超　钱　龙　宋　亮

（南京财经大学粮食安全与战略研究中心）

摘要：利用中国家庭金融调查（CHFS）2013 年和 2015 年两轮调查数据，本文分析了农业补贴对农村家庭非农创业决策的影响及作用机制。研究发现：农业补贴对家庭非农创业有显著的抑制作用。并且，相比“雇佣他人”型家庭非农创业，农业补贴对“包含自雇”型家庭非农创业抑制作用更为明显。在考虑了内生性问题后，农业补贴对家庭非农创业的负向影响仍具有稳健性。实证结果表明，农村家庭获得农业补贴金额每增加 1%，选择非农创业的概率会降低 6.42%。分样本结果表明，农业补贴对中青年家庭和粮食主产区家庭非农创业的负向影响更为明显。机制分析表明，农业补贴对家庭非农创业影响的作用机制主要是通过抑制土地流出和家庭非农就业，促进土地经营规模扩大，从而改变了家庭的农业生产决策，降低了家庭选择非农创业的概率。

关键词：农业补贴；非农创业；土地流转

一、引　言

创业是推动一国经济可持续增长的重要源泉，是决定我国经济能否成功转型的关键。创业能够通过创新促进技术进步、带动就业和增加社会流动性，进而推动经济长足发展（Michelacci C. et al.，2003；赖德胜等，2009）。特别是农村地区，创业能够促进劳动力转移，缩小城乡发展差距，增添农村经济发展的内生动力（李雯等，2016）。近年来，政府高度重视农村创业问题，出台了多类政策鼓励农村创业。2015 年政府工作报告提出“大众创业，万众创新”。2016 年，国务院下发《关于支持返乡下乡人员创业创新促进农村一二三产业融合发展的意见》①，2018 年，国务院下发《关于推动创新创业高质量发展打造“双创”升级版的意见》②。因此，在当前“鼓励创业、推动创新”的时代背景下，对促进农村经济发展的非农创业及其影响因素进行研究有着重要的理论和现实意义。

农业补贴是影响农村家庭决策行为的重要因素（李江一，2016）。自 2004 年农业补贴全面实施

* 基金项目：国家自然科学基金青年项目“农地确权、调整经历与农户耕地质量保护行为：机理与实证”（编号：71803077）；国家自然科学基金面上项目“家庭农场创业代际传递：弹性测度、内在机理及匹配效应”（编号：71773045）；教育部人文社科青年基金“农地确权对农户土壤保护性投资行为的影响研究：作用机制及调整经历的调节效应”（编号：18YJC90128）；江苏省研究生科研与实践创新计划项目（编号：KYCX18_1279）。

① 资料来源：http：//www.gov.cn/zhengce/content/2016－11/29/content_5139457.htm。

② 资料来源：http：//www.gov.cn/zhengce/content/2018－09/26/content_5325472.htm。

以来，农业补贴效应研究一直是学术界的研究热点。已有大量文献探讨了农业补贴对农业生产、农民收入、土地流转、农户非农就业和环境保护等方面的影响，但是农业补贴对于家庭非农创业的影响却少有学者关注。创业是一项需要投入时间、精力，需要承担风险的艰巨而复杂的综合活动。然而，就理论推断而言，农业补贴似乎对家庭非农创业有不利的影响。一方面，农业补贴改变了农户的农业生产经营预期，农户会选择扩大生产规模，流入更多的土地。经营规模越大意味着农户必将投入更多时间到农业生产上，不利于农户将精力投入到可能的创业筹备中去（刘颖等，2014；张莉琴等，2019）。另一方面，按土地面积发放的农业补贴可以算作农户土地生产的劳动收入，意味着农业补贴增加了农业劳动的边际收益，农户可能会将农业生产作为就业选择，不利于农户外出非农就业进而发现创业机会和积累原始创业资本（Femenia et al.，2010；徐超等，2017）。但是现有的文献中，大多忽略了农业补贴对于农村家庭非农创业的影响，多数关注于金融、互联网、社会网络等因素对创业的影响（张龙耀等，2013；周洋等，2017；胡金焱等，2014）。为此，本文将探索农业补贴如何影响农村家庭的非农创业，对本领域的研究予以拓展。

本文利用中国家庭金融调查（CHFS）2013年和2015年两轮调查数据，研究农业补贴对农村家庭非农创业的影响。不同于以往的研究，本文的主要贡献在于：①分析了当前在农村较为普遍但是补贴金额有差异的农业补贴对家庭非农创业决策的影响，得到了农业补贴会抑制非农创业的证据，完善了选择非农创业的影响因素相关理论。②本文构建了两种不同口径的家庭创业指标，划分了不同年龄组并按是否粮食主产区进行分组，分析农业补贴对家庭非农创业决策的影响，有助于政策制定者实施有针对性的创业扶持政策和改善农业补贴政策。③本文探索了农业补贴影响家庭非农创业的作用机制，主要是通过抑制土地流出和家庭非农就业，促进土地经营规模扩大，从而改变了家庭的农业生产决策，降低了家庭选择非农创业的概率。

本文其余部分安排如下：第二部分为文献回顾与研究假说；第三部分对本文的数据来源、变量选取以及模型设定进行了说明；第四部分是农业补贴对家庭非农创业的影响实证分析；第五部分为农业补贴对家庭非农创业的影响作用机制验证；第六部分为结论与政策启示。

二、文献回顾与研究假说

农村家庭的农业经营与非农就业选择，取决于非农就业与农业经营预期收益的比较，当农村家庭的非农就业预期收益大于农业经营时，农村家庭更倾向于进行非农就业，反之亦然。农业补贴①作为对农民的一项转移支付资金，可避免农民因自然灾害或价格波动而减少收入，提高农民从事农业经营的收益（Hennessy et al.，1998；王欧等，2014）。由此，农业补贴在一定程度上通过提高农民从事农业经营的比较收益，抑制了农民非农就业的资源投入（Islam et al.，2014；周静等，2019）。这一观点也得到了相关实证研究的证实，陆文聪等（2011）基于安徽省农户实际调研发现，粮食直接补贴从每亩60元提高到100元，每年将减少农民约6天的非农就业时间。吴连翠等（2012）研究发现，随着国家粮食补贴资金投入力度加大，农民将更多的精力分配到农业生产上，减少了非农劳动时间。但是，鲜有研究关注农业补贴对农户非农创业的影响，仅有韦吉飞等（2009）在研究中提到非农就业与非农创业的关系，认为非农就业为非农创业提供了经济和社会基础，当非农就业得到抑制时，会间接影响农户的非农创业活动。

通过对农业补贴和创业理论相关文献的梳理发现，农业补贴对于家庭非农创业有着复杂的影

① 本文的农业补贴主要是指政府为支持农业生产经营直接补贴给农户的货币和实物补贴，不含退耕还林、还草补贴。

响。第一，通过抑制土地流出削弱农户非农创业意愿。农业补贴增加了农业经营的收入（霍增辉等，2015；童馨乐等，2019），从而增加了农户放弃农业生产从事非农创业的机会成本。农户不愿意流出土地，选择以农业收入作为生计来源，降低了农户非农创业意愿。第二，通过促进土地流入和扩大土地经营规模减少家庭非农创业投入。农业补贴增加了农业生产经营的预期收益，促进农户流入土地和扩大经营规模，促进农户将更多的资源配置到农业生产中去（宋亮等，2019）。然而创业活动是对人力资源、物质资源要求非常高的经济活动，更多资源配置到农业经营中，就降低了人力资源、物质资源投入到非农创业中的概率（陈宗胜等，2006），从而抑制了非农创业。第三，通过抑制非农就业减少非农创业机会识别。按土地面积发放的农业补贴增加了农户农业劳动的边际收益，农户会选择将更多的精力投入到农业生产中，阻碍了农户外出劳动以及非农就业（吕炜等，2015）。非农就业的减少，减少了农户对非农专业技能的学习、对非农创业机会的识别以及原始创业资本的积累，从而减少了农户的非农创业行为。通过总结以上几种机制，可以发现农业补贴对农户非农创业的整体影响可能是负向的。

基于此，提出研究假说 H1：农业补贴对家庭非农创业有显著的负向影响。

但是，由于当前国内农户的差异较大，农业补贴对农户非农创业的作用机制可能会受到农户异质性的影响。随着城镇化的推进，土地对于户主不同年龄的农村家庭重要性差异较大。当预期农业补贴下的种地收益能够超过非农收入，农村家庭可能选择以农业生产为生，否则选择非农就业或创业。对户主年轻的农村家庭，种地不再是其重要的选择，但是对于户主年迈的农村家庭而言，受制于文化水平、身体健康等因素，多数无法从事非农工作（钱龙，2018），无论农业补贴如何变化，农业都是其重要的收入来源，都只能选择从事农业生产。由此本文推断，与户主年迈的农村家庭相比，农业补贴对户主年轻的农村家庭非农创业抑制更为显著。

另外，与非粮食主产区相比，粮食主产区的资源禀赋水平、物质装备水平和粮食产出能力均高于非粮食主产区（辛岭等，2018），且国家的农业补贴有意向粮食主产区倾斜，主产区的粮食补贴金额和农业支持的平均水平高于非主产区（Li 等，2018），农户受农业补贴的影响可能更大。因此本文推断，与非粮食主产区相比，农业补贴对粮食主产区农村家庭非农创业抑制作用将更为明显。

根据以上分析，提出以下两个有待检验的假说：

H2：与户主为老年人的农村家庭相比，农业补贴对户主年轻的农村家庭非农创业抑制更为明显。

H3：由于粮食主产区相比非粮食主产区有更多的农业生产优势，农业补贴对粮食主产区农村家庭非农创业抑制更为明显。

三、数据来源、变量选取与模型设定

（一）数据来源

本文的数据主要来自西南财经大学于 2013 年和 2015 年进行的两轮中国家庭金融调查（CHFS）。2013 年调查了全国除西藏、新疆和港澳台地区外的 29 个省份的 28 143 户家庭，样本覆盖面较广，具有很好的代表性。2015 年在 2013 年的基础上成功追访了 16 022 户家庭。该数据库信息涉及面较宽，为本文分析农业补贴对家庭非农创业的影响提供了良好的数据支持。鉴于当前农村地区农民的年龄分布结构，在研究中将户主的年龄控制在 20～80 岁。由于农业补贴主要在农村地区实施，故剔除了所有的城镇家庭，最终获得 2015 年追访 2013 年成功的有效样本 3 986 个。

（二）变量选取

（1）非农创业。本文主要研究农村地区农业补贴对家庭非农创业决策的影响。根据周广肃等（2015）对创业的定义方法，本文基于2015年问卷中受访者家庭是否从事工商业及雇佣员工的情况，构建了“包含自雇”型和“雇佣他人”型两种不同口径的家庭非农创业指标。CHFS问卷中询问了家庭是否从事工商业经营，本文将回答“是”的取值为1，回答“否”的取值为0，以此作为宽口径的创业变量。然而，严格来讲，仅为“自雇”并不完全等同于创业，这种类型往往属于非正规经济体系。因此，基于受访者回答的家庭雇佣员工情况，本文将家庭雇佣员工数大于或等于1的家庭取值为1，将雇佣员工数为0的家庭取值为0，以此作为窄口径的创业变量。

（2）农业补贴。在CHFS问卷中，设计了“去年，您家从事农业生产经营是否获得了补贴”问题，对于回答“是”的家庭，继续追问获得补贴的货币金额是多少和实物补贴折价为货币是多少。2015年全国的农业补贴金额由2003年的106亿元增加到了1 682.4亿元，增加了约15倍①。在这样的背景下，选择分析农业补贴的强度对农村家庭的影响更具有现实意义。因此，本文选取家庭获得的农业补贴货币金额和实物补贴折价金额的总和作为农业补贴变量。

（3）土地流转。为了考察农业补贴对家庭非农创业决策的作用机制，本文选取了“您家耕地的经营权是否流转给他人”和“您家是否转入耕地”来分别构建“土地流出”和“土地流入”变量，同时引入“家庭土地经营规模”变量，用以衡量土地及土地流转是否影响家庭非农创业决策。

（4）非农就业。进一步地，为了考察农业补贴是否通过作用非农就业影响家庭非农创业，本文还构建了“家庭成员非农就业率”变量。

（5）其他控制变量。为了控制家庭间的异质性，参照现有研究家庭非农创业的文献（胡金焱等，2014；周洋等，2017），本文加入了个体层面和其他层面的控制变量。个体层面的变量主要包括年龄、性别、受教育程度、是否党员、健康水平、是否上过经济类课程以及风险偏好等户主的个体特征。另外还加入了家庭人口规模、是否东部地区、是否西部地区、是否粮食主产区等家庭特征和地区特征变量。进行内生性分析时还加入了土地是否确权、土地是否被征用、家庭粮食产量、户主年龄的平方等控制变量。

表1汇总了所有变量的定义与描述性统计。可以发现，受访者当中宽口径家庭非农创业占全部样本的比例为9.5%；窄口径家庭非农创业占全部样本的比例为1.5%，占宽口径家庭非农创业的16.05%。也就是说，在当前农村非农创业的家庭中，大多数采用“自雇”的非正规创业模式，反映了当前的农村非农创业以生存型为主导。

表1　变量定义及描述性统计

变量	定　义	均值	标准差	最小值	最大值
被解释变量					
entre	是否“宽口径”创业（“包含自雇”型家庭非农创业）：是＝1；否＝0	0.095	0.294	0	1
employee	是否“窄口径”创业（“雇佣他人”型家庭非农创业）：是＝1；否＝0	0.015	0.123	0	1

① 数据来源于财政部网站，http：//yss.mof.gov.cn/2015js/201607/t20160720_2365732.html。

（续）

变量	定　义	均值	标准差	最小值	最大值
核心变量					
subsidy	2015 年农业补贴金额（元）	426.3	1 004.7	0	32 000
控制变量					
gender	性别：男性=1；女性=0	0.886	0.318	0	1
age	年龄（岁）	54.162	11.293	20	80
edu	受教育程度：没上过小学=1；小学=2；初中=3；高中=4；中专/职高=5；大专/高职=6；大学本科=7；硕士研究生=8；博士研究生=9	2.560	0.948	1	7
health	身体健康水平：非常好=1；好=2；一般=3；不好=4；非常不好=5	2.850	0.987	1	5
party	是否是党员：是=1；否=0	0.110	0.313	0	1
economics	是否上过经济类培训课程：是=1；否=0	0.021	0.142	0	1
risk	风险厌恶：高风险=1；略高风险=2；一般=3；略低风险=4；不愿承担风险=5	4.229	1.134	1	5
hhsize	家庭人口规模（人）	4.316	1.859	1	19
region_e	是否东部地区：是=1；否=0	0.305	0.460	0	1
region_w	是否西部地区：是=1；否=0	0.357	0.479	0	1
grainmain	是否粮食主产区：是=1；否=0	0.468	0.499	0	1
landexpro	土地是否被征收：是=1；否=0	0.075	0.263	0	1
registration	土地是否确权：是=1；否=0	0.466	0.499	0	1
yield	粮食总产量（千克）	2 658.2	9 108.7	0	212 500
土地流转与非农就业					
landout	土地是否流出：是=1；否=0	0.146	0.353	0	1
landin	土地是否流入：是=1；否=0	0.156	0.363	0	1
landarea	家庭土地经营规模（亩）	8.445	13.205	0.1	360
nofarm	家庭成员非农就业率	0.585	0.305	0	1
工具变量					
*subsidy*2013	2013 年农业补贴金额（元）	458.4	1 067.8	0	47 000

（三）模型设定

为了考察农业补贴对家庭非农创业的影响，本文构建了如下基准模型：

$$entrepreneur_i = \beta_0 + \beta_1 subsidy_i + \beta_2 control_i + \varepsilon_i \tag{1}$$

式（1）中，$entrepreneur_i$ 代表宽口径家庭非农创业（*entre*）和窄口径家庭非农创业（*employee*），是表示家庭 i 是否选择创业的虚拟变量。$subsidy_i$ 为家庭 i 获得的农业补贴变量，β_1 表示回归系数，衡量农业补贴对家庭非农创业决策的影响。$control_i$ 是控制变量，β_2 表示控制变量的回归系数，ε_i 是随机干扰项。

四、农业补贴对家庭非农创业的影响实证分析

（一）描述性证据

本文首先对农业补贴与家庭非农创业作了描述性分析，结果如表2所示，在宽口径的非农创业家庭中，获得农业补贴越少的家庭选择非农创业的概率越大。具体而言，获得农业补贴少于300元和获得农业补贴300～600元的家庭中，分别有13.41%和10.22%的家庭选择非农创业，相比获得补贴高于600元的家庭创业概率提升了58.14%和20.52%。在窄口径的非农创业家庭中，也表现为获得农业补贴越少的家庭选择非农创业的概率越大，其中获得补贴少于300元的家庭相比获得补贴高于600元的家庭创业概率提升了113.0%。因此，本文初步推断，农业补贴对家庭非农创业可能有负面影响。接下来本文将采用计量模型做进一步检验。

表2　家庭获得农业补贴与选择非农创业的描述性分析

单位：%

创业概率	补贴＜300元	300元≤补贴＜600元	600元≤补贴＜1 000元	1 000元≤补贴
家庭创业	13.41	10.22	6.80	1.68
雇佣他人	1.96	1.60	0.56	0.36

（二）基准模型分析

本文使用Probit模型进行了回归估计。表3给出了农业补贴对家庭非农创业的影响估计结果。模型1、模型2、模型3都是以宽口径家庭非农创业为解释变量的回归结果，模型1仅将关键变量农业补贴引入基准模型，模型2是在模型1的基础上增加了户主的个人特征变量，模型3是在模型2的基础上增加了其他层面的控制变量。

通过观察回归结果，不难发现农业补贴对家庭非农创业的影响及显著性是稳定的，始终在1%的水平上显著，且影响方向为负，表明获得农业补贴越多的家庭，选择非农创业的概率越低。就边际效应而言，获得农业补贴金额增加1%，家庭选择非农创业的概率会降低6.42%。因此，研究假说H1得到验证。

表3　农业补贴对家庭非农创业的影响

项目	宽口径创业			窄口径创业		
	模型1	模型2	模型3	模型4	模型5	模型6
subsidy	−0.062 1***	−0.066 2***	−0.064 2***	−0.045 0***	−0.048 9***	−0.043 1**
	(0.008 4)	(0.008 6)	(0.009 0)	(0.015 8)	(0.016 5)	(0.016 9)
gender		0.0383	0.020 3		0.048 8	0.075 6
		(0.095 6)	(0.096 7)		(0.190 0)	(0.194 0)
age		−0.010 7***	−0.009 4***		−0.015 4***	−0.015 9***
		(0.002 7)	(0.002 8)		(0.005 3)	(0.005 3)
edu		0.055 0*	0.050 3		0.113 1**	0.104 9*
		(0.032 0)	(0.032 4)		(0.055 7)	(0.056 7)
health		−0.158 2***	−0.153 7***		−0.134 2**	−0.117 5**
		(0.030 1)	(0.030 8)		(0.057 6)	(0.058 7)

（续）

项目	宽口径创业			窄口径创业		
	模型 1	模型 2	模型 3	模型 4	模型 5	模型 6
party		0.159 7* (0.091 0)	0.164 2* (0.091 6)		0.068 9 (0.167 1)	0.068 1 (0.168 3)
economics		0.387 1** (0.168 5)	0.373 0** (0.168 8)		0.441 6* (0.248 2)	0.454 0* (0.249 2)
risk		−0.044 6* (0.024 8)	−0.036 5 (0.025 1)		−0.043 6 (0.045 2)	−0.049 4 (0.045 7)
hhsize			0.084 5*** (0.015 3)			0.001 5 (0.031 5)
region_e			0.091 6 (0.080 5)			0.232 2 (0.148)
region_w			−0.000 8 (0.085 5)			−0.045 4 (0.168 8)
grainmain			0.008 2 (0.069 8)			−0.021 8 (0.128 0)
Constant	−1.141 8*** (0.032 7)	−0.155 8 (0.223 1)	−0.665 9*** (0.255 3)	−2.045 2*** (0.059 0)	−1.088 0*** (0.411 0)	−1.174 0** (0.481 7)
观测值	3 986	3 986	3 986	3 986	3 986	3 986

注：括号内是标准误；*、**和***依次代表估计系数在10%、5%和1%水平上显著。

控制变量方面，是否党员、是否上过经济类课程和家庭人口规模对家庭非农创业具有显著的正向影响。党员家庭更容易选择非农创业，这与李树等（2018）的研究结论相反，这可能是因为相对于其他群体，农村地区的党员更容易接受新思想，发挥党员先进性，因而选择非农创业的概率较大。上过经济类课程的户主更容易选择非农创业，可能因为上过经济类培训课程的户主更容易把握创业方向，能够做出创业决策，进而更利于进行非农创业。家庭人口规模越大的家庭选择非农创业的概率越大，这与胡金焱等（2014）的研究结果一致。家庭人口越多，拥有的资源越多，能够用于创业的资源会增加，从而有利于家庭进行非农创业。在其他控制变量中，年龄、身体状况对家庭选择非农创业具有显著的负向影响。户主越年轻家庭选择非农创业的概率越大，说明在农村创业中，多以年轻人回乡创业为主，户主年龄大的家庭较多以务农为生。户主身体越健康，选择非农创业的概率越大。

为了检验假说1的稳健性，在模型4、模型5和模型6中分别给出了窄口径家庭非农创业回归结果。与模型1～模型3的回归结果相似，农业补贴均在1%水平下显著为负，说明农业补贴对窄口径的家庭非农创业也具有显著负向影响，假说H1再次得到验证。且相比宽口径家庭非农创业，农业补贴对窄口径家庭非农创业影响更小。这主要是因为，一般而言有雇员的非农创业规模相对更大，雇主会更关心创业带来的效益，农业补贴对其影响则相对较小。

（三）内生性检验

基准模型中可能因为遗漏变量和反向因果关系而产生内生性的问题。一方面，家庭是否创业还可能受到其他因素的影响，比如文化习俗、地区政策等一些不可观测的变量。另一方面，家庭是否创业也会影响获得补贴的多少，例如，政府会把更多的惠农补贴给已经创业的家庭，这些家庭会因此得到更多的农业补贴。为了尽可能规避内生性问题，本文参考李涛等（2017）的做法，选择这些受访家庭在 2013 年 CHFS 调查中所给出的农业补贴金额作为工具变量。其逻辑是，2013 年家庭获得的农业补贴会影响 2015 年家庭获得的农业补贴，但是 2013 年的农业补贴对于 2015 年家庭非农创业具有较强的外生性。另外，本文还加入了“土地是否确权”“土地是否被征用”“家庭粮食产量”“户主年龄的平方”等控制变量，以尽可能减少遗漏变量所带来的估计误差。本文使用了 IV - Probit 模型对宽口径和窄口径家庭非农创业分别进行了分析。

表 4 报告了工具变量回归估计结果。可以看出以 2013 年农业补贴作为解释变量，第一阶段回归的系数都在 1%水平上显著为正，这表明 2013 年家庭获得的农业补贴对 2015 年有正向的影响，说明工具变量具有很强的相关性。第一阶段的 F 值皆为 45.28，大于 10%偏误下的临界值 16.38（Andrews 等，2005），说明工具变量不存在弱工具变量问题。Wald 外生性检验拒绝了农业补贴不存在内生性的原假设，这表明工具变量回归结果与原结果存在显著差异。在纠正了内生性后农业补贴对宽口径和窄口径家庭非农创业依然至少在 5%水平上显著为负，这进一步说明农业补贴对于家庭非农创业有显著的负向影响，假说 H1 是稳健可信的。

表 4　农业补贴对家庭非农创业的影响：工具变量回归

项目	宽口径创业	窄口径创业
*subsidy*2013	0.209 6***	0.209 6***
	(0.014 3)	(0.014 3)
subsidy	−0.137 8***	−0.137 9**
	(0.032 1)	(0.069 7)
控制变量	YES	YES
第一阶段 F 值	45.28	45.28
观测值	3 986	3 986

注：括号内是标准误；*、** 和 *** 依次代表估计系数在 10%、5%和 1%水平上显著；为了节省篇幅，只报告了核心解释变量的回归结果。

（四）年龄分组样本

根据样本年龄分布情况，参照钱龙（2018）和 Chang 等（2011）的研究，本文将户主 50 岁以下的家庭定义为中青年农户家庭，将户主 50 岁以上的家庭定义为老年农户家庭。表 5 汇报了以户主 50 岁作为分组标准线的回归结果。从表 5 的模型 7 和模型 8 可以看出，对于中青年家庭来讲，无论是宽口径还是窄口径的家庭非农创业，农业补贴都对其产生了负向影响。对于窄口径的家庭非农创业，农业补贴的系数为−0.045 2，且仅在 10%水平上显著，对比可知农业补贴对于宽口径的家庭非农创业影响更大。从模型 9 和模型 10 中可以看出，对于老年农户家庭来讲，农业补贴对宽口径的家庭非农创业也表现出负向影响且在 1%水平下显著。对于窄口径的家庭非农创业，农业补贴的影响不显著，由此可说明，与户主 50 岁以上的老年农户家庭相比，农业补贴更容易负向影响户主 50 岁以下的中青年农户家庭选择宽口径非农创业，因此研究假说 H2 得到验证。

表 5　农业补贴对家庭非农创业的影响：年龄分组结果

项目	户主年龄 50 岁以下家庭		户主年龄 50 岁以上家庭	
	宽口径创业（模型 7）	窄口径创业（模型 8）	宽口径创业（模型 9）	窄口径创业（模型 10）
subsidy	−0.069 8*** (0.013 6)	−0.045 2* (0.024 8)	−0.060 6*** (0.012 1)	−0.037 7 (0.023 5)
gender	−0.136 9 (0.150 1)	0.026 3 (0.280 0)	0.145 2 (0.131 8)	0.158 0 (0.293)
age	0.017 5** (0.008 5)	0.006 7 (0.014 4)	−0.009 2* (0.005 5)	−0.039 2*** (0.013 6)
edu	0.111 8** (0.052 5)	0.168 1** (0.084 2)	0.019 4 (0.043 6)	0.053 3 (0.086 6)
health	−0.201 4*** (0.049 0)	−0.220 8** (0.087 8)	−0.124 6*** (0.040 2)	−0.026 8 (0.083 9)
party	0.220 9 (0.158 2)	0.088 8 (0.263 3)	0.139 1 (0.114 5)	0.092 1 (0.231 2)
economics	0.441 3* (0.256 2)	0.101 6 (0.416 8)	0.258 4 (0.234 9)	0.643 1* (0.330 5)
risk	−0.026 2 (0.037 2)	−0.084 3 (0.062 2)	−0.039 8 (0.034 4)	0.004 8 (0.071 7)
hhsize	0.036 9 (0.030 9)	−0.141 9** (0.065 1)	0.107 9*** (0.017 9)	0.063 6* (0.037 2)
region_e	0.017 6 (0.123 0)	0.215 5 (0.216 1)	0.122 0 (0.109 0)	0.218 3 (0.214 0)
region_w	−0.077 7 (0.131 4)	−0.035 6 (0.244 3)	0.047 9 (0.114 9)	−0.050 7 (0.246 2)
grainmain	0.081 6 (0.108 1)	−0.059 2 (0.183 9)	−0.081 5 (0.094 0)	−0.031 0 (0.189 5)
Constant	−1.455 9*** (0.513 1)	−1.225 4 (0.885 5)	−0.918 2** (0.447 4)	−0.549 0 (0.983 4)
观测值	1 423	1 423	2 563	2 563

注：括号内是标准误；*、** 和 *** 依次代表估计系数在 10%、5%和 1%水平上显著。

（五）是否粮食主产区分组样本

为了考察农业补贴对粮食主产区和非粮食主产区的家庭非农创业的影响是否存在差异，本文将样本分成了粮食主产区群体和非粮食主产区群体两个子样本，分别进行了回归分析。表 6 汇报了粮食主产区样本和非粮食主产区样本的农业补贴对家庭非农创业的影响回归结果。由模型 11 和模型 13 可以发现，对于选择宽口径非农创业的家庭，农业补贴的系数都在 1%水平下显著为负，意味着农业补贴抑制了我国粮食主产区和非粮食主产区家庭非农创业，且与非粮食主产区家庭相比，农业补贴对粮食主产区宽口径家庭非农创业的影响相对更大。因此研究假说 H3 得到验证。从模型 12 和模型 14 结果可以看出，农业补贴对窄口径的家庭非农创业的影响显著为负。这表明，农业补贴对家庭选择“雇佣他人”型的创业的抑制影响普遍存在。另外，从表 6 中还可以看出，相比于粮食主产区窄口径创业，农业补贴对宽口径家庭非农创业的影响明显更大。

表 6　农业补贴对家庭非农创业的影响：是否粮食主产区分组结果

项目	粮食主产区		非粮食主产区	
	宽口径创业（模型 11）	窄口径创业（模型 12）	宽口径创业（模型 13）	窄口径创业（模型 14）
subsidy	−0.073 8***	−0.035 6*	−0.051 1***	−0.056 6*
	(0.012 5)	(0.020 1)	(0.013 0)	(0.031 2)
gender	−0.055 4	0.305 2	0.073 1	−0.037 9
	(0.153 9)	(0.397 0)	(0.125 9)	(0.227 5)
age	−0.018 0***	−0.024 1***	−0.004 0	−0.011 5*
	(0.004 4)	(0.009 0)	(0.003 6)	(0.006 8)
edu	0.084 0*	0.061 0	0.031 5	0.143 8**
	(0.051 0)	(0.095 1)	(0.042 5)	(0.073 3)
health	−0.156 5***	−0.092 1	−0.147 2***	−0.147 9*
	(0.048 4)	(0.092 6)	(0.040 3)	(0.077 7)
party	0.202 8	0.377 8	0.141 2	−0.201 1
	(0.145 8)	(0.246 5)	(0.119 6)	(0.248 9)
economics	0.235 0	0.534 6	0.396 7*	0.471 1
	(0.310 0)	(0.415 7)	(0.203 4)	(0.317 0)
risk	−0.029 6	−0.090 5	−0.040 7	−0.010 2
	(0.040 3)	(0.069 9)	(0.032 4)	(0.062 3)
hhsize	0.102 2***	0.028 2	0.070 3***	−0.016 6
	(0.025 9)	(0.053 7)	(0.019 3)	(0.040 2)
region_e	−0.059 7	0.257 7	0.349 9**	0.376 2
	(0.108 2)	(0.191 0)	(0.149 0)	(0.295 7)
region_w	0.027 9	−0.138 2	0.179 7	0.145 0
	(0.131 2)	(0.303 2)	(0.146 3)	(0.299 0)
Constant	−0.277 4	−0.971 9	−1.096 0***	−1.507 7**
	(0.391 3)	(0.794 3)	(0.343 3)	(0.645 5)
观测值	1 865	1 865	2 121	2 121

注：括号内是标准误；*、** 和 *** 依次代表估计系数在 10%、5%和 1%水平上显著。

五、作用机制验证

前面的实证分析表明，农业补贴确实对于家庭非农创业有负向影响，且在不同户主年龄层家庭和是否粮食主产区家庭之间存在一定的差异，进一步的问题是，农业补贴是如何影响家庭非农创业的？其作用的机制是什么？如前文分析，农业补贴对家庭非农创业影响的作用机制主要是通过抑制土地流出降低了农户非农创业的意愿、促进土地流入和扩大土地经营规模减少了家庭非农创业投入以及抑制非农就业减少了非农创业机会识别等。因此，本文选取了土地流入、土地流出、家庭土地经营规模和非农就业率四个变量来度量农业补贴是否会通过这些因素影响家庭非农创业决策。农业补贴能够在一定程度上改变各种要素的相对价格和收益，改变家庭土地经营决策，对土地流转和家庭非农劳动产生影响。也就是说，无论是土地流转还是家庭非农就业均受到农业补贴的影响。借鉴已有的研究成果，参照温忠麟等（2004）的中介效应检验方法，首先分析农业补贴对中介变量的效应，再分析农业补贴通过中介变量对家庭非农创业的决策影响，以此检验农业补贴影响家庭非农创业的作用机制。

(一) 农业补贴对土地流转和家庭非农就业的影响

为了考察农业补贴对土地流转和家庭非农就业的影响，本文设定了如下的计量模型：

$$landout_i = \partial_0 + \partial_1 subsidy_i + \gamma control_i + \varepsilon_i \tag{2}$$

$$landin_i = \beta_0 + \beta_1 subsidy_i + \gamma control_i + \varepsilon_i \tag{3}$$

$$landarea_i = \phi_0 + \phi_1 subsidy_i + \gamma control_i + \varepsilon_i \tag{4}$$

$$nofarm_i = \eta_0 + \eta_1 subsidy_i + \gamma control_i + \varepsilon_i \tag{5}$$

式（2）～式（5）中，*landout*、*landin*、*landarea*、*nofarm* 分别表示土地流出、土地流入、家庭土地经营规模和家庭成员非农就业率变量，$subsidy_i$ 为家庭 i 获得的农业补贴变量，$control_i$ 是控制变量，包括户主个人特征变量和其他控制变量，∂_1、β_1、ϕ_1、η_1 表示回归系数，衡量农业补贴对土地流转和家庭非农就业的影响。ε_i 是随机干扰项。

对于式（2）和式（3）使用Probit模型进行回归，对于式（4）和式（5）使用Tobit模型进行估计，回归结果见表7。表中模型15给出了农业补贴对家庭土地流出的影响的估计结果。可以看出，农业补贴的估计系数在1%水平下负向显著，即家庭获得农业补贴的金额每增加1%，家庭将土地流转出去的概率将降低1.05%。模型16中，农业补贴在1%的水平下显著为正，说明农业补贴促进了家庭流入土地。究其原因，可能是农业补贴改变了农户的经营预期收益，促使农户流入更多的土地以扩大经营规模，获得规模收益（张莉琴等，2019）。进一步地，模型17也证明了这一点，可以看到，农业补贴对于家庭土地经营规模具有正向的促进作用，并在1%的水平下显著。模型18的估计结果显示，农业补贴对于家庭非农就业率具有负向效应，并在1%水平下显著。农业补贴在一定程度上提高了家庭农业生产的积极性，就减少了非农就业分配的时间，进而降低了家庭成员选择非农就业的概率（吴连翠等，2012）。

表7　农业补贴对土地流转和家庭非农就业的影响

项目	*landout*	*landin*	*landarea*	*nofarm*
	模型15	模型16	模型17	模型18
subsidy	−0.010 5***	0.008 9***	0.152 7***	−0.005 8***
	(0.002 6)	(0.002 0)	(0.029 9)	(0.000 6)
控制变量	YES	YES	YES	YES
观测值	3 986	3 986	3 986	3 986

注：括号内是标准误；*、**和***依次代表估计系数在10%、5%和1%水平上显著；为了节省篇幅，只报告了核心解释变量的回归结果。

(二) 土地流转和家庭非农就业对家庭非农创业的影响

土地流出的家庭由于失去了土地生产要素，转而以非农形式进行就业或创业，因此土地流出提高了其家庭选择非农创业的概率。而对于土地流入的家庭来说，多数家庭希望通过扩大经营规模获得规模化收益，经营规模扩大意味着农户要将更多时间投入到农业生产中，因而降低了非农就业的概率。另外，家庭成员非农就业比例越大，越可能促进家庭选择放弃农业生产，进而提高了家庭选择非农创业的概率。

为了验证土地流出和家庭高非农就业率提高了家庭选择非农创业的概率以及土地流入和大规模经营土地降低了家庭选择非农创业的概率，本文采用如下方程：

$$entrepreneur_i = \partial_0 + \partial_1 landout_i + \partial_2 subsidy_i + \gamma control_i + \varepsilon_i \tag{6}$$

$$entrepreneur_i = \beta_0 + \beta_1 landin_i + \beta_2 subsidy_i + \gamma control_i + \varepsilon_i \tag{7}$$

$$entrepreneur_i = \phi_0 + \phi_1 landarea_i + \phi_2 subsidy_i + \gamma control_i + \varepsilon_i \tag{8}$$

$$entrepreneur_i = \eta_0 + \eta_1 nofarm_i + \eta_2 subsidy_i + \gamma control_i + \varepsilon_i \tag{9}$$

其中，$entrepreneur_i$ 代表宽口径家庭非农创业（*entre*）和窄口径家庭非农创业（*employee*），其余变量与式（2）～式(5）相同。本文对宽口径的家庭非农创业进行了回归分析，结果见表 8①。模型 19 和模型 22 报告了土地流出和家庭成员非农就业率的估计结果，发现变量均在 1%水平上显著为正，即土地流出和家庭高非农就业率能够增大家庭选择非农创业的概率。模型 20 的回归结果显示，土地流入变量没有通过显著性水平检验，表明农业补贴的间接效应不存在。由模型 21 可发现，家庭经营规模变量在 1%水平上显著为负，说明家庭土地经营规模越大，选择非农创业的概率越低，这与冯建喜（2016）的研究结论相同。

结合表 7 和表 8 可以看出，土地转出是一个部分中介变量，即农业补贴不仅直接影响家庭非农创业，而且通过土地转出间接影响家庭非农创业。类似地，土地转入不是一个中介变量，即农业补贴不是通过土地转入来间接影响家庭非农创业。家庭经营规模和非农就业均为部分中介变量，说明农业补贴确实会通过家庭经营规模和非农就业来间接影响创业。

表 8　土地流转和非农就业对宽口径家庭非农创业的影响

项目	Probit			
	模型 19	模型 20	模型 21	模型 22
landout	0.249 1*** (0.076 3)			
landin		−0.102 7 (0.086 9)		
landarea			−0.010 8*** (0.004 1)	
nofarm				0.287 4*** (0.111 6)
subsidy	−0.060 2*** (0.008 9)	−0.062 9*** (0.009 0)	−0.058 4*** (0.009 3)	−0.057 4*** (0.009 1)
控制变量	YES	YES	YES	YES
观测值	3 986	3 986	3 986	3 986

注：括号内是标准误；*、** 和 *** 依次代表估计系数在 10%、5%和 1%水平上显著；为了节省篇幅，只报告了核心解释变量的回归结果。

综上，农业补贴确实会通过土地流转和非农就业对家庭创业产生影响。即农业补贴会通过抑制

① 限于篇幅，仅给出了宽口径家庭非农创业的回归结果，窄口径家庭非农创业的回归结果与宽口径类似。

土地流转和家庭非农就业，促进家庭扩大经营规模，改变家庭的土地经营决策，降低了家庭非农创业的概率。而对于土地流入行为，农业补贴能够促进家庭流入土地，但并不会因此阻碍家庭非农创业。

六、结论与政策启示

农村家庭非农创业是我国农村经济转型和增长的重要引擎。本文运用中国家庭金融调查（CHFS）2013年和2015年的数据，从微观层面实证研究了农业补贴对农村家庭非农创业决策的影响及其作用机制。研究发现，农业补贴对家庭非农创业有显著的抑制作用。并且，相比“雇佣他人”型家庭非农创业，农业补贴对“包含自雇”型家庭非农创业抑制作用更为明显。在考虑了内生性问题后，农业补贴对家庭非农创业的负向影响仍具有稳健性。根据年龄分组分析发现，农业补贴对中青年户主家庭和老年户主家庭非农创业均有显著的负向作用，其中对于中青年户主家庭的负向作用大于老年户主家庭。根据是否粮食主产区分组进行分析发现，农业补贴对粮食主产区及非粮食主产区家庭非农创业有负向的影响，且与非粮食主产区家庭相比，农业补贴对粮食主产区家庭非农创业负向影响更大。进一步分析发现，农业补贴对家庭非农创业影响的作用机制主要是通过抑制土地流出和家庭非农就业，促进土地经营规模扩大，从而改变了家庭的农业生产决策，降低了家庭选择非农创业的概率。

本文的研究结论具有重要的政策启示。一是要对农村家庭创业行为进行有针对性的扶持。在当前乡村振兴的时代背景下，创业是能够带动农村发展的重要助力。政策上应该加强对农村家庭创业的扶持，设立创业类基金进行专项补贴。发挥党员干部在促进家庭创业中的示范作用，加强对户主实用技能和经营管理能力的培训，尤其针对户主年轻的农村家庭，给予创业上的政策引导，激励更多的人参与到创业中去。另外，充分考虑“自雇”型家庭非农创业需求，给予他们更多的关怀与支持。二是实施差异化的农业补贴。由于当前的农业补贴发放对象较为分散，导致补贴的效能较低，不利于非农收入提高，因此，在既保生产又保收入的前提下，应该实施差异化的农业补贴政策。逐步加大对家庭农场、农民合作社的倾斜力度，调动其种粮积极性，增加其收入。以此倒逼小农户更多兼业从事非农劳动，提升非农收入，促进更多农户非农创业。三是加速土地流转，推动非农就业和创业。政府应该重视农户土地流转行为，完善相关配套制度，加快土地有序流转，鼓励和支持土地流向规模大户，释放农村更多剩余劳动力，以推动非农就业和“雇佣他人”型创业。

参　考　文　献

陈宗胜，周云波，任国强，2006. 影响农村三种非农就业途径的主要因素研究——对天津市农村社会的实证分析[J]. 财经研究（5）：4-18.

冯建喜，汤爽爽，杨振山，2016. 农村人口流动中的“人地关系”与迁入地创业行为的影响因素[J]. 地理研究，35（1）：148-162.

胡金焱，张博. 社会网络、民间融资与家庭创业——基于中国城乡差异的实证分析[J]. 金融研究（10）：148-163.

霍增辉，吴海涛，丁士军，2015. 中部地区粮食补贴政策效应及其机制研究——来自湖北农户面板数据的经验证据[J]. 农业经济问题，36（6）：20-29，110.

赖德胜，李长安，2009. 创业带动就业的效应分析及政策选择[J]. 经济学动态（2）：83-87.

李江一，2016. 农业补贴政策效应评估：激励效应与财富效应[J]. 中国农村经济（12）：17-32.

李树，于文超，2018. 农村金融多样性对农民创业影响的作用机制研究[J]. 财经研究，44（1）：4-19.

李涛，朱俊兵，伏霖，2017. 聪明人更愿意创业吗？——来自中国的经验发现［J］. 经济研究，52（3）：91-105.
李雯，张兵，2016. 非正规金融对农村家庭创业的影响机制研究［J］. 经济科学，（2）：93-105.
刘颖，董春玉，2014. 粮食补贴政策对农户非农就业时间的影响分析——基于安徽省天长市的调研数据［J］. 华中农业大学学报（社会科学版）（4）：43-49.
陆文聪，吴连翠，2011. 兼业农民的非农就业行为及其性别差异［J］. 中国农村经济（6）：54-62，81.
吕炜，张晓颖，王伟同，2015. 农机具购置补贴、农业生产效率与农村劳动力转移［J］. 中国农村经济（8）：22-32.
钱龙，2018. 新一轮确权是否必然促进土地流转？——来自浙黔渝三县（市、区）的经验证据［J］. 山西农业大学学报（社会科学版），17（3）：7-14.
宋亮，赵霞，缪书超，2019. 粮食价格支持政策促进还是抑制了土地流转？——基于 CHIP 微观数据的实证分析［J］. 干旱区资源与环境，33（8）：1-7.
童馨乐，潘妍，胡迪，等，2019. 激励抑或阻滞：城乡收入差距对农户异地创业的影响［J］. 学习与实践（5）：12-22.
王欧，杨进，2014. 农业补贴对中国农户粮食生产的影响［J］. 中国农村经济（5）：20-28.
韦吉飞，李录堂，2009. 农村非农活动、农民创业与农村经济变迁——基于 1992—2007 年中国农村的实证分析［J］. 武汉理工大学学报（社会科学版），22（5）：42-48.
吴连翠，柳同音，2012. 粮食补贴政策与农户非农就业行为研究［J］. 中国人口·资源与环境，22（2）：100-106.
辛岭，高睿璞，蒋和平，2018. 我国粮食主产区粮食综合生产能力评价［J］. 中国农业资源与区划，39（9）：37-45.
徐超，吴玲萍，孙文平，2017. 外出务工经历、社会资本与返乡农民工创业——来自 CHIPS 数据的证据［J］. 财经研究，43（12）：30-44.
张莉琴，徐娜，2019. 农业补贴政策对土地流转的影响——基于农村固定观察点 9 省数据的实证研究［J］. 华南理工大学学报（社会科学版），21（2）：14-23.
张龙耀，张海宁，2013. 金融约束与家庭创业——中国的城乡差异［J］. 金融研究（9）：123-135.
周广肃，谢绚丽，李力行，2015. 信任对家庭创业决策的影响及机制探讨［J］. 管理世界（12）：121-129，171.
周静，曾福生，张明霞，2019. 农业补贴类型、农业生产及农户行为的理论分析［J］. 农业技术经济（5）：75-84.
周洋，华语音，2017. 互联网与农村家庭创业——基于 CFPS 数据的实证分析［J］. 农业技术经济（5）：111-119.
Andrews D W K，Stock J H，2005. Testing for weak instruments in linear IV regression ［J］. Social Science Electronic Publishing（5）：80-108.
Chang H，Dong X Y，Macphail F，2011. Labor migration and time use patterns of the left-behind children and elderly in rural china ［J］. World Development，39（12）：2199-2210.
Femenia F，Gohin A，Carpenter A，2010. The decoupling of farm programs：Revisiting the wealth effect ［J］. American Journal of Agricultural Economics（3）：836-848.
Hennessy D A，1998. The production effects of agricultural income support policies under uncertainty ［J］. American Journal of Agricultural Economics（1）：46-47.
Islam A，2014. Do government private subsidies crowd out entrepreneurship? ［J］. European Economic Letters，3（1）：22-25.
Li J，2018. Agricultural subsidies and rural family entrepreneurship-Empirical analysis based on Chinese microdata ［J］. American Journal of Industrial and Business Management，8（4）：963-984.
Michelacci C，2006. Low returns in R&D due to the lack of entrepreneurial skills ［J］. The Economic Journal，113：207-225.

谁更能改善家庭农场非效率投资：补贴还是借贷？

王丽霞

（安徽农业大学经济管理学院）

摘要：本文利用安徽省2011—2016年342个农场组成的1 313个微观调查样本数据，实证比较分析补贴和借贷对农场投资非效率的影响，并基于此进一步考察家庭农场的过度投资和投资不足问题。研究发现：①获取政府补贴能够显著改善家庭农场的投资不足，但无法有效抑制其过度投资行为，相反，政府补贴显著加剧了过度投资行为，从而从总体上使得政府补贴对非效率投资无法表现出显著影响；②借贷不仅能够显著改善家庭农场的投资不足，还能有效抑制其过度投资行为，因此从总体上表现出对非效率投资的抑制作用；③相比政府补贴，借贷对家庭农场投资不足的改善作用更大，对过度投资的抑制作用更显著，从而对非效率投资的净影响更显著，相对数值也更大。基于此，拓宽融资渠道、以贷代补、细化补贴政策、建立长效机制是改善家庭农场非效率投资、促进家庭农场健康发展的重点。

关键词：家庭农场；投资不足；过度投资；补贴；借贷

一、引言与文献综述

农业投资效率的高低决定着农业发展的现实质量和农业未来的可持续程度。随着改革的不断深化，中国农业投资主体结构发生了深刻的变化，包括家庭农场在内的新型农业经营主体日渐成为中国农业投资的中坚力量。家庭农场自2013年首次被写入中央1号文件以来，得到了各级政府的高度关注，其迅猛的发展势头带动了农业投资的迅速增加。农业农村部对全国30个省份54.9万个家庭农场的专项调查显示，2017年各类家庭农场购买农业投入品总值776.8亿元。然而，投资总量的增加并不意味着投资效率的提升，2015—2017年，家庭农场平均投入产出比分别为0.467 4、0.445 0和0.441 0①，不仅未见明显上升，甚至有下降的趋势，表明家庭农场非效率投资行为普遍存在。非效率投资包括投资不足和过度投资。新中国成立以来的工业化发展战略，使得农业发展面临较为严重的资金约束，投资不足被认为是农业发展面临的主要问题，然而调研数据显示，随着近年来农产品交易市场化程度不断提高，部分家庭农场出现了不同程度的过度投资，使得农业投资非效率行为日益复杂和多样化。

随着农业农村改革的不断深入，农业发展偏向性政策日益增多，各层级政府围绕资金约束出台和实施了大量的转移性补贴和贴息贷款政策。这些政策对家庭农场的发展产生了重要的影响。但是当前的研究对政策效果的评价并不一致。多数学者认为政府的补贴政策在不同程度和不同方面促进

① 注：数据来源于农业农村部网站，平均投入产出比为平均投入品总值与平均农产品销售总值之比。

了家庭农场的投资（Hennessy，1998；王娇、肖海峰，2007；钟甫宁等，2008；谭江蓉、乐章，2012；陈飞、翟伟娟，2015；肖卫东等，2013；尹世久等，2018），但随着补贴力度的加大，认为补贴缺乏效率的观点也日渐凸显。邵平和荣兆梓（2015）针对上海松江模式的研究表明，家庭农场的投资经营方式严重依赖于财政支持，缺乏自生性发展能力。尚旭东和朱守银（2015）的研究认为多数大规模农地经营者增加投资的目的在于获得种粮补贴和地方农地流转补贴，因此家庭农场更在意包括国家粮食种植补贴在内的各项补贴的获取，通过扩大土地流转规模和种植面积，获得更多补贴。如此一来，过度投资问题也成为家庭农场投资行为中不容忽视的问题。

除政府补贴外，农村金融市场的发展使得家庭农场通过信贷缓解融资约束成为可能。国内外的多项研究均强调了信贷对家庭农场投资效率提升的积极作用。Aryeetey 和 Udry（1995）、Khandker 和 Faruqee（2003）、Thompson 等（2009）的研究分别从理论和实证层面指出了融资行为能够改善家庭农场的融资约束，提升农场主经营效率，低贷款利率和保险补贴有利于提高家庭农场收入，基于中国发展的实际，认为政府为家庭农场提供的通用性金融支持和金融机构提供的专用性金融支持均能够显著影响家庭农场的培育（汪艳涛等，2015）。然而，尽管农村金融问题得到了广泛的关注和改善，但是国际经验表明，发展中国家的农村金融市场运行效率普遍处于较低水平，正规金融信贷配给问题仍是农村地区面临的重要问题之一（Kochar，1997；Foltz，2004；刘西川、程恩江，2009）。Berger 和 Udell（1998）、吴婷婷和余波（2014）、兰勇等（2015）的研究表明家庭农场具有强烈的融资需求，但现有农场的融资渠道仍以非正规渠道为主（Turvey，2010；王嘉，2016）。

现有研究系统分析了补贴和借贷对家庭农场发展的影响，但研究或从宏观上关注家庭农场数量增长的决定因素，或从微观上关注家庭农场经营行为、效率测度及其影响因素，缺乏对于家庭农场投资效率的测度与分析；同时，针对补贴与借贷对家庭农场发展的影响多以独立研究为主，而对二者作用的对比研究较为有限。然而，投资效率决定着家庭农场的发展质量，补贴和借贷作为家庭农场资金来源的两个重要方面，对家庭农场投资行为起着至关重要的作用，两种方式所产生的投资效果也决定着未来农业政策的走向。因此，为深入比较分析政府补贴和借贷对家庭农场投资效率的影响，本文首先从理论上分析二者对家庭农场投资行为的作用机制；其次，基于安徽省 17 个县（区）342 个农场 1 313 个样本的微观调查面板数据，运用 Biddle 等（2009）的方法测算家庭农场的非效率投资程度；再次，构建互补模型和匹配模型予以实证检验；最后总结全文结论，并提出政策建议。

二、机制分析

融资优序理论指出，考虑到融资成本，企业管理者一般会遵循内源融资、外源融资和股权融资的顺序筹集资金，而家庭农场囿于家庭式经营特征、适度规模特征及其面对的市场特征，融资方式主要以内源融资和外源融资为主。在外源融资中，获取政府补贴和向社会借贷（包括无偿的亲友贷款和有偿的正规或非正规金融市场借贷）是两种重要的融资方式。政府补贴是政府干预经济主体经营的直接且最为常见的手段，尽管补贴具有发展性和阶段性特点，但对于处于发展和变革阶段的中国而言，补贴在农业发展中将持续存在。补贴和借贷对家庭农场非效率投资程度的影响包括其对投资不足和过度投资的影响两个方面。具体作用机制可由图 1 表示。

首先，补贴和借贷均能够从注入现金、减少投资支出两个方面缓解家庭农场的投资不足。一方面，在经典投资理论的假设下，投资者通过对投资项目的选择达到收益最大化，当家庭农场主面临净现金大于零的项目但缺乏足够的资金支持而投资不足时，补贴和借贷均能够及时补充现金流，从

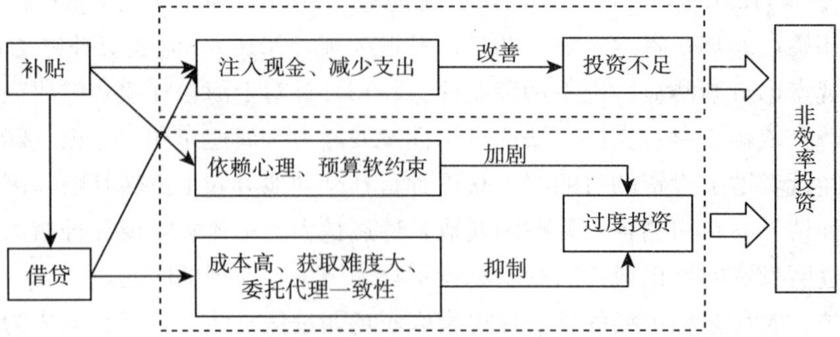

图 1　政府补贴影响家庭农场非效率投资的作用机制

而改善由投资不足造成的非效率投资；另一方面，以农资补贴形式发放的政府补贴能够降低农机具投入成本、减少家庭农场投资支出从而间接增加现金流量。另外，补贴的获取有利于促进家庭农场获取其他形式的融资。家庭农场作为农业生产主体往往因缺乏有效的抵押品和缺乏信用记录而难以从金融市场获得信用贷款，而政府补贴的获取，尤其是非普适性的专项补贴的获取是家庭农场经营能力和发展潜力的重要表征，政府补贴所引起的马太效应（媒体关注、信誉提升、广泛宣传等）往往能够向农产品市场及金融市场传递有效的信号，使得家庭农场更易于从金融机构获得信用贷款而增加资金支持。

其次，区别于对投资不足的影响，补贴和借贷对家庭农场过度投资的影响则不尽相同。政府补贴可能从助长补贴对象依赖心理、增加预算软约束行为两个方面引致并加剧过度投资行为。这是因为：①政府补贴的无偿性易于助长家庭农场的依赖心理。而经济主体对补贴的依赖心理，易造成过度投资现象。调研案例显示，安徽省某地区家庭农场原有土地流转合同条款约定，小麦补贴由土地转入户（家庭农场或种植大户）享受，而 2016 年实施的农业“三项补贴”改革的实施使得农场主的补贴数额大幅减少，直接导致了一批过快扩张投资规模的家庭农场经营失败。②政府补贴易于造成家庭农场预算软约束行为，而预算软约束行为是造成投资过度的重要原因（裘益政，2014）。家庭农场预算软约束的形成主要缘于“政策性负担”、“父爱主义”、事后有效与事前有效的替代两个方面。林毅夫等（2004）认为国有企业所承担的“政策性负担”是形成企业预算软约束的根本原因。中国自从加快推进城镇化以来，农村大量劳动力向城市转移，为解决日益凸显的农村空心化、人口老龄化、土地抛荒等问题，政府提出鼓励、支持承包土地向家庭农场、专业大户及专业合作社等新型经营主体流转。因此，家庭农场的发展在一定程度上解决了因快速城镇化而产生的农业农村和农民问题。①家庭农场在很大程度上解决了“谁来种地”的难题，为政府改善日益严重的土地抛荒问题提供了新的对策，家庭农场虽非国有企业，但在政府主导的土地流转、规模化经营过程中承担重任。②家庭农场的经营需要雇佣少量劳动力，Kornai（1980）认为考虑到政府对稳定就业的敏感性需求，企业家作为企业经营者易产生政府求助预期。鉴于家庭农场主在土地流转和解决农村留守人口就业中所发挥的作用，可能对政府补贴产生依赖。而农业生产的弱质性决定了家庭农场在市场化程度不高的农产品市场中的生存面临严峻的挑战，易使政府产生“父爱主义”，“父爱主义”也易使政府不断地给予家庭农场财政补贴，但持续的“输血式”补贴往往使得家庭农场主产生惯性，将补贴视为既定收入，从而导致预算超额，产生预算软约束。另外，Dewariripont 和 Tirole（1994）指出，预算约束的软或硬，本质上是事后有效（ex - post efficiency）与事前有效（ex - ante efficiency）之间的替代。软的好处是补贴或贷款能够激励并使长期项目完成，而硬的好处则是使得经营者一开始便不敢申请差的投资项目。规模化的农业产品生产经营与诸多其他类型产品的生产经营一样需要前期的基础性投入，包括水利设施、田间道路、土地连片归整、大棚建设、苗木培育等，收益往往具有长期性，如果坚持预算硬约束，就需要承受由于这一政策造成的事后的不有效（ex - post inefficiency），即因投资烂尾而导致前期补贴失效，从而造成沉没成本。预算硬约束的直接后果是农业投资的减少，因此为鼓励家庭农场主的投资行为并形成事后有效对事前有效的替代，政府必须追加补贴和提供其他援助，以便完成家庭农场主的投资和生产，这是产生预算软约束行为的又一原因，实际上只要农业没有实现真正意义上的现代化，农业生产成本不能得到根本性的降低，农产品市场化不彻底，事后有效将难以到来，补贴就会一直存在，预算软约束也将长期存在。

与政府补贴的作用不同，借贷资金属于有偿资本，需要定期还本付息①。当投资者与管理者的利益一致时，借贷能够减少经营管理者对现金流的滥用，从而制约经济主体的过度投资行为。家庭农场之所以是高效率的农业经营形式，重要的原因之一是其投资者和管理者均为农场主及家庭成员，利益具有高度的一致性，不存在由委托代理行为产生的过度投资行为。尽管针对企业层面的研究表明，借贷与补贴一样易使得企业产生预算软约束进而引致过度投资行为，但本文认为，相较于一般经营主体面临的金融市场，农产品市场的高风险性和农业生产者抵押品的缺乏使农村和农业生产者面临更严重的金融市场失灵。普遍存在的农村金融信贷配给问题使得家庭农场主获得借贷的难度和额度均高于一般企业，借贷面临的各项成本使得家庭农场主对于有偿性资本的使用更加谨慎。因此，对于理性家庭农场主而言，借贷带来的融资结构调整能够同时改善投资不足和过度投资两个方面从而纠正家庭农场的非效率投资行为。

基于上述分析，本文提出如下假说：

假说 1：在其他条件不变的情况下，补贴和借贷均能够缓解家庭农场投资不足问题。

假说 2：在其他条件不变的情况下，补贴无法有效改善过度投资，甚至会加剧过度投资，而借贷能够抑制农场主的过度投资行为。

假说 3：借贷在整体上具有纠正家庭农场非效率投资的效果，而补贴的整体纠偏作用取决于对投资不足的改善程度和对过度投资的加剧程度差异。

三、实证分析

（一）计量模型

1. 非效率投资测度模型

借鉴 Biddle 等（2009）对企业非效率投资的测算方法，再结合农业投资的特征，构建如下家庭农场投资模型测度家庭农场非效率投资程度：

$$inv_{i,t}=\beta_0+\beta_1 inv_{i,t-1}+\beta_2 income_{i,t-1}+\beta_3 cash_{i,t-1}+\beta_4 size_{i,t-1}+\beta_5 loan_{i,t-1}+\beta_6 cost_{i,t-1}+\beta_7 rent_{i,t-1}+\beta_8 age_{i,t-1}+\nu_i+\lambda_t+\varepsilon_{i,t} \quad (1)$$

上式中，下标 i 和 t 分别表示家庭农场个体和时间，被解释变量 $inv_{i,t}$ 为第 i 个家庭农场在第 t 期的投资规模，$inv_{i,t-1}$ 为上一期的投资规模，$income_{i,t-1}$ 为上一期的净收益，$cash_{i,t-1}$ 为上一期期末的现金存量，$size_{i,t-1}$ 为上一期的经营土地规模，$loan_{i,t-1}$ 表示上一期的借贷总量，$cost_{i,t-1}$ 表示上一期的生产总成本，$rent_{i,t-1}$ 表示上一期的土地租金，$age_{i,t-1}$ 表示到 t 年初期家庭农场的成立时间，ν_i 和 λ_t 分别表示个体和时间固定效应，$\varepsilon_{i,t}$ 为满足正态分布的随机扰动项。

① 尽管亲友借款往往是家庭农场主借贷的一种重要的免息融资方式，但农场主同样需要支付人情、面子等形成的“隐形利率”。

基于Biddle等（2009）的思想，通过对（1）式回归获得当期最优投资，再将当期实际投资规模与当期最优投资规模对应值作差后的残差绝对值作为家庭农场非效率投资的度量指标 $ires_{i,t}$，即模型（1）的回归残差。当 $ires_{i,t}>0$ 时表示过度投资（后文中记为 $over\_ires_{i,t}$），且 $ires_{i,t}$ 的值越大，表明过度投资的程度越高；当 $ires_{i,t}<0$ 时（后文中记为 $under\_ires_{i,t}$），表示投资不足，且 $ires_{i,t}$ 的值越小，表明投资不足的程度越高。

2. 互补模型构建

考虑到补贴和借贷均会对非效率投资行为产生影响，且补贴和借贷并非相互排斥变量，前述理论分析指出，补贴不仅能够为家庭农场带来直接的资金支持，还能通过向金融机构传递有效信号使得家庭农场更易于通过信贷获得融资，从而也会相应地影响家庭农场投资行为。为此，为方便比较二者差异，本文借鉴Antras和Chor（2013）和李静（2019）的方法。构建如下基于互补关系的计量模型（以下简称互补模型）：

$$ires_{i,t}=\alpha_1+\beta_1 gov_{i,t}+\lambda_1 loan_{i,t}+\sum \eta_{1i}x_{i,t}+\nu_i+\lambda_t+\varepsilon_{i,t} \tag{2}$$

$$ires_{i,t}=\alpha_2+\beta_2 loan_{i,t}+\lambda_2 loan_{i,t}gov_{i,t}+\sum \eta_{2i}x_{i,t}+\nu_i+\lambda_t+\varepsilon_{i,t} \tag{3}$$

上述式（2）和式（3）中被解释变量 $ires_{i,t}$ 表示非效率投资，具体包括投资不足（$under\_ires_{i,t}$）、过度投资（$over\_ires_{i,t}$）与非效率投资（$ires_{i,t}$），$gov_{i,t}$ 和 $loan_{i,t}$ 分别代表政府补贴和借贷。

式（2）和式（3）相关解释如下：

（1）对系数 β_1 和 β_2 的解释。若 $\beta_1>0$ 且 $\beta_2>0$（$\beta_1\leqslant0$ 且 $\beta_2\leqslant0$），说明在剔除了 $gov_{i,t}$ 和 $loan_{i,t}$ 的交互作用后，$gov_{i,t}$ 和 $loan_{i,t}$ 均对 $ires_{i,t}$ 有正向（负向）的影响，即加剧（抑制）非效率投资；若 $\beta_1>0$ 且 $\beta_2\leqslant0$（$\beta_1<0$ 且 $\beta_2\geqslant0$），说明在剔除了 $gov_{i,t}$ 和 $loan_{i,t}$ 的交互作用后，$gov_{i,t}$ 对 $ires_{i,t}$ 有正向（负向）的影响，$loan_{i,t}$ 对 $ires_{i,t}$ 的影响为负（正）。

（2）对交互项系数 λ_1 和 λ_2 的解释。若 $\lambda_1>0$ 且 $\lambda_2>0$（$\lambda_1\leqslant0$ 且 $\lambda_2\leqslant0$），表明单独考虑了 $gov_{i,t}$ 对 $ires_{i,t}$ 的影响后，$gov_{i,t}$ 和 $loan_{i,t}$ 的交互作用正向（负向）影响 $ires_{i,t}$，且单独考虑了 $loan_{i,t}$ 对 $ires_{i,t}$ 的影响后，$gov_{i,t}$ 和 $loan_{i,t}$ 的交互作用正向（负向）影响 $ires_{i,t}$；类似地，若 $\lambda_1>0$ 且 $\lambda_2\leqslant0$（$\lambda_1\leqslant0$ 且 $\lambda_2>0$），表明单独考虑了 $gov_{i,t}$ 对 $ires_{i,t}$ 的影响后，$gov_{i,t}$ 和 $loan_{i,t}$ 的交互作用正向（负向）影响 $ires_{i,t}$，而单独考虑了 $loan_{i,t}$ 对 $ires_{i,t}$ 的影响后，$gov_{i,t}$ 和 $loan_{i,t}$ 的交互作用却负向（正向）影响 $ires_{i,t}$。

（3）互补性的解释。本文所述互补模型仅在下述情形具有稳健性：

a. $\begin{cases}\beta_1>0，\lambda_1\leqslant0\\ \beta_2\leqslant0，\lambda_2>0\end{cases}$　b. $\begin{cases}\beta_1\leqslant0，\lambda_1>0\\ \beta_2>0，\lambda_2\leqslant0\end{cases}$　c. $\begin{cases}\beta_1\leqslant0，\lambda_1\leqslant0\\ \beta_2\leqslant0，\lambda_2\leqslant0\end{cases}$　d. $\begin{cases}\beta_1>0，\lambda_1>0\\ \beta_2>0，\lambda_2>0\end{cases}$

而各情形的解释为：

情形a的含义为：$gov_{i,t}$ 正向影响 $ires_{i,t}$，而引入 $loan_{i,t}$ 的交互作用负向影响 $ires_{i,t}$，同时 $loan_{i,t}$ 负向影响 $ires_{i,t}$，而引入 $gov_{i,t}$ 的交互作用正向影响 $ires_{i,t}$。即 $gov_{i,t}$ 对 $ires_{i,t}$ 的正向影响作用显著优于 $loan_{i,t}$，且 $loan_{i,t}$ 对 $ires_{i,t}$ 的负向影响作用显著优于 $gov_{i,t}$。从抑制非效率投资角度而言，即借贷显著优于补贴。情形b恰好相反。情形c的含义为：不仅 $gov_{i,t}$ 和 $loan_{i,t}$ 单独负向影响 $ires_{i,t}$，$gov_{i,t}$ 和 $loan_{i,t}$ 的交互作用也均负向影响 $ires_{i,t}$，即 $gov_{i,t}$ 和 $loan_{i,t}$ 均能抑制非效率投资。类似地，情形d表示 $gov_{i,t}$ 和 $loan_{i,t}$ 均会加剧非效率投资。

式（2）和式（3）中除非效率投资外的其他变量解释如下：

（1）补贴（$gov_{i,t}$）。考虑到并非所有农场均能够获得补贴，分别采用“是否获得补贴（$if\_gov_{i,t}$）”及“获得补贴数额（$gov\_size_{i,t}$）”两个变量衡量政府补贴对非效率投资的影响。

（2）借贷（$loan_{i,t}$）。运用欠款情况代理借贷，而所欠款项既可来源于正规渠道也可能来源于非正规渠道。具体地，分别采用“是否有借款（$if\_loan_{i,t}$）”及“借款数额（$loan\_size_{i,t}$）”作为对借贷状况的度量予以综合分析。

上述定义中变量“是否获得补贴（$if\_gov_{i,t}$）”和“是否有借款（$if\_loan_{i,t}$）”可以理解为家庭农场的补贴和借贷可得性，而“获得政府补贴数额（$gov\_size_{i,t}$）”和“借款总额（$loan\_size_{i,t}$）”则反映出家庭农场获得补贴和借贷的规模。

（3）控制变量（$x_{i,t}$）。除补贴和借贷变量外，影响非效率投资的变量也需要考虑农场主个人特征，即年龄（age）、性别（sex）、受教育程度（edu）、工作经历（exp）等，而农场特征中影响经营规模的变量包括农场亩均经营成本（$cost$）、亩均收入水平（inc）和土地租金（$rent$）等变量。

3. 匹配模型构建

多元线性回归模型有助于系统地理解补贴和借贷对家庭农场投资非效率的影响。但是，并非所有家庭农场均能获得补贴和借贷，因此需考察二者对非效率投资的处理效应，即将补贴和借贷对非效率投资的影响与其他因素的影响分离开来，本文引入匹配模型进行精确测量，并采用 PSM 方法构建模型，一方面用以说明前述结论的稳健性，另一方面用以精确测量其影响程度。

令 A_1 表示获得融资（包括补贴和借贷，下同）农场的非效率投资程度，A_0 表示未获得融资农场的非效率投资程度，获得融资的农场属于处理组，未获得融资的农场属于对照组，则可观测样本的处理效应如下：

$$\begin{cases} A=C_1A_1+(1-C_1)A_0 \\ C_1=0,1 \end{cases} \tag{4}$$

令 p 表示 $C_1=1$ 的处理效应，则对应于融资农场的全部样本的平均处理效应为：

$$\tau_1=p[E(A_1|C_1=1)-E(A_0|C_1=1)]+(1-p)[E(A_1|C_1=0)-E(A_0|C_1=0)] \tag{5}$$

为求得上述平均处理效应，本章采用倾向匹配得分法求解。即通过寻找处理前若干个体特征作为个体的匹配指数，选择最佳匹配对象。其中处理前个体特征下的条件概率被设定为：

$$p(X)=Pr(C_1=1|X)=E(C_1|X) \tag{6}$$

上式中 X 为影响农场获得融资的个体特征变量。相应的平均处理效应具体可通过下式得出：

$$ATT=E(A_1-A_0|C_1=1) \tag{7}$$

$$ATU=E[E(A_1-A_0|C_1=0),\ p(X)] \tag{8}$$

$$ATE=E\{[E(A_1|C_1=1),\ p(X)]-[E(A_0|C_1=0),\ p(X)]\} \tag{9}$$

上述式中，式（7）代表获得融资农场的平均处理效应；式（8）代表未获得融资农场的平均处理效应，属于对不可观测现象的反事实结果；式（9）代表全样本的平均处理效应。

本文分别采用邻近匹配和核匹配方法估计上述处理效应。一般而言，不论是邻近匹配还是核匹配，其思路均是找到与处理组中最为接近的对照组的样本进行配对，因此若两种方法得出的结果极为接近，则可认为估计结果是稳健的。

（二）实证结果

1. 数据来源

本文数据来源于笔者所在课题组针对家庭农场投资经营状况所进行的专项调查。按照分层随机抽样方法，家庭农场样本取自安徽省 17 个县（区）50 个乡镇中的 86 个行政村，时间跨度为 2011—2016 年，调查数据涵盖了家庭农场历年获得补贴规模、借贷数额、投资总额、投入总成本、土地经营面积、土地租金及家庭农场特征等较为详尽的信息，由于调查过程中存在家庭农场经营者的新入和退出，剔除调查中的无效样本，最终获得包含农场个体总数 342 户的有效样本 1 313 个。

2. 变量的描述性统计

根据模型（1）测算所得非效率投资变量值，表 1 分别从全样本、投资不足样本和过度投资样本三个方面汇报了各融资结构变量的描述性统计结果。根据表 1 中数据，所有样本中，获得政府补贴农场所占比例为 39.7%，获得借贷农场所占比例为 44.1%，均未超过半数。该数据表明，尽管政府出台了多项针对家庭农场的补贴措施并对农村金融给予了大量支持，但实际上获得补贴和贷款的农场数量仍然有限，且平均补贴数额和借款数额的标准差均较大，表明家庭农场在补贴可得性和补贴数额上均有较大的个体差异。针对投资不足和过度投资样本的比较显示：相对于投资不足农场，过度投资农场的补贴获取比例和补贴数额更大，采用双样本异方差检验，所得 t 值分别为 1.054 3 和 1.66，即补贴数额差异显著。而投资不足农场具有更高的欠款比例和借贷数额，且差异性检验 t 值分别为 0.271 和 1.673，即投资不足样本中的借贷农场占比与过度投资农场并无显著差异，但投资不足农场的借贷数额在 5%的水平上显著高于过度投资农场。

表 1　变量的描述性统计

变量	投资不足（N=642）		过度投资（N=463）		全样本（N=1 105）	
	均值	标准差	均值	标准差	均值	标准差
$ires$	0.125	0.103	0.256	0.262	0.168	0.184
$if\_gov_{i,t}$	0.397	0.472	0.449	0.486	0.419	0.477
$gov\_size_{i,t}$	10 878.68	31 667.82	12 025.80	28 773.69	11 260.41	30 715.49
$if\_loan_{i,t}$	0.441	0.492	0.453	0.490	0.446	0.490
$loan\_size_{i,t}$	185 655.40	454 133.20	134 440.00	255 907.00	168 525.90	399 445.50

为进一步比较获得补贴（借贷）农场和未获得补贴（借贷）农场投资效率差异，表 2 给出了政府补贴变量的描述性统计结果。相关结果显示：第一，投资不足样本中，未获得补贴农场的投资不足程度显著高于获得补贴农场，未借贷农场的投资不足程度也显著高于获得借贷农场，初步表明，补贴和借贷均有助于改善家庭农场的投资不足，但其可靠性需要进一步计量检验；第二，过度投资样本中，获得补贴农场的过度投资程度显著高于未获得补贴农场，初步显示出获得补贴的农场过度投资现象更严重，而未借贷农场的过度投资程度略高于借贷农场，但结果不显著。

表 2　政府补贴变量的描述性统计

类别		项目	获得补贴（借贷）农场		未获得补贴（借贷）农场		差异性检验
			均值	标准差	均值	标准差	t 值
投资不足	补贴	$under\_ires_{i,t}$	0.116	0.119	0.130	0.094	1.312*
		$gov\_size_{i,t}$	32 472.44	47 979.56	—	—	—
		样本数	255		387		—
	借贷	$under\_ires_{i,t}$	0.112	0.099	0.129	0.105	1.314
		$gov\_size_{i,t}$	454 335.4	619 464.4	—	—	—
		样本数	283		359		—

（续）

类别		项目	获得补贴（借贷）农场		未获得补贴（借贷）农场		差异性检验
			均值	标准差	均值	标准差	t值
过度投资	补贴	$over\_ires_{i,t}$	0.263	0.217	0.244	0.287	6.312***
		$gov\_size_{i,t}$	31 748.11	39 616.47	—	—	—
		样本数	208		256		—
	借贷	$over\_ires_{i,t}$	0.234	0.288	0.257	0.243	0.796
		$gov\_size_{i,t}$	341 269.2	309 915.3	—	—	—
		样本数	210		253		—

注：括号内为标准差，***、**和*表示在1%、5%和10%的水平上显著。

3. 互补模型实证结果

首先分析互补模型（2）和模型（3）的结果，在回归方法上，首先运用最小二乘估计（OLS）对模型做基本回归。其次，考虑到政府补贴、融资约束与家庭农场非效率投资指标之间可能互为因果关系，内生性问题引起估计结果偏误，为克服内生性，运用工具变量法予以进一步回归，具体分别选择政府补贴数额和借贷数额的滞后一期变量作为工具变量，并采用两阶段最小二乘法（2SLS）对相关模型进行回归，同时引入稳健标准误以克服异方差性和序列相关性。另外，对政府补贴数额、借贷数额、租金、成本、收入等数据取对数进行回归，并采用 Hausman 检验对模型中的固定效应、随机效应和混合回归予以甄别，简洁起见，此处不一一汇报 Hausman 检验的结果，仅汇报最终选择模型的估计结果。

（1）补贴（借贷）可得性与家庭农场非效率投资。首先汇报运用补贴（借贷）可得性变量刻画的融资结构与非效率投资的实证估计结果。表 3 和表 4 分别给出了式（2）和式（3）的回归结果。表 3 中（1）、（2）列为补贴（借贷）可得性对投资不足影响的 OLS 回归和两阶段最小二乘法（2SLS）回归的估计结果。第（1）列中数据显示，$if_gov_{i,t}$的系数β_1和$if_loan_{i,t} \times if_gov_{i,t}$的系数$\lambda_1$均显著为负，表明获得政府补贴与投资不足程度的变动方向相反，即获得政府补贴对于投资不足具有抑制作用，考虑了是否借贷后交叉项的系数仍然显著为负，表明对本文的家庭农场样本而言，借贷亦能够有效抑制投资不足，纠正因投资不足导致的投资偏差。且第（2）列中采用 2SLS 估计的结果显示，$if_gov_{i,t}$和$if_loan_{i,t} \times if_gov_{i,t}$的系数均在 1%的水平下显著为负，而表 4 中对式（3）的回归结果中（1）、（2）列对应系数（β_2和λ_2）也均显著为负，与式（2）一致，表明回归结果是稳健的。该部分检验验证了假说 1。

表 3 中（3）、（4）列为补贴（借贷）可得性对过度投资影响的 OLS 回归和 2SLS 回归的估计结果。第（3）列中数据显示，$if_gov_{i,t}$的系数β_1在 5%的水平下显著为正、而$if_loan_{i,t} \times if_gov_{i,t}$的系数$\lambda_1$在 5%的水平下为显著为负。表明获得政府补贴与过度程度的变动方向相同，即获得政府补贴会加剧过度投资，而考虑了是否借贷后交叉项的系数为正，表明对本文的家庭农场样本而言，获得借贷会对过度投资起到显著的抑制作用。且第（4）列中采用 2SLS 估计的$if_gov_{i,t}$与$if_loan_{i,t} \times if_gov_{i,t}$系数结果与第（3）列一致，表明回归结果是稳健的。同时，表 4 对式（3）的回归结果中第（3）列和第（4）列对应系数（β_2和λ_2）恰好相反，即$\beta_2 < 0$且$\lambda_2 > 0$显著成立，证明了互补模型的稳健性。该部分检验验证了假说 2。

类似地，表 3 中（5）、（6）列为补贴（借贷）可得性对总体样本非效率投资影响的 OLS 回归和 2SLS 回归的估计结果。（5）、（6）列中数据均显示，$if_gov_{i,t}$的系数β_1为正值，但不显著，而

$if_loan_{i,t} \times if_gov_{i,t}$的系数为负，但不显著。表 4 对式（3）的回归结果中第（5）列和第（6）列对应系数 β_2 显著为负、λ_2 为正，与模型（2）结果相反，且结果显著。加强了上述结论的解释力。这一结果验证了假说 3。

表 3　补贴（借贷）可得性与非效率投资的实证估计结果［式（2）］

变量	投资不足		过度投资		非效率投资	
	(1) OLS	(2) IV	(3) OLS	(4) IV	(5) OLS	(6) IV
$if\_gov_{i,t}$	−0.013***	−0.018***	0.120**	0.205*	0.013	0.021
	(0.004)	(0.005)	(0.045)	(0.096)	(0.017)	(0.022)
$if\_loan_{i,t} \times if\_gov_{i,t}$	−0.245***	−0.321***	−0.435**	−0.347**	−0.432	−0.342
	(0.003)	(0.007)	(0.123)	(0.103)	(0.401)	(0.302)
控制变量	√	√	√	√	√	√
个体效应	√	√	√	√	√	√
时间效应	√	√	√	√	√	√
R^2	0.281	0.261	0.259	0.221	0.142	0.231
Wald chi2/F	26.02***	29.31***	24.41***	22.39***	17.35**	27.36**

注：括号内为标准差，***、**和*表示在1%、5%和10%的水平上显著。

表 4　补贴（借贷）可得性与非效率投资的实证估计结果［式（3）］

变量	投资不足		过度投资		非效率投资	
	(1) OLS	(2) IV	(3) OLS	(4) IV	(5) OLS	(6) IV
$if\_loan_{i,t}$	−0.870*	−0.642*	−0.039*	−0.043**	−0.087*	−0.056*
	(0.443)	(0.323)	(0.019)	(0.009)	(0.052)	(0.022)
$if\_loan_{i,t} \times if\_gov_{i,t}$	−0.245***	−0.321***	0.247**	0.231**	0.224*	0.213*
	(0.003)	(0.007)	(0.123)	(0.103)	(0.401)	(0.302)
控制变量	√	√	√	√	√	√
个体效应	√	√	√	√	√	√
时间效应	√	√	√	√	√	√
R^2	0.131	0.125	0.135	0.146	0.018	0.022
Wald chi2/F	24.08***	23.26***	27.69***	23.32***	12.01**	10.01**

注：括号内为标准差，***、**和*表示在1%、5%和10%的水平上显著。

（2）补贴（借贷）规模与家庭农场非效率投资。这一部分汇报运用补贴（借贷）规模变量刻画的融资结构与非效率投资的实证估计结果。表 5 和表 6 分别对应式（2）和式（3）的回归结果。其中表 5（1）、（2）列为补贴（借贷）规模对投资不足影响的 OLS 回归和 2SLS 回归的估计结果，第（1）列中数据显示，$gov_size_{i,t}$的系数 β_1 和 $loan\_size_{i,t} \times gov\_size_{i,t}$ 的系数 λ_1 均显著为负，且表 6 对式（3）的回归结果中（1）、（2）列对应系数（β_2 和 λ_2）也均显著为负，与式（2）一致，表明回归结果是稳健的。该结果表明政府补贴数额与投资不足程度的变动方向相反，即获得政府补贴数额越多越能抑制投资不足，而考虑了借贷规模后交叉项的系数仍然显著为负，表明借贷越多，亦越能有效抑制投资不足，纠正因投资不足导致的投资偏差。这与表 3 和表 4 中采用补贴（借贷）可得性代理融资结构的结果一致，因而进一步验证了假说 1。

表 5（3）、（4）列为补贴（借贷）规模对过度投资影响的 OLS 回归和 2SLS 回归的估计结果。第

(3) 列数据显示，$gov_size_{i,t}$的系数 β_1 显著为正，$loan_size_{i,t}\times gov_size_{i,t}$的系数 λ_1 为负，但不显著。第（4）列中 2SLS 方法得到的估计结果与第（3）列一致，且表 6 对式（3）的回归结果中（3）、（4）列系数 β_2 显著为负，λ_2 为正，但不显著，与表 5 中式（2）回归结果相反，即回归结果是稳健的。该结果表明，在剔除交互影响后，政府补贴数额与过度投资程度的变动方向相同，即获得政府补贴数额越多越会加剧过度投资，而借贷数额与过度投资程度的变动方向相反，即获得的借贷越多，越能抑制过度投资。这与采用补贴（借贷）可得性代理融资结构的结果一致，从而进一步验证了假说 2。

类似地，表 5（5）、（6）列为补贴（借贷）规模对总体样本非效率投资影响的 OLS 回归和 2SLS 回归的估计结果。第（5）、第（6）列数据显示 $gov_size_{i,t}$变量的系数为正，但不显著，而 $loan_size_{i,t}\times gov_size_{i,t}$的系数显著为负。且表 6 对式（3）的回归结果中（5）、（6）列系数 β_2 显著为负，而 λ_2 显著为正，与式（2）回归结果相反，说明该结果对于交互作用的估计具有稳健性。该结果说明，单独考察 $gov_size_{i,t}$时，政府补贴不能抑制非效率投资，但在加入 $loan_size_{i,t}$的交互作用后，能够显著抑制非效率投资。说明借贷对非效率投资的抑制作用优于政府补贴。这与运用补贴（借贷）可得性变量代理融资结构的结论一致，进一步验证了假说 3。

表 5　补贴规模与非效率投资的实证估计结果［式（2）］

变量	投资不足		过度投资		非效率投资	
	(1) OLS	(2) IV	(3) OLS	(4) IV	(5) OLS	(6) IV
$gov\_size_{i,t}$	−0.019**	−0.014**	0.059**	0.054*	0.001	0.020
	(0.008)	(0.005)	(0.029)	(0.016)	(0.012)	(0.013)
$loan\_size_{i,t}\times gov\_size_{i,t}$	−0.234***	−0.216***	−0.028	−0.045	−0.231**	−0.233**
	(0.012)	(0.016)	(0.034)	(0.062)	(0.105)	(0.111)
控制变量	√	√	√	√	√	√
个体效应	√	√	√	√	√	√
时间效应	√	√	√	√	√	√
R^2	0.279	0.280	0.310	0.127	0.192	0.269
Wald chi2/F	31.76***	32.06***	26.10***	23.71***	26.96***	28.32***

注：括号内为标准差，***、** 和 * 表示在 1%、5%和 10%的水平上显著。

表 6　借贷规模与非效率投资的实证估计结果［式（3）］

变量	投资不足		过度投资		非效率投资	
	(1) OLS	(2) IV	(3) OLS	(4) IV	(5) OLS	(6) IV
$loan\_size_{i,t}$	−0.078*	−0.003***	−0.003**	−0.001	−0.007*	−0.004*
	(0.041)	(0.001)	(0.001)	(0.004)	(0.003)	(0.001)
$loan\_size_{i,t}\times gov\_size_{i,t}$	−0.254***	−0.251***	0.071	0.092	0.221**	0.321**
	(0.013)	(0.012)	(0.069)	(0.084)	(0.107)	(0.124)
控制变量	√	√	√	√	√	√
个体效应	√	√	√	√	√	√
时间效应	√	√	√	√	√	√
R^2	0.148	0.215	0.157	0.081	0.017	0.041
Wald chi2/F	26.65***	75.24***	27.91***	10.54	22.07***	9.413*

注：括号内为标准差，***、** 和 * 表示在 1%、5%和 10%的水平上显著。

4. 匹配模型估计结果

为了精确测度获得政府补贴和借贷对非效率投资行为变动的贡献，还需要将其与其他因素对家庭农场非效率投资行为的影响分离开来，这一部分采用倾向匹配得分法分别估计政府补贴和借贷对投资不足、过度投资、非效率投资的处理效应。并同时运用邻近匹配（k=1，4）、卡尺匹配（r=0.06）、和核匹配方法（带宽=0.1）在四种情形下估计以确保估计结果的稳健性。总样本的平均处理效应（ATT）和处理组的平均处理效应（ATE）的标准误均采用重复次数为200次的自举法(Bootstrap)得到。

表7汇报了利用4种匹配方法计算得到的处理效应。具体分析如下：①对投资不足组而言，尽管每种方法得到的结果稍有差异，但从定性的角度看，四种方法得到的测算结果是一致的，无论是处理组还是全部样本，政府补贴和借贷对家庭农场的投资不足均有显著抑制作用。最后一行计算的四种估计结果的平均值显示，获得政府补贴的农场投资不足程度降低了0.023，而对全部样本而言，政府补贴使得投资不足降低了0.019。获得借贷的农场投资不足程度降低了0.037，而对全部样本而言，借贷使得投资不足降低了0.022。由此可见，获得政府补贴和借贷确实能够抑制家庭农场投资不足，且相比较而言，借贷的抑制效应优于政府补贴。②对过度投资组而言，无论是处理组还是全部样本，政府补贴对家庭农场的过度投资均有显著影响，且所有系数均为正值，表明对于过度投资样本而言，获得政府补贴加剧了农场的过度投资程度。获得政府补贴的农场过度投资程度提升了0.020，而对全部样本而言，政府补贴使得农场过度投资程度提升了0.015。但借贷组的测算表明，所有结果均不显著。表明获得借贷并没有显著加剧家庭农场的过度投资，这也与前述多元回归模型所得结论一致。④对于整体非效率投资而言，无论是处理组还是全部样本，获得借贷对家庭农场的非效率投资均有显著影响，且所有系数均为负值，表明从总体上看，获得借款能够抑制农场的非效率投资。获得借款的农场非效率投资程度降低了0.023，而对全部样本而言，借贷容纳工资使得农场非效率投资程度降低了0.007。但补贴组的测算表明，尽管所有方法所得系数均为负值，但均不显著。表明获得政府补贴并没有显著抑制家庭农场的非效率投资，这也与前述多元回归模型所得结论一致。

表7　政府补贴、借贷与投资不足的匹配模型估计结果

匹配方法	指标	投资不足		过度投资		非效率投资	
		补贴（1）	借贷（2）	补贴（3）	借贷（4）	补贴（5）	借贷（6）
邻近匹配（k=1）	ATE	−0.026**	−0.053**	0.017**	0.047	−0.013	−0.020**
	ATT	−0.020*	−0.027*	0.014*	0.004	−0.006	−0.008*
邻近匹配（k=4）	ATE	−0.023**	−0.032*	0.021**	0.042	−0.011	−0.025**
	ATT	−0.019*	−0.017**	0.015*	0.020	−0.003	−0.005*
卡尺匹配（r=0.06）	ATE	−0.022**	−0.035**	0.020**	0.064	−0.008	−0.018*
	ATT	−0.017*	−0.019*	0.016*	0.041	−0.003	0.006**
核匹配（带宽=0.1）	ATE	−0.024**	−0.039**	0.022*	0.045	−0.003	−0.029*
	ATT	−0.019**	−0.028**	0.016*	0.043	−0.001	−0.008*
平均值	ATE	−0.023	−0.037	0.020	0.049	−0.008	−0.023
	ATT	−0.019	−0.022	0.015	0.027	−0.003	−0.007

注：括号内为标准差，***、**和*表示在1%、5%和10%的水平上显著。

四、结论与启示

本文从理论上揭示了补贴和借贷两种资金获取方式影响家庭农场非效率投资行为的内在逻辑，并运用2011—2016年342个农场的1 313份微观面板数据，构建互补模型和匹配模型予以实证分析。研究发现：①政府补贴的获取能够显著改善家庭农场的投资不足，但无法有效抑制其过度投资行为。相反，政府补贴显著加剧了过度投资行为，从而从总体上使得政府补贴对非效率投资无法表现出显著影响。②借贷不仅能够显著改善家庭农场的投资不足问题，还能有效抑制其过度投资行为，因而从总体上表现出对非效率投资的抑制作用。③相比政府补贴，借贷对家庭农场投资不足的改善作用更大，对过度投资的抑制作用更显著，从而对非效率投资的净影响更显著，相对数值也更大。

基于上述结论，本文的政策启示如下：一是持续放活农村金融市场活力，尽可能为农业生产者提供更多的正规金融融资渠道，降低政府补贴扶持比重，将无偿的政府补贴转向有偿的借贷，通过贴息、降低正规金融贷款门槛、简化贷款流程、多元化信用担保等方式使得家庭农场获得更多融资，并通过完善农业保险机制增加家庭农场的偿债能力。二是通过以奖代补，构建能够激发家庭农场活力、提升其自生能力的多样化补贴体系，避免现金直补造成的补贴依赖和过度投资行为，具体可依据家庭农场发挥的社会效益（生态保护、扶贫带动、技术扩散）指标设置家庭农场专项补贴。三是细化补贴政策条款，可通过设置上限避免补贴的“马太效应”，避免因资金的集中化而引起资金的浪费。四是积极探索改善农业生产非效率投资的长效机制，整合农业生产资源，提高生产效率，从制度上为家庭农场发展和农业生产提供保障。

参 考 文 献

陈飞，翟伟娟，2015. 农户行为视角下农地流转诱因及其福利效应研究 [J]. 经济研究，50（10）：163-177.

兰勇，周孟亮，易朝辉，2015. 我国家庭农场金融支持研究 [J]. 农业技术经济（6）：48-56.

李静，2019. 人力资本错配：优先产业结构调整还是优先研发 [J]. 经济研究（4）.

林毅夫，刘明兴，章奇，2004. 政策性负担与企业的预算软约束：来自中国的实证研究 [J]. 管理世界（8）：81-89.

裘益政，2014. 政治关系，预算软约束与过度投资——基于民营上市公司的经验证据 [J]. 商业经济与管理（3）：88-96.

尚旭东，朱守银，2015. 家庭农场和专业农户大规模农地的“非家庭经营”：行为逻辑，经营成效与政策偏离 [J]. 中国农村经济（12）：4-13.

邵平，荣兆梓，2015. 家庭农场财政补贴政策的效用研究——以上海松江模式为例 [J]. 上海经济研究（9）：112-119.

谭江蓉，乐章，2012. 社会管理视角下的农民组织化问题研究——基于十省市千户农民调查数据的实证分析 [J]. 农村经济，10：25-30.

汪艳涛，高强，金炜博，2015. 农村金融支持影响家庭农场培育的机理与实效——基于金融支持来源视角的实证检验 [J]. 财经论丛，198（9）：34-41.

王嘉，2016. 家庭农场融资渠道选择及影响因素分析——基于新疆201个家庭农场的调查 [J]. 新疆农垦经济（2）：17-20，42.

王姣，肖海峰，2007. 我国良种补贴，农机补贴和减免农业税政策效果分析 [J]. 农业经济问题（2）：24-28.

吴婷婷，余波，2014. 家庭农场发展的金融支持研究——以江苏省南通市为例 [J]. 当代经济管理，36（12）：47-51.

肖卫东，张宝辉，贺畅，等，2013. 公共财政补贴农业保险：国际经验与中国实践［J］. 中国农村经济（7）：13－23.

尹世久，吕珊珊，吴林海，2018. 基于偏好异质性的家庭农场扶持政策研究——黄淮海平原570个粮食类农场的实证分析［J］. 华中农业大学学报（社会科学版）（5）：17－27，161.

钟甫宁，顾和军，纪月清，2008. 农民角色分化与农业补贴政策的收入分配效应——江苏省农业税减免、粮食直补收入分配效应的实证研究［J］. 管理世界（5）：65－70，76.

Antràs P，Chor D，2013. Organizing the global value chain［J］. Econometrica，81（6）：2127－2204.

Aryeetey E，Udry C，1995. The characteristics of informal financial markets in Africa［R］. Paper prepared for presentation at the plenary session of the bi－annual research conference of the African economic research consortium，Nairobi，Kenya.

Berger A N，Udell G F，1998. The economics of small business finance：The roles of private equity and debt markets in the financial growth cycle［J］. Journal of banking & finance，22（6－8）：613－673.

Biddle G C，Hilary G，Verdi R S，2009. How does financial reporting quality relate to investment efficiency?［J］. Journal of Accounting and Economics，48（2－3）：112－131.

Dewatripont M，Tirole J，1994. A theory of debt and equity：Diversity of securities and manager－shareholder congruence［J］. The Quarterly Journal of Economics，109（4）：1027－1054.

Foltz J D，2004. Credit market access and profitability in Tunisian agriculture［J］. Agricultural Economics，30（3）：229－240.

Hennessy D A，1998. The production effects of agricultural income support policies under uncertainty［J］. American Journal of Agricultural Economics，80（1）：46－57.

Khandker S R，Faruqee R R，2003. The impact of farm credit in Pakistan［J］. Agricultural Economics，28（3）：197－213.

Kochar A，1997. Does lack of access to formal credit constrain agricultural production? Evidence from the land tenancy market in rural India［J］. American Journal of Agricultural Economics，79（3）：754－763.

Kornai J，1980. Economics of shortage［M］. North Holland.

Richardson S，2006. Over－investment of free cash flow［J］. Review of Accounting Studies，11（2－3）：159－189.

Thompson W，Mishra A K，Dewbre J，2009. Farm household income and transfer efficiency：An evaluation of United States farm program payments［J］. American Journal of Agricultural Economics，91（5）：1296－1301.

Turvey C G，Kong R，2010. Informal lending amongst friends and relatives：Can microcredit compete in rural China?［J］. China Economic Review，21（4）：544－556.

小农经济真的适合中国吗？*

——基于农户家庭要素配置视角的分析

康姣姣[1,2]　吴方卫[1,2]

（1. 上海财经大学财经研究所；2. 上海财经大学三农研究院）

摘要：本文在理论部分构建了要素跨部门配置的决策模型，探讨了农村劳动力流动对家庭农业生产和要素配置决策的影响，并利用2013—2018年千村调查数据来进行验证，得出以下结论：主产区和产销平衡区具有较强的机械购买意愿，主产区的农地租出率较高，产销平衡区农忙时节需要外出劳动力补充的比率较大。在农业生产中，劳动力回流对家庭农业生产具有正效用，农村劳动力回流，一方面会弱化资本对劳动的替代，那些原本由于外出就业而与农业生产割裂的农业家庭，因续接其与农地的联系而不愿意租出农地；另一方面会增加农业生产劳动供给，但是劳动供给主要消耗非农就业的闲暇，我们通常忽略了这种闲暇成本，造成这种正效用被高估。预期非农工资和农地租金作为农户所拥有的要素（劳动和土地）的影子价格，对农业生产效率提升具有正效用，对于要素投入农业生产的效用为负。农地流转给种粮大户的农业生产率低于流转给专业组织或者企业，有小孩上学的家庭、干部家庭及家庭储蓄较低的家庭劳动力回流从事农业生产的可能性更大。

关键词：小农经济；劳动力回流；要素配置；预期非农工资

一、引　言

当前，我国正处在全面建成小康社会的关键时期。习近平总书记多次强调，“农村还是全面建成小康社会的短板”。我国农村发展一直以小农经济为主体，分田到户时，土地分配一般按远近、肥瘦和水资源好坏来搭配承包，由此形成家庭拥有的农地规模小、细碎化的格局。据统计，2015年底经营耕地面积在10亩以下的农户仍有2.1亿户，占全部农户总数的79.6%（魏后凯、闫坤，2017）。小农经济在经济发展早期，对于提高农业生产积极性和解决温饱问题起到至关重要的作用，在当前，农民追求小康生活，农业生产成本大幅增长，农产品价格提升空间较小，在成本的“地板”和价格的“天花板”双重挤压下，小农经济呈现收益较低甚至亏损的局面。中共十九大报告提出要“实现小农户和现代农业发展有机衔接”这一理论命题。而如何补齐农村的短板和实现小农户与现代农业发展有机衔接，首先要回答小农经济是否真的适合中国这一问题。

中国经济经历了四十多年的高速增长和城市化进程，以此为基础转移了大量农村劳动力，劳动力的转移不仅使农业生产的劳动供给减少，也引致其他要素的重置。一方面，加速了农业生产规模化，非农就业的相对较高收益使得一部分农户退出农业生产，将农地租出或者是让亲戚朋友耕种，

* 基金项目：国家自然科学基金面上项目“劳动禀赋时空异质性变化下我国种植业结构调整问题研究”（编号：71873082）。

1984—1992 年的农业部固定观察点数据显示，仅有 1.99％的农户流转了部分土地，至 2015 年，农户承包地流转率为 33.29％（Liu et al.，2018）；另一方面，促进了资本对劳动的替代，2017 年成本收益数据显示，三种粮食亩均劳动投入为 5.04 天，只有 1978 年亩均劳动投入（33.3 天）的 15％，而物资与服务费用为 437.18 元，是 1978 年（29.36 元）的近 15 倍。学术界也有对农业资本或者是农业机械化与农村劳动力之间的替代关系以及由此给农业生产带来的可能影响的探讨（郑旭媛、徐志刚，2017；徐建国、张勋，2016；王欧等，2016；杨进等，2018；Liu et al.，2014；Wang et al.，2016；Zhang et al.，2017）。

事实上，近几年来，中国农村劳动力配置呈现出新的状况。2018 年农民工增速回落，乡内就近就地就业农民工达到 1.16 亿人，增速（0.9％）高于乡外就业的农民工，劳动力回流趋势越来越明显。在当前的环境下，农户依然将农地当作保障生存的重要资源（张锦华等，2016；张璋、周海川，2017；徐志刚等，2018），农地流转增速也开始下滑，似乎我国的小农经济程度进一步加深，尤其是我国的纯农业户和农业兼业户的占比呈下降趋势，非农业兼业户和非农业户占比呈上升趋势，2012 年，纯农业户占比为 18.28％，非农业户占比为 15.93％，而两种兼业型农户总共占比达 65.79％（liu et al.，2018）。

那么，无论是大量的外出劳动力回归农村、农业，或者是越来越多的农村劳动力倾向于就近就业，势必会对中国农业生产产生一定的影响，补齐农村的短板和寻求以小农户进行大生产的良方也需要探讨小农经济是否适合中国的问题，本文从家庭要素配置的视角探讨小农户的农业生产效率与要素配置决策问题，并利用上海财经大学 2013—2018 年数据进行实证检验。

二、理论分析

（一）模型的构建

农户家庭劳动时间主要在农业和非农部门间配置，需构建一个跨部门家庭效用函数，对于劳动者来说其效用的提升主要与闲暇和消费有关，农户家庭总劳动时间（H）可以投入到农业 L_1 和非农部门 L_2 中，同时把两部门的闲暇当作支付 $\tilde{\pi}(q)(H-L_1)$ 或者是购买 $w_2(H-L_2)$ 从而提升农户的效用。为便于讨论，假定农业生产规模报酬不变，农业生产的利润函数为：$\pi(q, L_1)=L_1\tilde{\pi}(q)$，$\tilde{\pi}(q)$ 是劳动的边际收益，与农产品价格、农业生产技术及要素投入有关。那么，农户的家庭效用函数为：

$$\begin{gathered}\max U(H-L_1, H-L_2, X)\\ \text{s.t.}: pX+\tilde{\pi}(q)(H-L_1)+w_2(H-L_2)\leqslant H(\tilde{\pi}+w_2)+y=Z\\ H-L_1\geqslant 0,\ H-L_2\geqslant 0,\ X\geqslant 0\\ H\geqslant H-L_1\geqslant 0,\ H\geqslant H-L_2\end{gathered}\tag{1}$$

其中，H 为总劳动时间，L_1 为家庭配置到农业生产上的时间，L_2 为家庭配置到非农生产上的时间，p 为消费价格，X 为消费量，q 为农产品产量，y 为家庭其他非劳动收入，农户在追求其效用最大化的同时，需要满足其收入和家庭时间的约束。根据对偶定理可知，家庭的消费、劳动的配置与农业生产技术、农业投入要素价格以及农产品价格有关。由（1）式可以得到间接效用函数 $G(p, \tilde{\pi}, w_2, Z)$，间接效用函数是关于 p、$\tilde{\pi}$、w_2、Z 的拟凸、连续函数，通过罗伊等式可以得到要素的需求①：

① 由于篇幅限制，具体式子推导并未列出。

$$
\begin{aligned}
H-L_1 &= -\frac{\partial G/\partial \tilde{\pi}(q)}{\partial G/\partial Z} = \phi(p,\ \tilde{\pi},\ w_2,\ Z) \\
H-L_2 &= -\frac{\partial G/\partial w_2}{\partial G/\partial Z} = \psi(p,\ \tilde{\pi},\ w_2,\ Z) \\
X &= -\frac{\partial G/\partial p}{\partial G/\partial Z} = \varepsilon(p,\ \tilde{\pi},\ w_2,\ Z)
\end{aligned}
\tag{2}
$$

根据霍特林引理，农户进行农业生产，其农产品的供给函数是其利润最大化时的利润函数对商品价格的导数，即：

$$
Q_i(q,\ L_1) = L_1 \frac{\partial \tilde{\pi}(q)}{\partial q_i},\ i=1,\cdots,s \tag{3}
$$

Q_i 是农产品 i 的供应或者是需求函数，将式（2）代入式（3），有：

$$
Q_i(q,\ p,\ w_2,\ Z) = \{H-\phi[p,\ \tilde{\pi}(q),\ w_2,\ Z]\}\frac{\partial \tilde{\pi}(q)}{\partial q_i} = \Omega(p,\ \tilde{\pi},\ q,\ w_2,\ Z) \tag{4}
$$

根据以上推论，文章得出假说一：即家庭劳动力在农业和非农部门间的配置，与在两部分所获得的相对收入有关，当劳动力从事非农生产能带来较高的收益时，其选择从事非农生产，从事农业生产能带来较高收益时，劳动力将会选择务农，同时在考虑劳动力在两部门间的配置时，也需要考虑所消耗的闲暇。

而事实上，休闲和消费为提高效用的两种方式，这两种提高效用的方式也具有购买价格，其中休闲的价格为 $p_1=\tilde{\pi}$ 和 $p_2=w_2$，消费其他物品的价格为 $p_3=p$，劳动的效用具有个体异质性和家庭异质性，因而在间接效用函数中，加入了个体因素 E 和家庭因素 F，从而得到：

$$
G = \frac{Z-\left[\sum_{i=1}^{3}\sum_{j=1}^{3}\sigma_{ij}p_j^{0.5} + \sum_{i=1}^{3}\delta_i p_i E + \sum_{i=1}^{3} b_i p_i F\right]}{\left[\sum_{i=1}^{3} a_i p_i^{\rho}\right]^{1/\rho}} \tag{5}
$$

同理，可以通过罗伊等式得到要素的需求函数：

$$
\begin{aligned}
S_i = {} & \frac{a_i p_i^{\rho}\left[Z-\sum_{i=1}^{3}\sum_{j=1}^{3}\sigma_{ij}p_i^{0.5}p_j^{0.5} - \sum_{i=1}^{3}\delta_i p_i E - \sum_{i=1}^{3} b_i p_i F\right]}{\sum_{i=1}^{3} a_i p_i^{\rho}} + \\
& p_i\left[\sum_{j=1}^{3}\sigma_{ij}\left(\frac{p_j}{p_i}\right)^{0.5} + \sum_{i=1}^{3}\delta_i p_i E + \sum_{i=1}^{3} b_i p_i F\right], i=1,2,3
\end{aligned}
\tag{6}
$$

从而可得到家庭劳动所消费的农业部门的闲暇、非农业部门的闲暇及其他物品的消费量，其中 $S_1=p_1(H-L_1)$，$S_2=p_2(H-L_2)$，$S_3=p_3X$，进一步可以得到家庭劳动的配置方式 L_1 和 L_2，而我们假定了农业生产规模不变，q_1 为产品价格，q_2 为土地租金，q_3 为雇佣劳动的价格，q_4 为资本价格，那么在一个里昂惕夫效用函数下，农业生产的利润方程为：

$$
\pi(q,\ L_1) = \left[\sum_{i=1}^{4}\sum_{j=1}^{4}\gamma_{ij}q_i^{0.5}q_j^{0.5} + \sum_{i=1}^{4}k_i q_i E + \sum_{i=1}^{4}\sum_{r=1}^{4} C_{ir}D_r q_i\right] \tag{7}
$$

其中，D 为区域因素，农业生产利润函数是关于产品价格、租金非农就业的函数。同理，农业生产效率与相对要素价格有关。其中，Q_1 为农产品产量，Q_2 为土地需求，Q_3 为雇佣劳动数量，Q_4 为资本投入，从而得到农业生产与要素投入方程：

$$
\frac{Q_i}{L_1} = \sum_{j=1}^{4}\gamma_{ij}\left(\frac{p_j}{p_i}\right)^{0.5} + k_i E + \sum_{r=1}^{4} C_{ir}D_r\ ,\ i=1,2,3,4,5 \tag{8}
$$

根据以上推论，文章得出假说二：家庭决策，包括是否从事农业生产、是否投入资本、是否投入土地等决策，与劳动、资本及土地的相对要素价格有关。

（二）机制分析

改革开放以来，尤其是20世纪80年代以来，大量农村劳动力外出就业，缓解了我国农村人多地少的矛盾，但同时也引发了农业部门的要素重置，非农部门相对收益较高，更多的农户愿意将农地租出获得一定的租金或者是交给亲戚朋友耕种来获得一定的隐形收入（①）；同时，农业部门劳动供给减少，劳动相对稀缺，劳动与资本的相对价格提升，引致资本对劳动的替代，诱发新的农业生产技术变迁（③）；外出就业的劳动力，相对于本地就近非农就业的劳动力来说，在农忙时节或者是农事活动较多时，回家帮忙的机会成本较大，包括交通成本和时间成本，因而劳动力补给能力较弱（⑤），进一步促进了资本对劳动的替代和农业生产的规模化。而农村劳动力回流，会形成对农业生产中劳动供给的补充，尤其是在农忙时节，可作为农业生产的补充（⑥）；以前劳动力外出而用机械替代劳动，劳动力的补充可弱化这种资本对劳动的替代（④）；而回流农村劳动力的增加，使那些原本由于外出就业而与农业生产割裂的农业家庭，续接其与农地的联系而不愿意租出农地（②）。小农户的决策机制见图1。

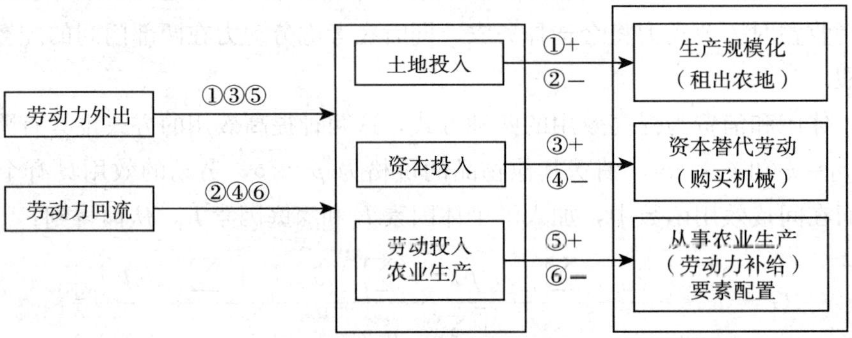

图1　小农户的决策机制

三、研究设计

（一）模型设定

1. 模型一：劳动力回流对农业生产的影响

要回答小农经济是否适合中国的问题，需要验证小农户农业生产受到哪些因素影响与劳动力流动是否会影响农业生产，因而首先分析劳动力回流是否对农业生产产生影响，为此我们建立如下模型：

$$\ln Y_{1m}=\beta_{0m}+\beta_{1m}\ln K_m+\beta_{2m}\ln S_m+\beta_{3m}\ln w_m+\beta_{4m}\ln u_m+\beta_{5m}B_m+\sum\delta_{am}E_{am}+\sum\gamma_{nm}D_{nm}+\varepsilon_m \tag{9}$$

其中，Y_{1m}为农业生产效率，m表示单个农户家庭，K表示资本投入，S表示土地投入，w为预期非农工资，u表示土地租金收入，B表示家庭是否有回流，E为家庭因素，包括是否干部家庭、家庭劳动人数、家庭人力资本水平、户主健康状况，D为村域因素，包括村庄的返乡率、农地流转率、农地流转异质性、是否有村规民约、地貌特征等，β、δ、γ为系数，ε为标准误。劳动力回流也会受到农业生产效率的影响，从而形成内生性问题。考虑到大多数外出劳动力回流的原因，一方面是需要照顾小孩和老人，另一方面是家乡的经济发展较好，回流可以找到很好的工作，因而文章将家庭中未离开家人数和村庄在所在县的相对收入水平作为工具变量。将这两个变量放入方程中时，回归结果不显著；在进行过度识别时，P 值为 0.17，故接受原假设，认为家庭中未离开家人数和村庄经济外生，与扰动项不相关；根据 Staiger 和 Stock 的检验经验法则，F 值为 573，大于 10，可以认为工具变量估计的相对误差较小，基本排除弱工具变量问题。

2. 模型二：劳动力回流对农户决策的影响

在模型一中，我们探讨了农村劳动力回流对农业生产的影响，回答小农经济是否适合中国的问题，小农户在非农部门快速发展的背景下，从事农业生产的意愿不强，并且，劳动力回流，无论是回到农业还是回到农村（即从事农业生产或者就近就地就业），必然会形成对家庭农业生产劳动力补充，从而影响农业生产规模，包括购买机械、租出农地等。为此，我们探讨劳动力回流对农户决策的影响，包括购买机械、租出农地及是否需要劳动力补充，被解释变量都为 0－1 变量，因而选择 Probit 模型，Q_{1m} 表示购买机械，Q_{2m} 表示租出农地，Q_{3m} 表示需要劳动力补充，下标 m 表示单个劳动个体，回归的具体方程是：

$$P(Q_{jm})=\alpha_{0m}+\alpha_{1m}\ln Y_{1m}+\alpha_{2m}\ln Y_{2m}+\alpha_{3m}\ln u_m+\alpha_{4m}\ln B_m+\beta_{5m}B_m+ \sum \delta_{bm}X_{bm}+\in_m,\ j=1,2 \tag{10}$$

其中，m 表示单个农户家庭，Y_2 表示非农劳动生产率，u 表示土地租金收入，B 表示家庭是否有回流，X 表示其他控制因素，包括村庄返乡和村庄地貌特征等，α、δ 为系数，$\in$ 为标准误。

（二）变量设定

（1）被解释变量。在模型一中，被释变量 1：农业生产效率，文章借鉴冒佩华等（2015）关于农业劳动生产率的衡量方法进行度量，即劳均农业收入。在模型二中，被解释变量 2：家庭是否购买机械；被解释变量 3：是否租出农地；被解释变量 4：是否需要劳动补充；被解释变量 5：是否务农。

（2）解释变量。在模型一中，解释变量主要借鉴 Jacoby（1993）的“影子工资”（shadow wage），即：农户在完全理性的条件下，其获得的工资等于其机会成本，文章用劳动力预期在家乡就业的非农工资收入作为解释变量，农业生产要素投入主要为劳动、资本和土地，因而探讨农业生产的变化，加入了实际耕地面积、农户的资本投入以及家庭劳动力数量，同时也加入农地的机会成本（即农地租金）。而在模型二中，考虑的是家庭决策概念，在回归中用家庭非农生产效率替代预期非农工资。

（3）控制变量。农业生产与家庭禀赋有关（Becker，1965；Assuncao、Ghatak，2003；石智雷、杨云彦，2012；刘守英、王一鸽，2018），借鉴李谷成等（2009）关于家庭背景变量的设置，家庭成员的干部身份通常与能力相关，往往只有能力较强的人才能被选为干部，这种能力与农户生产决策行为能力相关。家庭因素还控制家庭劳动力数和人力资本水平，人力资本水平借鉴 Barro 和 Lee（1993）的方法，用劳动力在学校接受正规教育平均年数衡量，我们讨论的是家庭决策，因而采用家庭平均受教育水平衡量家庭人力资本，同时也加入了户主的身体健康状况作为家庭控制变量。资源禀赋因素对农业生产也会有一定影响（郑旭媛、徐志刚，2017；郑旭媛等，2018），文章也控制了其他村域因素，包括返乡率、是否有村规民约、村庄地貌特征、农地流转率以及农地流转异质性等（表 1）。

（三）数据与变量统计描述

（1）数据来源。数据来源于上海财经大学“中国千村调查”，该项目始于 2008 年，旨在通过对中国“千村万户”的社会调研，深度了解中国的“三农”问题。文章主要使用 2013 年和 2018 年数据，虽然用的是 2013 年和 2018 年两年的样本，但两年涉及的村域不一样，覆盖粮食主产区、粮食主销区及产销平衡区，共1 000多个村落，家庭样本量为17 065（表2）。

表1　主要变量说明

	变量	变量说明
被解释变量	农业生产效率	家庭务农收入/家庭务农劳动人数，取对数
	购买机械	生产性固定资产净值大于0=1，生产性固定资产净值小于0=0
	租出农地	租出=1，不租出=0
	劳动力补给	农忙时需要外出打工劳动力帮忙或者是雇佣劳动力，需要=1，不需要=0
	务农	是否务农，是=1，否=0
解释变量	预期非农工资	如果没有外出打工，预计在家乡平均每月非农就业工资收入，取对数
	实际耕地	家庭实际耕地面积，取对数
	农业资本投入	家庭固定资产净值，取对数
	农地租金	亩均农地租金，取对数
	家庭回流状况	家庭是否具有回流劳动力，是=1，否=0
	非农劳动生产率	家庭非农劳动收入/家庭非农劳动人数，取对数
工具变量	家庭从未外出人数	家庭中一直在家乡，未离开家的人数
	相对收入水平（本县）	本村居民人均年收入在本县中的水平
控制变量（家庭）	干部家庭	家庭中是否有人为村干部，是=1，否=0
	家庭劳动人数	家庭中劳动人数（16～64岁）
	家庭人力资本水平	家庭劳动力在学校接受教育平均年数
	健康状况	户主与同龄人相比，身体健康状况，不好=1，一般=2，好=3，非常好=4
控制变量（村域）	返乡率	最近一年，本村农民返乡比例（%）
	农地流转率	村庄转包土地/村庄总耕地
	流转异质性	转包土地中，专业大户经营占比
	村规民约	本村是否有村规民约，是=1，否=0
	地貌特征	村域的地形，平原=1，盆地=2，丘陵=3，山区=4，高原=5

资料来源：作者根据2013年、2018年千村调查数据整理。

表2　变量统计性描述

单位：个

项目	总体		粮食主产区		粮食主销区		产销平衡区		2013年		2018年	
	观测值	均值	观测值	均值	观测值	均值	观测值	均值	观测值	均值	观测值	均值
农业生产效率	7 556	8.34	4 853	8.33	443	8.74	2 260	8.29	3 341	8.20	4 215	8.45
购买机械	17 065	0.32	10 149	0.34	2 766	0.11	4 150	0.40	6 049	0.37	11 016	0.29
租出农地	17 065	0.11	10 149	0.13	2 766	0.11	4 150	0.07	6 049	0.15	11 016	0.09
劳动力补给	17 065	0.18	10 149	0.19	2 766	0.05	4 150	0.22	6 049	0.23	11 016	0.15
务农	17 065	0.87	10 149	0.85	2 766	0.92	4 150	0.86	6 049	0.81	11 016	0.90
实际耕地	10 629	1.39	6 878	1.50	775	0.57	2 976	1.34	4 731	1.37	5 898	1.40
农业资本投入	5 416	9.07	3 443	8.97	310	10.73	1 663	8.97	2 229	8.47	3 187	9.49
预期非农工资	15 507	7.33	9 548	7.38	2 054	7.37	3 905	7.18	6 035	6.90	9 472	7.59
农地租金	9 398	5.83	6 340	5.63	1 301	6.72	1 757	5.89	4 680	5.57	4 718	6.09
家庭回流状况	17 065	0.41	10 149	0.40	2 766	0.47	4 150	0.40	6 049	0.52	11 016	0.35

（续）

项目	总体		粮食主产区		粮食主销区		产销平衡区		2013 年		2018 年	
	观测值	均值	观测值	均值	观测值	均值	观测值	均值	观测值	均值	观测值	均值
非农劳动生产率	5 589	9.32	3 613	9.36	407	9.79	1 569	9.11	2 598	9.16	2 991	9.46
家庭从未外出人数	17 065	1.39	10 149	1.35	2 766	1.29	4 150	1.53	6 049	1.70	11 016	1.21
相对收入水平（本县）	17 065	2.97	10 149	2.94	2 766	3.09	4 150	2.95	6 049	2.93	11 016	2.99
干部家庭	17 065	0.12	10 149	0.10	2 766	0.16	4 150	0.12	6 049	0.08	11 016	0.13
家庭劳动人数	17 065	2.65	10 149	2.63	2 766	2.47	4 150	2.80	6 049	3.25	11 016	2.32
家庭人力资本水平	17 065	7.01	10 149	6.75	2 766	8.13	4 150	6.89	6 049	5.83	11 016	7.65
健康状况	17 065	2.91	10 149	2.90	2 766	3.13	4 150	2.79	6 049	2.89	11 016	2.92
返乡率	17 065	9.99	10 149	8.64	2 766	9.82	4 150	13.40	6 049	10.90	11 016	9.4
农地流转率	17 065	0.22	10 149	0.22	2 766	0.26	4 150	0.18	6 049	0.17	11 016	0.25
流转异质性	17 065	0.46	10 149	0.50	2 766	0.52	4 150	0.30	6 049	0.49	11 016	0.44
村规民约	17 065	0.92	10 149	0.93	2 766	0.92	4 150	0.91	6 049	0.93	11 016	0.91
地貌特征	17 065	2.26	10 149	2.06	2 766	1.70	4 150	3.15	6 049	2.24	11 016	2.28

注：作者根据 2013 年、2018 年千村调查数据整理。

（2）变量统计描述。表 2 汇报了主要变量的描述统计结果，结果显示，粮食主销区的农业劳动生产率最高，其次为粮食主产区、产销平衡区，家庭购买机械的比率为 32%，其中产销平衡区的比率较大，达到 40%，主产区的比率次之，达到 34%，而主销区购买机械的比率较小，主要是因为主销区（上海、北京、天津、广东、浙江、海南、福建等地）的经济发展较好，也为主要的劳动力流入地，其农村劳动力选择就近就地就业的概率较大（杨振宇、张程，2017；杨忍等，2018），农户就近就地就业会使得本地的农户不愿转出农地；另外，主销区的机械化服务较发达，较小规模的农业生产，农户更倾向于购买服务。而粮食主产区有 13%的农户将农地租出，主销区有 11%的农户将农地租出，产销平衡区只有 7%的农户租出农地。我国大部分农产品来自主产区，这主要与我国主产区的地貌特征有关，主产区多为平原或者是盆地，适合粮食的规模化生产，因而农户多愿意租入农地进行农业生产，同时，这些地区也是我国传统的劳动力流出地，劳动力流出的农户也愿意将农地租出。

四、实证分析

（一）农村劳动力回流对农业生产的影响

表 3 汇报了农村劳动力回流对农业生产的影响，回归结果显示，实际耕地面积对农业生产效率的影响显著为正，即实际耕地面积越大，农业生产效率越高，农业生产实现规模化经营，提高了劳动的效率。资本投入对农业生产效率的影响显著为正，即资本投入越多，农户的农业生产效率越高，在农业生产中，往往会形成资本对劳动的替代，农户资本投入增加，劳动投入会减少，从而提高劳动的生产效率。预期非农收入对农业生产效率的影响显著为正，作为农业生产的机会成本，如果预期非农收入较高，农户会选择非农就业，包括外出就业或者在本地就业，从而离开农业部门，因而预期非农收入与农业生产效率正相关。租金收入对农业生产效率的影响为正，即租金收入越高，农业生产效率越高，租金作为农户将农地投入农业生产的机会成本，与农业生产效率正相关，如果从事农业生产并不能给农户带来较高的收益，农地租金又较高，农户会考虑将农地租出，因而

租金与预期收入对农业生产的影响一致，作为农户投入农业生产的劳动和土地要素的机会成本，与农业生产效率正相关，这与假说二一致，农业生产效率与投入要素的机会成本也有一定关系。家庭劳动力的回流状况对农业生产的影响显著为正，即具有回流劳动力的家庭其农业生产效率更高，一方面，回流劳动力较未外出的劳动力有更多的社会经验，能够提高农业生产效率；另一方面，回流劳动力的就近就地就业，往往能形成对农业劳动的补充，包括由于就业近，利用闲暇从事农业生产或者是帮助家庭从事农业生产，还包括在农忙时节进行劳动力的补充等，从而可提高农业生产效率；采用工具变量法之后，家庭回流状况对农业生产效率的影响依然显著。

表3　基准回归

项目	被解释变量：农业生产效率					
	(1)〗	(2)	(3)	(4)	(5)	(6)
	OLS	OLS	2SLS	LIML	GMM	迭代 GMM
实际耕地	0.529 7***	0.525 8***	0.528 6***	0.528 6***	0.525 8***	0.525 8***
	(0.028 4)	(0.028 4)	(0.028 4)	(0.028 4)	(0.028 3)	(0.028 3)
农业资本投入	0.102 2***	0.101 4***	0.101 1***	0.101 1***	0.101 8***	0.101 8***
	(0.015 7)	(0.015 7)	(0.015 6)	(0.015 6)	(0.015 6)	(0.015 6)
预期非农工资	0.132 2***	0.125 8***	0.133 8***	0.133 8***	0.133 0***	0.133 0***
	(0.043 1)	(0.043 5)	(0.043 1)	(0.043 1)	(0.043 1)	(0.043 1)
农地租金	0.042 7*	0.040 1*	0.043 7*	0.043 7*	0.043 4*	0.043 4*
	(0.023 0)	(0.023 0)	(0.023 0)	(0.023 0)	(0.023 0)	(0.023 0)
家庭回流状况	0.167 1***	0.130 3**	0.251 5**	0.251 8**	0.251 5**	0.251 4**
	(0.052 7)	(0.059 4)	(0.104 7)	(0.104 9)	(0.104 7)	(0.104 7)
家庭从未外出人数	—	−0.033 6	—	—	—	—
	—	(0.036 3)	—	—	—	—
相对收入水平（本县）	—	0.0730	—	—	—	—
	—	(0.051 6)	—	—	—	—
干部家庭	0.193 4**	0.199 1**	0.195 3**	0.195 3**	0.201 6**	0.201 4**
	(0.081 8)	(0.081 9)	(0.081 3)	(0.081 3)	(0.081 2)	(0.081 2)
家庭劳动人数	−0.080 4***	−0.063 5**	−0.089 0***	−0.089 1***	−0.088 6***	−0.088 6***
	(0.022 8)	(0.028 9)	(0.024 2)	(0.024 2)	(0.024 2)	(0.024 2)
家庭人力资本水平	0.036 5***	0.035 7***	0.036 9***	0.036 9***	0.036 8***	0.036 8***
	(0.009 6)	(0.009 6)	(0.009 6)	(0.009 6)	(0.009 6)	(0.009 6)
健康状况	0.080 9***	0.079 6***	0.079 1***	0.079 1***	0.080 8***	0.080 8***
	(0.030 2)	(0.030 4)	(0.030 0)	(0.030 0)	(0.030 0)	(0.030 0)
返乡率	−0.684 5***	−0.650 7***	−0.683 7***	−0.683 7***	−0.692 0***	−0.691 8***
	(0.125 3)	(0.127 7)	(0.124 6)	(0.124 6)	(0.124 2)	(0.124 2)
农地流转率	0.191 6*	0.186 5*	0.195 7*	0.195 8*	0.199 4*	0.199 2*
	(0.109 5)	(0.109 8)	(0.109 0)	(0.109 0)	(0.109 0)	(0.109 0)
流转异质性	−0.058 6**	−0.050 8**	−0.061 6***	−0.061 6***	−0.061 2***	−0.061 2***
	(0.023 5)	(0.023 9)	(0.023 6)	(0.023 6)	(0.023 6)	(0.023 6)

（续）

项目	被解释变量：农业生产效率					
	(1)	(2)	(3)	(4)	(5)	(6)
	OLS	OLS	2SLS	LIML	GMM	迭代 GMM
村规民约	−0.490 1***	−0.490 0***	−0.491 7***	−0.491 7***	−0.498 0***	−0.498 0***
	(0.092 6)	(0.092 6)	(0.092 2)	(0.092 2)	(0.092 1)	(0.092 1)
地貌特征	控制	控制	控制	控制	控制	控制
产区	控制	控制	控制	控制	控制	控制
年份	控制	控制	控制	控制	控制	控制
_cons	5.720 9***	5.596 2***	5.376 0***	5.375 9***	5.368 4***	5.369 2***
	(0.493 3)	(0.518 9)	(0.403 8)	(0.403 8)	(0.403 8)	(0.403 8)
R^2	0.323 6	0.324 8	0.322 7	0.322 7	0.322 6	0.322 6

注：括号内为稳健标准误，*、**、***分别表示回归系数在10%、5%、1%的水平上显著。其中，第（1）列回归结果为基本的OLS回归结果，第（2）列为加入工具变量“家庭中未外出人数”“村庄人均家庭收入在县域的相对收入水平”后的回归结果，第（3）列为2阶段工具变量法的回归结果，第（4）列为最大似然法的回归结果，第（5）列为矩估计方法的回归结果，第（6）列为迭代GMM的回归结果。

家庭因素中，干部家庭的农业生产效率更高，我们通常认为能力较强的人才能被选为干部，而这种能力往往能带来更高的生产效率。家庭劳动人数对农业生产效率的影响为负，文章采用的是单位劳动的生产效率，家庭劳动规模越大，农业生产效率越低。家庭人力资本对农业生产的影响显著为正，表明人力资本水平越高，农业生产效率越高，因为人力资本水平高的劳动力往往了解更多的信息，具有更强的能力。户主的健康状况对农业生产的影响为正，即越健康的劳动者家庭，其农业生产效率越高。

村域因素中，村庄的返乡率对农业生产的影响显著为负，即村域返乡率越高，其农业生产效率越低，主要是因为返乡劳动力越多，其作为务农劳动力的补充，在没扩大农业生产的背景下，会降低农业生产效率，另外，劳动供给增加，会减弱机械对劳动力的替代，从而降低农业生产效率。村庄的农地流转率对农业生产效率的影响显著为正，农地流转率较高的地方，其农业生产效率也较高，而将农地较多地转包给其他种粮大户的农户占比越大，农业生产效率越低，有村规的地区农业生产效率较低。

（二）农村劳动力回流对小农户决策的影响

前文分析表明，农村家庭劳动力回流对农业生产效率有正向影响，而村庄的返乡率对农业生产效率产生负向影响，这主要因为回流农村劳动力作为农业生产中劳动供给的补充，会提高总体农业收入；同时，回流农村劳动力多回乡非农就业，虽然会增加农业劳动供给，但是基本上消耗其非农就业的闲暇，尤其是回流农村劳动力只在农忙时节或者是家庭农活忙不过来时作为补充劳动力投入农业生产，但是我们并未考虑所消耗非农就业的闲暇，从而造成了这种正的效用被高估。另外，农村返乡率增加，回流农村劳动力就近就地就业会增加一定量的劳动供给，无论其是利用闲暇还是专门从事农业生产，那么以前由于劳动力外出而用机械替代劳动的农业生产环节，其替代效用被弱化。而回流农村劳动力的增加，由于就近就地就业，使那些原本由于外出就业而与农业生产割裂的农业家庭续接其与农地的联系，进而不愿意租出农地。表4和表5汇报了农村劳动力回流对家庭决策的影响机制检验结果。在模型二中探讨家庭决策，因而将家庭非农生产效率和农业生产效率作为因变量。

表 4 机制检验（一）

项目	Probit			Logit		
	(1)	(2)	(3)	(4)	(5)	(6)
	劳动力补给	租出土地	购买机械	劳动力补给	租出土地	购买机械
农业生产效率	−0.067 7***	−0.075 5***	0.139 1***	−0.109 8***	−0.142 5***	0.228 4***
	(0.021 4)	(0.025 1)	(0.020 1)	(0.035 5)	(0.047 3)	(0.033 0)
非农生产效率	−0.005 1	0.065 9***	−0.045 6**	−0.007 4	0.124 0***	−0.074 2**
	(0.019 8)	(0.024 5)	(0.018 8)	(0.033 2)	(0.045 8)	(0.030 4)
农地租金	0.107 0***	0.044 0*	0.015 4	0.183 4***	0.080 3*	0.023 2
	(0.020 8)	(0.025 3)	(0.019 4)	(0.035 2)	(0.047 4)	(0.031 5)
家庭回流状况	0.243 3***	−0.106 1*	−0.032 8	0.409 1***	−0.207 9*	−0.055 3
	(0.051 5)	(0.063 0)	(0.049 0)	(0.086 5)	(0.119 3)	(0.079 6)
返乡率	0.125 1	−0.394 7**	0.521 8***	0.205 9	−0.753 3**	0.852 5***
	(0.129 5)	(0.189 3)	(0.126 7)	(0.215 2)	(0.375 8)	(0.207 4)
地貌特征	控制	控制	控制	控制	控制	控制
产区	控制	控制	控制	控制	控制	控制
年份	控制	控制	控制	控制	控制	控制
_cons	−0.308 3	−1.179 2***	−0.899 2***	−0.549 8	−1.989 0***	−1.471 1***
	(0.278 7)	(0.346 0)	(0.262 8)	(0.468 2)	(0.646 5)	(0.428 5)

注：括号内为稳健标准误，*、**、***分别表示回归系数在10%、5%、1%的水平上显著。(1)、(2)、(3) 列用 Probit 模型；其中，第 (1) 列被解释变量为是否购买机械，第 (2) 列为被解释变量为是否租出土地，第 (3) 列被解释变量为是否需要劳动力补充。(4)、(5)、(6) 列用 Logit 模型；其中，第 (4) 列被解释变量为是否购买机械，第 (5) 列为被解释变量为是否租出土地，第 (6) 列被解释变量为是否需要劳动力补充。

1. 劳动力回流与劳动力补给

家庭农业生产效率对家庭劳动力补给的影响显著为负，即农业生产效率越高的农户，越不需要外出或者非农就业的劳动力对农业生产提供劳动补充；非农生产效率对劳动力补给的影响不显著；农地租金对劳动力补给的影响显著为正，即越高租金的农地越需要补充劳动力；家庭劳动力回流对劳动力补给的影响显著为正，与假说一一致，家庭回流劳动力会增加劳动供给，尤其是利用闲暇进行农事活动的劳动供给。非农生产效率对非农就业劳动力利用闲暇时间补充家庭农业劳动供给的影响不显著，也从另一角度说明，小农户具有较高的生产效率，这一结果可能被高估，因为我们在讨论农业生产效率时，并未探讨我们所耗费的非农就业的闲暇。

2. 劳动力回流与农地租出

农业生产效率对租出土地的影响显著为负，非农劳动生产效率对租出土地的影响显著为正，农业生产效率较低和非农生产率较高的农户，其转出农地的意愿较弱，即农户如果从事农业生产能够带来很高的收益，或者从事非农生产不能带来很高的收益时，农户倾向于将农地投入农业生产，而不是将其流转出去。租金对农地流转的影响显著为正，即租金收入越高，农户转出农地的概率越大，作为农地投入农业生产的机会成本，农地租金越高，即如果农户将农地投入农业生产所带来的收益扣除劳动和资本相应的价格或者是机会成本后低于农地租金，那么农户就倾向于将农地流转出去，这与假说二一致，即农户的要素投入与相对要素价格有关。家庭有回流的劳动力对租出农地的影响显著为负，村庄返乡率对租出农地的影响显著为负，这即是前文所讨论的，回流劳动力无论是回到农业还是回到农村就近就地就业，其都会形成对农业劳动供给的补充，从而使得以前倾向于转出农地的家庭变为不愿意转出农地，尤其是村域的返乡率对农地流转有负向影响。

3. 劳动力回流与机械购买

农业生产效率对于购买机械的影响显著为正，非农生产效率对于购买机械的影响显著为负。作为农业生产收益，较高的农业生产效率，往往会促进农户购买机械，同时，非农生产效率作为家庭从事农业生产的机会成本，当其较高而农业生产效率又不太高时，农户倾向于不增加资本投入，即不购买机械。租金和家庭是否有回流对购买机械的影响不显著，村域的返乡率对购买机械的影响显著为正，即村域返乡率越高，农户增加机械投入的比率越大。

4. 劳动力回流与就业选择

在实证的前两部分探讨了家庭回流状况对农业生产的影响，并且检验了其影响农户家庭决策的机制，为进一步讨论小农经济是否真的适合中国，将在拓展部分探讨家庭回流状况对于劳动力务农的影响。本文在模型二的基础上，加入个人禀赋因素，包括性别、年龄、年龄平方、劳动力人力资本水平、健康状况等，回归结果如表5所示。较高农业生产效率的劳动力其更倾向于务农，预期非农工资作为劳动力务农的机会成本，其越大，劳动力务农的可能性越大，农地租金越高，劳动力从事农业生产可能性越大，有回流劳动力的家庭，其从事农业生产的可能性更大，村域中返乡率越高，劳动力从事农业生产的可能性越大。并且有小孩上学的家庭、干部家庭及家庭储蓄较低的家庭，其劳动力回流从事农业生产的可能性更大。

表5 机制检验（二）

项目	(1)	(2)	(3)	(4)	(5)	(6)	(7)
		有小孩上学	无小孩上学	干部家庭	非干部家庭	正储蓄	非正储蓄
	务农	务农	务农	务农	务农	务农	务农
农业生产效率	0.049 7***	0.058 8***	0.038 7***	0.130 1***	0.041 6***	0.051 5***	0.043 3***
	(0.010 6)	(0.015 8)	(0.014 3)	(0.034 6)	(0.011 3)	(0.016 7)	(0.013 9)
预期非农工资	−0.112 4***	−0.078 5**	−0.136 3***	−0.220 2***	−0.101 6***	−0.146 1***	−0.116 3***
	(0.024 1)	(0.039 2)	(0.030 8)	(0.076 4)	(0.025 7)	(0.037 8)	(0.032 9)
农地租金	0.115 7***	0.149 3***	0.085 5***	0.151 5***	0.113 5***	0.126 2***	0.105 9***
	(0.010 9)	(0.016 2)	(0.014 9)	(0.038 1)	(0.011 4)	(0.018 9)	(0.013 6)
家庭回流状况	0.670 9***	0.713 5***	0.639 3***	0.784 4***	0.664 6***	0.588 7***	0.728 6***
	(0.028 5)	(0.042 9)	(0.038 4)	(0.099 7)	(0.030 0)	(0.046 9)	(0.036 2)
返乡率	0.254 9***	−0.028 8	0.534 4***	0.698 7**	0.227 5***	0.362 9***	0.195 7***
	(0.071 5)	(0.103 6)	(0.101 8)	(0.271 8)	(0.074 8)	(0.122 1)	(0.089 8)
个人禀赋	控制	控制	控制	控制	控制	控制	控制
地貌特征	控制	控制	控制	控制	控制	控制	控制
产区	控制	控制	控制	控制	控制	控制	控制
年份	控制	控制	控制	控制	控制	控制	控制
_cons	−0.131 0	−0.722 1*	0.258 9	−1.934 5**	0.118 3	−0.339 1	0.223 8
	(0.255 1)	(0.394 0)	(0.346 4)	(0.875 8)	(0.270 4)	(0.428 5)	(0.331 3)

注：括号内为稳健标准误，*、**、***分别表示回归系数在10%、5%、1%的水平上显著。(2)、(3)、(4)、(5)、(6)、(7) 分别讨论异质性家庭劳动力回流对劳动力就业选择的影响，其中，第 (2) 列为有小孩上学的家庭样本回归结果，第 (3) 列为无小孩上学的家庭样本回归结果，第 (4) 列为干部家庭样本回归结果，第 (5) 列为非干部家庭样本回归结果，第 (6) 列为家庭有正储蓄的样本回归结果，第 (7) 列为家庭有负储蓄或者储蓄为0的样本回归结果。

（三）进一步拓展

我国农地配置现状（表 6）整体上呈现出粮食主销区的农地流转率最高、主产区次之、产销平衡最低的特点。2013—2018 年的调研数据显示，主销区的平均流转率为 24.21%，高于粮食主产区（21.05%）和产销平衡区（18.06%）；主销区中，上海市（36.76%）、海南省（32.30%）、浙江省（25.16%）的农地流转率较高；主产区中，安徽省（31.62%）、江苏省（28.87%）、黑龙江（27.49%）的农地流转率较高；产销平衡区中，宁夏（31.44%）、新疆（20.72%）及贵州（19.10%）的农地流转率较高。我国产销平衡区的返乡率较高，2013—2018 年平均返乡率达到 22.32%，产销平衡区多为山区或者是高原地区，同时也是我国传统的农村劳动力流出地，劳动力外出规模本身较大，随着我国劳动力密集型产业的内迁，这些地区很好地利用其后发优势，劳动力在本地能获得较好的收益，引致大量外出劳动力返乡，其中西藏、宁夏、新疆、贵州、陕西等地农村劳动力平均返乡率已经超过 20%。我国粮食主销区的返乡率次之，这是因为主销区本身经济发展状况较好，尤其是上海等东部沿海地区，其村域经济较好，很多农村劳动力在本地就近就业可以获得很高的工资收入，其本身的外出率不高。我国粮食主产区的返乡率较低，尤其是湖南只有 8.63%。

表 6　劳动力回流与农地配置现状

单位：%

地区		返乡率						农地流转率					
		2013 年	2014 年	2015 年	2016 年	2018 年	合计	2013 年	2014 年	2015 年	2016 年	2018 年	合计
主销区	上海	21.21	16.18	33.80	21.11	16.84	21.83	43.46	44.38	40.50	29.19	26.27	36.76
	北京	0.00	10.00	35.60	39.86	12.50	19.59	0.00	0.00	39.61	38.86	1.77	16.05
	天津	30.56	12.11	26.02	20.01	50.00	27.74	16.79	30.88	14.84	22.51	9.70	18.94
	广东	12.16	7.50	20.55	12.49	7.75	12.09	25.40	19.59	17.07	24.93	28.64	23.13
	浙江	20.52	16.22	11.51	18.34	16.72	16.66	26.42	29.46	25.67	22.01	22.23	25.16
	海南	0.00	13.10	10.50	12.83	22.53	11.79	61.85	22.93	11.43	15.61	49.66	32.30
	福建	9.47	12.50	18.00	17.14	13.53	14.13	12.36	2.57	30.85	20.58	19.50	17.17
	小计	13.41	12.52	22.28	20.25	19.98	17.69	26.61	21.40	25.71	24.81	22.54	24.21
主产区	内蒙古	32.58	16.64	27.08	27.79	3.28	21.48	21.69	11.20	16.32	46.35	28.34	24.78
	吉林	19.49	10.83	23.86	11.70	16.70	16.52	12.23	13.07	5.27	41.61	13.51	17.14
	四川	16.85	16.79	24.13	13.82	4.57	15.23	15.04	11.76	17.63	18.52	22.00	16.99
	安徽	11.38	11.48	16.86	13.43	7.71	12.17	17.81	26.84	36.81	59.02	17.61	31.62
	山东	7.31	22.63	24.10	14.83	17.31	17.23	13.85	10.45	12.42	15.24	26.74	15.74
	江苏	20.86	23.29	21.62	22.00	15.90	20.73	26.07	30.61	36.82	36.22	14.65	28.87
	江西	20.14	18.20	7.20	11.42	8.55	13.10	20.53	16.82	12.68	30.33	14.89	19.05
	河北	18.34	23.19	17.22	11.87	20.16	18.16	14.10	14.08	17.43	30.91	16.68	18.64
	河南	13.66	13.44	18.64	18.08	11.36	15.04	16.66	18.09	15.57	29.72	25.16	21.04
	湖北	17.92	14.89	13.64	7.67	11.79	13.18	15.69	12.47	10.09	35.53	45.65	23.89
	湖南	5.24	9.02	15.59	9.27	4.02	8.63	4.88	8.71	13.56	13.58	32.21	14.59
	辽宁	20.32	13.38	23.97	18.67	10.29	17.32	12.01	20.59	7.49	16.20	13.13	13.88
	黑龙江	17.27	13.61	22.05	12.94	1.99	13.57	18.41	14.67	26.17	47.14	31.08	27.49
	小计	17.03	15.95	19.69	14.88	10.28	15.57	16.07	16.10	17.56	32.34	23.20	21.05

（续）

地区		返乡率						农地流转率					
		2013 年	2014 年	2015 年	2016 年	2018 年	合计	2013 年	2014 年	2015 年	2016 年	2018 年	合计
产销平衡区	云南	15.83	20.85	24.88	16.33	18.85	19.35	10.10	18.81	12.45	15.58	29.32	17.25
	宁夏	8.33	53.50	13.11	30.57	36.50	28.40	40.44	20.00	23.39	59.71	13.67	31.44
	山西	21.00	18.27	19.02	16.53	11.39	17.24	16.10	8.11	13.56	14.58	42.94	19.06
	广西	14.33	11.19	16.38	17.13	8.01	13.41	5.73	18.09	3.63	35.59	23.55	17.32
	新疆	18.74	13.00	41.69	34.30	17.52	25.05	22.33	16.84	23.53	22.50	19.38	20.92
	甘肃	13.91	24.35	17.13	15.86	11.74	16.60	12.12	6.57	7.04	34.93	27.76	17.68
	西藏	36.67	50.00	95.50	8.60	5.07	39.17	0.00	0.00	0.00	17.57	10.42	5.60
	贵州	25.22	21.73	26.90	28.94	14.29	23.42	14.65	14.27	12.67	26.57	27.32	19.10
	重庆	19.15	21.26	16.63	12.48	9.34	15.77	12.01	21.76	9.60	19.92	24.66	17.59
	陕西	17.90	31.50	26.75	18.29	17.23	22.33	11.75	20.65	7.98	14.66	22.67	15.54
	青海	4.00	32.50	27.20	23.45	37.00	24.83	15.50	13.39	20.68	17.72	18.61	17.18
	小计	17.74	27.10	29.56	20.23	17.00	22.32	14.61	14.41	12.23	25.39	23.66	18.06
总计		17.91	17.50	21.31	17.13	13.12	17.39	21.64	21.60	20.54	27.85	23.72	23.07
N		729	536	766	1 208	757		729	536	766	1 208	757	

注：①数据来源于 2013—2018 年上海财经大学村域调查，虽然上海财经大学的千村调查数据分为定点和返乡调查数据，但是每年所调查的行政村可能不一致，因而其每个省份所显示出来的数据可能存在很大差异，但是不影响文章对我国农地配置现状的分析。②村域中关于农地配置现状为现有耕地中自己经营耕地面积、转包土地面积以及农地撂荒三种配置现状，被征用土地已不包括在现有可耕地范围内，考虑到篇幅和文章的研究主题，表中只列出了农地流转（转包）现状。③关于主产区、主销区、产销平衡区的划分，参照财政部 2003 年 12 月下发的《关于改革和完善农业综合开发若干政策措施的意见》中的划分方式。

五、结论及政策建议

本文在理论部分构建了要素跨部门配置的决策模型，并且探讨了农村劳动力流动对小农户的农业生产以及农户要素配置决策的影响，利用 2013—2018 年千村调查数据来进行验证，得出以下结论：①2013—2018 年村域数据显示，粮食主销区具有较高的粮食农地流转率，产销平衡区具有较高的返乡率；农户数据显示，粮食主产区和产销平衡区具有较强的机械购买意愿，粮食主产区的农地租出率较高，产销平衡区农忙时节需要外出劳动力补充的比率较大。②在农业生产中，家庭劳动力回流对农业生产效率存在正效用，而我们忽略了家庭劳动生产效率的提高可能是因为消耗非农就业的闲暇导致这种正效用被高估。回流农村劳动力作为农业生产中劳动供给的补充弱化了资本对劳动的替代，而那些原本由于外出就业而与农业生产割裂的农业家庭，因续接与农地的联系而不愿意租出农地。③预期非农工资和农地租金作为农户所拥有的要素（劳动和土地）的影子价格，对农业生产效率提升具有正效用，对于要素投入农业生产的效用为负。④农业生产、农户决策等具有异质性，家庭所在地的村域、产区、地貌特征以及是否具有村规民约等都会对农业生产和家庭决策产生一定的影响，并且农地流转给种粮大户的农业生产效率低于流转给专业组织或者企业，有小孩上学的家庭、干部家庭及储蓄较低的家庭其劳动力回流从事农业生产的可能性更大。

从本文研究结论来看，在当前的政策制度下劳动力回流对农业生产效率的影响可能被高估，推高了“小农经济可能更适合中国”的言论，而且回流农村的劳动力会弱化农业生产中资本对劳动的替代作用，进一步抑制农业生产规模化，即回流农村劳动力可能不愿转出农地，从而形成大量兼业化农户，这对农业部门和非农部门的发展都是不利的，从结构转变的角度看，农业的发展关系着整个中国经济的发展，将小农经济融入现代化轨道也是未来中国经济进一步发展的关键。为了实现这一目标，就要求我们对当前限制农业发展和农村劳动力转移的政策和制度等做相应调整。从长远的角度看，需要中国对土地制度进行改革，激发乡村活力，提高农业生产效率，从而实现经济的顺利转型，促进经济的快速发展。不过，我们的研究也存在着局限性，目前只得到两年详细家庭决策数据，文章只讨论小农户的农业生产性固定资产投入，并未讨论小农户的机械化服务投入，这可能导致一定的估计偏差。这些都需要在未来的千村调查中进行多期追踪并补充完善。

参考文献

蔡昉，2018. 农业劳动力转移潜力耗尽了吗？[J]. 中国农村经济，405（9）：4－15.

盖庆恩，朱喜，史清华，2014. 劳动力转移对中国农业生产的影响 [J]. 经济学（季刊），13（3）：1147－1170.

李谷成，冯中朝，范丽霞，2009. 小农户真的更加具有效率吗？来自湖北省的经验证据 [J]. 经济学（季刊），9（1）：99－128.

刘守英，王一鸽，2018. 从乡土中国到城乡中国——中国转型的乡村变迁视角 [J]. 管理世界（10）：128－232.

陆旸，蔡昉，2016. 从人口红利到改革红利：基于中国潜在增长率的模拟 [J]. 世界经济（1）：3－23.

冒佩华，徐骥，贺小丹，等，2015. 农地经营权流转与农民劳动生产率提高：理论与实证 [J]. 经济研究（11）：161－176.

石智雷，杨云彦，2012. 家庭禀赋、家庭决策与农村迁移劳动力回流 [J]. 社会学研究（3）：157－181.

王欧，唐轲，郑华懋，2016. 农业机械对劳动力替代强度和粮食产出的影响 [J]. 中国农村经济（12）：48－61.

魏后凯，闫坤，2017. 中国农村发展报告 [M]. 北京：中国社会科学出版社.

徐建国，张勋，2016. 农业生产率进步、劳动力转移与工农业联动发展 [J]. 管理世界（7）：76－87.

徐志刚，宁可，钟甫宁，等，2018. 新农保与农地转出：制度性养老能替代土地养老吗？——基于家庭人口结构和流动性约束的视角 [J]. 管理世界（5）：86－97.

杨进，吴比，金松青，等，2018. 中国农业机械化发展对粮食播种面积的影响 [J]. 中国农村经济（3）：89－104.

杨忍，徐茜，张琳，等，2018. 珠三角外围地区农村回流劳动力的就业选择及影响因素 [J]. 地理研究，37（11）：2305－2317.

杨振宇，张程，2017. 东迁、自选择与劳动力溢价："孔雀东南飞"背后的故事 [J]. 经济学（季刊），16（4）：1311－1340.

郑旭媛，徐志刚. 资源禀赋约束、要素替代与诱致性技术变迁——以中国粮食生产的机械化为例 [J]. 经济学（季刊），16（4）：45－66.

非农就业、农地转出与农村收入不平等*

左孝凡　陆继霞

（中国农业大学人文与发展学院）

摘要：本文基于中国家庭追踪调查数据（CFPS），通过构建计量模型实证分析非农就业、农地转出对农村收入不平等的影响及其作用机制。研究发现：考虑内生性情况下非农就业与农地转出对缓解农民收入不平等具有显著影响，并通过了多种代理变量和计量模型的稳健性检验；在家庭周期异质性与地区异质性视角下，非农就业与农地转出对农民收入不平等影响具有差异；整体上非农就业与农地转出不存在相互调节效应，但在稳定型家庭周期阶段，非农就业与农地转出在对农村收入不平等影响过程中具有相互调节效应；经因果识别，非农就业是农地转出的原因之一且非农就业对农地转出具有显著影响，中介效应检验模型结果显示，农地流转在非农就业对农民收入不平等影响过程中发挥不完全中介效应。

关键词：非农就业；农地转出；收入不平等；家庭生命周期；农村发展

一、引　　言

新中国成以来，我国经济发展取得了举世瞩目的成就，国内生产总值从1949年的358亿元人民币增长到2018年的90.03万亿元人民币①。但经济快速发展的同时，我国收入不平等问题仍较为凸显，国家统计局公布的最新基尼系数显示，2016年我国基尼系数达到0.465，超过了国际警戒线（0.4），同时城乡收入倍差为2.72，显示出我国城乡差距依然较大②。现阶段我国农村地区非农就业成为提高农村家庭收入的主要方式（刘魏，2016），非农就业具有重要的减贫作用（刘一伟、刁力，2018），就业扶贫的方式帮助一批贫困户实现了稳定脱贫，带来了可持续的稳定收入，说明非农工作增加农户收入的边际效应要明显高于农业生产。在“三权分置”农村产权改革背景下，激活农地流转市场，实现农业适度规模化经营，对提高农业生产效率具有重要意义（孙屹等，2014）。由此，非农就业与农地转出对农民增收、增产发挥了重要作用。在这样的背景下，关注我国低收入群体收入不平等问题，并研究非农就业、农地转出对收入不平等的缓解效应，对应对农村地区收入不平等引发的社会问题，提高农民幸福感和获得感具有现实意义。

非农就业对于改善农村收入水平和收入不平等具有促进作用（蒲艳萍、李霞，2011）。一方面，非农就业可以显著促进农民收入增长（肖龙铎、张兵，2017），外出务工是摆脱贫困最有效的方法（赵曼、程翔宇，2016），非农就业会通过增加非农收入、提高农业生产率和农村产业结构减少贫困

＊ 基金项目：国家社会科学基金一般项目“土地流转后农户的可持续生计研究”（编号：15BSH030）；中国农业大学教育基金会“大北农教育基金”资助项目“土地流转后农户的生计策略研究”。

① 数据来源：历年《中国统计年鉴》。

② 数据来源：中央政府门户网站，http：//www.gov.cn/xinwen/2017-01/20/content_5161566.htm。

(刘华珂等，2017)，所以，非农就业对缓解农村居民贫困状况具有显著影响（刘一伟、刁力，2018)。另一方面，贫困群体较高收入群体而言，更容易做出非农就业决策，在贫困群体加入非农生产工作时，高收入农户仍然从事农业生产，进而形成收入增长差，减弱了农村内部整体收入不平等（Ling，1991；Nong、Luo，2008)，为此，通过鼓励外出务工积累物质资本，保证非农就业机会的通达性对抑制收入差距扩大具有积极意义（刘魏、张应良，2018)。农地流转对农户增收也具有显著促进作用，农地（林地）流转拓宽了农民的收入来源，增加了农民的资产性收入（左孝凡等，2018)。史常亮等（2019）基于计量模型研究得出农地流转使任意样本农户家庭和已流转农地农户家庭总收入分别增加19%和26%的结论，体现了农地流转的收入效应。但是农地流转的收入效应对不同收入阶层的农户存在显著异质性，即农地流转对不同收入群体发挥不同作用，其中农地转出仅使部分低收入群体增加收入，在一定程度上具备缩小收入差距的功能（郭君平等，2018)。非农就业与农地流转关系的研究较为广泛，但学界仍未达成共识。一方面，非农就业通过弱化土地社会保障功能促进农地流转（许庆、陆钰凤，2018)。非农就业尤其对农地转出具有重要影响，家庭非农就业人员越多，农户发生土地转出行为的概率越大，土地转出的面积越大（孙小龙、郭沛，2015)，反之，非农就业对农地（林地）转入有显著抑制作用（张寒等，2018)。另一方面，农地确权和农地流转促进了农村劳动力非农转移（韩家彬等，2019)，随着农村结构转型的进一步推进，土地流转对劳动力流动正向效应显著，劳动力流动是土地流转的动因（张永丽、梁顺强，2018)。虽然研究非农就业与农地流转的文献较多，但鲜少考虑非农就业与农地流转之间的因果关系识别问题。

通过对文献进行梳理可以发现，现有文献对非农就业的收入效应、减贫效应，农地流转实现了农业生产适度规模生产、提高了农地利用率，有助于实现农业增产、增收已经被学界广泛接受，但鲜有文献将农村地区收入不平等和非农就业与农地转出放在统一框架下进行研究，对城乡收入不平等关注较多，对农村内部的收入差距关注较少。同时，既有研究虽然对非农就业与农地流转之间关系进行了较深入的讨论，但仍没有形成一致结论，尤其没有对非农就业与农地转出之间的因果关系进行识别。基于此，本研究通过构建计量模型研究非农就业、农地转出对收入不平等的影响具有以下贡献：①将非农就业、农地转出与农村收入不平等放在同一框架内研究，并关注到家庭生命周期异质性、地理区域异质性以及收入阶级异质性等问题，讨论非农就业和农地转出对收入不平等的缓解效应，丰富了对收入不平等研究的文献；②对收入不平等的测算，不仅将Kakwani指数、基尼系数作为代理变量，同时构建工具变量分位数回归模型进行研究，提高所得结论的稳健性；③通过构建多方程组Probit对非农就业与农地转出的因果关系进行识别，进一步验证农地转出在非农就发挥收入不平等缓解效应过程中的中介效应，为非农就业与农地流转之间关系的讨论提供一点文献资料。

二、理论分析与研究假设

（一）非农就业、农地转出影响收入不平等作用机理

基于对既有文献的梳理，非农就业、农地转出对农民收入不平等具有缓解效应。图1报告了非农就业、农地转出对农民收入不平等影响的作用机理。

首先，“非农就业——收入不平等”作用路径。现阶段，农村劳动力从农业向非农业转移，体现出非农就业高收入效应对农户的吸引力。非农就业对不同收入群体具有重要的收入分配效应，一方面，非农就业对于全体农村居民而言，改变了原本仅依靠单一化农业生产的收入格局，拓宽了农民收入渠道（王春超，2011)，与从事农业生产相比，提高了农民单位劳动报酬率，促进农户收入

水平提升；另一方面，非农就业发挥了显著的收入分配效应，具对低收入群体的收入边际效应要高于对高收入群体的收入边际效应，不断缩小低收入群体和高收入群体之间的收入差距，进一步缓解农村收入不平等状况。其次，“农地转出——收入不平等”作用路径。农地转出驱动力主要有两个方面，一是家庭劳动力不足，农地生产经营的低效率促使农户选择进行农地转出（钱龙、钱文荣，2017），二是农地小规模经营无法发挥农业规模经营优势，导致劳动力在农业经营上的单位劳动力报酬率低下，收入低下。由此，农地转出会带来两种生产要素配置效应，一为直接效应，农地转出会带来直接的租金收益，提高农民的收入水平；二为间接效应，农地转出会进一步释放劳动力资源（诸培新等，2015），提高劳动力资源配置效率。小规模农业生产已经不能满足低收入群体的家庭正常开销，两种生产要素配置不仅对家庭资源整合与配置效率的提高具有重要作用，可提高家庭资源要素报酬率，同时对缩小农村收入差距、缓解农村收入不平等也具有重要作用。最后，“非农就业——农地转出——收入不平等”作用路径。非农就业的高单位劳动力报酬率会促进小规模农业生产农村居民放弃农业生产，提高低收入群体的收入水平，进而对农村收入不平等发挥缓解效应。

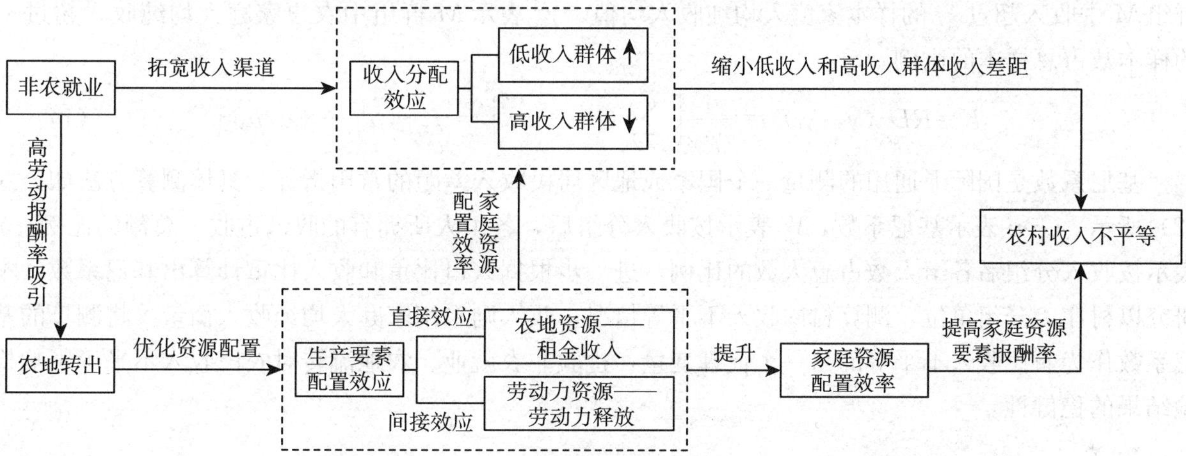

图1　非农就业、农地转出对农民收入不平等作用机理

（二）研究假设

基于非农就业、农地转出对农民收入不平等作用机理的分析，本文提出以下研究假设：

假设H1：非农就业替代农业生产对低收入群体的收入效应要高于对高收入群体的收入效应，进而可缓解农村收入不平等。

假设H2：农地转出一方面优化农地资源配置提高农业收入水平，另一方面优化劳动力配置提高非农收入水平，低收入群体在资源和劳动力配置中带来的收入边际效应要高于高收入群体。

假设H3：非农就业与农地转出可能存在正向相互调节效应，非农就业可增强农地转出对收入不平等的缓解效应；反之，农地转出可增强非农就业对收入不平等的缓解效应。

假设H4：非农就业是农户进行农地转出的原因之一，非农就业减少了农业劳动力配置，促进农户进行农地转出，进而形成“非农就业——农地转出——收入不平等”的影响传导机制。

三、数据与研究方法

（一）数据来源

本文数据来源于北京大学中国社会科学调查中心的大型综合社会追踪调查——中国家庭动态追

踪调查（CFPS），通过跟踪搜集个体、家庭、社区三个层次的数据，反映中国社会、经济、人口、教育和健康的变迁，该项目是以为学术研究和政策决策提供数据为目标的重大社会科学项目。目前该调查以 2010 年为基期已经完成 2012 年、2014 年和 2016 年的数据调查，本研究采用最新公布的 2016 年 CFPS 数据，根据研究需要结合 2014 年 CFPS 的部分数据，通过样本匹配后剔除缺失值、异常值，最终筛选形成 3 219 个农户家庭样本。

（二）变量选取、释义与基本描述统计

表 1 报告了本研究的变量选取、释义与基本描述统计情况。

被解释变量方面。Kakwani 指数用于测量个体相对剥夺的情况，可以衡量农民在参照群组中收入的不平等情况。参照 Kakwani（1984）、杨晶和黄云（2019）对个体相对剥夺的研究，其主要思路就是将农民收入与参照群体中比该个体收入高的样本进行比较，从而得到农民收入相对剥夺的情况。具体测算如公式（1）所示。其中，μ_M 是群组 M 中所有样本的家庭人均纯收入均值，$\mu_{y_i}^{+}$ 是群组 M 中收入超过 y_i 的样本家庭人均纯收入均值，$\gamma_{y_i}^{+}$ 表示 M 群组中农户家庭人均纯收入超过 y_i 的样本数占总样本的比例。

$$K=RD(y,\ y_i)=\frac{1}{n\mu_M}\left[\sum_{j=i+1}^{n}(y_j-y_i)\right]=\gamma_{y_i}^{+}[(\mu_{y_i}^{+}-y_i)/\mu_M] \tag{1}$$

基尼系数是国际上通用的测量一个国家或地区居民收入差距的常用指标。具体测算方法如公式（2）所示，$Gini$ 表示基尼系数，W 表示按收入分组后，各组人所拥有的收入占收入总额的比例，Y 表示按收入分组后各组人数占总人数的比例，进一步根据人口比重和收入比重计算出基尼系数。本研究以村庄为分组单位，测算村内收入不平等情况，收入则采用家庭人均纯收入衡量。将测算的基尼系数作为农民收入不平等的另一个代理变量，检验非农就业、农地流转对农民收入不平等影响检验结果的稳健性。

$$Gini=\sum_{i=1}^{N}W_iY_i+\sum_{i=1}^{N-1}W_i(1-Y_i)-1 \tag{2}$$

核心解释变量。非农就业，表示农户家庭中成员是否从事非农工作，其均值显示 14.8%的农户家庭从事非农工作。农地转出，表示农户家庭是否有农地转出行为，均值显示 9%的农村居民家庭有农地转出行为，占总样本比例较低。家庭周期，家庭周期表示受访者家庭所处家庭周期，1～6 分别表示起步型阶段、抚养型阶段、负担型阶段、稳定型阶段、赡养型阶段、空巢型阶段，均值 3.476 表示样本中大部分农村居民家庭处于负担型和稳定型阶段。

控制变量。户主层面。户主年龄，表示受访者家庭户主的年龄，户主年龄不仅会影响农户家庭非农就业和农地转出的决策，也对农户收入具有重要影响；户主性别，表示受访者家庭户主的性别，一方面性别会影响其工作性质，决定农户家庭的收入，另一方面户主性别对家庭的各项决策方向也具有影响；户主是否党员，表示受访者是否为党员，是否党员一般作为社会资本的代理变量，一般情况下对农户增收具有重要促进作用（左孝凡等，2018）；户主教育水平，表示受访者的受教育年限，户主健康水平，表示受访者的健康程度，户主教育水平和健康水平是人力资本的重要组成部分，提高人力资本存量有利于农民收入的提高（左孝凡等，2018），户主人力资本对家庭收入具有重要影响。家庭层面。婚姻状况，表示受访者是否处于在婚状态，处于在婚状态，社会关系和经济都较为稳定，对收入波动存在影响；家庭规模，表示受访者家庭人数，家庭人数对家庭生计决策和劳动力资源配置具有重要影响，进而对农民个体从事工作和收入产生影响；礼金支出，表示过去一年家庭礼金支出的总额，一般而言礼金支出可以表示亲友之间的社会网络关系强度，这种社会网

络关系对农民获得收入的高低具有重要影响；是否贫困，家庭是否是贫困家庭，将家庭收入 2 300 元/年（2010 年不变价）作为贫困的衡量标准，一般而言贫困家庭获得收入的能力会有所限制，对收入增加具有一定影响；家庭净资产，家庭净资产的多少对防范农民收入波动具有重要影响。社区层面。城镇距离，表示受访者所在村庄与城镇间的距离距城镇越远，村庄发展受到限制越大。村人均收入，表示受访者所在村庄的人均纯收入，可衡量村庄经济发展水平。与城镇间距离和村人均收入表示村庄的经济和社会发展水平以及发展潜力，村庄发展越好，农村居民获得收入的机会越多。

为了进一步控制区域差异带来的模型估计偏差，模型以东北部地区为参照地区设置了东部地区、中部地区和西部地区作为控制区域，提高了模型估计的精确性。

表 1　变量选取、释义与基本描述统计

	变量	释义	平均值	标准误
被解释变量	Kakwani 指数	收入不平等的代理变量，是用于测量农村居民收入不平等状况的指标，具体计算方式见公式（1）	0.463	0.284
	基尼系数	收入不平等的代理变量，进行不平均分配的那部分收入所占的比例。	0.406	0.099
核心解释变量	非农就业	过去一年家庭成员是否进行非农业工作，0=否，1=是	0.148	0.356
	农地转出	过去一年是否进行农地转出，0=否，1=是	0.090	0.286
	家庭周期	受访者家庭所处家庭周期，1～6 分别表示起步型阶段，抚养型阶段负担型阶段，稳定型阶段，赡养型阶段，空巢型阶段	3.476	1.357
控制变量	户主年龄	受访者家庭户主的年龄，单位：岁	52.205	11.374
	户主性别	受访者家庭户主的性别，0=女，1=男	0.587	0.493
	户主是否党员	受访者家庭户主是否为党员，0=否，1=是	0.078	0.269
	户主教育水平	受访者家庭户主接受教育的年限，单位：年	6.114	4.045
	户主健康水平	受访者家庭户主的健康程度，取值范围 1～5，数值越大表示居民越不健康	3.210	1.230
	婚姻状况	受访者是否处于在婚状态，0=否，1=是	0.921	0.270
	家庭规模	受访者的家庭人数，单位：人	4.259	1.922
	礼金支出	受访者过去一年家庭礼金支出，单位：元，对数化处理	7.337	1.906
	是否贫困	受访者家庭是否贫困，0=否，1=是	0.190	0.393
	家庭净资产	受访者家庭净资产，单位：元	−0.014	1.123
	城镇距离	受访者与城镇间的距离，单位：千米	27.000	21.277
	村人均收入	受访者所在村落的人均纯收入，单位：元	8.177	0.794

（三）计量策略

1. Tobit 模型

根据本研究被解释变量的数据分布特征，Kakwani 指数和基尼系数均为［0，1］区间内的受限连续性变量，适合使用 Tobit 模型，采用最大似然估计，方程形式如公式（3）所示。

$$y=\sigma_0+\sigma_i x_i+\mu_i \tag{3}$$

其中，y 表示被解释变量 Kakwani 指数或基尼系数，x_i 表示解释变量，包括非农就业、农地转出以及控制变量和地区控制变量，σ_i 表示各解释变量的待估计系数，σ_0 为常数项，μ_i 为误差项。

2. 分位数回归模型（QR）

分位数回归模型采用最小二乘法（OLS）进行估计，分位数回归研究被解释变量与解释变量的条件分位数之间的关系，相应得到的回归模型可由解释变量估计被解释变量的条件分位数。本文尝试采用QR模型进一步验证非农就业与农地转出对农民收入不平等发挥怎样的影响。方程形式如公式（4）所示。

$$z=\rho_0+\rho_i x_i+\lambda_i \tag{4}$$

其中，z 表示被解释变量家庭人均纯收入，x_i 表示解释变量，包括非农就业、农地转出以及控制变量和地区控制变量，ρ_i 表示各解释变量的待估计系数，ρ_0 为常数项，λ_i 为误差项。

3. 中介效应模型

非农就业与农地流转对农民收入不平等影响可能存在中介效应，为此本文通过建立中介效应模型检验"非农就业——农地流转——农民收入不平等"这一影响作用机制。中介效应检验需要同时构建三个方程，方程形式如公式（5）～公式（7）所示。公式（5）和公式（6）采用Tobit模型检验，公式（7）采用Probit模型检验。

$$K=\alpha_0+\alpha_1 Non-Agr+\alpha_i CV_i+\varepsilon_{1i} \tag{5}$$

$$Non-Agr=\beta_0+\beta_1 LandTran+\beta_i CV_i+\varepsilon_{2i} \tag{6}$$

$$K=\delta_0+\delta_1 Non-Agr+\delta_2 LandTran+\delta_r CV_r+\varepsilon_{3r} \tag{7}$$

其中，K 表示Kakwani指数，$Non-Agr$ 表示非农就业，CV 表示控制变量，$LandTran$ 表示农地转出，α_1 表示公式（5）中非农就业的待估计参数，β_1 表示公式（6）中农地转出的待估计参数，δ_1、δ_2 分别表示公式（7）中非农就业与农地转出的待估计参数，α_i、β_i、δ_r 分别表示三个方程控制变量的待估计参数，α_0、β_0、δ_0 分别三个方程的常数项，ε_1、ε_2、ε_3 分别表示三个方程的误差项。

检验农地转出的具体步骤如下：第一步，检验 α_1 是否通过显著性检验，如果 α_1 通过显著性检验则进入下一步，如果未通过显著性检验则终止中介效应检验。第二步，检验 β_1 和 δ_2 是否通过显著性检验。第三步，如果 β_1 和 δ_2 均通过显著性检验，则农地转出中介效应显著，进一步检验 δ_1 的显著性情况，如果 δ_1 显著，则农地转出发挥不完全中介效应，如果 δ_1 不显著，则农地转出发挥完全中介效应。如果 β_1 和 δ_2 至少有一个未通过显著性检验，则需要进行Sobel检验，若通过检验则农地转出发挥中介效应，若未通过检验则农地转出不发挥中介效应。

四、实证结果分析

（一）核心变量统计分析

为了进一步呈现样本数据分布特征，表2报告了在区域异质性、家庭周期异质性视角下核心变量的统计情况，包括Kakwani指数、非农就业、农地转出和家庭人均纯收入。

不同区域核心变量之间存在一定差异，从Kakwani指数的均值可以看出，西部地区收入不平等程度最大，其次是东北部地区、东部地区和中部地区，显示了区域经济社会发展较滞后地区反而农民收入不平等的情况更严重的数据特征，西部地区和东北部地区明显高于东部和中部地区。非农就业情况，东部地区和中部地区劳动力外出务工较为活跃，分别占各地区样本量的20.7％和18.4％，这与东部地区和中部地区经济发展情况有关。而西部和东北部地区非农就业则均在10％左右，说明相对于东部地区和中部地区的农民而言，西部地区和东北部地区的农民更加不愿意外出务工。农地转出方面，中部地区、东部地区、西部地区和东北部地区农地转出率分别为12.4％、

8.4%、8.1%和5.1%，中部和东部地区农地转出率依然较西部和东北部地区高，说明西部和东北部地区农民较东部和中部地区而言，对农地的保障功能的重视和家庭生计对农业生产的依赖程度较高。家庭人均纯收入方面，东部地区和中部地区家庭人均纯收入亦高于西部地区和东北部地区，与非农就业、农地转出呈现出正向同步关系。

家庭周期对于农民各项决策以及收入存在重要影响。从Kakwani指数来看，处于稳定型阶段的农民收入不平等程度最轻，赡养型阶段的农民收入不平等情况最严重。不同家庭周期下，非农就业与农地转出也展现出较为同步的变化，非农就业率和农地转出率均在起步型阶段达到最大值，非农就业率在赡养型阶段达到最小值，仅为7%，农地转出率在稳定型阶段达到最小值，仅为7.9%。家庭人均纯收入方面，处于稳定和起步阶段的农民收入水平较高，分别为10 848.29元和9 689.286元，这两个阶段的共同特征就是没有抚养和赡养的压力，且所在家庭劳动力能够充分优化配置，提高家庭的人均收入。负担型和空巢型阶段的农民收入较低，分别为7 165.979元和7 259.326元，这两个阶段共同的特征就是劳动力供给不足，负担型家庭由于赡养和抚养的压力导致劳动力不能够有效配置，而空巢型家庭则表现出劳动力短缺或无劳动力的状态。总之，不同区域和家庭生命周期的农民在收入不平等、非农就业、农地转出和收入等方面都存在一定差异。

表2　区域异质性、家庭周期异质性：核心变量统计分析

项目		Kakwani指数	非农就业率	农地转出率	家庭人均纯收入（元）
区域	东部地区	0.435	0.207	0.084	9 777.788
	中部地区	0.419	0.184	0.124	9 782.121
	西部地区	0.515	0.102	0.081	7 436.837
	东北部地区	0.460	0.100	0.051	9 120.582
家庭周期	起步型阶段	0.404	0.286	0.143	9 689.286
	抚养型阶段	0.475	0.182	0.090	8 165.914
	负担型阶段	0.522	0.279	0.087	7 165.979
	稳定型阶段	0.399	0.139	0.079	10 848.29
	赡养型阶段	0.553	0.070	0.088	6 611.442
	空巢型阶段	0.525	0.095	0.133	7 259.326
总样本		0.463	0.148	0.090	8 840.074

(二) 非农就业与农地转出对农民收入不平等的影响

表3报告了多种模型、不同代理变量下非农就业、农地转出对农民收入不平等影响的检验结果。模型采用了Kakwani指数和基尼系数作为收入不平等的代理变量。模型1和模型2采用单因素模型，分别检验了非农就业和农地转出对农村居民收入不平等的影响，检验结果显示，非农就业和农地转出均在1%的统计水平上对农民收入不平等产生显著负向影响，即农户非农就业行为与农地转出行为对缓解农民收入不平等具有显著作用。但是非农就业和农地转出在对农民收入不平等影响过程中可能存在相互调节效应，为此模型3在模型1和模型2的基础上加入非农就业和农地转出的交互项，并对农户特征、家庭特征、社区特征和区域进行控制减小模型估计的误差，检验结果显示非农就业和农地转出依然对缓解农民收入不平等产生显著影响，交互项没有通过显著性检验表明整体上非农就业与农地转出对农户收入不平等的影响并没有产生调节效应。考虑到遗漏变量等因素带来的内生性问题，进一步在模型3的基础上采用二阶段最小二乘法（2SLS）建立工具变量模型。

以非农就业、农地转出和非农就业与农地转出的交互项等 3 个变量为工具变量，以社区为参照群组设置工具变量均值是学界常用的方法（刘一伟、刁力，2018；王翊嘉等，2019），故选择以社区（村庄）为参照，采用非农就业、农地流转和交互项的均值作为工具变量，同时考虑到由于农地转出和非农就业可能存在延续性，前期数据会对后期农户家庭决策产生影响，选择了 CFPS2014 数据库中的农地流转和非农就业作为工具变量。

表 3　非农就业、农地转出对农民收入不平等影响检验结果：Tobit 模型与工具变量模型

项目	被解释变量：Kakwani 指数				被解释变量：基尼系数			
	Tobit 模型			2SLS	Tobit 模型			2SLS
	模型 1	模型 2	模型 3	模型 4	模型 5	模型 6	模型 7	模型 8
非农就业	−0.133*** (−9.47)		−0.061*** (−5.73)	−0.075*** (−4.06)	−0.026*** (−5.30)		−0.012** (−2.26)	−0.043*** (−3.38)
农地转出		−0.060*** (−3.43)	−0.036*** (−2.64)	−0.055* (−1.89)		−0.025*** (−3.99)	−0.016** (−2.40)	−0.049*** (−2.64)
非农就业×农地转出			0.033 (1.18)	0.002 (0.03)			−0.003 (−0.22)	0.002 (0.04)
家庭周期			−0.085*** (−5.24)	−0.085*** (−5.28)			0.028*** (3.37)	0.025*** (2.81)
家庭周期平方			0.011*** (5.20)	0.011*** (5.24)			−0.004*** (−3.52)	−0.003*** (−2.93)
年龄			−0.000 (−0.67)	−0.000 (−0.91)			0.000 (1.35)	0.000 (0.48)
性别			0.019** (2.53)	0.020*** (2.67)			0.002 (0.48)	0.003 (0.82)
是否党员			−0.012 (−0.96)	−0.012 (−0.93)			0.005 (0.74)	0.006 (0.82)
教育水平			−0.005*** (−5.90)	−0.005*** (−5.41)			−0.001* (−1.80)	−0.000 (−0.80)
健康水平			0.008*** (2.79)	0.008*** (2.76)			−0.002 (−1.14)	−0.002 (−1.29)
婚姻状况			0.018 (1.39)	0.016 (1.21)			−0.012* (−1.90)	−0.014** (−2.13)
家庭规模			0.005** (2.45)	0.005** (2.33)			0.001 (0.65)	0.000 (0.42)
礼金支出			−0.015*** (−7.78)	−0.014*** (−7.76)			0.001 (1.20)	0.001 (1.35)
是否贫困			0.497*** (57.55)	0.496*** (87.65)			0.059*** (13.47)	0.057*** (13.08)
家庭净资产			−0.005* (−1.65)	−0.005 (−0.91)			−0.002 (−1.42)	−0.002 (−1.17)

（续）

项目	被解释变量：Kakwani 指数				被解释变量：基尼系数			
	Tobit 模型			2SLS	Tobit 模型			2SLS
	模型 1	模型 2	模型 3	模型 4	模型 5	模型 6	模型 7	模型 8
城镇距离			0.000 (1.27)	0.000 (1.12)			0.000*** (3.11)	0.000** (2.43)
村人均收入			−0.007 (−1.51)	−0.007 (−1.51)			−0.001 (−0.44)	−0.001 (−0.44)
地区控制	否	否	是	是	否	否	是	是
N	3 219	3 219	3 219	3 219	3 219	3 219	3 219	3 219
Wald 检验	—	—	—	74.771***	—	—	—	74.771***
Hansen 检验	—	—	—	1.348	—	—	—	38.571

首先，Wald 检验说明工具变量模型不存在弱工具变量问题，Hansen J 检验值未通过显著性检验，说明选取的工具变量均为外生变量，故工具变量符合选取标准。模型 4 检验结果显示，非农就业在 1%的统计水平下通过显著性检验，非农就业变化 1 个单位，农民 Kakwani 指数会下降 0.075，农地流出在 10%的统计水平上通过显著性检验，农地转出变化 1 个单位，农民 Kakwani 指数会下降 0.055。交互项依然没有通过显著性检验，进一步验证了模型 3 结果的稳健性。变换农民收入不平等的代理变量，采用基尼系数作为被解释变量，其结果与采用 Kakwani 指数作为农民收入不平等代理变量的检验结果相近，验证了非农就业与农地转出均对缓解农民收入不平等具有显著作用，且非农就业与农地转出之间并未发挥调节效应。基于此，假设 H1 与假设 H2 得到初步验证，但假设 H3 没有得到模型检验结果的支持，即整体上非农就业与农地转出之间不存在相互调节效应。

控制变量方面。由于家庭周期对农户家庭的各项决策和收入都会产生重要影响，模型加入了家庭周期和家庭周期的平方项作为控制变量。模型 4 显示，家庭周期对农民收入不平等呈现出“U”形影响，家庭周期对农民收入不平等影响的极值为 3.567，即家庭处于负担型阶段与稳定型阶段之间。户主特征方面，教育水平、健康水平会减缓农户之间的收入不平等，教育与健康是人力资本的重要组成，提高人力资本存量对缓解收入不平等具有重要意义（杨晶等，2019）。家庭特征方面，家庭是贫困户将会加剧农民收入不平等状况，所以目前减贫工作的推进有利于缓解农民收入不平等状况。礼金支出一般可以视作社会资本的代理变量（刘一伟、刁力，2018；左孝凡等，2018），社会资本存量大有利于缓解农民收入不平等，中国是一个人情社会（冯必扬，2011），社会资本通过“人情关系”降低低收入群体与高收入群体之间在各种社会资源上的差异进而降低收入不平等水平。

（三）稳健性检验：分位数回归模型与工具变量分位数回归模型

表 4 报告了非农就业、农地转出对农民收入影响的分位数回归模型与工具变量分位数回归模型的检验结果。QR 模型检验结果显示，非农就业对农民收入的影响在 10%、50%和 90%百分位分别在 5%、1%和 1%的显著性水平上通过检验，效应值分别为 0.235、0.202 和 0.198，非农就业的农民增收效应不断下降，说明非农就业对低收入群体收入边际效应比对高收入群体收入边际效应要高，验证了非农就业缓解农户收入不平等结论的稳健性。农地转出仅在 50%分位数水平通过显著性检验，农地转出收入效应为 0.176，对中等收入群体具有显著影响，对 10%和 90%分位数水

平的低收入和高收入群体并未产生显著影响，所以农地转出对缓解农民收入不平等具有一定促进作用。交互项方面并未通过显著性检验，并且家庭周期对农民收入呈现出倒“U”形影响。

IVQR模型在QR模型的基础上考虑了遗漏变量等因素的影响，检验结果进一步检验了QR模型结果的稳健性，非农就业对低收入群体的收入边际效应为0.459，远高于50%分位数位置的0.296，90%分位数水平未通过显著性检验，即非农就业对高收入群体的增收效应并不显著。农地转出依然对中等收入群体的增收产生显著影响，虽然对低收入和高收入群体影响不显著，但是农地转出对低收入群体的收入边际效应依然远高于对高收入群体的收入边际效应。虽然在全样本下，农地转出并没有对农民收入产生显著影响，但是从影响方向来看，其依然对农民收入产生正向影响。所以IVQR与QR模型的结论基本一致，进一步验证了非农就业与农地转出对缓解农民收入不平等具有显著影响。检验结果进一步印证了假设H1和假设H2，并验证了整体上非农就业与农地转出之间不存在相互调节效应，即检验结果不支持假设H3。

表4　非农就业、农地转出对农民收入的影响检验结果：QR模型与IVQR模型

项目	分位数回归模型（QR）			OLS模型	工具变量分位数回归模型（IVQR）			2SLS模型
	模型1	模型2	模型3	模型4	模型5	模型6	模型7	模型8
	QR_10	QR_50	QR_90	全样本	IVQR_10	IVQR_50	IVQR_90	全样本
非农就业	0.235**	0.202***	0.198***	0.196***	0.459***	0.296***	0.081	0.238***
	(0.093)	(0.052)	(0.070)	(0.039)	(0.129)	(0.101)	(0.114)	(0.068)
农地转出	0.104	0.176***	0.063	0.132***	0.240	0.357**	−0.080	0.165
	(0.102)	(0.061)	(0.058)	(0.049)	(0.187)	(0.144)	(0.131)	(0.108)
非农就业×农地转出	−0.117	−0.170	−0.042	−0.112	−0.914	−0.282	0.725	0.011
	(0.182)	(0.121)	(0.138)	(0.101)	(0.680)	(0.427)	(0.467)	(0.313)
家庭周期	0.168*	0.274***	0.299***	0.273***	0.154	0.319***	0.264***	0.276***
	(0.098)	(0.081)	(0.082)	(0.059)	(0.098)	(0.078)	(0.087)	(0.059)
家庭周期平方	−0.019	−0.036***	−0.038***	−0.035***	−0.018	−0.042***	−0.033***	−0.035***
	(0.013)	(0.011)	(0.011)	(0.008)	(0.013)	(0.011)	(0.012)	(0.008)
地区控制	是	是	是	是	是	是	是	是
N	3 219	3 219	3 219	3 219	3 219	3 219	3 219	3 219
R^2	0.524	0.373	0.302	0.653	0.525	0.372	0.300	0.652

（四）家庭周期视角下非农就业、农地转出对农民收入不平等的影响

根据上文分析，家庭周期对农户收入不平等产生倒“U”形影响，可见在不同家庭周期下非农就业与农地转出对收入不平等的影响可能会有差异。

表5报告了在家庭周期异质性视角下非农就业与农地转出对农民收入不平等的影响。由于家庭周期中起步期样本较少，构建模型检验结果并不可靠，所以未报告处于起步期家庭周期阶段样本的模型检验结果。模型1～模型5分别报告了抚养型阶段、负担型阶段、稳定型阶段、赡养型阶段和空巢型阶段等5个家庭周期下，不同样本的回归结果。非农就业在抚养型阶段、稳定型阶段、赡养型阶段和空巢型阶段均对缓解农民收入不平等具有显著影响作用。在负担型阶段，非农就业并没有产生作用，可能的原因是负担型阶段家庭人口特征包括了16岁以下的孩子和60岁以上的老人，这两个群体对于农村家庭来说都是较为沉重的负担，对于低收入群体而言，非农就业只能勉强维持家

庭的生计开支或不能非农就业，所以，虽然非农就业有利于农民收入的提高，但是并不具有向低收入群体倾斜的特征。

基于上文模型的检验结果，农地转出在整体上有利于缓解农民收入不平等，但是在家庭生命周期异质性视角下，农地转出仅在稳定型阶段对缓解农民收入不平等产生显著影响，其他阶段农地转出对农民收入不平等的影响并未通过显著性检验。稳定型阶段家庭子女均超过16周岁，并且没有需要赡养的老人，农地转出可以释放家中的劳动力，优化家庭劳动力配置，对于仅以农业生产为主的低收入农村家庭，非农就业带来的收入边际效应要远高于农业生产，而在其他每个阶段，由于家中有需要照顾的孩子、需要赡养的老人或者自己本身就已经处于老龄阶段，农业家庭并不能完全放弃农业生产对家庭的保障作用，所以农地转出并不能完全释放家中的劳动力，没有提高和优化劳动力配置效率，所以农地转出并未产生显著影响。

非农就业与农地转出交互项方面，虽然在全样本上没有对农民收入不平等产生显著影响，即非农就业与农地流转在对农民收入不平等影响过程中并没有发挥相互调节作用，但是在稳定型阶段，交互项在5%的统计水平下对农民收入不平等产生显著影响，其本身并没有实际意义，但结合非农就业与农地转出分别在5%和1%的显著性水平上对农民收入不平等产生显著正向影响的检验结果，可以认为在稳定型阶段的农民，其非农就业行为与农地转出行为存在相互调节作用。若以非农就业为主效应，农地转出则进一步推进了非农就业在缓解农民收入不平等影响过程中的作用；若以农地转出为主效应，非农就业也进一步推进了农地转出在农民收入不平等影响过程中的积极作用。所以，在稳定型阶段这种家庭劳动力较充足，抚养和赡养压力较小的家庭特征下，非农就业和农地转出对低收入群体的收入边际效应处于整个家庭生命周期中最高的阶段，所以非农就业与农地转出不仅各自发挥独立的缓解农民收入不平等的作用，也具有正向相互调节作用。

表5　家庭周期异质性：非农就业与农地转出对农民收入不平等影响检验结果

项目	模型1	模型2	模型3	模型4	模型5
	抚养型阶段	负担型阶段	稳定型阶段	赡养型阶段	空巢型阶段
非农就业	−0.054***	−0.064	−0.039**	−0.103**	−0.108**
	(0.015)	(0.043)	(0.019)	(0.041)	(0.042)
农地转出	0.015	−0.068	−0.079***	−0.020	−0.037
	(0.021)	(0.086)	(0.025)	(0.034)	(0.033)
交互项	−0.018	0.033	0.100**	−0.137	0.046
	(0.040)	(0.118)	(0.050)	(0.105)	(0.115)
控制变量	是	是	是	是	是
区域控制	是	是	是	是	是
N	1 245	104	1 164	400	285

（五）区域异质性视角下非农就业与农地转出对农民收入不平等的影响

不同区域特征下非农就业与农地转出对农民收入不平等产生不同的影响。根据我国自然条件和农业生产类型的不同可分出东部地区、中部地区、西部地区和东北部地区4个地区。表6报告了区域异质性视角下非农就业与农地转出对农民收入不平等影响的检验结果。

非农就业方面，东部地区、西部地区和东北部地区分别在10%、1%和1%统计水平上通过显著性检验，非农就业能够显著缓解东部、西部和东北部地区农民收入不平等的情况。但是在中部地区没有通过显著性检验，一方面由于中部地区样本量过少，模型检验可能存在偏误；另一方面，中部地区平原居多，农业生产相比于其他区域具有效率高的特征，所以非农就业与农地转出的收入边际效应与从事农业生产的收入边际效应相近，并且这可能与中部地区乡土归属感等其他个体因素相关。东部地区经济较为发达，东部地区从事非农工作带来的收入效应要明显高于从事农业工作带来的收入效应，故在东部地区非农就业对低收入的农民带来的增收效应较强，有利于改善农民收入不平等的状况。西部地区和东北部地区属于全国发展较为滞后的区域，外出务工从事非农工作成为当地农民的主要生计来源，这种收入对当地原有固化的收入阶级带来一定冲击，缓解了原有的收入不平等状况。

农地转出方面，其在东部和中部地区并没有发挥显著的缓解农民收入不平等的作用，一方面可能是因为东中部地区地理位置适合农业适度规模化生产，根据上文描述统计分析，东部和中部地区的农地转出率明显高于西部和东北部地区；另一方面，东部和中部地区经济较西部和东北部地区发达，农村家庭劳动力配置基本向非农行业倾斜，所以农地转出带来的直接租金收益和劳动力配置优化效应并不明显，无法对农民的收入及其不平等产生显著影响。而西部地区和东北部地区恰恰相反，农业生产虽然收入效应较低，但是作为家庭重要的收入来源，土地相对于东部和中部地区发挥了更重要的保障功能，所以农地转出带来的劳动力优化效应对农民收入及其不平等产生重要的影响，且对低收入群体收入效应较为明显，缓解了西部、东北部地区的农民收入不平等状况。

交互项依然没有通过显著性检验，在区域异质性视角下非农就业和农地转出依然没有发挥相互调节效应。家庭周期的影响方面与总体样本估计结果一致，均在不同显著性水平上对农民收入不平等产生“U”形影响。

表6　区域异质性：非农就业与农地转出对农民收入不平等影响检验结果

项目	模型1	模型2	模型3	模型4
	东部地区	中部地区	西部地区	东北部地区
非农就业	−0.037*	−0.025	−0.095***	−0.103***
	(0.020)	(0.019)	(0.019)	(0.034)
农地转出	−0.035	−0.009	−0.036*	−0.084*
	(0.033)	(0.022)	(0.021)	(0.045)
交互项	0.046	−0.019	0.049	0.009
	(0.055)	(0.041)	(0.064)	(0.143)
家庭周期	−0.145***	−0.056*	−0.066***	−0.086*
	(0.036)	(0.030)	(0.025)	(0.051)
家庭周期平方	0.020***	0.008**	0.008**	0.013*
	(0.005)	(0.004)	(0.003)	(0.007)
控制变量	是	是	是	是
N	1 245	104	1 164	400

（六）拓展性分析：非农就业与农地转出因果关系识别与中介效应检验

基于上文分析，非农就业与农地流转虽然在家庭周期视角下的稳定型家庭周期阶段发挥了相互调节效应，但整体上并没有通过显著性检验。既有研究对非农就业促进了农地转出还是农地转出促进了非农就业一直存在争议。在非农就业和农地转出不存在相互调节效应的前提下，本文尝试探讨非农就业和农地转出在对农民收入不平等进行影响的过程中，是否从中发挥了中介效应？所以，在讨论中介效应检验之前需要对非农就业与农地转出的因果关系进行识别。

非农就业和农地转出本文采用的是二分类变量，采用三阶段最小二乘法（3SLS）对模型构建联立方程模型会得出有偏估计，在考虑内生性的情况下，根据变量数据分布特征，通过 Stata13.0 计量软件的 CMP 外部命令构建多方程组 Probit 模型，探讨非农就业与农地转出之间的关系。为了更好地反映非农就业与农地流转之间的关系，在构建方程组时，对作为被解释变量的农地转出和非农就业均采取了滞后一期处理，即采用 CFPS2014 数据库的数据进行匹配。表 7 报告了非农就业与农地转出的多方程组 Probit 模型检验结果。

模型 1 报告了农地转出的非农就业效应方程检验结果。以 2016 年非农就业为被解释变量，2014 年农地转出为解释变量，结果显示农地转出并没有通过显著性检验，说明农地转出没有发挥非农就业效应。模型 2 报告了非农就业的农地流转效应检验结果。以 2016 年农地转出为被解释变量，2014 年非农就业为解释变量，结果显示非农就业在 1%的显著性水平下通过检验，非农就业发挥显著的农地转出效应。所以，基于 CFPS 数据构建模型检验，结果显示农地转出不会显著促进非农就业，农地转出对农民外出务工没有推动作用，而非农就业则会显著促进农民农地转出。基于此，可以认为非农就业是农民进行农地转出的原因之一。

表 7　非农就业与农地转出：多方程组 Probit 模型

项目	模型 1：农地转出的非农就业效应			模型 2：非农就业的农地转出效应		
	系数值	标准误	P 值	系数值	标准误	P 值
2014 年农地转出	0.180	0.119	0.128			
2014 年非农就业				0.105***	0.027	0.000
家庭周期	−0.002	0.146	0.989	−0.303**	0.154	0.048
家庭周期平方	−0.002	0.020	0.928	0.041**	0.020	0.042
年龄	−0.033***	0.003	0.000	0.013***	0.004	0.000
性别	0.350***	0.067	0.000	−0.175**	0.071	0.014
是否党员	0.202**	0.102	0.047	−0.060	0.122	0.626
教育水平	0.072***	0.009	0.000	0.007	0.009	0.464
健康水平	−0.027	0.026	0.298	−0.002	0.027	0.949
婚姻状况	−0.127	0.122	0.298	−0.120	0.116	0.301
家庭规模	−0.026	0.019	0.158	−0.010	0.020	0.618
礼金支出	0.033*	0.019	0.080	0.017	0.018	0.361
是否贫困	−0.322***	0.088	0.000	−0.124	0.087	0.155
家庭资产	−0.015	0.040	0.697	0.112	0.078	0.151
城镇距离	−0.006***	0.002	0.000	0.000	0.002	0.800
村人均收入	−0.026	0.040	0.513	0.022	0.042	0.594
地区控制		是			是	

根据多方程组 Probit 模型检验结果，非农就业是农地转出的原因之一，但是农地转出并不能显著影响非农就业。所以，本文进一步探讨非农就业与农地转出对农民收入不平等之间是否存在“非农就业——农地转出——农民收入不平等”这样一个传导机制。根据中介效应检验模型的要求，同时构建了 3 个方程用于检验农地转出的中介效应。表 8 报告了农地转出的中介效应检验结果。方

程1以Kakwani指数为被解释变量，非农就业为解释变量，非农就业在1%的统计水平上通过显著性检验；方程2以农地转出为被解释变量，非农就业为解释变量，非农就业在1%的统计水平上对农地流转产生显著正向影响；方程3以Kakwani指数为被解释变量，非农就业与农地转出为解释变量，非农就业和农地转出分别在1%和5%的统计水平上显著缓解收入不平等。其中，三个方程均对控制变量和区域控制变量进行控制。根据中介效应的判断标准，结合三个方程显著性情况，农地流转在非农就业对收入不平等影响过程中发挥不完全中介效应。由此，假设H4得以验证。

表8　农地转出的中介效应检验

项目	方程1	方程2	方程3
	Kakwani指数	农地流出	Kakwani指数
非农就业	−0.059***	0.446***	−0.057***
	(0.010)	(0.087)	(0.010)
农地转出			−0.028**
			(0.012)
控制变量	是	是	是
区域控制	是	是	是
N	3 219	3 219	3 219

五、结论与政策建议

(一) 结论

本文基于CFPS2016数据，通过构建多种计量模型实证分析非农就业、农地转出对农民收入不平等的影响并分析其作用机制。基于全文分析，得出以下结论：①非农就业与农地转出对缓解农民收入不平等具有显著影响。通过构建Tobit模型、2SLS工具变量模型、分位数回归模型和工具变量分位数回归模型，采用Kakwani指数和基尼系数作为农民收入不平等的代理变量，通过多个模型检验，结果显示非农就业与农地转出对农民收入不平等产生显著影响。②在家庭周期异质性与地区异质性视角下非农就业与农地转出对农民收入不平等的影响具有差异。非农就业和农地转出在不同家庭周期阶段对农民收入不平等产生不同程度的影响，在稳定期阶段，非农就业与农地转出还发挥相互调节作用；非农就业在不同区域产生不同影响，在中部地区，非农就业对农民收入不平等不产生显著影响，农地转出在东部和中部地区对缓解农民收入不平等也不产生显著影响。③整体上非农就业与农地转出之间不存在相互调节效应。本文通过在基准模型中加入非农就业与农地转出的交互项检验非农就业与农地转出之间的调节效应。交互项对Kakwani指数和农民家庭人均纯收入均未通过显著性检验。但在稳定型家庭生命周期阶段非农就业与农地转出交互项通过显著性检验，影响方向为正，非农就业和农地转出相互促进，进一步对缓解农户收入不平等状况产生显著影响。④非农就业是农地转出的原因之一，非农就业对农地转出具有显著影响，农地流转在非农就业对农民收入不平等影响过程中发挥不完全中介效应。通过构建多方程组Probit模型，对非农就业与农地转出之间的因果关系进行识别，结果显示非农就业是农地转出的原因之一，且通过中介效应检验模型发现“非农就业——农地转出——农民收入不平等”的传导影响机制。

(二) 政策建议

①推动非农就业，拓宽低收入群体增收路径。在推动农民从事非农工作的过程中要充分考虑低

收入群体的特殊情况，结合就业扶贫政策，解决农村低收入群体富余劳动力的就业问题，提高低收入群体的收入水平，缓解农村居民之间收入不平等的状况。②以“三权分置”推动农地有序流转，优化农村劳动力合理配置。推动农地有序流转，一方面通过农地转出直接实现租金收入缓解了小规模种植无法实现经济效应的困境，另一方面进一步释放了农村劳动力，优化劳动力在农业和非农业之间的配置，实现了农民收入的提高。③把握非农就业与农地转出内在逻辑，缓解农村收入不平等状况。非农就业与农地转出本质上是促进农村劳动力优化配置和农地资源配置，释放农村劳动力和挖掘农地资源的经济价值，厘清非农就业与农地转出之间的作用关系，提高农村居民收入水平，使农业产业增产增收是缓解农村收入不平等的重要基础。

参 考 文 献

冯必扬，2011. 人情社会与契约社会——基于社会交换理论的视角 [J]. 社会科学 (9)：67 - 75.

郭君平，曲颂，夏英，等，2018. 农村土地流转的收入分配效应 [J]. 中国人口·资源与环境，28 (5)：160 - 169.

韩家彬，刘淑云，张书凤，2019. 农地确权、土地流转与农村劳动力非农就业——基于不完全契约理论的视角 [J]. 西北人口，40 (3)：11 - 22.

刘华珂，何春，崔万田，2017. 农村劳动力转移减贫的机理分析与实证检验 [J]. 农村经济 (11)：57 - 62.

刘魏，2016. 非农就业对城郊农民收入的影响研究 [J]. 西南大学学报（社会科学版），42 (5)：61 - 73，190.

刘魏，张应良，2018. 非农就业与农户收入差距研究——基于“离土”和“离乡”的异质性分析 [J]. 华中农业大学学报（社会科学版）(3)：56 - 64，155.

刘一伟，刁力，2018. 社会资本、非农就业与农村居民贫困 [J]. 华南农业大学学报（社会科学版），17 (2)：61 - 71.

蒲艳萍，李霞，2011. 劳动力流动对农村经济的影响效应——基于对四川省调查数据的分析 [J]. 人口与经济 (1)：39 - 45.

钱龙，钱文荣，2017. 社会资本影响农户土地流转行为吗？——基于 CFPS 的实证检验 [J]. 南京农业大学学报（社会科学版），17 (5)：88 - 99，153 - 154.

史常亮，2019. 农户土地流转收入效应的异质性分析 [J]. 学习与实践 (3)：37 - 46.

史常亮，栾江，朱俊峰，2017. 土地经营权流转、耕地配置与农民收入增长 [J]. 南方经济 (10)：36 - 58.

孙小龙，郭沛，2015. 非农就业对农户土地转出行为的影响 [J]. 财经科学 (11)：121 - 128.

孙屹，杨俊孝，刘凯辉，2014. 农户农地流转的土地生产效率影响因素实证研究——以新疆天山北坡经济带玛纳斯县为例 [J]. 干旱区研究，31 (6)：1170 - 1175.

王春超，2011. 农村土地流转、劳动力资源配置与农民收入增长：基于中国 17 省份农户调查的实证研究 [J]. 农业技术经济 (1)：93 - 101.

王翊嘉，左孝凡，黄森慰，2019. 正式网络加剧了农村居民收入不平等吗？——基于福建省、安徽省 320 农户的调查 [J]. 石家庄铁道大学学报（社会科学版），13 (2)：15 - 23.

肖龙铎，张兵，2017. 金融可得性、非农就业与农民收入——基于 CHFS 数据的实证研究 [J]. 经济科学 (2)：76 - 89.

许庆，陆钰凤，2018. 非农就业、土地的社会保障功能与农地流转 [J]. 中国人口科学 (5)：30 - 41，126 - 127.

杨晶，丁士军，邓大松，2019. 人力资本、社会资本对失地农民个体收入不平等的影响研究 [J]. 中国人口·资源与环境，29 (3)：148 - 158.

杨晶，黄云，2019. 人力资本、社会资本对农户消费不平等的影响 [J]. 华南农业大学学报（社会科学版），18 (4)：111 - 126.

张寒，杨红强，陈海滨，等，2018. 非农就业对林地流转的影响——基于双内生视角的 MV Tobit 估计 [J]. 资源科学，40 (8)：1505 - 1514.

张永丽，梁顺强，2018. 土地流转对农村劳动力流动的影响 [J]. 干旱区资源与环境，32 (8)：45 - 51.

赵曼，程翔宇，2016. 劳动力外流对农村家庭贫困的影响研究——基于湖北省四大片区的调查［J］. 中国人口科学（3）：104－113，128.

诸培新，张建，张志林，2015. 农地流转对农户收入影响研究——对政府主导与农户主导型农地流转的比较分析［J］. 中国土地科学，29（11）：70－77.

左孝凡，王翊嘉，苏时鹏，2018. 林地流转减贫效应研究［J］. 林业经济问题，38（6）：34－41，103.

左孝凡，王翊嘉，苏时鹏，等，2018. 社会资本对农村居民长期多维贫困影响研究——来自2010—2014年CFPS数据的证据［J］. 西北人口，39（6）：59－68.

Ling Z，1991. Rural reform and peasant income in China［M］. Basingstroke：Palgrave Macmillan UK.

Nanak Kakwani，1984. The relative deprivation curve and its applications［J］. Journal of Business & Economic Statistics（4）：384－394.

Nong Z，Luo X，2008. The impact of remittances on rural poverty and inequality in China［J］. Policy Research Working Paper（32）：1－32.

社会资本能促进小农户与现代农业有机衔接吗？*

——基于资源获取能力中介效应的检验

许黎莉[1,2]　朱雅雯[1]　陈东平[2]

（1. 内蒙古农业大学经济管理学院；2. 南京农业大学金融学院）

摘要：本文构建了社会资本“强化、社会信用、信息、影响”的理论框架，基于2016—2017年对江苏、山东两省535户合作社社员的调查数据和中介效应模型，对社会资本是否以及如何通过资源获取能力影响小农户与现代农业有机衔接进行了实证分析。结果表明：①基于强化、社会信用、信息属性，社会资本可以实现小农户与现代农业有机衔接，资源获取能力在其中发挥了完全中介效应，非正式社会资本对提高小农户资源获取能力的作用强于正式社会资本；②考虑成员异质性情况下，在有机衔接过程中，正式社会资本对核心社员的作用大于普通社员，非正式社会资本对普通社员的作用大于核心社员；③基于影响属性，非正式社会资本可以部分克服“精英俘获”导致的普通社员去组织化问题。上述发现为如何通过社会资本提高小农户的组织化程度，并在此基础上设计、完善相关政策，使合作社成为实现小农户与现代农业有机衔接理想载体提供了新的思路和经验证据。

关键词：社会资本；合作社；小农户；现代农业；资源获取能力

一、引　言

小农户是我国农业生产经营的基本单位，也是推动我国实施乡村振兴战略的重要主体。然而，由于小农户生产经营受到规模、资金、技术、信息等条件的限制，难以实现资源的优化配置，为克服小农生产的局限性，中共十九大提出，要实现小农户和现代农业发展的有机衔接。

现代农业是相对于传统农业而言的、处于最新发展阶段、高产、优质、高效、生态、安全的农业（阮文彪，2019）。要实现小农户与现代农业发展有机衔接，必须通过组织化路径，提供现代农业服务。农民专业合作社（下文简称“合作社”）作为农民自我联合的组织，通过生产要素的聚集和规模扩大，克服了小农户的弱质性，是小农户与现代农业发展有机衔接的关键载体（徐旭初等，2018）。然而，现实中合作社的发展并不尽如人意，出现诸如成员分层（熊万胜，2009）、精英俘获

* 基金项目：国家自然科学基金项目“政策性担保贷款自我履约的微观机理与实现路径”（编号：71963026）；内蒙古自治区高等学校科学研究项目“普惠金融视角下的农村信用担保运行模式对违约率作用机理的研究——以内蒙古为例”（编号：NJZC17077）；内蒙古农业大学人文社科研究重点课题“农牧交错带牧民合作组织合作契约达成及治理结构选择”（编号：2018ZD5）。

（梁剑峰等，2015）、合作关系松散（蒋永穆等，2019）、收益分配不对称等“异化”现象，部分学者据此对合作社能否真正提高农户生产组织化程度、发挥小农户与现代农业有机衔接的作用提出了质疑（陈义媛，2017）。

社会资本作为一种期望在市场中得到回报的社会关系投资，通过在工具性和表达性行动中发挥作用，增强了嵌入社会网络的资源行动的效果（林南，2005）。合作社本身就是嵌入在特殊的社会关系中，依赖交易者特殊的社会规范和共同信念来维持交易的正常进行（Granovetter，1985）。研究表明，社会资本可以有效降低合作社成员之间的交易成本、提高管理层决策效率，促进合作社长远发展（徐志刚等，2017）。那么，在合作社这一小农户与现代农业有机衔接的载体中，具有什么特征的小农户更容易获取资源，实现与现代农业的对接、嵌入、融合？社会资本是否能够通过自身优势克服合作社因异质性成员、精英俘获等导致的去组织化弊端，使合作社真正成为适用且合意的衔接载体？社会资本在其中发挥了什么作用机制？对以上问题的回答不仅可在理论上形成对已有宏观政策分析和中观组织层面研究的有益补充，在实践中，也可以为在合作社中如何利用社会资本有效组织小农户，提高小农户的内生性组织化程度，以及为合作社实现小农户与现代农业有机衔接的价值回归与功能重塑提供指导。

基于此，本文采用2016年江苏、山东两省农业合作社社员调查数据，从小农户角度出发，以资源获取能力作为中间路径，检验、比较正式和非正式社会资本对小农户与现代农业有机衔接的影响、作用机制及其差异。结果表明：基于强化、社会信用、信息属性，社会资本可以实现小农户与现代农业有机衔接；资源获取能力在社会资本与小农户与现代农业有机衔接中发挥了中介效应，拥有非正式社会资本的小农户资源获取能力强于拥有正式社会资本的小农户；基于影响属性，社会资本可以部分克服合作社成员异质化、精英俘获导致的小农户去组织化问题，使合作社成为实现小农户与现代农业有机衔接的理想载体。

与已有文献相比，本文贡献主要在于：第一，揭示了不同类型社会资本对小农户与现代农业有机衔接的影响存在明显差异，因此不能笼统地将社会资本作为整体进行分析。第二，构建了社会资本的“强化、社会信用、信息、影响”的理论分析框架，充实了小农户与现代农业有机衔接的理论基础。第三，深入剖析了社会资本对小农户与现代农业有机衔接的作用机理与中间路径（资源获取能力），考察、比较正式和非正式社会资本对中间路径以及最终衔接结果两方面的影响及其差异，完善了社会资本对小农户与现代农业有机衔接影响机制的路径分析。第四，考虑到学者们提出的合作社异质性成员以及精英俘获问题，在排除了核心社员“隧道”行为影响因素后，更加清晰地剖析了社会资本对小农户与现代农业有机衔接的影响。第五，基于中介效应模型，用大数据检验社会资本对小农户与现代农业发展有机衔接的作用机制，在丰富现有研究内容广度和深度的同时，结论更加具有普适性。

二、文献评述

（一）小农户与现代农业有机衔接的现实考察

目前，关于小农户与现代农业有机衔接的研究，学者们首先探讨了小农户与现代农业有机衔接的路径，包括与家庭农场、农民合作社和农业企业的衔接。然而，在衔接过程中小农户与现代农业更多表现出互斥性，不平等性和不稳定性潜藏于不同的衔接形态中（叶敬忠等，2018）。因此，学者们进一步研究了小农户与现代农业有机衔接的障碍，包括多样性的土地资源难以形成规模经济（孔祥智等，2018）；新型农业经营主体与小农户的利益联结机制不完善导致的产业链脱节（崔红志、刘亚辉，2018）；信息滞后导致的农业科技成果转化缓慢等问题（王亚华，2018），而这些问题的根源在于农村改革以来小农户的去组织化（陈航英，2019）。对于如何提高小农户的组织化程度，徐旭初、吴彬（2018）认为，农民合作社由于在提供生产性服务、经营性服务和金融性服务三大现代农业服务中具有绝对优势，因此，在诸多路径中，农民合作社是一种非常适用且合意的主体和载体。然而，目前合作社受成员结构异质性的影响（应瑞瑶，2002），普遍存在“精英俘获”“大农吃小农”等背离合作社初衷的现象，“泛化”“异化”情况严重，使合作社难以承担实现小农户和现代农业有机衔接的重任（赵晓峰、孔荣，2014），而导致合作社与小农户天然联系断裂的深层原因是合作社发展过程中的价值扭曲（曲承乐、任大鹏，2019）。

（二）社会资本在合作社中的作用机理

学者们从不同视角考察了社会资本如何在合作社中发挥作用，Ostrom（2000）指出，社会资本可以削弱集体中个体之间的不信任程度，提高集体凝聚力，促进个体之间的合作。黄岩等（2011）将农民专业合作社定义为一种俱乐部型的组织，以亲缘和地缘关系为基础的“熟人信任”是集体行动的基本逻辑。梁巧等（2014）发现，合作社绩效受到社会资本的正向影响；戈锦文等（2016）认为，社会资本正向影响农民合作社的创新绩效；李旭等（2019）发现，社会资本对农民专业合作社的成长性有显著的正向作用。在以上学者的论证中，社会资本通过嵌入外部的社会关系网络，使合作社与其他网络主体建立起亲密的强关系，获得更多知识和信息交流机会，以提高资源获取的效率。Kuhnen（2009）、周月书等（2019）认为，社会资本能显著缓解合作社中规模农户的正规信贷约束。其中，社会资本发挥了信号传递、监督、引导、减少组织间交易成本、“抵押物”替代、降低农业产业风险的作用，解决了信贷市场上逆向选择与道德风险问题。

（三）文献述评

已有研究取得了较为丰富的成果，为本研究奠定了坚实基础，但也存在一些需要进一步探讨的方面：首先，在研究视角上，学者们大多基于宏观视角，分析小农户与现代农业有机衔接的路径、障碍与对策，鲜有文献从微观层面探讨某一种衔接模式组织化程度低的本质原因，也未对如何促进其更好地实现小农户与现代农业有机衔接做进一步探讨，这不利于全面、正确评价小农与现代农业有机衔接的政策效果。其次，在研究内容、研究方法上，学者们考察了社会资本在提高合作社绩效、创新能力、成长能力、缓解资金约束等方面的重要作用，但缺少社会资本是否能够促进小农户与现代农业有机衔接方面的相关研究，更加缺少对此问题剖析的大样本因果分析，而这一议题对如何利用社会资本提高合作社中小农户的组织化程度，实现小农户与现代农业的嵌入、融合，具有重要的现实意义。再次，在分析框架上，学者们对于社会资本的作用机制分析较为片面、零散，未将其纳入一个整体的逻辑框架内，这不利于社会资本理论的延伸与发展。因此，本文从微观视角出发，构建社会资本“强化、社会信用、信息、影响”的分析逻辑分析框架，通过对江苏、山东两省535个合作社社员的大样本调研，以资源获取能力为中间路径，剖析社会资本对小农户与现代农业有机衔接的作用机理，并进行了实证检验，旨在加深对合作社背景下小农户与现代农业有机衔接内涵的认识和理解，探索利用社会资本提高合作社中小农户的组织化程度的路径，以期提高合作社这一衔接模式的适用性及合意性。

三、理论分析与研究假说

（一）社会资本内涵及测量

Bourdieu 于 1985 年最早提出社会资本的概念，认为社会资本是“行为主体通过自身关系网络占有的实际或潜在资源合计”。林南（2005）从“资本”视角出发，认为社会资本是期望在市场中得到回报的社会关系投资，借助于行动者所在网络或所在群体中的联系和资源起作用，而其之所以可以运作，主要缘于投资的社会关系可以强化身份或认同感、被代理人将其作为个人社会信用的证明、促进信息的流动以及对代理人施加影响，因此，本文将基于社会资本理论的四要素——强化、社会信用、信息、影响，构建逻辑框架，解释社会资本如何在合作社这一小农户与现代农业有机衔接的关键载体中发挥作用。

（二）社会资本对小农户与现代农业有机衔接的作用机理

社会资本的强化属性，通过声誉机制实现小农户与现代农业的有机衔接。“熟人信任”与长期重复交易能够强化身份和认同感，促使声誉产生。“熟悉”是我国乡土社会的重要特征，这种乡土社会生产和再生产包含了强烈的感情色彩，是一种非制度性的、特殊主义的人际信任关系。合作社就是利用熟人信任把小农户凝聚起来，在其中小农户确信和认识到自己不仅是一个有价值的个体，还是一个共享相似的利益和资源的社会群体的成员。在这种自身强化背景下，小农户在基于信任的长期重复交易过程中不断积累个体声誉，这进一步强化了社会成员彼此之间的认同感，从而激励人们重复去做有利于合作的行为选择。

声誉通过资本效应与路径依赖促进小农户与现代农业的有机衔接。小农户与合作社进行的交易或通过合作社与外部进行的交易大多是重复交易，为了追求长远利益，小农户在此过程中更愿意建立自己的“好声誉”，获取“声誉租金”带来的超额收益。声誉投资具有一定的路径依赖性，投资越多，小农户就越关注自己的声誉，并为其维持和提升做进一步投资，积累更高的声誉租金，但是，这种投资属于沉没成本，其越高则意味着丧失声誉的机会成本越高，造成的损失越大，因此，声誉可以抑制小农户的机会主义行为，降低交易过程中的不确定性与交易成本，在收入不变的情况下，小农户在重复博弈过程中获取的收益增加，因而更容易实现与现代农业有机衔接。结合上述分析，提出假设 1：

H1：社会资本能够促进小农户与现代农业的有机衔接。

（三）社会资本通过嵌入关系网络影响小农户资源获取

社会信用使嵌入社会网络的小农户具备资源获取能力。合作社具有封闭性与嵌入性兼存的特征（崔宝玉，2015），这种间杂的组织形态意味着合作社必然会分化出不同交易网络对象，合作社中的小农户则被嵌入自身等级结构和其他网络中，这构成了一个庞杂的社会网络。社会网络的不同部分有不同的利益连接节点，这些节点直接和间接地提供了接近其他节点的机会，因此，小农户在自身所处的网络节点上不仅拥有个人资源，还可以获取嵌入在社会网络中其他节点的资源，然而，小农户获取资源的前提是其进行社会关系投资产生的社会信用，这来源于小农户与其他利益主体的互动与情感。同质原则（Lazarsfeld、Merton，1971）指出社会互动倾向于在有相似的生活方式和社会经济特征的个体之间发生，这一点恰好符合合作社的封闭性特征。基于以上分析，提出假设 2：

H2：社会资本能够提高小农户的资源获取能力。

（四）资源获取能力对小农户与现代农业有机衔接的作用机理

社会资本的信息属性，基于信号传递功能实现的资源整合、共享与抑制机会主义机制，促使资源获取能力强的小农户更容易实现与现代农业的有机衔接。

小农户的生产规模小、资金约束强、生产效率低等问题在短期内难以通过政策性调整或政府帮扶大规模解决，为了降低这些问题带来的不利影响，需要小农户利用周围特殊的社会关系，与产品市场、金融市场进行信息的交换，以此汲取更多外部资源与信息。而这种信息传递实现了资源的整合与共享，可以节约小农户的交易成本、降低生产风险，提高盈利能力，使原本分散、独立的小农户实现集体行动，从而具有更强的市场势力，更容易实现与现代农业的有机衔接。另外，小农户的资源获取能力来源于社会信用，这类“软信息”的传递可以作为金融机构的筛选标准，具有不良“软信息”的小农户会被排斥在授信范围之外，丧失获得信贷资源的机会，其与现代农业有机衔接的难度加大。因此，这种社会资本的信号属性还有抑制小农户机会主义行为的作用，使小农户有提升自身信用水平的内生动力，这在一定程度可以提高小农户的生产能力和盈利能力，带来更多的投资机会，有助于实现其与现代农业的有机衔接。由此，提出假设 3：

H3：资源获取能力越强，小农户与现代农业有机衔接的可能性和程度越大。

（五）资源获取能力在社会资本促进小农户与现代农业有机衔接中的中介效应

社会资本作为“熟人社会”的重要资源，对小农户与现代农业发展有机衔接中不仅起到直接作用，还通过资源获取能力形成间接影响。一方面，社会资本通过强化属性产生的声誉机制在长期重复交易中降低交易成本，提高盈利水平，促进小农户与现代农业有机衔接；另一方面，社会资本的社会信用属性通过嵌入关系网络使小农户具备获取超额资源的能力，同时，社会资本的信息属性基于信号传递功能实现的资源整合、共享与抑制机会主义机制，促使资源获取能力强的小农户具有更强的生产能力与市场势力，更容易实现与现代农业的有机衔接。因此，资源获取能力在社会资本促进小农户与现代农业有机衔接中发挥中介效应（图 1）。综上，提出假设 4：

H4：资源获取能力在社会资本对小农户与现代农业有机衔接中起中介作用。

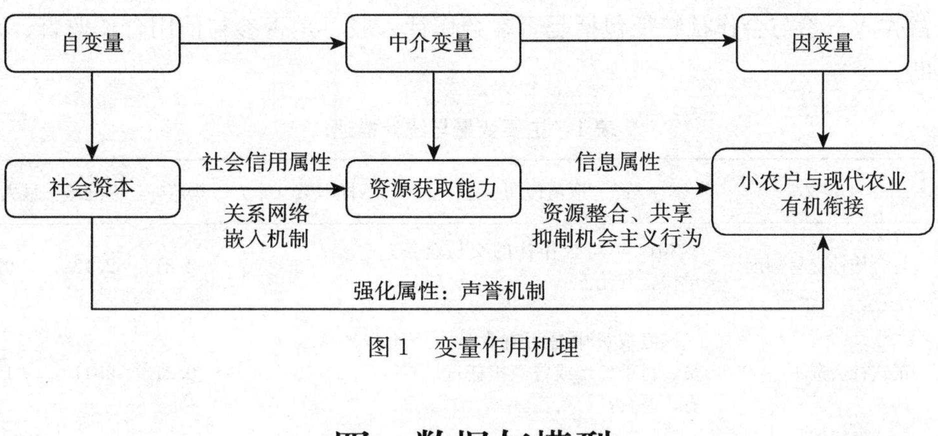

图 1　变量作用机理

四、数据与模型

（一）数据来源

本研究的样本数据是通过实地问卷调查获取的数据，课题组于 2016—2017 年对江苏省 8 个县（市、区）、山东省 1 个市的 55 个合作社进行了实地调研，调查采取分层抽样的方法，首先在每个县（市、区）按照经济发展水平和农业生产情况选取高、中、低水平的3～6个乡镇，然后在每个乡镇随机抽取一定数量的合作社社员，最后由调查员对合作社成员进行一对一的实地访问。调研共回收754份问卷，经筛选与复核，得到有效问卷535份，问卷有效率为70.96%，样本数据具有代表性。

（二）变量说明

（1）因变量——小农户与现代农业的衔接程度。对于小农户与现代农业有机衔接的广度和深度，目前还未形成统一的测量方法。合作社作为小农户与现代农业有机衔接的重要载体，其主要作用是资源整合与提高小农户的组织化程度，小农户与合作社之间合作关系的紧密程度，直接影响有机衔接的质量。因此，本文通过小农户与合作社之间的交易额度衡量小农户与合作社关系的紧密程度，并把其作为小农户与现代农业有机衔接程度的替代变量。

（2）核心变量——社会资本。学术界对社会资本的分类和衡量没有统一的标准，一般按照研究需要进行分类和衡量，本文基于小农户独立性强、个体特征突出的特点，借鉴李庆海等（2018）的分类方法，将社会资本分为正式社会资本和非正式社会资本。正式社会资本使用小农户家庭成员的政治身份来测量，即家庭成员是否有党员、公务员、村干部等任职经历；非正式社会资本以小农户2016年全年的礼金支出总额作为测量指标，其优点在于礼金是小农户维持其非正式社会资本的必要支出，且数额具有稳定性。

（3）中介变量——资源获取能力。小农户在生产经营过程中通常会产生资产专用性投资，资源基础观认为，小农户投入的专用性资产由于具有稀缺性、不易模仿和不易替代等特征，使小农户拥有异质化资本，能够提升产品独特性，帮助其获得难以模仿的竞争优势，进而获取更多的资源，提升盈利能力（Jap S. D.，1999）。因此，本文以小农户2016年末专用性资产投资总额作为其资源获取能力的替代变量。

（4）控制变量。本文的控制变量主要包括家庭特征、经济特征、参与合作社特征等因素，具体含义见表1。家庭特征包括户主性别、户主年龄、户主受教育年限、劳动人口占家庭总人口比例，考虑到年龄可能存在非线性，分析中用户主年龄的平方替代户主年龄；经济特征包括农资赊购规模、农业经营收入；参与合作社特征包括是否在合作社入股、是否参与信用合作监督、是否参与合作社资金互助。

表1　主要变量与统计描述

变量	定义	取值说明	样本数（个）	均值	标准差	最大值	最小值
Turnover	与合作社交易额度	2016年与合作社的交易金额，单位：万元	535	2.81	2.12	9	0
Formal	正式社会资本	家庭成员中是否有党员、公务员、村干部，或曾经担任过，1=有，0=否	535	0.21	0.41	1	0
Informal	非正式社会资本	2016年家庭礼金支出，单位：万元	535	1.01	0.86	3.5	0
S invest	专用性资产投资	截至2016年底，家庭总资产额，单位：万元	535	14.28	7.89	38	1.6
Male	户主性别	户主性别，1=男，0=女	535	0.79	0.41	1	0

（续）

变量	定义	取值说明	样本数（个）	均值	标准差	最大值	最小值
Age	户主年龄	2016年末户主年龄，单位：年	535	50.20	9.68	69	23
Edu	户主受教育年限	户主受教育时长，单位：年	535	6.57	1.97	12	4
Pro	劳动人口占家庭总人口比例	家庭劳动人口数在家庭总人口中的比重	535	0.68	0.23	1	0
Credit	农资赊购规模	截至2016年与合作社赊购农资的金额，单位：万元	535	0.81	0.43	2.4	0
Ag income	农业经营收入	2016年的农业经营总收入，单位：万元	535	12.58	3.79	24	6
Stock	是否在合作社入股	农户是否向合作社入股，1=是，0=否	535	0.49	0.50	1	0
Supervision	是否参与信用合作监督	农户是否参与合作社的信用合作监督，1=是，0=否	535	0.46	0.50	1	0
Mutual	是否参与合作社资金互助	农户是否参加合作社的资金互助业务，1=是，0=否	535	0.37	0.48	1	0

五、计量模型与实证结果

（一）中介效应检验模型

围绕从实证角度研究社会资本对小农户与现代农业有机衔接的影响，并考虑资源获取的中介效应，本文模型设置如下：

第一步：社会资本对小农户与现代农业有机衔接作用机理的检验方程。

$$Turnover=\alpha_1 Formal+\alpha_2 Informal+\alpha_3 Male+\alpha_4 Age^2+\alpha_5 Edu+\alpha_6 Pro+\alpha_7 Credit+\alpha_8 Agincome+\alpha_9 Stock+\alpha_{10} Supervision+\alpha_{11} mutual+\varepsilon_1 \quad (1)$$

若 α_1、α_2 都显著，进行第二步：社会资本对资源获取能力影响的检验方程。

$$Sinvest=\beta_1 Formal+\beta_2 Informal+\beta_3 Male+\beta_4 Age^2+\beta_5 Edu+\beta_6 Pro+\beta_7 Credit+\beta_8 Agincome+\beta_9 Stock+\beta_{10} Supervision+\beta_{11} Mutual+\varepsilon_2 \quad (2)$$

若 β_1、β_2 都显著，进行第三步：资源获取能力对小农户与现代农业有机衔接作用机理的检验方程。

$$Turnover=\delta_1 Sinvest+\delta_2 Male+\delta_3 Age^2+\delta_4 Edu+\delta_5 Pro+\delta_6 Credit+\delta_7 Agincome+\delta_8 Stock+\delta_9 Supervision+\delta_{10} Mutual+\delta_{11}+\varepsilon_2 \quad (3)$$

若 δ_1 显著，进行第四步：资源获取能力中介效应的检验方程。

$$Turnover=\alpha'_1 Formal+\alpha'_2 Informal+\alpha'_3 Male+\alpha'_4 Age^2+\alpha'_5 Edu+\alpha'_6 Pro+\alpha'_7 Credit+\alpha'_8 Agincome+\alpha'_9 Stock+\alpha'_{10} Supervision+\alpha'_{11} Mutual+\gamma Sinvest+\varepsilon_4 \quad (4)$$

如果 γ 显著，α'_1、α'_2 不显著，证明资源获取能力在小农户与现代农业有机衔接中起完全中介作用；如果 γ 显著，α'_1、α'_2 也显著，证明资源获取能力在小农户与现代农业有机衔接中有部分中介作用。在进行模型检验时，如果第一步或第二步任意一个系数不显著，则停止中介效应检验。

（二）估计结果

表2给出了模型的具体估计结果及显著性情况，其中（1）第一步表示社会资本对小农户与现代农业有机衔接作用机理的估计结果，（2）第二步表示社会资本对资源获取能力影响的估计结果，（3）第三步表示资源获取能力对小农户与现代农业有机衔接作用机理的估计结果，（4）是检验资源获取中介效应的估计结果。

表2　模型分析结果

项目	（1）第一步		（2）第二步		（3）第三步		（4）第四步	
	系数	标准差	系数	标准差	系数	标准差	系数	标准差
Formal	0.422 1**	0.205 7	1.102 6	0.690 3	—	—	0.237 4	0.171 5
Informal	0.197 2**	0.098 1	1.076 2***	0.336 9	—	—	0.016 9	0.080 9
Male	0.056 2	0.190 0	−0.456 9	0.612 5	0.132 1	0.154 5	0.132 7	0.153 2
Age^2	0.000 0	0.000 1	−0.001 0***	0.000 3	0.000 2**	0.000 1	0.000 2**	0.000 1
Edu	0.116 4***	0.038 5	0.445 5***	0.130 4	0.040 8	0.033 1	0.041 8	0.033 2
Pro	−0.733 4**	0.342 1	0.203 1	1.100 8	−0.744 0***	0.266 8	−0.767 4***	0.269 2
Credit	1.517 4***	0.175 1	4.424 9***	0.609 4	0.774 3***	0.168 6	0.776 0***	0.171 2
Ag income	0.231 8***	0.025 0	1.169 7***	0.072 9	0.034 7	0.022 5	0.035 8	0.022 5
Stock	0.013 9	0.167 3	−0.568 4	0.636 7	0.130 8	0.137 3	0.109 1	0.136 8
Supervision	0.383 4**	0.173 3	1.385 8**	0.615 5	0.175 9	0.138 1	0.151 2	0.143 4
Mutual	−0.345 6*	0.178 7	0.559 0	0.601 2	−0.396 3***	0.144 4	0.439 2***	0.145 7
常数项	−2.023 3***	0.570 6	−6.131 4***	2.032 7	−0.983 2***	0.452 6	−0.996 0**	0.457 0
Asset	—	—	—	—	0.169 5***	0.013 0	0.167 5***	0.013 4
地理特征	已控制							
R^2	0.300 7		0.427 6		0.520 9		0.522 9	
样本数	535							

注：*、**、***分别表示在10%、5%、1%的水平上显著；Age^2 表示年龄的平方；结果（2）中 *Formal* 的t检验值为1.60，接近显著。

由结果（1）可知，正式社会资本与非正式社会资本均对小农户与现代农业有机衔接产生正向影响，且其系数均在5%的水平上显著，即小农户拥有的正式社会资本和非正式社会资本越多，与现代农业的衔接程度就越紧密，验证了假设H1。

由结果（2）可知，正式社会资本与非正式社会资本对资源获取能力有正向影响，前者接近显著，后者在1%的水平上显著，这表明非正式社会资本在对小农户资源获取能力作用上显著高于正式社会资本，究其原因，一方面，小农户家庭成员拥有党员等政治身份的情况较少，另一方面，小农户对其拥有正式社会资本的概念比较模糊，不会把这一点和增强自身资源获取能力联系在一起。而这一点也证实了H2，小农户的礼金支出越多，其在社会网络其他节点上获取额外资源的可能性就越大，与现代农业有机衔接的程度越高。

由结果（3）可知，资源获取能力对小农户与现代农业有机衔接在1%的水平上有正向显著影响，表明资源获取能力可以增加有机衔接的可能性，提高有机衔接的程度，假设H3得到验证。

由结果（4）可知，当正式社会资本、非正式社会资本和资源获取能力同时作为解释变量时，资源获取能力在1%的水平上正向显著，而正式社会资本和非正式社会资本均不显著，符合完全中介效应模型的特征，即资源获取能力在社会资本促进小农户与现代农业有机衔接的过程中起完全中介作用，验证了假设H4。

在控制变量中，户主的教育年限、农资赊购规模、农业经营收入、参与合作社的监督对小农户与现代农业有机衔接的影响分别在1%、1%、10%和5%的水平上正向显著。这表明，户主的受教育年限越长、农资赊购规模越大、农业经营收入越高、对合作社监督越强，小农户与现代农业有机衔接的情况越好。其原因可能是小农户受教育水平越高，越容易接受新事物，其与现代农业衔接的意愿更强；农资赊购规模越大、农业经营收入越高、对合作社监督越强，代表小农户生活越依赖于农业生产，在农业方面的投入越大，期望得到的回报也越多，因此也更愿意与现代农业对接，以增加收入、谋求更好的发展。劳动人口在家庭总人口中的比重和参与合作社资金互助分别在5%和10%的水平上负向显著，这表明劳动人口占家庭总人口的比例越小、越不参与合作社资金互助，衔接效果越好。原因在于，劳动人口占比越小，农户家庭人均收入越低，为增加农业经营收入，农户越愿意与现代农业衔接；参与合作社资金互助项目需要承担其他人可能违约带来的风险，农户为规避这种潜在风险，可能不愿意参加互助项目，而是将资金投放到其他地方或选择其他途径融资。

（三）稳健性检验

1. 多重共线性检验

由于社会资本本身没有清晰的界限，且目前缺乏具有普适性的农户社会资本测量维度（刘倩，2018），理论上这两种代理变量可以衡量小农户不同属性的社会资本，但二者之间可能存在较强的相关性，失去分类测度的意义。鉴于此，对本文数据进行相关性分析，结果如表3所示。

表3 正式社会资本与非正式社会资本相关性分析表

相关系数	正式社会资本	非正式社会资本
正式社会资本	1	0.202 0*
非正式社会资本	0.202 0*	1

注：***、**、*分别代表在1%、5%、10%的水平上显著。

由表3可知，正式社会资本与非正式社会资本之间的相关性系数值仅为0.202 0，因此将两个变量同时放入模型中不会造成多重共线性问题。

2. 排除极端值影响

为排除极端值对模型结果的影响，本文剔除样本中总收入前1%和后1%的农户，稳健性检验结果如表4所示。与表2相比，正式社会资本与非正式社会资本对小农户与现代农业有机衔接估计结果的方向和显著性变化不大，第二步中正式社会资本由接近显著变为在10%的水平上显著，资源获取能力对有机衔接的正向显著影响依然存在，资源获取能力仍发挥完全中介作用。

表4 稳健性检验

	第一步		第二步		第三步		第四步	
	系数	标准差	系数	标准差	系数	标准差	系数	标准差
Formal	0.423 8**	0.204 6	1.190 0*	0.687 8	—	—	0.224 0	0.171 2
Informal	0.198 5**	0.099 1	1.135 9***	0.340 9	—	—	0.007 8	0.082 3

（续）

	第一步		第二步		第三步		第四步	
	系数	标准差	系数	标准差	系数	标准差	系数	标准差
Asset	—	—	—	—	0.169 7***	0.013 2	0.167 9***	0.013 7
R^2	0.292 7		0.415 1		0.515 4		0.517 2	
样本数	525							

注：*、**、***分别表示在10%、5%、1%的水平上显著；为简化，此处仅给出正式社会资本和非正式社会资本及专用性资产投资的估计结果。

六、基于合作社是否为理想衔接载体的进一步讨论

由于农民专业合作社普遍存在成员分层、精英俘获、“大农吃小农”、收益分配不均等背离合作社初衷的现象，使学者们对合作社能否成为小农户与现代农业有机衔接的理想载体产生了质疑。本文认为，在合作社成员结构异质性的情况下，少数投入较多资本、人力和社会资源丰厚的核心成员，由于拥有对合作社的主要控制权和剩余索取权，其获得的收益提升幅度和成本降低程度都大于普通社员，这一点无可厚非。然而，当核心成员过分截留本应返还给普通成员的利润，使成员之间利益分配不均的程度加剧时，基于社会资本的影响属性，合作社中的小农户会联合起来，以其整体的社会关系对代理人（核心成员）的决策施加影响，例如，对核心成员实施退出合作社的威胁，此时，核心成员将对这些“具有特定分量”的影响有所忌惮，减少其“隧道”挖掘行为。因此，社会资本的影响属性，可以部分缓解合作社中核心成员“精英俘获”的“异化”现象，使合作社成为小农户与现代农业有机衔接的合意载体。

基于此，本文在考虑合作社成员结构异质性情况下，通过剔除核心成员样本，进一步检验了社会资本是否能够真正促进小农户与现代农业的有机衔接。在原始535个样本的基础上，剔除55个合作社142个核心成员样本后，利用剩余393个普通成员（小农户）样本进行四个步骤的中介效应检验，结果显示，在排除核心成员影响后，普通成员的非正式社会资本对小农户与现代农业有机衔接有正向影响，社会资本对小农户的资源获取能力仍有正向影响；资源获取能力依然发挥完全的中介作用（表5）。

表5　农户异质性讨论

项目	第一步		第二步		第三步		第四步	
	系数	标准差	系数	标准差	系数	标准差	系数	标准差
Formal	0.314 6	0.217 8	1.923 0**	0.950 0	—	—	0.016 7	0.212 0
Informal	0.206 9**	0.103 9	1.270 0***	0.394 4	—	—	0.009 5	0.089 4
Asset	—	—	—	—	0.155 8***	0.015 3	0.155 4***	0.016 0
R^2	0.286 2		0.390 5		0.505 0		0.505 0	
样本数	393							

注：*、**、***分别表示在10%、5%、1%的水平上显著。

与表2相比，普通成员的正式社会资本对有机衔接无显著作用，非正式社会资本在5%的水平上显著，显著性有所下降，其原因可能是对于普通成员来说，由于资源禀赋相对较差，正式社会资本的数量少、质量低，难以发挥有效作用，而依赖于亲缘、友缘等关系的非正式社会资本虽然也受

到影响有所下降，但影响程度有限。由第二步估计结果可知，正式社会资本和非正式社会资本对普通成员的资源获取能力分别在5%和1%的水平上正向显著，这表明无论是核心成员还是普通成员，社会资本都可以增强其资源获取能力。因此，在考虑合作社成员异质性的情况下，非正式社会资本在小农户与现代农业有机衔接过程中的作用大于正式社会资本，社会资本可以部分缓解合作社中的“精英俘获”行为，使其成为合意的衔接载体。

七、研究结论与建议

本文使用2016—2017年江苏省与山东省合作社农户调研数据，结合中介效应模型，研究以资源获取为中介变量的社会资本对小农户与现代农业发展有机衔接的作用机制，研究发现：①资源获取能力在社会资本与小农户与现代农业有机衔接中起完全中介效应。②基于强化属性，社会资本对小农户与现代农业有机衔接有显著正向作用；基于社会信用属性，社会资本可以提高小农户的资源获取能力，其中非正式社会资本的作用大于正式社会资本；基于信息属性，资源获取能力对小农户与现代农业有机衔接具有显著正向作用。③另外，在考虑合作社成员异质性情况下，非正式社会资本在小农户与现代农业有机衔接过程中的作用大于正式社会资本。基于影响属性，社会资本可以部分避免合作社“精英俘获”的异化现象，使合作社成为实现小农户与现代农业有机衔接的理想载体。

根据研究结论，提出以下建议：①小农户应注重社会资本的构建与维持，尤其应注重对非正式社会资本的投资。小农户通过对社会资本的投资可以获得需要的资源，以此改善生产环境，提高自身福利水平，实现与现代农业的有机衔接。②作为衔接重要载体的合作社，应加强自身制度建设，设计出科学合理的社员之间的分配制度与利益联结机制，尽可能在资金、技术、信息、市场等多方面提供支持，以成为适用且合意的衔接载体。

参 考 文 献

陈航英，2019. 小农户与现代农业发展有机衔接——基于组织化的小农户与具有社会基础的现代农业［J］. 南京农业大学学报（社会科学版）（2）：10-19.

陈义媛，2017. 大户主导型合作社是合作社发展的初级形态吗？［J］. 农村社会发展（2）：30-41.

崔宝玉，2015. 农民专业合作社：社会资本的动用机制与效应价值［J］. 中国农业大学学报（社会科学版）（4）：101-109.

崔红志，刘亚辉，2018. 我国小农户与现代农业发展有机衔接的相关政策、存在问题及对策［J］. 中国社会科学院研究生院学报（5）：34-41.

戈锦文，范明，肖璐，2016. 社会资本对农民合作社创新绩效的作用机理研究——吸收能力作为中介变量［J］. 农业技术经济（1）：118-127.

黄岩，陈泽华，2011. 信任、规范与网络：农民专业合作社的社会资本测量——以江西S县隆信渔业合作社为例［J］. 江汉论坛（8）：9-14.

蒋永穆，戴中亮，2019. 小农户衔接现代农业中的价值创造与价值获取［J］. 社会科学研究（4）：52-59.

孔祥智，穆娜娜，2018. 实现小农户与现代农业发展的有机衔接［J］. 农村经济（2）：1-7.

李庆海，吕小锋，李锐，等，2017. 社会资本能够缓解农户的正规和非正规信贷约束吗？基于四元Probit模型的实证分析［J］. 南开经济研究（5）：77-98.

李旭，李雪，2019. 社会资本对农民专业合作社成长的影响——基于资源获取中介作用的研究［J］. 农业经济问题（1）：125-133.

梁剑峰，李静，2015. “精英俘获”：农民专业合作社成长之困 [J]. 宏观经济研究 (3)：58－62.

梁巧，吴闻，刘敏，等，2014. 社会资本对农民合作社社员参与行为及绩效的影响 [J]. 农业经济问题 (11)：71－79.

林南，2004. 社会资本——关于社会结构与行动的理论 [M]. 张磊，译. 上海：上海人民出版社.

刘倩，2018. 社会资本测量理论方法探讨：农户社会资本的测量 [J]. 财经理论与实践 (4)：119－127.

曲承乐，任大鹏，2019. 农民专业合作社的价值回归与功能重塑——以小农户和现代农业发展有机衔接为目标 [J]. 农村经济 (2)：9－16.

阮文彪，2019. 小农户和现代农业发展有机衔接——经验证据、突出矛盾与路径选择 [J]. 中国农村观察 (1)：15－32.

王亚华，2018. 什么阻碍了小农户和现代农业发展有机衔接 [J]. 人民论坛 (7)：72－73.

熊万胜，2009. 合作社：作为制度化进程的意外后果 [J]. 社会学研究 (5)：83－110.

徐旭初，吴彬，2018. 合作社是小农户和现代农业发展有机衔接的理想载体吗? [J]. 中国农村经济 (11)：80－95.

徐志刚，谭鑫，廖小静，2017. 农民合作社核心成员社会资本与政策资源获取及成员受益差异 [J]. 南京农业大学学报 (社会科学版) (6)：82－91.

叶敬忠，豆书龙，张明皓，2018. 小农户和现代农业发展：如何有机衔接? [J]. 中国农村经济 (11)：64－79.

应瑞瑶，2002. 合作社的异化与异化的合作社——兼论中国农业合作社的定位 [J]. 江海学刊 (6)：69－75.

赵晓峰，孔荣，2014. 中国农民专业合作社的嵌入式发展及其超越 [J]. 南京农业大学学报 (社会科学版) (5)：42－52.

周月书，孙冰辰，彭媛媛，2019. 规模农户加入合作社对正规信贷约束的影响——基于社会资本的视角 [J]. 南京农业大学学报 (社会科学版) (4)：126－137.

Bourdieu P，Richardson J G，1985. Handbook of theory and research for the sociology of education [M]. NewYork：Greenwood.

Jap S D，1999. Pie－Expansion efforts：Collaboration processes in buyer－supplier relationships [J]. Journal of Marketing Research，36 (4)：461－475.

Kuhnen C M，2009. Business networks，corporate governance，and contracting in the mutual fundIndustry [J]. The Journal of Finance，64 (5)：2 185－2 220.

Mark Granovetter，1985. Economic action and social structure：The problem of embeddedness [J]. The American Journal of Sociology，91 (3)：481－510.

Ostrom E，2000. Collective action and the evolution of socialnorms [J]. Journal of Economic Perspective，14 (3)：137－158.

Paul F Lazarsfeld，Robert K Merton，1971. Mass communication，popular taste，and organized social action [J]. The Process and Effects of Mass Communication：229－250.

农村产业融合背景下政府补贴对产业链增值的影响

胡玉凤

（上海财经大学商学院）

摘要：农村一二三产业融合发展规划的提出，对提高农民收入、转变农村经济增长方式和提升整体经济发展质量具有重大战略意义；2015 年以来，政府资金支持农村产业融合发展的成效初现。在农村产业融合发展背景下，补贴政策改革对农村产业链增值的影响，以及背后的作用机理是当前面临的重要课题。本文基于产业内部的关联性，考虑农业、农产品加工制造业和消费性服务业内部的供需关系，通过扩展两部门生产函数，构建农村一二三产业融合的产出函数；揭示政府补贴通过提升被补贴部门产出，进而促进下游部门产出增加，最终实现产业链增值的作用机理；基于2003—2017 年我国省际面板数据，估计农村一二三产业之间的关联性，并用以模拟政府补贴配置方式对产业链增值的影响。结果表明，随着补贴系数增加，对农业和农产品加工制造业的补贴可以使产业链产出呈边际递增趋势；受到部门产出规模和产出增长率的影响，农产品加工制造业补贴带来的产业链增值趋势更明显；对消费性服务业的补贴使得产业链产出呈边际递减趋势，且农业和农产品加工制造业的产出规模和产出增长率越大，产业链增值越缓慢。

关键词：农村一二三产业融合；政府补贴；生产函数；产业链增值

一、引　言

农村一二三产业融合是通过农村产业结构转型，实现涉农产业链协同发展，是乡村振兴战略关于发展乡村产业的五年规划，是新时期我国解决“三农”问题的创新和发展。随着中国经济发展进入新常态，我们正处于转变经济发展方式、优化产业结构和转换增长动力的公关期。调整农村产业结构，通过对农业、农村资源有效配置，加快农村生产结构优化升级，刺激农业生产现代化，实现小农户与现代农业发展有机衔接，创新发展农产品加工制造业，延伸农村产业链，通过推动农村产业融合战略，实现农村经济结构转型①。“以完善利益联结机制为核心，以制度、技术和商业模式创新为动力，推进农村一二三产业交叉融合，加快发展根植于农业农村、由当地农民主办、彰显地域特色和乡村价值的产业体系，推动乡村产业全面振兴。②”2015 年中央 1 号文件首次提出推进农村一二三产业融合发展思路。延伸农业产业链、提升价值链、增加农民收入、优化要素投入是农村产业结构转型的具体要求③。国家发展改革委宏观院和农经司课题组（2016）认为，农村一二三产

① 参见蒋和平，“实施乡村振兴战略及可借鉴发展模式”，《农业经济与管理》，2017（6）：17-24。

② 参见中共中央国务院印发的《乡村振兴战略规划（2018—2022 年）》。

③ 参见熊小林，“聚焦乡村振兴战略　探究农业农村现代化方略——‘乡村振兴战略研讨会’会议综述”，《中国农村经济》，2018（1）：138-143。

业融合是以农业为依托，通过延伸产业链、升级产业功能、提升要素跨界配置效率，实现农业生产、农产品加工流通、农资和休闲旅游等服务业有机整合的过程，以现代要素投入改造传统农业发展方式，以提升农业现代化促进各产业协调发展。

根据《国务院办公厅关于推进农村一二三产业融合发展的指导意见》① 的要求，"完善农产品产地初加工补助政策""加强政策引导，支持农产品深加工发展""支持农村特色加工业发展"和"支持优势产区产地批发市场建设，推进市场流通体系与储运加工布局有机衔接"等措施，是延伸农业产业链，发展多种类型农村产业融合方式的有效途径。《关于印发国家农村产业融合发展示范园创建工作方案的通知》② 一文中明确了保障措施的工作方案，包括"加大项目资金支持力度""优先支持发行企业债券""鼓励设立产业投资基金""鼓励地方加大融资支持""完善用地保障机制""支持政府与社会资本合作"和"加强产业融合公共服务"等支持农村产业融合示范园发展。自 2015 年实施农村一二三产业融合补助政策以来，截至 2018 年年初，已累计安排了 121 亿元财政资金，用以支持农村产业融合发展的相关项目。随着农村一二三产业融合逐步迈入关键阶段，由此带来的经济效益逐渐凸显，据统计，2017 年规模以上农产品加工制造产值达 19.4 万亿元，是农业总产值的 2.2 倍，主要农产品加工转化率高达 65%；而且在农村新产业新业态发展方面也取得了巨大成就③。

综上，农村一二三产业融合发展规划的提出对提高农民收入、转变农村经济增长方式和提升整体经济发展质量具有重大战略意义；2015 年以来，政府资金支持农村产业融合发展的成效初现。在农村产业融合发展背景下，必须重新审视政府财政支持农业发展的相关政策，政府补贴的研究层面也需拓宽。农村产业融合发展调整时期，相应财政补贴改革对农村产业链产出的影响，及背后的作用机理是当前面临的重要课题，本文试图通过扩展两部门生产函数，揭示产业之间的内部关联，并寻找补贴政策与产业链增值之间的答案。

二、相关文献评述

随着农村一二三产业融合的不断深化，较多学者从理论和实践上验证了农村产业融合对经济发展的促进作用。Sahal D.（1985）认为，理论上产业之间技术进步和产业边界的关联性是产业融合的催化剂；然而，在实践上，这种基于技术的产业融合必然通过弱化产业边界形式实现产业经济增长（Greenstein S.、Khanna T.，1997），逐步形成以产品、产业和市场等融合的产业链延伸发展模式（European Commission，1997；Shin、Dong - Hee，2006）。关于农村产业融合研究，国外比较有代表性的观点是日本今村奈良定义的"六次产业"④ 概念，对中国农村一二三产业融合发展具有一定指导意义。近年来，较多学者从农村一二三产业融合视角展开，认为农村产业链延伸升级是我国农村一二三产业融合发展的典型模式之一，为增加农民收入、提升价值链、实现"四化同步"创造条件（马晓河，2015；姜长云，2015）。李云新等（2017）通过对农户调研，研究了农村一二三产业融合对农户增收的影响，发现产业融合对农民增收具有显著影响，发展多种形式的产业融

① 参见《国务院办公厅关于推进农村一二三产业融合发展的指导意见》（国办发〔2015〕93 号），http：//www.gov.cn/zhengce/content/2016 - 01/04/content_10549.htm。

② 参见《关于印发国家农村产业融合发展示范园创建工作方案的通知》（发改农经〔2017〕1451 号），http：//njs.ndrc.gov.cn/nczc/201708/t20170818_858083.html。

③ 参见"农村一二三产业融合发展仍有哪些短板？发改委回应"，中国新闻网，http：//www.chinanews.com/cj/2018/04 - 18/8493917.shtml。

④ 六次产业即第一产业＋第二产业＋第三产业，及后来提出的第一产业×第二产业×第三产业。

合，并健全多主体的利益联结机制可以大幅度提升农民收益。农村一二三产业融合发展方式是通过农村产业结构改革，引导农村走向现代化发展道路，实现农村全产业链协同发展和城乡经济一体化，使农业增值、农民增收，使城乡居民共享改革发展成果（蔡昉，2019）。

政府对农业投资或农业补贴通常表现为政府对农业的转移支付，其根本目的是支持或保护农业发展（钟甫宁等，2008）。农业补贴作为中国农业发展最重要的四大驱动力之一①，对提升农民从事农业生产的积极性和促进农业生产发展往往具有重要作用（Just D. R.、Kropp J. D.，2013；周静等，2019）；其作用机理为，农业补贴直接或间接增加了农民收入，由此带来农民对农业生产要素投入的增加，进而影响农业产出水平（高鸣等，2017）。Weber 和 Key（2012）采用 2SLS 估计法，研究了美国 2002—2007 年农业补贴对农业生产的影响，发现市场条件和地区因素干扰了农业补贴对生产积极的影响；钱加荣和赵芝俊（2015）采用 Nerlove 模型研究了农业补贴政策对主要粮食供给量的影响，发现补贴政策通过收入效应影响农户行为，且在播种面积和单产提高方面均具有积极影响。除了财政补贴对农业部门的影响研究以外，学界还有财政补贴对产业结构优化的影响研究，贾敬全和殷李松（2018）通过扩展 Alvarez - Cuadrado 和 Poschke 的多部门模型，研究了财政支出对产业结构的溢出效益，认为财政支出可以诱导产业结构优化；且这种溢出效应在不同区域和不同时期表现出了非对称性（崔志坤、李菁菁，2015；任爱华、郭净，2017）。严成樑等（2016）采用上述扩展模型，研究了财政支出与产业结构变迁的作用机理，发现财政支出促进产业结构变迁，并认为农业部门劳动力向非农部门转移，是由农业部门财政支出、非农部门财政支出以及福利性财政支出带来的相应部门生产率提高差异导致的。宋丽颖和张伟亮（2018）研究了财政支出对经济增长空间溢出效应的影响，发现地区间的要素流动和贸易往来是财政支出溢出效应的主要途径，且第二和第三产业发展质量对经济增长具有显著的空间溢出效应。

综上可知，关于农业补贴的研究，国内外学者做了丰富的研究积累，但通常是局限于单一部门，用统计方法分析政府补贴对农业或经济增长的影响，或是对农业补贴政策进行探讨，抑或是分析农业生产效率的差异，鲜有研究从农村产业融合视角来分析农业补贴政策与产业内部的关联。因此，在农村产业融合背景下，政府补贴对产业链产出的影响是值得思考的问题。对此，本文提出的研究问题是：政府对农业的补贴、对农产品加工制造业的补贴，以及对消费性服务业的补贴是否会带来产业链增值的差异？基于现有学者的研究，做如下改进：一是基于产业内部的关联性，考虑农业、农产品加工制造和消费性服务业内部的投入产出关联，通过扩展两部门生产函数，构建产业融合的产业链产出函数；二是从补贴促进产出的角度，揭示政府补贴配置方式对产业链增值的作用机理；三是基于 2003—2017 年我国省际面板数据，估计三大产业之间的关联性，并用以模拟政府补贴配置方式对产业链增值的影响②。

三、政府补贴对产业链增值的影响机理

首先，基于部门之间的投入产出关联，扩展了经典的两部门生产函数，构建了三次产业融合的生产函数。其次，根据补贴配置方式的不同，将政府对农村一二三产业融合的补贴分为对农业的补贴、对农产品加工制造业的补贴和对消费性服务业的补贴；同时，考虑了无产业融合补贴情形作为

① 参见黄季焜，“中国不存在粮食安全问题”，财新网，2017 年 12 月 11 日，http：//opinion.caixin.com/2017 - 12 - 11/101183533.html。

② 截至 2018 年初，农村产业融合补贴实施仅三年，由于缺乏相关数据，故在估计出产业之间的关联性后，再模拟政府补贴配置方式对产业增值的影响。

对照组。最后，分别增加产业链中各部门补贴作为三个实验组，主要目的是分析四种情形下农村产业链增值变化机理。为了简化模型，假设产业融合补贴只影响被补贴部门的产出，不同情形的各部门要素投入不变。

（一）无产业融合补贴

假设一条由农业、农产品加工制造业和消费性服务业组成的产业链，农业部门 P 的产出全部用于农产品加工制造部门 M 的投入，然后全部转入消费性服务部门 C。则各部门生产函数和产业链产出构成分别为：

$$Y_{P0}=f(L_P,\ T_P) \tag{1}$$

$$Y_{M0}=g(L_M,\ T_M,\ Y_{P0}) \tag{2}$$

$$Y_{C0}=h(L_C,\ T_C,\ Y_{M0}) \tag{3}$$

$$Y_0=Y_{P0}+Y_{M0}+Y_{C0} \tag{4}$$

其中，Y_{P0}、Y_{M0}、Y_{C0} 和 Y_0 分别表示农业、农产品加工制造业、消费性服务业和产业链产出，L 表示劳动力，T 表示技术，且满足 $L=L_P+L_M+L_C$，$T=T_P+T_M+T_C$；式（2）表示部门 P 的产出 Y_{P0} 影响部门 M 产出 Y_{M0}，式（3）表示部门 M 的产出 Y_{M0} 影响部门 C 产出 Y_{C0}。根据一般均衡假设，劳动和技术等要素在两部门的边际生产率满足：

$$\begin{aligned} f'_{L_P}/h'_{L_C}=f'_{T_P}/h'_{T_C}=1+\delta_{13} \\ g'_{L_M}/h'_{L_C}=g'_{T_M}/h'_{T_C}=1+\delta_{23} \end{aligned} \tag{5}$$

式（5）中，δ_{ij} 表示两部门劳动和技术边际生产率之差，其中，$i\neq j$，i 和 j 表示部门 P、M 和 C；当 $\delta_{ij}<0$ 时，部门 i 的劳动和技术边际生产率小于部门 j；当 $\delta_{ij}=0$ 时，两部门的劳动和技术边际生产率相等；当 $\delta_{ij}>0$ 时，部门 i 的劳动和技术边际生产率大于部门 j。先对式（4）求全微分，然后将式（5）代入得：

$$\frac{dY_0}{Y_0}=\left(\frac{\delta_{13}}{1+\delta_{13}}+\frac{g'_{Y_P}}{1+\delta_{23}}\right)\frac{Y_{P0}}{Y_0}\frac{dY_{P0}}{Y_0}+\left(\frac{\delta_{23}}{1+\delta_{23}}+h'_{Y_M}\right)\frac{Y_{M0}}{Y_0}\frac{dY_{M0}}{Y_0}+\frac{h'_{L_C}}{Y_0/L}\frac{dL}{L}+\frac{h'_{T_C}}{Y_0/T}\frac{dT}{T} \tag{6}$$

根据弹性定义，部门 P 对部门 M 和 C 的产出弹性如式（7）所示；其中，α_{12} 表示部门 P 对部门 M 产出的外部作用，α_{13} 表示部门 P 对部门 C 产出的外部作用，α_{23} 表示部门 M 对部门 C 产出的外部作用：

$$\alpha_{12}=\frac{dY_M/Y_M}{dY_P/Y_P}=\frac{\partial Y_M}{\partial Y_P}\frac{Y_P}{Y_M}=g'_{Y_P}\frac{Y_P}{Y_M},\quad \alpha_{23}=\frac{dY_C/Y_C}{dY_M/Y_M}=\frac{\partial Y_C}{\partial Y_M}\frac{Y_M}{Y_C}=h'_{Y_M}\frac{Y_M}{Y_C} \tag{7}$$

将式（7）代入式（6）得：

$$Y_{0r}=\left(\frac{a_{01}\delta_{13}}{1+\delta_{13}}+\frac{a_{02}\alpha_{12}}{1+\delta_{23}}\right)Y_{P0r}+\left(\frac{a_{02}\delta_{23}}{1+\delta_{23}}+a_{03}\alpha_{23}\right)Y_{M0r}+a_{04}L_r+a_{05}T_r \tag{8}$$

其中，$Y_{0r}=dY_0/Y_0$，表示产业链产出增长率，$Y_{P0r}=dY_{P0}/Y_{P0}$，表示部门 P 的产出增长率，$Y_{M0r}=dY_{M0}/Y_{M0}$，表示部门 M 的产出增长率，$L_r=dL/L$，表示产业链的劳动投入增长率，$T_r=dT/T$，表示产业链的技术投入增长率；$a_{01}=Y_{P0}/Y_0$，表示部门 P 的产出规模，$a_{02}=Y_{M0}/Y_0$，表示部门 M 的产出规模，$a_{03}=Y_{C0}/Y_0$，表示部门 C 的产出规模，$a_{04}=\dfrac{h'_{L_C}}{Y_0/L}$，表示部门 C 的劳动产出弹性，$a_{05}=\dfrac{h'_{T_C}}{Y_0/T}$，表示部门 C 的技术产出弹性。由此可知，在其他影响因子给定前提下，产业链产出增长率的主要变量包括 Y_{P0r}、Y_{M0r}、L_r 和 T_r。

（二）情形一：对农业的补贴

假设政府对农业单位产值的补贴系数为 β_0，$\beta_0 \geqslant 0$，可使其产出增加 β_1，$\beta_1 \geqslant 0$。假设政府补贴不影响其劳动和资本的要素投入，以及产业链下游部门的劳动和资本要素的投入。则各部门生产函数和产业链产出构成分别为：

$$Y_{P1}=(1+\beta_1)f(L_P,\ T_P) \tag{9}$$

$$Y_{M1}=g(L_M,\ T_M,\ Y_{P1}) \tag{10}$$

$$Y_{C1}=h(L_C,\ T_C,\ Y_{M1}) \tag{11}$$

$$Y_1=Y_{P1}+Y_{M1}+Y_{C1} \tag{12}$$

通过整理得：

$$Y_{1r}=\left\{\left[1-\frac{1}{(1+\delta_{13})(1+\beta_1)}\right]a_{11}+\frac{a_{12}\alpha_{12}}{1+\delta_{23}}\right\}Y_{P1r}+\left(\frac{a_{12}\delta_{23}}{1+\delta_{23}}+a_{13}\alpha_{23}\right)Y_{M1r}+a_{14}L_r+a_{15}T_r \tag{13}$$

其中，$Y_{1r}=\mathrm{d}Y_1/Y_1$，表示产业链产出增长率，$Y_{P1r}=\mathrm{d}Y_{P1}/Y_{P1}$，表示部门 P 的产出增长率，$Y_{M1r}=\mathrm{d}Y_{M1}/Y_{M1}$，表示部门 M 的产出增长率；$a_{11}=Y_{P1}/Y_1$，表示部门 P 的产出规模，$a_{12}=Y_{M1}/Y_1$，表示部门 M 的产出规模，$a_{13}=Y_{C1}/Y_1$，表示部门 C 的产出规模，$a_{14}=\dfrac{h'_{L_C}}{Y_1/L}$，表示部门 C 的劳动产出弹性，$a_{15}=\dfrac{h'_{T_C}}{Y_1/T}$，表示部门 C 的技术产出弹性。

（三）情形二：对农产品加工制造业的补贴

假设政府对农产品加工业制造业的单位产值补贴系数为 β_0，可使其产出增加 β_2，$\beta_2 \geqslant 0$，则各部门生产函数和产业链产出构成分别为：

$$Y_{P2}=f(L_P,\ T_P) \tag{14}$$

$$Y_{M2}=(1+\beta_2)g(L_M,\ T_M,\ Y_{P2}) \tag{15}$$

$$Y_{C2}=h(L_C,\ T_C,\ Y_{M2}) \tag{16}$$

$$Y_2=Y_{P2}+Y_{M2}+Y_{C2} \tag{17}$$

通过整理得：

$$Y_{2r}=\left(\frac{a_{21}\delta_{13}}{1+\delta_{13}}+\frac{a_{22}\alpha_{12}}{1+\delta_{23}}\right)Y_{P2r}+\left\{\left[1-\frac{1}{(1+\delta_{23})(1+\beta_2)}\right]a_{22}+a_{23}\alpha_{23}\right\}Y_{M2r}+a_{24}L_r+a_{25}T_r \tag{18}$$

其中，$Y_{2r}=\mathrm{d}Y_2/Y_2$，表示产业链产出增长率，$Y_{P2r}=\mathrm{d}Y_{P2}/Y_{P2}$，表示部门 P 的产出增长率，$Y_{M2r}=\mathrm{d}Y_{M2}/Y_{M2}$，表示部门 M 的产出增长率；$a_{21}=Y_{P2}/Y_2$，表示部门 P 的产出规模，$a_{22}=Y_{M2}/Y_2$，表示部门 M 的产出规模，$a_{23}=Y_{C2}/Y_2$，表示部门 C 的产出规模，$a_{24}=\dfrac{h'_{L_C}}{Y_2/L}$，表示部门 C 的劳动产出弹性，$a_{25}=\dfrac{h'_{T_C}}{Y_2/T}$表示部门 C 的技术产出弹性。

（四）情形三：对消费性服务业的补贴

假设政府对消费性服务业的单位产值补贴系数为 β_0，可使其产出增加 β_3，$\beta_3 \geqslant 0$，则各部门生产函数和产业链产出构成分别为：

$$Y_{P3}=f(L_P，T_P) \tag{19}$$

$$Y_{M3}=g(L_M，T_M，Y_{P3}) \tag{20}$$

$$Y_{C3}=(1+\beta_3)h(L_C，T_C，Y_{M3}) \tag{21}$$

$$Y_3=Y_{P3}+Y_{M3}+Y_{C3} \tag{22}$$

通过整理得：

$$Y_{3r}=\left[\left(1-\frac{1+\beta_3}{1+\delta_{13}}\right)a_{31}+\frac{a_{32}\ (1+\beta_3)\ \alpha_{12}}{1+\delta_{23}}\right]Y_{P3r}+\left[\left(1-\frac{1+\beta_3}{1+\delta_{23}}\right)a_{32}+a_{33}\ (1+\beta_3)\ \alpha_{23}\right]Y_{M3r}+a_{34}L_r+a_{35}T_r \tag{23}$$

其中，$Y_{3r}=\mathrm{d}Y_3/Y_3$，表示产业链产出增长率，$Y_{P3r}=\mathrm{d}Y_{P3}/Y_{P3}$，表示部门 P 的产出增长率，$Y_{M3r}=\mathrm{d}Y_{M3}/Y_{M3}$，表示部门 M 的产出增长率；$a_{31}=Y_{P3}/Y_3$，表示部门 P 的产出规模，$a_{32}=Y_{M3}/Y_3$，表示部门 M 的产出规模，$a_{33}=Y_{C3}/Y_3$，表示部门 C 的产出规模，$a_{34}=\frac{h'_{L_C}}{Y_3/L}$，表示部门 C 的劳动产出弹性，$a_{35}=\frac{h'_{T_C}}{Y_3/T}$，表示部门 C 的技术产出弹性。

（五）政府补贴配置方式对产业链增长率的影响分析

由于式（8）、式（13）、式（18）和式（23）在结构上具有一致性，使得产业链产出增长率在不同的补贴配置方式下受到相同因素影响。除了劳动和技术等投入要素的影响外[①]，还包括部门增长率、部门产出规模、部门劳动和技术的边际生产率和部门之间的外部性等因素影响。在此，剥离政府补贴对劳动力跨部门流动和技术创新的影响，仅考察部门增长率、部门产出规模、部门劳动和技术的边际生产率和部门之间的外部性等因素对产业链增长率的影响。对于部门产出增长率来说，由于 $Y_{P1r}=\frac{\mathrm{d}Y_{P1}}{Y_{P1}}=\frac{(1+\beta_1)\mathrm{d}f(L_P，T_P)}{(1+\beta_1)f(L_P，T_P)}=\frac{\mathrm{d}f(L_P，T_P)}{f(L_P，T_P)}=\frac{\mathrm{d}Y_{P0}}{Y_{P0}}=Y_{P0r}$，同理可证，$Y_{P3r}=Y_{P2r}=Y_{P0r}$ 和 $Y_{M3r}=Y_{M2r}=Y_{M0r}$，且 $Y_{M1r}\geqslant Y_{M0r}$。由于 $Y_{P1}=(1+\beta_1)Y_{P0}$，且 $Y_{P3}=Y_{P2}=Y_{P0}$；$Y_{M1}\geqslant Y_{M0}$，$Y_{M2}=(1+\beta_2)Y_{M0}$，$Y_{M3}=Y_{M0}$；$Y_{C1}\geqslant Y_{C0}$，$Y_{C2}\geqslant Y_{C0}$，$Y_{C3}=(1+\beta_3)Y_{C0}$，则部门产出规模 Y_{Pi}/Y_i、Y_M/Y_i 和 Y_{Ci}/Y_i，$i=0，1，2，3$ 也与政府补贴配置方式相关，故它们之间的大小关系无法确定。因此，在假定部门产出增长率和部门产出规模不变前提下，比较部门生产率、外部性和政府补贴系数对产业链增长率带来的影响。基于上述假设，通过对式（8）、式（13）、式（18）和式（23）的简化，得基本模型：

$$Y_{0r}=\left(\frac{a_1\delta_{13}}{1+\delta_{13}}+\frac{a_2\alpha_{12}}{1+\delta_{23}}\right)Y_{P0r}+\left(\frac{a_2\delta_{23}}{1+\delta_{23}}+a_3\alpha_{23}\right)Y_{M0r}+a_4L_r+a_5T_r \tag{24}$$

$$Y_{1r}=\left[\left(1-\frac{1}{(1+\delta_{13})(1+\beta_1)}\right)a_1+\frac{a_2\alpha_{12}}{1+\delta_{23}}\right]Y_{P0r}+\left(\frac{a_2\delta_{23}}{1+\delta_{23}}+a_3\alpha_{23}\right)Y_{M0r}+a_4L_r+a_5T_r \tag{25}$$

$$Y_{2r}=\left(\frac{a_1\delta_{13}}{1+\delta_{13}}+\frac{a_2\alpha_{12}}{1+\delta_{23}}\right)Y_{P0r}+\left[\left(1-\frac{1}{(1+\delta_{23})(1+\beta_2)}\right)a_2+a_3\alpha_{23}\right]Y_{M0r}+a_4L_r+a_5T_r \tag{26}$$

---

① 李云新等（2017）证明了，农业补贴直接或间接增加了农民收入，由此带来农民对农业生产投入要素的增加，进而影响农业产出水平，且已有学者证明了农业补贴的增加与农民工返乡具有一定关联；那么农业补贴可能会吸引更多的劳动、资本和技术等要素，这些要素的流动进而影响农产品加工制造业和消费性服务业的生产效率。

$$Y_{3r}=\left[\left(1-\frac{1+\beta_3}{(1+\delta_{13})}\right)a_1+\frac{a_2(1+\beta_3)\alpha_{12}}{1+\delta_{23}}\right]Y_{P0r}+\left[\left(1-\frac{1+\beta_3}{1+\delta_{23}}\right)a_2+a_3(1+\beta_3)\alpha_{23}\right]Y_{M0r}+a_4L_r+a_5T_r \tag{27}$$

令 $Y_{1r}^{+}=Y_{1r}-Y_{0r}=\frac{\beta_1 a_1 Y_{P0r}}{(1+\delta_{13})(1+\beta_1)}$，可知，政府对农业的补贴可以带来产业链产出边际增长率的绝对增加，且其与政府补贴系数、农业产出规模和产出增长率同方向变化，与部门生产率反方向变化；同理，$Y_{2r}^{+}=Y_{2r}-Y_{0r}=\frac{\beta_2 a_2 Y_{M0r}}{(1+\delta_{23})(1+\beta_2)}$，政府对农产品加工制造业的补贴可以带来产业链产出增长率的绝对增加，且其与政府补贴系数、农产品加工制造业产出规模和产出增长率同方向变化，与部门生产率反方向变化；由 $Y_{3r}^{+}=Y_{3r}-Y_{0r}=\left(\frac{a_2\alpha_{12}}{1+\delta_{23}}-\frac{a_1}{1+\delta_{13}}\right)\beta_3 Y_{P0r}+\left(a_3\alpha_{23}-\frac{a_2}{1+\delta_{23}}\right)\beta_3 Y_{M0r}$ 可知，政府对消费性服务业的补贴不一定带来产业链产出增长率的绝对增加，其是由部门产出规模、部门产出增长率、部门生产率、部门之间的外部作用和政府补贴系数共同决定的。

四、补贴配置方式与产业链增值的数值算例

本部分基于以上机理分析，首先，运用中国农村经济实际数据进行计量分析，获得对照组的相关参数估计值；然后，根据不同情景进行数值实验，模拟政府补贴配置方式对产业链产出的影响，并探索相关策略及政策选择的依据。

（一）相关参数估计

对式（24）的统计分析不能完全估计出相关参数值，通过对基本模型展开得回归模型：

$$Y_{0r}=\gamma_1+\frac{\delta_{13}}{1+\delta_{13}}a_1Y_{P0r}+\alpha_{12}a_2Y_{P0r}+\frac{\delta_{23}}{1+\delta_{23}}a_2Y_{M0r}+\alpha_{23}a_3Y_{M0r}+a_4L_r+a_5T_r+\varepsilon_1 \tag{28}$$

数据源自2003—2017年中国31个省区市的面板数据，采用《中国统计年鉴》《中国工业统计年鉴》《中国科技统计年鉴》和《中国教育统计年鉴》的匹配数据，用以估计式（28）的参数 α_{12}、α_{23}、δ_{13} 和 δ_{23}。其中，Y_{0r} 为产业链的产出①增长率②；Y_{P0r} 和 Y_{Mr} 分别为农业产值和农产品加工制造③的产出增长率；L_r 为产业链的人力资本积累④增长率；T_r 为产业链的 R&D 经费内部支出⑤增长率。通过对展开模型进行多种回归方法处理，发现对模型采用OLS估计，且科技投资增长率滞后两期时的拟合效果较好，结果如表1所示。

由表1可知，通过对基本模型和展开模型的横向比较，发现除科技投资增长率外，其余变量和常数项均显著，且符号均具有一致性。由此可得参数估计值 $\alpha_{12}=0.67$、$\alpha_{23}=1.26$、$\delta_{13}=5.45$、$\delta_{23}=1.83$。其中，α_{12} 和 α_{23} 都显著为正，且 $\alpha_{12}<\alpha_{23}$，说明农业对农产品加工制造业具有显著溢出效应，且

---

① 产业链产出包括农业生产、农产品加工制造和加工制造后再销售的产出。

② 增长率计算采用公式：$Y_{ir}=(Y_n/Y_{2004})^{1/(n-2003)}-1$，$n=2004$，…，2017。

③ 根据《中国工业统计年鉴》对制造业子门类的划分，农产品加工制造数据来自农副食品加工，食品制造，酒、饮料和茶制造，烟草制品，纺织，服装、服饰制品，造纸业等。

④ 人力资本积累为从业人数与平均受教育年限的乘积，其中，小学以下、小学、初中、高中（中职）和大专以上分别赋值0、6、9、12和15。

⑤ R&D经费内部支出服务的部门有农业生产和农产品加工制造，不含批发零售和住宿餐饮，故 $T_M=T_C$。

该估计值0.67与当前主要农产品转化率65%基本吻合①；农产品加工制造对消费性服务业具有显著溢出效应，后者的溢出效应更强；δ_{13}和δ_{23}均显著为正，且$\delta_{13}>\delta_{23}$，说明农业和农产品加工制造业的劳动和技术边际生产率均高于消费性服务业，且农业的劳动和技术边际生产率高于农产品加工制造业。

表1　模型回归结果

	变量-模型	式（24）	式（28）
	农产品增长率	0.29*** （7.88）	
乘积项	农业生产规模与农产品增长率乘积		0.85*** （33.43）
	农产品加工规模与农产品增长率乘积		0.24*** （5.10）
	销售规模②与农产品增长率乘积		
	农产品加工增长率	0.28*** （13.7）	
乘积项	农产品加工规模与加工增长率乘积		0.65*** （30.76）
	销售规模与农产品加工增长率乘积		1.26*** （20.60）
	人力资本积累增长率	0.176*** （7.80）	0.03** （2.60）
	科技投资增长率	0.05*** （4.72）	−0.01 （−1.28）
	常数项	5.01*** （10.59）	1.93*** （7.41）
	P值	0.00	0.00
	R^2	0.63	0.91
	N	403	403

注：t在括号中，*表示P＜0.05，**表示P＜0.01，***表示P＜0.001。

为了进一步比较部门弹性和边际生产率差异对产业链增值的影响，若第三产业的劳动和技术的边际生产率$\delta_3=1$，则第一产业的劳动和技术的边际生产率$\delta_1=6.45$，第二产业的劳动和技术的边际生产率$\delta_2=2.83$。假设政府拥有固定的补贴x仅可用于补贴三个产业中的一个，若要实现1个单位的增加值，政府应如何进行补贴配置可使x最小？图1显示了政府补贴配置方式与投入产出关系。

首先，假设x用于补贴第一产业，则其增加值为$6.45x$；然后全部投入第二产业，则其增加值

① 参见“农村一二三产业融合发展仍有哪些短板？发改委回应”，中国新闻网，http：//www.chinanews.com/cj/2018/04-18/8493917.shtml。

② 农产品销售规模是指农产品加工后再销售额在产业链产出中的占比。

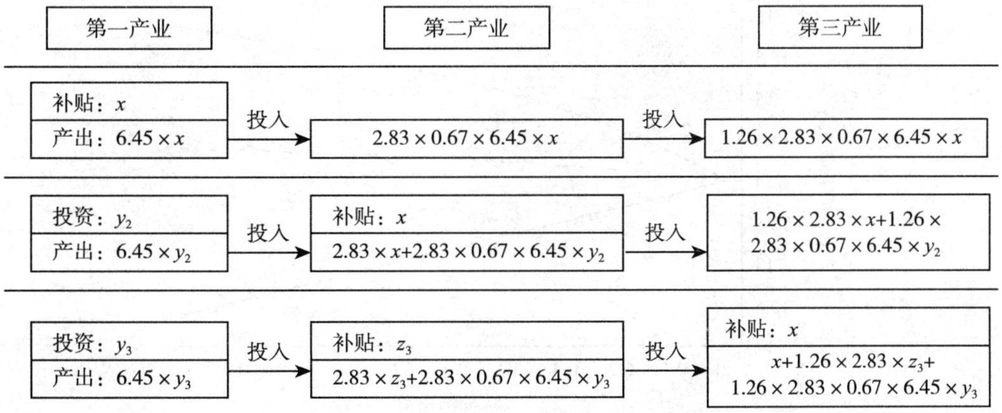

图 1　政府补贴配置方式优化

为 $2.83\times0.67\times6.45x$，进而可得第三产业增加值为 $1.26\times2.83\times0.67\times6.45x$，由此可得：$6.45x+2.83\times0.67\times6.45\times(1+1.26)=1$。

假设 x 用于补贴第二产业，若产业链内部对第一产业的投资为 y_2，则其增加值为 $6.45y_2$；然后全部投入第二产业，则其增加值为 $2.83\times(x+0.67\times6.45y_2)$，进而可得第三产业增加值为 $1.26\times2.83\times(x+0.67\times6.45y_2)$，由此可得：$6.45y_2-y_2+2.83\times(x+0.67\times6.45y_2)\times(1+1.26)=1$。

假设 x 用于补贴第三产业，若产业链内部对第一产业的投资为 y_3，$y_3\geqslant0$，对第二产业的投资为 z_3，$z_3\geqslant0$ 且 $y_3+z_3\neq0$，则第一产业增加值为 $6.45y_3$；然后全部投入第二产业，则其增加值为 $2.83\times(z_3+0.67\times6.45y_3)$，进而可得第三产业增加值为 $x+1.26\times2.83\times(z_3+0.67\times6.45y_3)$，由此可得：$6.45y_3-y_3+2.83\times(z_3+0.67\times6.45y_3)\times(1+1.26)-z_3+x=1$。

通过对上式整理可得：$x=0.029$，$y_2=0.025$，$33.09y_3+5.40z_3=0.97$；该结论说明了对第一产业补贴 0.029 个单位，产业链可实现 1 个单位增加值；如果对第二产业补贴 0.029 个单位，还需要第一产业内部投资 0.025 个单位，才可实现 1 个单位增加值；如果对第三产业补贴 0.029 个单位，还需要第一产业内部投资 y_3 个单位，第二产业内部投资 z_3 个单位，产业链才可实现 1 个单位增加值。

（二）政府补贴配置方式的情形模拟

将上述模型中的估计值和自变量在 2003—2017 年的部门产出规模和增长率均值代入式（25）、式（26）和式（27），并考虑政府补贴系数的变化①，得到情形一、情形二和情形三的产出增长率随政府补贴系数的变化趋势。由此，可对比不同配置方式的产出增长率差异，并总结产业链增值的规律，数值模拟结果如图 2 所示。

图 2 显示，政府补贴配置方式对产业链产出增长率的影响不尽相同。从增长率数值变化来看，随着补贴系数从 0 到 1 变化，对农业、农产品加工制造业和消费性服务的补贴，使得产业链产出增长率从 14.00%依次变化到 14.40%、15.86%和 12.38%；从增长率截面来看，在给定补贴系数下，对农产品加工制造业的补贴带来的产业链产出增长率最大，对农业的补贴次之，对消费性服务业的补贴带来的产业链增长率最小。从增长率趋势变化来看，随着补贴系数的增

① 将政府补贴系数假定为 0～1，并取步长为 0.05，共得到 20 个点，用于作图。

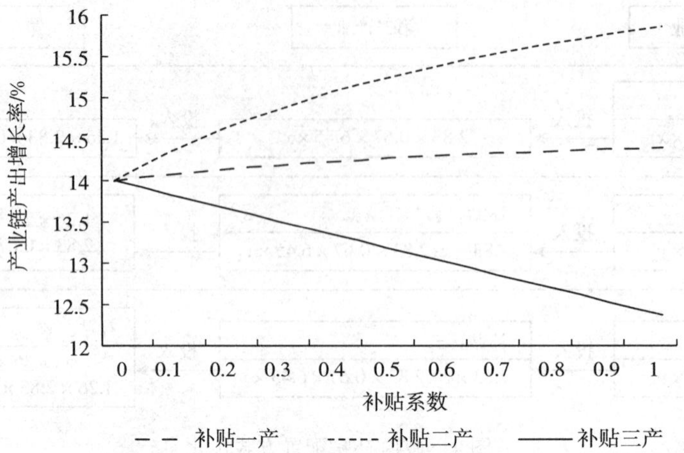

图 2　补贴系数对增长率的影响

加，对农产品加工制造业的补贴使产业链增长率呈递增趋势；对农业的补贴次之，也呈递增趋势；对消费性服务业的补贴使得产业链增长率呈递减趋势。也就是说，对农业和农产品加工制造业的补贴可以使产业链产出呈边际递增趋势，而对于消费性服务业的补贴使得产业链产出呈边际递减趋势。

根据增长率公式及补贴系数对产业链增长率的影响，产业链增加值 $Y_i^+=(1+Y_{ir}^+)^t$，$i=1$，2，3，设期初的产业链价值为 1，可得到产业链增值与补贴周期的关系（图 3）。可见，在给定补贴周期时，同一产业不同补贴系数带来的增加值不同；不同产业相同补贴系数带来的增加值也不同。从增加值的变化来看，当补贴周期 $t=5$ 时，对第二产业给予 2%的补贴，可实现产业链增值 1.42 个单位，当补贴系数为 4%时，产业链增值 1.95 个单位；对第一产业给予 2%的补贴，可实现产业链增值 1.08 个单位，当补贴系数为 4%时，产业链增值 1.16 个单位；对第三产业给予 2%的补贴，可实现产业链增值 0.85 个单位，当补贴系数为 4%时，产业链增值 0.72 个单位。当补贴周期 $t=15$ 时，对第二产业给予 2%的补贴，可实现产业链增值 2.87 个单位，当补贴系数为 4%时，产业链增值 7.43 个单位；对第一产业给予 2%的补贴，可实现产业链增值 1.26 个单位，当补贴系数为 4%时，产业链增值 1.57 个单位；对第三产业给予 2%的补贴，可实现产业链增值 0.61 个单位，当补贴系数为 4%时，产业链增值 0.37 个单位。从增加值变化趋势来看，对第二产业的补贴使得产业链增值较快，呈明显“J”字形增长趋势；对第一产业的补贴也可以实现增加值的快速增长，且补贴系数越高，增加值越大；对第三产业给予补贴，会使产业链增值缓慢增长，最终停滞，且补贴系数越高，停滞增长时点到来越快。由此可见，同一补贴系数和相同的补贴周期，对于第二产业的补贴可实现最大的产业链增值，对第三产业的补贴可实现最小的产业链增值，对第一产业的补贴实现的增加值居于二者之间。从直观的现实经验来看，对农业的补贴是通过支持一产发展的方式“推动”二产和三产发展，进而提升产业链价值；对农产品加工制造业的补贴是通过支持二产发展的方式“拉动”一产，并“推动”三产的发展，进而显著提升产业链价值；而对于消费性服务业的补贴，虽然也存在“拉动”一产和二产发展的趋势，但是其效果相对较弱；通过图 1 对补贴配置方式的优化，可知，给予第三产业补贴，需同时增加第一和第二产业的投资，方可实现产业链增值的同比例增长。因此，对于价值创造环节（第一产业和第二产业）进行补贴，尤其是对创造高附加值的环节（第二产业）给予财政支持，其作用是显著超越对价值实现环节（第三产业）的补贴。

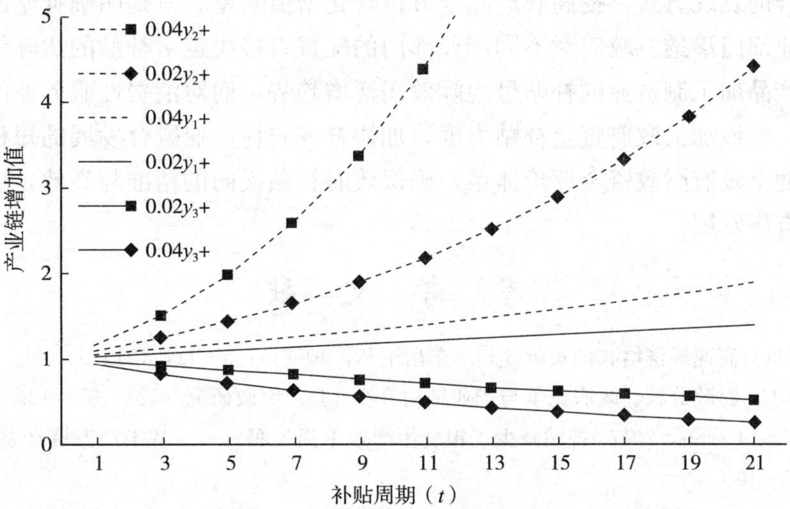

图 3　补贴系数对增加值的影响

五、结论与建议

本文研究农村产业融合背景下，政府补贴配置方式对产业链增值的影响。在无政府补贴的情况下，运用中国数据估计了产业内部的关联性，以便于对政府补贴配置方式进行模拟。从产业部门的关联性角度得出了两点结论：一是农业对农产品加工制造业具有显著溢出效应，农产品加工制造业对消费性服务业具有显著溢出效应，后者的溢出效应更强；二是农业和农产品加工制造业的劳动和技术边际生产率均高于消费性服务业，且农业的劳动和技术边际生产率高于农产品加工制造业。本文在部门产出规模、部门产出增长率和部门关联性固定前提下，通过对政府补贴配置方式的模拟，从产业链增值角度总结出三点结论：一是随着补贴系数增加，对农业和农产品加工制造业的补贴可以使产业链产出呈边际递增趋势；二是受到部门产出规模和产出增长率的影响，农产品加工制造业补贴带来的产业链增值趋势更明显；三是随着补贴系数增加，对消费性服务业的补贴使得产业链产出呈边际递减趋势，且农业和农产品加工制造业的产出规模和产出增长率越大产业链增值越缓慢，也就是说，对农业和农产品加工制造业的补贴可以使产业链产出加速增长，而对于消费性服务业的补贴使得产业链产出呈缓慢增长趋势。

根据农业部印发的《全国农产品加工业与农村一二三产业融合发展规划（2016—2020 年）》①，关于农业发展的要求是“做优农村第一产业，发展绿色循环农业、推进优质农产品生产、优化农业发展设施条件，夯实产业融合发展基础”；关于农产品加工制造业的要求是“做强农产品加工业，大力支持发展农产品产地初加工、全面提升农产品精深加工整体水平、努力推动农产品及加工副产物综合利用，提升产业融合发展带动能力”。基于本文的研究结论，针对农村产业融合背景下产业链增值的关键问题，提出几点政策建议：一是优化农业生产结构，发展现代农业。提高优势农产品生产效率，促进小农户与现代农业有机衔接，保证农产品生产规模化、标准化和专业化，实现农业生产现代化。二是创新发展农产品加工制造业，促进农业生产与农产品加工制造业的融合发展。发展多元化农产品加工制造产业，通过农业产业链延伸，结合现代化生产工艺，创新生产技术，拓展

① 参见“农业部印发《全国农产品加工业与农村一二三产业融合发展规划（2016—2020 年）》”，中国新闻网，http：//www.chinanews.com/gn/2016/11－17/8065730.shtml。

农业多种功能融合的发展方式，提高农产品全方位转化增值效率。三是明确补贴配置对象，引导政府资金向关键产业部门渗透。政府对不同产业部门的配置直接决定了补贴的边际效用，本文结论显示，对农业和农产品加工制造业的补贴呈边际效用递增趋势，而对消费性服务业的补贴呈边际效用递减趋势；因此，应该加大政府资金补贴力度，加快补齐农村产业融合发展的短板，加强对政府补贴配置的监管，健全政府财政资金评价体系，确保政府补贴投向的精准与高效，引导农村一二三产业融合持续健康有序发展。

参　考　文　献

蔡昉，2019. 农村改革对高速经济增长的贡献［J］. 东岳论丛，40（1）：5－12，191.

崔志坤，李菁菁，2015. 财政分权、政府竞争与产业结构升级［J］. 财政研究（12）：37－43.

高鸣，宋洪远，Michael Carter，2017. 补贴减少了粮食生产效率损失吗？——基于动态资产贫困理论的分析［J］. 管理世界（9）：85－100.

国家发展改革委宏观院和农经司课题组，2016. 推进我国农村一二三产业融合发展问题研究［J］. 经济研究参考（4）：3－28.

贾敬全，殷李松，2018. 财政支出对产业结构的诱导效应研究［J］. 财政研究（3）：42－56.

姜长云，2015. 日本的“六次产业化”与我国推进农村一二三产业融合发展［J］. 农业经济与管理（3）：5－10.

李云新，戴紫芸，丁士军，2017. 农村一二三产业融合的农户增收效应研究——基于对345个农户调查的PSM分析［J］. 华中农业大学学报（社会科学版）（4）：37－44，146－147.

马晓河，2015. 推进农村一二三产业深度融合发展［J］. 中国合作经济（2）：43－44.

钱加荣，赵芝俊，2015. 现行模式下我国农业补贴政策的作用机制及其对粮食生产的影响［J］. 农业技术经济（10）：41　47.

任爱华，郭净，2017. 我国不同时期财政政策的产业结构优化效应［J］. 财政研究（11）：19－33.

宋丽颖，张伟亮，2018. 财政支出对经济增长空间溢出效应研究［J］. 财政研究（3）：31－41.

严成樑，吴应军，杨龙见，2016. 财政支出与产业结构变迁［J］. 经济科学（1）：5－16.

钟甫宁，顾和军，纪月清，2008. 农民角色分化与农业补贴政策的收入分配效应——江苏省农业税减免、粮食直补收入分配效应的实证研究［J］. 管理世界（5）：65－70，76.

周静，曾福生，张明霞，2019. 农业补贴类型、农业生产及农户行为的理论分析［J］. 农业技术经济（5）：75－84.

European Commission，1997. Green paper on the convergence of telecommunications，media and information technology sectors，and the implication for regulation［Z］. http：www. isop. ece.

Greenstein S，Khanna T，1997. What does industry convergence mean? In competing in the age of digital convergence，D. B. Yoffie（Ed.）［M］. Boston：Harvard Business School Press.

Just D R，Kropp J D，2013. Production incentives from static decoupling：Land use exclusion restrictions［J］. American Journal of Agricultural Economics，95（5）：1049－1067.

Sahal D，1985. Technological guideposts and innovation avenues［J］. Research Policy，14（2）：61－82.

Shin，Dong－Hee，2006. Convergence of telecommunications，media and information technology，and implications for regulation［J］. Info，8（1）：42－56.

Weber J G，Key N，2012. How much do decoupled payments affect production? An instrumental variable approach with panel data［J］. American Journal of Agricultural Economics，94（1）：52－66.

茶叶区域公用品牌整合绩效的影响因素分析*

——以江西省为例

李道和[1]　叶丽红[2]　陈江华[2]　刘　若[2]

（1. 江西农业大学人文与公共管理学院；2. 江西农业大学经济管理学院）

摘要：为缓解突出的"一品多牌"问题，江西省实行了茶叶品牌整合策略，以加快茶叶产业发展。本文基于江西省茶叶企业调研数据，运用结构方程模型分析了茶叶区域公用品牌整合绩效的影响因素，结果显示：政策扶持对区域公用品牌整合绩效的直接效应未通过显著性检验，而是通过作用于企业内部管理对区域公用品牌整合绩效产生间接的显著正向影响，政策扶持有助于促进企业内部管理水平提升，品牌监管、营销推广、产业发展条件对区域公用品牌整合绩效均有显著的正向影响，加强区域公用品牌监管、提高产品营销推广能力、优化产业发展环境有助于改善区域公用品牌整合绩效。

关键词：茶叶；区域公用品牌；品牌整合；绩效；结构方程模型

一、引　　言

自古以来，"柴米油盐酱醋茶"即为百姓日常"开门七件事"，这反映出茶叶早已成为我国居民日常生活中的必需品。我国茶叶种植历史也非常悠久，茶文化源远流长，底蕴深厚。茶叶作为我国重要的经济作物之一，是我国茶叶主产区农村家庭重要的收入来源，通过发展茶叶产业，有助于增加农户家庭收入，加快推进振兴乡村进程。有学者通过调查发现，在福建茶叶主产区，茶叶收入占茶农家庭总收入的40.53%，占家庭农业收入的64.57%（钱鼎炜，2012），表明茶叶对茶叶主产区茶农家庭收入有着举足轻重的影响。然而，我国作为茶叶生产与消费大国，茶叶整体竞争力还较弱，出口仍处于数量扩张型阶段（伍雁南，2011；何喆，2018；彭虹，2019）。导致这种局面一个重要因素是，我国缺乏在国际上具有强竞争力的茶叶品牌，国内茶叶区域公用品牌建设也存在突出的"一品多牌"现象，使茶叶品牌建设投入资源被分散（陈绪敖，2019），品牌营销与推广后劲不足，削弱了我国茶产业的市场竞争力，对农民增收产生不利影响。因此，集中优势资源打造知名度高、市场竞争力强的茶叶区域公用品牌迫在眉睫。

江西作为我国重要的茶叶生产区域，拥有七百余个各类茶叶品牌，"一品多牌"现象尤为突出，内部无序竞争严重，制约了江西省茶叶整体竞争力提升（刘若、李道和，2018）。为促进江西茶产业发展，提升茶产业竞争力与茶叶经营主体综合收益，江西省政府于2015年出台了《推进全省茶叶品牌整合的实施意见》，要求选择品牌基础较好、竞争力较强、发展前景较好的茶叶品牌进行整

* 基金项目：江西省现代农业产业技术体系专项（编号：JXARS-02）。

合，并加大资金投入力度，强化政策扶持，形成“四绿一红”的茶叶区域公用品牌协同发展格局①，以期通过实行统一商标、统一质量标准、统一包装、统一宣传等方式，做大做强江西省茶叶品牌，提高茶叶区域公用品牌知名度。

对茶叶区域品牌整合绩效进行研究有助于政府决策部门与各类经营主体明确制约区域公用品牌绩效提升的因素，为促进茶产业发展提供指引。在电信基础设施不断完善，智能手机不断普及的背景下，发展茶叶电子商务渠道被越来越多的茶叶经营主体所重视，其中消费者对茶叶品牌的认知度对其购买行为及其茶叶企业经营效率有重要的影响（林梦星等，2018）。在茶叶品牌整合方面，有文献指出需要政府扮演倡导者、规划者、扶持者、管理者和服务者的角色，做好品牌整合的顶层制度设计，加强政策支持，破除阻力，统筹推进品牌整合工作（罗高峰，2010；陈绪敖，2019）。当前已有研究主要从营销模式（康媛媛，2018）、企业社会责任承担（左春芳，2017）、人力资源管理（周丽梅，2017）、营改增（秦鲁南，2018）等方面分析了茶叶经营主体经营绩效的影响因素，且这些文献多以定性分析为主，鲜有文献从定量角度对茶叶经营绩效展开分析，更缺乏对茶叶整合绩效研究的文献。

据此，本文将基于微观调查数据，采用结构方程模型，以茶叶企业为研究对象，实证分析江西省茶叶区域公用品牌整合绩效影响因素，为江西茶产业发展与竞争力提升提供科学的对策建议。

二、理论分析与研究假说

（一）政策扶持与区域公用品牌整合绩效

区域公用品牌的公共物品属性要求政府部门在区域公用品牌的发展过程中承担更多的角色。品牌不仅需要创建，而且还要注重维护，才能实现品牌的持续发展。首先，创建区域公用品牌需要投入一定的资源，付出一定的成本，而品牌创建主体承担了全部品牌创建成本，却只能获得部分收益，因而与区域公用品牌创建所伴生的外部性导致社会主体创建区域公用品牌的积极性与可能性较低。因此，需要政府在区域公用品牌整合过程中发挥积极作用，为产业发展提供政策支持，强化产业扶持力度，为农产品区域公用品牌营造出良好的政策环境（Allen，2007），打造出优质且富有地方特色的区域农产品品牌。据此，本文提出第一个研究假说：

H1：政策扶持对江西省茶叶区域公用品牌整合绩效有正向影响。

政府部门为支持产业发展出台的优惠政策改善了相关产业的发展环境，但政策的作用主体是区域公用品牌使用企业，政策的最终目标是借助政策扶持手段推进企业与区域公用品牌发展，培育出行业内的领先企业，再由这些企业作为推广农产品区域公用品牌的主体，加速区域公用品牌整合，提升企业竞争力和品牌形象。政府会优先选择具有发展潜力的龙头企业，而龙头企业一般拥有良好的企业内部管理机制，在外部扶持政策的支持下，有助于带动茶叶区域公用品牌整合绩效的提升。为参与品牌整合，部分企业会主动优化自身管理能力，以满足政策扶持要求，实际上推动了茶叶区域公用品牌整合绩效的提升（张传统，2015）。据此，本文提出第二个研究假说：

H2：政策扶持对企业内部管理有正向影响。

（二）企业内部管理与区域公用品牌整合绩效

资源依赖理论与资源基础理论指出，组织发展不仅需要组织加强与外部环境联系，从外部获得

① “四绿一红”：四绿是指狗牯脑、婺源绿茶、庐山云雾茶、浮梁茶，一红是指宁红茶。

资源来支持组织发展，而且更依赖自身独特的资源与能力，使其自身获得持久竞争优势。良好的企业内部管理，一方面，有助于充分利用组织内部资源，提高资源利用效率；另一方面，可促进组织引进或者研发新技术，吸引所需人才加盟，拓展所能支配的外部支持资源规模，最终提高区域公用品牌整合绩效，实现农业企业的可持续发展。因此，使用区域公用品牌的茶叶企业通过优化企业内部管理，有助于增强企业竞争力，促进农产品区域公用品牌健康发展，从而提升茶叶区域公用品牌的整合绩效。据此，本文提出第三个研究假说：

H3：企业内部管理对江西省茶叶区域公用品牌整合绩效有正向影响。

（三）品牌监管与区域公用品牌整合绩效

区域公用品牌创建之后，随着其知名度的提升，一些非相关区域的经营主体也可能使用该公用品牌，产生“搭便车”行为，一旦冒牌产品质量不合格，将导致区域公用品牌声誉贬损，对该产业发展造成打击。因此，在茶叶区域公用品牌整合过程中，需要严格控制区域品牌的使用范围，坚守产品质量底线标准，确保区域公用品牌声誉不断积累，提升茶叶区域公用品牌整合绩效。沈鹏熠（2011）认为加强品牌监管能够有效提升农产品品牌的竞争力。政府部门应在设立农产品区域公用品牌“准入制度”的基础上，完善质量保证体系、构建合理的农产品产业标准，加强农产品质量控制，完善质量监督的执行标准（李亚林，2010），做好品牌授权工作，严厉打击假冒产品混入市场、杜绝品牌滥用情况（薛桂芝，2010），保护农产品区域公用品牌形象。据此，本文提出第四个研究假说：

H4：品牌监管对江西省茶叶区域公用品牌整合绩效有正向影响。

（四）营销推广与区域公用品牌整合绩效

产品即使拥有品牌，如果缺乏知名度，也难以使消费者在面对琳琅满目的商品时选择它，通过各类营销渠道提升品牌知名度有助于提高消费者对该品牌的信任度，增加其购买该品牌产品的可能性。随着技术的进步，品牌营销推广渠道不断增多，品牌营销主体需要与时俱进，选择有效的渠道进行营销推广，从而有效提高品牌知名度与美誉度（王志刚，2010）。当下互联网持续快速发展，各类电子商务平台不断兴起，在主要电子商务平台投入资源进行竞价排名、广告宣传等营销推广活动，能够较快地提高品牌知名度，扩大市场占有份额，促进品牌绩效提升（林梦星，2018）。据此，本文提出第五个研究假说：

H5：营销推广对茶叶区域公用品牌整合绩效有正向影响。

（五）产业发展条件与区域公用品牌整合绩效

江西省茶产业目前存在平均单个企业经营规模小、优质茶园较少、技术落后、产业链条短等问题（陈春林等，2019），导致其在全国层面竞争力较弱，缺乏有影响力的知名品牌，因而内部茶产业发展条件亟待改善。茶产业品牌整合成功的基础在于产品质量的持续提升，优质的产品能够为品牌增加美誉度，否则再高市场知名度的品牌也终将因不被消费者认可的产品质量而遭到市场抛弃。实际上，产品质量提升离不开产业相关人才的支撑。政府部门通过提供政策支持改善了茶产业发展的软硬件环境，一方面，有助于促进茶产业集聚，提高茶产业市场集中度，吸引茶产业相关人才集中，提高茶产业分工与专业化水平；另一方面，产业发展环境的改善可有效降低各类经营主体的交易费用，提升区域公用品牌整合绩效。据此，本文提出第六个研究假说：

H6：产业发展条件对江西省茶叶区域公用品牌整合绩效的影响是积极正面的。

三、数据来源、变量设置与模型选择

（一）数据来源

本研究数据来源于课题组 2018 年 6 月至 10 月对江西省各主要茶叶主产区的实地调研。为了解江西省茶产业发展现状、茶叶企业经营状况以及茶叶区域公用品牌整合进展，课题组开展了以茶叶企业为研究对象的调研活动。调研在婺源县、浮梁县、庐山市、修水县、遂川县、上犹县等茶叶主产区进行，依据当地茶叶协会提供的茶叶企业名单及其经营状况，根据营业收入指标将其划分为较好、一般、较差三类，再对每类茶叶企业进行随机抽样，最后与当地使用茶叶区域公用品牌的茶叶企业负责人进行访谈来完成问卷调查，获得有效样本 396 份。

（二）测量变量描述性统计

由于结构方程模型中政策支持、企业内部管理、品牌监管、营销推广、产业发展条件、区域公用品牌整合绩效均为潜变量，因此本研究采用李克特 5 级量表法对指标变量进行测度，其基本形式是先给出一组陈述，将回答选项设置为“非常差/高”“较差/高”“一般”“较好/高”“非常好/高”，分别赋值 1、2、3、4、5，数值越大，表示越好，各被调查的茶叶企业根据所在区域现实情况与自身发展现状做出回答。从表 1 可看出，江西省茶叶区域公用品牌市场占有率以一般为主，品牌知名度与缺货忠诚度较低。

表 1　变量选择与定义

变量类型	潜变量	代码	观察变量	均值	标准差
外衍潜变量	政策扶持	A_1	积极提供市场信息、专业指导、技术培训	2.78	0.600
		A_2	提供税收、信贷、用地等优惠政策	4.14	0.456
		A_3	积极出台和完善维护茶叶区域公用品牌发展的各项规章制度	3.06	0.313
		A_4	培育专业市场、规范中介服务，推动茶叶市场体系完善	2.26	0.441
	企业内部管理	B_1	对茶叶区域公用品牌相关法律、政策制度的了解程度	3.38	0.697
		B_2	R&D 占销售比例	3.57	0.541
		B_3	科技人员数量	2.70	0.489
		B_4	品牌危机处理能力	2.06	0.284
	品牌监管	C_1	积极开展各种质量认证、产品认证工作	3.48	0.610
		C_2	建立并完善茶叶区域公用品牌使用许可制度	4.64	0.487
		C_3	注重规范市场，采取有限措施打击假冒伪劣	3.42	0.501
		C_4	积极采用并推广各种防伪技术和手段	2.70	0.458
	营销推广	D_1	积极促进农产品区域公用品牌文化建设	3.85	0.615
		D_2	积极举办和组织参加国内外茶事节庆展销会活动	3.89	0.480
		D_3	探索和创新茶叶区域公用品牌销售渠道	2.94	0.363
		D_4	积极构建茶叶营销管理和市场推广体系	2.15	0.353
		D_5	积极实施茶叶网络营销	3.98	0.174
	产业发展条件	G_1	政府积极完善茶产业布局与规划	3.48	0.713
		G_2	政府为茶产业人才引进提供支持	3.59	0.563
		G_3	行业内企业经营规模	2.74	0.478
		G_4	政府积极推进交通、水利等基础设施建设	4.09	0.307

（续）

变量类型	潜变量	代码	观察变量	均值	标准差
内衍潜变量	区域公用品牌整合绩效	Y_1	市场占有率	3.77	0.725
		Y_2	品牌知名度	2.84	0.585
		Y_3	缺货忠诚度	2.18	0.436

四、实证分析

（一）信度与效度检验

（1）信度检验。信度是指采取同样方法对同一对象重复进行测量时，所得结果的一致性，通常采用 Cronbach's α 系数进行检验。本文用 SPSS19.0 对各潜变量进行信度分析，结果显示（表 2），各潜变量 Cronbach's α 系数均在 0.7 以上，表明测量题项的可信度较高。

表 2　区域公用品牌整合绩效信效度检验结果

因子	测量变量	载荷	贡献率	累计贡献率	AVE	CR	Cronbach's α
政策扶持	A_1	0.720	30.873	30.873	0.609	0.861	0.802
	A_2	0.834					
	A_3	0.786					
	A_4	0.777					
品牌监管	C_1	0.749	13.262	44.135	0.620	0.867	0.843
	C_2	0.829					
	C_3	0.827					
	C_4	0.741					
营销推广	D_1	0.746	8.177	52.312	0.503	0.831	0.785
	D_2	0.802					
	D_3	0.817					
	D_4	0.519					
	D_5	0.615					
产业发展条件	G_1	0.811	7.291	59.603	0.573	0.842	0.833
	G_2	0.808					
	G_3	0.671					
	G_4	0.730					
企业内部管理	B_1	0.816	6.193	65.796	0.715	0.882	0.889
	B_2	0.856					
	B_3	0.863					
区域公用品牌整合绩效	Y_1	0.849	78.379	78.379	0.620	0.829	0.849
	Y_2	0.823					
	Y_3	0.679					

（2）效度检验。效度即测量指标的有效性，是指测量指标能够准确测量潜变量的程度。本文主要采用因子分析法来进行效度检验。由于本文已确定观察变量的公因子为政策扶持、品牌监管、营

销推广、农业产业水平、企业内部管理 5 个，因而采取限定公因子数量进行因子分析，结果显示 KMO 值为 0.8，且巴特利球形度检验达到了显著性水平，表明适合做因子分析。所提取的 5 个公因子累计方差贡献率达到 65.796%，表明所提取公因子对 21 个测量变量具有 65.796%的解释程度。这 5 个公因子所对应的测量指标的绝大多数因子载荷在 0.7 以上，只有 D4、D5、G3、B4 的因子载荷在 0.7 以下，分别为 0.519、0.615、0.671、0.486。因子载荷是评价效度的重要指标，其数值一般要求高于 0.5，理想状态在 0.7 以上（吴明隆，2018），因此本文删除因子载荷低于 0.5 的"品牌危机处理能力（B4）"这个测量指标，以提高模型与数据匹配的效度。

内衍潜变量区域公用品牌整合绩效的观察变量的因子载荷均在 0.6 以上，大于 0.5 的标准，且因子累计方差贡献率达到 78.379%，表明品牌整合绩效这个公因子包含了这 3 个观察变量 78.379%的信息。因子分析结果表明，指标变量在共同因素构念上有较高的因素负荷量，三个测量指标不仅具有较高的相关性，而且能够有效反映"品牌整合绩效"这个共同因素。

在聚敛效度方面，各潜变量的平均方差抽取量 AVE 值均大于 0.5，表明各测量指标能够有效反映其共同因素构念的潜在特质；同时，各潜变量组合信度 CR 值均在 0.8 以上，大于 0.7 的理想标准，反映出测量指标间关联程度较高。据此可知，各测量模型具有良好的聚敛效度。在区别效度方面，从表 3 可看出，对角线上的 AVE 值的平方根均大于非对角线上的其余数值，表明各潜变量间存在显著的差异，具有良好的区别效度。

表 3　潜变量区别效度检验结果

潜变量	品牌监管	营销推广	产业发展条件	政策扶持	企业内部管理	区域公用品牌整合绩效
品牌监管	0.787	—	—	—	—	—
营销推广	0.467	0.709	—	—	—	—
产业发展条件	0.501	0.521	0.757	—	—	—
政策扶持	0.326	0.106	0.284	0.780	—	—
企业内部管理	0.170	0.055	0.148	0.520	0.846	—
区域公用品牌整合绩效	0.371	0.419	0.409	0.334	0.338	0.787

注：对角线上数值为平均方差抽取量（AVE）的平方根，非对角线上的值表示相关系数。

（二）模型适配度检验

本文利用 AMOS17.0 软件建立结构方程模型，对研究假说进行检验，在初始模型的基础上，根据模型修正指标对模型进行修正。从表 4 可看出，模型修正后的卡方自由度比为 1.48，小于 3，反映出假设模型较好地匹配了数据，但由于卡方值对样本量大小较为敏感，导致卡方自由度比易受样本量大小的影响，因而继续采用其他指标检验模型与数据的匹配情况。在绝对适配度指数方面，GFI 指标为 0.902（>0.9），RMSEA 指标为 0.04（<0.05），NFI 指标为 0.913（>0.9）、IFI 指标为 0.963（>0.9）、CFI 指标为 0.963（>0.9），表明模型适配度评价指标达到了适配标准，进一步反映出模型与数据匹配良好。

表 4　模型适配度检验结果

统计检验指标	初始模型指标	修正后模型指标	判断准则
卡方自由度比（χ^2/df）	1.673	1.480	<3.00，非常好
良性适配指标（GFI）	0.902	0.913	>0.9，非常好

（续）

统计检验指标	初始模型指标	修正后模型指标	判断准则
渐进残差均方和平方根（RMSEA）	0.048	0.040	＜0.05，非常好
规准适配指标（NFI）	0.913	0.925	＞0.9，非常好
增值适配指标（IFI）	0.963	0.974	＞0.9，非常好
比较适配指标（CFI）	0.963	0.974	＞0.9，非常好

（三）结构方程模型结果分析

本文采用 AMOS17.0 对茶叶区域公用品牌绩效影响因素进行估计，得到政策扶持、企业内部管理、品牌监督、营销推广、农业产业化水平等 5 个潜变量影响茶叶区域公用品牌绩效的路径图（图 1）。

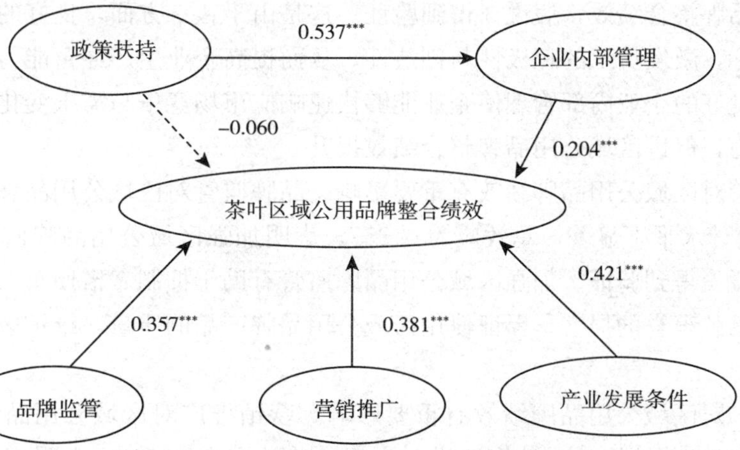

图 1　区域公用品牌整合绩效影响因素作用路径

注：实线表示通过显著性检验，虚线表示未通过显著性检验，*** 表示路径系数在 1%统计水平上显著。

从表 5 可知政策扶持、企业内部管理、品牌监督、营销推广、农业产业化水平等 5 个潜变量对茶叶区域公用品牌绩效影响的标准化路径系数及假说检验结果。

表 5　区域公用品牌整合绩效影响因素的标准化路径系数与假说检验结果

路径	方向	总效应	直接效应	间接效应	假设结果
政策扶持→区域公用品牌整合绩效	+	0.109	—	0.109	部分成立
政策扶持→企业内部管理	+	0.537	0.537	—	成立
企业内部管理→区域公用品牌整合绩效	+	0.204	0.204	—	成立
品牌监管→区域公用品牌整合绩效	+	0.357	0.357	—	成立
营销推广→区域公用品牌整合绩效	+	0.381	0.381	—	成立
产业发展条件→区域公用品牌整合绩效	+	0.421	0.421	—	成立

注：“—”表示统计指标未通过显著性检验而未在表中列出，所列出的数据均通过了显著性检验。

根据区域公用品牌整合绩效影响因素结构方程模型的估计结果可知：

（1）政策扶持对区域公用品牌绩效有重要影响。政策扶持对茶叶区域公用品牌整合绩效的影响在 1%统计水平上显著，且作用方向为正，其总效应为 0.109，但直接效应未通过显著性检验，仅通过潜变量“企业内部管理”对区域公用品牌整合绩效产生间接影响，表明政府出台的茶产业发展支持政策并不会使直接提高茶叶区域公用品牌整合绩效，假说 1 部分得到验证。这是因为茶产业扶持政策改善了茶产业发展的外部环境，使相关茶叶生产主体获得了更多的有利资源，但要充分利用外部有利条件，实现资源的优化配置，必须要加强与提升企业内部管理，提高企业生产经营效率，才能增强相关企业在行业中的竞争力，提升经营绩效。

（2）政策扶持对企业内部管理有重要影响。政策扶持对企业内部管理的正向影响在 1%统计水平下通过显著性检验，总效应为 0.537，表明政策扶持有助于促进企业改善内部经营管理，假说 2 得到验证。为促进茶产业发展，政府相关部门在税收、信贷、用地、融资等方面出台了茶产业扶持政策，但这些政策并不具有普惠性质，相关经营主体只有在经营规模、销售能力等方面满足一定条件才有机会享受，这将倒逼相关经营主体改善经营管理、增强企业市场竞争力，以获取政策支持。

（3）企业内部管理对区域公用品牌绩效有重要影响。企业内部管理对区域公用品牌整合绩效的影响在 1%统计水平下显著，且作用方向为正，总效应为 0.204，表明企业内部管理水平提升有助于改善区域公用品牌整合绩效，假说 3 得到验证。这是由于：一方面，良好的企业内部管理能够实现激励相容的目标，激发员工的积极性与创造性，从而提高企业生产经营能力，最终改善其绩效水平；另一方面，良好的企业内部管理使企业能够快速响应市场竞争与需求变化，抓住市场机遇，提高企业市场竞争力，促进区域公用品牌整合绩效提升。

（4）品牌监管对区域公用品牌绩效有重要影响。品牌监管对区域公用品牌整合绩效有显著正向影响，且在 1%统计水平下显著，总效应为 0.357，表明加强区域公用品牌监管可有效提升区域公用品牌绩效，假说 4 得到验证。加强区域公用品牌监管有助于抑制“搭便车”行为，减少假冒伪劣产品对区域公用品牌声誉的损害，保证使用区域公用品牌产品的质量，维护区域公用品牌形象，增强其市场竞争力。

（5）营销推广对区域公用品牌绩效有重要影响。营销推广对区域公用品牌整合绩效的影响在 1%统计水平下通过显著性检验，且作用方向为正，总效应为 0.381，表明相关经营主体营销推广能力提升有助于改善茶叶区域公用品牌整合绩效，假说 5 得到验证。加强区域茶叶营销推广能力不仅能够提高区域公用品牌知名度，而且通过利用各类网络销售渠道可有效拓宽茶叶产品销售渠道，从而提高该区域公用品牌在同类产品中的市场占有率，进而提升区域公用品牌整合绩效。

（6）产业发展条件对区域公用品牌绩效有重要影响。产业发展条件对区域公用品牌的影响在 1%统计水平下通过显著性检验，且作用方向为正，总效应为 0.421，表明较好的产业发展条件有助于提升茶叶区域公用品牌绩效，假说 6 得到验证。政府部门从完善产业发展规划布局、人才引进、道路等基础设施建设方面优化茶产业发展的软硬件条件，为茶产业发展营造良好的外部环境，有助于提升茶产业整体竞争力，从而促进区域公用品牌发展。

五、研究结论与启示

江西种植茶叶的自然条件优越，茶叶生产与消费历史源远流长，茶叶品牌虽然众多，但内部无序竞争严重，缺乏知名度高、市场竞争力强的茶叶品牌。为此，政府部门实施了茶叶区域公用品牌整合策略，集中优势资源打造几个在市场上“叫得响”，消费者认可度高的品牌。为更好地推进茶叶区域公用品牌建设，本文利用结构方程模型分析了茶叶区域公用品牌整合绩效的影响因素，结果发现：政策扶持对区域公用品牌整合绩效的直接效应不显著，而是通过作用于企业内部管理对区域公用品牌整合绩效产生间接的正向影响，政策扶持有助于促进企业内部管理水平提升，品牌监管、营销推广、产业发展条件对区域公用品牌整合绩效均有显著的正向影响，加强区域公用品牌监管、提高产品营销推广能力、优化产业发展环境有助于改善区域公用品牌整合绩效。

为促进茶叶主产区茶产业发展，提升区域公用品牌整合绩效，政府与茶叶经营主体还应在以下方面继续努力：

首先，构建区域公用品牌使用制度，加强区域公用品牌监管；政府部门在区域公用品牌发展过程中起着主导作用，要建立区域公用品牌使用准入与退出制度，推行生产标准化，茶叶经营主体所生产茶叶必须达到一定标准才可使用区域公用品牌进行销售；对于已使用区域公用品牌而对区域公用品牌形象与声誉造成严重损害的经营主体，禁止其继续使用区域公用品牌。同时，要加强区域公用品牌监管，运用法律手段维护区域公用品牌声誉，防止“搭便车”的冒牌行为出现，从而提升区域公用品牌整合绩效。

其次，强化政策扶持力度，引导茶叶企业改善内部经营管理；茶产业发展离不开政策支持，要重点支持茶叶龙头企业发展，发挥龙头企业带动产业发展与农民增收的作用，但也要发挥政策引导作用，将政策资源向内部管理有效、发展前景较好的茶叶企业倾斜，鼓励茶叶企业不断完善内部经营管理，提高资源利用效率，从而提升区域公用品牌整合绩效。

最后，积极发展茶叶电子商务，开拓茶叶营销渠道；虽然线下销售仍是消费者购买茶叶的主要渠道，但电子商务渠道正逐渐成为茶叶销售的重要渠道，发展茶叶电子商务有助于降低市场交易费用，增加产品销量，提高市场占有率。茶叶主产区政府部门应积极主动与主要电子商务平台展开合作，支持茶叶经营主体入驻电子商务平台，发展茶叶电子商务，提高区域公用品牌整合绩效。

参 考 文 献

陈春林，魏国汶，李道和，等，2019. 江西省茶产业发展的对策建议［J］. 江西科学，37（1）：136－141.

陈绪敖，2019. 安康富硒茶产业品牌整合现状及对策［J］. 茶叶通讯，46（2）：249－252.

何喆，2018. 基于钻石模型的中国茶产业国际竞争力研究［J］. 农村经济（8）：25－30.

康媛媛，2018. 营销模式对茶叶企业绩效的影响分析［J］. 福建茶叶，40（3）：416.

李亚林，2010. 区域品牌忠诚影响因素及其理论模型构建［J］. 科技创业月刊（2）：9－11.

林梦星，陈富桥，杜佩，等，2018. 茶叶企业电子商务经营效率及其影响因素分析［J］. 茶叶科学，38（5）：461－468.

刘若，李道和，2018. 江西省茶叶产业发展现状与对策分析［J］. 蚕桑茶叶通讯（2）：21－24.

罗高峰，2010. 农产品品牌整合中的政府角色研究——以浙江省景宁惠明茶为例［J］. 农业经济问题，31（4）：75－79，112.

彭虹，2019. 中国与“一带一路”沿线主要产茶国茶叶出口竞争力比较——基于显示性指标的研究［J］. 重庆工商大学学报（社会科学版）（5）：1－8.

秦鲁南，张建儒，2018. 营业税改增值税对茶企经营绩效的影响研究［J］. 福建茶叶，40（8）：11.

沈鹏熠，2011. 农产品区域品牌资产影响因素及其作用机制的实证研究［J］. 经济经纬（5）：85－89.

王志刚，谭梦琳，包书政，2010. 日本农产品区域品牌保护制度及启示［J］. 中国农学通报，26（16）：63－67.

伍雁南，2011. 中国茶叶出口国际竞争力研究［J］. 湖北社会科学（2）：88－91.

薛桂芝，2010. 论我国农产品区域品牌的创建［J］. 农业现代化研究，11（6）：688－691.

张传统，2015. 农产品区域品牌发展研究［D］. 北京：中国农业大学.

周丽梅，2017. 茶叶企业人力资源管理实践与创新绩效关系研究分析［J］. 福建茶叶，39（10）：311－312.

左春芳，2017. 探究茶叶企业社会责任与财务绩效的相关性［J］. 福建茶叶，39（4）：57－58.

Allen G，2007. Place branding：New tools for economic development［J］. Design Management Rewiew，18（2）：60－68.

专题四

农村金融、农民收入与农村发展

乡村振兴背景下农村信贷供给影响城乡收入差距的机制与效应研究*

李　标[1]　王　黎[1]　孙煜程[2]

(1. 西南财经大学经济学院；2. 华南农业大学经济管理学院)

摘要：城乡收入差距是反映振兴乡村成效的重要指标。契合农村金融支持乡村振兴的背景，本文尝试由城乡要素配置视角考察农村信贷供给对城乡收入差距的影响。首先，基于城乡经济二元结构理论建立农村信贷供给影响城乡收入差距的直接与间接传导机制的分析模型，形成研究假说；其次，使用我国30个省份2000—2017年的面板数据，运用OLS和3SLS方法估计固定效应模型和联立方程组模型，检验研究假说。结果表明：不同层面上，农村信贷供给水平的提升均间接扩大了城乡收入差距；全国和中西部地区提升农村信贷供给水平具备改善城乡收入差距的直接效应，且大于间接效应，东部地区的直接效应则相反；二者之间的"倒U"特征在全国和中西部地区由直接传导渠道反映，在东部地区则由间接传导路径体现。因而，应向中西部落后地区倾斜配置金融资金，放大农村信贷的直接效应；应引导人力资本向农村地区转移，降低农村信贷的间接效应。

关键词：农村信贷供给；城乡收入差距；城乡经济二元结构

一、引　　言

城乡收入差距是反映振兴乡村成效和城乡协调发展的重要指标。数据显示，城乡收入比由改革开放初期的2.57下降至1983年的1.82之后，又在不断波动中上升到了2009年的历史最大值3.33，然后呈逐年缓慢下降趋势，2016年下降到2.72（温涛等，2018）。可见，中国当前的城乡收入差距较大，如果考虑城乡间的公共服务、福利补贴等差异，城乡收入差距将更大。对经济发展"不平衡、不充分"问题突出的中国来说，较大的城乡收入差距极不利于中国经济持续增长和发展质量的稳步改善。长期以来，中国的金融系统表现出明显的城市化倾向，农村金融发展滞后（胡宗义、刘亦文，2010）致使农村资金外流、信贷资金供给不足，严重制约着农村、农业发展和农民收入的内生增长。经济新常态发展阶段下，囿于财政收入增速放缓、财政支农压力与日俱增，国家致力于金融支农，调整城市偏向的信贷配置结构，增加农村信贷供给，以期助推乡村振兴战略蕴涵的"生活富裕"目标实现，解决城乡收入分配失衡问题。那么，农村信贷供给通过何种机制影响城乡收入差距？农村信贷供给增加是否能够缩小城乡收入差距？不同区域的农村信贷供给对城乡收入差距的作用又是否一致呢？

梳理已有文献，农村信贷供给与城乡收入差距关系的研究更多的是隐含于金融发展与收入差距

* 基金项目：消费经济学会招标项目"成都市郫都区国土资源局土地制度改革三项试点重点课题研究项目子课题：农村土地制度改革背景下的农民收益研究"（编号：5101242018000193）。

关系的研究中。Greenwood 和 Jovanovic（1990）较早关注了金融发展对收入差距的影响，发现二者之间存在“倒 U”关系，即金融发展初期，富人在获取金融资源方面占明显优势，收入差距扩大，金融发展后期，穷人在获取金融资源的能力明显增强，收入差距缩小。这也被 Kim 和 Lin（2011）、Park 和 Shin（2017）的研究所证实。Galor 和 Zeira（1993）则认为，金融发展与收入差距之间并不存在库兹涅茨效应，仅存在简单的负向相关关系。Maurer 和 Haber（2007）、Johansson 和 Wang（2014）等学者也发现金融发展能扩大收入差距。由于中国的金融体系长期处于城乡金融二元状态，国内学者在国外成果的基础上，围绕金融发展与城乡收入差距的关系开展了研究。胡宗义和刘亦文（2010）发现，农村储蓄流向城市导致了城乡收入差距扩大，且农村金融发展与城乡收入差距呈现“倒 U”关系。王征和鲁钊阳（2011）得到了农村金融发展规模、结构、效率与城乡收入差距正相关的实证结论。孙永强（2012）发现，金融发展整体水平的提高扩大了城乡收入差距，但金融城乡结构能通过城市化这一中介变量间接缩小城乡收入差距。杨文华（2016）的研究结果表明，农村金融发展的规模与效率均能够缩小城乡收入差距，但效率的作用小于规模。刘贯春（2017）以股票交易总额与金融机构贷款余额的比值测度金融结构，发现提升直接融资比例对城乡收入差距存在直接缩小效应。王全景和郝增慧（2018）认为，金融规模、金融资源错配与城乡收入差距之间具有库兹涅茨效应，金融城乡结构扩大了城乡收入差距。杜兴洋等（2019）实证发现，农村金融发展水平及其效率的提高，有利于提高农村金融扶贫效率，城乡经济二元结构则严重阻碍了金融扶贫效率的提高。

上述相关研究更多地关注整体金融发展规模、效率对城乡收入差距的影响，少部分文献考察了金融结构与城乡收入差距的关系，而从金融城乡结构角度出发，识别农村信贷供给作用城乡收入差距的机制及其效果的文献较为缺乏，这也为继续开展深入研究提供了空间。因而，基于中国经济发展“不平衡、不充分”和城乡经济二元结构特征突出的事实，本文立足已有文献提供的研究思路和成果基础，从金融资本的城乡配置结构角度楔入，尝试构建农村信贷供给影响城乡收入差距的两部门机制分析框架，并从全国和区域层面甄别农村信贷供给影响城乡收入差距的效应。相较于前期研究，本文的创新如下：

第一，从金融城乡结构考察农村信贷供给对城乡收入差距的影响。既有文献较大程度上忽略了城乡信贷配置结构的收入分配效应，虽然孙永强（2012）、王全景和郝增慧（2018）实证分析了金融城乡结构与城乡收入差距的关系，但二者的结果却截然相反。因而，本研究选择既能反映农村信贷规模，又能体现城乡信贷配置结构的“涉农贷款占社会总贷款比重”指标代理农村信贷供给，并检验其对城乡收入差距的影响，为此领域的研究提供补充。

第二，识别农村信贷供给作用于城乡收入差距的直接和间接传导机制。城乡间的资金与劳动要素流动一直是影响城乡收入差距的重要因素（刘晓光等，2015），人力资本投资与劳动力主体密不可分（Galor、Zeira，1993），且农村金融发展与人力资本的耦合能有效促进农民增收（温涛等，2018）。可知，城乡信贷配置结构调整和人力资本投资是农村信贷供给影响城乡收入差距的重要机制。鲜有研究关注这两个作用机制，本文建立了包含信贷供给变量的城乡两部门嵌套模型，分析农村信贷供给通过城乡信贷配置结构调整影响城乡收入差距的直接作用机制和借助人力资本投资的间接作用机制。

第三，甄别农村信贷供给影响城乡收入差距的直接效应、间接效应时将区域差异纳入考虑。鉴于“城乡收入差距、金融资源配置空间异质性特征突出”（Li Yingcheng et al.，2014），本文从空间视角识别了不同地区农村信贷供给对城乡收入差距的直接与间接影响。研究发现，全国和区域的农村信贷供给水平提高均间接扩大了城乡收入差距；东部地区农村信贷供给的直接效应为负，全国和中西部地区提升农村信贷供给水平具备改善城乡收入差距的直接效应，且大于间接效应。进一步地，本文在全国及区域层面上检验了农村信贷供给与城乡收入差距之间是否存在库兹涅茨效应。

二、理论模型与研究假说

（一）基本假设

本文首先基于 Lewis（1954）的城乡经济二元结构理论设定一个城乡两部门场景。假定只存在两个经济部门：现代的城市经济部门（s）和传统的农村经济部门（n）。城乡经济二元结构条件下，现代城市部门属于资本与技术密集型部门，农村部门属于劳动密集型部门（孙永强，2012）。高技能或高质量劳动力主要集中于城市部门，低技能或低质量劳动力则主要分布于农村部门（钞小静、沈坤荣，2014）。考虑到技能高低主要取决于个体的人力资本投资（教育或健康），因而假设城乡两部门竞争性劳动力市场上劳动力结构的变化依赖于人力资本投资。城市部门和农村部门的劳动力工资水平分别记为 ω_s 和 ω_n，劳动力数量分别记为 L_s 与 L_n。假定，市场机制条件下劳动力能在两部门之间自由流动。本文将劳动力由农村部门转至城市部门的结构变动视为“就业非农化”进程，那么第 t 期的就业非农化水平为 $\theta=L_s/(L_s+L_n)=L_s/L^t$，从就业角度反映两部门劳动力的流动。则，$L_n=(1/\theta-1)L_s$。

假设经济中存在大量竞争性厂商，且两部门厂商的生产函数满足规模收益不变的条件，因此厂商获得零利润。企业的外部融资资金（此处考虑间接融资方式）对企业的生产活动具有重要影响。延续 Galor 和 Zeira（1993）、钞小静和沈坤荣（2014）关于厂商和个人的基本性假设：假定经济部门中的厂商只生产一种产品，价格正规化为 1，由被物化于劳动力身上的人力资本和物质资本共同生产；具有相同潜力和偏好的个体既是消费者又是生产者，但微观个体的初始禀赋或财富不同；为了简化分析，不考虑人口自然增长，人口数量维持不变。另外，假定两个经济部门中的微观主体具有同质理性预期，能合理预期未来收入或收入差距的变动。在第 t 期个人面临是否进行人力资本投资的决策（人力资本投资水平 $h>0$），即是进行人力资本投资成为高技能劳动力进入城市部门，还是作为低技能的劳动力滞留在农村部门。这将对第 $t+1$ 期的生产与收入有影响。

（二）企业

将由金融部门获得的贷款（信贷资本）纳入部门生产函数是构建理论模型的关键。在经典的 AK 增长模型中，“K”被广泛认为可以包含人力资本和非人力资本（Barro，1990）。基于此，孙永强（2012）将金融资本与物质资本一并加入柯布-道格拉斯生产函数中。为便于观察信贷资本的影响，本文将两部门物质资本的存量均正规化为 1，其变化由信贷资本的变动体现。参考借鉴 Krusell 等（2000）、王贻志等（2006）、卢晶亮（2017）等体现要素配置影响的处理方式，本文建立两部门嵌套的 CES 生产函数，具体如下：

$$Y_t=A\{a[bK_s^{\alpha}+(1-b)L_s^{\alpha}]^{\rho/\alpha}+(1-a)[cK_n^{\beta}+(1-c)L_n^{\beta}]^{\rho/\beta}\}^{1/\rho} \tag{1}$$

其中，a，b，c 为份额参数，且 $0<a$，b，$c<1$，A 表示技术参数；α，β，ρ 为替代参数，α，β，$\rho<1$ 用来刻画模型的拟凹性特征。

式（1）中 $[bK_s^{\alpha}+(1-b)L_s^{\alpha}]^{\rho/\alpha}$ 表示城市部门企业的生产 Y_s，$[cK_n^{\beta}+(1-c)L_n^{\beta}]^{\rho/\beta}$ 表示农村部门企业的生产 Y_n。此处理方式的意蕴是从部门整体的角度反映城乡两部门之间的要素流动或要素配置。比如，在要素规模既定的前提下，倘若城市部门效率高，更多要素将流向城市部门。两部门的组间替代弹性表示为 $1/(1-\rho)$。对于部门内部来说，依然通过金融资本和劳动要素的配置说明，且同样符合 CES 函数形式，它们的组内替代弹性分别是 $1/(1-\alpha)$ 和 $1/(1-\beta)$。由于我国经济转型过程中资本积累表现出显著的“资本一技能”互补特征，且城市富集大量高技能劳动力（马红旗等，2017），资本与高技能劳动结合的效率要大于其与低技能劳动结合的效率。因而，劳动力等生产要素跨地区跨部门流动确实提高了整体经济效率（干春晖等，2011）。所以，此处设定 $\alpha<\rho<\beta$。①

涉农贷款占社会总贷款的比重既可反映农村信贷供给规模变化，也能体现城乡间信贷配置结构的调整。因而，这里设定 $T=K_n/(K_s+K_n)$，表示城乡两部门贷款总量中涉农贷款所占的比重，用以代理农村信贷供给水平。进而有，$K_s=(1-1/T)K_n$。根据利润最大化的一阶条件，即各部门劳动者的均衡工资水平分别由各自的边际产品价值确定，由式（1）可得：

$$\omega_s=\partial Y_t/\partial L_s=Aa(1-b)\{a[bK_s^\alpha+(1-b)L_s^\alpha]^{\rho/\alpha}+(1-a)[cK_n^\beta+(1-c)L_n^\beta]^{\rho/\beta}\}^{(1-\rho)/\rho}\times [bK_s^\alpha+(1-b)L_s^\alpha]^{(\rho-\alpha)/\alpha}\times L_s^{\alpha-1} \tag{2}$$

$$\omega_n=\partial Y_t/\partial L_n=A(1-a)(1-c)\{a[bK_s^\alpha+(1-b)L_s^\alpha]^{\rho/\alpha}+(1-a)[cK_n^\beta+(1-c)L_n^\beta]^{\rho/\beta}\}^{(1-\rho)/\rho}\times [cK_n^\beta+(1-c)L_n^\beta]^{(\rho-\beta)/\beta}\times L_n^{\beta-1} \tag{3}$$

依据前文对城乡收入差距的定义，这一场景下的城乡收入差距可表示为城市部门均衡工资水平与农村部门均衡工资水平之比，即 $ine\_gap=\omega_s/\omega_n$，则由式（2）、式（3）可得：

$$ine\_gap=\frac{\omega_s}{\omega_n}=\frac{a(1-b)[bK_s^\alpha+(1-b)L_s^\alpha]^{(\rho-\alpha)/\alpha}\times L_s^{\alpha-1}}{(1-a)(1-c)[cK_n^\beta+(1-c)L_n^\beta]^{(\rho-\beta)/\beta}\times L_n^{\beta-1}} \tag{4}$$

对（4）式进行对数线性化：

$$\ln ine\_gap\simeq(\rho-\alpha)\ln[bK_s^\alpha+(1-b)L_s^\alpha]/\alpha+(\alpha-1)\ln L_s-(\rho-\beta)\ln[cK_n^\beta+(1-c)L_n^\beta]/\beta-(\beta-1)\ln L_n \tag{5}$$

将 $L_n=(1/\theta-1)L_s$ 式代入（5）式，并对 θ 求偏导数有：

$$\frac{\partial ine\_gap}{\partial\theta}=ine\_gap\cdot\frac{\partial \ln ine\_gap}{\partial\theta}=\frac{(1-c)(\rho-\beta)L_n^{\beta-1}}{[cK_n^\beta+(1-c)L_n^\beta]}\times\left(\frac{\omega_s L_s}{\omega_n\theta^2}\right)<0 \tag{6}$$

同理，将 $K_s=(1-1/T)K_n$ 代入（5）式，并对 T 求偏导数有：

$$\frac{\partial \ln ine\_gap}{\partial T}=\frac{b(\rho-\alpha)\left[\left(\frac{1}{T}-1\right)K_r\right]^{\alpha-1}}{[bK_s^\alpha+(1-b)L_s^\alpha]}\times\left(-\frac{K_s}{T^2}\right)<0 \tag{7}$$

又 $ine\_gap>0$，则：

$$\frac{\partial ine\_gap}{\partial T}=ine\_gap\cdot\frac{\partial \ln ine\_gap}{\partial T}=\frac{\omega_s b(\rho-\alpha)\left[\left(\frac{1}{T}-1\right)K_r\right]^{\alpha-1}}{\omega_n[bK_s^\alpha+(1-b)L_s^\alpha]}\times\left(-\frac{K_s}{T^2}\right)<0 \tag{8}$$

由此给出第一个研究假说（H1）：本文的两部门模型下，农村信贷供给对城乡收入差距的直接效应源于信贷资本要素在城乡间的配置。当信贷资本的城乡配置呈现出农村偏向的结构调整时，农村部门生产效率得以改善，农村部门的产出增速与农村居民的人均收入水平将随之提升，有利于缩小城乡收入差距。本文将之视为农村信贷供给增加缩小收入差距的直接效应，其传导渠道是城乡信贷资本配置结构调整。

不考虑其他因素影响的条件下，由城乡间劳动力自由流动引发的就业非农化进程也具备缩小城乡收入差距的效果。但是，也存在与居民收入有关（关联性可能强、也可能弱）、因农村信贷供给增加而通过就业非农化影响城乡收入差距的因素，比如基础设施、公共服务、人力资本等。后文主要以数理模型反映“农村信贷供给→人力资本→就业非农化→城乡收入差距”的间接传导机制。

① 可参考马红旗等（2017）基于 Sato（1967）提出的 Allen 要素偏替代弹性公式的证明推导。

（三）代表性个体

人力资本是影响收入水平的重要因素。农村部门的代表性个体可借助涉农金融工具破除投资健康与教育等方面的融资约束，增加人力资本投资，提高自身劳动技能水平，促进劳动力的流动，进而作用于家庭收入与城乡收入差距。为寻找金融服务农村通过人力资本投资作用于城乡收入差距的间接传导机制，此处借鉴了 Galor 和 Zeira（1993）、钞小静和沈坤荣（2014）考察收入不平等与人力资本投资关系时使用的微观个体效用分析方法和框架。但是，与他们外生给定第 t 期投资人力资本、第 $t+1$ 期进入部门工作有所不同，假定是否进行人力资本投资的决策依据微观个体对未来收入或城乡收入差距预期，且发生在第 t 期。

设微观个体的效用函数为：

$$u=\lambda\log C+(1-\lambda)\log B \tag{9}$$

其中，C 表示第 $t+1$ 期的消费，B 表示初始财富，且有 $0<\lambda<1$。这里的 $u(C, B)$ 取决于微观个体第 $t+1$ 期的消费以及初始财富数量。

假定资本市场的利率为 r，一个微观个体在第 t 期拥有的初始财富为 x 单位，此时他将面临两种选择：一是不进行人力资本投资，不管在第 t 期还是在第 $t+1$ 期都将作为低技能劳动力参与生产，获得农业部门的工资；二是在第 t 期进行人力资本投资，在第 $t+1$ 期作为高技能劳动力参与生产，此时如果个体所拥有的初始财富小于人力资本投资的门槛，就需要通过贷款来完成人力资本投资，以获得城市部门的工资。一般地，是否进行人力资本投资的决策取决于不同情况下的效用大小。假设个体对两部门未来收入的预期分别是$\widetilde{\omega_s}$和$\widetilde{\omega_n}$，且服从正态分布，即$\widetilde{\omega_s}\sim N(\omega_s, \sigma_s^2)$，$\widetilde{\omega_n}\sim N(\omega_n, \sigma_n^2)$。

若个体选择不进行人力资本投资，而直接作为低技能劳动力工作，期望效用函数为：

$$E(U_n(\widetilde{\omega_n}))=\log[(x+\omega_n)(1+r)+\omega_n]+\varepsilon \tag{10}$$

若该个体在第一期拥有 x 的初始财富，且 $x\geqslant h$，则选择人力资本投资时的期望效用函数为：

$$E(U_s(\widetilde{\omega_s}))=\log[(x-h)(1+r)+\omega_s]+\varepsilon \tag{11}$$

如果代表性个体在第一期拥有初始财富数量为 x，且有 $x<h$，这时要选择进行人力资本投资就必须通过贷款完成。假定该个体进行人力资本投资的贷款数额为 d，贷款支付的总成本为 TC，且总成本 TC 由利息 dr 和机会成本 p 两部分组成。因此，个体支付的总成本为 $TC=dr+p$，单位成本是：

$$i=TC/d=r+p/d \tag{12}$$

此时有 $i>r(p>0)$。则贷款进行人力资本投资个体的期望效用函数如下：

$$E(U_s^d(\widetilde{\omega_s}))=\log[(x-h)(1+i)+\omega_s]+\varepsilon \tag{13}$$

当 $E(U_s^d(\widetilde{\omega_s}))\geqslant E(U_n(\widetilde{\omega_n}))$ 时，微观个体预期投资人力资本的回报较高，将做出投资人力资本的选择。基于公式（10）和公式（13），微观个体能否顺利开展人力资本投资依赖于初始财富与人力资本投资门槛（f）的比较。当 $x\geqslant f$ 时，微观个体进行人力资本投资；当 $x<f$ 时，在融资约束难以破除的条件下，微观个体则以低技能劳动力身份参与工作。所以，人力资本投资门槛为：

$$f=[\omega_n\cdot(2+r)+h\cdot(1-i)-\omega_s]/(i-r) \tag{14}$$

又$\widetilde{ine_gap}=\widetilde{\omega_s}/\widetilde{\omega_n}$，基于微观个体存在同质理性预期的假定，有：

$$E(\widetilde{ine\_gap})=E\left(\frac{\widetilde{\omega_s}}{\widetilde{\omega_n}}\right)=\frac{E(\widetilde{\omega_s})}{E(\widetilde{\omega_n})}=\frac{\omega_s}{\omega_n} \tag{15}$$

$$f=[\omega_n(2+r-E(\widetilde{ine\_gap}))+h(1+i)]/(i-r) \tag{16}$$

所以，

$$\frac{\partial f}{\partial E(\widetilde{ine\_gap})}=-\frac{\omega_n}{i-r}<0 \tag{17}$$

此处有第二个研究假说（H2）：微观个体对于未来两部门收入差距的预期决定了人力资本投资门槛，也进一步决定了是以高技能劳动力身份参与生产，还是以低技能劳动力身份直接参与生产。如果实际城乡人均收入差距的缩小能完全被个体合理预期，将提高整个社会的人力资本投资门槛，拉低全社会的人力资本投资水平。反之，则相反。

为将劳动或人力资本与财富禀赋联系起来，Galor 和 Zeira（1993）基于人力资本投资及其水平与劳动主体密不可分的认知，使用财富总规模反映劳动力或人力资本总量。令 D_t 为每一参与主体在第 t 期的财富分布，则该分布满足：$\int_0^{\infty}\mathrm{d}D_t(x_t)=L_t$。$D_t$ 决定了微观个体在第 t 期的家庭财富水平或经济绩效。

纳入人力资本投资门槛 f 分析，可知两部门中高技能劳动力和低技能劳动力的数量分别为：$L_s^t=\int_f^{\infty}\mathrm{d}D_t(x_t)$，$L_n^t=\int_0^f\mathrm{d}D_t(x_t)$。又，$\theta=L_s/(L_s+L_n)=L_s/L^t$，且不考虑人口增长条件下 L^t 在第 t 期不变，可得就业非农化的公式：

$$\theta=\frac{L_s^t}{L^t}=\frac{\int_f^{\infty}\mathrm{d}D_t(x_t)}{L^t} \tag{18}$$

将式（16）代入式（18），并对 $E(\widetilde{ine\_gap})$ 求导，有：

$$\frac{\partial\theta}{\partial E(\widetilde{ine\_gap})}=-\frac{\partial f}{L^t\cdot\partial E(\widetilde{ine\_gap})}=\frac{\omega_n}{L^t\cdot(i-r)}>0 \tag{19}$$

结合式（6）有：

$$\frac{\partial ine\_gap}{\partial E(\widetilde{ine\_gap})}=\frac{\partial ine\_gap}{\partial\theta}\cdot\frac{\partial\theta}{\partial E(\widetilde{ine\_gap})}=\frac{(1-c)(\rho-\beta)L_n^{\beta-1}}{[cK_n^{\beta}+(1-c)L_n^{\beta}]}\times\frac{\omega_s}{\theta(i-r)}<0 \tag{20}$$

这里提出第三个研究假说（H3）：结合前述假说，当农村信贷供给增加改善城乡收入差距的直接效应被微观个体预期后，人力资本投资门槛上升，拉低全社会人力资本水平，对就业非农化产生影响，最终通过部门间劳动力流动与数量结构的变化扩大城乡收入差距。反之，则相反。这是农村信贷供给影响城乡收入差距的间接效应，其传导渠道为人力资本投资。

三、研究设计

（一）变量说明

本文以我国 30 个省份（西藏除外）2000—2017 年经济数据构造面板模型实证分析农村信贷供给对城乡收入差距的影响。实证模型共涉及 14 个变量，其中，被解释变量 1 个，核心解释变量 3 个，控制变量 10 个。

（1）被解释变量：城乡收入差距。城乡收入差距是反映城乡共享发展成果、协调发展和振兴乡村成效的重要参考指标。本文采用城市居民人均可支配收入与农村居民人均可支配收入的比值代理城乡收入差距。城市与农村居民的人均可支配收入数据来源于 2001—2018 年的《中国统计年鉴》。需要指出，2013—2017 年各省的农村人均可支配收入数据可直接从《中国统计年鉴》获取，

2000—2012 年各省的农村人均可支配收入数据则使用《中国统计年鉴》中的农村人均纯收入数据进行替代①。

（2）核心解释变量 1：农村信贷供给水平。农村信贷供给属于农村金融供给范畴。农村金融供给是金融系统对某农村区域的金融产品（或服务）的供给量（熊德平，2017）。基于此可认为，涉农贷款余额是直观反映农村信贷供给水平的指标。然而，涉农贷款余额仅能说明农村信贷供给规模变化，不能体现城乡间信贷资金的配置结构或农村信贷供给的相对变化。因而，基于城乡经济二元结构理论，并结合前述模型的相关定义，本文使用涉农贷款余额在社会总贷款中的比重代理农村信贷供给水平。时间窗口内的各省社会总贷款数据源于《中国金融年鉴》；由于所需的分省涉农贷款数据在 2009 年之前缺乏统计，2009—2017 年各省的涉农贷款数据源于《中国农村金融服务报告》，2000—2008 年使用《新中国 60 年统计资料汇编》中的农业贷款数据予以替代。为了保持结论的稳健，我们在后文中分时间段进行了回归估计。

（3）核心解释变量 2：就业非农化水平。就业非农化水平从就业角度反映城乡间劳动力流动的情况。对于就业非农化通常可使用“非农产业就业人员总量在三次产业就业人员总量中的比重”或“城镇就业人员总量与城乡就业人员总量的比值”代理。为与上述理论模型中关于就业非农化的定义保持一致，这里选择后者代理就业非农化水平。2000—2017 年各省的城镇就业人员和城乡就业人员的数据均来自《中国人口与就业年鉴》。

（4）核心解释变量 3：人力资本投资水平。教育、在职培训和健康是人力资本的三大核心变量（Schultz，1964；温涛等，2018）。综合考虑本文的研究对象、研究目的以及数据的可获得性，本研究从教育角度寻找反映人力资本投资水平的指标。此处借鉴温涛等（2018）的做法，本文采用劳动力的平均受教育年限测度人力资本投资水平。所用基础数据均来源于《中国人口与就业统计年鉴》。

（5）控制变量。首先，考虑到经济增速、政府投入、金融发展、对外开放、基础设施建设对资金配置、劳动力流动等有影响，进而作用于城乡收入差距，参考沈坤荣和余吉祥（2011）、刘晓光等（2015）等研究，本文使用实际 GDP 增速、单位 GDP 的一般公共预算支出、金融机构存贷款总额与 GDP 之比、外商直接投资占 GDP 比重、单位辖区面积的交通里程作为控制变量。其次，城镇化率、所有制结构、固定资产投资水平与非农产业的劳动力供给与需求显著相关，影响就业非农化水平。本文使用城镇常住人口占总人口比例、国有工业企业总产值占工业总产值的比例、固定资产投资总额与 GDP 的比值作为控制变量。最后，由于政府教育投入、初始财富禀赋对人力资本投资约束及水平有不可忽视的作用（Galor、Zeira，1993；钞小静、沈坤荣，2014），本文将财政教育支出占一般公共预算支出的比例和人均实际 GDP 视为控制变量。所用原始数据均出自《中国统计年鉴》。

表 1　变量符号、名称与代理指标

变量符号	变量名称	代理指标
ine	城乡收入差距	城乡人均收入倍差＝城镇人均可支配收入/农村人均可支配收入
debt	农村信贷供给水平	涉农贷款比重＝涉农贷款/社会总贷款
empl	就业非农化水平	就业非农化＝城镇就业人数/总就业人数

① 2013 年国家统计局进行了城乡一体化住户调查改革，将农村居民人均纯收入调整为农村居民人均可支配收入。2000—2012 年和 2013—2017 年的城乡居民人均可支配收入比值（也称为城乡人均收入倍差）的趋势并没有出现明显变化。

（续）

变量符号	变量名称	代理指标
hc	人力资本投资水平	由加总各学历层次年限乘以其占总人口比例所得的“平均受教育年限”衡量。各层次教育年限设定为：文盲0年，小学6年，初中9年，高中12年，大专及大学本科16年，研究生及以上19年
gdpg	经济增速	实际GDP增速＝（当年实际GDP总量－去年实际GDP总量）/去年实际GDP总量
gov	政府投入水平	单位GDP的政府支出＝一般公共预算支出/GDP
fd	金融发展水平	金融发展＝金融机构存贷款总额/GDP
open	对外开放水平	对外开放程度＝外商直接投资/GDP
infrastr	基础设施建设	单位面积交通里程＝公路、铁路、内河航道里程/辖区面积
pergdp	初始禀赋水平	人均实际GDP＝实际GDP/总人口
urb	城镇化水平	人口城镇化率＝城镇常住人口/总人口
soe	所有制结构	国有化程度＝国有工业企业总产值/规模以上工业企业总产值
govedu	政府教育投入水平	政府教育支出＝财政教育支出/一般公共预算支出
invest	投资水平	单位GDP固定资产投资＝固定资产投资总额/GDP

（二）描述性统计

表2报告了变量指标原始数据的主要描述性统计信息。城乡收入差距的最大值与最小值之间的差距以及大于0.5的标准差表明其在样本期内有一定波动。3个核心解释变量中，农村信贷供给和就业非农化水平的标准差较小，说明时间区间内二者走势平稳；人力资本投资水平的标准差大于1则暗示了时间窗口内的人力资本投资有明显的差异。除基础设施建设和初始禀赋水平的代理指标以外，其他控制变量在时间跨度内波动相对较小。需要说明的是，初始禀赋水平的代理指标人均GDP标准差较大的原因是较大的区域差异①。为避免个别变量波动较大对计量分析的负面影响，本文对所使用的指标均进行了对数化处理。

表2 变量指标的描述性统计特征

变量符号	变量名称	样本数	最大值	最小值	均值	中位数	标准差
ine	城乡收入差距	540	4.759	1.852	2.936	2.834	0.57
debt	农村信贷供给水平	540	0.637	0.049	0.184	0.160	0.159
empl	就业非农化水平	540	0.374	0.119	0.398	0.374	0.160
hc	人力资本投资水平	540	13.911	5.581	9.057	8.987	1.281
gdpg	经济增速	540	0.238	0.045	0.116	0.117	0.025
gov	政府投入水平	540	0.691	0.069	0.199	0.176	0.094
fd	金融发展水平	540	7.641	0.725	2.637	2.500	1.003
open	对外开放水平	540	0.750	0.001	0.057	0.029	0.070
infrastr	基础设施建设	540	2.944	0.022	0.786	0.654	0.554
pergdp	初始禀赋水平	540	125 477.4	2 579	30 676.18	25 324	23 808.96

① 人均GDP取自然对数后的波动程度和差异性有明显改善。其平均值为10.019、中位数为10.14、最小值为7.923、标准差为0.828。

（续）

变量符号	变量名称	样本数	最大值	最小值	均值	中位数	标准差
urb	城镇化水平	540	0.953	0.232	0.495	0.476	0.152
soe	所有制结构	540	0.891	0.021	0.428	0.419	0.215
govedu	政府教育投入水平	540	0.222	0.023	0.163	0.164	0.026
invest	投资水平	540	1.523	0.233	0.716	0.659	0.295

资料来源：作者自行测算。

（三）计量模型

基于前文构建的城乡两部门嵌套的理论模型和理论分析，为准确判别农村信贷供给对城乡收入差距的直接与间接影响，结合理论假说，在构建面板数据模型时以农村信贷供给、就业非农化和人力资本投资作为核心解释变量，同时引入其他对城乡收入差距有直接或间接影响的控制变量。本文构建如下面板模型：

$$\ln(ine_{it})=\alpha_0+\alpha_1\cdot\ln(debt_{it})+\alpha_2\cdot\ln(empl_{it})+\alpha_3\cdot\ln(hc_{it})+\sum_{j=4}^{8}\alpha_j\cdot\ln(X_{jit})+\varepsilon_{it} \tag{21}$$

其中，ine_{it} 表示 i 省 t 年的城乡收入差距；$debt_{it}$ 表示 i 省 t 年的农村信贷供给水平；$empl_{it}$ 表示 i 省 t 年的就业非农化水平；hc_{it} 表示 i 省 t 年的人力资本投资水平；α_0，α_1，…，α_8 为待估计系数，表示变量对城乡收入差距的弹性系数，ε_{it} 表示随机误差项。X_{jit} 为其他控制变量集合。

模型（21）由于变量相互作用引发内生性问题的概率较大。例如，城乡收入差距可能倒逼劳动力主动进入城市获得高工资，进而影响就业非农化；城乡收入差距可能诱使个体增加受教育年限以获取更高收入，但人力资本水平较高的劳动者在城镇就业的概率较大，反而会拉大城乡收入差距；涉农贷款增加也可能通过人力资本的传导机制与城乡收入差距产生相互作用等。上述计量模型也可能因为没有纳入固定资产投资、所有制、政府教育支出等影响人力资本或就业非农化的变量，在增大计量回归误差的同时因为这些变量与人力资本或就业非农化的相关引发内生性，难以识别观测各变量之间的传递机制。故此，本文建立联立方程组模型如下：

$$\begin{aligned}\ln(ine_{it})&=\beta_0+\beta_1\ln(debt_{it})+\beta_2\ln(empl_{it})+\sum_{j=3}^{7}\beta_j\ln(X_{jit})+\varepsilon_{Git}\\ \ln(empl_{it})&=\gamma_0+\gamma_1\ln(urb_{it})+\gamma_2\ln(hc_{it})+\gamma_3\ln(soe_{it})+\gamma_4\ln(invest_{it})+\varepsilon_{Eit}\\ \ln(hc_{it})&=\partial_0+\partial_1\ln(govedu_{it})+\partial_2\ln(pergdp_{it})+\partial_3\ln(debt_{it})+\varepsilon_{Hit}\end{aligned} \tag{22}$$

其中，ε_{Git}、ε_{Eit}、ε_{Hit} 表示随机误差项；$\beta_0\sim\beta_7$，$\gamma_0\sim\gamma_4$，$\partial_0\sim\partial_3$ 表示待估计系数。urb_{it} 表示 i 省 t 年的城镇化水平；soe_{it} 表示 i 省 t 年的所有制结构；$invest_{it}$ 表示 i 省 t 年的投资水平；$govedu_{it}$ 表示 i 省 t 年的政府教育支出水平；$pergdp_{it}$ 表示 i 省 t 年的初始禀赋水平；其他变量符号与前文一致。

需要指出，模型（22）构成的上述联立方程组模型中，系数 β_1 表示农村信贷供给对城乡收入差距的直接影响（信贷资本配置结构调整渠道），若 β_1 显著为负，则研究假说 1 成立。β_2，γ_2，∂_3 表示农村信贷供给对城乡收入差距的间接影响（人力资本投资渠道），若 β_2 显著为负，γ_2 显著为正，∂_3 显著为负，则研究假说 3 成立，且 ∂_3 显著为负说明研究假说 2 成立。考虑人力资本投资决策以城乡部门收入及其差距变动预期为依据，而且理论模型中着重考虑了预期形成之因是涉农贷款比重测度的农村信贷供给行为，所以模型（22）第三个公式中加入 $debt_{it}$，反映该预期对人力资本投资的影响。

四、实证分析

针对前文建立的计量模型，此部分拟从三个角度开展实证分析。一是使用最小二乘法（ordinary least squares method，OLS）估计固定效应（fixed effects，FE）面板模型（21），初步判定农村信贷供给水平、就业非农化与人力资本投资对城乡收入差距的影响。二是为处理模型潜在的内生性问题，使用三阶段最小二乘法（three-stage least squares method，3SLS）回归联立方程组模型（22），以提高判定关注变量对因变量影响的准确性。三是基于设定的联立方程组模型讨论金融服务农村与城乡收入差距之间是否存在库兹涅茨“倒U”关系。

（一）固定效应模型回归

面板模型（21）的FE计量回归结果如表3所示。第（1）列是只包含控制变量的回归结果，第（2）～第（5）列则在第（1）列的基础上依次添加了关注变量 *debt*、*empl*、*hc* 及其两两交互项。

三个关注变量中，*debt* 的回归结果相对较优。涉农贷款比重 *debt* 的估计系数在第（2）和第（3）列中显著为负，第（4）和第（5）列为不显著的负数，表明增加农村信贷供给能够缩小城乡收入差距，只是作用不稳定。城乡收入差距的就业非农化 *empl* 弹性系数在第（4）列中为正，在第（3）列和第（5）列中为负，且在最后一列中的显著水平是1%，说明就业非农化有较大概率能缩小城乡收入差距。就人力资本来说，*hc* 的估计系数显示其在第（4）和第（5）列的两种情境下作用完全相反，使得依据此模型结果难以判断其对城乡收入差距的影响。

另外，从模型整体的回归结果分析，尽管F统计值显示模型通过了联合显著性检验，但是可决系数却在0.9以下，DW检验值也小于1，说明模型随机误差项之间可能存在序列相关性，进一步降低了回归结果的可信性。三个核心解释变量的符号与显著性在模型（3）～模型（5）中不太确定，如前文所分析，关注变量 *debt*、*empl*、*hc* 与 *ine* 的相互作用以及可能遗漏了与三者相关的变量引发了内生性问题，降低了固定效应模型回归的精度与准度。

表3　FE估计结果

项目	(1)	(2)	(3)	(4)	(5)
gov	−0.197 6***	−0.173 3***	−0.173 1***	−0.122 4***	−0.128 2***
	(0.074 0)	(0.029 3)	(0.029 3)	(0.030 1)	(0.029 9)
open	0.002 4	−0.000 1	−0.001 6	−0.010 1	−0.008 1
	(0.008 0)	(0.008 0)	(0.008 1)	(0.008 0)	(0.008 0)
fd	0.048 7*	0.065 9**	0.084 7**	0.113 0***	0.115 6***
	(0.029 4)	(0.030 0)	(0.033 7)	(0.033 3)	(0.033 1)
gdpg	0.083 8***	0.073 2***	0.073 4***	0.074 5***	0.098 5***
	(0.014 4)	(0.014 8)	(0.014 9)	(0.014 5)	(0.016 1)
infrastr	0.063 5***	0.074 5***	0.082 9***	0.085 5***	0.082 5***
	(0.013 4)	(0.014 0)	(0.015 6)	(0.015 2)	(0.015 0)
debt		−0.015 5**	−0.015 7**	−0.007 6	−0.020 0
		(0.006 1)	(0.006 1)	(0.006 1)	(0.085 0)

（续）

项目	（1）	（2）	（3）	（4）	（5）
empl			−0.032 3 （0.026 4）	0.017 9 （0.027 4）	−0.893 5*** （0.213 3）
hc				−0.377 8*** （0.071 1）	0.036 6 （0.150 2）
debt×*empl*					−0.028 0* （0.016 2）
debt×*hc*					−0.004 9 （0.034 4）
empl×*hc*					0.391 7*** （0.087 4）
截距项	0.902 8*** （0.074 0）	0.869 4*** （0.074 7）	0.820 4*** （0.084 7）	1.753 0*** （0.194 0）	0.829 5** （0.369 8）
Year FE	No	No	No	No	No
Provincial FE	Yes	Yes	Yes	Yes	Yes
样本数	540	540	540	540	540
可决系数	0.880 6	0.882 1	0.882 4	0.888 7	0.893
DW 统计值	0.826 7	0.837 7	0.834 3	0.867 3	0.893 0
F 统计值	109.549 0	107.760 8	104.911 2	108.362 0	104.211 7

注：圆括号内为稳健标准误；***、**、*表示在1%、5%和10%水平上显著。涉农贷款占社会贷款比例（*debt*）与金融发展（*fd*）可能存在多重共线性问题，影响回归结果。为此，将 *debt* 作为被解释变量，*fd* 等其余控制变量作为解释变量的混合面板回归结果显示，可决系数为 0.475，方差膨胀因子（VIF）远远小于 10，在 5 左右。另外，只考虑这两个指标的相关系数是 0.5，处于可容忍的区间。因而，可判定二者不存在多重共线性问题。

（二）联立方程组模型回归

使用三阶段最小二乘法（3SLS）估计联立方程组模型（22）以解决固定效应面板模型潜在的内生性问题。计量回归时由全国和区域两个层面切入，以判断全时段及分时段的全国、东部与中西部地区的农村信贷供给影响城乡收入差距的直接与间接效应。

（1）全国层面的回归结果评价。全国层面的 3SLS 估计结果详见表 4。全时间窗口下，第（1）列中变量 debt 的回归系数在 1%的水平上显著为负，这说明农村信贷供给的增加，在城乡收入差距缩小方面具备有效的直接影响，支持了研究假说 1。第（3）列中变量 debt 的回归系数在 1%水平上显著为负，表明因农村信贷供给水平提升缩小城乡收入差距的直接效应被预期后，debt 的增加反而拉低了人力资本水平，这与研究假说 2 一致。在第（3）列给定的情形下，基于第（2）列变量 hc 在 5%水平上显著为正的系数，*hc* 的下降将抑制就业非农化，进一步结合第（1）列变量 *empl* 显著为负的系数，可知伴随 *debt* 的增加城乡收入差距将有所扩大，效应大小为 0.002（*debt*、*empl*、*hc* 系数的乘积）。这说明农村信贷供给通过人力资本传导后，间接拉大了城乡收入差距，研究假说 3 成立。总体看，增加农村信贷供给影响城乡收入差距的总效应是 0.018（直接与间接效应之和）。

从时间分段估计结果看，2000—2008 年窗口下变量 *debt* 对城乡收入差距的直接作用为正。该时间段下涉农贷款总量与比重均不高，可获得性较低，只有极少数村民能获得贷款支持，对农村整体收入增长的作用微乎其微，由此致使金融支农的行为并未取得预期效果。同期，变量 *debt* 拉大了城乡收入差距，且此间接作用极为显著。可能的原因是，快速的城镇化与工业化拓宽了收入来源，城镇居民收入快速增长；与此同时，农村居民收入一方面依然受到“剪刀差”影响，另一方面，为获取更高收入，流向非农产业的青壮农村劳动力却逐步转为城镇居民。

2008 年后，国家对“三农”工作尤为重视，着力改变城乡“资金倒挂”异象（农村存贷比远低于城市），大幅提升涉农贷款比重，加大金融支持“三农”力度。在农村金融“普惠红利”逐步释放的推动下，城乡收入差距的 *debt* 弹性系数显著为负，表明农村信贷供给在城乡收入差距方面的直接作用较上一时段有明显改善。另外，城镇化与工业化也由快速发展阶段逐步转变为稳妥提升阶段，在资金流向农村等因素的作用下，高质量劳动力、技术等要素也不断回流农村，其他惠农制度倾斜的效益也有所显现，由此加快了农村居民增收，一定程度上抵消了农村信贷供给对城乡收入差距的消极影响。

表 4　全国层面的 3SLS 估计结果

项目	2000—2017 年			2000—2008 年			2009—2017 年		
	(1)	(2)	(3)	(4)	(5)	(6)	(7)	(8)	(9)
	ine	*empl*	*hc*	*ine*	*empl*	*hc*	*ine*	*empl*	*hc*
debt	−0.019 5***		−0.024 5***	0.005 2		−0.026 5***	−0.037 0*		−0.041 1***
	(0.006 4)		(0.003 0)	(0.012 2)		(0.008 8)	(0.019 8)		(0.006 3)
empl	−0.371 6***			−0.309 9***			−0.348 7***		
	(0.018 2)			(0.027 6)			(0.041 3)		
hc		0.237 2**			1.074 6***			0.025 7	
		(0.118 7)			(0.193 0)			(0.208 0)	
open	−0.033 5***			−0.046 7***			0.008 0		
	(0.008 4)			(0.011 3)			(0.021 8)		
gov	0.100 4***			0.209 7***			0.038 1		
	(0.017 3)			(0.027 3)			(0.036 5)		
fd	0.172 4***			0.148 0***			0.135 2***		
	(0.022 4)			(0.031 7)			(0.037 9)		
gdpg	0.114 9***			0.109 9**			0.150 0***		
	(0.025 7)			(0.048 3)			(0.027 1)		
infrastr	−0.008 0			0.007 0			−0.044 0**		
	(0.007 4)			(0.010 5)			(0.018 3)		
urb		1.168 9***			0.881 4***			1.347 7***	
		(0.059 2)			(0.084 7)			(0.112 1)	
soe		0.089 5***			0.129 1***			0.066 5***	
		(0.013 3)			(0.028 6)			(0.022 0)	
invest		−0.004 2			0.125 1**			0.035 8	
		(0.020 9)			(0.062 3)			(0.042 0)	

（续）

项目	2000—2017 年			2000—2008 年			2009—2017 年		
	(1)	(2)	(3)	(4)	(5)	(6)	(7)	(8)	(9)
	ine	*empl*	*hc*	*ine*	*empl*	*hc*	*ine*	*empl*	*hc*
govedu			0.017 4 (0.020 3)			−0.080 2*** (0.041 6)			0.073 7*** (0.021 3)
pergdp			0.162 0*** (0.004 5)			0.127 6*** (0.012 8)			0.167 3*** (0.010 2)
截距项	0.809 5*** (0.077 8)	−0.564 2* (0.301 3)	0.541 1*** (0.061 6)	1.137 8*** (0.134 9)	−2.477 5*** (0.463 8)	0.679 7*** (0.147 0)	0.924 6*** (0.147 9)	−0.009 9 (0.536 0)	0.581 4*** (0.112 7)
样本数	450	450	450	180	180	180	180	180	180
可决系数	0.581 2	0.785 6	0.747 0	0.702 2	0.767 9	0.576 6	0.520 3	0.733 6	0.731 5

注：圆括号内为稳健标准误；***、**、*表示在1%、5%和10%水平上显著；IV是所有外生变量与三个内生变量的滞后一阶、二阶与三阶值。城乡收入差距可能受自变量与因变量的滞后期影响。由于3SLS已包含自变量的滞后信息（IV），本文将因变量（*ine*）的滞后一阶作为解释变量纳入模型进行3SLS回归。2000—2017年、2000—2008年、2009—2017年时间窗口内关注变量的回归结果为：*ine*（−1）的回归系数和显著水平分别是0.761***、0.632***、0.986***；*debt*的回归系数和显著水平分别是−0.01**、−0.025**、0.001、−0.012***、−0.029**、−0.041***；*empl*的回归系数和显著水平分别是−0.107**、−0.13***、−0.17***；*hc*的回归系数和显著水平分别是0.131*、0.916***、0.055。从关注变量的显著性与方向看，这与表4基本一致，实证结论稳健。限于篇幅，此处未报告包含因变量滞后期的回归结果。

（2）区域层面的回归结果评价。区域差异可能会影响农村信贷供给对城乡收入差距的作用。比如，东部地区农业比重较小、城乡一体化程度较高，一味地提高以涉农贷款为主导的资金支持，可能会拉低资金配置效率，妨碍城乡收入差距缩小；相对地，中西部地区农村发展落后，乡村振兴过程中需要大量资金支持，农民快速增收空间更大，农村信贷供给的增加对城乡收入差距的改善效果更明显。因而，考虑到区域发展的异质性与平均发展水平的相近性，本研究在东、中、西部区划的基础上采用“二分法”分组，东部地区的11省份依然不变，中部和西部地区的19省份合并称为中西部地区。区域视角下的联立方程组模型估计结果详见表5。

东部地区与中西部地区变量*debt*对城乡收入差距的直接、间接以及总效应有明显的差异性。考察变量*debt*的直接效应发现，涉农资金向中西部地区倾斜缩小城乡收入差距的直接效果更显著。第（1）列中变量*debt*的提升与被解释变量*ine*呈现同方向变动，表明东部地区增加农村信贷供给并没有起到改善城乡收入差距的效果。可能的原因有三：一是东部地区农村居民收入增加不再依赖务农，而是依靠外出务工与制度扭曲带来的财产性收入（比如，超占宅基地，修建多层楼房收取租金或私自转让获取收入），且这类群体中较大比例的人保留着农民身份，但长期居住于城镇反而被纳入城镇居民收入统计的范畴；二是东部地区市场化程度更高，少数生产资料富集的农民可能集中了大量涉农资金，不利于农村金融“普惠红利”释放；三是部分涉农资金可能借助东部地区发达的金融体系进行城乡再配置，反向流入非农领域，推动城镇居民收入增加。第（4）列中，*ine*的*debt*弹性系数是−0.083，且在1%水平上显著，说明涉农贷款比重增加1单位，西部地区的城乡居民收入倍差将下降0.08%。

分析间接效应可知，农村信贷供给在东部与中西部地区层面上均间接扩大了城乡收入差距，东部地区*debt*对城乡收入差距的负面作用显著大于中西部地区。与全国层面分析变量*debt*影响*ine*的间接传导一致，东部地区*debt*的间接效应是第（1）列*empl*的系数、第（2）列*hc*的系数、第

(3) 列 *debt* 的系数相乘，为 0.005，明显大于中西部地区的 0.000 7。进一步地，当其他条件不变时，变量 *debt* 对 *ine* 总效应（直接效应与间接效应之和）的区域表现是东部地区 0.008，中西部地区−0.081。

表 5　区域层面的 3SLS 估计结果

项目	东部地区			中西部地区		
	(1)	(2)	(3)	(4)	(5)	(6)
	ine	*empl*	*hc*	*ine*	*empl*	*hc*
debt	0.003 1 (0.006 3)		−0.020 2*** (0.004 5)	−0.083 1*** (0.011 6)		−0.008 5 (0.007 2)
empl	−0.199 3*** (0.041 9)			−0.291 5*** (0.022 2)		
hc		1.230 4*** (0.222 7)			0.294 2* (0.151 2)	
open	0.026 4** (0.011 9)			−0.054 8*** (0.012 0)		
gov	0.002 6 (0.023 0)			0.120 5*** (0.033 1)		
fd	−0.056 9** (0.026 8)			0.292 2*** (0.037 4)		
gdpg	−0.003 8 (0.034 9)			0.172 6*** (0.033 7)		
infrastr	0.048 4** (0.024 4)			−0.001 6 (0.008 9)		
urb		0.673 3*** (0.103 6)			1.171 7*** (0.079 7)	
soe		−0.008 9 (0.025 8)			0.202 0*** (0.022 0)	
invest		−0.054 4 (0.037 9)			0.044 4 (0.035 9)	
govedu			−0.161 1*** (0.036 7)			0.090 8*** (0.025 9)
pergdp			0.174 0*** (0.007 9)			0.147 9*** (0.009 0)
截距项	0.917 3*** (0.097 9)	−3.249 6*** (0.576 5)	0.102 7 (0.104 1)	0.759 8*** (0.104 7)	−0.565 3 (0.375 8)	0.846 4*** (0.103 0)
样本数	164	164	164	285	285	285
可决系数	0.436 0	0.754 8	0.761 9	0.657 6	0.701 2	0.666 7

注：圆括号内为稳健标准误；***、**、*表示在 1%、5%和 10%水平上显著；IV 是所有外生变量与三个内生变量的滞后一阶、二阶与三阶值。

（3）进一步讨论：“倒 U”特征识别。时间窗口内变量 *debt* 与 *ine* 之间核密度散点图（图 1）显示全国层面上农村信贷供给与城乡收入差距之间可能存在非线性“倒 U”关系，即当 *debt* 逐年提高时，*ine* 呈先上升后下降的趋势。从区域视角看，表 5 中东部地区 *debt* 对 *ine* 为正且较小的直接效应似乎暗示，东部地区的 *ine* 随 *debt* 多年增加尚未到达拐点。另外，如果这两个变量之间存在“倒 U”关系，那么“倒 U”特征在直接效应中显现，还是表现在间接效应上？因而，这里将变量 $debt^2$ 纳入联立方程组模型，运用 3SLS 方法估计识别模型的“倒 U”特征（表 6）。

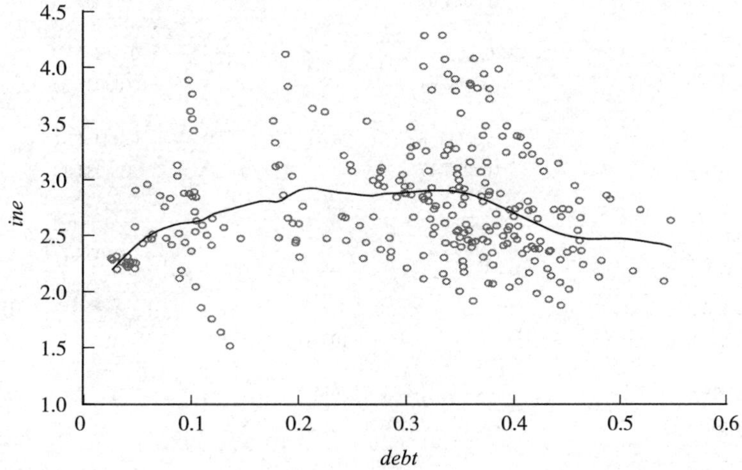

图 1　涉农贷款比重与城乡收入差距的核密度拟合线

注：图形为作者自行绘制；城乡收入数据源于《中国统计年鉴》，涉农贷款数据源于 2009 年以来的《中国农村金融服务报告》。

表 6 对变量 *debt* 与 *ine* 之间是否存在“倒 U”关系的问题给出了肯定的回答。这也意味着从资金要素配置角度反映的增加农村信贷供给对促进农民增收提速，加快城镇与农村居民人均收入趋势的收敛作用在短期难以显现，但是随着长期持续累积达到拐点之后，此趋势相对收敛的作用方得以显现。虽然农村信贷供给与城乡收入差距呈现出时序上的“倒 U”特征，但从不同层面看却有差异。

表 6　全国和区域层面的“倒 U”估计结果

项目	全国地区 2000—2017 年含平方回归			东部地区 2000—2017 年含平方回归			中西部地区 2000—2017 年含平方回归		
	(1)	(2)	(3)	(4)	(5)	(6)	(7)	(8)	(9)
	ine	*empl*	*hc*	*ine*	*empl*	*hc*	*ine*	*empl*	*hc*
debt	−0.074 2*** (0.015 6)		−0.025 2*** (0.008 4)	−0.001 3 (0.017 2)		−0.044 1*** (0.010 9)	−0.235 2*** (0.043 6)		−0.023 1 (0.024 5)
$debt^2$	−0.009 2*** (0.002 4)		−0.000 1 (0.001 4)	−0.000 6 (0.002 2)		−0.003 6** (0.001 5)	−0.036 3*** (0.010 2)		−0.003 8 (0.006 0)
empl	−0.340 4*** (0.017 9)			−0.199 0*** (0.041 9)			−0.276 1*** (0.022 0)		
hc		0.360 0*** (0.117 8)			1.231 4*** (0.222 9)			0.292 3* (0.151 0)	

（续）

项目	全国地区 2000—2017 年含平方回归			东部地区 2000—2017 年含平方回归			中西部地区 2000—2017 年含平方回归		
	(1)	(2)	(3)	(4)	(5)	(6)	(7)	(8)	(9)
	ine	*empl*	*hc*	*ine*	*empl*	*hc*	*ine*	*empl*	*hc*
open	−0.041 7***			0.025 0**			−0.056 0***		
	(0.008 4)			(0.012 4)			(0.011 8)		
gov	0.116 1***			0.003 1			0.166 1***		
	(0.017 6)			(0.023 0)			(0.034 1)		
fd	0.159 2***			−0.058 3**			0.261 4***		
	(0.022 2)			(0.027 4)			(0.037 5)		
gdpg	0.105 9***			−0.005 3			0.141 4***		
	(0.025 5)			(0.035 1)			(0.034 1)		
infrastr	−0.001 0			0.050 0**			−0.000 4		
	(0.007 6)			(0.025 3)			(0.008 7)		
urb		1.126 2***			0.671 1***			1.169 6***	
		(0.058 8)			(0.103 8)			(0.079 7)	
soe		0.093 8***			−0.011 7			0.203 9***	
		(0.013 4)			(0.025 8)			(0.022 0)	
invest		−0.010 0			−0.050 5			0.046 4	
		(0.020 9)			(0.038 0)			(0.035 9)	
govedu			0.016 1			−0.158 0***			0.087 7***
			(0.020 4)			(0.036 1)			(0.026 2)
pergdp			0.162 2***			0.178 8***			0.148 7***
			(0.004 8)			(0.008 0)			(0.009 1)
截距项	0.772 4***	−0.863 2***	0.535 8***	0.907 0***	−3.255 2***	0.026 0	0.671 9***	−0.560 8	0.820 9***
	(0.077 5)	(0.299 1)	(0.068 7)	(0.102 4)	(0.577 1)	(0.107 4)	(0.106 0)	(0.375 3)	(0.110 2)
样本数	450	450	450	164	164	164	285	285	285
可决系数	0.598 2	0.784 3	0.747 1	0.436 6	0.755 4	0.771 1	0.675 6	0.701 3	0.667 2

注：圆括号内为稳健标准误；***、**、*表示在1%、5%和10%水平上显著；IV是所有外生变量与三个内生变量的滞后一阶、二阶与三阶值。当 $debt^2$ 仅出现在第（1）、第（4）和第（7）列中时，估计系数分别是−0.009 3（显著水平是1%）、−0.000 7（不显著）、−0.036 8（显著水平是1%）；当期仅出现在第（3）、第（6）和第（9）列中时，估计系数分别是−0.001 4（不显著）、−0.003 7（显著水平是5%）、−0.005 8（不显著）。限于篇幅此处未报告这两种情况的具体结果。

表6第（1）、第（6）和第（7）列中变量 $debt^2$ 的回归系数在1%或5%水平上显著为负，说明全国和中西部地区的农村信贷供给与城乡收入差距间的“倒U”特征由农村信贷供给对城乡差距的直接影响机制表现，而城乡融合发展程度和经济发展水平较高的东部地区则在有扩大城乡收入差距效应的间接影响机制上体现。这也暗示了，农村发展相对落后且城乡分割特征依然突出的中西部地区应配置更多的涉农资金，放大农村信贷供给缩小城乡收入差距的直接效应；东部地区则应相对降低涉农贷款增速。在增加农村信贷供给的同时，应注重优化涉农贷款的结构，提升金融资金配置效率，以确保更大程度上缩小全国及区域层面的城乡收入差距。值得注意的是，当城乡融合发展达到较高水平时，一味地增加农村信贷供给可能会因其放大间接效应而导致城乡收入差距恶化。所以，还应引导人力资本向农村地区转移，降低农村信贷供给扩大城乡收入差距的间接效应。

五、结论与启示

立足中国经济发展“不平衡、不充分”阶段下金融服务乡村振兴的现实背景，本研究基于城乡经济二元结构理论，并结合理性预期理论，构建了一个农村信贷供给影响城乡收入差距的机制分析框架，分析了农村信贷供给作用于城乡收入差距的直接传导机制（城乡信贷配置结构调整渠道）与间接传导机制（人力资本投资渠道），形成研究假说。进一步，基于我国30个省份2000—2017年的经济数据设定固定效应模型和联立方程组模型，使用OLS和3SLS方法开展计量分析。具体结论如下：

第一，从全国层面看，增加农村信贷供给能直接改善城乡收入差距，但其却通过人力资本投资的间接传导拉低了有利的直接效应。3SLS的实证结果显示，农村信贷供给对城乡收入差距的间接效应约抵消了10%的直接效应。总体上，增加农村信贷供给的行为确实能起到缩小城乡收入差距的作用，且具有明显的累积特征，这表现在2000—2008年和2009—2017年两个时间段总效应与直接效应的差异上。所以，需把握农村信贷供给降低城乡收入差距的长期性特征，优化城乡间的资金配置，持续提高涉农贷款规模及其占比。

第二，从区域层面看，农村信贷供给对城乡收入差距的作用呈现出明显的异质性。经济发展水平较高的东部地区增加农村信贷供给在城乡收入差距方面的直接与间接作用均表现出恶化现象。可能的原因是制度扭曲引发东部地区的部分涉农资金在城乡间进行再配置、降低金融服务的可获得性，限制了“普惠红利”释放以及农村居民收入农业人均收入中生产经营性收入的比重较小。发展相对落后且城乡分割特征依然突出的中西部地区提高涉农贷款比重时，缩小城乡收入差距的直接效应较为显著，扩大城乡收入差距的间接作用微弱。因而，宏观上有必要统筹区域间涉农资金配置，向农村发展落后、低收入人口比重大的落后地区倾斜，对东部地区来说，应适当控制农村信贷供给增速，着力点是调整涉农贷款的内部使用结构，提升涉农资金的内部利用效率。

第三，全国和区域视角下的农村信贷供给与城乡收入差距之间存在“库兹涅茨效应”，即伴随农村信贷供给的增加，城乡收入差距给出“先上升、后下降”的走势。全国和中西部地区的“倒U”特征由改善城乡收入差距的直接效应体现，且已越过拐点；而东部地区的“倒U”特征则体现在恶化城乡收入差距的间接效应上，但仍未迈过拐点。因而，从城乡与区域的信贷资金配置角度看，应增强中西部地区的信贷支农力度，放大农村信贷供给缩小城乡收入差距的直接效应。但是，当经济发展和城乡融合达到一定水平时，要警惕直接效应主导的“倒U”转向间接效应主导的“倒U”，而导致缩小收入差距的前期成效付诸东流。因而，在提高农村地区人力资本存量的同时，还应引导人力资本向农村地区转移，降低农村信贷供给扩大城乡收入差距的间接效应。

参考文献

钞小静，沈坤荣，2014. 城乡收入差距、劳动力质量与中国经济增长[J]. 经济研究（6）：30-43.

杜兴洋，杨起城，邵泓璐，2019. 金融精准扶贫的绩效研究——基于湖南省9个城市农村贫困减缓的实证分析[J]. 农业技术经济（4）：84-94.

干春晖，郑若谷，余典范，2011. 中国产业结构变迁对经济增长和波动的影响[J]. 经济研究（5）：4-16.

胡宗义，刘亦文，2010. 金融非均衡发展与城乡收入差距的库兹涅茨效应研究——基于中国县域截面数据的实证分

析 [J]. 统计研究 (5)：25 - 31.

刘贯春，2017. 金融结构影响城乡收入差距的传导机制——基于经济增长和城市化双重视角的研究 [J]. 财贸经济 (6)：98 - 114.

刘晓光，张勋，方文全，2015. 基础设施的城乡收入分配效应：基于劳动力转移的视角 [J]. 世界经济 (3)：145 - 170.

卢晶亮，2017. 资本积累与技能工资差距——来自中国的经验证据 [J]. 经济学 (季刊) (2)：141 - 162.

马红旗，黄桂田，王韧，2017. 物质资本的积累对我国城乡收入差距的影响——基于资本-技能互补视角 [J]. 管理世界 (4)：32 - 46.

沈坤荣，余吉祥，2011. 农村劳动力流动对中国城镇居民收入的影响——基于市场化进程中城乡劳动力分工视角的研究 [J]. 管理世界 (3)：58 - 65.

孙永强，2012. 金融发展、城市化与城乡居民收入差距研究 [J]. 金融研究 (4)：98 - 109.

王全景，郝增慧，2018. 中国城乡收入差距的经济结构基础：所有制结构与金融结构——基于双重二元结构的视角 [J]. 经济科学 (3)：23 - 36.

王修华，邱兆祥，2011. 农村金融发展对城乡收入差距的影响机理与实证研究 [J]. 经济学动态 (2)：71 - 75.

王贻志，孙阳，阮大成，2006. 应用二级 CES 生产函数对中国制造业 R&D 投入产出效应的实证研究 [J]. 数量经济技术经济研究 (8)：56 - 67.

王征，鲁钊阳，2011. 农村金融发展与城乡收入差距——基于我国省级动态面板数据模型的实证研究 [J]. 财贸经济 (7)：55 - 62.

温涛，董文杰，何茜，2018. 财政支农政策促进城乡经济一体化发展的效率评价与路径探析 [J]. 当代经济研究 (2)：63 - 72，97.

温涛，张梓榆，王定祥，2018. 农村金融发展的人力资本门槛效应研究 [J]. 中国软科学 (3)：65 - 75.

熊德平，陆智强，李红玉，2017. 农村金融供给、主发起行跨区经营与村镇银行网点数量——基于中国 865 家村镇银行数据的实证分析 [J]. 中国农村经济 (4)：32 - 47.

杨文华，2016. 普惠金融视角下的农村金融发展与城乡收入差距关系研究 [J]. 统计与决策 (17)：164 - 166.

余泳泽，潘妍，2019. 高铁开通缩小了城乡收入差距吗？——基于异质性劳动力转移视角的解释 [J]. 中国农村经济 (1)：81 - 97.

Barro B J，1990. Government spending in a simple model of endogenous growth [J]. Journal of Political Economy，98 (5)：103 - 126.

Galor O，Zeira J，1993. Income distribution and macroeconomics [J]. Review of Economic Studies，60 (1)：35 - 52.

Greenwood J，Jovanovic B，1990. Financial development，growth，and the distribution of income [J]. The Journal of Political Economy，98 (5)：1076 - 1107.

Johansson A C，Wang X，2014. Financial sector policies and income inequality [J]. China Economic Review，31：367 - 378.

Kim D H，Lin S C，2011. Nonlinearity in the financial development—income inequality nexus [J]. Journal of Comparative Economics，39 (3)：310 - 325.

Krusell P，Ohanian L E，Rios - Rull J V，et al.，2000. Capital - skill complementarity and inequality：A macroeconomic analysis [J]. Econometrica，68 (5)：1029 - 1053.

Lewis W A，1954. Economic development with unlimited supplies of labour [J]. Manchester School，22 (2)：139 - 191.

Li Y，Wang X，Zhu Q，et al.，2014. Assessing the spatial and temporal differences in the impacts of factor allocation and urbanization on urban - rural income disparity in China，2004—2010 [J]. Habitat International，42 (4)：76 - 82.

Maurer Nobel，2007. Stephen haber related lending and economics performance：Evidence from Mexico [J]. The

Journal of Economic History，67（3）：551－581.

Park D，Shin K，2017. Economic growth，financial development，and income inequality [J]. Journal of Emerging Markets Finance and Trade，53（12）：2794－2825.

Sato K，1967. A two－level constant elasticity of substitution production function [J]. Review of Economic Studies，34（2）：201－208.

Schultz T W，1964. Transforming Traditional Agriculture [J]. Science，144（3619）：688.

代际视角下农村子女赡养行为的性别差异研究*

张 驰[1] 向 晶[2] 施海波[1] 吕开宇[1]

（1. 中国农业科学院农业经济与发展研究所；
2. 中国社会科学院人口与劳动经济研究所）

摘要：本文使用中国家庭追踪调查（CFPS）2016 年数据，基于代际差异视角，考察农村家庭子女微观赡养行为的性别差异，并系统探讨具体的影响机制。研究发现，农村地区整体上仍存在“养儿防老”的传统养老模式；但这种传统模式在新生代子女中开始有所改变，即无论是从经济支持，还是从生活照料这两方面来看，女儿和儿子之间的行为差异大幅度缩小，且差异已不显著。这意味着，农村地区以儿子为核心的家庭养老模式虽未彻底改变，但也已经发生了明显变化。通过剖析农村家庭子女赡养模式背后的行为机制发现，女性地位提升和家庭子女数量减少促使女儿提供了更多养老支持。同时，传统性别观念弱化也对女儿养老有进一步的促进作用。此外，农村老年父母对照料需求的增加以及女性家庭照料上的角色优势，显著地增加了女儿的生活照料作用，但在提高经济支持上的作用并不明显。

关键词：农村家庭；子女赡养行为；性别差异；代际差异；父系家庭制度

一、引 言

赡养父母的性别差异是传统儒家文化社会发展变迁中重要的议题（费孝通，1983）。新中国成立后，毛主席提出的“妇女能顶半边天”口号极大地推动了中国女性社会地位的提升。此后，随着女性经济参与水平的提高，这一口号更是对传统父系家庭制度内的养老责任和义务产生了深远影响。在中国农村家庭平均子女数量大幅减少，且人口大幅度外流的背景下，基于儿子和女儿养老功能变化的视角来研究中国农村地区家庭养老机制，不仅有助于深入了解中国家庭制度的变迁规律，还能对未来农村养老制度设计提供重要的决策参考。

众所周知，受父系家庭制度影响，中国农村地区已形成“养儿防老”的传统家庭养老模式（Yang，1996；Xie、Zhu，2010；朱明宝、杨云彦，2016），因为女儿是“泼出去的水”，这使得父系家庭制度下儿子和女儿承担着截然不同的赡养责任。同时，父系家庭制度也规定儿子是家庭财产的继承者，需要为父母提供根本性的老年支持，在养老中处于核心地位。而女儿出嫁“从夫”，既没有继承娘家财产的权利，也无须承担正式的养老责任（Yang，1996；Mason，1992）。长此以

* 基金项目：国家社会科学基金重大项目“精准扶贫战略实施的动态监测与成效评价研究”（编号：16ZDA021）；国家自然科学基金青年项目“我国农村劳动力转移对城镇劳动力就业与工资的影响研究”（编号：71403110）；国家社会科学基金青年项目“未来劳动力供求总量及结构变化趋势研究”（编号：14CJY014）；中国农业科学院科技创新工程（项目编号：ASTIP-IAED-2019-03）。

往，农村家庭便形成了儿子承担主要养老责任，女儿则提供道德或情感式辅助养老的格局（李树茁等，2003；Xie、Zhu，2010）。虽然新时期中国农村地区不断受性别平等观念的影响，很多传统伦理规范正逐渐衰弱，但父系家庭制度下的从父（夫）居、男性拥有继承权等性别制度仍占据主导地位（杨国才、杨金东，2013）。

改革开放后，在市场经济改革和人口政策的双重作用下，传统的“养儿防老”模式不可避免地受到冲击。首先，人口政策使得农村家庭后代数量不断减少，拥有儿子的概率明显降低（郑筱婷、陆小慧，2018）。其次，随着二元经济结构逐渐消融，农村大量青壮年尤其是男性劳动力流入城市从事非农生产①，拉远了子女与父母的空间距离，加大了农村父母与已婚子女同住的难度。这些因素可能使女儿的赡养行为发生一定的改变（宋璐、李树茁，2008；许琪，2015）。再次，随着技术和产业的进步，参加经济活动不再依赖于体力，女性经济地位和家庭地位正在不断提升，女儿主动承担赡养父母责任的意愿和能力也在增强（陆方文等，2017）。最后，不同时代出生的农村家庭子女深受所处成长经济社会环境的影响，可能会导致不同时代农村家庭子女的父母赡养观念存在很大差别。越是新时代出生的农村子女，其接受新时代父母赡养观念就越容易。这导致不同时代出生的农村子女赡养行为存在明显的代际差异，深刻体现了中国传统家庭制度的变化规律。

目前，有关赡养父母的性别差异研究仍处于探索阶段。中西方不同的文化传统导致西方学者对东亚地区成年子女“反馈”父母的行为拥有极大的兴趣（Greenhalgh，1985；Ogawa、Retherford，1997；Ofstedal et al.，1999）。他们经研究指出，长期受父系家庭制度影响，东南亚地区形成了带有明显性别差异的“儿主女辅”传统家庭养老模式（Lee et al.，1994；Ofstedal et al.，1999；Lin et al.，2003）。然而，在现代化进程中，东亚地区传统的家庭养老制度正在发生改变。一项对日本的研究发现，家庭养老方式已由传统的“养儿防老”转变为“养儿防老”与“养女防老”并重的局面（转引自朱安新、高熔，2016）。中国经济发展程度较高的城市也出现这一现象，有学者通过对收集到的中国城市微观数据进行分析，指出当前中国城市中女儿的养老作用已经超过儿子（Xie、Zhu，2010；许琪，2015）。而对于农村地区，有研究指出子女赡养父母的行为仍保留“养儿防老”特征，但是儿子和女儿养老的性别差异呈减小趋势（宋璐、李树茁，2008；唐灿等，2009；张翠娥、杨政怡，2013）。对此，也有研究对女儿养老的发生机制进行解释。从伦理和公平的角度来说，女儿的赡养是基于情感动机，是积极、自愿、非正式的给予，而不像儿子的“养”是对父母曾经抚养的一种经济交换（唐灿等，2009；高华，2011；杨国才、杨金东，2013）。已有相关研究为本文提供了良好的研究基础，但它们通常将子女作为一个整体从静态和同质的角度来分析子女赡养行为的性别差异，忽视了子女间的代际异质性；还缺乏对影响机制的系统探讨与实证验证，特别是传统性别制度和观念对子女赡养影响的研究还停留在理论探讨和案例分析层面。

为进一步考察农村地区儿子和女儿在赡养父母中的性别差异，本文试图回答以下问题：第一，当前中国农村地区，子女赡养父母是否还存在显著的性别差异，这种差异在不同代子女身上是否发生变化；第二，赡养父母行为的性别差异变化的影响机制是什么，研究重点是传统和现代两方面因素如何影响女儿的赡养行为。为回答上述问题，本文拟从代际的角度出发，探究农村地区子女赡养行为变化的过程，在此基础上具体分析背后的影响机制，并利用农村家庭子女微观数据加以验证。

① 2016年我国农民工总量约2.8亿人，其中50岁及以下占比超过80%。并且在外出务工人员中男性占比68.3%，明显高于女性。数据来源：《2016年农民工监测调查报告》，http：//www.stats.gov.cn/tjsj/zxfb/201704/t20170428_1489334.html。

二、分析框架与研究假说

（一）子女赡养行为的性别差异与代际差异

中国快速的人口结构变化和女性经济社会地位提升，正逐渐缩小儿子和女儿赡养父母时的性别差异（张翠娥、杨政怡，2015；许琪，2015）；但父系家庭传统在农村地区遗风尚存（毛瑛、朱斌，2017）。近年来，一些针对农村地区的研究发现，随着女儿在家庭养老中的作用逐渐提升，子女间养老作用的性别差异正呈减小趋势，但这种差异依旧显著（宋璐、李树茁，2008）。许琪（2015）采用2010年中国家庭追踪调查数据，对比分析了城市与农村子女赡养行为性别差异，研究发现，在控制居住模式后，城市家庭中女儿的养老作用超过了儿子，但农村家庭中儿子的养老作用依旧大于女儿。还有研究通过农村案例分析发现，农村家庭子女养老作用的性别差异在缩小（唐灿等，2009；于光君，2018），但是相比于城市，农村家庭的女儿养老作用仍然低于儿子。当前农村家庭整体上很可能仍旧维持着“养儿防老”的家庭养老模式。

另外，现有研究表明，农村地区子女养老的性别差异本身随着时间的推移也在发生变化。从代际理论的角度出发，不同代人口因出生年代和成长环境的不同，而在思想观念、行为方式等方面呈现明显的异质性，这种代际异质性可能导致不同代子女赡养行为的性别差异有所不同（Egri、Ralston，2004；梁宏，2014）。现实中，伴随着农村经济社会变迁，农村家庭子女不再是一个高度同质化的群体，所以在分析子女赡养行为的性别差异时，有必要考虑不同代子女的异质性。理论上，依据是否具有共同的社会历史经验对子女进行分代，这种社会历史经验具有宏观和微观两个层面的含义和效果，宏观上是指重大历史事件对同一代子女所产生的共同影响；微观上是指不同的子女年龄群因社会变革而产生的不同的经验和思维模式（陈辉、熊春文，2011）。

事实上，改革开放是影响农村经济社会发展变迁的重要历史事件，改革开放前、后出生的两代人之间已经产生了明显的差异（黄祖辉、刘雅萍，2008）。文中选取改革开放的起始年份为时间节点，将1978年及以后出生的子女称为新生代子女，将1978年之前出生的子女称为老一代子女。新生代子女和老一代子女的差异具体表现在：首先，改革开放后出生和成长的新生代子女，接受现代化思想、文化教育，他们的性别平等意识更强；其次，新生代男女间的收入和教育水平差异逐渐缩小，男女地位更加平等；最后，随着人口政策的实施，农村家庭子女数量逐渐减少，大部分新生代子女所承担的养老负担加重。由此看出，与老一代子女相比，传统性别制度和观念对新生代子女养老性别差异的维系作用更弱，但农村经济、人口等现代因素对新生代子女的冲击作用更强。通过上述分析，提出以下研究假说。

假说1：整体上，农村家庭仍存在“养儿防老”的传统养老模式，儿子的养老作用大于女儿，但在新生代子女中女儿和儿子的养老作用差异明显缩小。

（二）子女赡养行为变化的机制分析

农村“女儿养老”作为一种新的社会现象，引起了学界乃至全社会的普遍关注。通过上文分析发现，女儿养老作用的增加是引起农村家庭子女养老作用性别差异缩小的主要原因。文中重点从女儿的角度，探讨农村转型中的经济、人口、传统制度和观念等方面特征变化如何影响女儿的赡养行为。

第一，女性地位提升可能促使女儿自愿提供更多养老支持。一方面，随着技术进步和产业结构调整，更多的经济活动不再依赖于体力，女性的相对经济价值提升（陆方文等，2017），这不仅增强了女性参与家庭事务的主观意愿，还提高了女儿赡养父母的经济能力（聂焱，2008；Xie、Zhu，2010）。另一方面，女儿获得的家庭资源增加，使她们更愿意为父母提供养老支持。随着家庭后代数量减少，拥有男孩的概率降低，女儿所获得的家庭资源逐渐增加（Blake，1981；郑筱婷、陆小慧，2018）。互惠理论（reciprocity）认为成年子女对父母的支持依赖于父母过去对他们的资源分配情况，获得更多资源的子女，比如父母对他们的教育投入更多，更有可能为父母提供养老支持（Gouldner，1960）。女儿经济能力的提升以及所获家庭资源的增加可能促使女儿自愿为父母提供更多养老支持。

第二，农村家庭子女结构变化可能迫使女儿提供更多养老支持。农村家庭子女结构的变化主要表现在两个方面：一是计划生育政策限制了家庭后代数量，降低了一个家庭拥有儿子的概率（郑筱婷、陆小慧，2018）；二是大量农村青壮年男性劳动力外出务工，父母与儿子间的距离拉大，父母与儿子同住的难度增加（宋璐、李树茁，2008；唐灿等，2009）。这造成了两方面的影响：一是家庭养老资源减少使得子女所承担的养老负担加重；二是父母获得儿子养老支持的难度增加而不得不更多地依靠女儿赡养。上述两方面影响可能迫使女儿不得不为父母提供更多的养老支持。

第三，传统性别制度和观念是女儿养老作用进一步发挥的桎梏。家庭养老方式是父代与子代之间基于伦理规范和道德观念所形成的一种非正式制度，约束着子女与老人间的交往行为（罗玉峰等，2015）。而建立在父系家庭制度基础上的传统孝文化并未赋予女儿赡养父母的正式责任，在农村地区通常认为儿子养老是规定和正式的，女儿养老则是自愿和非正式的（唐灿等，2009）。高修娟（2014）针对皖北农村的研究表明，尽管女儿参与父母养老活动，但仍不能表现在文化规范的“前台”，只能在“后台”发挥影响。所以，从父（夫）居、男性拥有继承权等一系列传统性别制度成为限制女儿养老作用进一步发挥的障碍。

通过上述分析，提出以下研究假说。

假说2：女儿家庭和经济地位越高，其赡养意愿和能力越强，为父母提供的养老支持就越多。

假说3：子女数量越少的家庭养老负担越重，父母依赖女儿养老的需求增加，女儿提供的养老支持就越多。

假说4：传统性别制度和观念越强的家庭女儿承担的养老责任越小，相应地提供的养老支持就越少。

三、数据说明与描述性分析

（一）数据说明

本文使用的数据来自2016年中国家庭追踪调查（china family panel studies，简称CFPS）。中国家庭追踪调查（CFPS）是一项全国性、综合性的社会追踪调查项目，收集个体、家庭、社区三个层次的数据，涉及中国居民的经济与非经济福利，以及包括家庭关系与家庭动态、养老支持、人口迁移、经济活动、教育获得等诸多内容。样本覆盖全国25个省区。自2010年基线调查之后每两年进行一次全样本追踪调查，目前已公布2010年、2012年、2014年、2016年4期数据。本文使用是最新公开的2016年CFPS数据。前三期数据，仅从父母角度统计了子女提供养老支持的信息。而2016年数据不仅直接从子女角度统计了子女是否为父母提供养老支持，还进一步询问了养老支持的强度，所收集的子女赡养行为数据更加翔实。2016年CFPS数据无疑为从子女角度研究赡养父母的性别差异提供了更加准确的数据支持。

本文所关注的问题是农村家庭成年子女赡养老年父母的行为，所以文中选取2016年CFPS成人数据库中年龄在18周岁及以上，同时满足父母有一方年龄大于等于60周岁的农村家庭子女作为分析样本，并剔除了赡养能力较弱的样本，即年龄65岁以上或正在上学的子女，经处理后获得8 398个样本。为了获得个体样本的兄弟数量和姐妹数量信息，以便控制个体的家庭结构特征，这里将2016年CFPS数据与2010年CPFS数据进行了匹配。需要说明的是，由于个体的兄弟姐妹个数及类型一般不会随时间变化而发生变化，所以CFPS仅在2010年的基线调查中访问了兄弟姐妹信息，而之后三期调查没有追访兄弟姐妹数量信息（郑筱婷、陆小慧，2018）。匹配后，最终获得6 351个研究样本，其中儿子样本3 066个，女儿样本3 285个。

（二）农村家庭子女特征与赡养行为的描述分析

基于研究样本，本文对农村家庭儿子和女儿的主要特征进行描述性分析。如表1所示，整体上看，农村家庭儿子的受教育水平和非农就业比例明显高于女儿。并且儿子与父母同住的比例达到41.06%，远高于女儿的5.88%，儿子获得父母支持的比例也要明显高于女儿。这一定程度上反映出农村地区传统父系家庭制度仍未发生彻底改变。

文中选取1978年为时间节点，将1978年及以后出生的子女称为新生代子女，也就是在2016年年龄小于及等于38岁的子女；相反，老一代子女在2016年的年龄大于38岁。分不同代来看，新生代子女间的受教育年限的差异明显小于老一代子女间的差异，说明“新”子女间受教育水平差异在缩小。在非农就业方面，“新”子女非农就业的比例高于“老”子女，同样，“新”女儿非农就业的比例高于“老”女儿，一定程度上反映出“新”女儿经济和家庭地位在提升。但不论“新”“老”子女，均是儿子非农就业的比例更大，这也反映出农村男性劳动力流失相对严重。“新”子女的兄弟姐妹数量约在1.7个左右，而“老”子女的兄弟姐妹数量是“新”了女的近一倍。另外，不论“新”“老”子女，儿子与女儿在居住安排和获得父母支持方面均存在较大差异，“新”子女与父母同住及获得父母支持的比例高于“老”子女，可能的原因是一部分年轻子女还未成家立业。通过分析可以发现，不同代子女在教育程度、经济水平等方面的确存在较大差异。

表1　农村家庭子女的主要特征

子女特征	单位	全部子女			新生代子女			老一代子女		
		合计	儿子	女儿	合计	儿子	女儿	合计	儿子	女儿
基本特征										
年龄	岁	45.20	45.43	44.99	34.00	33.91	34.08	48.35	48.58	48.13
受教育年限	年	6.41	7.15	5.71	7.90	8.37	7.47	5.99	6.81	5.20
从事非农工作	%	44.46	51.86	38.56	59.83	67.48	52.99	40.15	47.59	33.11
有配偶	%	93.49	91.39	95.46	89.24	83.74	94.16	94.69	93.48	95.84
养育孩子数量	个	1.77	1.72	1.82	1.43	1.31	1.53	1.87	1.84	1.91
兄弟数量	个	1.41	1.26	1.55	0.74	0.49	0.96	1.60	1.47	1.72
姐妹数量	个	1.46	1.44	1.47	0.96	0.91	1.01	1.59	1.58	1.60
与性别有关特征										
同父母一起居住	%	22.86	41.06	5.88	35.51	61.25	12.50	19.31	35.55	3.96
获得父母经济帮助	%	7.18	8.00	6.42	12.34	14.74	10.19	5.73	6.15	5.34
获得父母照料帮助	%	24.91	37.12	13.52	46.48	66.72	28.40	18.84	29.03	9.22
样本量	个	6 351	3 066	3 285	1 394	658	736	4 957	2 408	2 549

注：表中数值均为相关特征指标的均值。

为了比较全面地了解子女养老作用的性别差异，本文从经济支持①和生活照料两方面，以及是否提供支持和支持强度两个维度来衡量子女的赡养行为。表2给出了当前农村家庭子女养老情况及其性别差异的描述性分析结果。整体上看，女儿和儿子在经济支持和生活照料方面存在明显差异。具体地，56.3%的儿子为父母提供经济支持，平均每月为父母提供约190.1元，只有约46.7%的女儿为父母提供经济支持，并且平均每月给父母的钱要比儿子少约80.2元。照料方面，约47.4%的儿子会照料父母，而女儿照料父母的比例只有约33.3%，并且，每天照料父母的儿子比例比女儿高出约17.2%。由此看来，整体上儿子的养老作用要大于女儿。

分年龄组看，虽然新生代子女在经济支持和生活照料方面同样存在明显差异，但除经济支持数量外，“新”儿子、女儿之间在提供经济支持、照料父母及照料频率方面的差异均低于“老”子女间的差异，特别是在照料方面的差别尤其明显。具体地，“新”子女中照料父母的女儿和儿子的比例相差12.4%，而“老”子女中的这一比例差异接近15%，“新”子女中每天照料父母的女儿和儿子的比例相差12.3%，而“老”子女中该比例差异超过18%。经济支持方面，虽然“新”子女中女儿和儿子经济支持量的差异明显高于“老”子女的差异，但是“新”子女提供的经济支持量均约是“老”子女的一倍。由描述性统计结果可见，虽然新生代子女中仍存在着赡养行为的性别差异，但与老一代子女相比，这种性别差异呈减少趋势。

表2　农村家庭子女赡养现状与性别差异的描述性统计分析

	全部子女			新生代子女			老一代子女		
	女儿	儿子	均值差	女儿	儿子	均值差	女儿	儿子	均值差
提供经济支持	46.7%	56.3%	−9.6***	45.2%	53.0%	−7.8***	48.3%	57.2%	−8.9***
经济支持数量	109.9元	190.1元	−80.2***	171.9元	296.4元	−124.5***	92.1元	161.1元	−69.0***
照料父母	33.3%	47.4%	−14.1***	32.4%	44.8%	−12.4***	33.5%	48.0%	−14.5***
照料频率									
几个月1天	3.7%	1.9%	1.8***	4.9%	2.0%	2.9***	3.4%	1.8%	1.6***
每月1～3天	12.0%	7.1%	4.9***	9.1%	7.9%	1.2%	12.9%	6.9%	6***
每周1～3天	10.0%	13.7%	−3.7***	10.2%	14.3%	−4.1**	10.0%	13.6%	−3.6***
几乎每天	7.5%	24.7%	−17.2***	8.3%	20.6%	−12.3***	7.3%	25.7%	−18.4***

注：*、**、***分别表示10%、5%、1%的显著水平；表中数值均为相关指标的均值。

上述分析仅是基于描述性统计的结果，能大致反映出农村家庭子女养老支持的现状及其性别差异。但是，很多因素可能同时影响子女的赡养行为，为更严谨地分析儿子和女儿赡养行为的性别差异，下文将在控制诸多可观测影响因素的基础上进行实证检验。

四、基础回归分析

（一）模型设定与估计方法

为更全面地考察子女的赡养行为，本文从经济支持和生活照料两方面，以及是否提供支持和支持强度两个维度衡量子女赡养行为。为估计子女赡养行为中的性别差异，构建如下计量模型：

$$Y_i = F(D_i, Z_i, \varepsilon_i)$$

① 经济支持包括现金和实物支持，经济支持数量的具体衡量方式为平均每月给父母多少钱，并将实物折合成现金。

其中，被解释变量 Y_i 反映第 i 个样本的赡养行为，具体用是否提供经济支持、经济支持数量、是否提供照料和照料频率 4 个指标来衡量。D_i 代表第 i 个样本的性别（儿子=0，女儿=1），Z 为控制变量集，ε_i 为随机干扰项。根据被解释变量的数据特征，本文选取不同的估计方法进行分析。子女“是否提供经济支持”和“是否提供照料”为二值选择变量，选择 Probit 模型进行估计。因为“经济支持数量”为非负数且存在大量零值，选择 Tobit 模型进行估计。照料频率变量为有序的多值离散变量，选用有序 Probit 模型估计。

考察子女赡养行为时，本文在模型中控制子女特征①、父母特征②、家庭结构特征、居住安排、地域③等变量（Lin et al.，2003；宋璐、李树茁，2017；于长永等，2017），文中所用变量的设定与描述性统计情况详见表 3。其中，家庭结构是指一个家庭中子女的数量与性别比例，它会影响子女的赡养行为（Lin et al.，2003）。比如通常情况下，只有女儿的家庭中女儿所承担的养老责任和提供的支持要大于有儿有女家庭中的女儿；兄弟姐妹越少的个体承担的赡养责任可能越大。文中选择兄弟数量和姐妹数量两个变量，来控制子女个体的原生家庭结构特征对其赡养行为的影响。另外，现实生活中，是否与父母同住对子女的赡养行为有非常重要的影响，与父母同住的子女更有可能为父母提供生活照料等方面的支持（鄢盛明等，2001）。现实中以及前文统计分析表明，居住安排具有高度的选择性，特别在中国传统文化环境中，居住安排与子女性别相关，儿子与父母同住的可能性远高于女儿。所以与女儿相比，儿子为父母提供养老支持的条件更便利，为父母提供的养老支持可能更多。在模型中控制子女居住安排的影响，不仅可以消除由居住安排导致的子女养老作用差异，同时还能避免因遗漏变量而导致的内生性问题。

此外，模型中还存在影响子女养老作用的潜在的内生性。除子女居住安排外，还存在与子女性别相关，同时又影响子女养老作用的变量。通常子女获得父母的支持会影响他们为父母提供的养老支持。父母为儿子提供的支持一般要大于其为女儿提供的支持。现实中，更多的父母为儿子照料下一代，并且父母为儿子买房或提供经济支持的比例也要大于对女儿的支持比例，前文统计分析结果也表明了这种现象。所以为控制遗漏此类变量而产生的内生性，在模型中加入父母为子女提供的经济支持和照料支持这两个变量。

表 3　变量设定与描述性统计

变量名	设定及单位	均值	标准差	最小值	最大值
是否提供经济支持	否=0，是=1	0.52	0.50	0	1
经济支持数量	元	148.67	468.48	0	16 800
是否照料	否=0，是=1	0.40	0.49	0	1
照料频率	从不=0，几个月 1 天=1，每月 1～3 天=2，每周 1～3 天=3，几乎每天=4	1.21	1.60	0	4
女儿	儿子=0，女儿=1	0.52	0.50	0	1
年龄	岁	45.20	8.30	22	65

① 子女特征变量均来自 2016 年 CFPS 成人数据库。

② 由于成人数据库中并未统计父母特征信息，所以父母特征变量由成人库与家庭关系库合并后获得。不过，家庭关系库中仅统计了父母年龄、教育、户口类型等基本信息，更详细的父母信息需要结合父母编码，匹配父母成人库中的数据。但很多子女尤其是女儿的父母并未参与调查，这样操作会损失大量的子女样本。经权衡后，最终控制了父母的年龄和受教育水平两个特征变量。

③ 控制了 24 个省区市的虚拟变量，以北京市为参照组。

（续）

变量名	设定及单位	均值	标准差	最小值	最大值
子女受教育年限	年	6.41	4.42	0	19
工作类型	无工作=0，农业工作=1，非农工作=2	2.72	2.05	0	5
有无在世配偶	无在世配偶=0，有在世配偶=1	0.93	0.25	0	1
养育子女数量	个	1.77	0.87	0	7
工资收入	元，取对数	1.52	3.60	0	12.99
父母年龄	岁	72.46	8.43	60	103
父母受教育水平	文盲=0，小学=1，初中=2，高中=3，高等教育（大专、本科及以上）=4	1.43	0.71	1	5
兄弟数量	个	1.41	1.18	0	7
姐妹数量	个	1.46	1.28	0	9
是否同父母居住	否=0，是=1	0.23	0.42	0	1
父母是否提供经济支持	否=0，是=1	0.07	0.26	0	1
父母是否帮忙料理家务	否=0，是=1	0.25	0.43	0	1
是否有家谱	没有=0，有=1	0.26	0.43	0	1
烧香拜佛频率	从不=0，几个月1次=1，每月1～3次=2，每周1～3次=3，几乎每天=4	1.12	0.52	0	4

资料来源：2016年和2010年CFPS数据。

（二）基础回归结果与分析

1. 全样本回归结果

表4汇报了模型的估计结果，报告结果的第1列～第3列为估计的平均边际效应，第4列为估计系数。同时表5给出了有序Probit模型估计的照料频率方程中女儿变量的平均边际效应。结果显示，不同模型估计出的女儿变量系数均为负，除是否照料方程的系数不显著外，其余系数均在1%的统计水平上显著。说明在控制其他可观测变量的影响后，女儿为父母提供经济支持的概率比儿子低4.6%，女儿平均每月给父母的钱比儿子少35元左右；在照料方面，虽然统计上并不显著，但女儿照料父母的频率要显著低于儿子。由此可见，女儿在经济支持和生活照料两方面的作用都不如儿子。

表4　子女赡养行为性别差异的回归结果

变量	是否提供经济支持	经济支持量	是否照料	照料频率
	Probit	Tobit	Probit	有序Probit
	边际效应	边际效应	边际效应	估计系数
女儿	−0.046***	−34.622***	−0.019	−0.127***
	(0.014)	(9.417)	(0.013)	(0.036)
年龄	0.001	−0.891	0.001	0.004
	(0.001)	(0.813)	(0.001)	(0.003)
子女受教育年限	0.008***	6.591***	0.004***	0.009**
	(0.002)	(1.036)	(0.001)	(0.004)

（续）

变量	是否提供经济支持	经济支持量	是否照料	照料频率
	Probit	Tobit	Probit	有序 Probit
	边际效应	边际效应	边际效应	估计系数
工作类型	—	—	—	—
农业工作	0.064** (0.028)	19.231 (16.583)	0.038 (0.026)	0.148** (0.067)
非农工作	0.109*** (0.028)	61.544*** (17.829)	−0.019 (0.027)	−0.050 (0.071)
有无在世配偶	0.035 (0.026)	1.788 (17.460)	0.019 (0.024)	0.011 (0.068)
养育子女数量	−0.010 (0.008)	−6.410 (5.553)	−0.007 (0.008)	−0.025 (0.020)
工资收入	0.004** (0.002)	1.838 (1.175)	0.001 (0.002)	−0.002 (0.005)
父母年龄	0.005*** (0.001)	2.077** (0.808)	0.010*** (0.001)	0.030*** (0.003)
父母受教育水平	—	—	—	—
小学	−0.004 (0.016)	−3.736 (10.082)	0.015 (0.015)	0.054 (0.039)
初中	0.035 (0.025)	42.203** (18.414)	−0.019 (0.024)	−0.056 (0.065)
高中	0.033 (0.048)	12.674 (31.906)	0.019 (0.046)	0.078 (0.121)
高等教育	−0.063 (0.137)	−59.756 (74.292)	0.110 (0.135)	0.138 (0.287)
兄弟数量	0.002 (0.006)	−5.212 (4.105)	−0.009 (0.006)	−0.045*** (0.016)
姐妹数量	0.011** (0.005)	5.978* (3.448)	0.003 (0.005)	0.001 (0.013)
是否同父母居住	−0.028 (0.018)	−5.311 (11.803)	0.211*** (0.016)	0.817*** (0.047)
父母是否提供经济支持	0.051** (0.024)	24.999 (15.706)	0.131*** (0.023)	0.303*** (0.056)
父母是否帮忙料理家务	0.096*** (0.017)	66.185*** (10.914)	0.134*** (0.015)	0.405*** (0.042)
观测值	6 351			

注：*、**、***分别表示在10%、5%、1%的统计水平上显著；括号中数值为稳健标准误；各模型中均控制了24个省区市的虚拟变量，以北京市为参照组；父母的受教育水平以文盲为参照组；工作类型均以无工作为参照组；用有序 Probit 方法估计的照料频率方程的四个临界值依次为：3.137、3.218、3.530、4.030，均在1%的统计水平上显著。

控制变量的估计结果也与预期和现实基本相符。子女的受教育水平越高，给父母提供的养老支持就越多，说明在父母资助下得到更好教育的子女，养老作用更大（石智雷，2015）；相对于无工作的子女而言，从事非农工作的子女为父母提供的经济支持更多，但提供的照料支持要少，说明从事非农工作子女的收入水平上升，但一般远离父母，缺少对父母的照料；父母年龄越大，子女的养老支持力度越大，这可能与农村父母的收入能力和健康状况相关；与父母同住的子女会提供更多的生活照料；获得父母支持更多的子女，同样会为父母提供更多的养老支持。

表 5　有序 Probit 估计的照料频率方程中女儿变量的平均边际效应

照料频率	全部子女	新生代子女	老一代子女
从不	0.043***	−0.025	0.055***
几个月 1 天	−0.001***	0.001	−0.001***
每月 1～3 天	−0.005***	0.003	−0.006***
每周 1～3 天	−0.011***	0.007	−0.013***
几乎每天	−0.026***	0.014	−0.034***

注：*、**、*** 分别表示在 10%、5%、1%的统计水平上显著。

2. 分年龄组回归结果

接下来比较新生代子女和老一代子女赡养行为的性别差异。从表 5 和表 6 给出的估计结果可以看出，新生代子女和老一代子女的女儿变量系数存在明显差异。新生代子女中，四个方程中（表 6）女儿变量的系数均在统计上不显著，并且除经济支持量方程和照料频率方程中从不照料父母的女儿变量系数为负以外，其余女儿变量的系数均为正。不同的是，老一代子女中，女儿变量在四个方程中的系数为负（照料频率方程中从不照料父母的女儿变量系数除外）且在统计上显著。并且，新生代子女中女儿变量系数的绝对值都小于老一代子女中相应的女儿变量系数的绝对值。这说明在控制了其他变量的影响后，“新”子女中女儿和儿子在经济支持和生活照料两方面的赡养行为差异已经缩小，并且已不存显著差异，而“老”子女中女儿在经济支持和生活照料两方面的养老作用都小于儿子，仍呈现出显著的性别差异。

基础回归的估计结果验证了研究假说 1，即整体上农村家庭中女儿的养老作用依旧小于儿子，但新生代子女中女儿和儿子的养老作用差异明显缩小且差异已不显著。

表 6　新生代子女与老一代子女赡养行为别差异的比较分析

变量	是否提供经济支持		经济支持量		是否照料		照料频率	
	新生代	老一代	新生代	老一代	新生代	老一代	新生代	老一代
	边际效应	边际效应	边际效应	边际效应	边际效应	边际效应	估计系数	估计系数
女儿	0.012 (0.032)	−0.056*** (0.016)	−12.791 (28.668)	−33.224*** (9.354)	0.023 (0.030)	−0.026* (0.015)	0.075 (0.088)	−0.168*** (0.040)
控制变量	控制							
观测值	1 394	4 957	1 394	4 957	1 394	4 957	1 394	4 957

注：*、**、*** 分别表示在 10%、5%、1%的统计水平上显著；括号中数值为稳健标准误；控制变量包括全样本基础回归中的其他控制变量；采用与基础回归相同的估计方法。

（三）稳健性检验

前文讨论了计量模型中可能存在因遗漏与子女性别相关变量而产生的内生性问题，并通过控制相关变量解决了此类内生性问题。另外，文中计量模型存在由联立性、自选择导致的内生性问题的可能性较低。原因是，通常情况下子女个人不能对自己的性别进行选择，对子女而言，性别是一个外生变量。这里主要进行样本调整和模型设定两方面的稳健性检验①。

首先，通过对样本调整检验估计结果的稳健性。采用两种方法来调整样本，一种方法是在计量方程中不控制家庭结构特征变量，这样可以使用与 2010 年 CFPS 数据匹配之前的子女样本，共计 8 515 个样本，而对于新老两代子女的划分不做调整。另一种方法是在原样本基础上，改变不同代子女的划分标准，将新生代子女年龄范围调整为 18～40 岁，将老一代子女年龄调整为 41～65 岁。调整后的估计结果显示，各模型中女儿变量的系数符号、大小和显著性与基础回归结果基本一致，说明基础回归的估计结果稳健。

进一步通过改变模型设定检验估计结果的稳健性。关于被解释变量为虚拟变量的情况，使用 Logit 模型替代 Probit 模型进行回归分析；使用 OLS 估计被解释变量为经济支持数量的方程；被解释变量生活照料频率为有序多值离散变量，使用有序 Logit 模型替代有序 Probit 模型进行回归分析。估计结果显示，女儿变量系数的符号、大小与显著性与基础回归结果基本一致，进一步表明基础回归的估计结果稳健。

五、子女赡养行为的影响机制分析

从前文研究可以看出，整体上农村家庭依旧存在着"养儿防老"的养老模式，但新生代女儿和儿子养老作用已无明显差异。接下来，基于前述的理论分析和研究假说，实证验证女性地位、家庭子女数量和传统性别观念三方面原因对子女赡养行为性别差异的影响。同样，重点关注和讨论上述原因会如何影响女儿的赡养行为。为此，在基础计量方程基础上依次纳入相应变量与女儿变量的交叉项对女儿参与养老的影响机制进行验证。

（一）女性地位

一般而言，受教育水平和收入水平与一个人的家庭和社会地位相关，受教育水平高的人往往家庭和社会地位也较高。并且子女的受教育水平越高还意味着父母为其投入的教育资源越多，如前文讨论，获得父母资源更多的子女，更有可能为父母提供养老支持。另外，通常工资收入水平越高，个人的经济和社会地位也就越高，同时赡养父母的能力越强。因此，在模型中依次纳入女儿变量与受教育年限变量的交叉项、女儿变量与工资收入变量的交叉项，分析经济社会地位对子女赡养行为的影响。

从表 7 给出的估计结果可以看出，女儿与受教育年限的交叉项在四个方程中的估计系数均为正，并且对是否照料和照料频率的影响分别在 5%和 1%的统计水平上显著。这说明，女儿的养老作用随着受教育年限的提高而增加，尤其是照料作用会显著提升。经计算可发现，当女儿的受教育年限达到 11 年（高中）时，女儿和儿子在照料父母方面将不存在显著差异。并且随着女儿受教育水平的进一步提高，女儿的照料作用会超过儿子。同时，女儿与工资收入交叉项的估计系数在四个方程中同样均为正，并且在经济支持量、是否照料和照料频率方程中显著。这说明工资收入的增加会显著提升女儿为父母提供的经济支持数量以及女儿的生活照料作用。综上，女儿家庭和经济地位的提升对女儿养老作用的提高具有积极的影响。验证了研究假说 2。

① 限于文章篇幅，在此部分说明了稳健性检验的具体做法和检验结果，并未列出详细的估计结果。

表 7　女性地位对子女赡养行为的影响

变量	是否提供经济支持	经济支持量	是否照料	照料频率	是否提供经济支持	经济支持量	是否照料	照料频率
	估计系数							
女儿	−0.21***	−115.35***	−0.17***	−0.27***	−0.13***	−98.96***	−0.09**	−0.16***
	(0.06)	(37.56)	(0.06)	(0.06)	(0.04)	(24.42)	(0.04)	(0.04)
女儿×受教育年限	0.01*	4.79	0.02**	0.02***	—	—	—	—
	(0.01)	(4.52)	(0.01)	(0.01)	—	—	—	—
受教育年限	0.01**	13.57***	0.00	−0.00	—	—	—	—
	(0.01)	(3.34)	(0.01)	(0.01)	—	—	—	—
女儿×工资收入	—	—	—	—	0.01	9.32*	0.02**	0.02**
	—	—	—	—	(0.01)	(5.43)	(0.01)	(0.01)
工资收入	—	—	—	—	0.01	0.67	−0.00	−0.01*
	—	—	—	—	(0.01)	(3.59)	(0.01)	(0.01)
控制变量	控制							
观测值	6 351							

注：*、**、*** 分别表示在10%、5%、1%的统计水平上显著；括号中数值为系数的稳健标准误；控制变量包括基础回归中的其他控制变量；采用与基础回归相同的估计方法。

（二）家庭子女数量

个体的兄弟姐妹数量能直接反映个体父母子女数量情况，选取研究对象在世兄弟姐妹数量来衡量其父母的子女数量，并将女儿与兄弟姐妹数量的交叉项纳入模型中。交叉项的估计结果能够反映家庭子女数量对女儿赡养行为的影响。

估计结果如表 8 所示，女儿与兄弟姐妹数量交叉项的估计系数在除经济支持量外的其他 3 个方程中均为负，并且对照料频率的影响在 1%的统计水平上显著。结果说明兄弟姐妹数量会负向影响女儿的赡养行为，特别是女儿照料父母的强度会受到显著负向影响。也就是说，在家庭子女数量减少的情况下，女儿所承担的养老责任和表现出的养老作用会增加。验证了研究假说 3。

表 8　家庭子女结构对子女赡养行为的影响

变量	是否提供经济支持	经济支持量	是否照料	照料频率
	估计系数			
女儿	−0.07	−83.69**	0.02	0.02
	(0.06)	(39.35)	(0.07)	(0.06)
女儿×兄弟姐妹数量	−0.02	0.01	−0.03	−0.05***
	(0.02)	(11.39)	(0.02)	(0.02)
控制变量	控制			
观测值	6 351			

注：*、**、*** 分别表示在10%、5%、1%的统计水平上显著；括号中数值为系数的稳健标准误；控制变量包括基础回归中的其他控制变量；采用与基础回归相同的估计方法。

（三）传统性别观念

接下来分析家庭传统性别制度和个人传统观念对女儿赡养行为的影响。家谱是传统宗族文化和性别制度的一种重要体现，一般而言女儿在家谱中不占据正式位置，在农村地区有家谱的家庭通常受传统性别制度和伦理规范的影响相对深厚。所以选取是否有家谱作为家庭层面传统性别制度的衡量指标。在个人层面，选用烧香拜佛频率来衡量个人的传统性别观念。佛教和道教思想对传统观念的形成产生了深远影响，在当今社会，不少思想传统的个人即便不是佛教或者道教的教徒，也会去寺庙、道观参拜祈愿，或是在家中供奉参拜。一般地，个人信佛信教表明内心更容易受传统文化观念影响，而性别观念作为传统文化的重要内容，更容易被信佛信教人群所接受，因此烧香拜佛频率能一定程度上衡量个人传统性别观念的强弱。在模型中依次纳入女儿变量与是否有家谱变量的交叉项以及女儿变量与烧香拜佛频率变量的交叉项，深入分析性别制度和个人传统观念对子女赡养行为的影响。

估计结果如表 9 所示。可以看出，女儿与是否有家谱的交叉项在四个方程中的估计系数均为负，并且对是否照料的影响在 10%的统计水平上显著。说明在有家谱的家庭中，女儿的养老作用会被抑制，并且会显著抑制女儿照料父母的行为。同时，女儿与烧香拜佛频率交叉项的系数在四个方向中同样均为负，并且对是否有提供照料和照料频率的影响都在 1%的统计水平上显著。也就是说女儿的个人传统观念强，为父母提供的照料支持就显著减少。综上，传统性别制度和传统观念会抑制女儿养老功能的发挥。验证了研究假说 4。不过，这也意味着传统性别制度和观念的弱化有利于女儿养老作用的提升。

表 9　传统性别制度和传统观念对于女赡养行为的影响

变量	是否提供经济支持	经济支持量	是否照料	照料频率	是否提供经济支持	经济支持量	是否照料	照料频率
	估计系数							
女儿	−0.09**	−95.47***	−0.00	−0.08**	−0.11	−42.03	0.07	0.03
	(0.04)	(29.23)	(0.04)	(0.04)	(0.08)	(49.17)	(0.09)	(0.08)
女儿×是否有家谱	−0.06	−14.50	−0.12*	−0.09	—	—	—	—
	(0.06)	(50.22)	(0.07)	(0.06)	—	—	—	—
是否有家谱	0.08*	57.85*	0.02	0.01	—	—	—	—
	(0.05)	(34.60)	(0.05)	(0.04)	—	—	—	—
女儿×烧香拜佛频率	—	—	—	—	−0.01	−40.15	−0.12*	−0.14**
	—	—	—	—	(0.07)	(39.59)	(0.07)	(0.07)
烧香拜佛频率	—	—	—	—	0.07	55.06*	0.07	0.08
	—	—	—	—	(0.06)	(32.74)	(0.06)	(0.06)
控制变量	控制							
观测值	6 351							

注：*、**、***分别表示在 10%、5%、1%的统计水平上显著；括号中数值为系数的稳健标准误；控制变量包括基础回归中的其他控制变量；采用与基础回归相同的估计方法。

不过从各个模型的估计结果来看，除女儿与工资收入交叉项对经济支持数量存在显著影响外，其余各交叉项对经济支持方面的影响都不显著，但大部分交叉项对生活照料存在显著影响。这说明，女性地位提升、人口规模缩小、传统性别观念弱化主要增加了女儿在生活照料方面的作用。也就是说，在不同因素的影响下，女儿经济支持行为的改变不太明显，生活照料行为却发生了明显改变。值得思考的是什么原因导致了这种现象？已有的性别认同（gender ideology）理论可以对上述现象做出解释，该理论认为男性承担供应者角色而女性承担照顾者角色，所以儿子通常提供经济支持，而女儿更多的提供生活照料（Ross，1987）。所以，在家庭养老负担加重的情况下，女儿会为父母提供更多的生活照料。另一种可能的解释是，现实中大部分父母的经济收入以及儿子为父母提供的经济支持已经能够支撑父母的基本生活，但是物质满足只是老年人生活的一部分。现阶段与经济支持相比，父母可能更需要生活方面的照料。而在获得儿子生活照料支持比较困难的条件下，为满足父母的养老需求，并结合女性家庭照料上的角色优势，女儿会选择为父母提供更多的生活照料。这也与朱明宝、杨云彦（2016）的观点一致，他们认为随着经济社会发展，大部分老年人的温饱已不成问题，其需求层次不断提高，生活照料和精神慰藉需求增多，在这方面更具优势的女儿的养老作用将会更加凸显。

六、结论与启示

本文基于2016年中国家庭追踪调查（CFPS）数据，从代际视角出发，从理论和实证两方面深入研究了农村家庭子女赡养行为性别差异变化的过程及其背后的影响机制。研究发现，农村整体上仍旧存在“养儿防老”的传统养老模式，但通过对不同代子女的异质性分析发现，这种传统模式在新生代子女中开始有所改变，即无论是从经济支持，还是从生活照料方面来看，女儿和儿子之间的行为差异大幅度缩小，且差异已不显著。不过，“养儿防老”模式在老一代子女中依旧根深蒂固，老一代子女中儿子在经济支持和生活照料两方面的作用显著大于女儿。这意味着，在农村地区以儿子为核心的家庭养老模式虽未彻底改变，但也已经发生了明显变化。通过剖析农村家庭子女赡养模式背后的行为机制发现，家庭子女数量减少迫使女儿不得不提供更多的养老支持，而女性地位提升则促使女儿自愿为父母提供更多养老支持。同时，传统性别观念弱化也对女儿养老有进一步的促进作用。此外，农村老年父母对照料需求的增加以及女性在家庭照料上的角色优势，多种因素的变化显著地增加了女儿的生活照料作用，但在提高经济支持上的作用并不明显。

本文研究结论具有重要的政策启示与现实意义。首先，在老龄化加剧，社会养老体系尚未健全的农村地区，女儿养老作用提升一定程度上体现为子女资源紧缺条件下的一种适应性的被动调整。在此调整过程中，女儿生活照料方面的作用得到显著提升，这也反映出在物质得到满足后，父母生活照料的需求增多。不过值得关注的是，未来随着农村地区老龄化的加剧，家庭养老负担势必进一步加重，如果仅依靠家庭子女资源的重新配置和调整，并不能妥善解决农村养老问题。因此，未来应借助社会养老资源，健全农村社会养老公共服务体系，通过专业化的居家养老和农村社区养老服务来满足老年的照料需求，缓解子女的照料负担。其次，研究发现女性家庭及经济地位的提升激励着女儿参与家庭养老，但传统性别制度却成为女儿养老作用进一步发挥的桎梏。尽管我国在法律层面上，赋予了儿子和女儿平等的地位，并规定儿子和女儿享受平等的家庭权利，同时承担平等的义务，但是伦理和文化层面的儿女平等还未正式建立，传统父系家庭制度仍然具有强大的生命力。为更好地维护女儿的养老作用，需打破传统性别制度，赋予女儿更多的家庭权利，建立正式的男女平等规范。再次，儿子的赡养作用在很大程度上导致农村家庭父母在生育观念上对儿子的偏好（莫丽霞，2005），而研究发现新生代子女中女儿和儿子的赡养作用已无明显差异，这一结论对于重男轻女观念的改变及性别比例失衡的缓解具有一定的积极意义。

最后，本文的研究还存在以下不足，一是没有充分考虑子女配偶的养老作用。虽然在模型中控制了子女的婚姻状况和养育子女情况，在一定程度上可以控制子女自己家庭的影响，但数据中并没有区分养老支持是子女自己提供的还是其配偶所提供的，如果能够控制儿媳、女婿的养老作用，那么女儿相对于儿子的养老作用可能会进一步增加，因为一般而言农村家庭中儿媳所承担的养老义务要大于女婿。二是文中从经济支持和生活照料两方面衡量子女养老作用，但精神慰藉也是子女养老作用的重要一方面，这一定程度上限制了研究的全面性。三是在分析“养儿防老”模式变化的影响机制时，主要从女儿角度探讨了农村经济社会转型中经济、人口、社会文化特征的变化对“养儿防老”变化的影响，并未明确区分影响机制在新、老两代子女间的差异。那么，影响新生代子女和老一代子女赡养行为性别差异的因素是否存在差异？这是一个需要进一步深入研究的问题。上述不足需要后续研究继续探讨并解决。

参 考 文 献

陈辉，熊春文，2011. 关于农民工代际划分问题的讨论——基于曼海姆的代的社会学理论［J］. 中国农业大学学报（社会科学版）（4）.

费孝通，1983. 家庭结构变动中的老年赡养问题——再论中国家庭结构的变动［J］. 北京大学学报（哲学社会科学版）（3）.

高华，2011. 农村多子女家庭代际交换中的新性别差异研究［J］. 南方人口（2）.

高修娟，2014. 前台与后台：皖北农村“养老—送终”活动中的性别权力景观［J］. 妇女研究论丛（2）.

黄祖辉，刘雅萍，2008. 农民工就业代际差异研究——基于杭州市浙江籍农民工就业状况调查［J］. 农业经济问题（10）.

李树茁，费尔德曼，勒小怡，2003. 儿子与女儿：中国农村的婚姻形式和老年支持［J］. 人口研究（1）.

梁宏，2014. 代际差异视角下的农民工精神健康状况［J］. 人口研究（4）.

陆方文，刘国恩，李辉文，2017. 子女性别与父母幸福感［J］. 经济研究（10）.

罗玉峰，孙顶强，徐志刚，2015. 农村“养儿防老”模式走向没落？——市场经济冲击 VS 道德文化维系［J］. 农业经济问题（5）.

毛瑛，朱斌，2017. 社会性别视角下的代际支持与老龄健康［J］. 西安交通大学学报（社会科学版）（3）.

莫丽霞，2005. 当前我国农村居民的生育意愿与性别偏好研究［J］. 人口研究（2）.

聂焱，2008. 农村劳动力外流背景下女儿养老与儿子养老的比较分析［J］. 贵州社会科学（8）.

石智雷，2015. 多子未必多福——生育决策、家庭养老与农村老年人生活质量［J］. 社会学研究（5）.

宋璐，李树茁，2008. 劳动力迁移对中国农村家庭养老分工的影响［J］. 西安交通大学学报（社会科学版）（3）.

宋璐，李树茁，2017. 农村老年人家庭代际关系及其影响因素——基于性别视角的潜在类别分析［J］. 人口与经济（6）.

唐灿，马春华，石金群，2009. 女儿赡养的伦理与公平——浙东农村家庭代际关系的性别考察［J］. 社会学研究（6）.

徐勤，1996. 儿子与女儿对父母支持的比较研究［J］. 人口研究（5）.

许琪，2015. 儿子养老还是女儿养老？基于家庭内部的比较分析［J］. 社会（4）.

鄢盛明，陈皆明，杨善华，2001. 居住安排对子女赡养行为的影响［J］. 中国社会科学（1）.

杨国才，杨金东，2013. 社会性别视角下女儿养老研究［J］. 南民族大学学报（哲学社会科学版）（1）.

于长永，代志明，马瑞丽，2017. 现实与预期：农村家庭养老弱化的实证分析［J］. 中国农村观察（2）.

于光君，2018. 农村出嫁女在家庭养老中的角色研究——以山东省于庄为例［J］. 山西师大学报（社会科学版）（1）.

张翠娥，杨政怡，2013. 农村女儿养老的社会认同及影响因素分析——基于江西省寻乌县的调查数据［J］. 妇女研究论丛（5）.

张翠娥，杨政怡，2015. 分歧与妥协——农村女儿的分离式养老［J］. 人口与经济（5）.

郑筱婷，陆小慧，2018. 有兄弟对女性是好消息吗？——家庭人力资本投资中的性别歧视研究［J］. 经济学（季刊）(1).

朱安新，高熔，2016. “养儿防老”还是“养女防老”？——中国老年人主观意愿分析［J］. 妇女研究论丛（4).

朱明宝，杨云彦，2016. 农村家庭养老模式变迁与低生育水平强化——来自湖北省宜昌市的经验证据［J］. 中国人口科学（3).

Blake J，1981. Family size and the quality of children [J]. Demography，18（4）：421 - 442.

Egri C P，D A Ralston，2004. Generation cohorts and personal values：A comparison of China and the United States [J]. Organization Science，15（2）：210 - 220.

Gouldner A W，1960. The norm of reciprocity：A preliminary statement [J]. American Sociological Review，25（2）：161 - 178.

Greenhalgh S，1985. Sexual stratification：The other side of 'growth with equity' in East Asia [J]. Population and Development Review，11（2）：265 - 314.

Lee Y J，W L Parish，R J Willis，1994. Sons，daughters，and intergenerational support in Taiwan [J]. American Journal of Sociology，99（4）：1010 - 1041.

Lin I F，N Goldman，M Weinstein，et al.，2003. Gender differences in adult children's support of their parents in Taiwan [J]. Journal of Marriage and Family，65（1）：184 - 200.

Mason K O，1992. Family change and support of the elderly in Asia：What do we know? [J]. Asia - Pacific Population Journal，7（3）：13 - 32.

Ofstedal M B，J Knodel，N Chayovan，1999. Intergenerational support and gender：A comparison of four Asian countries [J]. Southeast Asian Journal of Social Science，27（2）：21 - 42.

Ogawa N，R D Retherford，1997. Shifting costs of caring for the elderly back to families in Japan：Will it work? [J]. Population and Development Review，23（1）：59 - 94.

Ross C E，1987. The division of labor at home [J]. Social Forces，65（3）：816 - 833.

Xie Y，H Zhu，2010. Do sons or daughters give more money to parents in urban China? [J]. Journal of Marriage and Family，71（1）：174 - 186.

Yang H Q，1996. The distributive norm of monetary support to older parents：A look at a township in China [J]. Journal of Marriage and Family，58（2）：404 - 415.

脱钩补贴与挂钩补贴对农业全要素生产率影响的实证研究

——基于国别面板数据

许　昭[1]　周应恒[1,2]

（1. 南京农业大学经济管理学院；2. 江西财经大学经济学院）

摘要：本研究利用国家固定效应面板模型实证研究脱钩补贴和挂钩补贴对农业全要素生产率的异质性影响。本研究采取WTO贸易争端数量的5年滞后期作为工具变量，解决由于农业生产率对脱钩和挂钩补贴可能存在影响引起的内生性问题。结果显示，第一，脱钩补贴对农业全要素生产率存在显著的正面影响；第二，挂钩补贴对农业全要素生产率存在显著的负面影响；第三，两类农业补贴都通过改变投资来影响农业全要素生产率。

关键词：脱钩补贴；挂钩补贴；农业全要素生产率

一、引　　言

为了维持农产品价格稳定和保障农民收入，各国政府均实施了不同类型的农业支持政策，比如生产者支持和一般服务支持，其中补贴支持是农业生产者支持当中的主流政策支持方式。20世纪50年代以来，农业生产者支持在很大程度上没有受到控制，20世纪50—80年代属于发达国家农业支持补贴的黄金期（Anderson，2014）。以美国和欧盟为首的发达经济体对农民投入了巨额的农业补贴，其补贴方式多是与价格和产量挂钩的挂钩补贴方式。1995年WTO正式成立以后，发达国家对农业补贴方式进行了改革，主要实施与产量和价格脱钩的补贴。其中欧盟和美国是使用脱钩补贴支持最多的国家（地区），他们的支持方式已经占据生产者支持绝大部分。而以中国为首的新兴发展经济体的农业补贴方式则仍然以与产量和价格挂钩的补贴方式为主，脱钩补贴在补贴支持中的占比份额相对较小（图1）。2016年4月，财政部、农业部印发了《关于全面推开农业“三项补贴”改革工作的通知》，在全国范围内将农作物良种补贴、种粮农民直接补贴和农资综合补贴合并为“农业支持保护补贴”，政策目标调整为支持耕地地力保护和粮食适度规模经营。按照OECD政策分类标准，这两类补贴可纳入脱钩补贴，即基于非商品标准的补贴，包括长期资源退耕、非特定商品产出以及其他非商品标准政策措施。由此可以看出政府在推动农业支持补贴的脱钩化，如果观察我国农业补贴的份额比例，挂钩补贴在补贴总额中的比重仍然较小，挂钩补贴仍然占据大量份额（图1）。

2017年、2018年和2019年中央1号文件均提出了要提高农业全要素生产率，强调全要素生产率对农业增长的贡献率，那么作为政府干预农业生产的重要方式，脱钩补贴与挂钩补贴对农业生产

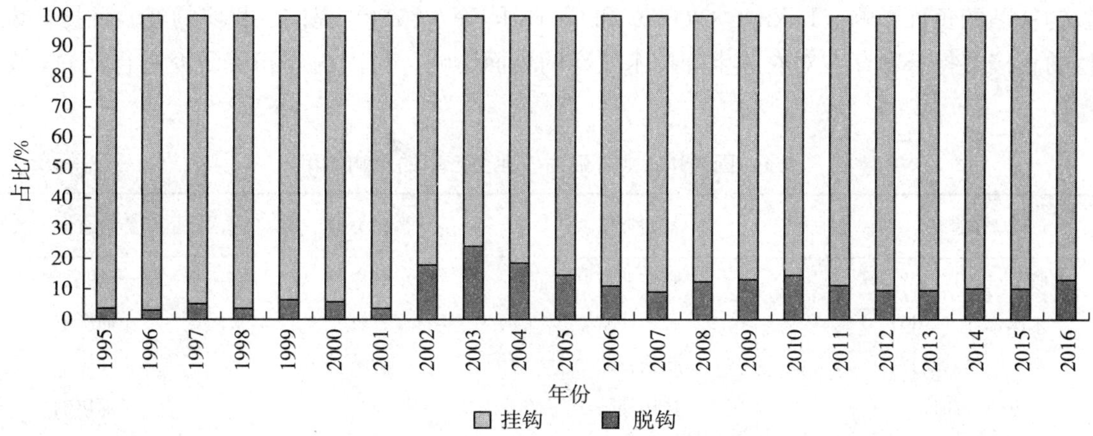

图 1　1995—2016 年我国脱钩补贴与挂钩补贴比例

率会有什么不一致的影响呢？

从文献上看，国内学者关于农业补贴对农业生产率的研究相对较少，而主要聚焦于增产增收等政策效应分析，发现补贴对农户生产行为产生改变，进而改变农业生产种植决策，对产量、价格和收入产生影响（王欧等，2014；张淑杰等，2012；黄季焜等，2010；陈慧萍等，2011）。当然，也有对生产率的关注和研究，研究结论也不一致。有观点认为农业补贴对生产率影响不明显，比如高鸣（2017；2018）指出中国实行粮食直接补贴属于与承包面积相关的而与种植结构、粮食价格和产量无关的收入补贴，属于脱钩补贴。作者发现脱钩收入补贴对促进小麦全要素生产率的作用不明显。还有学者认为脱钩收入补贴对小麦全要素生产率存在正面影响，朱满德等（2015）运用省级面板数据实证研究玉米综合性收入补贴对全要素生产率的影响作用。作者发现，综合性收入补贴对提高玉米全要素生产率具有正向影响。李辛一等（2017）以水稻为例，实证分析了综合性收入补贴对全要素生产率的影响作用，作者发现，粮食收入性补贴有效促进了 3 种籼稻全要素生产率的增长，但作用力度偏弱。

国外关于补贴对农业生产率的研究相对丰富，已有研究多是以农场级别的农户数据为主。比如针对挂钩补贴对生产率影响的研究结果并不相同。挂钩补贴的正面影响。具体如 Seck（2016）研究塞内加尔政府实施的投入要素补贴对农业生产率的影响，在考虑潜在的内生性问题以及自我选择问题之后，作者发现投入要素补贴提高了农民的生产效率。挂钩补贴的负面影响，比如 Lopez 等（2017）利用巴拉圭的政策数据，采用倾向得分匹配方法考察农业投入补贴对农业生产率和产出的影响。作者估算农业投入补贴对每公顷产量的影响，将其作为对农业生产力影响的衡量标准。结果表明，农业投入补贴对农业生产力或投入要素利用率没有影响。同样，脱钩补贴在欧美等国实施时间较长，其在学术界得到不少研究和关注，研究结果也是并不一致。脱钩补贴的正面影响。如 Rizov 等（2012）考察欧盟的共同农业政策对其农业全要素生产率的影响，作者利用半参数结构方法，将不可观测的生产率纳入模型当中，研究补贴的影响。作者运用欧盟 15 个国家的农场会计网络数据（FADN）样本，在脱钩改革实施之前的时期，补贴对农业生产力产生了负面影响；在脱钩后，补贴对生产率产生积极作用。Kazukauskas 等（2014）作者利用爱尔兰、丹麦和荷兰的农场水平数据，检验共同农业政策改革的脱钩化补贴是否有助于农业生产率增长和农产品调整行为增加。作者发现，脱钩政策对农业生产力和与农场专业化相关的行为变化具有显著的积极影响。Lohmann（2015）利用德国奶牛场的面板数据（1996—2010 年）研究了补贴诱导投资与全要素生产率之间的联系。他们发现，通过转移生产前沿，对新技术的投资可以提高乳制品的全要素生产率。脱钩补贴的负面影响。Lakner（2009）和Latruffe等（2011）提供了相应的经验证据，说明不同类型的直接支持补贴存在对农业生产技术效率的负面影响。对国内外相关研究进行汇总，如表1所示。

表1　国内外农业补贴对农业生产率的影响作用

作者	补贴类型	数据类型	影响方向
高鸣等（2017；2018）	脱钩补贴	农户	不明显
朱满德等（2015）	脱钩补贴	省级	正面影响
李辛一等（2017）	脱钩补贴	省级	正面影响
Seck（2016）	挂钩补贴	农户	正面影响
Lopez等（2017）	挂钩补贴	农户	无影响
Rizov等（2012）	挂钩/脱钩补贴	农户	负面/正面影响
Kazukauskas等（2014）	脱钩补贴	农户	正面影响
Lohmann（2015）	脱钩补贴	农户	正面影响
Lakner（2009）	脱钩补贴	农户	负面影响
Latruffe等（2011）	脱钩补贴	农户	负面影响

资料来源：作者整理。

国内外关于补贴对农业生产率的影响研究比较丰富，尤其是国外，得到了比较丰富但是并不一致的研究结论。比如挂钩补贴可能会对生产率没有影响也可能促进生产率进步。而脱钩补贴也是可能会促进全要素生产率进步亦可能对生产率产生负面影响。已有研究的视角多聚焦在农户层面，利用观察点数据或者调研数据予以实证研究，而且也多以某一个具体国家为研究对象。已有研究的补贴研究多关注于某一具体政策，比如挂钩补贴对生产率的影响，或者脱钩补贴对生产率的影响。

本研究则从宏观视角，利用国别面板数据，实证分析脱钩补贴与挂钩补贴对农业全要素生产率的异质性影响。针对农业补贴与农业全要素生产率之间可能存在的内生性问题，本研究则主要采取工具变量方法进行检验。即利用各国WTO贸易争端数量的5年滞后期作为工具变量，而且进行必要的稳健性检验以确保计量结果准确性，最后进行相应的机制分析。

二、数据、变量和研究方案

（一）数据来源与变量设定

我们选取了OECD的农业生产者和消费者支持估计数据库数据、世界银行全球发展指标数据、联合国粮农组织数据、美国农业部经济研究局数据以及WTO网站数据。时间区间为1995—2015年，观测单元为国家和地区，分别为澳大利亚、加拿大、智利、欧盟、以色列、日本、韩国、墨西哥、新西兰、挪威、瑞士、土耳其、乌克兰和美国。选取这些国家（地区）的原因在于，这些国家（地区）的农业产值占世界一半以上，而且其农业补贴支持政策既包含挂钩支持，也包含脱钩支持，符合本研究的需要。

本文的政策变量选用了OECD农业生产者和消费者支持估计数据库数据。作为全球权威且通用的农业支持政策水平数据库，WTO和OECD分别制定了政策分类方法，其中WTO数据主要由各国提供，大多数国家提供政策数据滞后2～3年，部分国家甚至滞后5～6年，数据更新较慢。相比之下，OECD农业生产者和消费者支持估计数据库更新较快，目前数据已经更新到2018年，且

OECD将各国的农业支持政策进行标准化处理，也就是将各国具有异质性的政策内容进行同质化处理，使之成为跨国可比的变量。总体而言，OECD数据更符合本文的需要。

政策变量：根据是否与生产联系分为挂钩补贴支持估计与脱钩补贴支持估计。挂钩补贴分别为：①基于产量的补贴；②基于投入要素使用的补贴；③基于当前的耕作面积以及生产状况的补贴；④基于非当前的耕作面积但以生产状况为基础的补贴。挂钩补贴支持估计量为上述四项补贴加总额。脱钩补贴支持估计与产量和价格无关。脱钩补贴分别为：①基于非当前的耕作面积不基于生产状况的补贴；②基于非商品标准的补贴。脱钩补贴估计为上述二项加总额。其中，脱钩和挂钩补贴估计数据的平减指数为1986—1988年=100。

具体类别及其政策含义为：①基于产量的补贴，定义为根据特定农产品当前产出的政策措施，导致由纳税人转移到农业生产者的补贴；②基于投入要素使用的补贴，定义为基于农场使用投入要素的政策措施导致由纳税人转移到农业生产者的补贴；③基于当前的耕作面积以及生产状况的补贴，定义为基于当前面积、动物数量、收入以及生产要求的政策措施导致由纳税人转移到农业生产者的补贴；④基于非当前耕作面积但以生产状况为基础的补贴，定义为基于非当前（历史或固定）区域、动物数量、收入以及对任何当前商品的生产进行要求的政策措施导致的由纳税人转移到农业生产者的补贴；⑤基于非当前的耕作面积不基于生产状况的补贴，定义为基于非当前（历史或固定）区域、动物数量、收入以及不对当前生产的任何但可选的商品生产进行要求的政策措施导致的由纳税人转移到农业生产者的补贴；⑥基于非商品标准的补贴，包括长期资源退耕、非特定商品产出以及其他非商品标准政策措施。

农业生产率变量：全要素生产率。全要素生产率属于产出增长中不能用常规投入（如劳动、资本、土地、肥料等要素）增长解释的残差，称之为广义上的技术进步，包括生产函数移动的技术进步、规模经济、更有效的资源配置等其他许多因素。本文的农业全要素生产率从美国农业部经济研究局获得，美国农业部经济研究局根据详细的投入要素和产出信息计算得出，其中农业产出包括动物肉类、乳制品、家禽和蛋类、粮食、饲料作物、油料作物、蔬菜和甜瓜、水果和坚果、其他作物和其他与农业有关的产出。投入要素包括耐用设备、服务、建筑、土地、库存、雇佣劳动力、自我雇佣、农场原产地投入、能源、化肥、农药、购买服务和其他中间产品。本研究应用的全要素生产率指标以2005年为基期（100）。

控制变量：人均可耕地面积（公顷）、农业就业（占总就业百分比）、粮食生产指数（2004—2006年=100）、人口（万人）、人均GDP（2010年不变价格美元）和农业资本形成（2014年=100）。以上变量控制了不同国家和地区的资源禀赋、经济发展水平、农业发展、以及其他潜在的不可控制的影响因素，在此不一一赘述。

工具变量：各国WTO农业贸易争端数，该变量表示在WTO贸易规则下，各国政府作为被投诉者参与的农业领域的贸易争端数量。

（二）变量描述性统计

表2报告的是样本的描述性统计。总体而言，样本所含信息较为丰富，反映了在不同经济发展水平和资源禀赋条件下，各个国家（地区）的政策支持水平情况以及农业全要素生产率情况。首先是控制变量，我们选取了可能影响农业全要素生产率的经济社会变量。包括农业资本形成、人均耕地面积、农业就业、粮食生产指数、人均GDP和人口。关键的政策变量分别为脱钩补贴支持估计与挂钩补贴支持估计，其中，脱钩补贴支持估计均值为2 900.75百万美元，标准差为9 253.25百万美元，最小值为0，最大值为55 036.62百万美元。挂钩补贴支持估计均值为5 502.77百万美

元，标准差为 11 628.49 百万美元，最小值为 13.44 百万美元，最大值为 67 731.93 百万美元。农业全要素生产率均值为 102.43，标准差为 13.34，最小值为 73.73，最大值为 151.88。

表 2　变量描述性统计（观测值：294）

变量	均值	标准差	最小值	最大值
农业资本形成（2010 年不变价）	13 333.27	22 676.80	48.85	97 431.25
人均可耕地面积（公顷）	0.43	0.60	0.03	2.57
农业就业（占总就业百分比，%）	7.88	7.87	1.04	43.39
粮食生产指数（2004—2006 年＝100）	99.57	9.98	76.16	133.66
人均 GDP（2010 不变价格美元）	37 214.47	21 692.90	7 315.40	91 617.28
人口（万人）	8 810	13 700	26.750	51 000
农业全要素生产率（2005 年＝100）	102.43	13.34	73.73	151.88
脱钩补贴支持估计（百万美元）	2 900.75	9 253.25	0.00	55 036.62
挂钩补贴支持估计（百万美元）	5 502.77	11 628.49	13.44	67 731.93
WTO 农业贸易争端数量	0.320	0.890	0	6
脱钩补贴支持水平	0.024	0.039	0	0.168
挂钩补贴支持水平	0.123	0.160	0.001	0.659

（三）研究方案

农业全要素生产率与政府的农业补贴支持之间可能会存在双向因果关系。20 世纪 80 年代以来，农业生产率较高的发达国家的农业支持水平有所下降，农业生产率相对较低的发展中国家农业支持水平在不断上升（Anderson，2014）。在经济快速发展过程中，农业比较优势的快速下降以及生产率的低下，会促使政府加大对农业的支持保护力度，而发达国家则由于农业生产率高导致生产过剩，造成的收入下降问题促使政府不得不采取生产控制和降低农业支持水平的措施（速水佑次郎，2003）。因此，我们认为生产率越高的国家农业支持政策强度可能会越低。而那些生产率相对较低，但是经济发展水平正在上升的国家，可能会加大对农业的支持力度，这种可能的双向因果关系会造成内生性问题。

本文拟采用工具变量法检验是否具有内生性问题。WTO 农业协议对扭曲性农业支持具有限制。比如，美国政府已经尝试进行改革，以确保根据 WTO 协议可以将许多美国农业补贴列为“绿箱”（即非扭曲）政策，欧盟也进行了相似的改革。同时世贸组织的限制可以在减少扭曲方面发挥越来越重要的作用。对于农业补贴，我们选择各国加入 WTO 以后的农业贸易争端数量的滞后 5 期作为工具变量（Josling，2015）。农业贸易争端会在一定程度上影响补贴支持水平，因为大多数农业贸易争端是具有争议的，对各国农业补贴支持是否为扭曲“黄箱”的认定是主要争端内容，因此农业贸易争端会影响农业补贴支持水平。当一国对另一国发起相关的非法补贴起诉时，被起诉国与起诉国之间进行磋商，WTO 会根据相关规则进行裁决。而往往大部分争端裁决磋商时间会达到数年甚至十数年之久。比如巴西起诉美国非法补贴棉花的案例。2002 年 9 月，巴西对美国非法补贴棉花在 WTO 进行起诉。2009 年 8 月，WTO 才做出最终裁决，认定美国为其国内棉农提供巨额补贴违反了世贸组织规则，并授权巴西对美国采取制裁措施。后续，美国政府也直接取消了对棉花的直接收入补贴，扩大保险项目范围，减少违反 WTO 规则的可能性。这类情况中，对被诉讼国的农业补贴支持的压力和冲击并非即刻呈现，往往是滞后一段时期，才会在补贴水平上表现出来。所以本研究采用贸易争端的滞后5期作为工具变量具有合理性。

我们直接选用国家固定效应模型，具体模型如下：

$$f_{id}=\alpha+\beta_1 t_{id}+\beta_2 X_{id}+\theta_d+\varepsilon_{id}$$

其中，f 是本研究的农业生产率变量，t 是本研究的农业补贴支持变量，包括脱钩补贴与挂钩补贴。X 是一系列控制变量，包括农业就业、人均GDP等控制变量。θ_d 是国家固定效应，ε_{id} 则是误差项。

三、实证分析

（一）基准分析

本文运用Stata14.0软件对面板模型进行回归，表3报告的是国家固定效应面板模型以及加入工具变量之后的回归结果。其中，本研究的关键政策变量，即脱钩补贴和挂钩补贴对农业全要素生产率产生了异质性影响，且通过了不同统计水平的显著性检验。首先是脱钩补贴对农业生产率存在正面影响，通过了1%统计水平的显著性检验，回归系数为0.019 3，表示脱钩补贴估计值每增加100万美元，则农业全要素生产率指数增加0.019 3。而挂钩补贴对农业全要素生产率的作用则相反，对农业全要素生产率产生了负面影响，且在10%水平上显著，显著性水平相对不理想，但是挂钩补贴的工具变量在5%水平上显著，且对全要素生产率存在负面影响；回归系数为−0.024 6，表示挂钩补贴估计值每增加100万美元，农业全要素生产率指数下降−0.024 6。上述脱钩补贴和挂钩补贴估计对农业全要素生产率产生了异质性影响。

在控制变量中，反映农业资本投资的农业资本形成对全要素生产率产生了负面影响，且在1%的水平上显著，显著性水平很高。本研究样本多是发达农业国家（地区），农业资本投资存在饱和现象，农业资本投资的边际效率递减作用明显，对农业全要素产生了明显的负面影响。

人均耕地面积对农业全要素生产率产生了显著的促进作用，通过了1%统计水平的显著性检验，显著性水平很高，回归系数分别为15.76和16.65，表明人均可耕地面积每增加1公顷，农业全要素生产率增长15.76和16.55，体现出人均可耕地面积对农业全要素生产率影响作用很大。人均可耕地面积的提高有利于全要素生产率的增长，说明农业的规模化经营有利于规模效率提升，进而促进农业全要素生产率进步。农业就业对农业全要素生产率产生了负面作用，但是没有通过显著性水平检验。食品生产指数，人均GDP以及人口数量均产生了正面作用，且在不同统计水平上显著。

表3工具变量内生性检验回归结果显示，脱钩和挂钩补贴的内生性检验Hausman P值分别为0.711 8和0.609 2。Hausman检验的原假设为：所有解释变量均为外生变量，如果拒绝，则认为存在内生解释变量，要用工具变量；反之，则认为不存在内生解释变量，应该使用最小二乘法。而本研究无论是脱钩还是挂钩的Hausman P值均大于0.1，即所有Hausman检验均接受原假设，也就是说检验结果支持农业脱钩补贴与挂钩补贴为外生变量的假定，所以直接运用OLS计量结果进行估计和解释。

（二）稳健性分析

为了进一步检验脱钩与挂钩补贴计量结果的稳健性，我们将脱钩与挂钩补贴分别除以农业净收入，构建脱钩补贴支持水平与挂钩补贴支持水平政策变量，这两个政策变量代表脱钩补贴与挂钩补贴的政策支持水平。然后利用国家固定效应面板模型检验脱钩补贴支持水平和挂钩补贴支持水平对农业全要素生产率的影响作用。表 4 即稳健性检验结果，可以发现，脱钩补贴支持水平对农业全要素生产率仍然是产生正面影响，显著性水平为 1%。而挂钩补贴支持水平也在 1%的水平上对农业全要素生产率存在负面作用，阻碍了全要素生产率的提高。两个结果均表明我们的计量结果是稳健的，即脱钩补贴支持对农业全要素生产率存在显著的正面作用，而挂钩补贴对农业全要素生产率存在显著的负面作用。

表 3　面板数据模型估计结果

项目	农业全要素生产率			
	脱钩补贴		挂钩补贴	
	国家固定效应	工具变量	国家固定效应	工具变量
农业资本形成	−0.000 756*** (−7.25)	−0.000 796*** (−7.11)	−0.000 741*** (−7.01)	−0.000 812*** (−6.69)
人均耕地面积	15.76*** (2.73)	14.43** (2.40)	16.65*** (2.85)	15.72** (2.50)
农业就业	−0.155 (−0.85)	−0.089 0 (−0.46)	−0.209 (−1.14)	−0.203 (−1.03)
食品生产指数	0.704*** (12.13)	0.759*** (10.16)	0.668*** (11.68)	0.710*** (10.71)
人均 GDP	0.001 16*** (9.10)	0.001 08*** (7.33)	0.001 22*** (9.56)	0.001 17*** (8.42)
人口	0.004 99*** (5.05)	0.004 09*** (3.25)	0.005 82*** (6.00)	0.006 06*** (5.77)
脱钩补贴	0.019 3*** (3.13)	0.041 9** (2.12)		
挂钩补贴			−0.024 6* (−1.65)	−0.120** (−2.00)
常数项	−50.78*** (−4.77)	−45.31*** (−3.84)	−54.94*** (−5.15)	−52.98*** (−4.61)
国家固定	是		是	
内生性	无		无	
Hausman P 值	0.711 8		0.609 2	
观测值	294	294	294	294

注：*、**、*** 分别表示在 10%、5%和 1%的水平上显著。

表 4　稳健性分析结果

项目	农业全要素生产率	
农业资本形成	−0.000 729*** (−7.05)	−0.000 825*** (−8.06)
人均耕地面积	13.43** (2.31)	16.95*** (3.04)
农业就业	−0.095 2 (−0.52)	−0.191 (−1.08)

（续）

项目	农业全要素生产率	
食品生产指数	0.736*** (12.27)	0.667*** (12.27)
人均 GDP	0.001 03*** (7.55)	0.001 11*** (9.03)
人口	0.005 49*** (5.75)	0.005 98*** (6.46)
脱钩补贴支持水平	61.40*** (3.57)	
挂钩补贴支持水平		−68.06*** (−5.36)
常数项	−54.25*** (−5.18)	−44.57*** (−4.29)
国家固定	是	是
观测值	294	294

注：*、**、***分别表示在10%、5%和1%的水平上显著。

四、机制分析

无论是脱钩补贴还是挂钩补贴均是通过资本投入对农业全要素生产率产生影响，不同的是脱钩补贴通过激励刺激了农业生产性投资，促进了农业全要素生产率的提高，而挂钩补贴则抑制和扭曲了农业的生产性投资，不利于农业全要素生产率的提高。

具体地我们选择联合国粮农组织网站中关于各国农业资本形成的数据作为农业资本投资的代理指标，考察脱钩补贴以及挂钩补贴对农业资本投资的影响。首先，我们对比将农业资本形成控制变量剔除之后以及加入控制变量的模型结果。表5和表3的计量结果对比显示，加入农业资本形成之后，挂钩补贴对全要素生产率的影响系数变小了，系数由−0.000 136变为−0.024 6。显著性水平得到提高，由未加入农业资本形成的不显著变为加入之后在10%统计水平上显著。与此同时，脱钩补贴的系数也发生了显著变化，系数由0.000 146变为0.019 3，系数值变大了。显著性水平发生了变化，显著性水平由5%变为1%，显著性水平得到优化。进一步地，我们运行不控制固定效应的面板模型，检验挂钩补贴以及脱钩补贴是否对农业资本形成存在显著性影响。表6显示，挂钩补贴对农业资本形成存在负面影响，通过了1%统计水平的显著性检验；而脱钩补贴对农业资本形成存在正面影响，通过了1%统计水平的显著性检验。以上两个模型结果表明，挂钩补贴通过对农业投资的抑制约束作用，对农业全要素生产率产生负面影响，而脱钩补贴则通过激励农业的生产性投资促进了农业全要素生产率的提高。

表5 模型估计结果（机制分析1）

项目	农业全要素生产率	
人均耕地面积	16.95*** (2.68)	16.23** (2.58)
农业就业	−0.441** (−2.25)	−0.405** (−2.07)

（续）

项目	农业全要素生产率	
食品生产指数	0.640*** (10.35)	0.669*** (10.61)
人均GDP	0.001 27*** (9.26)	0.001 23*** (8.88)
人口	0.001 53* (1.87)	0.000 818 (0.94)
挂钩补贴	−0.000 136 (−0.85)	
脱钩补贴		0.000 146** (2.19)
常数项	−25.22** (−2.38)	−21.32** (−1.99)
国家固定	是	是
观测值	294	294

表6　模型估计结果（机制分析2）

项目	农业资本形成	
人均耕地面积	2 097.7 (1.02)	1 983.3 (0.94)
农业就业	153.8 (1.47)	110.4 (1.04)
食品生产指数	115.6*** (3.70)	103.6*** (3.27)
人均GDP	0.051 9 (0.95)	0.077 1 (1.38)
人口	1.69*** (15.37)	2.00*** (15.27)
脱钩补贴	0.153*** (4.17)	
挂钩补贴		−0.245*** (−2.64)
常数项	−17 602.6*** (−3.85)	−17 815.4*** (−3.81)
观测值	294	294

我们的实证结果表明脱钩补贴对农业全要素生产率有促进作用，挂钩补贴对农业全要素生产率有负面作用，两类补贴均是通过投资实现对农业全要素生产率的影响。脱钩补贴作为财政转移和直接支付，通过改变农民的风险偏好，促使他们做出更具生产性的投资决策，同时补贴作为额外收入提高农民的收入水平，减轻农民的信贷约束，可以使那些原先受信贷约束的农户增加投资和产出。

对于小农户是增加其采用新技术和机械的资本；对于大农户，则也是通过增加其资本，为其提供了扩大生产规模的激励，鼓励其提高管理水平和增加新机械，这些共同促进了全要素生产率的提高。脱钩补贴可能会改变农民的风险偏好，从而使他们做出更有成效的投资决策（Hennessy，1998）。脱钩补贴是农民可以用来积累财富的安全收入流，降低了农民的绝对风险规避水平。通过增加土地价值和可用抵押品价值，脱钩补贴可以增加信贷受限农户的借贷资本，这反过来又可能影响投资和产出。挂钩补贴因为与产量和价格挂钩，可能会扭曲受补贴农场的生产结构，比如投入要素补贴可能激励对投入要素的过度投资和扭曲使用，导致资源配置效率低下（Baumol，1990）。此外，挂钩补贴由于扭曲了市场，不利于正确价格信号指挥作用的发挥，长此以往必然造成资源配置和利用的效率损失。

五、结论和政策启示

本文运用国际上采取了脱钩与挂钩补贴的国家及地区的面板数据，实证检验了脱钩补贴与挂钩补贴对农业全要素生产率的影响。结果表明：脱钩补贴对农业全要素生产率存在统计上显著的正面影响；挂钩补贴则对农业全要素生产率存在统计上显著的负面影响。进一步地，我们进行稳健性分析，构建出反映政策支持水平的脱钩补贴支持水平和挂钩补贴支持水平的政策变量，检验实证结果的稳健性，结果显示脱钩补贴支持水平对农业全要素生产率存在显著的正面作用，而挂钩补贴支持水平则存在显著的负面影响，计量结果相当稳健。我们认为与生产和价格脱钩的农业补贴支持缓解了农户预算约束，增加了农户的生产性投资，鼓励了其对新技术的采用，促进了农业全要素生产率的提高。而与产量和价格挂钩的农业补贴则扭曲了市场，导致资源错配，进而造成效率损失，不利于全要素生产率的提高。本文的研究结果显示了农业脱钩补贴对农业全要素生产率的正面影响，挂钩补贴对农业全面素生产率的负面作用，为我国的农业补贴改革调整和脱钩化提供了理论和实证支撑。

我国农业农资综合补贴、农作物良种补贴，据其命名和政策指向，明显属于与生产要素挂钩的挂钩补贴，但是在实际的政策执行过程中，这两类补贴完全是作为财政转移支付给农民，与粮食直补归并为综合性收入补贴。但是按照 OECD 政策分类框架，我国农业补贴分类中，挂钩补贴仍然占据较大份额（2016 年挂钩补贴接近 90%），脱钩补贴占据非常小的份额。本文的研究结论证实了农业脱钩补贴对农业全要素生产率的正面影响，挂钩补贴对农业全要素生产率的负面影响。结合当前我国农业补贴的政策效应实际，即本质上属于脱钩补贴的实际，以及政府正在进行相应的农业支持政策改革实践，将三类补贴合并为农业支持保护补贴，政策指向为地力保护和规模经营，按 OECD 和 WTO 政策分类均属于脱钩补贴，结合政策现实、改革趋势以及研究结论，我们认为未来应该坚持农业补贴的脱钩化政策改革趋势，应该继续向减少对市场扭曲的方向前进，应该继续有所选择地加大对农民固定收入补贴的投入。

参 考 文 献

陈慧萍，武拉平，王玉斌，2010. 补贴政策对我国粮食生产的影响——基于 2004—2007 年分省数据的实证分析［J］. 农业技术经济（4）：100 - 106.

高鸣，2017. 脱钩收入补贴对小麦生产率有影响吗？——基于农户的微观证据［J］. 中国农村经济（11）：47 - 61.

高鸣，宋洪远，2018. 脱钩收入补贴对粮食生产率的影响——基于农户收入差异的视角［J］. 农业技术经济（5）：15 - 27.

黄季焜，王晓兵，智华勇，等，2011. 粮食直补和农资综合补贴对农业生产的影响［J］. 农业技术经济（1）：4－12.

李辛一，陈其兰，2017. 粮食收入性补贴对中国籼稻全要素生产率的影响——基于 2002—2013 年面板数据的实证［J］. 当代经济（5）：6－9.

速水佑次郎，2003. 发展经济学［M］. 李周，译. 北京：社会科学文献出版社.

王欧，杨进，2014. 农业补贴对中国农户粮食生产的影响［J］. 中国农村经济（5）：20－28.

张淑杰，孙天华，2012. 农业补贴政策效率及其影响因素研究——基于河南省 360 户农户调研数据的实证分析［J］. 农业技术经济（12）：68－74.

朱满德，李辛一，程国强，2015. 综合性收入补贴对中国玉米全要素生产率的影响分析——基于省级面板数据的 DEA－Tobit 两阶段法［J］. 中国农村经济（11）：4－14，53.

Anderson K，Rausser G，Swinnen J，2014. Agricultural policy：A global view［J］. Encyclopedia of Agriculture & Food Systems：179－194.

Baumol W J，1990. Entrepreneurship：Productive，unproductive，and destructive［J］. Journal of Political Economy，98（5）：893－921.

Denning G，Kabambe P，Sanchez P A，et al.，2009. Input subsidies to improve smallholder maize productivity in Malawi：Toward an African green revolution［J］. PLOS Biology，7（1）.

Hennessy D A，1998. The production effects of agricultural income support policies under uncertainty［J］. American Journal of Agricultural Economics（80）：46－57.

Josling T，2015. Agricultural trade disputes in the WTO［M］// Farm policies and world markets：Monitoring and disciplining the international trade impacts of agricultural policies.

Kazukauskas A，Newman C，Sauer J，2014. The impact of decoupled subsidies on productivity in agriculture：A cross－country analysis using microdata［J］. Agricultural Economics，45（3）：327－336.

Kornai J，1986. The Soft Budget Constraint［J］. Kyklos，39（1）：28.

Lakner S，2009. Technical efficiency of organic milk－farms in Germany—The role of subsidies and of regional factors［C］. International of Association of Agricultural Economists.

Latruffe L，Bravoureta B E，Carpentier A，et al.，2017. Subsidies and technical efficiency in agriculture：Evidence from European dairy farms［J］. American Journal of Agricultural Economics，99（3）：aaw077.

Leibenstein H，1996. Allocative efficiency vs. X－Efficiency［J］. The American Economic Review，56（3）：392－416.

Rizov M，Pokrivcak J，Ciaian P，2013. CAP subsidies and productivity of the EU farms［J］. Journal of Agricultural Economics，64（3）：537－557.

Seck A，2017. Fertilizer subsidy and agricultural productivity in Senegal［J］. World Economy，40（9）：1989－2006.

Weber J G，Key N，2012. How much do decoupled payments affect production? An instrumental variable approach with panel data［R］.

生活垃圾分类会拉动净菜进城吗？

——来自上海市的问卷调查

祝华军[1] 田志宏[2]

（1. 同济大学新农村发展研究院；2. 中国农业大学经济管理学院）

摘要：本文从理论上分析了垃圾分类对生鲜农产品消费减量提质的影响，然后利用上海市的718份问卷调查数据进行了实证检验。调研结果显示，强制垃圾分类对水产品、瓜果和肉类的购买行为影响有限，而显著促进了绿叶菜和茄果消费行为朝减量提质方向改变，有34.82%的受访者有购买净菜的行为。负二项回归拟合结果表明，家庭对垃圾分类投放的难度越大，购买净菜的概率越大，但边际效应不大；消费者对净菜的价格承受力越强，购买净菜的可能性就越大。为促进净菜进城，垃圾分类投放需要与垃圾量挂钩，净菜供给方也要采取措施降低成本。

关键词：垃圾分类；净菜；减量；价格

一、引　　言

2018年11月6日，习近平总书记在上海市虹口区市民驿站嘉兴路街道第一分站考察时强调，垃圾分类工作就是新时尚。上海市2019年7月1日正式实施《上海市生活垃圾管理条例》，将“垃圾分类”纳入法治框架，采取干、湿、可回收和有害垃圾四分法，并规定定点定时投放；作为惩戒手段，该条例规定个人如果混合投放垃圾最高可罚款200元，单位如果混装混运垃圾最高可罚款5万元，甚至可能把未分类投放记入个人信用档案。这意味着上海生活垃圾分类步入强制时代，而北京、苏州、广州、郑州等城市也都纷纷响应，加快推进生活垃圾分类工作。

世界各国大部分城市生活垃圾中约40%为厨余垃圾（徐栋，2011），2008年美国居民食物损失量最高的三类食物依次是肉禽鱼类（41%）、蔬菜（17%）和乳制品（14%），年人均损失量为124千克，其中大量为处理食物产生的垃圾（Jean C.，2012）。我国城市生活垃圾中也有较大比例来源于食物，在21世纪初期北京为37%、天津54%、上海59%（吴玉萍，2001）。2012年北京市人均生活垃圾产生量为0.947千克/(人·天)，其中53.61%为厨余垃圾（王艳秋，2015）。但北京市居民呈现出较高的垃圾分类认识与较低下的绿色自觉行为，食品物质流垃圾减量管理系统两端的净菜和分类薄弱（崔铁宁，2017）。李志青（2019）从欧美等国的生活经验中发现，即便在追求极致的垃圾制度环境中，食物消费规模及其对环境的影响程度并没有明显下降。

上海目前的垃圾分类方法更多是着眼于末端处理环节的垃圾资源化利用，但市民在生活垃圾分类时更多考虑前端的垃圾减量化，这必然会对市民的生活习惯及消费选择产生影响。在《上海市生活垃圾管理条例》正式实施初期，网络媒体上各种调侃“上海人要被垃圾分类逼疯了”的文字广泛传播，主要集中在对食物的调侃上，诸如玉米（玉米皮、须和芯分属不同垃圾）、水果（外壳和核可能属于不同垃圾）、肉类（大、小骨头属于不同垃圾）。这一政策冲击，已经对一些市民的农产品消费心理产生了影响，“吃得少一点，吃得好一点”便是一种应激反应，试图以减少消费量来避免垃圾分类投放的尴尬。

作为配套政策，《上海市生活垃圾管理条例》第二十条规定“市农业农村、商务等部门应当加强对果蔬生产基地、农贸市场、标准化菜场、超市的管理，积极推行净菜上市”。也有农产品供应者发现了这一政策冲击所带来的商机，如上海智慧微菜场，对大部分产品都做过垃圾减量化处理，将玉米去皮和须、金针菇剪根、蔬菜剥离老黄菜叶和根系、杀鱼去鱼鳞和内脏，这样处理后要比菜场买来的食材减少 20%左右的湿垃圾。

在强制垃圾分类政策冲击和菜场供应方积极应对的大环境下，市民在购买生鲜农产品时，是否会朝着减量提质方向发展呢？长期依赖供给端推动但效果欠佳的净菜进城工作，是否能够在需求端得到拉动呢？为此，我们开展了市民购买生鲜农产品净菜的问卷调查。

二、理论分析与研究假设

（一）中国需要警惕农产品消费中的浪费现象

改革开放以来，我国农业生产取得了举世瞩目的成就，粮食、蔬菜、瓜果、猪肉、禽蛋等众多农产品从短缺到过剩，总产量和人均消费量均跃居世界前列。

在农产品数量和品种不断丰富的发展过程中，居民的消费心理也发生了变化。整体而言，由注重数量的吃饱，发展到注重质量的吃好，2013 年以来全国居民人均粮食消费量稳步下降，蔬菜消费量维持在高位，瓜果和水产品消费量持续快速上涨，肉类消费量小幅波动式上升（图 1）。但观察生活中鲜活个体的消费情况，总会发现一些炫耀性过度消费和奢侈浪费性消费现象，把奢靡铺张当作“成功”和“地位”的彰显（郑风田，2013），把珍贵的食物异化为生活垃圾。中国农业大学的一组调查数据显示，仅餐饮浪费的蛋白质、脂肪，全国一年就高达 1 100 万吨，这相当于 2 亿人一年的口粮（张玉胜，2016）。

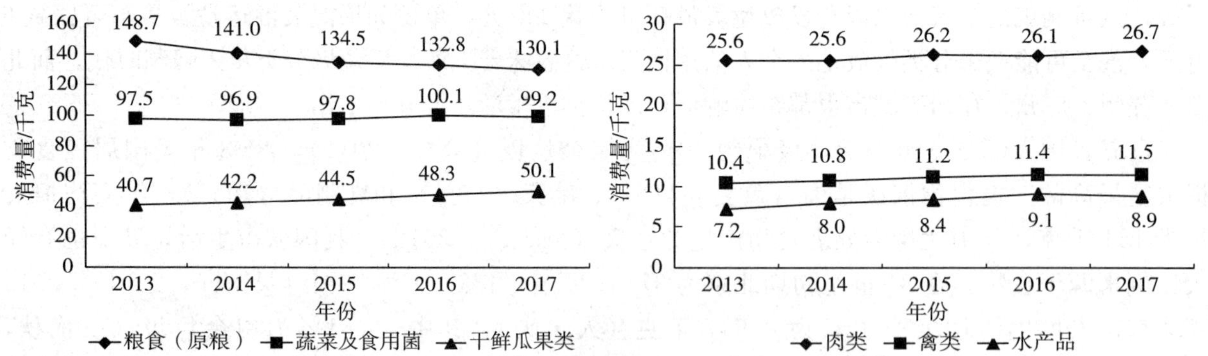

图 1　全国 2013—2017 年居民家庭人均主要食品消费量

资料来源：《中国统计年鉴》2014—2018。

倡导绿色生活方式，抑制过度过量消费，实现垃圾源头减量，是推行垃圾分类的长效举措。在强制垃圾分类时代，居民或者是基于避免因未按规定分类投放垃圾的惩罚的考虑，或者是基于对垃圾分类的时间成本的考虑，将对自身的农产品消费行为做出适应性调整，削减不必要的购买数量和提高购买农产品的质量都将成为可选项。

（二）农产品消费减量提质有助于提升家庭效用

在强制垃圾分类的大背景下，农产品质量和处理农产品垃圾的时间长短影响家庭效用最大化。为便于描述问题，把家庭的效用函数简化为$U(w, c)$，其中w为工作收入形成的效用，在当前流行的绩效工资下，可以表示为工作时间的函数$f(t_1)$；c为消费农产品形成的效用，与工作收入和处理农产品垃圾的时间长短相关，可以用函数$g(f(t_1), t_2)$表达。家庭效用最大化$\text{Max}U(w, c)$的约束条件为$t_1+t_2\leqslant T$，T为家庭成员的总时间资源禀赋。

在家庭成员工资率既定的情形下，工作时间t_1越长，获得的收入w越高，直接提升工作收入增加形成的效用，而收入增加后可用于购买的农产品数量更多，这又间接提升了消费农产品形成的效用。处理农产品垃圾的时间t_2则与所购买的农产品数量和质量相关。在农产品质量一定时，购买的农产品数量越多，前提条件是收入越高，即花在工作上的时间t_1越多，而处理农产品垃圾所需时间t_2也越多，此时工作时间和消费时间是严格互斥的，也就是如果要提高工作收入的效用，就需要降低消费农产品的效用。而在购买的农产品数量既定时，购买较高质量的农产品所需要的工作收入水平也相应较高，即花在工作上的时间t_1更多，但处理农产品垃圾所需时间t_2可能会降低，此时工作时间和消费时间就不再是互斥的。农产品质量不仅影响其消费效用，还影响处理农产品垃圾所花的时间t_2，进一步又影响到可以工作的时间t_1。也就是说，农产品质量提升，有助于直接提高其消费效用，节约农产品垃圾分类投放时间，具有增加工作时间的潜力，从而间接提高工作收入的效用。如果同时减少农产品购买数量和提高农产品质量，工作收入效用和消费农产品效用的同步性会更显著。

对每个家庭而言，总时间资源禀赋T也是不同的，如果家庭中有赋闲在家的成员或需要照顾的成员，那么在工作时间t_1和消费时间t_2的分配上也会有差异，而且对食物数量和品质的需求也是因成员而异。因此，提出本研究的第一个假设：

H1：家庭成员构成状况影响农产品消费是否减量提质这一选择。

另外需要注意的是，不同的家庭即使购买同质的农产品，分拣清洗农产品的要求通常不相同，那些对农产品洁净度要求比较高但却对垃圾分类不熟练的家庭，在处理农产品时所花的时间就会较多，在购买农产品时会倾向于减量提质。据此提出本研究的第二个假设：

H2：家庭对垃圾分类投放的难度越大，在购买农产品时越可能向减量提质方向转变。

（三）净菜是农产品消费减量提质的重要途径

相对于毛菜而言，净菜具有较高的质量和干净程度，也就减少了处理农产品垃圾的时间。推行净菜进城制度，理论上可以减少垃圾，如日本政府的垃圾减量化政策中，毛菜被禁止入城，由此减少城市生活垃圾（刘静，2009）。我国也早在1992年国务院101号令《城市市容和环境卫生管理条例》第三十条就提出“鼓励和支持有关部门组织净菜进城”，2016年2月中共中央、国务院印发《关于进一步加强城市规划建设管理工作的若干意见》，其中第二十三条规定“推行净菜入城等措施，从源头上减少垃圾产生”。

然而，净菜是一个有待规范的词语。在改革开放之初，丁保华（1983）对净菜上市的描述是“把采摘收获后的蔬菜在田间就地整理、去掉根土、荒帮烂叶和不能食用的部分，修整干净再捆把、装筐，运往市场销售”，上海市率先推进净菜进城，当时的优质净菜是“采用规范化包装，定量装载，品质优良，规格整齐”的上市蔬菜（路晋兴，1987）。这一时期的净菜主要强调干净，还没有分级、保鲜和加工等方面的要求。而当前对净菜的要求则包括分级、整理、清洗、切分、保鲜、包装等处理，使产品保持生鲜状态（杨冉冉，2017）。但由于尚未出台国家级的标准，市场上各种所谓的净菜质量差别很大，特别是在冷链物流环节还存在问题（王永康，2011）。若要提高消费者购买净菜的意愿，需要针对消费者反映的问题，加快制定净菜标准，提升消费者对净菜的认可度。因此，提出本研究的第三个和第四个假设：

H3：消费者对净菜新鲜程度、价格水平、可选择品种多少以及品牌信任度等因子的满意度越高，购买净菜的可能性就越大。

H4：消费者对净菜的价格承受力越强，购买净菜的可能性就越大。

三、数据来源与描述性统计

（一）数据来源

本调研现场问卷于 2019 年 7 月 14—18 日在上海市普陀区内环和中环之间的 X 农贸市场、Y 小区和 Z 小区发放，其中 X 农贸市场是中环线内少见的大型综合性菜市场，各类农副产品质优价廉，吸引周边半径 3 千米甚至更远处的居民驾车来买菜，收到有效问卷 45 份；Y 小区是垃圾分类示范小区，在 2019 年 6 月就开始实行定时定点分类投放，共有住户 592 户，户型跨度从不足 80 米^2 的一居室到 280 米^2 的复式住宅，居民的收入水平跨度也相对较大，收回有效问卷 126 份；Z 小区居民 1 066 户，住宅面积集中在 90～160 米^2，收到有效问卷 146 份。在首日回收问卷后发现 40 岁以下的年轻人十分罕见，于是 7 月 15—18 日开展了问卷星网络调查，共有 525 份答题完整的网络问卷，但其中基本不做家务活的人数为 53 人，答题项出现矛盾的 71 人（在网络问卷中故意设置了 2 道互斥多选题，用以甄别无效问卷），扣除这些不合格问卷之后，有效网络问卷 401 份。现场和网络总计收回有效问卷 718 份，问卷来源及年龄分布情况见表 1。

表 1　调研样本分布情况

年龄	X 农贸市场	Y 小区	Z 小区	网络	合计
22 岁及以下	0	0	0	58	58
23～29 岁	0	0	0	105	105
30～39 岁	0	1	0	153	154
40～49 岁	2	7	12	66	87
50～59 岁	23	59	69	18	169
60 岁及以上	20	59	65	1	145
合计	45	126	146	401	718

（二）变量说明及描述性统计

本研究以上海市消费者购买净菜的频次高低来反映其在强制垃圾分类后对农产品消费减量提质的倾向。在上海市的菜篮子工程中，经过几轮禽流感的冲击，上海市立法季节性禁止活禽交易，市场上流通的禽产品基本都是按部位分装好的净菜，市民已经习惯于购买禽类净菜。而易腐烂的绿叶菜、耐储存的茄果块根类蔬菜、鲜活水产品、肉类和瓜果等 5 大类生鲜农产品则仍然主要是毛菜销售，随着微菜场等线上线下联动菜店的拓展，这 5 大类别农产品的净菜也逐渐丰富起来，市民可以自主选择是否购买净菜。

主要解释变量包括三部分，其一是家庭人口和经济状况，包括受访者年龄、性别、家庭用餐人数等基本信息，是否有 16 岁以下和 70 岁以上以及其他需监护照顾人员，常加班人员，反映家庭资产状况的物业费水平和日人均买菜金额；其二是家庭对垃圾分类的认知和感受，包括自己家庭进行垃圾分类的难度感知，对垃圾分类方法、投放场所和投放时间的满意度，对五类生鲜农产品产生垃圾量的感受等；其三是对当前市场上净菜的基本评价，包括新鲜程度、价格、品种和品牌等因素和净菜相对毛菜的涨价承受限度。变量定义及描述性统计见表 2。

表 2　变量定义及描述性统计

变量	定义或说明	均值	最大值	最小值	标准差
年龄	按选项划分各年龄段分别取中位数	44.449 9	65	20	15.134 8
性别	1=男，0=女	0.419 2	1	0	0.493 8
家庭用餐人数	日常在家庭里用餐的人数（人）	3.633 7	5	2	0.980 0
监护照顾成员	16 岁以下、70 岁以上及其他需照顾的家庭成员数（人）	0.807 8	3	0	0.663 2
常加班成员	是否有常加班的家庭成员，1=有，0=无	0.373 3	1	0	0.484 0
物业费	年物业费（元），租房者按 200 元计	1 916.156 0	5 500	200	1 002.954 0
买菜金额	每人平均每日买菜金额（元）	73.565 5	225	15	38.828 2
分类难度	从低到高依次赋值 1～11	3.831 5	11	1	2.621 8
分类总满意度	分类方法、投放场所和时间的满意度加总，单项满意度从低到高依次赋值 1～5	9.735 4	15	3	2.029 7
农产品垃圾量	五类生鲜农产品产生的垃圾量加总，单项垃圾量从低到高依次赋值 1～5	16.266 0	24	9	2.338 9
净菜新鲜度	按照不满意度从高到低分别赋值 3、2、1、0	2.167 1	3	0	1.020 0
净菜价格	按照不满意度从高到低分别赋值 3、2、1、0	1.845 4	3	0	1.034 8
净菜品种	按照不满意度从高到低分别赋值 3、2、1、0	1.172 7	3	0	0.909 1
净菜品牌	按照不满意度高低分别赋值 3、2、1、0	0.647 6	3	0	0.978 0
涨价承受力	能承受的五类农产品净菜相对于毛菜的涨价幅度算术平均值	1.075 9	1.68	1	0.087 8
购买净菜计数	购买生鲜农产品净菜的种类（种）	0.559 9	5	0	0.927 6

（三）样本基本情况分析

（1）购买净菜情况。在 718 份总样本中，与垃圾分类前相比，水产品、瓜果和肉类的购买行为不变者仍然有 6 成，也就是说，强制垃圾分类对这 3 类生鲜农产品的冲击有限。而绿叶菜和茄果的购买行为朝减量提质方向改变的受访者超过了 50%，强制垃圾分类的冲击是很明显的，但其中选择购买净菜来实现减量提质的受访者占比却不高，这说明消费者仍然习惯于在菜场挑拣毛菜来达到减量提质的目的。相关数据见表 3。

表 3　样本户垃圾分类后生鲜农产品消费行为变化情况

单位：人，%

	绿叶菜	茄果	水产品	瓜果	肉类
（1）消费行为不变的人数	327	331	449	429	465
占比	45.54	46.10	62.53	59.75	64.76
（2）消费行为改变的人数	391	387	269	289	253

（续）

	绿叶菜	茄果	水产品	瓜果	肉类
占比	54.46	53.90	37.47	40.25	35.24
其中：①减少购买量人数	203	215	134	100	96
占比	28.27	29.94	18.66	13.93	13.37
②提高品质人数	178	158	73	173	61
占比	24.79	22.01	10.17	24.09	8.50
③购买净菜人数	100	48	76	56	122
占比	13.93	6.69	10.58	7.80	16.99

注：消费行为改变的三种情形可以多项选择。

样本中共有250人在垃圾分类后有购买净菜的行为，占样本总数的34.82%。其中有148人购买过1种类型的净菜（占20.61%），而购买了全部5类净菜的仅有4人（占0.56%）（表4）。

表4　样本户购买净菜种类分布情况

单位：人，%

	5类都买	购买4类	购买3类	购买2类	购买1类	不购买
人数	4	6	26	66	148	468
占比	0.56	0.84	3.62	9.19	20.61	65.18

（2）对净菜的评价情况。样本户对五类生鲜农产品净菜价格高过毛菜价格的承受限度见表5，比较集中地分布在不涨价和涨价10%以内。有一些信息值得注意，高达60.31%和58.91%的消费者不接受瓜果和肉类净菜涨价，而对绿叶菜和茄果类净菜涨价有较高的容忍度，这可能与2019年以来水果和猪肉价格大幅上涨有关。

表5　样本户对五类生鲜农产品净菜价格高过毛菜价格的承受度

单位：%

分类	不涨价	涨价10%	涨价20%	涨价30%	涨价40%	涨价50%	翻倍及更高
绿叶菜	30.08	50.84	13.23	2.65	1.53	1.53	0.14
茄果	45.13	41.36	8.36	3.06	2.09	0	0
水产品	53.62	29.81	10.03	3.62	2.23	0.56	0.14
瓜果	60.31	25.91	8.22	2.79	1.81	0.70	0.28
肉类	58.91	28.83	6.27	3.06	1.95	0.56	0.42

样本户对当前市场上流通的净菜新鲜度、价格、品种和品牌不满意度排序见表6。消费者最不满意的是新鲜度（占样本总数的49.44%），其次是价格（32.87%）；而对学界经常提及的净菜品牌因素，持无所谓态度的消费者却高达62.81%。

表6　样本户对当前净菜的不满意程度

单位：%

项目	0（无所谓）	1（较不满意）	2（不满意）	3（最不满意）
新鲜度	12.26	8.22	30.08	49.44
价格	14.07	20.19	32.87	32.87
品种	25.21	41.23	24.65	8.91
品牌	62.81	18.38	10.03	8.77

（3）垃圾分类的感受情况。分类方法提前1个多月就通过多种渠道、多种形式向市民宣传普及，投放场所及设施建设也同步开展，样本户对分类方法和投放场所的满意度较高。但对垃圾投放时间的满意度较低，大多数小区设置了7：00—9：00和18：00—20：00两个时间段，这对需要准时上班和经常加班者而言比较苛刻，一旦错过时间则无法投放垃圾。

表7　样本户对垃圾分类的满意度

单位：%

项目	1（很不满意）	2（不满意）	3（一般）	4（满意）	5（很满意）
分类方法	1.25	10.31	24.79	54.18	9.47
投放场所	2.92	11.14	33.70	43.18	9.05
投放时间	14.90	25.91	36.21	21.31	1.67

四、模型与结果分析

（一）模型设定

消费者是否购买净菜（Y）是一个非负整数值概率，受到消费者家庭人口经济状况、垃圾分类等k个变量X的影响，本研究原考虑采用式（1）泊松分布的计数回归模型，这是一个参数非线性的回归模型，可以转化为式（2）来进行实证估计。

$$Y=\frac{\mu^{Y}e^{-\mu}}{Y!}+\varepsilon=E(Y)+\varepsilon \tag{1}$$

$$\ln(E(Y))=\ln\mu=\alpha+\sum_{k=1}^{n}\beta_k X_k+\varepsilon \tag{2}$$

由于泊松计数模型要求被解释变量的均值和方差相等，而在本样本中购买净菜的均值为0.559 9，方差为0.860 4，对该序列检验方差是否等于均值0.559 9，结果为$\chi^2=1\ 101.848$，伴随概率为0，也就是方差显著大于均值，此时不能再直接使用泊松模型估计，而需要选择负二项回归模型估计，负二项回归模型的基本形式也可以写成式（2）。

（二）拟合结果与分析

表8给出了用负二项回归模型拟合的7个方程结果，所有方程均具有统计学意义。7个方程中主要解释变量估计系数的符号均保持了一致，系数数值的变化幅度也较小，回归结果具有较强的稳健性。综合变量含义及其取值，AIC值、调整R^2和LR统计量等指标，回归方程（5）具有更好的解释效果，后文主要基于该方程进行分析说明。

表8　回归结果

项目	(1)	(2)	(3)	(4)	(5)	(6)	(7)
C	−3.588 8***	−3.243 8***	−3.761 7***	−3.243 0***	−4.159 0***	−4.197 2***	−4.297 9***
	(−4.395 4)	(−3.928 3)	(−4.524 6)	(−3.938 9)	(−6.453 4)	(−6.457 2)	(−6.819 4)
年龄	−0.023 4***	−0.024 8***	−0.022 4***	−0.025 2***	−0.024 9***	−0.024 7***	−0.025 2***
	(−4.736 7)	(−5.037 7)	(−4.512 4)	(−5.155 7)	(−5.235 9)	(−5.150 9)	(−5.381 7)
性别	0.299 5***	0.323 4***	0.314 4***	0.323 6***	0.331 1***	0.332 7***	0.325 5***
	(2.738 6)	(2.969 0)	(2.851 4)	(2.972 7)	(3.069 8)	(3.081 9)	(3.020 7)

（续）

项目	(1)	(2)	(3)	(4)	(5)	(6)	(7)
家庭用餐人数	−0.074 9 (−1.001 1)	−0.135 0* (−1.852 2)	−0.148 3** (−2.037 5)	−0.133 4* (−1.832 9)	−0.120 2* (−1.663 4)	−0.121 2* (−1.674 1)	−0.077 2 (−1.044 8)
监护照顾成员	0.212 2** (2.367 1)	0.214 5** (2.372 3)	0.191 4** (2.116 3)	0.213 0** (2.361 0)	0.208 7** (2.343 6)	0.208 8** (2.341 5)	0.214 2** (2.414 4)
常加班成员	0.085 4** (0.779 4)	0.085 1 (0.773 0)	0.100 6 (0.910 4)			0.063 9 (0.592 2)	
分类难度	0.036 4 (1.511 9)		0.062 1*** (2.779 2)				
分类总满意度	−0.081 3*** (−2.827 9)	−0.097 9*** (−3.687 8)		−0.099 1*** (−3.744 4)	−0.098 3*** (−3.757 7)	−0.097 3*** (−3.705 4)	−0.098 8*** (−3.780 4)
农产品垃圾量	0.034 2 (1.533 8)	0.038 4* (1.724 7)	0.028 8 (1.300 1)	0.039 7* (1.788 2)	0.044 4** (2.015 7)	0.043 7** (1.982 1)	0.043 9** (1.991 5)
净菜新鲜度	−0.103 6 (−1.207 1)	−0.109 5 (−1.276 5)	−0.127 1 (−1.459 7)	−0.106 5 (−1.242 1)			
净菜价格	−0.135 8 (−1.528 4)	−0.142 6 (−1.594 6)	−0.139 9 (−1.559 2)	−0.132 0 (−1.493 3)			
净菜品种	−0.013 1 (0.151 3)	−0.027 3 (−0.314 5)	0.028 1 (−0.321 3)	0.019 0 (−0.220 1)			
净菜品牌	−0.148 6 (−1.591 0)	−0.144 5 (−1.545 8)	−0.177 0* (−1.870 7)	−0.136 7 (−1.471 7)			
物业费	0.000 2 (1.023 8)	0.000 0 (0.285 7)	0.000 0 (0.507 2)	0.000 0 (0.290 4)	0.000 0 (0.296 9)	0.000 0 (0.285 5)	0.000 1 (0.706 7)
买菜金额	0.003 6 (0.831 5)	0.001 7 (1.243 4)	0.001 4 (1.042 2)	0.001 7 (1.244 0)	0.001 6 (1.222 7)	0.001 6 (1.219 5)	0.004 1 (0.957 9)
涨价承受力	3.898 9*** (8.768 4)	4.096 4*** (9.437 7)	3.635 3*** (8.157 8)	4.091 2*** (9.467 2)	4.278 7*** (10.090 5)	4.284 9*** (10.068 1)	4.284 8*** (10.193 9)
混合参数	−2.477 8** (−2.267 9)	−2.368 3** (−2.426 1)	−2.260 2** (−2.464 9)	−2.371 0** (−2.406 0)	−2.291 8** (−2.520 3)	−2.288 1** (−2.536 0)	−2.322 0** (−2.472 6)
调整 R^2	0.281 2	0.268 2	0.268 2	0.272 8	0.272 6	0.268 8	0.277 5
Log likelihood	−630.755 3	−631.889 7	−634.706 4	−632.187 8	−634.718 4	−634.543 5	−634.763 5
LR statistic	269.926 9***	267.658 1***	262.024 8***	267.061 9***	262.000 7***	262.350 6***	261.910 6***

注：括号内为z值，符号***、**、*分别表示P值小于0.01、0.05和0.10。

（1）从研究假设1，即家庭人口特征看，年龄越小、家庭用餐人数越少，基于图省事的考虑，购买净菜的概率越大；男性购买净菜的概率显著高于女性；家庭中需要监护照顾的人数越多，意味着要挤占部分时间，购买净菜的概率也越大。这些结果均符合常理，无须赘言。而家庭中是否有常加班人员并不影响购买净菜的决策，比较合适的解释是家庭中的加班人员很少参与买菜决策，也不在家庭实际买菜决策者考虑的范围之中。

（2）从家庭经济状况看，用于侧面反映家庭固定资产状况的物业费水平和反映家庭收入水平的日人均买菜金额对购买决策没有显著影响，这一结果比较意外。其中在物业费的数据处理上，本调查问卷中有 30 人属于租房者，在处理数据时统一取值为 200 元/年，可能低估了一部分有资金但尚未购房者的家庭固定资产状况；日人均买菜金额的 P 值为 0.213 5～0.405 7，日人均买菜金额与家庭用餐人数回归的 R^2＝0.126 5，可以排除共线性或内生性问题，对此需要进一步研究才能给出合理解释。

（3）从研究假设 2，即家庭对垃圾分类的认知和感受看，家庭对垃圾分类总满意度系数为负且在 1%的水平上显著，其替代变量垃圾分类难度在方程（2）中系数为正数且在 1%的水平上显著，这表明家庭在处理垃圾时越富有效率，越无须通过购买净菜来减轻时间压力。农产品垃圾量的系数为正，在方程（5）～方程（7）中均在 5%的水平上显著，即家庭认为农产品垃圾量越多，通过购买净菜来减少垃圾的概率越大。尽管这些因素都显著影响净菜购买决策，但系数绝对值普遍小于 0.1，即边际效应十分有限。

（4）从家庭对净菜的基本评价看，消费者对生鲜农产品净菜价格高过毛菜价格的承受限度系数在所有 7 个方程中均通过了 1%水平的显著性检验，数值为正且最大，说明对购买净菜决策的边际效应大，能够承受净菜价格大幅度高于毛菜的家庭，购买净菜的概率更大，这验证了研究假设 4。但研究假设 3 未能得到验证，即净菜自身的属性，如新鲜程度、价格高低、品种多寡和品牌信度，在所有纳入这些因素的方程中系数均不显著，这可能与本次问卷设置的题目为排序题有关系。

五、结论与启示

本文主要得出以下结论：①强制垃圾分类对上海市民的生鲜农产品消费行为冲击是因类别而异的，绿叶菜和茄果消费行为明显朝减量提质方向改变，而水产品、瓜果和肉类则不明显。②选择购买净菜来实现减量提质的受访者占比不高，消费者仍然习惯于在菜场挑拣毛菜来达到减量提质的目的。③垃圾分类对净菜购买行为有显著影响，但边际效应十分有限。④家庭对净菜的价格承受力越强，购买净菜的可能性就越大；家庭买菜决策者的性别、年龄，家庭用餐人数和需要监护照顾人数对购买净菜有显著影响。

基于以上结论，本文的政策启示在于：①垃圾分类虽然对拉动净菜进城有积极作用，但作用力度有限。垃圾分类只对家庭的分类投放行为规范具有强制性，需要推动垃圾投放与垃圾量挂钩，从而推动居民家庭在生鲜农产品消费量与垃圾量之间建立直接联系。②净菜进城主要取决于城市居民家庭对净菜的价格承受力，在当前各类生鲜农产品净菜价格不高于毛菜价格 10%的价格承受力下，生鲜农产品净菜供给方应在保障品质的前提下努力降低成本，才能得到消费者的认可。

参 考 文 献

崔铁宁，牟雪娇，2017. 绿色供应链视角下的物质流过程厨余垃圾减量研究 [J]. 环境科学与技术，40（10）：196-204.

丁保华，1983. 净菜上市好处多，经济效益高 [J]. 农业技术经济（4）：31-32.

李志青，2019. 日本垃圾处理神话破灭的反思 [N]. 环球时报，05-23（15）.

刘静，2009. 治本之法：从源头上减少城市垃圾 [J]. 观察与思考（14）：26-28.

路晋兴，吕更生，1987. 论优质净菜 [J]. 上海蔬菜（2）：1-4.

王艳秋，付双立，任绍娟，2015. 北京市城市垃圾资源化利用潜力与途径研究 [J]. 环境与可持续发展，40（1）：87-89.

王永康，2011. 物流视角下的我国城市垃圾处理对策研究 [J]. 生态经济（10）：93-96.

吴玉萍，董锁成，2001. 当代城市生活垃圾处理技术现状与展望——兼论中国城市生活垃圾对策视点的调整 [J]. 城市环境与城市生态（1）：15-17.

徐栋，沈东升，冯华军，2011. 厨余垃圾的特性及处理技术研究进展 [J]. 科技通报，27（1）：130-135.

杨冉冉，2017. 巨头纷纷入局净菜市场有待进一步培养 [J]. 中国食品（23）：94-95.

张玉胜，2016. 杜绝舌尖浪费，每天都是“粮食日”[N]. 农民日报，10-26（3）.

郑风田，2013. 消除浪费从敬畏粮食开始 [N]. 粮油市场报，03-09（B03）.

Jean C Buzby，Jeffrey Hyman，2012. Total and per capita value of food loss in the United States [J]. Food Policy，37（5）：561-570.

外部刺激、心理过程与消费者家庭生鲜牛肉购买行为

——基于S-O-R理论分析模型

郭锦墉[1]　肖　剑[2]

（1. 江西农业大学江西省乡村振兴战略研究院；2. 江西农业大学经济管理学院）

摘要：基于S-O-R（刺激-反应）理论分析模型和江西省城乡居民的632份调查数据，运用多元有序Logistics模型，实证分析了外部刺激、心理过程与消费者家庭生鲜牛肉购买行为之间的关系。研究发现：营销刺激中，消费者对产品质量、价格的认可以及购买渠道的便利程度显著正向影响购买行为；心理过程中，消费者对牛肉的认知水平、信任、了解意愿和偏好显著正向影响购买行为；社会刺激中，家人的需求意见和同伴的正面评价显著影响购买行为；个体和家庭特征中，消费者的性别、受教育程度以及家庭收入显著正向影响购买行为，年龄与购买行为呈倒U形关系；此外，心理过程在外部刺激与购买行为中具有部分中介效应。据此，为促进消费者家庭生鲜牛肉的购买，提出生产经营主体和政府部门应保证牛肉产品质量，推动价格合理惠民，保障牛肉市场环境健康、有序和便捷，加强对牛肉营养健康的宣传等建议。

关键词：外部刺激；心理过程；生鲜牛肉；购买行为；S-O-R理论

一、引言与文献综述

在我国，牛肉是仅次于猪肉的第二大红肉类食品。相比猪肉，牛肉不仅具备高蛋白和低脂肪的特点，还富含大量的肌氨酸和微量元素，更能满足人体成长发育的营养需要，享有“肉中娇子”的美誉。近年来，随着人们生活水平的提高和饮食习惯的转变，人们越来越注重膳食的营养和健康。因此，牛肉作为更具有营养价值的肉类逐渐成为居民家庭和户外用餐的重要食物选择。统计年鉴数据显示，2013年我国人均牛肉消费量为1.5千克（不包含户外消费量），到2017年我国人均牛肉消费量达到了1.7千克，五年时间增长了13.3%，年平均增长率为2.67%，远远快于猪肉0.3%的年均增长速度；同期，城镇和农村居民人均牛肉消费量分别增长了18.2%和12.5%，年平均增长率分别为3.64%和2.5%。

虽然我国人均牛肉消费量相比往年有所增长，但另一项数据显示，我国人均牛肉消费量仅为日本的58%，美国的15.6%。相比于世界发达国家，我国人均牛肉消费仍处于较低水平，消费潜力还很大。而从消费方式来看，我国超过60%的牛肉消费是通过餐饮渠道完成的，家庭消费占比不到一半。因此，在我国牛肉人均消费相对不足，家庭牛肉消费欠缺的现状下，为引导居民家庭生鲜牛肉的健康消费，优化肉类企业的生产结构，促进牛肉消费市场的供需平衡，以及提升我国肉牛产

业的竞争水平，有必要从家庭消费的角度分析消费者生鲜牛肉的购买行为特征，深入探讨影响消费者生鲜牛肉购买行为的因素及其作用大小。

在已有的研究文献中，学者们主要从消费者的个体及家庭特征、产品营销组合、消费习惯等方面对消费者的牛肉购买行为展开研究。其中个体及家庭特征涉及消费者的个人及家庭收入、性别、年龄、婚姻状况以及教育程度等。胡定寰（2000）基于上海、北京等多个省份的469户城镇居民数据，采用Heck－man模型实证分析了家庭收入、夫妇受教育程度和年龄对牛肉购买行为的影响，结果表明家庭收入、夫妇受教育程度对消费者牛肉购买行为具有显著的正向影响，年龄则有显著的负向影响。殊途同归，刘佳（2015）在利用长春市居民调查数据进行的Logistics回归分析中也发现，消费者优质牛肉的购买意愿同样受到性别、年龄、家庭平均收入等因素的不同程度的影响；但质量安全关注程度、安全顺序排序、质量安全评价等因素也发挥了正向的显著作用。这从侧面表明了除了个体及家庭因素外，牛肉质量也是影响消费者牛肉购买行为的重要因子。范晶（2017）利用李克特五级量表法测量得出，消费者在牛肉消费过程中所考虑的因素按重视程度排序依次为牛肉质量、新鲜程度、口感味道、价格、牛肉部位和品牌，李雨欣（2019）在研究日本消费者牛肉购买行为时利用实证分析法进一步验证了上述内在价值的确能对购买行为产生一定的影响。而实际上，新鲜程度、牛肉口感、味道、牛肉部位和品牌这些子因素反映的就是消费者在购买过程中对牛肉质量的追求和考虑。除了牛肉质量，产品营销组合中的牛肉价格、购买渠道以及促销也是消费者考虑的重要因素。王俊（2017）采用ELES模型从边际消费的角度论证了牛羊畜牧类肉产品的消费受价格变化的影响较大，且价格越高，消费者的购买需求量越小。李丽敏（2013）基于长春市的1 300个样本数据实证研究了牛肉质量、价格、购买地点、促销人员等营销组合对消费者品牌牛肉的购买行为的影响，结果得出颜色、老嫩程度（质量）、品牌牛肉价格有显著的正向影响，而购买地点、销售人员则有显著的负向影响。除了个体及家庭特征、营销组合因素外，少数学者也关注了消费者购买习惯、认知能力、烹饪便利程度等其他因素对牛肉购买行为的影响（陈琼，2010；李立，2019）。

综述已有的相关文献，学者虽已开展了消费者牛肉产品购买行为的研究，但是以往研究并没有对消费方式（是家庭消费还是户外消费）和产品种类（是熟食牛肉消费还是生鲜牛肉消费）进行区分，以家庭生鲜牛肉为研究对象的文献更为少见。此外，以往研究主要选择个体及家庭特征、产品营销组合以及消费习惯作为主要变量来研究消费者的购买意愿或行为，却忽略了社会因素以及消费者心理对购买行为的影响，也未从营销组合、社会因素、消费者个体特征以及消费者心理方面综合考察消费者生鲜牛肉的购买行为。鉴于此，本文基于S－O－R（刺激-反应）理论框架，从外部刺激和心理状态两个层面来考察消费者家庭生鲜牛肉的购买行为，实证分析营销组合、社会刺激、消费者特征以及消费者心理对消费者家庭生鲜牛肉购买行为的影响，以期为刺激我国家庭生鲜牛肉消费、促进我国肉牛产业发展提供理论依据和政策指导。

二、理论模型与研究假设

（一）理论模型构建

S－O－R理论分析模型由Mehrabian和Russell（1974）创建，又称为刺激-反应理论，主要用于揭示个体在外部环境的刺激下，如何产生相应的行为反应。Mehrabian和Russell（1974）认为个体在外部环境的刺激（S）下，个体的心理状态（O）将产生改变，最终引发个体的行为反应（R）。该理论模型最初应用于环境心理学，后经学者拓展，也广泛应用于信息技术采纳（Lee et al.，2011）、服务行业（Jang、Namkung，2009）等领域。现今，国内外学者（Philip Kotler，2009；张蓓，2014；李文瑛，2018）也开始采用该模型来解释消费者行为，其已成为分析人们购买行为的重要研究框架。Philip Kotler（2009）在营销管理一书中认为S-O-R理论模型能够对消费者购买行为路径进行合理的解释，通过该框架，消费者购买决策过程可分为以下三个部分：外部刺激（S）、心理过程（O）以及购买行为反应（R）。首先，外部环境对消费者的意识产生了刺激作用，接着一套反应消费者特征的心理过程导致了决策过程，并最终引发购买行为。从市场营销的角度来看，外部刺激包括营销刺激和社会刺激，其中营销刺激包括质量、价格、渠道、促销的刺激，社会刺激分为经济、文化等宏观环境的刺激和家人、同伴等周围相关群体产生的微观环境刺激。文化与经济等宏观环境对消费者的心理作用无法直接测量，但可通过消费者个体及家庭特征间接反应。另外，消费者心理过程又具体表现为认知、信任、意愿、偏好等。因此，基于S-O-R理论模型，本文构架了营销刺激、社会刺激、心理状态与消费者家庭生鲜牛肉购买行为的实证研究框架，如图1所示。

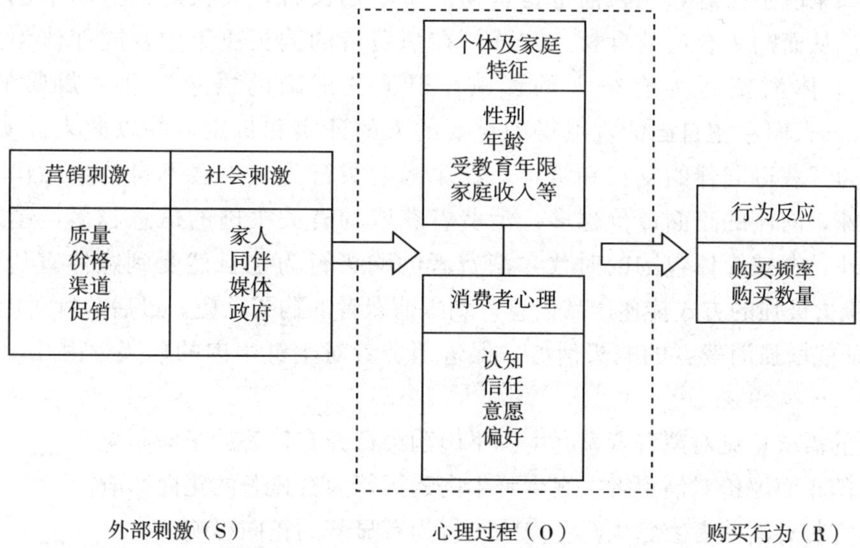

图1　外部刺激、心理过程与消费者家庭生鲜牛肉购买行为

（二）研究假设

根据上述的理论模型以及牛肉的消费特点，本文从营销刺激、社会刺激、心理过程、消费个体特征、家庭特征五个维度作出研究假设。

1. 营销刺激与消费者家庭生鲜牛肉购买行为

产品质量是消费者最基本也是最重要的价值追求，高质量的产品能更好地满足消费者的健康需求，激发消费者的购买欲望。在食品质量安全事故频发，“注水牛肉”“瘦肉精牛肉”盛行的市场环境下，产品质量必然是消费者在家庭牛肉购买过程中考虑的重要因素。价格反映的是产品的价值，但过高的价格会增加消费者的投入成本，在预期收益确定的情况下，投入成本过高将导致顾客总价值的减少，不利于消费者对生鲜牛肉的购买；反之，合理的价格则能让消费者增加购买行为。消费者的购买总成本不仅包括货币成本，还包括时间和精力成本，尤其是年轻一代的城镇居民家庭，夫妻双方忙于工作，生活节奏快，消费者在购买牛肉时更多考虑到距离较近、耗时较少的超市购买，因此购买渠道的便利程度也影响着消费者的牛肉购买行为。促销能够将产品的信息和价值传递给消费者，正确的促销方式能创造消费者的购买需求。对于部分消费者而言，牛肉产品或许是潜在的消费需求，有效的促销将进一步刺激其购买的动机和欲望。由此，本文做出如下假设：

H1：牛肉质量对消费者家庭生鲜牛肉购买行为有显著的正向影响。

H2：合理的牛肉价格对消费者家庭生鲜牛肉购买行为有显著的正向影响。

H3：购买便利程度对消费者家庭生鲜牛肉购买行为有显著的正向影响。

H4：牛肉促销对消费者家庭生鲜牛肉购买行为有显著的正向影响。

2. 社会刺激与消费者家庭生鲜牛肉购买行为

消费者行为不但受到营销组合的刺激，同时也受到社会情境的刺激。社会情境的刺激来源于消费者周围的相关群体，其中以受到家人、同伴、媒体和政府等相关群体的影响最为重要。在家庭日常饮食购买活动中，肉类的购买者可能是家庭意见领袖也可能是意见的追随者，若是意见的追随者，其在家庭生鲜牛肉购买过程中很大程度会受到其他家庭成员（尤其是意见领袖）意见的影响；如果既是家庭意见领袖也是食物的主要购买者，其在购买活动中也会考虑家人的饮食健康需求，从而购买合适的食材。同样，在消费者的购买决策中，同伴作为另一个重要社会群体，也对个体消费行为有很大的影响。根据“正确的需求”和“归属的需求”理论（Trope，1975），人们希望自己的观点得到重要的人的证实和肯定，并以此来证实自己的能力。所以，消费者为了获得同伴的支持和肯定，在牛肉购买行为上也会不自觉地做出“非理性”的行为选择，另外，同伴的正面评价越多，消费者获取的有关牛肉的信息越多，越能作出购买牛肉的决策。此外，在被媒体包围的时代，消费者的购买行为也自然受到媒体宣传的影响，如广告可以通过感染力极强的方式传递产品信息，刺激消费者的购买欲望。最后，针对肉类食品，政府方面的权威认证能增强消费者的购买信心，促进消费者对生鲜牛肉的购买。由此，本文做出如下假设：

H5：家人的需求意见对消费者家庭生鲜牛肉购买行为有显著的正向影响。

H6：同伴的正面评价对消费者家庭生鲜牛肉购买行为有显著的正向影响。

H7：媒体宣传对消费者家庭生鲜牛肉购买行为有显著的正向影响。

H8：政府认证对消费者家庭生鲜牛肉购买行为有显著的正向影响。

3. 个体及家庭特征与消费者家庭生鲜牛肉购买行为

不同个体特征的消费者对产品的需求和爱好不同。具体体现在性别、年龄、收入和受教育年限等方面。对于男性消费者而言，牛肉富含大量的肌氨酸能有效增强人体肌肉，能满足他们对强身健体的需要，因此，相比女性，男性消费者的牛肉购买动机或许更强。不同年龄段的消费者需求也存在差异。年轻消费群体倾向于消费的多元化，风味和口感独特的牛肉正体现了他们独特的生活方式和消费理念，同时牛肉的高蛋白、高营养也符合年轻人生长发育的需要。但老年人深受传统饮食习惯的影响，随着年龄的增长，身体机能的下降，饮食趋于清淡，对高胆固醇的肉类食物需求较少。收入对购买行为的影响更直接，在家庭生鲜牛肉消费中，家庭年收入的多少直接影响着消费者对牛肉的购买。消费者所受的教育程度越高，获得更高收入的机会更大，对牛肉健康和营养的认知相比普通人也更深刻，牛肉的购买能力和动机就更强。此外，对食物的需求差异也表现在家庭成员结构上，有小孩的家庭，基于小孩成长发育的需要，会增加对牛羊肉等高蛋白食物的购买，而有老人的家庭，为了老人的健康诉求，购买者也会考虑减少对高热量高脂肪肉类食物的购买。由此，本文做出如下假设：

H9：性别对消费者家庭生鲜牛肉购买行为有显著的正向影响。

H10：年龄对消费者家庭生鲜牛肉购买行为有显著的负向影响。

H11：收入对消费者家庭生鲜牛肉购买行为有显著的正向影响。

H12：受教育年限对消费者家庭生鲜牛肉购买行为有显著的正向影响。

H13：家庭有小孩对消费者家庭生鲜牛肉购买行为有显著的正向影响。

H14：家庭有老人对消费者家庭生鲜牛肉购买行为有显著的负向影响。

4. 消费者心理与消费者家庭生鲜牛肉购买行为

根据已有的研究文献以及牛肉消费的特殊情境，消费者在牛肉购买决策过程中主要产生以下几种消费心理：认知、信任、意愿、偏爱。社会认知心理学认为，认知是动机、态度和行为的基础，它是对产品的属性、功能、有用性等的评价。认知程度高，在经济可承受范围内消费者往往更有可能产生购买行为（王志刚，2003；Yiridoe，2005；赵艳丽，2018；等等）。相关学者发现大多数消费者缺乏对牛肉的了解，而在猪肉消费研究中，祁胜媚（2011）发现，消费者对猪肉的认知水平显著影响购买行为。在信息不对称的环境下，信任的缺失不仅阻碍人际关系合作，还制约着市场交易行为。尤其在食品安全事故频发的社会环境下，消费者对牛肉质量安全的信任成为影响购买行为的关键。了解意愿能初步判断消费者的购买意愿，具有强烈的了解意愿说明消费者已经有了初步的购买意向。消费者对生鲜牛肉的偏好也是消费者心理的一部分，牛肉的口感和独特风味也让部分消费者对此产生强烈的偏爱，相比于一般消费者，这部分人群购买牛肉的频率和数量会更大。司智陟（2012）、董鹂馥（2014）在研究牛肉的购买行为时得出，消费者对牛肉的偏好是拉动我国牛肉消费的一大动力。由此，本文做出如下假设：

H15：认知对消费者家庭生鲜牛肉购买行为有显著的正向影响。

H16：信任对消费者家庭生鲜牛肉购买行为有显著的正向影响。

H17：了解意愿对消费者家庭生鲜牛肉购买行为有显著的正向影响。

H18：偏好对消费者家庭生鲜牛肉购买行为有显著的正向影响。

5. 消费者心理在外部刺激与消费者家庭生鲜牛肉购买行为中的中介作用

根据S－O－R（刺激-反应）理论框架，消费者在购买行为决策中，首先会受到来自外部的有形刺激，进而影响消费者的心理决策过程，并最终形成实际购买行为。牛肉质量越高，消费者越能产生较强的信任感，就越能触动消费者购买；同时，高质量的牛肉产品能使追求品质生活的消费者对其产生一定的消费偏好；价格的高低一般能反映出产品质量的好坏，合理的价格能让消费者对产品产生信赖转而产生购买冲动，购买牛肉的环境和便利程度一定程度上能让消费者获得更好的购买体验并对产品产生信赖，增加购买欲望；销售人员的多样促销不仅能强化消费者对牛肉概念认知，还能引起消费者对产品的兴趣、增强了解意愿（比如进一步询问牛肉来源，通过感官进一步判断牛肉的新鲜程度等），继而能促进需求和欲望向实际购买行动转变。所以，营销组合中的产品质量、价格、渠道、促销或能通过消费者心理（认知、信任、意愿、偏好）间接促进消费者对生鲜牛肉的购买。

除了产品刺激外，来自外部的社会刺激同样会对消费者的心理过程产生影响。在我国浓厚的家庭观念文化环境下，家人是购买者最主要的社会影响群体，其提出的意见和诉求或能强化消费者对牛肉的需求和概念认知，直接改变消费者的购买行为。Kelman 的态度改变理论认为，来自社会影响群体中的同伴的评价通过服从、同化和内化三种方式影响决策者的行为态度，具体包括认知、信任、意愿等一系列情感体验，尤其是同伴正面评价多的时候，更能激发消费者对生鲜牛肉的好奇，产生强烈的了解意愿。已有研究发现，同伴的评价的确影响消费者的认知水平和购物情绪（马永斌，2011；宋之杰，2019）。除了内部参照群体，媒体和政府作为外部参照群体也能通过媒体形式（广告等）和社会公信力（认证）对消费者的认知等心理产生影响，进而引导消费。综上，本文认为，消费者心理过程在外部刺激和购买行为中起到了中介的作用。由此，提出如下假设：

H19：心理过程在营销刺激与消费者家庭生鲜牛肉购买行为中具有中介作用。

H20：心理过程在社会刺激与消费者家庭生鲜牛肉购买行为中具有中介作用。

三、研究设计

（一）数据来源

本研究样本数据来源于江西省牛羊技术产业体系项目组 2018 年 11 月至 2019 年 2 月在江西省 11 个地级市进行的城乡居民生鲜牛肉购买行为随机抽样调查，本次调查采用实地调查和线上调查相结合的形式，线上线下分别发放 320 份问卷，共 640 份问卷，收回 634 份问卷。根据研究要求，为保证样本选择的有效性，本文剔除了在“是否为家庭购买过生鲜牛肉”题项上回答为“否”的消费者，同时对缺失本研究所需变量的样本也进行了剔除，一共得到有效问卷 632 份，问卷有效率为 99.7%。

（二）变量说明

1. 因变量

本研究的因变量是消费者家庭生鲜牛肉购买行为，为更准确地度量消费者的购买行为，本研究在问卷上设计“家庭月均购买生鲜牛肉的频率”（购买频率）和“家庭月均购买生鲜牛肉的数量”（购买数量）两个题项进行测量，答案分别为一个月 1 次、一个月 2 次、一个月 3 次、一个月 4 次、一个月 5 次及以上，0.5 千克及以下、0.5～0.75 千克（含）、0.75～1 千克（含）、1～1.25 千克（含）、1.25 千克以上，并赋值 1～5，分值越高，表明被调查者的生鲜牛肉购买行为程度越高。

2. 自变量

外部刺激和心理过程是本文所关注的两个核心自变量，但两者都是不能直接观测的潜变量，参照以往学者的问卷设计和研究经验，本文通过设定多个显变量来测量，将外部刺激分为营销刺激和社会刺激，其中营销刺激通过质量刺激、价格刺激、渠道刺激、促销刺激四个指标来测量，社会刺激则采用家庭成员刺激、同伴刺激、媒体刺激、政府刺激四个指标来测量。在生鲜牛肉购买行为上，消费者的心理过程（O）一般包括认知和情感。根据戴维·迈尔斯的社会认知理论以及已有的研究，消费者对食物产品的认知包括需求认知、概念认知以及营养价值认知（戴维·迈尔斯，2005；陈新建，2014；等等）。对此，本文设置三个题项测量，将累加结果记为消费者的认知水平，每题均设置五级李克特量表测算；情感方面则包含对产品的信任、了解意愿和偏好等，以上每个指标也同样采用五级李克特量表进行测量，每个指标的答案赋值 1～5，数值越大，表示消费者所产生的心理反应程度越高。另外，在本问卷中年龄、受教育程度和家庭人均年收入属于多分类变量，为区别不同类别的年龄、受教育程度和家庭人均年收入对购买行为的影响，本文分别以“25 岁及以下”“小学及以下”“6 万元及以下”作为参照系，设置虚拟变量，如 *Income*1 代表家庭年收入在 6 万～9 万元（含），否则为 0。家庭特征方面，是否有 16 岁及以下的小孩以及是否有 60 岁以上的老人都为二分类变量，本文将“有”赋值为 1，“无”则赋值为 0。具体的变量定义及赋值说明如表 1 所示。

表1　变量定义及赋值说明

维度	变量名称	代码	定义及赋值
购买行为	购买频率	Y1	家庭月均购买生鲜牛肉的频率 1次=1；2次=2；3次=3；4次=4；5次及以上=5
	购买数量	Y2	家庭月均购买生鲜牛肉的数量 0.5千克及以下=1；0.5～0.75千克（含）=2；0.75～1千克（含）=3；1～1.25千克（含）=4；1.25千克以上=5
营销刺激	质量	*Product*	对生鲜牛肉质量的认可程度 非常不认可=1；比较不认可=2；一般=3；比较认可=4；非常认可=5
	价格	*Price*	对生鲜牛肉价格的认可程度 非常不认可=1；比较不认可=2；一般=3；比较认可=4；非常认可=5
	渠道	*Place*	对生鲜牛肉购买渠道便利的认可程度 非常不认可=1；比较不认可=2；一般=3；比较认可=4；非常认可=5
	促销	*Promotion*	对生鲜牛肉促销方式的认可程度 非常不认可=1；比较不认可=2；一般=3；比较认可=4；非常认可=5
社会刺激	家人	*Advice*	家人对牛肉需求意见促使我购买更多的生鲜牛肉 非常不同意=1；比较不同意=2；一般=3；比较同意=4；非常同意=5
	同伴	*Opinion*	同伴对牛肉的正面评价促使我购买更多的生鲜牛肉 非常不同意=1；比较不同意=2；一般=3；比较同意=4；非常同意=5
	媒体	*Media*	媒体宣传（广告、新闻等）促使我购买更多的生鲜牛肉 非常不同意=1；比较不同意=2；一般=3；比较同意=4；非常同意=5
	政府	*Identification*	政府认证促使我购买更多的生鲜牛肉 非常不同意=1；比较不同意=2；一般=3；比较同意=4；非常同意=5
心理过程	认知	*Knowledge*	对生鲜牛肉概念的认知程度 非常不清楚=1；比较不清楚=2；一般=3；比较清楚=4；非常清楚=5 对生鲜牛肉需求的认知程度 非常不清楚=1；比较不清楚=2；一般=3；比较清楚=4；非常清楚=5 对生鲜牛肉营养价值的认知程度 非常不清楚=1；比较不清楚=2；一般=3；比较清楚=4；非常清楚=5
	信任	*Trust*	对生鲜牛肉安全质量的信任程度 非常不信任=1；比较不信任=2；一般=3；比较信任=4；非常信任=5
	意愿	*Intention*	对生鲜牛肉进一步了解的意愿（包括询问来源、价格等，通过感官进一步了解牛肉的色泽、品质、新鲜度等） 非常不强烈=1；比较不强烈=2；一般=3；比较强烈=4；非常强烈=5
	偏好	*Preference*	对生鲜牛肉的偏好程度 非常不偏好=1；比较不偏好=2；一般=3；比较偏好=4；非常偏好=5
个体特征	性别	*Gender*	男=1；女=0
	年龄	Age	分五组，以“25岁及以下”为参照组，设置Age1、Age2、Age3和Age4四个虚拟变量，分别对应“26～35岁”“36～45岁”“46～55岁”“56岁及以上”
	受教育程度	*Education*	分五组，以“小学及以下”为参照组，设置Education1、Education2、Education3、Education4四个虚拟变量，分别对应“初中”“高中/中专”“本科/大专”“研究生及以上”

（续）

维度	变量名称	代码	定义及赋值
家庭特征	家庭年收入	*Income*	分五组，以“6万元及以下”为参照组，设置 Income1、Income2、Income3 三个虚拟变量，分别对应“6万～9万元”“9万～12万元”“12万元及以上”
	家庭小孩情况	*Children*	家庭是否有16岁及以下的小孩 是=1；否=0
	家庭老人情况	*Elder*	家庭是否有60岁以上的老人 是=1；否=0

（三）模型选择

考虑到消费者家庭生鲜牛肉购买频率和购买数量都属于有序的多分类变量，因此本文选择有序多元 Logistics 模型回归方法分析影响消费者生鲜牛肉购买行为的因素。有序 Logistics 模型的表达式为：

$$P=(y=j\,|\,X_i)=\frac{1}{1+e^{-(\alpha+\beta X_i)}} \tag{1}$$

其中 X_i 表示第 i 个自变量有序指标，y 表示消费者对生鲜牛肉的购买频率和购买数量的概率。累计的 Logistics 模型如下：

$$Logit(P_j)=\ln[P(y\leqslant j)]=\alpha_j+\beta X \tag{2}$$

式（2）中，$P_j-P(y-j)$，$j=1$，2，3，4，5；X 表示影响消费者购买行为的一系列自变量（营销刺激、社会刺激、心理过程、个体及家庭特征），β 是一组与 X 对应的估计系数，α_i 是回归方程的截距项，得到 β 和 α_i 的参数估计结果后，y 在任意 j 条件下的发生概率就可以通过式（3）得到：

$$P=(y\leqslant j\,|\,X)=\frac{e^{-(\alpha+\beta X_i)}}{1+e^{-(\alpha+\beta X_i)}} \tag{3}$$

四、实证分析

（一）样本描述性统计

在632个受访对象中，男性占比42.72%，女性占57.28%，说明在受访对象中，女性是家庭生鲜牛肉的主要购买者，符合现实的家庭分工情况。从年龄分布来看，25岁及以下的受访者占5.06%，26～35岁占比24.37%，36～45岁占比41.45%，46～55岁占比18.99%，56岁及以上占比10.13%，可见家庭生鲜牛肉的购买者多为青年人，老年人较少购买。在受教育程度上，小学及以下的受访者占比12.02%，初中占比27.22%，高中/中专/高职占比33.23%，本科/大专占比21.52%，研究生及以上占比6.01%，可见，较多受访者的受教育程度处于中等以上水平，符合现在的社会环境。在家庭年收入方面，6万元及以下的受访者占14.56%，6万～9万元占比43.35%，9万～12万元占比25.63%，12万元及以上的占比16.46%，说明收入水平分布较为合理。就受访者的常住地区而言，51.58%为城市，48.42%为农村，所以样本具有代表性。在购买生鲜牛肉过程中，牛肉的价格（75.47%），牛肉的色泽外观、新鲜程度（67.09%），牛肉的安全性（64.56%）是受访者考虑最多的三个因素，这反映出本文设置价格和质量等营销刺激的合理性。在家庭生鲜牛肉购买时间方面，超过一半（55.06%和50.32%）的受访者表示没有确定的时间和季节偏好，购买时间是不确定的，这显示出消费者对于生鲜牛肉的购买已经常态化。样本的描述性统计如表2所示。

表2 样本的描述性统计

单位：个，%

项目	选项	样本数	样本占比	累计占比
性别	男	270	42.72	42.72
	女	362	57.28	100
年龄	25岁及以下	32	5.06	5.06
	26～35岁	154	24.37	29.43
	36～45岁	262	41.45	70.88
	46～55岁	120	18.99	89.87
	56岁及以上	64	10.13	100
受教育程度	小学及以下	76	12.02	12.02
	初中	172	27.22	39.24
	高中/中专/高职	210	33.23	72.47
	本科/大专	136	21.52	93.99
	研究生	38	6.01	100
家庭年收入	6万元及以下	92	14.56	14.56
	6万～9万元	274	43.35	57.91
	9万～12万元	162	25.63	83.54
	12万元及以上	104	16.46	100
家庭所在地	城镇	326	51.58	51.58
	农村	306	48.42	100

（二）回归结果分析

本文应用Stata15.0软件对外部刺激（营销刺激、社会刺激）、心理过程与消费者家庭生鲜牛肉购买行为的关系进行有序Logistics回归。为检验回归结果的稳健性，本文设置购买频次（Y1）和购买数量（Y2）作为消费者购买行为的代理变量，然后分别进行回归，得到模型一和模型二；其次，为了减少异方差带来的估计结果上的偏误，两个模型均采用稳健性标准误进行回归。总体来看，两模型的卡方检验值都在1%水平上显著，说明两个模型的总拟合效果较好，可做进一步的分析；比较发现，以$Y1$为因变量的模型一和以$Y2$为因变量的模型二之间没有显著性差异，说明模型的估计结果较准确。具体的模型回归结果如表3所示。

表3 有序Logistics回归结果

维度	自变量	模型一		模型二	
		β	$EXP(\beta)$	β	$EXP(\beta)$
营销刺激	*Production*	0.238** (0.119)	1.269	0.166** (0.071)	1.181
	Price	0.350** (0.172)	1.419	0.338** (0.154)	1.402
	Place	0.331** (0.145)	1.392	0.321*** (0.128)	1.379
	Promotion	0.092 (0.119)	1.096	0.094 (0.116)	1.098

（续）

维度	自变量	模型一		模型二	
		β	EXP（β）	β	EXP（β）
社会刺激	*Advice*	0.240**（0.121）	1.272	0.186*（0.111）	1.204
	Opinion	0.141*（0.067）	1.151	0.133*（0.065）	1.143
	Media	0.026（0.126）	1.026	0.115（0.123）	1.122
消费者心理	*Identification*	0.090（0.069）	1.094	0.077（0.067）	1.080
	Knowledge	0.229**（0.136）	1.257	0.282**（0.128）	1.325
	Trust	0.287**（0.135）	1.333	0.103*（0.058）	1.109
	Intention	0.327**（0.142）	1.386	0.348**（0.153）	1.416
	Preference	0.837***（0.280）	2.309	0.917***（0.267）	2.500
个体特征	*Gender*	0.207*（0.092）	1.230	0.204*（0.094）	1.226
	Age1	0.346*（0.129）	1.413	0.415**（0.137）	1.515
	Age2	0.965**（0.411）	2.625	0.480**（0.237）	1.616
	Age3	−0.862*（0.464）	0.422	−0.186*（0.089）	0.830
	Age4	−1.388***（0.433）	0.250	−1.055**（0.484）	0.348
	Education1	0.631（0.614）	1.879	0.937（0.588）	2.553
	Education2	0.679*（0.334）	1.972	0.839*（0.483）	2.314
	Education3	0.682**（0.197）	1.978	0.756*（0.469）	2.129
	Education4	1.158**（0.424）	3.184	1.255**（0.582）	3.507
家庭特征	*Income1*	0.124*（0.062）	1.132	0.136*（0.064）	1.146
	Income2	0.137*（0.069）	1.147	0.140**（0.056）	1.150
	Income3	0.912**（0.448）	2.488	0.610**（0.231）	1.840
	Children	0.145（0.243）	1.156	0.150（0.233）	1.161
	Elder	−0.210（0.262）	0.811	−0.365（0.261）	0.694
卡方值	Wald chi2	187.74		183.13	
卡方检验概率值	Prob>chi2	0.000		0.000	
似然值	Log likelihood	−348.634		−387.112	

注：括号内为稳健标准误，*、**、***分别表示在10%、5%、1%的水平上显著。

1. 营销刺激与消费者家庭生鲜牛肉购买行为

营销组合中的产品质量（*Production*）、价格（*Price*）、渠道（*Place*）对消费的购买频率和购买数量都有显著的正向的影响，这说明生鲜牛肉的质量越高、价格越合理、购买渠道越便利越能刺激消费者产生购买行为，这符合前文的研究假设H1、H2、H3，原因在于，消费者作为理性经济人，追求的是效用最大化，高质量的牛肉产品能更好地实现消费者的基本生理需要，满足消费者的购买欲望；价格越符合消费者心理预期，其获得的感知价值就越高，其就越愿意购买；购买的便利程度也影响消费者的购买行为，在购买牛肉预期回报一定的情况下，购买渠道便利能减少时间和精力成本，进而提高顾客总体价值，促进购买行为的发生。然而促销方式（*Promotion*）的系数虽然为正，却未对购买行为产生显著的影响，根据生活经验猜测，现实中生鲜牛肉的促销手段一般表现为门店打烊或收摊前降价促销，此时牛肉的新鲜程度和质量明显下降，追求饮食健康的消费者，较少会产生冲动的购买行为；另外，部分消费者购买降价处理牛肉，可能更多考虑的是其价格上的优势，也就是说，促销通过价格对购买行为产生了中介作用。但由于没有足够的计量模型证据证明，这也只是本文的大胆猜想。

2. 社会刺激与消费者家庭生鲜牛肉购买行为

社会刺激中，家人的需求意见（*Advice*）和同伴的正面评价（*Opinion*）都对购买行为（购买频率和购买数量）产生显著的正向影响，对应系数分别为 0.240、0.141 和 0.186、0.133（前两者是以购买频率为因变量，自变量的系数，后两者是以购买数量为因变量，自变量的系数，后文也是如此）。这表明，家庭生鲜牛肉的购买行为并不是完全决策的结果，家庭食物购买者在购买牛肉过程中还会考虑家人意见。这解释了消费者购买活动的复杂性，他一方面是家庭食物的采购者，另一方面也是家庭饮食需求的代表者，牛肉的购买必须体现家庭成员的消费需求。而购买活动受到同伴评价的影响则体现了消费者作为人不仅有对牛肉的生理需要，也有对社交和归属的需要，即为了获得同伴的感情支持和迫于同伴压力，或许会从众购买牛肉，另外，同伴的正面评价使消费者获取了对牛肉的好感，减少了顾虑，增加了购买。但是，媒体宣传（*Media*）和政府认证（*Identification*）对购买却没有产生显著的正向影响，原因在于，食品安全事故频发使得消费者对广告等媒体宣传渠道失去了信任，政府的认证也仅仅是保障消费者购买到安全的牛肉的必要条件，而非充分条件，因此没有产生显著影响。另一种猜想是，或许该两种外部刺激因素对购买行为没有直接效应，但根据前文假设或能通过心理过程间接影响购买行为。

3. 心理过程与消费者家庭生鲜牛肉购买行为

心理过程中，消费者对牛肉的认知（*Knowledge*）、信任（*Trust*）、查询意愿（*Intention*）、偏好（*Preference*）都显著正向影响购买频率和购买数量，对应系数分别为 0.229、0.287、0.327、0.837 和 0.282、0.103、0.348、0.917，符合前文有关消费者心理特征对购买行为影响的研究假设。这说明，消费者对生鲜牛肉的认知水平越高、对牛肉的安全质量越信任、对生鲜牛肉的了解意愿越强烈、对生鲜牛肉偏好越明显，越能使其产生更多的购买行为。原因在于，作为理性经济人，消费者具有趋利避害、规避风险的性格特点，在对牛肉的认知加深和对其安全信任的基础上，消费者更能作出符合自身效用最大化的判断。了解意愿和偏好就更加直接地影响了消费者的最终购买行为。

4. 消费者个人特征与家庭生鲜牛肉购买行为

除了外部刺激和心理过程对购买行为产生影响外，个体的一些特征也对购买行为产生一定的影响。比如，两模型结果都显示，性别 *Gender* 系数分别为 0.207、0.204，且都在 10%水平上显著，说明了相比于女性消费者，男性消费者更青睐生鲜牛肉，原因在于，大多数男性消费者对于牛肉的风味口感有独特的偏爱，为追求身体上的强壮，更喜欢购买高蛋白含量的牛肉摄入营养。年龄 *Age*1（26～35 岁）、年龄 *Age*2（36～45 岁）也显著正向影响购买行为，这说明相对于 25 岁及以下参照群体，青年消费者（26～45 岁）更愿意消费生鲜牛肉，理由可能是，该部分消费者大多出于工作需要，在已组建家庭和收入稳定的条件下，急需牛肉作为食物补充能量，便于从事体力和脑力劳动，另外，该群体大多处于已婚或有小孩状态，家庭人口规模以及小孩成长的需要也促使其购买高蛋白含量的牛肉。但年龄 *Age*3（46～55）和年龄 *Age*4（56 岁及以上）对购买行为却产生了显著的负向作用，对应的系数分别为－0.862、－1.388 和－0.186、－1.055。从年龄上看，这部分人群处于中老年阶段，受传统饮食习惯和机体消化能力下降的影响，他们追求的是饮食上的清淡，对于高蛋白、高热量肉类需求较少，牛肉购买频率和购买量自然下降。在受教育程度上，相比于小学，除了教育程度 *Education*1（初中）外，*Education*2（高中/中专/高职）、*Education*3（本科/大专）、*Education*4（研究生及以上）都显著正向影响消费者的购买行为，这符合前文的假设

H12，该假设成立的原因在于，随着受教育程度的提高，消费者对牛肉的营养健康认知得到提升，且受到的教育越多，越有机会获得更高的收入，消费者就有更多财力去追求膳食营养和均衡，购买更多的生鲜牛肉。但 *Education*1（初中）却不存在显著的正向影响，原因可能为，仅受过初中教育的人群相对于受小学教育的人群在认知和收入上不存在显著的差异，都处于较低水平，表现为对购买行为存在不显著的影响。

5. 消费者家庭特征与家庭生鲜牛肉购买行为

消费者所处的家庭特征不同，也会影响其牛肉购买决策。研究结果显示，家庭年收入 *Income*1、*Income*2、*Income*3 都显著正向影响消费者的牛肉购买行为，系数分别为 0.124、0.137、0.912 和 0.136、0.140、0.610，其中，最高收入群体 *Income*3 的购买行为最多，是参照群体（6 万元及以下）的 2.488 倍和 1.840 倍（*EXP*（β）分别为 2.488 和 1.840）。这表明，相较于低收入家庭，较高收入家庭的生鲜牛肉购买行为更频繁，购买数量更多。原因是家庭的收入水平代表的是购买能力的强弱，收入越高，生鲜牛肉的购买能力就强，购买的频率和数量就会越多。虽然家庭是否有小孩和是否有老人（*Children*、*Elder*）的系数和假设的方向一致，为一正一负，但是结果都不显著。原因可能是，多数家庭内，小孩和老人是同时存在的，两方面的情况对消费者牛肉的购买行为产生了正负中和作用，从而导致单方面的影响不显著。

（三）心理过程的中介效应分析

为进一步探寻外部刺激（营销刺激和社会刺激）对消费者生鲜牛肉购买行为的内在影响过程，本文通过 Baron 和 Kenny（1986）的依次检验回归系数法对心理过程的中介效应进行分析，虽然此方法因检验力较低而受到部分学者质疑，但是，若能以该方法得到显著的结果，则不存在检验力低的问题（温忠麟、叶宝娟，2014）。其步骤大致分为三步：首先考虑自变量 X 对因变量 Y 的影响：$Y=cX+e1$；其次，考虑 X 和中介变量 M 的关系 $M=aX+e2$；最后再讨论 X 是如何通过变量 M 来影响 Y 的：$Y=c'X+bM+e3$。在本文中，X 为营销刺激（$X1$）和社会刺激（$X2$），$X1$ 和 $X2$ 的取值为对应量表取值的总和，同理，M 为心理过程对应测量项的取值总和，$Y1$ 为购买频率，$Y2$ 为购买数量。据此方法，本文得到的分析结果如表 4、表 5 所示。

表 4　心理过程在营销刺激与生鲜牛肉购买行为关系中的中介效应分析

自变量	步骤一		步骤二	步骤三	
	因变量		因变量	因变量	
	$Y1$	$Y2$	M	$Y1$	$Y2$
$X1$（营销刺激）	0.486*** (0.047)	0.397*** (0.043)	0.338*** (0.073)	0.364*** (0.051)	0.300*** (0.044)
M（心理过程）	—	—	—	0.362*** (0.068)	0.288*** (0.062)

注：括号内为稳健标准误，*、**、*** 分别表示在 10%、5%、1%的水平上显著。

由表 4 的回归结果可知，第一步检验中 $X1$（营销刺激）与 $Y1$ 和 $Y2$ 的系数 $c1$、$c2$ 分别为 0.486、0.397，且都在 1%水平上显著，说明了营销刺激对生鲜牛肉的购买行为有显著的正向影响；第二步检验中 $X1$ 与 M（心理过程）的相关系数 a 为 0.338，同样通过了显著性检验，说明营销刺激对心理过程具有显著的正向影响；第三步检验中 $X1$、M 与 $Y1$ 的相关系数分别为 0.364 和 0.362，与 Y2 的相关系数分别为 0.300 和 0.288，且都通过了 1%水平上的显著性检验，说明考虑到心理过程变量后，营销刺激依然对购买行为具有显著的正向影响，同时心理过程也依然显著正向影响购买行为。综合这三步检验，本文认为，心理过程在营销刺激和生鲜牛肉购买行为之间起到了部分的中介效应，即假设19成立。

同理，由表5的回归结果可知，心理过程在社会刺激和生鲜牛肉购买行为之间的中介效应也通过三步检验，即心理过程在社会刺激和生鲜牛肉购买行为之间充当了部分中介作用，符合前文的假设20。

表5　心理过程在社会刺激与生鲜牛肉购买行为关系中的中介效应分析

自变量	步骤一		步骤二	步骤三	
	因变量		因变量	因变量	
	*Y*1	*Y*2	*M*	*Y*1	*Y*2
*X*2（社会刺激）	0.321*** (0.039)	0.273*** (0.032)	0.254*** (0.084)	0.224*** (0.036)	0.201*** (0.041)
M（心理过程）	—	—	—	0.381*** (0.070)	0.285*** (0.064)

注：括号内为稳健标准误，*、**、***分别表示在10%、5%、1%的水平上显著。

综上，本文认为心理过程确实在外部刺激（营销刺激和社会刺激）与消费者的家庭生鲜牛肉购买行为之间发挥着部分的中介作用。原因在于高质量的产品、合理的价格、便利的渠道以及有效的促销方式能加强消费者对生鲜牛肉的认知水平和了解意愿，让消费者产生信赖感和偏好等情绪，进而激发消费者的购买欲望，形成购买行为。从社会刺激方面而言，家人的需求能激发消费者对牛肉信息的搜寻，从而增加对牛肉的认识，同伴好友的推荐和正向评价也能让消费者强化对牛肉认知或好感，促进购买行为发生；另外，媒体广告的宣传和推广能潜移默化地促进消费者对牛肉产生积极态度，政府的权威认证则能减少消费者对牛肉的感知风险，增加对牛肉消费市场的信任，推动买卖双方交易的完成。

五、结论与政策建议

（一）结论

本文利用江西省城乡居民的632份调研数据，基于S-O-R（刺激-反应）理论分析框架，运用多元有序Logistics分析模型，实证分析了外部刺激、心理过程与消费者家庭生鲜牛肉购买行为之间的关系，得出如下具体结论：

第一，营销组合中，消费者对牛肉质量、价格的认可以及购买渠道的便利程度都显著正向影响消费者的购买行为。也就是说消费者对牛肉质量和价格越认可，其购买牛肉次数和数量就越多；牛肉的购买渠道越便利，越能增加购买次数和数量。但消费者对促销方式的认可却并没有显著正向影响消费者的购买行为。

第二，社会刺激中，家人的需求意见以及同伴的正面评价能显著影响消费者的购买行为。也就是说家人对牛肉的需求意见越多，诉求越强烈，消费者购买的牛肉就会越多；同伴对牛肉的正面评价越多，消费者对牛肉的态度也会转向积极，从而产生更多牛肉购买行为。

第三，心理过程中，包含认知、信任、了解意愿、偏好在内的心理特征都显著正向影响消费者的牛肉购买行为。这说明，消费者对牛肉的认知越丰富、对牛肉安全质量越信任、对牛肉的了解意愿越强烈、对牛肉消费越偏好，越能促使消费者购买更多的牛肉。

第四，个体特征中，消费者的年龄和受教育程度都显著影响购买行为，其中年龄对购买行为的影响呈倒U形，即在青年时期随着年龄的增长会产生大量的牛肉购买行为，到中老年时期，消费者的牛肉购买行为却出现下降的趋势；而受教育程度越高，消费者的牛肉购买行为就越多。家庭特征中，消费者的家庭年收入显著正向影响牛肉的购买行为，家庭收入越高，购买的牛肉就越多。

第五，心理过程在营销刺激、社会刺激与生鲜牛肉购买行为的关系中起到了部分中介作用，即营销组合和社会因素通过刺激消费者的心理，使消费者产生了牛肉购买的行为反应。

（二）政策建议

第一，牛肉生产加工销售主体应保证高质量生鲜牛肉供应。首先，养殖企业应保证良种架子牛的育肥，从源头上提升肉牛品质；其次，加工和销售主体应建立完整有效的生鲜牛肉供应链，提高生鲜牛肉保鲜冷藏技术，保障产品的供应质量；再次，市场监管部门应加强对生鲜牛肉的市场准入监管和认证，避免劣质牛肉的出现；然后，在价格上，政府应鼓励具有一定规模的肉牛养殖企业实现从生产到屠宰加工再到终端销售的前向一体化转变，建立起从生产到销售的完整产业链模式，减少流通成本，降低牛肉的零售价格；最后，在购买渠道上，零售企业和政府有关部门应营造良好的购物环境，在集市、农贸市场、超市等设立专门的牛肉售卖点，规范管理摊位，确保市场秩序，使消费者便捷购物。

第二，在售卖过程中销售主体不能仅考虑消费者自身的需求，也要关注消费者的家庭情况和家庭意见诉求，在宣传促销的过程中，应将牛肉产品定位为健康营养的家庭食物。同时，也要注重客户的售后体验，通过优质的产品质量，打造良好的口碑效应，促使老客户将产品的口碑形象传达给新客户，招徕更多的购买者。

第三，政府和销售主体应加强对消费者进行牛肉知识的普及，通过科普教育、知识竞猜、广告等手段，强化消费者对生鲜牛肉营养价值的认知，激发消费者对生鲜牛肉的了解意愿和兴趣。市场部门也应加大对无公害牛肉的认证和监管，打击市场违法行为，营造良好的牛肉消费环境，保障消费者的合法权益，提高消费者对牛肉产品的信赖，减少消费者对市场环境的担忧。

第四，销售主体在生鲜牛肉的销售过程中，应根据消费者的个人及家庭特征差异进行市场细分，了解消费者的性格特点和偏好，通过设定不同价位和不同层次的产品，来满足细分群体的不同需求。

第五，在我国家庭生鲜牛肉消费不足和食品安全事故频发的背景下，牛肉的生产经营主体和政府部门必须意识到只有提高产品质量、设定合理价格、打造良好的口碑和形象、做好必要的宣传、营造良好的购物环境才能有效促升消费者对牛肉产品的信任、认知和偏好产生，进而促进牛肉的消费。

参　考　文　献

陈琼，吕新业，王济民，2012. 我国禽肉消费及影响因素分析［J］. 农业技术经济（5）：20－28.

陈新建，董涛，易干军，2014. 城市消费者有机食品认知与购买决策——基于北京、上海、广州、深圳1 017名消费者调查［J］. 华中农业大学学报（社会科学版）（2）：80－87.

戴维·迈尔斯，2005. 社会心理学（英文版）［M］. 北京：人民邮电出版社.

董鹂馥，李清如，崔兴岩，2014. 我国牛肉价格走势及其原因分析［J］. 价格理论与实践（1）：87－88，96.

范晶，2017. 吉林省城乡居民牛肉消费行为研究［J］. 黑龙江畜牧兽医（22）：6－9，14.

菲利普·科特勒，2009. 营销管理（中文版）[M]. 上海：上海人民出版社.

胡定寰，2000. 影响我国牛肉生产和消费行为的各因素研究 [J]. 中国农村经济（9）：38-43.

李立，赵慧峰，郝妍，2019. 居民牛肉消费行为影响因素研究——以河北省 1 277 位消费者调查为例 [J]. 河北农业大学学报（社会科学版）（3）：14-18.

李丽敏，邢鹤，赵春雷，等，2013. 消费者对品牌牛肉产品购买行为及影响因素的实证研究——以吉林省长春市为例 [J]. 中国畜牧杂志，49（18）：21-25.

李文瑛，李崇光，肖小勇，2018. 基于刺激-反应理论的有机食品购买行为研究——以有机猪肉消费为例 [J]. 华东经济管理，32（6）：171-178.

李雨欣，张越杰，杨兴龙，等，2019. 日本消费者牛肉购买行为及影响因素实证分析 [J]. 黑龙江畜牧兽医（8）：13-19.

刘佳，2015. 消费者购买优质安全牛肉意愿的实证分析——基于长春市的调研 [J]. 黑龙江畜牧兽医（18）：20-22.

马永斌，晁钢令，2011. 同伴对个体产品消费过程和消费后行为的影响——基于 Kelman 的态度改变过程理论 [J]. 山西财经大学学报，33（6）：72-81.

祁胜媚，杜垒，蒋乃华，等，2011. 消费者对可追溯猪肉的认知和购买行为分析——以扬州市消费者调查为例 [J]. 安徽农业科学，39（15）：9317-9320.

司智陟，2012. 我国居民牛肉消费分析及未来趋势预测 [J]. 黑龙江畜牧兽医（20）：49-50.

宋之杰，唐晓莉，2019. 基于 S-O-R 模型的价格和评价影响消费者网络购买意愿研究 [J]. 数学的实践与认识，49（14）：1-9.

王俊，庄天慧，陈雪，2017. 新疆居民畜产品消费分析 [J]. 四川农业大学学报，35（2）：280-288.

王志刚，2003. 食品安全的认知和消费决定：关于天津市个体消费者的实证分析 [J]. 中国农村经济（4）：41-48.

张蓓，黄志平，文晓巍，2014. 营销刺激、心理反应与有机蔬菜消费者购买意愿和行为——基于有序 Logistic 回归模型的实证分析 [J]. 农业技术经济（2）：47-56.

赵艳丽，刁勇，2018. 基于社会认知理论的有机食品消费忠诚实证研究 [J]. 北方园艺（12）：191-197.

Trope，Yaacov，1975. Seeking information about one's own ability as a determinant of choice among tasks [J]. Journal of Personality and Social Psychology，32.

Yiridoe E K，Bonti-Ankomah S，Martin R C，2005. Comparison of consumer's perception towards organic versus conventionally produced foods：A review and update of the literature [J]. Renewable Agriculture and Food System，20（4）：193-205.

异质性农业经营主体信贷约束类型及其影响因素实证研究*

——基于山东省平度市720名农户的调查

梁 杰[1] 高 强[1] 辛冲冲[2]

（1. 中国海洋大学管理学院；2. 中国社会科学院财经战略研究院）

摘要：本文基于山东省平度市720名农户的调研，运用Probit二元选择模型分析异质性农业经营主体信贷约束类型及其影响因素。研究发现：异质性农业经营主体信贷约束类型及其影响因素呈现差异化特征。具体地，普通农户需求型和供给型信贷约束均得到较大程度缓解；种植大户面临需求型和供给型信贷约束的双重制约；家庭农场具有较强农业融资需求，但易遭受来自金融机构的供给型信贷约束。生产经营类型、年龄、受教育程度和风险偏好等显著影响农业经营主体需求型信贷约束；市区是否有房产、担保难易度是农村金融机构向农业经营主体贷款的主要衡量标准，二者显著影响农业经营主体供给型信贷约束。因此，为了有效破解农村融资困境，应针对不同规模的农业经营主体制定精准解决方案，提高农业资金供求的匹配程度。

关键词：需求型信贷约束；供给型信贷约束；Probit模型；异质性农户

资金的持续稳定供给对于农村"脱贫"和农业现代化发展具有重要作用。然而，农村借贷市场利益主体间存在严重的信息不对称。农村金融机构因无法获知贷款农户的私人信息而面临"逆向选择"和道德风险难题（王朝明、朱睿博，2016），致使农户遭受较为严重的信贷约束（Swain，2002；Duong、Izumida，2002；Foltz J. D.，2004；张龙耀、江春，2011；牛荣等，2016）。工业化、城镇化的快速推进以及农村要素市场的日益完善，使得传统农户逐渐分化成小规模兼业经营户、专业种养大户、家庭农场、合作经营户等异质性农户。截至2018年底，全国依法登记的农民专业合作社达到214.8万家，家庭农场数量已超过87.7万个，中国农业传统的土地生产率（亩产）较高、劳动力及其他物质资本配置效率较低的内卷型生产方式正在发生深刻转型。异质性农业经营主体风险偏好、资源禀赋、生产结构各异（陈晓华，2014；叶明华、朱俊生，2018），资金需求的规模、用途、借贷方式亦呈现差异化特征（林乐芬、沈一妮，2015）。随之而来的问题是，异质性农业经营主体是否面临着与普通农户相似的信贷约束？如果不是，影响不同农业经营主体信贷约束的因素又有何不同？本文将对该问题进行深入研究。

* 基金项目：国家自然科学基金项目"农户分化背景下需求导向型农技推广机制研究"（编号：71273248）；教育部人文社会科学研究项目"新时代绿色金融创新影响农村生态文明建设的内在机理、效应测度与政策仿真研究"（编号：19YJCZH150）；山东省社会科学规划研究项目"新旧动能转换背景下绿色金融发展的现实障碍与破解路径研究"（编号：18CJJ16）。

一、文献述评

（一）信贷约束概念与类型研究

在概念界定上，信贷约束有时又被称为信贷配给，许多学者在研究中常常交替使用这两个概念。信贷约束侧重于从借款者的角度比较农户实际借款与意愿借款之间的差额（刘西川等，2009）；信贷配给则侧重于从贷款者角度比较其能够放贷与愿意放贷之间的差额（Stiglitz et al.，1981）。因此，信贷配给及其决定机制可以理解为是一个从供给者角度解释农户信贷约束产生的重要原因。对文献进行归纳总结发现，农户信贷约束可分为供给型信贷约束和需求型信贷约束。供给型信贷约束主要以信贷市场上的农村金融机构通过非价格手段的数量信贷配给为主（Boucher et al.，2009），贷款申请额度被全额拒绝的情况称为完全数量配给，贷款申请额度被部分拒绝的情况称为不完全数量配给（彭澎等，2018）。需求型信贷约束是指由于自身的风险规避、认知偏差和需求压抑等因素，资金需求者主动放弃贷款申请的信贷约束现象。需求型信贷约束已演变为正规信贷约束的主要形式（李成友，2019）。Boucher 等（2008）认为需求型信贷约束产生的主要原因是信贷合约的风险成本过高，使得借款需求者放弃借款。Yoshinori 和 Storey（2003）的“沮丧的借款人”理论认为，金融机构贷款甄别机制的不健全会向借款人传递有偏差的市场信号，导致借贷者误认为自己肯定不能获得贷款而放弃申贷努力。程郁等（2009）发现金融机构长期的信贷配给会影响人们的行为预期和行为选择，从而导致了约束性制度下需求压抑的行为惯性。

（二）信贷约束影响研究

学者们对信贷约束影响的研究主要集中在信贷约束影响农户生产、收入水平、家庭资产等方面。王晶等（2018）利用 2015 年四省粮食种植调查数据进行研究，发现供给型信贷约束和需求型信贷约束均会对农户粮食产出产生抑制效应。张龙耀等（2018）发现对于受到信贷配给的经营主体而言，信贷配给使其单位产量成本提高 21%，单位土地面积产量减少 26%。Mottaleb 等（2016）认为信贷市场中的抵押品约束限制经营主体进行农业机械等方面的投资。刘艳华和朱红莲（2017）运用变异系数和平滑转换模型发现农业信贷配给程度对农村居民收入的地区差异的作用机制存在“阈值效应”。邱黎源、胡小平（2018）以微观调查数据作为样本，使用 OLS 估计正规信贷约束对农户消费结构所产生的影响。结果表明，正规信贷约束不一定影响必需性消费，但会影响改善性消费。陈治国（2016）认为完全信贷配给对家庭金融资产具有显著影响，它增加了农户家庭手持现金数量，提升了农户家庭手持现金与储蓄的比值。

（三）信贷约束影响因素与缓解措施研究

正如前文所言，供给型信贷约束的形成机制是由于信贷交易主体间存在信息不对称导致农村金融机构对农户实施非价格手段的数量信贷配给。需求型信贷约束的形成机制在于农户自身存在的风险规避、认知偏差和需求压抑。由于形成机制的不同，农户的个人特征、家庭特征、区域特征等对于农户面临的两种类型信贷约束具有不同程度的影响（Petrick M. A.，2004；Guirkinger、Boucher，2008；谭燕芝、彭千芮，2016）。因此，在缓解农户面临的信贷约束问题上，也应根据不同信贷约束类型，匹配相应的缓解措施。对于供给型信贷约束，学者们认为应加大农村信贷市场供给侧改革力度、创新金融机构产品服务和风险管理、加快推进农地确权等（郭学军等，2019；米运生等，2018；黄惠春等，2016）对于需求型信贷约束，应该掌握农户借贷决策背后的社会文化属性，引导农户对于借贷活动形成理性、正确的认知，加强农村金融知识培训与普及（王睿，2016；王性玉等，2016）。

总结已有文献，国内外学者对农户所受信贷约束问题已进行了比较深入的涉猎，但是对于异质性农业经营主体所受信贷约束类型的差异化研究则十分鲜见，对于异质性农业经营主体所受信贷约束影响因素的揭示更是付之阙如。家庭农场等适度规模经营主体蓬勃发展，与龙头企业相互补充，已成为建设现代农业的主力军（王乐君等，2019）。然而，异质性农业经营主体的风险偏好、资产规模、经济环境均有差异，所面临的信贷约束类型亦可能存在不同。因此，已有研究提出的缓解农户信贷约束的政策建议亦不具有普适性。基于此，本文通过对山东省平度市720名不同类型农户的走访调研，实证分析了异质性农业经营主体所受信贷约束类型的差异性，以及影响异质性农业经营主体信贷约束的重要因素。本文的边际贡献在于：第一，全面深入分析异质性农业经营主体的信贷约束类型，丰富和完善农户信贷约束理论；第二，通过对异质性农业经营主体信贷约束的影响因素分析，提出缓解不同农业经营主体信贷约束更具针对性的政策建议。本文余下内容安排如下：第二部分借鉴已有文献，系统梳理和识别信贷约束类型；第三、第四部分利用Probit二元选择模型实证分析异质性农业经营主体受到的信贷约束类型及其影响因素；第五部分得出研究结论并提出相应政策建议。

二、调研样本来源与信贷约束类型识别

（一）调研样本来源

课题组选择抽取山东省平度市6个乡镇30个行政村共800名农户进行问卷调研，得到有效问卷720份，问卷有效率为90%，符合研究需要。选择平度市农户作为研究对象主要是由于平度市是山东省传统农业大市，农业经营方式多元化。截至2017年底，平度市共有农民合作社联合社11家、农民合作社3 361家，登记注册的各类家庭农场3 339个、农业企业582家。且该市是农地经营权抵押贷款和信用贷款试点地区，贷款形式多样化，农户申请贷款比例较高。本文调研涉及的农业经营主体类型包括普通农户、种植大户、家庭农场和农业合作社①。由于普通农户、种植大户、家庭农场等本身也可能是农业合作社社员，因此本文并没有设置与普通农户等并列的农业合作社类型，而是在问卷中设置“您是否加入农业合作社”问题分析农业合作社社员身份是否会缓解农业经营主体面临的信贷约束。

（二）信贷约束类型识别

谭燕芝、彭千芮（2016）与程郁等（2009）对信贷约束类型的确定与识别做了较为深入的研究，但仍存在明显不足。谭燕芝、彭千芮（2016）并没有研究主动放弃贷款申请农户的信贷约束类型问题，程郁等（2009）虽然将主动放弃贷款申请农户的信贷约束纳入需求型信贷约束，但其在信贷约束类型原因选项的设置上存在选项割裂设置②和选项设置过少③的问题。基于此，本文在已有

---

① 结合国家统计局规定和平度市实际，本文将作物种植面积50～200亩的农户界定为专业化种植大户，将种植面积在200亩以上且进行注册登记的农户界定为家庭农场。

② 例如，已有文献将“手续麻烦附加条件太多”列为农户申请贷款后主动放弃的原因选项，但在农户没有申请贷款的原因中则无该选项。而在实际调研中发现，“手续麻烦附加条件太多”也是许多农户没有申请贷款的重要原因。

③ 例如，已有文献并没有将“可以从其他渠道借到款”列为农户没有申请贷款的重要原因。而在实际调研中发现，相当一部分农户因为可以从其他渠道借到款而没有申请银行贷款，实际上，选择该原因的农户并没有受到信贷约束。如果缺少此类选项的设置，则会将部分不受信贷约束的农户划归受到需求型信贷约束的样本范围内，造成农户信贷约束类型的错判，进而影响结论的准确性。

研究的基础上，完善了信贷约束类型原因选项的设置，采用直接诱导式询问方法（DEM）判断农户是否受到正规信贷约束，具体的判别方法和识别机制可参见图1。询问步骤如下：第一步，询问受访农户之前是否申请过银行贷款。若农户没有申请过银行贷款，则深入询问农户没有申请银行贷款的原因。若农户选择了选项①～③，则认为农户没有受到信贷约束，若农户选择了选项④～⑭，则认为农户受到需求型信贷约束。第二步，若农户之前申请过银行贷款，询问其后来是否主动放弃。若农户主动放弃，则深入询问农户申请贷款后主动放弃的原因。若农户选择了选项③，则认为农户没有受到信贷约束，若农户选择了选项⑥～⑬，则认为农户受到需求型信贷约束。第三步，若农户之前申请过银行贷款，且没有主动放弃，询问其最后是否获得了银行足额贷款。若获得了足额贷款，则认为农户不受信贷约束，若农户申请贷款被拒绝或只获得部分贷款，则认为农户受到供给型信贷约束。

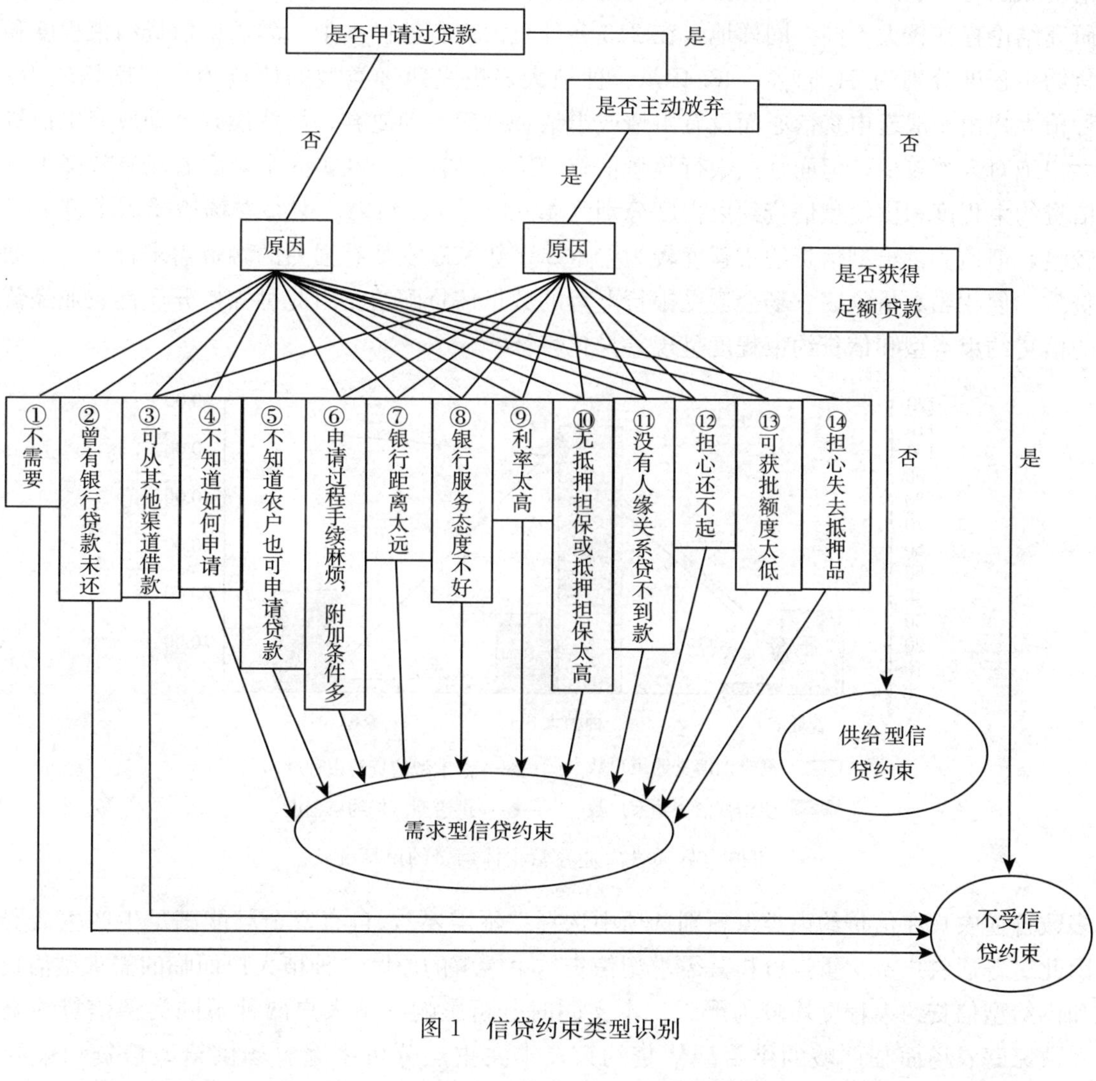

图1 信贷约束类型识别

由此，根据信贷约束类型可将异质性农业经营主体分为如下四类：①不申请（包含申请后主动放弃的农户，下同）且不受需求型约束农户（$A_i=0$，$R_i=0$）；②不申请且受需求型信贷约束农户（$A_i=0$，$R_i=1$）；③申请后被拒绝或未获得全额贷款，即受到供给型信贷约束的农户（$A_i=1$，$R_i=1$）；④申请后获得全额贷款，即不受供给型信贷约束的农户（$A_i=1$，$R_i=0$）。具体统计情况见表1。

表 1　异质性农业经营主体信贷约束类型

	总户数	$(A_i=0,\ R_i=1)$ 农户数	$(A_i=1,\ R_i=1)$ 农户数	$(A_i=0,\ R_i=0)$ 农户数	$(A_i=1,\ R_i=0)$ 农户数
普通农户（$i=1$）	399	35	4	309	51
种植大户（$i=2$）	213	110	32	37	34
家庭农场（$i=3$）	108	5	43	21	39

图 2 呈现了异质性农业经营主体不同信贷约束的程度①。普通农户需求型信贷约束程度和供给型信贷约束程度分别为 8.77%、7.27%。普通农户遭受的两种类型的信贷约束程度均较轻，随着经济发展和收入水平提高，多数普通农户自有资金已能够满足生产生活需要，而有融资需求且向银行申请贷款的普通农户也基本能够得到银行的足额贷款。这与现有文献农户遭受严重需求型信贷约束的研究结论存在较大不同。同样地，在 213 名种植大户有效样本中，需求型信贷约束程度和供给型信贷约束程度分别为 51.64%、48.48%。种植大户遭受两种类型的信贷约束程度均较为严重。多数种植大户由于缺乏申贷信心而没有申请或申请贷款后主动放弃，虽然没有主动放弃申请贷款的种植大户绝对人数较少，但面临的银行数量信贷配给比例较高。在 108 个家庭农场有效样本中，需求型信贷约束程度和供给型信贷约束程度分别为 4.63%、52.44%。家庭农场遭受需求型信贷约束程度较轻，但遭受供给型信贷约束程度较为严重。多数家庭农场有强烈的融资需求且不会主动放弃申请贷款，但相当数量家庭农场会遭受银行严苛的数量信贷配给。由此可知，异质性农业经营主体面临的信贷约束类型和信贷约束程度呈现差异化特征。

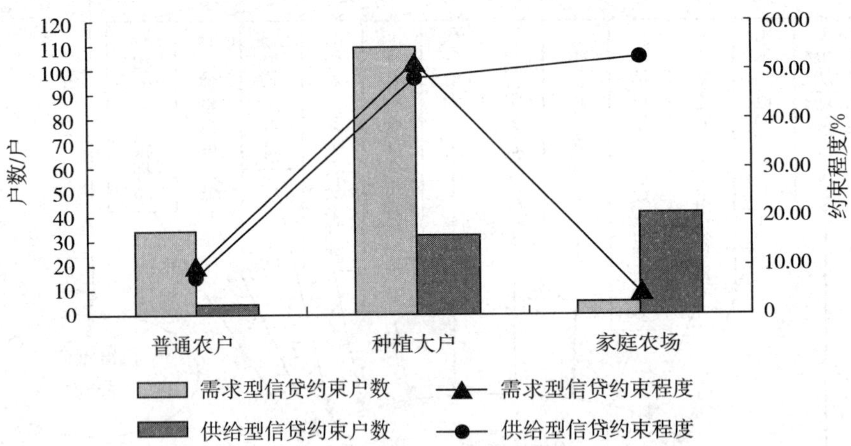

图 2　异质性农业经营主体信贷约束情况

多数普通农户在信贷约束类型甄别选项中选择“不需要”，自有资金已能满足生产生活资金需求，因此对普通农户本文重点分析其需求型信贷约束缓解的原因。种植大户面临的需求型信贷约束程度和供给型信贷约束程度均较为严重，本文同时分析影响种植大户两种不同类型信贷约束的原因。多数家庭农场面临严峻的供给型信贷约束，本文重点分析家庭农场供给型信贷约束的影响因素。

① 注意：需求型信贷约束程度（DD_i）和供给型信贷约束程度（DS_i）计算方法不同：
$DD_i=(A_i=0,\ R_i=1)$ 农户数/i 类农户总户数；
$DS_i=(A_i=1,\ R_i=1)$ 农户数/$(A_i=1,\ R_i=1)$ 农户数$+(A_i=1,\ R_i=0)$ 农户数。

三、模型构建、变量选取与描述性统计

（一）计量模型构建

二元选择模型是模型中被解释变量只有是（记为 1）与否（记为 0）两种选择的变量模型。随机干扰项 μ 的概率分布决定二元选择模型的具体形式：当 μ 服从标准正态分布时，采用 Probit 二元选择模型；当 μ 服从逻辑分布时，采用 Logit 二元选择模型；当 μ 服从极值 I 型分布时，采用 Extreme Value 模型。正态分布被认为是任何分布的自然的和首先的选择，因此，Probit 模型又是应用最为广泛的二元选择模型。本文采用 Probit 二元选择模型分析农户信贷约束类型的影响因素。具体模型构建如下：

$$Y=X\alpha+\mu \tag{1}$$

式（1）中 Y 代表被解释变量“是否面临需求型（供给型）信贷约束”，其观测值为 1 或 0；X 为解释变量观测值矩阵；α 为待估计参数向量；μ 为服从标准正态分布的误差项。则可推导出 Probit 模型为：

$$prob(Y=1|X)=prob(\varepsilon>-X\alpha|X)=\phi(X\alpha) \tag{2}$$

$$prob(Y=0|X)=prob(\varepsilon\leqslant-X\alpha|X)=1-\phi(X\alpha) \tag{3}$$

上式中，$prob(Y=1|X)$、$prob(Y=0|X)$ 分别表示在解释变量影响下，农业经营主体受到需求型（供给型）信贷约束和不受需求型（供给型）信贷约束的概率；$\phi(\cdot)$ 为标准累积正态分布函数。

（二）变量选取与变量释义

由上文可知，本文涉及四个被解释变量 *demando*、*demandb*、*supplyb*、*supplyf*，分别表示“普通农户是否面临需求型信贷约束”“种植大户是否面临需求型信贷约束”“种植大户是否面临供给型信贷约束”“家庭农场是否面临供给型信贷约束”。通过对平度市农商行相关部门的咨询及调研结果得知，平度市农户申请贷款方式主要以产权抵押贷款和保证贷款为主（图 3）。因此在核心解释变量的选择上，本文更侧重于选择与产权抵押贷款和保证贷款相关的变量，选取“市区是否有房产（*house*）”“农地经营规模（*land*）”“担保难易度（*guar*）”作为核心解释变量。

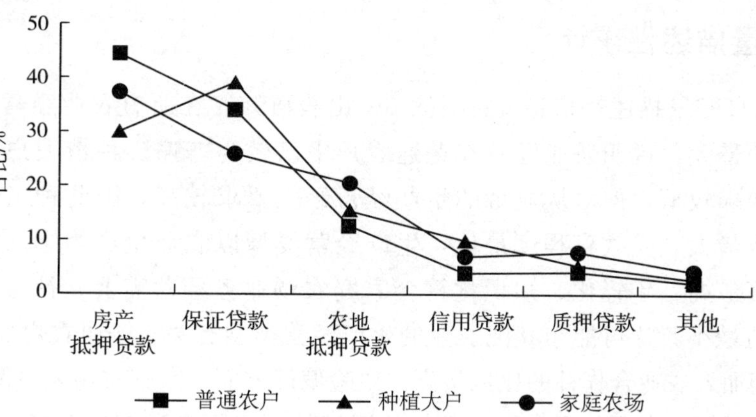

图 3　异质性农业经营主体贷款选择方式

此外，本文从农户家庭特征、社会资本、风险偏好、区域特征等四个方面选取 8 个控制变量，全面分析异质性农业经营主体信贷约束的影响因素。变量具体释义见表 2。

表 2　主要变量释义

变量类型		变量名称	变量释义
因变量		*demando*	普通农户是否面临需求型信贷约束；是=1，否=0
		demandb	种植大户是否面临需求型信贷约束；是=1，否=0
		supplyb	种植大户是否面临供给型信贷约束；是=1，否=0
		supplyf	家庭农场是否面临供给型信贷约束；是=1，否=0
核心解释变量		*house*	在市区是否有房产；是=1，否=0
		land	农地经营规模（亩）
		guar	寻找合适担保人难易度；很难=1，…，很容易=5
控制变量	家庭特征	*age*	户主年龄（岁）
		edu	户主受教育程度；没上过学=1，…，大专及以上=5
		type	家庭生产经营类型；纯农业=1，…，非农业=4
	社会资本	*net*	是否有亲戚朋友在银行或政府部门工作；是=1，否=0
		coop	是否加入农业合作社；是=1，否=0
	风险偏好	*risk*	高风险高收益项目投资意愿；很不愿意=1，…，很愿意=5
	区域特征	*traf*	住地到银行交通便利情况；很不便=1，…，很方便=5
		bran	当地银行网点数量；很少=1，…，很多=5

其中，家庭特征包括户主年龄（*age*）、户主受教育程度（*edu*）和家庭生产经营类型（*type*）。户主年龄和受教育程度可以反映户主的阅历以及对银行贷款政策及流程的理解程度，家庭生产经营类型可以体现缓解农户资金需求的程度，三者可能对农户信贷约束产生不同影响；社会资本包括是否有亲戚朋友在银行或政府部门工作（*net*）和是否加入合作社（*coop*）。社会网络（*net*）和组织参与（*coop*）体现了农户的交际关系，可能会影响农户的信贷约束。风险偏好（*risk*）用高风险高收益项目投资意愿衡量。通常认为，风险偏好型农户面临的需求型信贷约束较小，风险偏好对供给型信贷约束的作用路径有待实证分析。此外，选取本村交通便利情况（*traf*）和当地银行网点数量（*bran*）两个控制变量分析区域特征对农户信贷约束的影响。

（三）自变量描述性统计

720 名农户的自变量描述性信息统计见表 3。由表可知，在所有农业经营主体中，普通农户生产经营类型均值最大，说明兼业经营在普通农户中已较为普遍。种植大户的经营性质较为简单，对文化知识要求较低，但对从业者的生产经营经验要求较高，因此种植大户在所有农业经营主体中平均年龄最大、受教育程度最低，生产经营类型以农业生产为主。家庭农场平均年龄最小、受教育程度最高，年轻化、知识化符合家庭农场业务经营需要。社会资本方面，种植大户的社会网络均值最小，这可能与其纯农业的生产经营类型有关。普通农户加入农业合作社的比例最低，家庭农场加入农业合作社的比例最高。风险偏好方面，家庭农场风险偏好程度最高，普通农户风险偏好程度最低。交通状况、网点数量等区域特征指标在所有农业经营主体类型中区别不明显。

表 3　自变量描述性统计

主体类型自变量	普通农户		种植大户		家庭农场	
	均值	标准差	均值	标准差	均值	标准差
house	0.241	0.428	0.183	0.388	0.306	0.463
land	12.251	9.582	96.329	25.724	800.926	313.481
guar	2.236	1.030	1.840	1.096	2.463	1.179
age	44.143	3.826	53.150	3.847	43.019	2.687
edu	2.982	0.855	2.221	0.748	3.463	0.587
type	2.486	0.789	1.202	0.402	1.167	0.374
net	0.123	0.329	0.099	0.299	0.343	0.477
coop	0.100	0.301	0.216	0.412	0.361	0.483
risk	2.456	1.062	2.122	1.323	3.787	0.887
traf	4.464	0.499	4.221	0.517	4.306	0.520
bran	3.328	0.481	3.244	0.596	3.111	0.616

四、实证检验与结果分析

（一）多重共线性检验

在进行 Probit 二元选择模型回归前，首先应通过线性回归，检验变量间的多重共线性。表 4 呈现了三组样本回归方程 VIF 值，由表可知，所有自变量中 VIF 值均小于 10，说明三组样本中的自变量之间均不存在多重共线性。

表 4　三组样本自变量多重共线性检验

主体类型自变量	普通农户		种植大户		家庭农场	
	VIF	1/VIF	VIF	1/VIF	VIF	1/VIF
house	1.01	0.99	2.71	0.37	1.45	0.69
land	7.81	0.13	1.18	0.85	1.62	0.62
guar	1.07	0.93	3.20	0.31	1.47	0.68
edu	1.34	0.75	1.89	0.53	1.17	0.86
type	8.34	0.12	1.26	0.80	1.34	0.75
net	1.02	0.98	1.80	0.55	1.44	0.69
coop	1.04	0.96	1.03	0.97	1.04	0.96
risk	1.08	0.92	1.76	0.57	1.18	0.85
traf	1.03	0.97	1.13	0.88	1.34	0.74
bran	1.02	0.98	1.05	0.95	1.25	0.80

（二）实证结果分析

本文基于 Probit 二元选择模型，运用 Stata13.0 统计软件分析异质性农业经营主体不同类型信贷约束的影响因素。为有效解决模型可能存在的异方差问题，模型均选用 robust 稳健性标准误进行估计，具体结果见表 5 和表 6。由表可知，普通农户、种植大户、家庭农场信贷约束影响因素具有显著差异性。

1. 普通农户和种植大户需求型信贷约束 Probit 估计结果

表 5 中模型一和模型二分别呈现普通农户、种植大户需求型信贷约束 Probit 估计结果，由表可得如下结论：

（1）核心解释变量市区有无房产（*house*）对普通农户需求型信贷约束（模型一）具有正向影响但不显著，对种植大户需求型信贷约束（模型二）具有 1%水平上的正向影响。市区有房产反而加重了农户（尤其是种植大户）的需求型信贷约束，这是一个有趣的发现。仔细分析不难理解，市区房产是农村家庭重要资产，农户往往因顾忌市区房产被抵押而放弃申请贷款，即遭受需求型信贷约束。担保难易度（*guar*）对普通农户需求型信贷约束（模型一）具有负向影响但不显著，对种植大户需求型信贷约束（模型二）具有 1%水平上的负向影响。由于缺少理想抵押物，农户（尤其是种植大户）在选择贷款方式时更倾向于保证贷款，然而难以找到合适担保人显著影响其申贷信心，加重其需求型信贷约束。核心解释变量农地经营规模（*land*）在模型一和模型二中影响均不显著。通过调研得知，多数农户对农地经营权抵押并不了解，农地经营权缓解农户需求型信贷约束的作用有限。

表 5　普通农户和种植大户需求型信贷约束 Probit 估计结果

项目	模型一			模型二		
	Probit（*demando*）			Probit（*demandb*）		
	估计系数	标准差	P 值	估计系数	标准差	P 值
house	0.612	0.490	0.212	3.028***	1.118	0.007
land	0.260	0.102	0.111	0.006	0.006	0.272
guar	−0.415	0.294	0.158	−1.928***	0.259	0.000
age	0.388***	0.116	0.001	0.324***	0.090	0.000
edu	−1.442***	0.310	0.000	−0.258**	0.351	0.013
type	−0.861***	1.288	0.000	−1.077	0.525	0.400
risk	−1.036***	0.261	0.000	−2.032***	0.246	0.000
net	0.522	0.640	0.414	−3.218**	0.805	0.011
coop	0.190	0.602	0.752	−0.136	0.596	0.820
traf	−1.146	0.514	0.126	−0.237	0.345	0.492
bran	−0.185	0.401	0.645	−0.260	0.355	0.465
−cons	−16.186**	7.584	0.033	12.671***	4.769	0.008
Prob		0.000			0.000	
Log likelihood		−19.739			−21.044	
Pseudo R^2		0.834			0.857	

注：***、**、*分别表示在 1%、5%、10%显著性水平上显著。

（2）控制变量生产经营类型（*type*）在模型一中具有 1%水平上的负向影响，但在模型二中影响不显著。平度市多数普通农户选择兼业经营，兼业经营一方面减少了农业生产的融资需求，另一方面显著增加了家庭收入，自有资金能够有效满足生产生活需要，有效缓解需求型信贷约束；种植大户往往具有较强的土地黏附性，生产经营类型以农业生产为主，其缓解需求型信贷约束作用不显著。受教育程度（*edu*）在模型一和模型二中分别具有 1%、5%水平上的负向影响。较高的受教育程度可使有融资需求的普通农户准确了解相关农村信贷信息，增强其申贷信心，有效缓解需求型信贷约束；种植大户受教育程度普遍偏低，难以准确了解相关农村信贷信息，通常面临严重的需求型信贷约束。

(3) 控制变量年龄（*age*）在模型一和模型二中均具有 1%水平上的正向影响，风险偏好（*risk*）在模型一和模型二中均具有 1%水平上的负向影响。农户年龄越大，风险偏好越小，遭受的需求型信贷约束越严重。这种现象在种植大户中尤为普遍。多数种植大户年龄偏大，具有较强的风险规避心理，虽具有较强农业融资需求，但因担心还不起贷款而面临较为严重的需求型信贷约束。

(4) 控制变量社会网络（*net*）在模型一中影响不显著，但在模型二中具有 5%水平上的负向影响。多数普通农户不需要银行贷款，因此社会网络发达程度对其缓解需求型信贷约束作用不显著；种植大户具有较强农业融资需求，但社会网络程度普遍较低，“没有熟人”使其面临高昂借贷信息搜寻成本，进而丧失借贷信心。控制变量是否加入合作社（*coop*）在模型一和模型二中影响均不显著。笔者调研发现，虽然平度市农村合作社数量较多，但“僵尸社”“空壳社”大量存在，多数社员对合作社认知不足，合作社社员身份对于缓解农户需求型信贷约束作用有限。此外，本村交通便利情况（*traf*）、银行分支机构数量（*bran*）等区域特征变量在模型一和模型二中影响亦不显著，说明随着平度市农村地区基础设施的日益完善，区域特征已不是影响农业经营主体向金融机构贷款的主要因素。

2. 种植大户和家庭农场供给型信贷约束 Probit 估计结果

表 6 中模型三和模型四分别呈现种植大户和家庭农场供给型信贷约束 Probit 估计结果。由表可知，市区有无房产和担保难易度对种植大户供给型信贷约束（模型三）和家庭农场供给型信贷约束（模型四）均具有显著负向影响，农地经营规模在模型三和模型四中影响均不显著。平度市农村贷款形式以房产抵押和保证贷款为主，市区有房产或能找到合适担保人是金融机构向农业经营主体发放贷款的主要衡量标准。虽然平度市是全国农村承包土地经营权抵押贷款试点地区，但农地“低流通、低价值”属性使之难以成为金融机构的理想抵押品，农地经营权抵押贷款仅作为房产抵押贷款和保证贷款的附加形式存在，其缓解农户供给型信贷约束作用不显著。社会网络在模型三和模型四中分别具有 5%和 1%水平上的负向影响。对于有资金需求且向金融机构申请贷款的种植大户和家庭农场来说，单薄的社会网络使其面临较高的借贷门槛，加重其供给型信贷约束。此外，风险偏好在模型四中具有 1%水平上的正向影响。通过对平度市农商行相关部门调研发现，风险偏好高的家庭农场通常缺乏实质性经营，在向金融机构申请贷款时易面临严苛的数量信贷配给。

表 6　种植大户和家庭农场供给型信贷约束 Probit 估计结果

项目	模型三			模型四		
	Probit（*supplyb*）			Probit（*supplyf*）		
	估计系数	标准差	P 值	估计系数	标准差	P 值
house	−1.007**	0.488	0.039	−2.002**	0.804	0.013
land	−0.004	0.006	0.524	−0.001	0.001	0.195
guar	−0.112**	0.225	0.018	−1.500***	0.421	0.000
age	−0.610	0.128	0.101	−0.275	0.105	0.109
edu	0.629	0.356	0.177	0.524	0.438	0.231
type	−0.117	0.416	0.778	−3.964	1.142	0.101
risk	1.003	0.213	0.200	0.218***	0.261	0.003

（续）

项目	模型三			模型四		
	Probit（*supplyb*）			Probit（*supplyf*）		
	估计系数	标准差	P值	估计系数	标准差	P值
net	−0.895**	0.560	0.010	−2.212***	0.697	0.001
coop	−0.342	0.472	0.468	0.983	0.576	0.188
traf	−0.352	0.333	0.291	−0.407	0.534	0.446
bran	−0.007	0.307	0.981	−0.589	0.375	0.116
−cons	25.140***	6.852	0.000	18.477***	6.267	0.003
Prob		0.000			0.001	
Log likelihood		−32.826			−18.361	
Pseudo R^2		0.746			0.747	

注：***、**、*分别表示在1%、5%、10%显著性水平上显著。

五、结论与政策建议

本文基于对山东省平度市720名农户的调研，运用Probit二元选择模型分析异质性农业经营主体信贷约束类型及其影响因素。研究发现：与现有文献农户遭受严重需求型信贷约束的研究结论不同，异质性农业经营主体信贷约束类型呈现差异化特征。具体地，普通农户需求型和供给型信贷约束均得到较大程度缓解；种植大户面临需求型和供给型信贷约束的双重制约；家庭农场具有较强农业融资需求，但易遭受来自金融机构的供给型信贷约束。生产经营类型、年龄、受教育程度和风险偏好显著影响农业经营主体需求型信贷约束；市区是否有房产、担保难易度、社会网络显著影响农业经营主体供给型信贷约束。土地经营规模和农业合作社社员身份对于缓解农户需求型和供给型信贷约束作用有限。

基于上述研究结论，本文提出如下政策建议：第一，开辟农村经济新蓝海，提升普通农户兼业水平。一方面应稳步推进城乡一体化进程，另一方面要通过土地增减挂钩、点状供地等政策激励社会资本下乡，发展农村新产业新业态，实现普通农户收入多元化，有效缓解需求型信贷约束。第二，提升种植大户受教育水平，加强农村信贷政策宣传力度。通过种植大户轮训计划，分类型、分层次开展新型职业农民培育。定期开展农村信贷政策宣讲活动，增强种植大户对信贷政策的认知度和申贷信心。第三，释放农地抵押效能，缓解种植大户和家庭农场供给型信贷约束。受制于产权不明晰、流通性和价值性低等因素，农地始终难以成为金融机构的理想抵押品。因此，释放农地抵押效能，一方面要适当推广政府主导型农地经营权抵押贷款模式，降低“内部人控制”效应；另一方面要加强土地经营权价值评估专业体系和农村土地产权流转体系建设，保证农地价值准确评估和农地抵押物能够顺利处置。第四，深化农村担保制度改革，提升农村担保便捷性和适用性。平度市尝试建立担保公司以解决担保难问题，但多数家庭农场由于缺乏实质性经营，难以满足向担保公司提供银行流水的要求。因此，政府一方面应财政激励种植大户和家庭农场等开展实质性农业经营业务，另一方面应精简担保公司担保手续，提升农村担保适用性。此外，政府应实现农村合作社从注册到运营、管理规范化，使社员互助担保成为缓解信贷约束的重要方式。

参考文献

陈晓华，2014. 大力培育新型农业经营主体——在中国农业经济学会年会上的致辞［J］. 农业经济问题（1）：4－7.

陈治国，李成友，李红，2016. 农户信贷配给程度及其对家庭金融资产的影响［J］. 经济经纬（3）：43－47.

程郁，韩俊，罗丹，2009. 供给配给与需求压抑交互影响下的正规信贷约束：来自1 874户农户金融需求行为考察［J］. 世界经济（5）：73－82.

郭学军，杨蕊，刘浏，等，2019. 贫困地区农户金融素质与信贷约束——基于甘肃省辖集中连片特殊困难地区实地调查［J］. 兰州大学学报（社会科学版）（2）：161－171.

黄惠春，徐章星，祁艳，2016. 农地流转与规模化经营缓解了农户信贷约束吗？——来自江苏的经验证据［J］. 南京农业大学学报（社会科学版）（6）：109－120.

李成友，孙涛，李庆海，2019. 需求和供给型信贷配给交互作用下农户福利水平研究——基于广义倾向得分匹配法的分析［J］. 农业技术经济（1）：111－120.

林乐芬，沈一妮，2015. 异质性农户对农地抵押贷款的响应意愿及影响因素——基于东海试验区2 640户农户的调查［J］. 财经科学（4）：34－48.

刘西川，程恩江，2009. 贫困地区农户的正规信贷约束：基于配给机制的经验考察［J］. 中国农村经济（6）：37－50.

刘艳华，朱红莲，2017. 农业信贷配给与农村居民收入的地区差异——基于平滑转换模型的阐释［J］. 农业技术经济（10）：68－78.

米运生，石晓敏，廖祥乐，2018. 农地确权、信贷配给释缓与农村金融的深度发展［J］. 经济理论与经济管理（7）：63－73.

牛荣，张珩，罗剑朝，2016. 产权抵押贷款下的农户信贷约束分析［J］. 农业经济问题（1）：76－83.

彭澎，吴承尧，肖斌卿，2018. 银保互联对中国农村正规信贷配给的影响——基于4省1 014户农户调查数据的分析［J］. 中国农村经济（8）：32－45.

邱黎源，胡小平，2018. 正规信贷约束对农户家庭消费结构的影响——基于全国4 141户农户的实证分析［J］. 农业技术经济（8）：16－25.

谭燕芝，彭千芮，2016. 贷款利率、农户特征与正规信贷约束［J］. 湘潭大学学报（哲学社会科学版）（6）：56－61.

王朝明，朱睿博，2016. 农村承包土地经营权抵押贷款的理论模型与实践经验［J］. 河北经贸大学学报（5）：54－62.

王晶，毕盛，李芸，等，2018. 正规信贷约束对农户粮食生产的影响分析［J］. 农业技术经济（5）：28－39.

王乐君，寇广增，王斯烈，2019. 构建新型农业经营主体与小农户利益联结机制［J］. 中国农业大学学报（社会科学版）（2）：89－97.

王睿，2016. 自我信贷配给、农村家庭财务能力与非正规借贷——基于江苏省495户农村家庭的调查［J］. 财经理论与实践（6）：35－41.

王性玉，任乐，赵辉，2016. 社会资本对农户信贷配给影响的分类研究——基于河南省农户的数据检验［J］. 经济问题探索（9）：172－181.

叶明华，朱俊生，2018. 新型农业经营主体与传统小农户农业保险偏好异质性研究——基于9个粮食主产省份的田野调查［J］. 经济问题（2）：91－97.

张龙耀，江春，2011. 中国农村金融市场中非价格信贷配给的理论和实证分析［J］. 金融研究（7）：98－113.

张龙耀，周南，许玉韫，等，2018. 信贷配给下的农业规模经济与土地生产率［J］. 中国农村经济（7）：19－33.

Boucher S R，Carter M R，Guirkinger C，2008. Risk rationing and wealth effects in credit markets：Theory and implications for agricultural development［J］. American Journal of Agricultural Economics，90（2）：409－423.

Boucher S R，Guirkinger C，Trivelli C，2009. Direct elicitation of credit constraints：Conceptual and practical issues with an application to Peruvian agriculture [J]. Economic Development and Cultural Change，57 (4)：609 - 640.

Duong P B，Izumida Y，2002. Rural development finance in vietnam：A micro econometric analysis of household surveys [J]. World Development，30 (2)：319 - 335.

Foltz J D，2004. Credit market access and profitability in tunisian agriculture [J]. Agriculture Economics (3)：229 - 240.

Guirkinger C，Boucher S R，2008. Credit constraints and productivity in peruvian agriculture [J]. Agricultural Economics，39 (3)：295 - 308.

Mottaleb K A，Krupnik T J，Erenstein O，2016. Factors associated with small - scale agricultural machinery adoption in bangladesh：Census findings [J]. Journal of Rural Studies，46 (4)：155 - 168.

Petrick M A，2004. Microeconometric analysis of credit rationing in the polish farm sector [J]. European review of Agricultural Economics (1)：77 - 101.

Stiglitz J E，Weiss A，1981. Credit rationing in markets with imperfect information [J]. American Economic Review，73 (3)：393 - 410.

Swain R B，2002. Credit rationing in rural India [J]. Journal of Economic Development，27 (2)：1 - 20.

Yoshinori K，Storey D J，2003. A theory of discouraged borrowers [J]. Small Business Economics，21 (1)：37 - 49.

中国农村信息化促进了农民增收吗?*

——基于省级面板数据的门槛效应检验

王艾敏　邓潇敏

(河南财经政法大学)

摘要：本文基于2010—2017年中国31省的面板数据，利用Stata15.0实证检验了农村信息化对农民增收的影响，其中，分别以农村信息化、时间和农村资本投入作为门槛变量进行检验。通过实证分析发现农村信息化存在双门槛效应，随着农村信息化水平的提高，农民收入呈现出逐年增加的趋势；以时间作为门槛变量，检验结果显示存在两个时间门槛，在三个阶段中农村信息化对农民增收的影响均为正向影响，且在2014年以后影响程度增大；以资本投入作为门槛变量时，检验发现存在双门槛效应，前两个阶段中农村信息化对农民增收的影响呈递增的趋势，在第三个阶段呈下降的趋势。

关键词：农村信息化；农民增收；门槛效应；面板门槛回归模型

一、引　　言

一直以来我国政府都非常重视民生问题，从“人口大国”转变成“人口强国”的关键在于提高农民的收入水平，这是制约我国农民实现小康生活的决定性因素。随着科学技术水平的不断提高，信息化在促进我国经济社会发展中的作用日益突出，农业的快速发展和农民收入的增加同样也需要借助信息化的力量，农村信息化对促进农民收入的增加和实现全面建设小康社会起着不可估量的作用。中共十九大报告强调要重点发展农村信息化产业，寻求农民增收的多种路径。因此，现阶段我国应该立足于农村实际情况，大力发展农村信息化，因地制宜地采取各种富农措施，从而有效地促进农民增收，为实现全面建设小康社会奠定坚实的根基。

本文主要的结构安排如下：第一部分为引言；第二部分是对农村信息化与农民增收之间的相关研究进行文献综述；第三部分说明数据来源、选取合适的变量与构建理论模型；第四部分对农村信息化与农民增收进行一般面板回归分析和门槛效应分析；第五部分提炼研究结论以及提出相应的政策建议。

二、文献综述

农村信息化的发展，对促进国家经济的快速发展和构建全面小康的和谐社会起着重大的推动作

* 基金项目：2018年度河南省高等学校重点科研项目“河南省农村信息化与农民增收减贫关系研究”(编号：18A790006)。

用，基于此，国家积极采取各项措施来鼓励农村信息化的发展，从而有效地促进农民增收。同时，国内相关研究显示，发展农村信息化有利于解决农民增收难的问题，能够有效地提高农民的生活质量，从而促进我国农村经济的快速发展。

丁建勋（2006）采用截面数据，建立计量模型，其实证结果有力地证明了信息化对农民增收的重要促进作用。与此同时，陈灿等（2007）通过建立双对数模型实证检验信息化与农民增收的关系，实证结果也证实了二者之间的正相关关系。王怀明和史晓明（2010）采用时间序列分析方法，实证研究江苏省1989—2008年信息化与农民增收的关系，证实了二者之间的正相关关系。唐斯斯（2012）采用同样的方法检验信息化水平与农民收入之间的关系，也得出发展农村信息化有利于促进农民增收的结果。夏振荣和俞立平（2010）通过构建生产函数，证实了农村信息资源投入与农民增收之间的正相关关系。李忠斌等（2011）通过实证方法研究了农村信息化影响农民增收的传导路径。王彦等（2011）利用Logistic回归模型，发现湖北省恩施土家族苗族自治州利川市的信息化有利于促进农民增收。张鹤（2012）采用1990—2010年哈尔滨市松北区的相关数据，发现提高农村信息服务水平对促进农民增收起着重要的作用。同时，孙楚和杨辉（2014）通过对哈尔滨市农村信息技术服务水平与农民增收进行实证研究，也得出了二者之间呈正相关关系的结论。张磊磊等（2015）采用时间序列数据，对新疆巴音郭楞蒙古自治州的农村信息化与农民增收之间的因果关系进行检验，证实了农村信息化对农民增收的促进作用，基本可以佐证国内外有关方面的研究成果。王俊梅等（2018）以山西省为例，研究农村信息化对农民增收的影响，发现二者之间存在明显的正相关关系。

从上述文献回顾可以发现，现有文献针对“农村信息化对农民收入的影响”这一核心议题的研究结果基本是一致的，即农村信息化的发展有利于促进农民增收。除此之外，现有文献在检验农村信息化对农民收入的影响时，在研究方法上大多在线性模型框架下展开，考虑到不同的农村信息化水平对农民增收可能会产生不同的影响，简单的线性模型设定可能不足以刻画农村信息化与农民收入之间的复杂的非线性关系。鉴于此，本文基于2010—2017年中国省级面板数据，使用Hansen（1999；2000）发展的静态面板门槛回归模型，拟系统考察农村信息化发展对农民收入的非线性结构影响，以期为深入认识二者之间的关系提供一个更具有现实解释力的视角。

三、数据来源、变量描述和理论模型

（一）数据来源

为保证研究结果的时效性和有效性，本文采用了2010—2017年全国31个省区市的相关研究数据，主要来源于2011—2018年的《中国统计年鉴》，部分缺乏的数据是通过在2011—2018年《中国农村统计年鉴》中进行查找和进行计量估计得到的。

（二）变量选取与描述统计

1. 被解释变量

参照相关学者的研究（周稳海等，2014），本文的被解释变量选取农村居民家庭人均纯收入。农村居民家庭经营收入主要以农林牧渔业等纯农业经营收入为主，还包括其他一些非农收入。其中，农林牧渔业等纯农业经营收入约占90%以上，因此，农村居民家庭人均纯收入是代表农民农业收入的一个较好的指标。

2. 核心解释变量

文章中的核心解释变量是农村信息化水平。通过查阅相关文献（刘世洪、许世卫，2008；赵晖，2011；王素贞等，2014；蒋秀莲，2016；冯献等，2019），本文参照王艾敏（2015）的研究，利用因子分析法从农村信息化建设的四个方面进行评价，具体内容见表2。

3. 门槛变量

首先，在以往学者研究的基础上，本文发现农村信息化水平的提高极大地影响农民收入的增加，因此本文决定以农村信息化水平作为门槛变量，分析在不同的门槛回归区间，二者之间的关系的变动趋势（赵林、李光辉，2006）；其次，本文想探讨随着时间的推移，农村信息化水平对农民增收的影响，着重分析农村信息化对农民收入影响的变化趋势，所以本文决定以时间作为门槛变量来进行深入分析；最后，随着农村信息化水平的发展，农村的信息化设备也会陆续投入，在不同的农村资本投入中，探讨二者之间的关系具有较强的现实意义，所以本文决定以农村资本投入作为门槛变量来进行深入分析。

4. 控制变量

基于已有研究成果，同时通过对中国农民收入变化背景中特定因素的现实考察，本文控制了其他一些可能对农民收入产生影响的变量，具体包括：

（1）农村固定资产投资。农村固定资产的增加对农民增收有着重大的推动作用，本文用农户固定资产投资额来进行衡量（石文香、陈盛伟，2019）。

（2）财政支农力度。我国是一个农业大国，为更好地实现全面建成小康社会目标，国家应该大力扶持农业的发展，因此加大财政支农力度有利于促进农民增收，本文用各地财政农业支出占地方财政总支出的比例来表示该因素（史常亮，2010）。

（3）城镇化率。城镇化的发展在给农民带来更多工资性收入的同时，也降低了家庭的农业收入比重，本文用年末城镇人口占常住总人口的比例表示该因素（王鹏飞、彭虎锋，2013）。

（4）人均耕地面积。耕地是农民最重要的资产，也是农业发展的重要生产资源，耕地对促进农民收入增加的重要性不言而喻，本文使用农村居民的耕地面积与农村人口总数的比值来指代这一因素（石文香、陈盛伟，2019）。

（5）产业结构。经济发展水平对农民收入的增加起着决定性的作用，国家的产业结构能够较好地衡量其经济发展水平，大力优化产业结构，对促进农民收入的增加具有重要的作用，本文用第一产业增加值在GDP中的比重来衡量该因素（陈银娥等，2012）。

本文对2010—2017年农村居民人均纯收入的数据分布进行相关分析后发现，31省的农村居民人均纯收入并不服从正态分布，为了较好地进行计量分析，本文对其数据取对数处理。

表1对本文的被解释变量、核心解释变量和控制变量进行了描述性统计。目标值为1，本文农村信息化水平的平均值为57.91%，这说明我国农村信息化水平还较低，其他相关指标的描述如表1所示。对于农村信息化的衡量，本文参考王艾敏（2015）对农村信息化的评价指标体系，同时考虑到相关数据的可获得性，本文在对农村信息化水平进行评价时，从四个方面建立评价指标体系，具体指标体系如表2所示。

表1　变量定义及描述性统计分析

变量类型	变量名称	变量定义或测度方法	均值	标准差
被解释变量	农民收入水平	农村居民家庭人均经营纯收入（取对数）（单位：元/人）	9.14	0.42
核心解释变量	农村信息化水平	采用因子分析法测量（单位：%）	57.91	65.99

（续）

变量类型	变量名称	变量定义或测度方法	均值	标准差
控制变量	财政支农力度	财政农业支出/地方财政总支出（单位：%）	11.32	3.07
	人均耕地面积	农村居民家庭人均经营耕地面积（单位：亩/人）	2.55	2.89
	农村固定资产投资	农户固定资产投资额（单位：亿元）	629.41	1 691.95
	产业结构	第一产业增加值/地区生产总值（单位：%）	94.7	2.73
	城镇化率	年末城镇人口/常住总人口（单位：%）	55.56	13.18

表 2　全国 31 省区市农村信息化发展评价指标体系

农村信息化指标	农村信息基础设施建设	每百户拥有彩色电视机数（单位：台）
		每百户拥有移动电话数（单位：部）
		每百户拥有计算机数（单位：台）
		农村投递路线（单位：公里/万人）
	农村信息资源建设	农村广播节目人口覆盖率（单位：%）
		农村电视节目人口覆盖率（单位：%）
		已通邮的行政村比重（单位：%）
		农村有线广播电视用户数占家庭总户数的比例（单位：%）
	农村信息人才建设	农村从业人口占农村总人口的比例（单位：%）
		农村交通运输、仓储和邮电从业人员数（单位：万人）
	农村社会信息建设	农村居民平均每人交通通信消费支出（单位：元）
		农村文化站个数（单位：个/村）
		农村人均用电量［单位：（亿千瓦・时）/万人］

如表 3 所示，KMO 检验结果为 0.778 4，说明农村信息化水平各变量适合进行因子分析。

表 3　KMO 测度结果

变量	KMO
每百户拥有彩色电视机数	0.828 1
每百户拥有移动电话数	0.710 9
每百户拥有计算机数	0.884 7
农村投递路线	0.320 5
农村有线广播电视用户数占家庭总户数的比例	0.812 1
已通邮的行政村比重	0.830 9
农村电视节目人口覆盖率	0.808 2
农村广播节目人口覆盖率	0.808 5
农村从业人口占农村总人口的比重	0.852 9
农村交通运输、仓储和邮电从业人员数	0.472 9
农村人均用电量	0.876 5
农村居民平均每人交通通信消费支出	0.843 9
农村文化站个数	0.485 8
总体	0.778 4

接着本文对农村信息化水平进行因子分析，如表 4 所示，采用斜交旋转后四个因子能解释原来所有因子的 93.85%，说明因子的选择具有较好的代表性。

表 4　农村信息化总方差分解表

成分	初始特征值			旋转的平方载荷		
	合计	方差比例	累计比例	合计	方差比例	累计比例
因子 1	5.192 2	0.399 4	0.399 4	4.935 3	0.379 6	0.379 6
因子 2	1.903 4	0.146 4	0.545 8	2.911	0.223 9	0.603 5
因子 3	1.235 3	0.095	0.640 8	2.280 5	0.175 4	0.778 9
因子 4	1.086	0.083 5	0.724 3	2.039 8	0.159 6	0.938 5
因子 5	1.002	0.077 1	0.801 4			
因子 6	0.705 8	0.054 3	0.855 7			
因子 7	0.529 9	0.040 8	0.896 5			
因子 8	0.447 9	0.034 5	0.931			
因子 9	0.323 4	0.024 9	0.955 9			
因子 10	0.215	0.016 5	0.972 4			
因子 11	0.19	0.014 6	0.987			
因子 12	0.125	0.009 6	0.996 6			
因子 13	0.044 2	0.003 4	1			

本文利用散点图进一步分析了农村信息化水平与农民收入之间的关系。从图 1 中可以看到，农村信息化与农民收入之间存在着正相关关系。为了更加深入地分析农村信息化对农民增收的影响，本文将通过建立合适的模型对农村信息化与农民增收之间的关系进行多方面的实证检验。

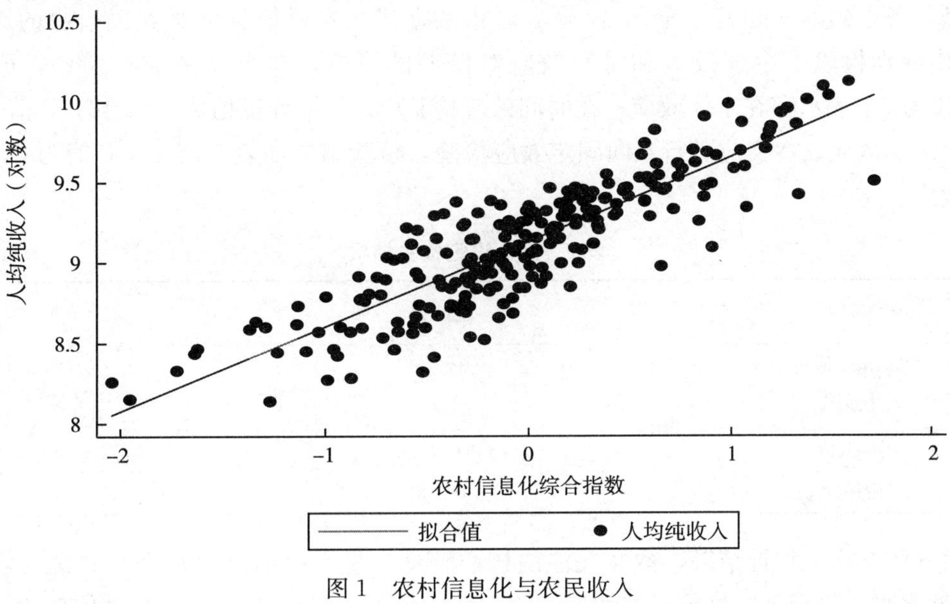

图 1　农村信息化与农民收入

（三）模型设定

通过上述图形分析，本文首先构建一般的线性回归模型，如式（1）所示，来研究农村信息化与农民收入之间的关系。

$$\ln Y_{it} = \alpha + \beta Inf_{it} + \sum_{j=1}^{n} \partial_j X_{it} + \mu_i + \eta_t + \varepsilon_{it} \quad (1)$$

式（1）中，下标 i 表示省份，t 表示年份；被解释变量 $\ln Y_{it}$ 为农民收入水平的对数；解释变量 Inf_{it} 表示农村信息化发展水平；控制变量 X_{it} 包括农村固定资产投资、财政支农力度、城镇化率、人均耕地面积和产业结构；μ_i 表示不可观测的地区固定效应；η_t 表示不可观测的时间固定效应；ε_{it} 为误差项。

式（1）说明二者之间可能存在线性关系，但是农村信息化对农民的增收效应是一个复杂的动态过程，即在不同的回归区间中，农村信息化对农民收入的影响可能存在差异。因此，本文将借鉴 Hansen 的面板门槛回归模型，构建式（2）多重面板门槛模型进一步对农村信息化与农民收入之间的非线性关系进行检验：

$$\ln Y_{it} = \alpha + \beta_1 Inf_{it} I(q_{it} \leqslant r_1) + \beta_2 Inf_{it} I(r_1 < q_{it} \leqslant r_2) + \cdots + \beta_{n-1} Inf_{it} I(r_{n-1} < q_{it} \leqslant r_n) + \beta_n Inf_{it} I(q_{it} > r_n) + \sum_{j=1}^{n} \partial_j X_{it} + \mu_i + \eta_t + \varepsilon_{it} \quad (2)$$

式（2）中：Inf_{it} 为门槛变量，Y_{it} 为农民收入，控制变量 X_{it} 包括农村固定投资、财政支农力度、城镇化率、人均耕地面积和产业结构；γ_1、γ_2、…、γ_n 为 n 个门槛区间下的门槛值，β_1、β_2、…、β_n 为不同门槛区间下的估计系数；$I(\cdot)$ 为指示性函数，若门槛变量满足条件则该指示函数值为 1，否则为 0。

四、实证结果分析

（一）一般面板回归分析

本文利用 Stata15.0 进行 Hausman 检验，检验结果显示 P 值为 0.001 1（表 5），说明应采用固定效应模型。考虑到本文是基于全国 31 个省区市数据研究农村信息化对农民增收的影响，故在 Stata15.0 中分别检验了个体效应和时间效应对模型的影响。在个体效应检验中，F 统计量为 27.06，P 值为 0，表示存在个体效应；在时间效应检验中，F 统计量值为 148.48，P 值为 0，说明存在时间效应。因此，本文应进行双向固定效应检验，检验结果如表 5 所示，P 值为 0，说明存在双向固定效应。

表 5　面板设定检验结果

检验项目	统计量	P 值
Hausman 检验	34.16	0.001 1
个体效应	27.06	0
时间效应	148.48	0
双向固定效应	79.48	0

根据表 6 的全样本估计结果，本文关注的核心解释变量农村信息化水平与农民人均纯收入在 1%的显著性水平上正相关，这与以往学者的研究是一致的，说明积极发展农村信息化，有利于促进农民收入的增加。从表 6 中可以看出，农村信息化对农民收入影响的系数估计值为 0.041 5，这说明农村信息化每提高 1 个百分点，相应的农民人均纯收入将会增加 0.041 5 个百分点。在控制变量方面，农村固定资产投资、产业结构和城镇化率与农民人均纯收入在 1%的显著性水平上正相关，同时，人均耕地面积在 10%的显著性水平上与农民人均纯收入呈正相关关系。而财政支农力

度对促进农民增收的效果不明显，原因可能在于各级政府对投资见效快的支农项目会大力支持，而对于那些时间长和见效慢的支农项目没有引起足够的重视，这样财政支农支出很难对那些基础设施较差和经济发展水平落后的地区进行扶持，从而不利于促进农民增收。

表 6　双向固定效应检验结果

项目	模型
农村信息化水平	0.041 5*** (0.013 0)
财政支农力度	0.008 0 (0.107 6)
人均耕地面积	0.000 2* (0.000 1)
农村固定资产投资	0.000 2*** (0.000 0)
产业结构	0.004 0*** (0.001 5)
城镇化率	0.020 4*** (0.002 4)
常数项	6.156 7*** (0.817 2)
个体效应	已控制
时间效应	已控制
R^2	0.996

注：括号内数值为标准误，***、**、*分别表示在1%、5%及10%的显著性水平上显著。

（二）面板门槛回归分析

为了更加深入地研究农村信息化与农民增收之间的关系，下面本文将在不同农村信息化水平、不同时间和不同农村资本投入情况下运用 Hansen 提出的面板门槛模型，对农村信息化与农民增收之间的关系进行深层次检验。

1. 农村信息化发展水平门槛效应检验

本文以农村信息化发展水平作为门槛变量，检验农村信息化与农民增收之间的关系，检验结果如表 7 所示，可以看出农村信息化发展水平存在两个门槛值，分别为−0.466 2 和−0.147 5。其中单门槛检验的 LR 值为 179.008 9，P 值为 0，说明应该拒绝原假设，农村信息化与农民增收之间存在单门槛效应；双门槛检验的 LR 值为 4.718 4，P 值为 0，说明也应该拒绝原假设，农村信息化与农民增收之间存在双门槛效应；而进行三门槛检验时，检验结果并不显著。因此，以农村信息化发展水平作为门槛变量时，应该采用双门槛回归模型。

表 7　以农村信息化为门槛变量的门槛效应检验结果

门槛变量	模型	门槛估计值	F 统计量	P 值	自举次数	LR
农村信息化水平	第一门槛	−0.147 5	105.682 7	0	2 000	179.008 9
	第二门槛	−0.466 2	4.606 3	0	2 000	4.718 4
门槛区间				系数	标准误	P 值
农村信息化水平 $Inf\leqslant-0.4662$				−0.358 0	0.248 6	0.150 0
农村信息化水平 $-0.4662<Inf\leqslant-0.1475$				0.169 3***	0.054 2	0.002 0
农村信息化水平 $Inf>-0.1475$				0.303 0***	0.045 3	0

注：*、**、***分别表示在10%、5%、1%的显著性水平上显著。

根据回归结果可知，低农村信息化水平对农民增收的影响最小，回归系数是−0.358 0；中等农村信息化水平对农民增收影响的回归系数为 0.169 3；高农村信息化水平对农民增收的影响最大，回归系数为0.303 0。上述实证研究结果表明，当农村信息化水平较低时，农村信息化水平每提高1个百分点，农民收入会降低0.358 0个百分点；当农村信息化水平超过门槛值−0.466 2时，农村信息化水平每提高1个百分点，农民收入将增加0.169 3个百分点；当农村信息化水平超过门槛值−0.147 5时，农村信息化水平每提高1个百分点，农民收入将增加0.303 0个百分点。这可能是因为在低水平农村信息化阶段，各项农村信息化基础设施建设还不够完善，农业部门需要花费大量的人力和物力投入农村信息化建设，此时，农村信息化的"挤出效应"超过了"保障效应"，从而使得农村信息化的建设作为一项支出不利于促进农民收入的增加，而只有当农村信息化水平提高到一个相对较高的水平，农村信息化建设更加完善后，农村信息化的"保障效应"超过了"挤出效应"，其对农民收入的增加作用才会显现出来。

2. 时间门槛效应检验

如表8所示，以时间作为门槛变量存在两个门槛值，分别为2014年和2015年，从而将农村信息化发展水平与农民增收的关系分为三个阶段，且三个阶段均在1%的显著性水平上通过检验，回归系数呈逐渐上升的趋势。其中，2010—2014年，回归结果显示，农村信息化水平对农民增收的回归系数为0.127 6；2014—2015年，农村信息化水平对农民增收的影响程度增大，回归系数为0.138 9；2015—2017年，农村信息化水平对农民增收的回归系数为0.140 1。以上研究结果说明，随着时间的推移，农村信息化结构越来越合理，从而有利于促进农民增收。

表8　以时间为门槛变量的门槛效应检验结果

门槛变量	模型	门槛估计值	F统计量	P值	自举次数	LR
时间	第一门槛	2015	5.925 8	0	2 000	6.081 0
	第二门槛	2014	2.668 4	0	2 000	2.691 9
门槛区间				系数	标准误	P值
时间 $2010 \leqslant Year \leqslant 2014$				0.127 6***	0.041 2	0.002 0
时间 $2014 < Year \leqslant 2015$				0.138 9***	0.021 4	0
时间 $2015 < Year \leqslant 2017$				0.140 1***	0.039 8	0

注：*、**、***分别表示在10%、5%、1%的显著性水平上显著。

3. 资本投入门槛效应检验

如表9所示，以资本投入作为门槛变量，门槛值分别为353.300 0和553.400 0，这两个门槛值将农村信息化对农民增收的影响分为三个阶段，三个阶段均在1%的水平上通过显著性检验，且第二个阶段的回归系数最大。三个阶段的回归结果显示，农村信息化水平对农民增收的回归系数分别为0.209 9、0.280 7和0.270 7。在前两个阶段，随着农村资本投入的增加，农村信息化的发展有力地促进了农民收入的增加。但在第三个阶段，随着农村资本投入的增加，农村信息化对农民增收的影响开始呈下降趋势，这说明在第二个阶段，随着农村资本投入的增加，农村信息化对农民增收的影响已经达到饱和状态，农村基础设施建设较为完善，此时再增加额外的固定资产，反而成为一项支出，不利于促进农民收入的增加，因此，农村固定资产的投入应该适量，而不是越多越好。

表9　以资本投入为门槛变量的门槛效应检验结果

门槛变量	模型	门槛估计值	F统计量	P值	自举次数	LR
资本投入	第一门槛	553.400 0	12.977 0	0	2 000	13.830 0
	第二门槛	353.300 0	7.370 0	0	2 000	7.628 0

（续）

门槛区间	系数	标准误	P值
资本投入 $Capital \leqslant 353.3000$	0.209 9***	0.045 8	0
资本投入 $353.3000 < Capital \leqslant 553.4000$	0.280 7***	0.030 7	0
资本投入 $Capital > 553.4000$	0.270 7***	0.050 7	0

注：*、**、***分别表示在10%、5%、1%的显著性水平上显著。

五、研究结论与政策建议

（一）研究结论

本文基于我国31个省区市的面板数据，通过散点图及一般面板回归分析了农村信息化与农民增收之间的正向线性关系。为了发掘二者之间的深层次关系，本文基于Hansen的门槛面板模型，研究农村信息化对农民增收的影响，研究结果如下：

第一，以农村信息化发展水平为门槛变量进行检验时，农村信息化发展水平对农民增收的影响存在双门槛，在三个阶段中农村信息化发展水平对农民增收的影响由负效应逐渐转为正效应。随着农村信息化水平的提高，其对农民增收影响的回归系数是逐渐增加的。农村信息化水平较低时，其回归系数较低；农村信息化水平较高时，其回归系数也较高。这说明我国应积极加强信息化基础设施建设，从而有效地促进农民收入的增加。

第二，在以时间作为门槛变量时，实证检验结果显示农村信息化对农民增收的影响存在两个时间门槛，在三个阶段中农村信息化对农民增收的影响均为正向影响，且在2014年以后，提高农村信息化发展水平对农民增收有更大的推动作用。这说明农村信息化的结构越来越完善，从而对农民收入的增加起到了更好的促进作用。

第三，在以资本投入作为门槛变量时，检验发现存在双门槛，在前两个阶段中农村信息化对农民增收的影响呈递增趋势，说明对农村信息资本投入的增加，有利于促进农民增收，但在第三个阶段中，随着农村资本投入的增加，农村信息化对农民增收的影响呈下降趋势，这说明在第二个阶段，随着农村资本投入的增加，农村信息化对农民增收的影响已经达到饱和状态，农村基础设施建设较为完善，此时再增加额外的固定资产，反而成为一项支出，不利于促进农民收入的增加，因此，农村固定资产的投入应该适量，而不是越多越好。因此，在农村基础设施建设中，要将农村信息技术基础设施建设作为建设的重点，优先建设，但同时要根据具体的情况进行农村固定资产的投入建设，提高农村固定资产的使用效率，以进一步促进农民收入的增加。

（二）政策建议

本文的研究结论为我国农民更加科学有效地借助农村信息化的发展增加收入提供了有益的政策启示。

第一，加强农村信息资源的需求采集和供给建设力度。其一，完善农村信息资源体系。这就要求各级农业部门根据农民的不同信息需求，加强对农村农民的信息采集系统建设。其二，提高农村信息资源建设供给水平。这就要求农业部门加强各种涉农信息网站、数据库和图书资源的建设，并对农民进行信息资源培训，指导广大农民获取和利用信息资源。

第二，加强农村信息资源的服务体系建设。其一，积极加强农村信息基础设施建设。农业部门应加强信息设备的宣传推广，提高互联网用户的普及率，丰富信息资源的通信网络，提高农村电话与移动通信普及率和广播电视网络覆盖率。其二，推进综合信息服务站建设。农业部门应加大信息服务的投入力度，促进相关信息资源快速流动，提高资源利用效率。农业信息服务机构应该培养专门的信息服务组织，为农民提供合理的信息指导，根据农村用户的不同信息需求，提供不同的信息服务模式，提高农村信息服务的效率，从而让用户获得更多有用的农业信息。

参　考　文　献

陈灿，罗宣政，忻展红，等，2007. 信息化促进农民增收的理论与实证分析［J］. 北京邮电大学学报（社会科学版）（6）：23－26.

陈银娥，刑乃千，师文明，2012. 农村基础设施投资对农民收入的影响——基于动态面板数据模型的经验研究［J］. 中南财经政法大学学报（1）：97－103.

丁建勋，2006. 信息化与农民增收：理论与实证分析［J］. 生产力研究（12）：45－46.

冯献，李瑾，曹冰雪，2019. 信息化应用对农民增收的影响效应分析——来自京津冀353个农户样本的证据［J］. 情报杂志，38（4）：201－207.

蒋秀莲，2016. 农村信息化与农村经济增长关系实证研究——以江苏省徐州市农村为例［J］. 江苏农业科学，44（7）：579－582.

李忠斌，文晓国，李军明，2011. 基于信息化视角下的技术传播与农民响应研究［J］. 中南民族大学学报（自然科学版），30（4）：110－114.

刘世洪，许世卫，2008. 中国农村信息化测评方法研究［J］. 中国农业科学（4）：1012－1022.

石文香，陈盛伟，2019. 农业保险促进了农民增收吗？——基于省级面板门槛模型的实证检验［J］. 经济体制改革（2）：84－91.

史常亮，2010. 我国财政农业投入与农民收入增长实证分析［J］. 新疆农垦经济（4）：22－26.

孙楚，杨辉，2014. 农村信息技术服务对农民收入影响的实证研究——基于哈尔滨市面板数据的分析［J］. 农机化研究，36（10）：58－62，67.

唐斯斯，2012. 信息化对农村居民收入影响的实证分析［J］. 中国经贸导刊（10）：38－40.

王艾敏，2015. 中国农村信息化存在"生产率悖论吗？"——基于门槛面板回归模型的检验［J］. 中国软科学（7）：42－50.

王怀明，史晓明，2010. 江苏信息化水平对农民收入的影响［J］. 江苏农业学报，26（2）：420－424.

王俊梅，王广斌，杨延敏，2018. 山西省农村信息化水平对农民收入的影响［J］. 山西农经（4）：54－57.

王鹏飞，彭虎锋，2013. 城镇化发展影响农民收入的传导路径及区域性差异分析——基于协整的面板模型［J］. 农业技术经济（10）：73－79.

王素贞，张霞，祃海霞，等，2014. 新农村信息化现状模糊聚类分析方法与对策研究——以河北省为例［J］. 经济与管理，28（6）：76－80.

王素贞，张霞，杨承霖，2014. 农村信息化水平测度方法研究［J］. 农业世界（7）：34－38.

王彦，李忠斌，毛中明，2011. 民族地区农村信息化与农民收入关系研究——基于恩施州利川市调研结果的实证分析［J］. 中国人口·资源与环境，21（S1）：255－258.

夏振荣，俞立平，2010. 农村信息资源对农民收入贡献的实证研究［J］. 情报杂志，29（7）：127－128，132.

张鹤，2012. 农村信息服务带动农民收入的作用分析——基于黑龙江省哈尔滨市松北区的个案研究［J］. 中国集体经济（1）：10－11.

张磊磊，王华丽，王新哲，2015. 农村信息化与农民收入相关性研究——基于协整检验、格兰杰因果关系检验［J］. 经济研究参考（68）：92－96.

赵晖，2011. 基于因子分析法分析宁夏农村信息化的发展［C］//中国水利技术信息中心. 全国灌区信息化建设与防渗抗冻胀新技术应用专刊：3.

赵林，李光辉，2006. 发展农村信息化促进农民增收［J］. 农业网络信息（8）：36－37，40.

周稳海，赵桂玲，尹成远，2014. 农业保险发展对农民收入影响的动态研究——基于面板系统GMM模型的实证检验［J］. 保险研究（5）：21－30.

Hansen B E，1999. Threshold effects in non－dynamic panels：Estimation，testing，and inference［J］. Journal of Econometrics，93（2）：345－368.

Hansen B E，2000. Sample splitting and threshold estimation［J］. Econometrica（3）：575－603.

陕西省经济集聚对农民收入的影响效应研究*

——基于空间杜宾模型的实证分析

梁兴群[1] 夏庆利[2]

（1. 长江大学经管学院；2. 黄冈师范学院）

摘要：本文采用2001—2017年陕西省10个地市相关数据，基于空间杜宾模型，通过实证检验从横向和纵向二维角度分析了陕西地区经济集聚对农民收入的影响效应。研究发现经济集聚程度、通信状况既对本地农民收入具有显著的直接效应，同时也对相邻市域农民收入具有正向溢出效应。产业结构对农民收入具有显著溢出影响但效应为负。资本密集度、旅游人数、对外开放水平对农民收入影响不显著且不存在直接、溢出和总效应。建议着重调整资本向现代农业科技设施设备、农产品深加工及农业综合社会化服务等方向投入；优化产业结构，以三产融合发展新时代的农业经济；加大乡村旅游和现代田园等综合项目的投资开发力度；充分发挥通信技术的集聚和传播效应，大力推动农村互联网应用平台发展，促进“三农”经济综合稳步提升。

关键词：经济集聚；农民收入；空间杜宾模型；溢出效应

一、引　　言

“三农”问题一直是党和国家关注的焦点问题。《国家乡村振兴战略规划（2018—2022年）》提出“重中之重是壮大乡村产业促进农民增收”。中共十八大提出“2020年实现全面建成小康社会”的宏伟目标以来，我国的城乡基础设施不断完善，区域间的经济相互作用明显加大。在此背景下，区域间经济互动尤其是经济集聚对农民收入有何影响成为学者研究的焦点。陕西省是“一带一路”倡议、西部大开发战略、乡村振兴战略涉及的重要地区，2018年底，全国832个贫困县中陕西省占56个，贫困县数量位居全国第六位。因此，如何提高陕西农民收入水平是一个值得研究的问题。本文从陕西省市域经济空间集聚角度探讨影响农民收入的因素，以便抓住“一带一路”等重要机遇期，更好地推动乡村振兴战略和西部大开发战略在陕西的实施。

关于经济集聚对农民收入的影响，国内学者做了丰富的研究。万广华（2001）运用基尼系数分解研究了我国不同区域间农民收入的差异，认为农民收入的构成不同是导致农民收入差异的主要因素。孙慧钧（2007）运用泰尔指数、基尼系数分析了农民收入与工资性收入及农村产业结构的关系，认为工资性收入是缩小区域内部、拉大区域之间农民收入差距的重要因素。陈利等（2015）运

* 基金项目：国家社科基金项目“以生态安全和粮食安全并重为导向的粮食补贴政策研究”（编号：17BGL250）；湖北省教育厅人文社会科学研究项目（编号：15D019）；湖北省软科学项目“大别山老区绿色发展研究——以黄冈市为例”（编号：2017ADC082）；长江大学社会科学基金一般项目（编号：2016csy002）。

用核密度估计和空间 Durbin 模型分析了经济集聚对农民收入的影响，结果表明经济集聚对农民收入具有显著的正向影响，但溢出效益不显著。伍骏骞等（2016）实证研究了经济集聚对农民收入的直接影响和空间溢出效应，结果表明经济集聚对农民收入具有正向显著影响。张琛等（2016）研究表明，农村家庭人均纯收入在不同的空间关联模式下，不仅有显著的空间依赖性和空间异质性，且存在低水平聚集的现象。吴比等（2017）测算了农民收入的省级类型，发现农民收入增长具有空间特性，且“相邻效应”显著。张哲晰等（2018）利用两部制模型、地理加权回归模型，从空间相关性和空间异质性两个视角实证分析了产业集聚对农民收入的影响，结果表明产业集聚对本地农民收入具有显著正向影响；且空间溢出效应呈现出地理距离递减性特征。

综上所述，现有研究已经取得了丰富的研究成果，为本文的研究奠定了基础。但是仍存在以下不足：其一，缺乏城市地域间经济集聚对农民收入影响因素的关系理论梳理；其二，缺乏经济集聚作用下劳动生产率、农产品产销及非农就业对农民收入的影响关系研究。为此，本文利用 2001—2017 年陕西省西安、宝鸡、咸阳、铜川、渭南、延安、榆林、汉中、安康和商洛 10 个市域的相关数据，运用空间杜宾模型实证分析了经济集聚作用下劳动生产率、农产品产销及非农就业对农民收入的影响，并为提高陕西农民收入水平提供一些建议，以便抓住“一带一路”等重要机遇期，更好地推动乡村振兴战略和西部大开发战略在陕西的实施，并为进一步研究经济集聚对农民收入的影响效应探索了新方向。

二、理论分析

新经济地理学在基于规模报酬递增和垄断竞争市场假设的基础上，强调地理区位产生的“地理第二天性”作用，将经济集聚看作促进经济增长的加速器。地理学第一定律指出，事物之间是普遍联系与相关的，距离越近，地物相关性越大；距离越远，地物相关性越小。大多空间数据的相关性都受其相邻距离影响，且相邻距离越近，相关性越强。Corinne 和 James（2011）认为经济集聚的空间扩散性随地理距离增大而衰减的特征符合空间计量模型中的空间溢出效应。现代区域经济发展中经济集聚效应是一种普遍现象。从地域空间经济活动看，经济集聚是地域空间经济、生产、生活、生态、文化等趋利活动行为的集中体现，从而集中资本投资于资源优势区域，形成了资本汇集和产业发展的规模效应。这种经济聚集的规模效应具有政策、资源、社会、经济等地域性综合特性。

地域空间中经济集聚的形成，影响不同地域空间居民的收入，同时也提供了就业岗位，形成了经济的流动。

经济集聚影响劳动生产率是指经济集聚影响农民农业生产力水平和农业生产技术进步和改进。农业生产技术进步是指创新或发明有利于农业生产的设施设备和生产技术；农业技术改进是指坡地兴修梯田、水保灌溉及顺坡耕种等有利于农业可持续发展的农地改造措施的产生。Ciccen 和 Hall（1996）首次提出经济集聚与劳动力生产关系的理论，并进行了实证分析，研究发现经济密度能够促进劳动生产率的提高。克鲁格曼在新经济地理学中指出导致地区间劳动生产率差异的主要因素是经济集聚的程度，分享、匹配及学习三种机制在经济集聚作用下，不断对劳动生产率产生影响，对非农劳动者的收入具有一定的影响，从而影响农民收入，但忽视了经济集聚对不同地理区位农民收入所产生的空间溢出效应。我国农地实施家庭联产承包责任制，20 世纪 90 年代后我国农村中出现了大量兼业农户（梁謇、咸立双，2004），导致农业劳动力供给减少。弥补农业劳动力不足的重要措施是提高农业生产技术，提高劳动生产率。技术进步是提高劳动生产率的重要途径，有利于提高单位面积产出与降低单位面积成本，从而有益于提高农民收入。同时，技术进步的空间溢出效应在提高本地农民收入的同时也能提高相邻地区农民的收入。

经济集聚影响农产品产销是指经济集聚地对农产品的生产方式、品类、质量、价格和销售方式有传导效应，改进了传统的农产品产销模式，不仅有利于农产品质量的提升，还调动了农民进行农业生产的积极性。就农民收入而言，除工资性收入外，决定家庭经营收入的主要因素是农产品的产量和价格。农产品的产量受自然条件和农机技术的限制，农产品价格不仅受自然条件的约束，同时受市场经济变化的限制。因此，提高农产品价格和增加农民工资性收入是农民增收的重要途径。应在经济集聚的作用下，促进建立农产品品牌，推进农业产业结构调整，实现特色农产品优势，稳定和优化农业生产和供给。特色农产品供给既可延长产业链，又可拓展农产品电商、物流等多种社会化服务和农业大数据公共服务的建设，对农业产业化联合体建设和农产品综合交易贸易有促进作用，对构建和创新现代农业产业体系、生产体系和新型农业经营体系有积极的引导作用，是实现农村一二三产业融合发展的切入点。

三、计量模型及实证分析

（一）计量模型构建

本文借鉴生产函数并作适当变换来构建经济集聚对农民收入的影响效应模型：

$$P=L^{a}K^{1-a}S^{r}\left(\frac{G}{A}\right)^{\frac{\theta-1}{\theta}} \tag{1}$$

在式（1）中，P 表示该市域产出，L 表示该市域劳动要素，K 表示市域资本量，S 为该市域的经济结构，G 表示该市域 GDP，A 是该市域土地面积。对式（1）变形可得到地区劳动生产率：

$$\frac{P}{L}=L^{a-1}K^{1-a}S^{r}\left(\frac{G}{A}\right)^{\frac{\theta-1}{\theta}} \tag{2}$$

对式（2）两边取对数得：

$$\ln\left(\frac{P}{L}\right)=（1-a）\ln\left(\frac{K}{L}\right)+r\ln S+\frac{\theta-1}{\theta}\ln\left(\frac{G}{A}\right)$$

其中 $\ln\left(\frac{G}{A}\right)^{\frac{\theta-1}{\theta}}$ 指的是经济集聚对地区产出的作用，当经济聚集对地区产出作用为正时，$\theta>1$。对农民而言，$\ln\left(\frac{P}{L}\right)$表示农民纯收入而非工资水平。但是农民收入又包括农业和非农业收入，所以考虑在受农业收入的影响下，加入旅游接待人数、对外开放水平与通信状况作为衡量，进而构建经济聚集对农民收入的影响效应模型：

$$\ln y=\beta_0+\beta_1\ln\left(\frac{G}{A}\right)+\beta_2\ln S+\beta_3\ln\left(\frac{K}{L}\right)+\beta_4\ln message+\beta_5\ln tourists+\beta_6\ln Openlevel+\mu \tag{3}$$

在式（3）中，y 为农民纯收入，$\frac{G}{A}$表示经济聚集，$\frac{K}{L}$表示资本密集度，$message$ 为通信状况，$tourists$ 为旅游接待人数，$Openlevel$ 为对外开放水平，μ 为残差项。考虑经济聚集对农民收入可能存在空间相关性，故采用空间杜宾模型（SDM）进行建模：

$$\ln y_{it}=\beta_0+\rho_i' y_t+\beta_1\ln\left(\frac{G}{A}\right)_{it}+\beta_2\ln S_{it}+\beta_3\ln\left(\frac{K}{L}\right)_{it}+\beta_4\ln message_{it}+$$

$$\beta_5\ln tourists_{it}+\beta_6\ln Open\ level_{it}+\delta_1 W_i'\ln\left(\frac{G}{A}\right)_t+\delta_2 W_i'\ln S_t+\delta_3 W_i'\ln\left(\frac{K}{L}\right)_t+$$

$$\delta_4 W'_i \ln (message)_t + \delta_5 W'_i \ln (tourists)_t + \delta_6 W'_i \ln (Openlevel)_t + u_i + k_t + \varepsilon_{it} \quad (4)$$

其中有：$\varepsilon_{it} = \lambda m'_i \varepsilon_t + v_{it}$。

在式（4）中，ρ 为空间回归系数，反映样本观测值相互间的空间依赖作用；W 表示空间地理距离权重矩阵，$W'_i y_t$ 是空间滞后项，通过 y_{it} 和其邻接 y_{it} 值的回归来消除自相关性；β、δ 为待估参数；u_i 是个体固定效应；k_t 是时间固定效应；而 m'_i 是扰动项空间权重矩阵 M 的第 i 行，λ 为误差项的空间自回归系数；ε_{it} 为服从正态分布的随机误差项；v_{it} 为独立同分布的残差项。

进行空间计量分析的关键是空间权重矩阵的选择。Richard 和 Victoria 指出，区域间影响因素的相互作用可以由空间权重矩阵表现出来。目前，空间权重矩阵的主流选择主要有两个：基于邻接概念的空间邻接矩阵，即 0－1 空间权重矩阵；基于地理距离的地理空间权重矩阵。考虑到邻接矩阵没有考虑距离因素，存在较大偏误性，所以本文选择地理空间权重矩阵。

（二）计量估计及检验

空间自相关是对全域空间特征的具体描述。常用 Morans′ I 法来衡量要素之间的空间相互关系，判断全局空间和局部空间的相关要素是否存在空间效应。其值在－1 和 1 之间。大于零为正相关、小于零为负相关、等于零为不存在相关性。可用公式（5）表示：

$$\mathrm{I} = \frac{N}{S_0} \frac{\sum_{i=1}^{N} \sum_{j=1}^{N} W(i,\ j)(X_i - \overline{X})(X_j - \overline{X})}{\sum_{i=1}^{N} (X_i - \overline{X})_i^2} \quad (5)$$

式（5）中 N 表示研究对象数量，X_i 为观测值，$\overline{X}$ 为 X_i 的均值，$S_0 = \sum_{i=1}^{N} \sum_{j=1}^{N} W(i,j)$，为研究区域 i、j 间的空间连接矩阵，可将公式演进为地理距离权重矩阵 W，根据以下原则构建：

$$W_{ij} = \begin{cases} W_{ij} = \dfrac{1}{d_{ij}},\ if\ i \neq j \\ W_{ij} = 0,\ if\ i = j \end{cases}$$

其中，d_{ij} 表示的是 i 市域地理中心与 j 市域地理中心的距离。这种空间连接表示相邻单元间相互作用影响程度，通常采用相邻接空间数据和空间距离来构建。数据来自高德地图市域间驾车所用最短路程。

基于对模型估计参数的准确性考虑，采用偏微分的方法在空间杜宾模型中对解释变量进行处理更有效。通过计量分析更准确地表现解释变量的影响效果。因变量中含有第 K 个解释变量的偏微分方程矩阵可以表示为：

$$\left[\frac{\partial Y}{\partial X_{1K}} \cdots \frac{\partial Y}{\partial X_{NK}}\right]_t = \begin{bmatrix} \dfrac{\partial Y_1}{\partial X_{1K}} & \cdots & \dfrac{\partial Y_1}{\partial X_{NK}} \\ \vdots & \ddots & \vdots \\ \dfrac{\partial Y_N}{\partial X_{1K}} & \cdots & \dfrac{\partial Y_N}{\partial X_{NK}} \end{bmatrix} = (1 - \rho W)^{-1} \begin{bmatrix} \beta_K & W_{12}\tau_K & \cdots & W_{1N}\tau_K \\ W_{21}\tau_K & \beta_K & \cdots & W_{2N}\tau_K \\ \vdots & \vdots & \ddots & \vdots \\ W_{N1}\tau_K & W_{N2}\tau_K & \cdots & \beta_K \end{bmatrix} \quad (6)$$

在式（6）中，矩阵的主对角线均值为本市域直接传导效应，而非对角线均值为空间溢出效应，二者之和为长期总效应。

（三）数据来源与描述统计

本文数据来源于 2001—2017 年《陕西省统计年鉴》和陕西省各辖市历年政府年度工作公报。

为检验各变量对农民收入的影响程度，将因变量设为农民人均收入（第一产业总产值/第一产业从业人数）（以 ln*income* 表示）；自变量为经济聚集（各市 GDP 与市域面积比值）水平（以 ln*density* 表示）；控制变量包括资本密集度（固定资产投资与人口比值）（以 ln*invest* 表示）、产业结构（第二产业在市域 GDP 中的比重）（以 ln*sec* 表示）、通信状况（市域内电信业务总收入，其中包含移动及固定电话业务收入、互联网宽带业务收入以及增值业务收入）（以 ln*message* 表示）、旅游人数（市域年接待旅游人次）（以 ln*tourists* 表示）、对外开放水平（市域餐饮、住宿、休闲娱乐、旅游服务业年财政总收入）（以 *Openlevel* 表示），各主要变量描述性统计见表 1。

表 1　样本数据变量统计值描述

变量	含义	平均值	标准差	最小值	最大值
ln*income*	农民人均收入	8.307 064	0.734 379 9	6.976 348	9.712 448
ln*density*	经济聚集	5.740 963	1.266 936	3.056 646	8.907 888
ln*invest*	资本密集度	9.310 645	1.604 190	2.322 401	12.415 030
ln*sec*	产业结构	3.894 956	0.264 239	3.185 112	4.395 560
ln*message*	通信状况	2.475 24	1.140 975	−0.314 907	5.010 635
ln*tourists*	旅游人数	127.566 6	217.693 3	0.87	1 633.3
Openlevel	对外开放水平	3.738 795	1.681 034	−0.139 262 1	7.398 358

统计结果体现出经济聚集、资本密集度、通信状况、旅游人数及对外开放水平在标准差上有较大的差距，充分说明各市域在经济水平、人均固定资产投资、通信建设、旅游业、对外开放水平等方面差异显著。进一步对变量的相关性进行计算后发现农民收入与经济集聚、资本密集度、通信状况、旅游人数、对外开放水平存在明显的线性关系，说明因变量和各变量之间关系密切。

1. LM 检验（拉格朗日最小二乘法）

通过 LM 统计量来选择空间滞后模型（SAR）、空间误差模型（SEM）和空间杜宾模型（SDM），采用 Anselin 和 Florax 提出的判定准则，即不存在空间残差相关的统计值比不存在空间自回归的值显著，且存在空间自回归的值显著但存在空间残差相关值不显著时，选择空间自回归模型，反之，则选择空间误差模型。空间误差模型和空间滞后模型的 LM 值均在 1%的显著性水平上拒绝不存在空间自相关的原假设，说明农民收入与经济集聚存在空间相关性。由此推测应该使用既包含空间滞后项又包含空间误差项的空间杜宾模型（SDM）进行分析（表 2）。

表 2　SDM 空间相关性检验

	统计值	P 值
空间误差：		
Moran's I	177.238	0.000
LM	60.207	0.000
Robust LM	72.519	0.000
空间滞后：		
LM	49.215	0.000
Robust LM	61.527	0.000

2. Hausman 检验

Hausman 检验中，不随时间变化的非观测效应的解释变量和可观测的解释变量之间存在相关，则采用固定效应模型，反之，采用随机效应模型。检验使用固定效应模型或者使用随机效应模型，不考虑时间与个体固定效应项，检验结果显示 P 值＞0.05，说明接受原假设，则使用随机效应模型。

表 3 Hausman 检验结果

变量	fe	re	Difference	S. E
经济聚集	0.209 418 7	0.202 525 9	0.006 892 8	0.0
资本密集度	0.036 546	0.008 522 1	－0.004 867 4	0.001 64
产业结构	－0.063 233 7	－0.080 859 9	0.017 626 3	0.0
通信状况	0.038 434 6	－0.003 291 9	0.041 726 5	0.0
旅游人数	－0.034 026 4	－0.023 456	－0.010 570 4	0.015 752 1
对外开放水平	0.019 360 2	0.048 191 4	－0.028 831 2	0.008 533 6
χ^2		15.00**		

3. LR 检验

空间杜宾模型是一般的空间模型，包含了空间滞后项和空间误差项。

若空间模型设定偏误则会影响模型的估计效果，为了保证建模的准确性，使用 LR 检验判断空间滞后模型（SAR）、空间误差模型（SEM）和空间杜宾模型（SDM）哪一个最合适本研究。结果表明对于三种回归模型，SAR 和 SEM 的假设均在 1%水平上被拒绝，即空间杜宾模型（SDM）是研究农民收入与经济集聚的最优选择。

表 4 LR 检验

原假设	χ^2 值
SAR 模型优于 SDM 模型	24.57***
SEM 模型优于 SDM 模型	20.34***

LM、Hausman、LR 三种检验结果表明：空间杜宾面板数据模型拟合较好，显著性较高，借助 LR 的空间滞后和空间误差检验证明二者均在 1%水平上显著，因而空间杜宾模型最为合适。

（四）SDM 模型的估计结果

对经济集聚对农民收入影响效应的估算。通过 Hausman 检验判断使用固定效应模型还是随机效应模型。Hausman 检验结果显示 χ^2 统计量为 15.00，P 值为 0.020 3，应采用固定效应模型。继续通过 LR 检验对固定效应模型的类型进行选择，结果显示时间固定效应模型和个体固定效应模型优于双向固定效应模型的原假设在 1%水平上被强烈拒绝，因此采用双向固定效应模型。运用 Stata14.0 和极大似然估计法（MLE）进行参数估计，结果如表 5 所示。

表 5 SDM 模型的估计结果

变量	参数值	稳健标准误	z 值
Main			
经济聚集	0.209 4***	0.017 544 3	11.94
资本密集度	0.003 7	0.003 791 9	0.096
产业结构	－0.063 2*	0.332 53	－1.90

（续）

变量	参数值	稳健标准误	z值
通信状况	0.038 4***	0.011 025 8	3.49
旅游人数	−0.034 0	0.029 999 1	−1.13
对外开放水平	0.019 4	0.023 558 5	0.82
Wx			
经济聚集	0.505 0***	0.175 840 5	2.87
资本密集度	−0.011 8	0.017 849 4	−0.66
产业结构	−0.366 9**	0.153 866 7	−2.38
通信状况	0.238 2***	0.056 582 3	4.21
旅游人数	−0.110 0	0.166 931	−0.66
对外开放水平	−0.182 4	0.132 601 5	−1.38
Spatial			
rho	−0.538 1***	0.215 009 3	−2.50
Variance			
sigma	0.001 2***	0.000 133	9.14
R^2		0.913 9	

注：*、**、***分别表示在10%、5%、1%水平上显著。

由表5可知：经济聚集对农民收入具有显著的正向影响效应。本地经济集聚强度每增加1%，农民收入提高0.209 4%；相邻市域经济集聚强度每增加1%，本地农民收入可提高0.505 0%。说明经济集聚的溢出效应明显，具有强劲的带动吸纳作用。从经济集聚的影响效应结果看，一方面本市经济集聚给农民创造了非农就业机会和非农工资性收入，其中大部分非农就业机会流向来自邻近市域的兼业农民，从而带动了本市的消费，提升GDP，外出务工农民将这部分工资收入进行储蓄后带回本地进行投资消费。另一方面根据新经济地理学的中心-外围理论，由于各市地理经济集聚的垂直性水平集聚化形成的市场垄断，提升了地域间的贸易流动性，而本地的资源和生产有限，必须依赖邻近市域资源，进而极大地带动了邻近资源的要素价格。对农民而言，在农业生产中广泛应用垂直性水平集聚的垄断市场化的产品，促进了农业生产效率提高，在提高农产品质量和市场价格的同时增加了农民的农业性财产收入。

资本密集度对农民收入的影响不显著。资本密集度每增加1%，本地农民收入提高0.003 7%；邻近市域资本密集度每增加1%，本地农民收入减少0.011 8%。固定资产投资密度越大，风险越大、资本成本越高，越有条件创造更高的劳动生产率。说明：其一，某些行业的资本投资具有针对性和区域保护性。在提供非农性就业岗位和资源扩散时只针对本地的农民，且实行这种区域保护政策与邻近市域农民参与度在一定程度上和一定范围内具有相互竞争性。其二，各市多数的固定资产投资用于其他基础设施及项目建设上，用于促进农民从事农业生产的固定投资较少。其三，相邻市域间农民收入来源具有相似性，在农业生产中农产品具有同一性和竞争性。其四，资本密集带来的规模效应明显，各市资源禀赋在地理因素上具有密切相关性。因此出现了资本密集度越高，本地农民收入提高而邻近市域农民收入减少的现象。

产业结构对农民收入的影响显著，但为负。非农产业结构调整每增加1%，本地农民收入减少0.063 2%；邻近市域非农产业结构调整每增加1%，本地农民收入减少0.366 9%。直观反映出：其一，农业生产力水平整体对农民而言成本较大；其二，各市域内农民以第一产业为主要收入来源；其三，城乡经济发展差距较大，二元城乡结构明显。可见，陕西各市域地区产业结构调整具有共同特征，即农业基础薄弱或当前农业产业发展到达瓶颈状态，亟须较高的技术和资本投入进行农业技术改进，以提升农业生产和农产品经济价值转化的能力。而第三产业普遍欠发达，在农业综合服务方面，农民受到第三产业的推动有限，因此出现了农民收入随着非农产业产值比重的提高而下降的现象。

通信状况对农民收入具有显著的正向影响。本地通信状况强度每增加 1%，农民收入提高 0.038 4%；相邻市域通信状况强度每增加 1%，本地农民收入可提高 0.238 2%。说明通信状况具有明显的扩散效应，农业农村的信息化建设对农民收入具有很大的促进作用。农民对新通信工具具有很高接受度，因为信息流通快才能够及时准确掌握市场价格，保障自身收益，降低损失。电信运营商在通信建设中为农村用户提供实用的信息终端，积极地推动了物联网等各类信息技术在“三农”领域的示范应用，提高了农业集约化和产业化程度，综合提升了农村信息化服务水平。推动了农村的社会进步、农业结构升级、农民素质的提高及拓展了农民增收的渠道。

旅游人数和对外开放水平对农民收入的影响不显著。旅游人数每提高 1%，本地农民收入下降 0.034 0%；邻近市域旅游人数每提高 1%，本地农民收入减少 0.110 0%。对外开放水平每提高 1%，本地农民收入增加 0.019 4%；邻近市域对外开放水平每提高 1%，本地农民收入减少 0.182 4%。说明：一方面，农民参与的本地旅游、酒店、餐饮、休闲娱乐等服务业经营活动主要依靠邻域流动消费拉动，依靠“引进来”的模式，缺乏“走出去”的机制和支持。另一方面，各类文化及旅游业发展，刺激了农民出游消费，丰富了农民文化生活，因而降低了农民储蓄，减少了农民的收入。

（五）经济集聚对农民收入影响效应的空间分解

由于空间杜宾模型计算的参数值与实际的空间效应大小有差别，通过偏微分进一步分解测度得出直接效应、溢出效应和总效应的数值如表 6 所示。

表 6　经济集聚对农民收入影响效应的空间分解

变量	直接效应		溢出效应		总效应	
	参数值	标准误	参数值	标准误	参数值	标准误
经济聚集	0.188 9***	0.224 547	0.274 6**	0.133 590 1	0.463 4***	0.125 254 6
资本密集度	0.004 7	0.003 288 3	−0.008 5	0.011 665 4	−0.003 8	0.013 185 6
产业结构	−0.046 3	0.031 704 7	−0.239 7***	0.100 929 4	−0.286 0***	0.107 380 4
通信状况	0.026 0***	0.009 746 7	0.153 4***	0.042 295	0.179 5***	0.483 336
旅游人数	−0.028 5	0.023 436	−0.065	0.111 396 1	−0.093 8	0.129 744 9
对外开放水平	0.023 0	0.019 142 2	−0.131 4	0.092 327	−0.101 5	0.104 499 3

注：*、**、*** 分别表示在 10%、5%、1%水平上显著。

1. 经济集聚对农民收入影响的横向分析

（1）经济集聚对农民收入的直接效应、溢出效应、总效应三项效应整体显著，且为正。从总体看，总效应>溢出效应>直接效应。经济集聚强度每提高 1%，农民收入提高 0.188 9%，而邻近市域农民收入提高 0.274 6%。可见邻近市域的经济集聚竞争力高于本地，邻近市域的经济发展对本地资本和人力流动具有很强的虹吸效应，虽有利于增加农民收入，提高非农就业水平，但对本地农民人才建设而言却是弊大于利，容易造成农业人才流失。从农业剩余劳动力转移和农业现代化建设看，农民收入增加会促进城镇化进程。非农化的农民进行土地流转，一方面有利于新型农业经营主体的发展、促进土地规模化和集约化，提高了农地综合开发和利用水平。另一方面，土地流转增加了农民的经营性收入。

（2）资本密集度对农民收入的直接效应、溢出效应、总效应均未通过显著性检验，仅直接效应为正。说明固定资产投资对农民收入不具有明显影响。但在实际的经济活动中，本地固定资产投资会提高农民收入，其为本地农民提供了相应的就业岗位和便利的基础建设等。对农民而言，农业基地建设和农产品深加工建设等固定投资有利于提高农产品价值转化能力，促进技术进步和技术创新。农业技术进步和技术创新不仅是粮食生产的主导因素，也是农业生产的源动力。农民对农业技术的选择决定要素投入的费用和收益。高技术和高生产力，不仅带动农民对农业生产的积极性，也促进农业生产率的提升而增加农民收入。当农业生产建设缺乏投资时，落后的生产条件和农业技术就成为影响农民收入的主要不利条件。相对的，农业生产基础投资有很强的区域性，只能改进和提升局部现状。因此，本地农民的收入增加而邻域农民在收入未增加的同时还存在相应的生产生活开支，从而隐性地抑制了邻近市域农民收入的增加。

（3）产业结构对农民收入的直接效应、溢出效应、总效应均为负，直接效应未通过显著性检验，溢出效应和总效应显著。非农产业结构每增加1%，邻近市域农民收入减少0.239 7%，总效应减少0.286 0%。产业结构是衡量经济发展水平的基本要素之一，二、三产业增加值占GDP的比例越大，经济越发达，反之则越不发达。因此，产业结构的变迁与农民收入在实践中是存在相关关系的。基于农产品需求创新理论，农产品的市场需求直接影响农民的经济效益和生产结构。农产品的市场需求程度与农民对农产品生产要素的投入、农技研发单位对经费的投入有关。由此可见，陕西省农业产业结构不合理、基础薄弱、经济模式脆弱。

（4）通信状况对农民收入的直接效应、溢出效应、总效应均在1%水平下显著，且效应为正。通信状态每提升1%，本地农民收入提高0.026 0%，邻近市域农民收入提高0.153 4%，总效应提高0.179 5%。农民收入以农业收入为主，而通信建设首先促进了农产品贸易的流通和降低了农产品交易成本，拓宽了农产品的产销渠道，为农产品品牌的建立和推广提供了宣传的平台，并且能够及时准确地为农民提供农产品市场信息。其次，先进的通信技术提升了农民文化素质，有利于提高农业生产力和农业技术的改进。最后，农民利用及时掌握的信息选择非农就业岗位，提高非农性工资收入，并且在农忙时能及时返回务农，保障农业的财产性收入不受损失。

（5）旅游人数对农民收入的直接效应、溢出效应、总效应均为负，且未通过显著性检验。说明旅游人数对农民收入未有明显影响。实际中旅游业的发展促进了农民文化生活水平提高，带动了农民出行消费。而农民出行旅游减少了其从事农业生产和通过劳务来增加收入的时间。从直接效应和溢出效应看，农民旅游多选择邻近市域的旅游景区，增加了邻近市域农民的收入。选择到本地景区旅游的人数较少，因而未能明显促进本地经济提升。

（6）对外开放水平对农民收入的直接效应、溢出效应、总效应均且未通过显著性检验，仅直接效应为正。说明对外开放水平对农民收入影响不具有溢出效应。在对外开放水平中，农民收益更多来自本地经营的餐饮、住宿、休闲娱乐等服务业与较为发达的乡村旅游、农家乐等产业，但农家乐和乡村旅游往往具有明显的季节性，经营时间短，更多的时间被农民用于农业生产和非农就业。因此，对外开放水平对农民收入的影响效应不显著。

2. 经济集聚对农民收入影响的纵向分析

（1）从直接效应来看：经济集聚、通信状况对农民收入有显著的正向影响作用。经济集聚水平每提高1%，本地农民收入提高0.188 9%；通信状况每提高1%，本地农民收入提高0.026 0%。

资本密集度、产业结构、旅游人数及对外开放水平对农民收入的直接效应未通过显著性检验，说明其对农民收入尚不构成影响。资本密集度每提高1%，本地农民收入增加0.004 7%；对外开放水平每提高1%，本地农民收入增加0.023 0%；产业结构每提高1%，本地农民收入减少0.046 3%；旅游人数每提高1%，本地农民收入减少0.028 5%。

（2）从溢出效应来看：经济聚集、产业结构和通信状况通过了显著性检验，且经济集聚和通信状况对农民收入具有显著的正向溢出效应。邻近市域经济集聚水平提高1%，本地农民收入增加0.274 6%；邻近市域非农产业结构调整每增加1%，本地农民收入减少0.239 7%；邻近市域通信状况每提高1%，本地农民纯收入提高0.153 4%。资本密集度、旅游人数和对外开放水平对农民收入的影响未能通过显著性检验，说明不具有溢出效应。从溢出效应总体看，在经济集聚中本地农民具有广泛的参与度，因此提高了农民的收入；通信状况影响显著说明邻近市域间的经济发展信息传导影响敏锐，另外也反映出市域间的资本和人力流动具有就近性选择；产业结构影响显著说明邻近市域非农产业结构调整对本地农民收入具有抑制作用，反映出陕西省各市域内产业结构在资源要素配置上具有一定的相似性和竞争性，且产业结构和农民收入关系紧密。

（3）从总效应来看：经济集聚程度、通信状况和产业结构对农民收入的影响通过了显著性检验，但产业结构影响为负。经济集聚程度每提高1%，农民收入提高0.463 4%；产业结构每提高1%，农民收入减少0.268 0%；通信状况每提高1%，农民收入提高0.179 5%。资本密集度、旅游人数和对外开放水平对农民收入的影响未通过显著性检验，说明资本密集度的提升与产业结构的升级并没有对农业经济进行反哺，而是偏向开发旅游项目，使得非农产业结构升级和资本投资对农民收入影响效应不足。

四、结论与政策建议

经济集聚对农民收入影响效应的空间分解结果表明：陕西省内农民收入和经济集聚程度呈现出动态性和空间交叉关联性，即农民收入不仅随本地区的经济集聚程度提高而增加，也随邻近市域通信水平提高而增加，但是邻近市域非农产业结构提升抑制了农民收入的提高。通过上述分析，提出几点政策建议：

（1）强化本地经济集聚，促进资本向农业相关产业投资，拓展农民增收渠道。在经济集聚上，第一，各市政府和相关部门应针对地区资源优势建设特色产业集聚项目；在固定资产投资中加快“七通一平”基本建设项目的建设。在产业政策上，各市应结合自身特点，因地制宜，发展区域特色经济。借鉴“诸城模式”“潍坊模式”“寿光模式”，集聚产业区，加大地区现代化农业相关产业投资力度。形成具有地方特色的三产融合产业和产品。鼓励建设特色农业产业示范园和发展现代化农业龙头企业。政府部门应当从土地流转到基础设施配套上给予支持，进而吸引技术型产业发展。发展创新型农产品深加工、各类电商、物流等现代化服务业，形成具有地理标志的“三品一标”产品，提高农产品品牌影响力，提升农产品价值，以促进农民收入提高。第二，制定相关支持特色农业产业发展的金融财政政策。在农业保险和金融机制上，建立相关金融和保险保障机制，健全农民农业风险保障制度，让农民共享社会发展红利并且获得社会保障。第三，培养和引进高素质人才发展农业、建设农村。在人才机制上，鼓励外出务工农民、大学生、退伍官兵、乡贤能人等返乡创业，培育具有时代精神的新农人。优化土地资源配置效率，让稀缺的农地在保障农民“三权”的机制下发挥经济效用，生产具有竞争力的特色产品，实现农村富裕、农民增收。

（2）着力调整产业结构，增加农民收入来源。应在保障农民农业收入稳定的基础上，优化区域农业生产结构，促进农业的科学化、现代化，促使生产经营者改进生产技术，提高产品产量和质量、降低生产成本以获取更大的经济效益。建议加快建立完善与本地农业种植结构相适应的第三产业，以促进农业技术进步，提升劳动生产率、释放农业劳动力。

（3）实现农村通信网络广覆盖。应加快形成以邻近城市为中心的农村流通信息服务网络平台，依靠网络培训农村电商人才。利用现代通信技术对农民进行农业现代化技能普及推广，培育现代化职业农民。

参 考 文 献

陈利，朱喜钢，2015. 基于空间计量的经济集聚对农民收入的影响效应——以云南省为例［J］. 农业技术经济（10）：81-91.

陈良文，杨开忠，等，2008. 经济集聚密度与劳动生产率差异——基于北京市微观数据的实证研究［J］. 经济学（季刊），8（1）：100-115.

范剑勇，2006. 产业集聚与地区间劳动生产率差异［J］. 经济研究，11：72-81.

郇红艳，谭清美，孙君，2014. 基于空间计量模型的安徽城镇化发展与农民增收实证分析［J］. 农业现代化研究，35（2）：151-157.

黄祖辉，钱峰燕，2003. 技术进步对我国农民收入的影响及对策分析［J］. 中国农村经济（12）：11-17.

梁謇，咸立双，2004. 我国农户兼业化问题探析［J］. 理论探讨（5）：62-64.

刘秉镰，赵晶晶，2010. 我国省域农民收入影响因素的空间计量分析［J］. 当代经济科学，32：32-37.

沈体雁，劳昕，杨开忠，2012. 经济密度：区域经济研究的新视角［J］. 经济学动态（7）：82-88.

宋元梁，肖卫东，2005. 中国城镇化发展与农民收入增长关系的动态计量经济分析［J］. 数量经济技术经济研究（9）：30-39.

孙慧钧，2007. 我国农村区域间收入差距构成的实证分析［J］. 统计研究，24：（11）42-47.

万广华，1998. 中国农村区域间居民收入差异及其变化的实证分析［J］. 经济研究（5）36-41，49.

韦鸿，2008. 农地利用的经济学分析［M］. 北京：中国农业出版社：108-110.

吴比，尹燕飞，徐雪高，2017. 农民收入增长区域结构与空间效应——基于农村固定观察点数据［J］. 农村经济（1）：60-66.

伍骏骞，阮建青，徐广彤，2016. 经济集聚、经济距离与农民增收：直接影响与空间溢出效应［J］. 经济学（季刊），10（15）：298-320.

约翰·穆勒，1997. 政治经济学原理［M］. 北京：商务印书馆：202.

张琛，孔祥智，2017. 经济集聚、空间溢出与农民增收［J］. 农林经济管理学报（1）：29-39.

张海峰，姚先国，2010. 经济集聚、外部性与企业劳动生产率——来自浙江省的证据［J］. 管理世界（12）：45-52.

张五常，2000. 佃农理论［M］. 北京：商务印书馆：24.

张哲晰，穆月英，2018. 空间视角下农业产业集聚的增收效应研究——基于蔬菜专业村的实证［J］. 农业技术经济（7）：19-32.

Ciccen A，Hall R E，1993. Productivitu and the densiye of economic activity［R］. National Bureau of Economic Research.

Corinne A B，P L James，2011. Quantifying knowledge spillovers using spatial econometric models［J］. Journal of Regional Science，51（3）：471-496.

部分投稿论文摘要

安徽省茶叶经营户规模化影响因素研究

付　磊

（安徽农业大学经济管理学院）

摘要：规模化经营，是推动我国农业现代化发展的重要途径，也是促进我国农业可持续发展的政策导向。茶产业是安徽省农业现代化十大主导产业之一，但安徽省茶园大多分散在农户手中，茶园流转机制尚未普及、经营规模小、组织化程度低，此种现状阻碍了安徽省茶产业现代化的发展进程。本文基于安徽省 497 份茶叶经营户茶园规模扩张情况、个人特征、家庭特征、经营组织情况以及外部环境等调研数据，建立二元 Logistic 回归模型，分析影响安徽省茶叶经营户规模化发展的因素。研究结果表明：茶叶机械化的发展，是否注册申请茶叶家庭农场，是否加入新型茶叶经营组织，区域的茶园流转程度以及区域茶叶发展情况对茶叶经营户规模扩大具有显著的影响。对此，提出现阶段推动安徽省茶叶经营户规模化发展需要因地制宜推动茶叶机械化、大力发展茶叶家庭农场、促进新型茶叶经营主体的发展、深化茶园流转机制的建议。

安徽省农业碳排放影响因素研究

王苗苗　罗清文

（安徽农业大学经济管理学院）

摘要：中央 1 号文件明确提出开展农业绿色发展行动，而农业减排则是绿色农业发展的重要指标。本文采用碳排放估算模型测算了 2005—2017 年安徽省 16 个市区农业碳排放总量，并运用 SPSS 计量软件对相关影响因素进行分析，结果表明在全省层面上，农业产业升级、城镇化率都对安徽省农业碳排放量增长有着显著正向影响。区域层面上农村人口数与农业产业升级对皖南地区农业碳排放有着显著影响。城镇化率、农业产业升级、生产能源效率以及农村人口数四个变量对皖中地区农业碳排放都有着正向促进关系。皖北地区农村人口数增加会导致农业碳排放的提升，而生产能源效率的提高对农业碳排放有一定的抑制作用。本文最后结合安徽省实际情况，提出深入发挥城镇化积极作用、促进农业结构转型升级、合理利用农业能源、提高人口素质四个方面建议，确保农业可持续发展。

安徽省脱贫攻坚特点、经验及对策建议

张谋贵

（安徽省社会科学院城乡经济所）

摘要：2014 年安徽省开始实施精准扶贫和脱贫方略，现脱贫攻坚取得了阶段性成果。本文基于安徽省的做法，系统总结了安徽省脱贫攻坚的特点和经验。针对安徽省在脱贫攻坚最后关键时期的艰巨任务，提出了下一步打赢安徽省脱贫攻坚战的对策建议。

保险支农精准扶贫工作方法探析

郑晓玲

（海南经贸学院）

摘要：本文借鉴河北阜平县等地的保险支农精准扶贫经验，以海南省为例，探讨保险支农精准扶贫工作方法，即实行“政府政策支持＋保险资金融资＋保险风险保障”的运行模式，选择具有良好金融发展基础的琼中县试点；向贫困农户和产业扶贫项目提供农业贷款保证保险产品服务，通过贷款保证保险的信用担保功能搭建融资桥梁，利用省财政对农业贷款保证保险的保费补贴政策降低贫困农户和政府产业扶贫项目的融资成本；与民政部门在扶危济困救助领域开展合作，利用保险的精准补偿功能提高社会救助效率；为相关企业争取财政保费补贴政策，提高企业带动贫困农户脱贫的积极性和能力；大力发展农村财产、人身、医疗、价格指数保险业务，在防止因灾、因病、因市场风险返贫、致贫方面发挥保障作用等。

病虫害防治专业化服务对农药施用及其效果的影响

——以水稻种植为例

陈 欢[1] 周 宏[2]

（1. 金陵科技学院商学院；2. 南京农业大学经济管理学院）

摘要：病虫害防治专业化服务被视为转变农药施用方式、实现农药减量控害的重要路径，受到政府部门的大力支持。本文分析病虫害防治专业化服务对农药施用及其效果的影响机制，根据江苏省水稻种植户的调研数据，采用倾向得分匹配（PSM）模型纠正自选择偏误问题，估计病虫害防治专业化服务对农药施用及其效果的影响。研究结果表明，病虫害防治专业化服务在未对粮食产量造成影响的情况下，能够减少农药施用量，但对不同规模农户的影响程度存在差异，病虫害防治专业化服务能够增加小规模户预防性施药行为，减少农药施用次数和总支出。此外，从病虫害防治专业化服务的不同服务模式来看，“全包”服务的效果优于“半包”服务。

不同规模果农新技术采纳与技术效率差异分析

——基于烟台市苹果种植小农户与大农户的调查实证

孙 瑜 于 茜

（青岛农业大学）

摘要：本文基于在苹果主产区山东省烟台市的实地调研数据，分析苹果种植大农户与小农户的新技术采纳行为与技术效率差异，为农业现代化发展及乡村振兴战略的有效实施提供对策建议。从苹果主产区层面，采用二元 Logistic 回归模型实证分析了影响大农户与小农户新技术采纳行为的关键因素，并运用 DEA 模型分析采用新技术后技术效率的变化和差异。大农户与小农户的新技术采纳行为存在明显差异，大农户的新技术采纳概率明显高于小农户；各影响因素对大农户与小农户的影响程度也有所差异，是否加入合作社、是否经常上网对大农户的影响较大，而家庭劳动力数量、是否获得金融保险对小农户的影响较大，且大农户与小农户在采纳新技术后，其技术效率也会存在差异，大农户的技术效率高于小农户。根据研究结果，本文提出政府要积极引导大农户发挥示范作用、制定合理的补贴政策和加大金融支持力度的建议，以推动农业农村现代化。

不同属性技术农户行为选择差异分析

——以安徽四大名茶种植户为例

张藕香　张红艳

（安徽农业大学经济管理学院）

摘要： 农业高质量发展在很大程度上依赖于对传统农业的改造、对新技术的应用。本文利用对安徽省361户茶叶种植户的调查数据，运用二元Logistic模型，在考虑农户禀赋特征差异的基础上，对不同属性技术农户行为选择进行了多维度分析。研究发现，在农户禀赋特征中，风险偏好对农户技术选择行为的影响最显著；劳动力禀赋对增劳型技术的影响主要取决于劳动力需求类型，其中对人力资本需求较高的新品种技术影响显著，而对体力型劳动力需求较高的有机肥施用技术影响不显著；资本禀赋对增资型技术的影响主要取决于技术类型，其中对资本密集型的机械制茶技术影响显著，而对劳动密集型的新品种技术影响不显著。因此，应加大对小众化特色农业的政策支持和福利补贴，引导农户根据技术需求类型采用选择性技术，转嫁新技术应用带来的风险，利用自身的比较优势规避因资源要素稀缺和禀赋特征不足而形成的技术推广与应用困境。

不完全信息下农业产业化联合体形成的动态博弈分析

李纪华

（安徽农业大学经济管理学院，安徽乡村振兴战略研究中心）

摘要： 本文在回顾和梳理农业产业化联合体产生发展的理论与实践的基础上，将农业产业化联合体中的龙头企业与两类潜在的合作伙伴——生产型经营主体和服务型经营主体的行为选择作为研究对象，从成本-收益决策的视角构建了两阶段的动态博弈模型，探讨了不完全信息下农业产业化联合体形成的动态机制和稳定均衡条件，旨在为农业产业化联合体的形成与发展提供决策分析框架，进一步推进对农业产业化联合体的研究。

产业扶贫中农民心理与行为的分类分析
——以农业技术扶贫为例

樊军亮

（山西省农业科学院农业资源与经济研究所）

摘要：精细化是现代治理的方向。中国幅员辽阔，各地区不同的农业经济发展水平形成了差异化的农业发展模式和区域性的农耕文化，再加上发展政策的干预造就了农民不同的心理和行为。随着中国减贫行动的深入推进，当代小农的心理和行为逐步发生改变，以往的研究缺乏解释当下小农心理行为的时效性与针对性。本研究以农业新技术的扶贫对象为研究重点，综合采用行动研究方式和关键事件分析法，依据扶贫对象的心理和行为，将其划分为11种类型，是对当下小农心理行为的全面概括。通过具体案例，展示了每一类型的表现形式，并针对该类型农民心理行为产生的原因、可利用、应注意或需引导的方面提出了政策建议，以作为精准制定乡村振兴政策的参考。最后分析了研究的不足和有待进一步深入探讨的方向。

创业失败经历对农民再创业绩效的影响研究
——基于失败学习与创业警觉性的链式多重中介模型

魏　娟　赵佳佳　刘天军

（西北农林科技大学经济管理学院）

摘要：创业者的失败经历、失败后的意义建构与行为反应对其再创业绩效具有重要影响，然而相关实证研究颇为鲜见，少数已有研究也仅限城市地区。本文通过构建包含失败学习与创业警觉性的链式多重中介模型，利用浙江、安徽和陕西三省173位具有失败经历农民创业者的实地访谈数据，验证创业失败对再创业绩效的直接和间接影响。研究发现，创业失败对农民创业者的再创业绩效具有显著正向影响；创业失败学习在创业失败与再创业绩效之间发挥积极的中介效应；而创业警觉性在创业失败与再创业绩效之间的中介效应虽不显著，但创业失败学习与创业警觉性的链式多重中介模型通过了显著性检验，即创业失败学习通过激发农民创业者的创业警觉性，提高再创业绩效。

“带权进城”：城镇化进程中农民权益处置的一种思路

杜宇能[1,2]　刘　娟[1]　向　涛[3]

（1. 安徽农业大学经济管理学院；2. 安徽农业大学农科教结合研究中心；
3. 东北大学工商管理学院）

摘要：随着农村改革的深入推进，农民权益不断提升，然而这种权益的提升在一定程度上阻碍了城镇化、特别是户籍城镇化的进程，进而导致了农民权益保障和新型城镇化发展之间出现两难的境地。为了实现新型城镇化和农民权益保护的双赢，有效提升新型城镇化的质量，本文以理论分析为主线，辅以案例剖析，对城镇化进程中农民权益处置的思路进行了研究。首先指出当前农民和农民权益之间是一种“弱连接”；其次分析了农民权益处置应当遵循的原则，提出了以“带权进城”为核心做法的进城农民权益处置思路，并分析了改革思路的适当性；再次通过浙江省德清县农村产权改革的案例，探讨了“带权进城”改革的模式、效果、启示和未尽之处，指出未来“带权进城”的实践创新的重点在于对农民权益的固化和盘活；最后提出了以农村地区改革为立足点，用渐进式方法在富裕地区先行先试，尊重农户意愿并扩大城镇公共服务供给等政策建议。

稻田综合种养生态循环农业模式的环境效率分析

刘　青　谭淑豪

（中国人民大学农业与农村发展学院）

摘要：稻田综合种养作为农业绿色发展的重要模式被快速推广。实践中，这一模式的生态-经济效果如何？是否符合绿色发展的需要？制约其生态-经济效果发挥的因素是什么？回答以上问题，有助于促进农业绿色发展和农户节本增收。本文以典型的稻田综合种养模式稻虾共作为例进行了探究。基于对湖北省的实地调查，运用基于非期望产出的SBM模型测算稻虾共作的环境效率，与其技术效率进行比较，并分析了制约效率发挥的因素。结果显示：①稻虾共作环境效率和技术效率的均值分别为0.618和0.846，表明忽略环境影响的稻虾共作技术效率虚高；②农户之间的环境效率值差异较大，尽管有1/3的农户（33.2%）环境有效（效率值为1），但一半以上的农户（51.2%）处于低效状态（效率值小于0.5），中等效率值农户（0.5～1）也不足1/5（15.6%）；③资源消耗过量是造成稻虾共作环境效率整体水平不高的主要原因。小龙虾养殖中药物、饲料和虾苗过量使用，同时劳动力亦未能得到合理利用。针对以上研究，本文提出了指导农户行为，促进稻田综合种养绿色发展的政策建议。

稻作大户规模种植效率的演变规律及其要素匹配特征

——基于湖南的调研数据实证

张　磊

（广东省农业科学院农业经济与农村发展研究所）

摘要：稻作大户规模种植效率的演变是否与一般企业所刻画的倒“U”形演变特征一致？本文基于湖南省稻作大户调研数据并利用DEA－Tobit模型进行分析。结果发现，稻作大户规模种植效率演变并非遵循一般企业规模扩张的演化规律，而表现出“M”形演变特征，研究结论再次佐证农业生产不同于工业的特殊性，即对农业规模经营的政策设计应遵循“渐进性”演变的规律，也表明通过改变外部交易装置或恰当的内部资源配置能推动“适度规模”区间的有效扩展；在补贴与支持适度规模经营政策上应着力于以稻作大户最优规模的要素匹配特征为参照，促进稻作大户规模种植效率跃升的同时实现渐进性梯次改进。

地膜回收增加了农户利润吗？

——来自新疆棉花主产区的证据

滕晨光　王太祥

（石河子大学经济与管理学院）

摘要：农户是农业生产经营的微观主体，科学测定地膜回收的经济效益对于提高其地膜回收的积极性具有重要意义。文章基于对新疆棉花主产区591户农户的调查数据，运用倾向值匹配法测算了地膜回收的增产效果，进一步结合当前的成本投入情况分析了地膜回收对农户利润的影响。研究结果表明：①考虑样本农户自选择和内生性问题后，地膜回收使农户亩均籽棉产量平均提高了12.49千克；②地膜回收增加了农业生产成本，但在当前的棉花价格下和回收补贴政策下农户能够实现净利润的增加。在此基础上，文章从完善地膜回收的约束型环境规制、激励型政策规制和地膜回收体系三个方面提出相应的政策建议。

“第一书记”制度与少数民族地区贫困治理的有效性研究

——基于贵州省麻江县的案例分析

何　军　沈怡宁

（南京农业大学经济管理学院）

摘要： 扶贫不仅是一个经济问题，更是一个制度问题，尤其是对农村来说，贫困是一个治理制度的问题。为此，本文基于奥斯特罗姆的自主治理理论，构建精准扶贫背景下乡村治理机制的分析框架，从新制度供给、可信承诺和相互监督三个方面阐释了乡村治理的难题，并进一步以贵州省麻江县干桥村扶贫“第一书记”为案例，应用上述框架分析了其改变贫困村庄乡村治理机制的内在逻辑。研究发现，贫困村庄在“第一书记”的帮扶下发生了基层组织运行规范化、村民参与意识增强、传统产业发展壮大的改变。在当前精准扶贫实践中，应重视村庄内部自主治理的实现，同时引导村庄发展特色产业，增强“造血”功能，确保贫困地区和贫困人口能长期稳定脱贫。

洞庭湖区水稻种植业家庭农场适度规模经营研究

贾玉杰[1]　邓正华[1]　李　毅[1]　刘　颖[2]

（1. 湖南理工学院经济与管理学院；2. 华中农业大学经济与管理学院）

摘要： 本文基于2018年湖南省《粮油作物生产经营监测信息网上直报系统》数据及补充调查数据，运用广义倾向得分匹配法对城乡融合背景下洞庭湖水稻种植业家庭农场适度规模经营进行实证研究。研究表明：①家庭农场经营存在适度规模经营区间，其受上期人均经营收入、生产成本、男性劳动力比例、农户社会资本及农户自有机械等因素的影响。②家庭农场经营存在自选择效应，农户前一期的人均收入对当期家庭农场的人均土地规模具有正向作用。③家庭农场人均土地规模大小与家庭农场和外出务工的人均收入的效用差额之间呈倒“U”形关系。④家庭农场人均土地规模分为初始区域、中间区域和无效区域，洞庭湖区水稻种植业家庭农场适度规模经营范围是人均土地规模经营面积12.26～15.89公顷。

豆粕期现货价格传导关系的实证研究

——兼论豆粕期权的影响

宋 博[1] 程 安[2] 安冀清[1]

（1. 河南工业大学经济贸易学院；2. 中国农业大学经济管理学院）

摘要：本文运用 Johansen 协整检验、向量误差修正模型、Granger 因果检验、脉冲响应函数和方差分解等方法对豆粕期现货价格的传导关系进行分析，并基于 GARCH（1，1）和 TARCH（1，1）模型考察了豆粕期权推出对豆粕期现货价格波动的影响。研究结果表明：①豆粕期货价格与现货价格之间存在长期均衡关系，且为双向传导关系；②豆粕期货价格对市场新信息的反映较快且影响时间久，豆粕期货市场在价格发现功能中占据主导地位；③豆粕期权的推出减缓了豆粕期货价格的波动性，加剧了豆粕现货价格的波动性，但对豆粕期现货价格波动的非对称性则均有改善作用。

非洲猪瘟疫情带来了什么

——外部冲击对居民消费的影响

李春雷 王志琳 王刚毅

（东北农业大学经济管理学院）

摘要：2018 年 8 月非洲猪瘟疫情在中国爆发以后，猪肉价格呈现出上升趋势，一度达到历史猪肉价格的最高点。不仅如此，居民消费价格指数也呈现出一定程度上的上扬。究竟非洲猪瘟在我国的传播和居民消费价格指数是否存在相关关系呢？为探究此问题，本文选取 2017 年 8 月至 2019 年 7 月的省级月度面板数据，利用双重差分法研究了非洲猪瘟疫情对居民消费价格指数的影响。本文的实证结果表明：非洲猪瘟疫情显著提高了我国的居民消费价格指数水平；非洲猪瘟疫情对 CPI 产生影响存在滞后期，多数省份的滞后期为一个月；非洲猪瘟疫情重灾区不是因疫情而扑杀生猪最多的省份，而是我国的主要生猪养殖区域。

关于小农户与现代农业发展的研究进展

乌　云　乌云花

（内蒙古农业大学经济管理学院）

摘要：农业生产长期以小农经营为主体是我国国情决定的。小农户和现代农业有机衔接解决的不仅是农业问题，更是农民问题。本文梳理了国内外学者关于小农户与现代农业发展的相关文献。从研究结论来看，小农户的发展还存在很多的问题，与现代农业衔接路径还不成熟，多数学者的研究只停留在描述现状上或提出简单的路径上，缺乏严格的实证检验，未来对小农户与现代农业有效衔接的研究任重道远。

规模经营、分工深化与农业劳动生产率

——基于江西省水稻种植户的实证研究

宋震宇[1]　陈昭玖[1,2]　黄　强[1]

（1. 江西农业大学经济管理学院；2. 江西农业大学三农问题研究中心）

摘要：本文通过对“斯密-杨格”定理中“纵向—横向—分工网络”的分工演进下农业生产性服务业的解释，借鉴“规模经营—分工深化—农业劳动生产效率”的理论框架，基于江西省水稻种植的数据，实证分析了规模经营、分工深化对农业劳动生产率的影响，以及分工深化在规模经营与农业劳动率之间的调节作用。研究表明，规模经营对农业劳动生产率具有显著的倒“U”形影响；分工深化对农业劳动生产率具有显著的正向影响；规模经营对农业劳动生产率的影响受分工深化作用，经营规模越大，分工程度的加深越能够促进农业劳动生产率的提高，即分工深化能发挥正向调节作用。研究结论对优化农业劳动资源配置，提高农业劳动生产率，完善农业服务产业链条，促进农业产业化稳定持续健康发展，优化农业政策等公共配套措施具有重要的理论与现实意义。

小农户参与农业全产业链的选择偏好与偏好异质性分析

——基于选择实验法的研究

韩喜艳[1]　刘　伟[1]　高志峰[2]

（1. 潍坊学院经济管理学院；2. 佛罗里达大学食品与资源经济系）

摘要：小农户是我国现代农业发展中最重要的基础力量，农业全产业链是现代农业发展的新模式，小农户参与农业全产业链是“实现小农户和现代农业发展有机衔接”的重要途径。本文基于山东省 223 户小农户的入户调查数据，采用选择实验法，建立混合 Logit 模型分析了小农户参与农业全产业链的选择偏好和偏好异质性来源。研究结果表明，相对于与龙头企业合作，小农户更愿意通过加入合作社参与农业全产业链，而且更稳定紧密的利益联结方式、提供生产技术和市场信息服务和补贴政策会显著提高小农户的参与效用。另外，小农户参与农业全产业链的选择偏好存在异质性，异质性偏好主要来源于收入水平，小农户年收入水平越低，越愿意通过“农户＋合作社”参与农业全产业链，越希望获得资金信贷支持，越希望获得农业补贴。

合作社提高了农户生产积极性吗？

——基于 PSM 的河西走廊酿酒葡萄种植户的实证分析

陈强强[1,2]　王亚楠[3]

（1. 甘肃农业大学财经学院；2. 甘肃省区域农业与产业组织研究中心；
3. 南京农业大学经济管理学院）

摘要：本文基于对河西走廊酿酒葡萄种植户的实地调查，采用倾向得分匹配法（PSM），实证分析了“企业＋合作社＋农户”组织模式对农户生产行为的影响。研究结果表明：政府强力主导下形成的“企业＋合作社＋农户”组织模式因政策推动诱导偏差在运行中出现了异化，酿酒葡萄种植户“被合作化”、边缘化严重；合作社成为附着在政府身上的一个附属机构和政府职能的延伸，“空壳社”现象普遍。户主的年龄、受教育程度对农户参与“企业＋合作社＋农户”模式具有正向影响，而户主的性别、种植年限、种植葡萄收入对农户参与该模式具有负向影响。企业和农户彼此信息不对称，弱势农户逆向选择行为导致酿酒原料的“柠檬”市场风险凸显，强势企业机会主义行为诱发的“敲竹杠”现象盛行。酿酒葡萄种植户的生产积极性并未因“企业＋合作社＋

农户”模式的运行而提升，相反，农户种植意愿低下，进而阻碍了种植规模的扩大，对专用性资产投资及农资、劳动等生产要素的投入。基于产业组织创新的河西走廊酿酒葡萄产业的转型调整势在必行。

黄河三角洲地区农业生态效率研究

——基于SBM模型和Malmquist指数方法

林雪菲　王宝海

（青岛农业大学管理学院）

摘要：黄河三角洲地区农业生态效率的研究对农业经济的发展和生态环境的保护具有重要意义。本文基于2012—2017年黄河三角洲地区19个县市农业生产要素的投入和产出数据，通过SBM模型和DEA-Malmquist指数方法对农业生态效率进行计算和分析。结果表明，非期望产出降低了农业生态效率，农业生态效率整体呈上涨趋势，说明黄河三角洲地区的生态环境在逐步改善；农业生态效率损失的主要原因是生产要素投入不合理和管理粗放；Malmquist指数表明技术进步是影响农业生态效率的主要因素。

基于嵌入性视角的兵团棉花产量影响因素实证研究

周子渭

（塔里木大学经济与管理学院）

摘要：棉花产业是新疆生产建设兵团的支柱产业，为了研究社会性因素对棉花产量是否有显著影响，本文选取影响棉花产量的基本因素和嵌入性因素，建立多层统计模型，利用Eviews6.0软件和最小二乘法原理对所选变量进行多元线性回归分析，最终得出一层变量对棉花产量影响都是正向的，二层变量中结构嵌入、经济嵌入、市场文化嵌入对棉花产量的间接影响是正向的，市场文化嵌入、政治嵌入对棉花产量的间接影响是负向的的结论，并根据得到的结论给出相应的建议。

基于三阶段DEA模型的教育卫生资金投入效率评价

——以大别山区11个未脱贫国家级贫困县为例

李　鹏

（安徽财经大学经济学院）

摘要：本文以2012—2017年大别山区11个未脱贫国家级贫困县为例，采用三阶段DEA模型，对教育卫生资金投入效率进行评价。研究表明，在第一阶段，各县的效率值并未都达到有效值，第二阶段分析表明地方财政收入和地方财政支出有利于提高贫困地区的卫生资金支出效率而不利于提高教育资金支出效率，而居民储蓄存款余额对二者的效率提高均不利，第三阶段分析表明在剔除外部环境等因素的影响后，大部分县的效率值均有所增加，但还未达到效率前沿面。因此，本文建议从加强资金有效管理和加强教育卫生资金投入两个角度提高教育卫生资金投入的使用效率。

基于投入产出法的安徽省农业与旅游业融合度研究

丁雨莲　沈纪锋　谢　静

（安徽农业大学经济管理学院）

摘要：农旅产业融合是旅游产业融合的重要表现形式。定量测算农旅产业融合度，有助于更客观地判定两者的关联程度。研究基于投入产出法，采用直接消耗系数、完全消耗系数、中间需求率、中间投入率、融合度等指标，定量测算安徽省2002—2012年农旅融合关联度，分别是0.146 163 76、0.144 655 84、0.067 532 56，安徽省农旅融合目前处于低度融合阶段。乡村振兴战略的实施为农旅融合发展带来新的机遇，对于参与农旅融合的政府和企业主体提出如下建议：分工协作，形成共识与合力；分清主次，避免产业定位混乱；循序渐进，避免贪大求快。

基于演化博弈的矿区生态补偿激励-约束机制研究

——以湖南省花垣县为例

王　莹　彭秀丽

（中南林业科技大学）

摘要：在矿产资源合理配置过程中，均衡各利益主体的关系是生态补偿的基础所在。本文以湖南湘西土家族苗族自治州花垣县为例，基于演化博弈的视角研究矿产资源开采企业和当地政府之间的博弈关系，引入中央政府激励约束机制作为参数条件以实现博弈最优稳定策略（政府监管，企业补偿），并基于此最优稳定策略通过MATLAB对花垣县矿产资源的动态策略进行分析。研究发现，在矿产资源开采过程中若单靠政府或企业难以实现最优稳定策略，必须引入中央政府的激励约束机制作为参数条件加以实现。因此，在矿产资源开采过程中，在实现多元化、市场化生态补偿的基础上，应以政府激励约束机制为基础，寻求各利益主体经济均衡，以期实现经济利益最优。

基于扎根理论的金融机构农房抵押贷款行为驱动机理研究

李世杰

（海南大学经济学院）

摘要：农房抵押贷款既是践行农村土地制度改革的新高度，也是推进乡村振兴战略的重要形式。本文通过多案例比对，运用扎根理论的质性研究方法，构建金融机构农房抵押贷款行为的驱动模型，即“农房抵押贷款意愿—情景因素—农房抵押贷款行为”整合模型。探究影响金融机构农房抵押行为的因素及其作用机制。研究表明：①农房抵押贷款认知、制度金融环境、抵押物特征、农户身份识别这四个核心范畴影响金融机构“意愿-行为”关系。农房抵押贷款认知是前置驱动因素，具有决定性的作用，其他三个变量是两者关系的调节变量，影响关系的强度和方向。②金融机构农房抵押贷款认知水平影响情景变量对“意愿-行为”关系的调节强度。本研究可为政府确定有效的推广和提升政策提供思路。

集体林权制度改革提高了农户营林积极性吗？

——基于非农就业调节效应和内生性双重视角

许时蕾[1]　张　寒[1]　刘　璨[2]　杨红强[3]

（1. 西北农林科技大学经济管理学院；2. 国家林业和草原局经济发展研究中心；3. 南京林业大学经济管理学院）

摘要：基于非农就业调节效应，本文构建了“集体林权制度改革—非农就业—营林投入”理论分析框架，并根据国家林业和草原局9省（区）1 497户林农的固定样本连续监测数据进行实证分析，揭示了集体林权制度改革对不同类型农户林地投入行为的差异性影响及作用机制。研究表明：集体林权制度改革总体上提高了农户对林地的劳动投入积极性，但对资本投入的增加并不显著。这种效应对不同程度非农就业的农户具有差异性。对于纯农户，集体林权制度改革促进了林地的劳动和资本投入的显著增加，表现出产权激励效应；对于非农户，由于退出效应的作用，改革导致了非农户的资本投入显著下降了约36%；对于Ⅰ兼农户，其劳动投入的减少和资本投入的增加反映出林权改革的要素替代效应。集体林权制度改革提供了农户营林积极性提高的制度环境，但并非充分条件；非农就业的调节效应会导致产权的正向激励机制受限。

技术进步、规模化经营与农业种植业发展

——基于DEA-Malmquist指数的中国甘蔗生产实证分析

张志新　林　立　黄海蓉　邢怀振

（山东理工大学经济学院）

摘要：农业种植业的发展是多种因素共同作用的结果，其中包括技术进步和规模化经营两个重要着力点。本文通过DEA-Malmquist指数分析方法，利用2002—2017年中国甘蔗主产区甘蔗种植投入产出面板数据，测算了在农业种植业发展过程中的综合技术效率、技术进步以及全要素生产率增长状况，并对各甘蔗主产区技术进步以及规模化经营情况作对比分析。实证分析结果表明：我国总体以及广东、广西的甘蔗生产效率呈下降的趋势，海南和云南则呈上升的趋势；技术进步是提升广东和云南甘蔗种植业生产效率的直接因素，而对广西和海南甘蔗种植业生产效率贡献最大的是规模化经营；近年来，广东、广西的甘蔗种植生产技术进步缓慢，甚至出现技术衰退；广东、广西

和海南三地的甘蔗规模化经营还存在一定的优化空间，尤其是广东和海南地区。基于此，我国应根据农业种植业的区域发展差异，以因地制宜为首要原则，在重视技术进步和综合技术效率同步改进的同时，更加注重通过技术进步来推动规模化经营的发展。

冀鲁豫农户农业经营代际传递意愿及影响因素分析

——基于门槛回归模型的证据

王秀丽[1] 王士海[2]

（1. 中国农业大学经济管理学院；2. 山东农业大学经济管理学院）

摘要：农业经营代际传递对缓解务农人口老龄化具有重要作用。本文基于冀鲁豫三省农户实地调研数据，描述了父代农户农业经营代际传递现状，并运用门槛回归模型分析了他们农业经营代际传递意愿的影响因素。研究表明，目前父代农户农业经营代际传递面临困难。家庭务农收入比和家庭劳动人口对父代农户代际传递意愿有显著的正向影响，家庭全年外出务工或经商人数对父代农户代际传递意愿有显著的负向影响。平原地区的父代农户具有更强离农倾向。此外，现有中老年农业经营者到 58 岁以后才愿意退出农业经营，“中老年农业”将成为中国农业的常态。因此，政府在关注农业人口老龄化对农业可持续发展影响的同时，更要高度重视中老年农户的生产需求，解决中老年农户的生产约束问题。

家庭农场代际匹配有利于提高农场绩效吗？

——基于种植业家庭农场实证分析

朱红根 宋成校

（南京财经大学经济学院）

摘要：本文基于 2017 年对全国主要省份 926 个种植型家庭农场的抽样调查数据，运用数据包络分析法（DEA）测算出家庭农场绩效，并通过 Tobit 模型以及 OLS 模型研究了家庭农场的职业代际匹配对家庭农场绩效的影响。研究结果表明：父代和子代如果都从事农业生产管理经营活动，会导致家庭农场绩效显著地降低；并且，母亲与子女都从事农业导致家庭农场绩效下降的比重高于父亲与子女都从事农业导致家庭农场下降的比重；另外，父代与儿子都从事农业会导致家庭农场绩效下降，父代与女儿都从事农业与家庭农场绩效存在正相关关系，但不显著。同时，本文还发现父代与子代如果从事农业生产经营活动的时间都在 30 天以下，反而可以提高家庭农场绩效。因此，改善家庭农场的人力资资本与社会资本状况，提高家庭农场的职业代际流动性，尤其是提高父代与儿子的职业代际流动性，对提高家庭农场绩效具有很强的现实意义。

家庭农场组织环境的评估指标体系构建及其应用

——基于资源依赖理论

陈德仙

（南京农业大学）

摘要：本文基于资源依赖理论，从政策扶持环境、金融信贷环境、市场营销环境、职业教育环境、设施建设环境和文化营造环境6个必要维度，设计了包含21个具体指标的家庭农场组织环境评估指标体系。以浙江省杭州、宁波和金华3地的142个家庭农场主为研究样本，展开评估指标体系的具体应用研究。结果表明，家庭农场主对组织环境总体评价为中等偏上水平，相对而言，政策扶持环境和文化营造环境较好，职业教育环境和基础设施环境次之，金融信贷环境和市场营销环境较差。因此，当前家庭农场在运行过程中仍旧面临着不相容和不均衡的外部组织环境。

家庭资产影响农户土地流转行为吗？

——基于CFPS2016的实证分析

陈思中　吴学兵

（长江大学经济学院）

摘要：土地流转是农户实现规模经营的重要途径，而家庭资产财富是决定其是否进行土地流转的重要衡量条件之一。基于此，论文使用中国家庭追踪调查数据（CFPS2016），运用二元选择Logit模型实证分析了农户家庭资产对其土地流转行为的影响。研究表明：家庭资产可以有效促进土地转入，抑制农户土地转出行为，显著影响土地转入和转出的因素有金融负债、实物资产农用生产性器具以及无形资产（政府补助、教育支出、从事农林牧副渔业）等，而家庭持有金融理财产品对于土地转入转出没有影响。基于上述结论，得到以下启示：①加大农村金融资金惠农助农业务，使地方农民更便捷地获得信贷资金，以便更好地转入闲置土地进行规模经营；②必须确保补贴资金的正确发放使用，防止钻漏洞套取资金的现象发生；③大力提升农业机械化水平，提升农户购置农机补贴和发展农机社会化服务。

科协助力乡村振兴战略的瓶颈与出路

孙红霞 赵予新

（河南工业大学粮食经济研究中心）

摘要：乡村振兴战略实施一年来，科协大力发挥其组织优势，在助力乡村振兴中取得了极大成效，但因为农民科普意识薄弱，科协在参与乡村振兴战略中存在着农民组织困难、科普经费投入不足、科普队伍力量薄弱等困难。文章通过实地调研、现场访谈等方式，在对科协服务乡村振兴战略的影响因素进行定性分析的基础上，结合科协在科技创新、信息网络覆盖、人才聚集、市场和资金方面存在的显著优势，提出了科协在培育新型经营主体、科学技术精准推送、科技馆建设和科普信息化四大领域助力乡村振兴战略的路径。

劳动力禀赋、风险规避与病虫害统防统治技术采纳

李成龙

（南京农业大学经济管理学院）

摘要：本文使用2018年江苏省水稻种植户的微观数据，实证分析了农户劳动力禀赋特征和风险规避程度对全承包形式的病虫害统防统治技术服务的采纳意愿与采纳行为的影响。研究发现：①家庭劳动力状况对农户的采纳行为具有显著影响，在家庭劳动力短缺时，农户的采纳意愿和采纳行为均有显著提升，同时，主要留守劳动力在兼业情况下也更愿意采纳这种技术。②农户风险规避程度越高，越不利于其技术采纳意愿的提升，对实际采纳行为也存在显著负向影响。③农户的技术采纳意愿和采纳行为存在规模门槛，门槛值为15亩，留守劳动力数量在不同规模下对技术采纳行为不具有显著差异，风险规避程度的提升对不同规模户采纳意愿和行为来说均有显著负向影响。研究结论为进一步推进统防统治服务提供了参考。

劳动力非农转移促进了农机服务生成吗？
——基于劳动力结构变化与成本节约的视角

邱海兰　罗明忠　唐　超

（华南农业大学经济管理学院）

摘要：农村劳动力非农转移的进一步深化，为农机服务的生成发展提供了良好契机。本文基于劳动力结构变化与成本节约的视角，考察劳动力非农转移对农机服务生成的影响机理，利用 2017 年河南省小麦生产农户问卷调查数据，采用 ERM 法进行实证检验；并进一步验证成本约束下，规模户与小农户的异质性行为选择。结果显示，农村劳动力非农转移显著促进农机服务生成，而且，与整地服务和收割服务相比，其对施肥服务的驱动作用更明显；大龄劳动力和女性劳动力非农转移对农机服务发展的驱动作用更明显；加入交易成本因素，结论仍具有一致性。但是，与小农户不同，劳动力非农转移后，规模户倾向于选择自购农机而非农机服务，劳动力非农转移显著抑制农机服务生成。可见，政府在推广整地、收割服务的同时，应强化对施肥服务的扶持力度，制定差异化补贴政策，建构有序、动态的农机服务市场。

劳动力转移、区位因素对农户减贫效应的研究
——以江西省 997 户样本为例

廖文梅　乔金笛

（江西农业大学经济管理学院）

摘要：本文基于江西省贫困户数据，利用 OLS 模型和分位数回归模型探讨劳动力转移、区位因素对贫困户减贫效应的影响。研究发现，无论是总样本还是分组样本，劳动力转移对贫困户减贫均有显著正向影响；转移距离对已脱贫户的减贫有正向促进作用。区位因素中的村与县城间距离和县域经济发展水平对总体样本和未脱贫样本的家庭人均收入有负向影响，不利于减贫，村与本县县城间距离对已脱贫户的减贫有正向促进作用。因此，本文提出合理安排劳动力转移，对未转移人口进行就业指导，大力发展乡村经济，实现乡村振兴与脱贫攻坚的有效对接，加大专项扶贫资金投入等建议。

农产品供应链合作关系的治理机制动态过程与作用机理研究

陈勇强[1]　祁春节[2]

(1. 井冈山大学商学院；2. 华中农业大学经济管理学院)

摘要：合约治理与关系治理在农产品供应链中是随时间动态变化的，并在演进路径方面存在一定的差异。本文运用交易成本理论和交易关系生命周期理论，对关系治理与合约治理在不同阶段的互动过程和互动机理进行探究。研究表明，两类治理机制基于各自的交易特点和治理优势，在合作关系生命周期中呈现此强彼弱的关系，可以互为补充、交替使用。治理机制的替代性意味着在合作时为获取更多的治理收益可以选择更低的治理成本，治理机制的互补性说明跨组织合作的制度安排可以保持一致性并使治理效果达到最佳状况。

农产品品牌保护主体协同合作绩效与优化路径分析

于艳丽　李　桦　薛彩霞

(西北农林科技大学资源经济与环境管理中心)

摘要：农产品品牌保护对实现以产业兴旺为首要任务的乡村振兴战略具有重要意义。本文以茶叶品牌保护为例，采用DEA－HR模型分析农产品品牌保护主体协同合作绩效及优化路径。研究表明：现阶段农产品品牌保护主体（监管部门、茶厂、茶农）合作不完全；保护主体协同合作绩效仅为0.64，处于“初级协调发展型”阶段，茶厂与茶农成为拉低整体协同合作绩效的短板；进一步运用门槛模型揭示了茶厂与茶农综合效率低的关键因素在于监管部门的质量检测强度弱、茶农的品牌了解程度低，同时测出茶厂与茶农的经营规模存在门槛效应。为提高农产品品牌保护主体协同合作绩效，政府应协同其他主体强化农产品质量检测，加强农产品品牌保护宣传力度，搭建以市场监管为主、政府规制为辅的农产品品牌保护主体协同合作治理路径。

农村劳动力老龄化对农业绿色发展的影响
——基于粮食主产区面板数据的全面FGLS估计

何蒲明　魏君英

（长江大学湖北农村发展研究中心）

摘要：文章基于粮食主产区2000—2017年的面板数据，运用全面FGLS方法实证分析了农村劳动力老龄化对化肥和农药使用强度的影响，旨在揭示农村劳动力老龄化对农业绿色发展的影响。结果表明：农村劳动力老龄化程度的提高会导致化肥和农药使用强度增加，从而不利于农业绿色发展，在农村劳动力老龄化情况下，可以适当控制化肥和农药的价格以及调整农产品价格来减少化肥和农药的使用量，同时，增产导向的农业政策对化肥和农药的使用存在惯性作用，农业政策仍需要精准施策。因此，在农村劳动力老龄化情况下，推动农业绿色发展，需要采取措施吸引高素质人才留在和流入农村，加强生态环保意识培训和专业技能培训，大力发展新型农业服务主体，适度提高化肥农药的价格，提高农业补贴的精准性，建立农产品优质优价机制，合理进行耕地休耕轮作。

农村普惠金融视角下的信用联动体系模型构建

马尚任

（山东财经大学）

摘要：我国农民长期受传统金融体系排斥，直接原因有农业经营的天然风险大和在我国现行的土地制度下，农民少有被传统金融认可的抵押物两点。在乡村振兴战略背景下，发展农村普惠金融旨在解决农村居民融资难、融资贵的问题。但由于农村信用状况波动较大，传统金融服务在农村发展成本高、收益低，普惠金融发展遇到瓶颈。因此本文提出了建设信用联动体系，通过搜寻农村信用价值与产权价值，发展信用融资与地权融资以延长农村普惠金融价值链，改变农民融资方式和渠道，以解决农民融资问题，提高农村普惠金融的普适性与可得性等建议。

农地租约期限结构对家庭农场“非粮化”的影响

——基于全国2 047个种植业家庭农场的实证分析

钱　龙[1]　曹宝明[1]　杜志雄[2]

（1. 南京财经大学粮食安全与战略研究中心；2. 中国社会科学院农村发展研究所）

摘要： 种植业家庭农场逐渐成为保障中国粮食安全的中坚力量，但其较强的“非粮化”倾向需要引起高度警惕。本文尝试从农地租约期限结构的视角来理解家庭农场的“非粮化”行为，并利用全国家庭农场2015年动态监测数据进行实证分析。基于全国2 047个种植业家庭农场数据的研究表明，农地租约期限结构确实显著影响家庭农场的“非粮化”行为。在家庭农场经营的土地总面积中，租约期限较长的土地占比越高，家庭农场的“非粮化”倾向越明显。本文使用替代变量法、工具变量法、间接验证法以及其他多种形式的稳健性检验，证实上述结论仍然成立。进一步研究发现，相对于经营规模较小和地租成本较高的家庭农场，农地租约期限结构对经营规模较大和地租成本较低家庭农场“非粮化”行为的影响较弱。分区域的异质性分析表明，农地租约期限结构对东部和西部地区的家庭农场有显著影响，但对中部地区家庭农场的“非粮化”行为没有显著影响。本文的政策含义在于，家庭农场会理性地匹配不同租期的农地与农作物以谋取自身利益最大化，但这种基于家庭层面的理性安排很可能带来宏观层面的集体非理性，可能会威胁国家粮食安全，应引起高度重视。

农户参与富民培训增效机制实证

汪婧宇　陈建成　李民桓

（北京林业大学经济管理学院）

摘要： 本文在剖析农村富民培训对农户的增效机制基础上，构建了MFA技术的效率评价模型，结合辽宁省清原县135个农户调研数据进行实证测算与比较分析，得到主要结论：①参与培训与未参与培训使农户处于不同的生产前沿面；②参与培训的农户比自主采纳农户的综合效率高6.60％；③影响农户增效的主要因素有农户受教育程度、农户的物质资本和社会资本；④参与富民培训有利于促进知识技能扩散，有助于缩小农户组内部的收入水平差距。

农户参与乡村旅游发展的意愿、模式及其影响因素研究

黄秀娟

（福建农林大学管理学院）

摘要：本文利用福建省14个乡村的实地调查数据，利用O－Logit模型和M－Logit模型定量研究农户参与乡村旅游发展的意愿、模式及其影响因素。得出如下主要结论：第一，农户参与乡村旅游的意愿较强。显著影响因素包括户主性别、参与旅游发展规划情况、对旅游支持态度。第二，显著影响农户参与模式的因素包括户主年龄、家庭人口、劳动力、参与旅游发展规划情况、对旅游发展态度、旅游资源、交通区位等。乡村旅游资源越好、交通区位越好，农户越会沿着“不参与→二兼→一兼→专业”方向正向选择。但随着户主年龄增大、家庭人口增多，农户会沿着“专业→一兼→二兼→不参与”方向反向选择。劳动力数量对参与模式呈非线性影响，其数量越多，农户越趋于选择兼业模式，而不是专业或不参与。

农户对农膜回收利用价值的认知与影响因素分析

——来自新疆1 067户棉农的经验证据

刘　洋[1]　周孟亮[1]　翟雪玲[2]

（1. 湖南农业大学经济学院；2. 农业农村部农村经济研究中心）

摘要：农膜的快速普及显著推进了我国农业的发展，与此同时，由于农膜难以降解以及回收机制不健全等原因，农膜残留问题日趋严重。根据已有研究，棉农对农膜回收利用的价值认知是影响他们实施农膜回收行为的重要因素。鉴于此，本文基于新疆1 067户棉农的经验数据，采用非限制广义定序Logit模型，探析棉农对农膜回收利用的价值认知及其影响因素。研究结果表明：①大多数棉农认为农膜回收利用具有生态价值、社会价值和经济价值，其分布比例分别为81.60%、73.6%、55.5%。②总体上健康状况良好，受正规教育程度较高，被评为科技示范户且对农膜回收政策较为关注的棉农，对农膜回收利用的价值具有更高的认知能力。据此提出如下建议：政府部门在制度安排上应向促进农膜回收的相关政策倾斜；加大对旱作农业技术的推广以及提高棉农的受正规教育程度；充分发挥棉花生产合作社的中介作用，形成棉农、涉农膜企业、政府各方共同学习型组织，有效提升棉农对农膜回收利用的政策知晓度、价值认同感和集体荣誉感。

农户兼业化、土地细碎化与农机社会化服务

——来自江西省 813 户粮农的证据

郭如良[1]　刘子玉[2]　陈江华[2]

（1. 江西农业大学乡村振兴战略研究院；2. 江西农业大学经济管理学院）

摘要：伴随农户兼业化趋势，农业生产面临劳动力约束加重的挑战，农机社会化服务是应对农村劳动力变化的关键，但我国农业特征中存在的土地细碎化问题不利于农机社会化服务的发展，农业生产的矛盾愈发突出。本文利用江西省 813 户粮农的微观调查数据，通过构建计量模型检验了农户兼业化与土地细碎化对农机社会化服务的影响及其作用机制，研究发现：农户兼业化对农机社会化服务的采用具有显著的正向影响，农户兼业化程度越高，其采用农机社会化服务的可能性越大，而土地细碎化对农户采纳农机社会化服务的行为有显著负向影响，同时土地细碎化将削弱农户兼业化对农机社会化服务采纳行为的影响。据此，应采取有效措施降低农地细碎化程度。

农户社会资本对其参与村庄公共产品供给的影响分析

代芝静[1]　潘伟光[1,2]

（1. 浙江农林大学经济管理学院；2. 浙江省乡村振兴研究院）

摘要：本文基于社会资本视角，利用全国 18 个省市 1 137 户微观农户调查数据，运用二元 Logit 模型，实证分析农户社会资本对其村庄交通设施、医疗设施、清洁能源设施三种不同类型村庄公共产品供给意愿的影响。结果表明，在社会资本不同维度中，社会信任、社会网络、社会参与对农户的参与意愿均有显著正向影响；不同维度社会资本对农户参与交通设施、医疗设施、清洁能源设施供给意愿的影响没有明显差异，而村庄类型、农户家庭农业收入占比对于农户参与不同类型村庄公共产品供给意愿的影响差异比较明显。因此，本文提出应该加强农户各维度社会资本的培育与建设，在公共产品供给过程中要充分了解农户对不同村庄公共产品的需求程度，合理安排村庄公共产品供给的优先次序。

农户视角下农村居民点变迁特征及其影响因素分析
——基于安徽省10个县的田野调查

李广梅

（安徽农业大学经济管理学院）

摘要：随着城市化进程的加快，传统农村居民点布局结构特征也发生着迅速变化。本文从农户视角设计调查问卷，试图从农户住宅变迁的轨迹和动因来梳理农村居民点变迁的特征和影响因素。根据安徽省10县的入户调查和统计结果，安徽省传统居民点基本保留，但有向交通线和集市布局的特征，“满天星”式的农村居民点逐渐消解，当前政府规划在农村居民点变迁中扮演重要角色。为提高农村居民点利用效益和农户住宅满意度，政府一方面需要借助乡村振兴的契机大力发展特色产业，另一方面要结合农户个体特征进行居民点规划，引导农户自发购建住房和规划布局相吻合。

农户收入与退耕还林工程关系研究
——基于1995—2012年的六省经验数据

梅　莹[1]　刘　浩[2]

（1. 安徽农业大学经济管理学院；2. 国家林业和草原局林业经济研究中心）

摘要：林业生态工程建设见效快、受惠面广，被认为是对林区农户的一种普惠性扶持政策，退耕还林工程是世界上实施规模最大和涉及人口最多的林业生态恢复工程。本文利用四川、陕西省等6个省区15个县的1 158个农户1999—2012年的平衡面板数据，在考虑参与退耕还林工程的总体影响和边际影响基础上建立样本农户的总收入决定方程，并采用Shapley值分解法对样本农户的总收入决定方程进行了分解，全面系统地评估退耕还林工程对我国农户收入增长及收入不平等的影响。结果表明：①是否参加退耕还林工程对农户总收入提升有显著正向影响，参加退耕还林工程面积越大，总收入提升越明显；②变化趋势上，退耕还林工程对样本农户总收入泰尔-L指数和泰尔-T指数的贡献与对基尼系数的贡献基本一致，都呈先升后降之势；③实施退耕还林工程增加了样本农户的总收入，但加剧了样本农户的总收入不平等，有必要引起高度关注。

农机服务视角下的"趋粮化"阐释

邱海兰　罗明忠　唐　超

（华南农业大学经济管理学院）

摘要：农机服务是种植结构"趋粮化"的内在动因。本文基于农机服务的视角，探讨种植结构何以"趋粮化"，基于2017年河南省小麦生产农户问卷调查数据，运用ERM法和中介效应法进行实证检验。结果显示，农机服务通过提升粮食生产效率，能够显著促进种植结构"趋粮化"；而且，相比于整地和收割服务，施肥服务对粮食种植面积增加的驱动作用更明显，即使考虑交易成本，结论仍具有一致性。同时，与小农户不同的是，规模户偏向于选择自购农机而非农机服务，引致农机服务对种植结构"趋粮化"的作用不明显。可见，在推进农机服务发展的过程中，应注重各类农机服务的协调发展，强化施肥服务的推广应用，对规模异质性农户制定差异化补贴政策，以更好地发挥农业机械在促进粮食生产中的作用。

农户参与农业价值链的经济绩效：以茶产业为例

张效榕　孔祥智

（中国人民大学农业与农村发展学院）

摘要：本文利用福建省18个行政村的402户茶农微观调研数据，结合作物种植的地理因素，采用处理效应模型方法探究茶农参与不同组织对其经济绩效的影响。研究表明：农户参与茶业价值链组织，更利于其分享链条所产生的福利，而茶农参与价值链的方式会对其经济绩效产生不同的影响。相比茶农自身创办组织而言，加入已有经营组织更有利于其增加经济绩效。其中，茶农参与以服务为主的合作社组织更有利于其发展。以上研究发现为经营特殊农产品的小农户与现代农业有机衔接提供了对策依据和发展思路。

农业机械应用对农户饲养耕畜的影响分析

陈江华[1,2]　罗明忠[3]　李道和[4]

（1. 江西农业大学江西省乡村振兴战略研究院；2. 江西农业大学经济管理学院；
3. 华南农业大学经济管理学院；4. 江西农业大学人文与公共管理学院）

摘要：本文从农业机械化角度实证分析了农户饲养耕畜的影响因素，研究发现，农业机械化对农户饲养耕畜行为具有显著的负向影响，农业生产机械化程度每提高1个单位，将使农户饲养耕畜的可能性降低8.55%。不考虑内生性问题将低估农业机械化对农户饲养耕畜的影响。年龄对农户饲养耕畜有“U”形影响，家庭收入与非农就业占比对农户饲养耕畜的行为有显著负向影响，家庭收入与非农收入占比越高，农户饲养耕畜的可能性越低。农地经营规模与农业劳动力人数对农户饲养耕畜有显著正向影响，农户家庭经营规模越大，家庭农业劳动力人数越多，农户家庭饲养耕畜的可能性越大。与平原地区相比，丘陵与山区的农户家庭饲养耕畜的可能性更大。

“农业阶梯”的攀登：佃农经营能力与土地合约的选择

——来自20世纪二三十年代卜凯农家调查的检验

陈　苏[1]　胡　浩[2]　张利国[1]

（1. 江西财经大学经济学院；2. 南京农业大学经济管理学院）

摘要：在传统农业中，要实现农户的劳动、土地和资本卓有成效地运转，关键在于建立一个有效率的制度，其核心是产权。“有恒产者有恒心”，地租是土地所有权借以实现的经济形式，与分成合约相比，定额合约下土地所有权和经营权完全分离，佃农拥有完全剩余索取权，获得全部额外收益的经济激励。劳动具有异质性，拥有较强经营能力的佃农，往往倾向于定额合约。本文利用稻麦两区的9省14县1 276户卜凯农家数据进行实证分析，结果表明：在风险较低时，随着佃农经营能力的增强，带来土地产出的增加，土地合约更多表现为定额合约。在定额合约下，佃农更可能扩大土地规模，而分成合约确实不利于土地资源配置到经营能力更强的经营者手中。

农业劳动力转移、人力资本投资与农村贫困退出

——基于中介效应的分析

孙亚南[1]　张桂文[2]

（1. 吉林大学东北亚研究院；2. 辽宁大学经济学院）

摘要：本文基于逻辑推演和数理分析相结合的方法，从提高人力资本投资的意愿、增强收入挣得能力，引发人力资本投资效应、阻断贫困的代际传递，扩大人力资本存量、增强经济发展动力三大方面分析了农业劳动力转移通过人力资本投资促进农村贫困退出的作用机理。在此基础上，构建以人力资本投资为中介变量、“农业劳动力转移—中介传导—农村贫困退出”为传导机制的中介效应理论模型，并进行计量检验，结果表明：无论是基于迁移的人力资本投资中介模型还是基于教育的人力资本投资中介模型，均表明农业劳动力转移通过人力资本投资能够显著促进农村贫困的退出，教育人力资本投资的中介效应占比为63.38%。文章建议，为更好地提升农业劳动力转移的减贫效应，应提升农业转移劳动力的整体受教育水平、职业技能水平、健康人力资本水平，着力做好农业转移人口市民化工作。

农业农村优先发展与脱贫攻坚

刘国斌　董俊杰

（吉林大学生物与农业工程学院）

摘要：农业农村优先发展与脱贫攻坚两大战略的实施对于破除我国城乡不平衡不充分发展矛盾，促进农村贫困地区减贫脱贫，实现乡村振兴的宏伟目标等具有重要战略意义。农业农村优先发展有助于加快脱贫攻坚进程，脱贫攻坚战略的推进反作用于农业农村优先发展，二者之间相互联系，相互作用，不可分割。当前我国农业农村优先发展与脱贫攻坚已经具备了一定的基础条件，为推进我国农业农村现代化进程，实现全面小康，促进贫困地区脱贫攻坚打下了坚实基础。但同时也面临一些新的挑战。基于此，本文提出农业农村优先发展与脱贫攻坚的推进方式，主要有：加快现代农业与小农户深度融合；提升农业产业供应链、价值链和产业链；加快农业现代化人才培养；提升农村人居功能。据此，推进我国农业农村优先发展，实现脱贫攻坚。

农业社会化服务

——小农户与现代农业发展有机衔接的有效途径

汪　涛　王德平　蒋雨东　夏瑜蔓

（西南科技大学生命科学与工程学院）

摘要：农业社会化服务是一种典型的社会经济活动，它是我国现代农业发展的客观要求，也是一项必然要求，其主体是农业相关的各种社会组织，载体是向农业经营主体提供的各种服务，目标是满足农业发展的各项需求。2017 年召开的十九大充分肯定农业社会化服务在农业发展中的重要作用，并积极支持建立完善的农业社会化服务体系。完善的农业社会服务化体系符合脱贫攻坚与乡村振兴战略的衔接要求，有利于加快传统农业向现代农业的转变。然而，目前我国各类农业社会化服务还不能充分满足广大小农户及各类经营主体的需求，其表现为正规金融支持力度不足，信息服务供给与需求脱节。

农作物种植专业化对农户种植收入的影响研究

——以湖北省 866 个种植户为例

孙　飞[1]　陈玉萍[1]　丁士军[2]

（1. 中南财经政法大学工商管理学院；2. 中南财经政法大学公共管理学院）

摘要：本文基于国家统计局湖北调查总队农村调查队 2016 年农户调查数据，在构建“农作物种植专业化—种植业技术效率—农户种植收入”理论分析框架的基础上，采用可行广义最小二乘法（FGLS）、无条件分位数回归（UQR）、分组回归与中介效应检验等方法，研究了农作物种植专业化对农户种植收入的平均和异质性影响，以及种植业技术效率在其中发挥的中介效应。研究发现，农作物种植专业化对农户种植收入具有显著的促进作用，表明中国农户由传统“小而全”的种植模式转向农作物种植专业化为其收入增加提供了新的路径；农作物种植专业化对农户种植收入的影响具有明显的异质性，主要表现为对高收入分位点农户、山区农户以及大规模经营农户的农业增收效应更强；农作物种植专业化对农户种植收入的影响很大一部分是通过作用于种植业技术效率实现的，其中介效应的影响占 36%。因此，应积极引导并鼓励广大农户由传统种植模式转向农作物专业化种植，为提高农户种植收入水平创造新的增长点，并注重种植业技术效率在其中的助推作用，以更大程度地发挥农作物种植专业化的农业增收效果。

农业生产者绿色生产行为及其影响因素探析

——基于农药施用行为的研究

王建华[1]　杨才园[2]　孙　俊[3]

（1. 江南大学商学院；2. 江南大学法学院；3. 江南大学物联网学院）

摘要：文章通过对江苏等省986位农民的实地调查，研究了影响农业生产者安全生产行为的主客观因素，首先通过对相关文献的梳理，得出可能影响农业生产者安全生产行为的相关因素；然后做出假设，即假设相关因素对农业生产者安全生产行为是否有影响及影响程度如何；接着采用二元Logistic模型进行计量分析，验证原假设是否成立并得出结论。研究表明，农业生产者的年龄状况、务工经历、婚姻状况、经营的土地规模、农业生产获得的农产品用途以及农药价格等显著化水平比较高的变量对农业生产者安全生产行为具有正向影响；而农业生产者的性别、所获农产品的预售价格等变量对其影响不显著。最后，根据研究结果提出相关政策建议。

苹果期货现货价格联动及市场有效性分析

王　强　徐学荣

（福建农林大学经济学院）

摘要：本研究选择以长期为代表的苹果期货主力合约和以短期为代表的苹果期货活跃合约为研究对象，并认为它们分别代表苹果期货市场价格的长期趋势与短期内价格波动的剧烈程度。为研究苹果期现货市场间的联动性，选取了苹果现货批发价格代表苹果现货价格，考察苹果主力期货合约与苹果现货价格、活跃期货合约与苹果现货价格间的关系。通过检验发现，苹果主力期货合约、苹果活跃期货合约和苹果现货价格均存在一阶序列相关与平稳性；同时，苹果主力期货合约和苹果现货价格、苹果活跃期货合约和苹果现货价格的秩相关系数分别为0.25和0.36，其联动性略显微弱，不足以解释苹果期货价格是现货价格不断追高的“推手”，也不能够完全解释苹果期现货市场间是存在套利的。进一步从市场的有效性角度进行检验与解释，结果表明苹果期现货市场不符合收益率随机游走假说，不是弱式有效市场。最后提出维护与发展苹果期货与现货资本市场的建议。

清代江浙地区的茅草市场研究

曹瑞冬

（苏州大学社会学院）

摘要：茅草作为重要的生产生活资料被投入江浙地区的经济市场中，并在供需关系的作用下逐渐发展成价格主导的产业体系，很大程度上保持着对盐业生产的依赖性。清代人口之增加和土地之扩张驱动了社会大众对茅草的消费需求，但这类产品的供给在资源不均、产权不明等因素作用下形成了一定垄断，致使价格不能合理地表现茅草的商品价值。故有清代官方通过行政经济等各种管控手段协调茅草在供需方面的冲突，最终在社会资源的耦合力争下使市场结构趋于合理。

区位要素、资本禀赋与农户林地经营行为

——基于对陕西省和江西省654户农户的调查

张旭锐　高建中

（西北农林科技大学经济管理学院）

摘要：农户林地经营模式和方式的选择对实现林业精准扶贫和经济可持续发展具有重要影响。本文基于陕西省、江西省林业经营农户的调查资料，构建区位要素、资本禀赋和农户林地经营行为的理论模型，运用多元Logit模型深入分析区位要素、资本禀赋对农户林地经营模式和经营方式选择行为的影响机理。研究结果表明：区位要素中，村是否有收购商、村是否靠近旅游区、村经济水平、木材市场价格和林业雇工价格对农户的林业经营方式选择具有显著影响；到乡镇距离、村是否靠近旅游区和林业雇工价格对农户的林业经营模式选择具有显著影响。资本禀赋中，年龄、是否加入合作社、社会关系网络、林业收入能力、融资渠道、耕地面积对农户的林业经营方式选择具有显著影响；受教育程度、是否兼业、家庭住房价值对农户的林业经营模式选择具有显著影响。

认知、情感与消费者品牌牛肉溢价支付意愿：基于ABC态度模型

彭　燕[1]　郭婧怡[2]　郭锦墉[1]

（1. 江西农业大学经济管理学院/乡村振兴战略研究院/农村经济研究所；
2. 华东师范大学心理与认知科学学院）

摘要：本文基于ABC态度模型构建消费者品牌牛肉溢价支付意愿的理论分析模型，根据对江西省612位消费者进行问卷调查获取的数据，采用结构方程模型分析消费者认知、情感对消费者品牌牛肉溢价支付意愿的影响。研究结果表明：消费者认知和消费者情感正向显著影响消费者品牌牛肉溢价支付意愿；消费者情感在消费者认知与消费者品牌牛肉溢价支付意愿之间具有部分中介作用。据此提出，第一，应为消费者认知品牌牛肉提供渠道和便利，完善营销策略和信息化建设，提高消费者认知程度，挖掘品牌牛肉的消费需求；第二，加强品牌牛肉的认证管理和品牌化建设，增强消费者情感，扩大品牌牛肉的消费需求。

森林生态效益补偿背景下两级政府的博弈分析
——基于主体功能视角

王　莹　彭秀丽

（中南林业科技大学）

摘要：随着工业化进程的不断推进，我国森林环境资源开采利用率也越来越高，环境随之遭受重大破坏，究其根源是森林保护和补偿机制严重缺乏。因此，全面分析和了解各个补偿主体之间的利益关系，突破森林生态效益补偿效益的困境已迫在眉睫。本文基于博弈论视角研究森林生态效益补偿，全面分析各个利益之间的博弈关系和补偿行为，分别从地方政府和上级政府双方利益角度入手，比较分析地方政府和上级政府各自在引入“激励-约束”机制和未引入“激励-约束”机制时的行为主体特征。研究结果表明，在未引入“激励-约束”机制的情况下，由于地方政府和上级政府自身存在利益驱动性的因素，森林生态效益补偿无法得到有效实施，地方政府会通过权衡保护森林资源投入的生态保护成本和机会成本进行行为策略选择，当保护森林资源的净收益比投入生态保护成本高时，即使上级政府不支付生态补偿保护额，地方政府仍然会选择保护森林资源；反之，地方政府和上级政府会陷入“囚徒困境”（不保护，不补偿），而中央政府“激励-约束”机制的引入则可以有效解决“囚徒困境”，通过中央政府的奖惩限制实现森林生态补偿社会期望最优策略。

少数民族获得感与产业脱贫内生动力

——基于“直过民族”的调查研究

张海亮　梅　媚　白　云

（昆明理工大学管理与经济学院）

摘要：近年来，“直过民族”的脱贫步伐日益加快，农户“获得感”日渐攀升，这与产业扶贫政策的持续强力推进紧密相关。为探究“直过民族”获得感来源、产业脱贫内生动力影响因素以及二者之间的关系，本文对“直过区”实地调研数据进行实证分析。研究表明：产业收入水平、扶贫政策的稳定性、农户获得感与脱贫内生动力密切相关；“直过民族”的“小富即安”心理特点放缓了脱贫致富的步伐；扶贫产业的不确定性会削弱其脱贫内生动力；农户教育水平与脱贫产业的不匹配会影响其产业脱贫的参与度；农户家庭年龄较大而造成的公平感缺失会削弱其产业脱贫内生动力。据此本文提出了相关政策建议：要保持扶贫政策的稳定性和公平性；进行扶贫产业梯度设计，着力提高产业匹配度；立足当地资源优势促进产业多元化发展，优化农户-企业产业联结机制。

社交能力与农民工工资性收入

陈博欧[1]　张锦华[2]

（1. 上海财经大学财经研究所；2. 上海财经大学三农研究院）

摘要：本文基于 2010 年和 2014 年中国家庭追踪调查数据（CFPS），构建了社交能力指标体系，重点探讨了社交能力对农民工工资性收入的影响。研究结果表明：社交能力对农民工工资性收入存在显著的正向影响，且这一影响存在明显的性别差异和代际差异。此外，社交能力的影响还存在“迁移效应”，即迁移距离越远，社交能力对农民工工资性收入的影响就越弱。随着收入分位数的增加，社交能力对农民工工资性收入的影响程度呈现上升趋势。在影响机制方面，主要包括社会资本效应和职业发展效应，社交能力的提高可以促进农民工社会资本的积累，提高其获取管理岗位的概率，进而提高其工资性收入。

生态大米属性信息对消费者支付意愿影响研究
——基于选择实验方法

肖双喜

（安徽农业大学经济管理学院）

摘要：生态大米作为更环保、更健康的主食，却在市场上遇到了“销售难”问题。消费者是否愿意购买生态大米，具体愿意为生态大米的哪些属性支付更高的价格，这些都是生态农产品营销者面临的实际问题。本研究在对一个中等收入城市进行调查的基础上，利用选择实验方法测算了消费者对生态大米组织、品牌、生产技术、体验等几个属性的支付意愿。计算发现，消费者对品牌支付意愿最高，其次是体验与质量，最后是组织属性。根据上述结果，建立品牌是生态大米营销的首要任务，然后配合质量宣传与实际体验，才可以真正建立消费者信任，进而解决生态大米的销售问题。

生猪规模养殖最优环境规制强度的选择
——基于绿色全要素生产率的视角

杜红梅[1]　王明春[2]

（1. 湖南农业大学商学院；2. 湖南农业大学信息科学技术学院）

摘要：生猪养殖是我国畜禽生产的主体，也是农业面源污染的主要源头。环境规制是生态文明体系建设的重要内容。环境规制影响生猪业绿色全要素生产率，进而对生猪业的可持续增长有一定制约。论文将生猪规模养殖分为大、中、小三种规模，在测算17个生猪主产省2004—2016年农业环境规制强度和三种规模养殖的绿色全要素生产率的基础上，利用面板数据模型对环境规制与绿色全要素生产率的关系进行检验，试图从提升绿色生产率的角度找出不同规模养殖最优环境规制强度的拐点。研究结果表明：当前环境规制强度对小规模生猪养殖相对合理，能够促进其绿色全要素生产率提高、技术创新和效率改善；大规模养殖环境规制强度较弱，环境规制与绿色全要素生产率、技术创新和技术效率的关系呈“U”形，相对于生产率和技术创新而言，技术效率可以更早地突破“U”形拐点；中规模养殖环境规制强度与三者的关系也呈“U”形，相对于生产率和技术效率而言，技术创新能够更早越过“U”形拐点。在生猪规模养殖的环境规制方面，政府应该针对不同规模和不同地区实施差异化的环境规制政策与手段，制定适当的环境规制强度，诱导养殖场进行绿色技术创新，实现环境和产业发展的双赢。

食品消费偏好的研究综述与展望

王二朋[1]　高志峰[2]

（1. 南京工业大学经济与管理学院；
2. 佛罗里达大学食品与资源经济系）

摘要：食品消费偏好信息能够为政府部门、食品企业、育种科学家评估产业政策、优化食品营销、预测新产品需求提供科学依据。近年来，食品消费偏好问题已成为国内外研究的一个热点问题，但对于相关成果还缺乏全面细致的梳理。本文从食品质量属性分类、属性重要性识别，消费偏好及影响因素分析三个方面对文献进行综述。本文指出，食品消费偏好问题研究具有重要的应用价值，未来研究需要在我国食品市场情境下，面向服务我国食品产业发展，考虑到食品质量属性的多层次性、相互联系性等特征，深入分析信息、信任等因素对食品消费偏好的影响。

食物消费结构影响耕地需求吗？
——以广东省为例

王佳友[1,2]　戴　鹏[3]　王　茵[4]

（1. 广东省农业科学院农业经济与农村发展研究所；
2. 农业农村部华南都市农业重点实验室；
3. 贵州财经大学西部现代化研究中心；4. 郑州大学商学院）

摘要：本研究基于 1985—2016 年广东省城乡居民 10 类食物的消费数据，首先运用 AIDS 模型对城乡居民食物消费的需求弹性进行了对比分析，其次对城乡居民食物消费的耕地需求进行了计算，最后预测了未来广东省城乡居民食物消费结构及其耕地需求的变化趋势。研究结果表明：城乡居民粮食、食用植物油和鲜蛋人均消费量已达到一定饱和程度，随着收入水平的提高，城镇居民的动物性食物消费仍将高于农村居民；食物消费结构对耕地需求影响明显，2016 年广东省城乡居民的动物性食物人均耕地需求占总耕地需求的一半以上，且农村居民食物消费人均耕地需求明显大于城镇居民；据预测，城乡居民肉类、禽类和鲜奶消费量将呈显著上升趋势，未来广东省城乡居民食物消费耕地需求将不断增加，且主要由动物性食物生产耕地需求构成，农村居民的食物消费耕地需求增速快于城市居民。

殊途同归：信息获取渠道对农户秸秆还田自觉采纳行为的影响分析

姜维军[1,2,3]　颜廷武[1,3]　张俊飚[1,3]

（1. 华中农业大学经济管理学院；2. 黄冈师范学院商学院；3. 湖北农村发展研究中心）

摘要： 预期收益不确定性是制约农户秸秆还田技术采纳的重要原因，信息获取渠道可以为农户提供所需的信息，从而降低其预期收益不确定性，但不同的信息渠道作用机制并不相同。本文基于湖北省四市692份农村调研数据，利用Probit回归模型，分析不同信息获取渠道对农户秸秆还田技术采纳行为特别是自觉采纳行为的影响。结果表明：①人际互动和媒体渠道都能够通过降低农户预期收益的不确定性促进农户采纳秸秆还田技术，但媒体渠道的作用更大；②人际互动和媒体渠道在促进农户参与秸秆还田技术采纳上有互补作用；③人际互动能够有效促进农户自觉采纳秸秆还田技术，而媒体信息渠道不能显著促进农户自觉采纳秸秆还田技术，但对人际互动对农户自觉采纳的影响具有正向调节作用。因此，应在积极推动农户间人际互动的基础上，加强农户信息获取渠道建设，并改善现有宣传方式，从而使农户获取及时、有效的相关信息。

双向进口冲击、中国婴幼儿奶粉产业链价格传递与自给率提升

道日娜[1]　张　进[2]

（1. 西南财经大学应用经济学博士后流动站；2. 西南财经大学经济与管理研究院）

摘要： 近年来，中国奶业遭受从原料奶到乳制品的双向进口冲击，产业链自给率逐年下降。基于2012年1月至2018年12月月度数据，采用结构VEC（SVEC）模型，本文考察了双向进口冲击背景下中国婴幼儿奶粉产业链的价格传递机制。研究结论表明，进口婴幼儿奶粉零售价格是国产婴幼儿奶粉产业链系统强势的外生变量。在强烈的进口冲击下，国产婴幼儿奶粉纵向产业链价格传导退化为由零售端向原料端的单向传导，而由原料端向零售端的成本传导路径断裂。因此，中国婴幼儿奶粉产业链自给率的提升很难通过价格策略取得成功。

四川羌族地区多维贫困测度及原因分析

——基于对茂县245户贫困户的调查

黄旖旎

（四川农业大学管理学院）

摘要：在中央做出扶贫的决策以来，我国的扶贫工作取得了显著的成绩，但是少数民族地区仍是我国脱贫攻坚的主战场。茂县是全国最大的羌族聚居地，本文借用MPI分析方法，用教育、健康、收入、居住条件4个维度共7个指标对245户贫困户进行多维度测量分析，发现家庭收入结构与医疗支出是影响贫困的主要因素，在因素分析中，再加入个人因素及基本保障，采用SPSS19.0进行Logistics二元回归分析，发现性别也对贫困有显著影响，通过了解目前被调查贫困户的贫困状况，重新认识致贫因子，并且重构扶贫政策，进一步优化扶贫路径，能够对当地的扶贫工作起到积极作用。

特色农业经营户选择现代经营模式影响因素研究

梅　宝　孙　芳　张寒序

（河北北方学院经济管理学院）

摘要：随着现代农业技术与经营方式的不断推进，现代农业经营模式已逐渐代替传统农业经营模式，而除企业外，多数分散小农户不能顺利进行经营模式转型，尤其是特色农业经营户不能将区域优势特色资源充分地转化为特色商品市场竞争力。因此，分散小农户如何与特色现代农业经营相衔接成为亟待解决的问题。本文以特色农业葡萄产业为例，选取河北省怀来县作为主要调研区域，采用二元选择模型分析影响特色农业——葡萄产业经营小农户采用现代农业经营模式的因素，并提出特色农业小农户与现代农业有效衔接的对策建议。以达到提高特色农业附加值，增强市场竞争力，实现特色农业产业振兴的目的。

特色小镇农村产业融合发展水平评价研究

——"三瓜公社"案例

朱文韬 栾敬东

（安徽农业大学经济管理学院）

摘要：以安徽省"三瓜公社"特色小镇为研究对象，从产业融合理论视角，系统分析引致"三瓜公社"产业融合发展的顶层设计引领、"三权分置"改革、产业路径选择、共享闲置资源、突破人才瓶颈等五大类因素；构建"三瓜公社"产业融合发展水平评价指标体系，运用模糊层次分析法(Fuzzy-AHP)进行实证研究。依据实证研究结果，本文认为，"三瓜公社"产业融合发展总体水平高，但是仍然有进一步提升的空间，尤其在"三权分置"改革和突破人才瓶颈方面可以进一步完善工作机制，为"三瓜公社"特色小镇进一步提供保障。文章最后列出了从"三瓜公社"产业融合发展实践中得出的五点启示。

非农就业、土地流转与农机作业服务

——基于CFPS数据

孙永乐 乔方彬

（中央财经大学）

摘要：非农就业对农户使用农机作业服务有着重要影响。本文首先从非农就业的直接影响与间接影响两个角度出发，分析其对农户使用农机作业服务的影响机制。其次，利用中国家庭追踪调查数据（CFPS）和Tobit模型，对其具体影响程度进行实证检验。实证模型的分析结果表明，农户非农就业除了直接导致农户使用农机作业服务替代劳动力外，还通过影响土地流转市场的发展从而对农户的农机作业服务需求产生间接影响。按照本文的分析结果，由于非农就业的影响，我国对农机作业服务的需求会以每年2.16亿元的速度增加。

脱贫攻坚嵌入乡村振兴的五种模式：比较分析与政策启示

李志平　赵巧巧

（华中农业大学）

摘要：随着脱贫摘帽的地区的增加，如何将脱贫攻坚战所专用的人力资源、项目资源以及创新机制和成功经验镶嵌到乡村振兴战略之中并与其形成前后相继、彼此协调的关系，已经成为当前最紧迫的农业农村问题。目前，各地面临着人才如何运用、项目如何实施、制度如何融合、技术如何进步等问题。一些地区依据自身的资源禀赋条件和扶贫脱贫阶段，进行卓有成效的探索，从不同侧面克服了这些问题并形成了能人和企业带动型、精神和文化衔接型、村集体中介型、环境整治与保护提升型、传统村落/美丽乡村构建型等五种镶嵌模式。比较五种模式的共同逻辑可以发现，强化市场机制的基础性作用、加快城乡资源统筹、强化村集体传接机制、完善经济社会结构，是有效助推脱贫攻坚嵌入乡村振兴的前提条件，因而应该重点关注。

我国进出口农产品多维思考

魏　伟

（长江大学经济学院）

摘要：中国是农产品贸易大国，进出口国际市场份额呈逐年上升态势；但市场开放程度与发达国家相比差距较大，大进大出的农产品贸易并没有提升我国农产品国际竞争力。食品安全具有效用不可分割性、消费非竞争性和收益非排他性，因此食品质量安全具有公共产品性质。作为世界人口大国，我国的食品供应无论是在满足国内需求还是在对外出口创汇方面都取得了令人瞩目的成就。但由于我国是围绕解决食品供给量建立食品供应体系，这使我国食品行业在原料供给、生产环境、加工、包装及销售等环节的安全监管都存在着严重的不适性。食品安全问题越来越引起社会的广泛关注，食品安全事件频发已经成为影响我国出口食品国际竞争力的关键因素。一些进口国家和国家集团，以产品卫生检疫不合格为由，或禁止，或提高检验检测标准，利用各种“技术壁垒”和“绿色壁垒”封杀我国部分出口食品现象日益突出，从而影响我国作为世界贸易组织成员获取贸易利益的机会。本文对近几年的进出口食品安全标准对农产品的影响的相关文献进行了梳理并作了简要评述。

绿色食品产业发展水平评价及区域差异研究

马桂方　翟绪军

（黑龙江八一农垦大学经济管理学院）

摘要：绿色食品产业作为国民经济发展的重要新兴产业，其发展水平能够在一定程度上反映人民生活与经济发展质量高低，绿色食品产业协同发展对我国各地区产业结构优化有重要意义。为全面了解我国各地区绿色食品产业发展水平，本文运用熵值法和主成分分析相结合的方法，对我国31个省份绿色食品产业发展水平进行评价，并用ArcMAP软件对各区域评价结果进行绘制。结果表明我国各区域绿色食品产业发展水平存在不均衡的问题，且大致呈现东部高于西部、北部高于南部的特征，绿色食品产业和农业发展水平有明显的正相关关系。因地制宜地制定区域性绿色食品产业发展政策是解决各地区绿色食品产业发展不平衡问题的理性选择。

我国农产品流通效率及影响因素研究

——基于2008—2016年的省际面板数据

丁　静　王苗苗

（安徽农业大学经济管理学院）

摘要：本文根据2008—2016年我国28个省区市的面板数据，从农产品流通速度、农产品流通规模和农产品流通经济效益三个方面构建评价指标体系，采用全局主成分分析法对我国农产品流通效率进行评价，选择固定效应模型对农产品流通效率影响因素进行分析。实证结果表明，2008—2016年，我国农产品流通效率整体呈上升趋势，其时序变化以2012年为转折点，演进趋势可以划分为两个阶段。我国农产品流通效率发展不均衡，三类不同区域的农产品流通效率有较大差异。农产品流通劳动力、农产品流通基础设施、居民农产品消费能力、社会信息化水平对农产品流通效率具有正向影响作用。

我国农村经济发展动能转换与新动能培育研究

彭　程　姜德波

（南京审计大学经济学院）

摘要：改革开放以来，我国农村经济发展经历了多次动能转换；农村经济的进一步发展需要新动能激发活力。十九大报告提出“乡村振兴战略”，为培育农村经济发展新动能指明了方向。本文分析了改革开放四十年来我国农村的四次经济发展动能转换过程，并运用熵值法构建农村经济发展动能指标，分析了各阶段形成农村经济发展动能转换的内在驱动力；基于乡村振兴战略，提出培育农村经济发展新动能的实现机制。

我国农业高质量发展评价指标体系构建与评估

黄修杰　蔡　勋　储霞玲　马　力　左喆瑜　姚　飞

（广东省农业科学院农业经济与农村发展研究所）

摘要：农业高质量发展是实施质量兴农战略的总目标，是落实乡村振兴战略的重要举措。在系统阐释农业高质量发展内涵的基础上，本文构建了包含产品质量、产业效益、生产效率、经营者素质、国际竞争力、农民收入、绿色发展等七个维度23个指标的农业高质量评价指标体系。基于2016年省际数据分析了我国农业高质量发展情况，结果显示，除上海、山东以及天津等部分省市外，我国农业高质量发展水平整体偏低，且存在显著的地区差异，整体呈现东高西低的趋势，其中上海的综合得分最高，山西综合得分最低；各省在产品质量、产业效益及国际竞争力维度的地区差距明显，而在经营者素质、生产效率、农民收入、绿色发展水平维度差异不显著。我国农业高质量发展与经济发展水平、城镇化发展水平显著正相关，人力资本和农业投资的增加也会有效提升我国农业高质量发展水平，而农业资源禀赋的影响并不显著。为提高我国农业高质量发展水平，建议：充分发挥现代化农业产业园的龙头效应；发挥地区农业比较优势，提高农产品国际竞争力；采取有效措施提高农民的文化素质；加强农业社会化服务体系建设，提升地区农业生产效率。

我国农业可持续发展空间探索性分析

鲍丙飞　张利国

（江西财经大学经济学院）

摘要：农业可持续发展一直是国内外学者探讨的热点。本文采用 2004—2015 年我国农业生产面板数据，运用熵值法、探索性空间数据分析等方法分析我国农业可持续发展情况。结果表明：我国农业可持续发展指数总体呈先波动下降再持续上升后持续下降的变化态势，其中农业可持续发展指数年均值为 0.351 5，且年均增长率为 0.060 9%；我国农业可持续发展指数整体较低，农业可持续发展指数由东部向西部地区呈递减分布态势；农业可持续发展指数主要处于高-高和低-低地区，处于高-高地区的省区市主要分布在我国东部地区，处于低-低地区的省区市均分布在我国西部地区。

我国区域农业经济发展差距及结构特征研究：1978—2017 年

胡晨沛[1]　李辉尚[2,3]

（1. 国家统计局国际统计信息中心；2. 中国农业科学院农业信息研究所；
3. 农业农村部农业信息服务技术重点实验室）

摘要：改革开放四十年时间里，我国农业实现了持续较快增长，但区域间农业发展不协调问题仍较为突出。本文基于 1978—2017 年我国 31 个省区市第一产业劳动力投入和经济产出面板数据，利用泰尔指数从南北方、东中西部两个维度测度我国区域农业经济发展差距及其结构特征。研究结果表明：第一，改革开放四十年我国区域农业经济呈现出“北快南慢、西快东慢”的特点，但各区域农业经济增速较为接近。第二，改革开放以来我国南北方农业经济发展差距逐渐缩小，并于近年来表现出均衡发展的特点；东中西部地区农业经济发展仍存在较为明显的差距。第三，从各个区域内部来看，南方地区内部省际农业经济发展差距较大，中部和东部地区内部省际农业经济发展协调程度相对较高。

我国有机农业发展助力扶贫攻坚的作用模式分析

生吉萍　李松函

（中国人民大学农业与农村发展学院）

摘要： 发展有机农业已成为世界范围内现代农业的发展趋势。我国以发展有机农业为抓手，助力脱贫攻坚，是具有时代特色的精准扶贫措施。本文根据 2015—2018 年有机产业发展数据阐述了我国有机农业产业的发展现状，对农村的贫困问题及其产生原因做出分析，并解释了在贫困地区发展有机农业的可行性及重要性，提出并分析了三种有机农业与扶贫政策相结合的发展模式，同时以四川西充县为案例进行分析，结合农村现实给出相关建议措施。

务工期间社会资本积累对农民工返乡创业意愿的影响

——基于湘、黔、浙三省 879 户农民工家庭的实证分析

李海波

（首都经济贸易大学）

摘要： 外出务工经历对农民工返乡创业有着切实的促进作用，论文利用湘、黔、浙三省 879 户农民工家庭的调查数据考察了外出务工期间的社会资本积累对农民工返乡创业意愿的影响。研究表明，农民工外出务工期间的城市社会资本积累对他们返乡创业意愿有显著的促进作用，社会资本积累每增加一单位，农民工返乡创业的概率提高 10.74 个百分点。运用工具变量法和稳健性检验处理内生性问题后，结论依然稳健。社会资本积累的三个维度对返乡创业意愿的影响也都显著为正，社会网络、规范、信任对返乡创业意愿的边际概率分别为 0.072 9、0.068 6、0.056 9。

西部地区不同类型农户生计资本多维贫困分解研究

黎　毅　王　燕

（重庆工商大学长江上游经济研究中心）

摘要： 生计资本构成不仅决定家庭生产生活方式，其存量还影响着家庭可持续生计状态。本文通过构建生计资本多维贫困分析框架，运用可持续生计资本和A－F多维贫困测量方法对西部5省（市）累计786户农户调研数据进行分析，研究不同类型农户的生计资本存量和多维贫困分解情况。研究结果表明，金融和人力资本虽然平均存量较大，但其内部资源分配不均衡，同时由于主要从事非农业农户的自然资本存量较少，农户资本存量随着生计策略的非农化而逐渐降低；另外从多维贫困分解情况来看，金融和人力资本是农户多维贫困剥夺最严重的方面，当前农村地区贫困问题依然是金融和人力资源不足，因此需要从完善农业农村人才体系和发展普惠金融等方面给予相关政策支持，以期更好降低农户多维贫困发生率。

县域创新驱动发展理论基础、内涵与能力评价

——基于安徽省61个县（市）样本分析

江激宇　张士云　程荣俊　宋浩楠

（安徽农业大学经济管理学院，安徽农业现代化研究院）

摘要： 科学客观地评价安徽省县域创新能力，有助于从微观层面帮助安徽省地方政府制定科学合理的县域创新驱动战略，营造科技创新环境，优化资源配置，获取更佳的经济效益和社会效益。本文构建安徽省县域创新能力评价指标体系，基于安徽省61个县（市）的数据，通过熵权法得到各县（市）创新能力综合得分、子系统得分和排名，根据各县（市）创新能力的静态排名，分析创新能力发展制约因素，提出提升安徽省县域创新能力的政策建议。

现代农业高质量发展水平测度及制约因素解构

谢艳乐

（华中农业大学经济管理学院，湖北农村发展研究中心）

摘要：现代农业高质量发展对调整优化农业供给侧结构性改革以及实现乡村全面振兴意义重大，正确认识和把握现代农业高质量发展的水平测度、厘清其存在的制约因素将有助于制定和推行更加有效的政策措施。本文通过构建现代农业高质量发展的评价指标体系，运用熵值法对全国31个省市的现代农业高质量发展水平进行对比分析，进而从产品科技含量、产业制度质量、产业综合效益与国际竞争力等方面找到制约其发展的影响因素，提出相关政策建议。

乡村优势特色产业发展问题研究

——以秦皇岛昌黎县葡萄酒产业为例

王誌达　高红梅

（天津农学院经济管理学院）

摘要：党的十九大报告和“十三五”规划将“产业振兴”作为乡村发展的基本目标予以着重强调。而发展乡村优势特色产业已成为乡村振兴的重要组成部分。在当前社会经济环境之下，如何将乡村优势特色产业转化为经济效益和市场竞争力，使就业、效益更多留在乡村，成为十分重要的研究课题。基于此，本研究选取秦皇岛昌黎县为研究范围，将昌黎县葡萄酒产业作为研究对象，采用文献分析与资料收集、比较分析、实地考察等方法，从理论方面分析乡村产业发展的构成要素和优势特色产业，论述乡村优势特色产业发展对乡村经济和区域发展的重要意义。力求通过对案例的研究，提炼出发展乡村优势特色产业的思路，为相关市县优势特色产业的发展提供参考。

乡村振兴背景下建设田园综合体的经验及优化设计

伏玥蒙　贺榆桐　王千姿

（北京林业大学）

摘要：2017年中央1号文件提出要支持有条件的乡村建设以农民合作社为主要载体，让农民充分参与和受益，集循环农业、创意农业、农事体验于一体的田园综合体。作为重要的国家战略，其突出优势在于能够有效融合一二三产业，形成内在循环系统，能够充分利用地域特色文化，使得各个部分相互依存又相互促进，实现成本最小化、效益最大化。但从目前的田园综合体发展形势来看，其面临着可发展产业少、产业间联系少、与当地文化脱节等问题，使得田园综合体运营效率低，这正是田园综合体急需解决的问题。本文设计出具有普适性的田园综合体运营的循环模型，突出田园综合体内在的三产融合循环，并选择了山东沂南县朱家林村为分析案例，佐证模型的正确性和理想性。在此基础上，本文还强调了田园综合体与地域文化特色结合的重要性，建立了有地域特色的循环设计模型，鼓励田园综合体因地制宜，多样化、特色化发展，并为更多田园综合体的设计提出建议。

乡村振兴背景下农户农业生产投资效率提升路径研究

黄　莉　王定祥　李伶俐

（西南大学经济管理学院）

摘要：乡村振兴战略不仅强调农户的主体地位，而且强调农户农业生产的节本增效。对此，本文基于农户农业生产投资动力不足的现实特征，及CFPS 2014年和2016年的调查数据，运用三阶段DEA方法，测度农户农业生产投资效率及其改进的侧重点，并对规模农户和小农户的农业投资效率进行对比分析，进而探究农户农业生产投资效率的提升路径。研究发现，农户农业生产投资效率过低，根源在于规模效率的严重约束。显然，乡村振兴背景下农户农业生产投资效率提升的着力点应在规模效率上。同时，农户农业生产投资效率极易受到外部环境的强烈影响，但经济水平、信息化程度、财政与金融支农政策等环境因素对农业投资效率的作用方向、强度与路径有差异。相较于小农户，规模农户的规模效率与技术效率均存在明显优越性，而引导小农户适度扩大投资规模、优化多元投资结构，能够显著改善小农户的农业投资效率。

乡村振兴的组织安排：历史经验、时代特色与路径完善

吴培豪　赵梦涵

（西北大学公共管理学院）

摘要：恰当的组织安排对于乡村振兴而言是至关重要的，因此有必要考察目前我国乡村振兴的组织安排。首先，本文梳理了新中国成立以来的乡村组织安排；其次，基于政策文本展现乡村振兴的组织安排并概括出组织安排目标由“国家导向”向“农户导向”不断深化、传统组织与现代组织全面融合、多元组织参与乡村社会“质量导向”等时代特色；最后探讨乡村振兴的组织安排应当聚焦和解决的关键问题，以期完善实现乡村振兴的组织安排的路径。

国际乡村振兴经验、中国实践及启示

赵桂燕　卞纪兰

（黑龙江八一农垦大学）

摘要：实施乡村振兴战略是新时代中国特色社会主义的重大课题。日本、韩国、英国、德国、荷兰、美国等农业发达国家在推动乡村振兴方面取得了显著效果，梳理其先进的经验和做法，对我国实施乡村振兴战略具有一定的参考借鉴意义，剖析农业发达国家乡村振兴战略的成功经验及分析我国的典型案例，对我国实施乡村振兴战略具有重要启示作用。实施乡村振兴既要发挥政府主导作用又要重视农民的主体地位，既要注重基础设施建设又要实施一二三产业融合。

乡村振兴进程中农民工返乡创业金融支持研究

张玲萍　肖　胜　葛　冰

（温州科技职业学院）

摘要：中共十九大提出乡村振兴战略，农民工返乡创业对乡村振兴具有积极的促进作用。农民工返乡创业过程中面临融资难、融资贵、金融支持乏力等问题，其成因有农民工自身创业素质低、抵质押物缺少、产品缺少核心竞争力、农村金融机构“支农”功能未充分发挥等。为此，需要从以

下方面着力解决：开展培训提高农民创业素养、对农村金融机构进行供给侧改革、开展围绕乡村振兴战略的金融创新活动等。

乡村振兴视域下本土化渐进型易地扶贫搬迁脱贫模式

——以四川省旺苍县为例

郭嫚嫚　李　聪

（西安交通大学经济与金融学院）

摘要：易地扶贫搬迁是一个复杂的系统工程，搬迁对象的成功脱贫要依靠搬迁工程各环节的有序开展。为实现搬迁户的长效脱贫，四川省形成了乡村振兴视域下本土化渐进型脱贫模式（本土化模式）。本土化模式旨在通过打造美丽田园风貌、三产融合发展、三治管理合一、功能配套完善的农村新型安置社区，循序渐进夯实脱贫基础，实现搬迁户从“搬得出”到“可持续”的平稳过渡，以及脱贫攻坚与乡村振兴的有机衔接。本土化模式的三元主体协同合作、因地制宜开展脱贫、统筹推进脱贫攻坚与区域经济等做法为其他地区易地扶贫搬迁及精准扶贫治理提供了启示。

乡村振兴视阈下小农户发展路径探析

汪厚庭

（中共黄山市委党校）

摘要：目前我国国情很难做到让大量农民在短时间内退出农业来实现大规模经营，这需要一个很长的过程。因此，在实施乡村振兴战略的过程中，亟须解决的是实现小农户和现代农业发展有机衔接的问题。本文对小农户存在的原因及小农户的现状进行分析，分析现阶段小农户存在的现实性。研究小农户与现代农业衔接发展有三个关键因子，即制度、技术和组织三维创新。在此基础上，本文提出小农户与现代农业衔接发展的路径。

乡村振兴战略下连片特困地区劳动力流动减贫效应研究

——基于收入与多维贫困的双重视角

王 恒 秦国庆 朱玉春

（西北农林科技大学经济管理学院）

摘要：本文以连片特困地区秦巴山区为例，基于2016年和2017年1 316个农户的微观调查数据，构建了农户多维贫困指标体系，运用Probit模型实证分析了劳动力流动对农户收入贫困及多维贫困的作用机理。研究表明：①农户家庭劳动力流动比例每提升1单位，农户陷入收入贫困的概率显著降低23.2%，陷入多维贫困的概率显著增加8.4%，劳动力流动在缓解农户的收入贫困的同时会加剧多维贫困现象的发生。②在控制变量中，户主年龄、人口规模、户主婚姻对农户收入贫困有显著影响；户主婚姻、人口规模、抚养负担和医疗条件对农户多维贫困有显著影响。建议重点改善秦巴山区农户的人居生活环境，有效促进劳动力流动，同时提高留守人口的基本生活保障和公共服务水平。

乡村振兴中的农业技术路线选择探索

——基于中美农产品比较优势变化视角

肖双喜[1] 徐 玲[2] 王艳荣[1] 项宗东[1]

（1. 安徽农业大学经济管理学院；2. 安徽建筑大学经济管理学院）

摘要：中国农产品国际竞争力持续降低表明我国的农业技术路线可能出现偏差，这不仅会制约乡村产业的发展，甚至还有可能影响国家粮食安全。为探索新时期中国农业技术路线，本文首先提出“质量导向”与“成本导向”两条技术路线，并以不同的技术路线为基础，推演中美农业比较优势变化；其次，收集中美两国相关数据，对模型进行实际验证，结果表明成本导向技术有效提升了美国的农业竞争优势，但降低了中国农业的竞争优势；最后，本文对乡村振兴中产业兴旺的技术路线进行了探讨。

消费者安全信任与国产婴幼儿奶粉购买行为

——基于7个城市的消费者调查数据

李翠霞[1]　张倩楠[2]

（1. 黑龙江省绿色食品科学研究院；2. 东北农业大学经济管理学院）

摘要：本研究以604位婴幼儿奶粉消费者为样本，基于修正计划行为理论，运用结构方程模型探究了安全信任和消费者国产婴幼儿奶粉购买行为之间的作用关系。研究结果表明：基于文化背景将计划行为理论中的主观规范替换为群体意识和面子意识后，提高了该理论对中国消费者行为的适用性，安全信任变量的引入增强了对消费者国产婴幼儿奶粉购买行为的解释力；行为态度、群体意识、感知行为控制和购买意愿均对消费者国产婴幼儿奶粉购买行为有显著影响。其中，购买意愿的总效应和直接效应最大，行为态度的间接效应最大；生产主体信任和进口产品信任通过行为态度影响购买行为，政府信任通过购买意愿影响购买行为，社会监管主体信任对购买行为无显著影响。其中，生产主体对购买行为影响的间接效应最大。

小农户＋合作社：小农户与现代农业有机衔接的模式研究

蒋雨东　汪　涛　夏瑜蔓　王德平

（西南科技大学生命科学与工程学院）

摘要：本文回顾了我国小农户与现代农业有机衔接的时代背景，分析了“小农户”“现代农业”“有机衔接”三者在中国农业环境下的内涵，并重点探讨了小农户＋合作社这一模式的衔接方式与目标。同时基于甘肃省Z村的实地调研情况，系统归纳了该地通过小农户＋合作社的模式来促进小农户和现代农业有机衔接的具体做法与经验。进而提出合作社要做好“两个坚持”、继续发挥规模化效应以及加大传播合作理念与合作社知识等建议。旨在为推动小农户与现代农业有机衔接提供思路与借鉴。

小农户生产经营能力评价与影响因素分析
——以黑龙江省为例

张培鸽　王　亚　余志刚

（东北农业大学经济管理学院）

摘要：小农户是我国最主要的农业经营主体，小农户生产经营能力的提升是实现我国乡村振兴战略的客观要求。为测度黑龙江省小农户生产经营能力，研究影响黑龙江省小农户生产经营能力的因素，本文采用熵值法和多层线性模型，对黑龙江省四个县（市）及黑龙江省整体的小农户生产经营能力进行了测度。实证结果表明：在小农户层面，自有耕地面积、租入耕地面积、农耕机械价值、家庭劳动力个数、雇工个数、雇工时间和耕地收入对小农户生产经营能力具有显著的正向影响，租出耕地面积对小农户生产经营能力具有显著的负向影响；在地区层面，人均耕地面积、农业知识培训次数和是否有卫生室对小农户生产经营能力具有显著的正向影响，土地流转价格对小农户生产经营能力具有显著的负向影响。

小农户生产与现代农业有机衔接的社会背景、现实困境与推进路径研究

常明杰

（中共山东省委党校）

摘要：小农户生产是中国“三农”社会发展的历史与现实的呈现，具有阶段性和时代性的特点。在社会转型以及经济体系现代化的今天，农业发展出现了小农户生产向现代农业过渡的历史性拐点，小农户承载着中国农业现代化的历史使命和乡村振兴的实践担当，需要国家和社会各方面把握新时代小农户生产向现代农业过渡的社会背景，深入剖析小农户与现代农业衔接所面临的思想困境、制度困境、资源整合困境和农民转型困境，并以理性逻辑和保护思维来推进新时代小农户生产向现代农业转型，着力从正视小农户的历史地位和社会功能，公共政策引领，整合农村资源和推动农民转型等多方面探索小农户生产与现代农业有机衔接的有效路径。

新时代民族地区乡村振兴与精准扶贫协调推进研究

刘国斌　王　达

（吉林大学生物与农业工程学院）

摘要：新时代民族地区乡村振兴与精准扶贫协调推进是改善民族地区农民生活质量的必然选择，是全面决胜小康社会的必然要求，是推进民族地区社会经济可持续发展的必经之路。在政府政策支持和引导下，在乡村振兴战略的持续推进以及精准扶贫的大力发展下，新时代民族地区乡村振兴与精准扶贫协调推进具有了现实条件。基于此，本文构建新时代民族地区乡村振兴与精准扶贫协调推进的评价指标体系，通过熵值法和耦合协调度模型对2017年民族地区乡村振兴与精准扶贫协调发展情况进行截面数据分析，结果表明：民族地区乡村振兴与精准扶贫距离高度耦合协调发展仍有一段距离，乡村振兴与精准扶贫综合指数得分差距越大，二者越不协调，反之则反。新时代民族地区乡村振兴与精准扶贫协调推进应该坚持以产业融合为主线大力发展民族地区特色产业，实现产业兴旺和产业扶贫，加快民族地区基本公共服务均等化进程，转变民族地区贫困户的思维理念。

新时代新型城镇化与乡村振兴协调发展研究

刘国斌　王　达

（吉林大学生物与农业工程学院）

摘要：新时代新型城镇化与乡村振兴协调发展对于促进城乡新的经济增长极的形成和发展、转变城乡发展方式、促进城乡新旧动能转换、促进要素资源城乡区域间的双向流动、重塑城乡关系等具有重要意义，二者之间相互作用、相互联系、不可分割。本文对新型城镇化与乡村振兴协调发展的必要性、协调关系、作用机制及实现路径进行剖析，旨在进一步分析二者如何协调发展，进而推进城乡社会经济健康、协调、持续、高质量发展。

新时期我国贫困地区绿色减贫机制与路径的深层思考

冯丹萌[1]　张　琦[2]

（1. 农业农村部农村经济研究中心；2. 北京师范大学）

摘要：2020年是我国全面消灭绝对贫困的关键年，但同时也是脱贫地区衔接乡村振兴战略的关键时期。如何使贫困地区稳脱贫、久发展，是我们一直需要关注的问题。绿色发展理念对于贫困地区脱贫乃至振兴发展有着不可忽视的重要性，是关乎贫困地区长效发展的关键点。因此本文主要针对2020年脱贫目标以及未来长期的乡村振兴发展，从绿色发展角度构建贫困地区绿色减贫机制，主张深度挖掘深度贫困地区的绿色资源，充分转化绿色资源的经济、文化和生态价值，提升贫困地区的内在动力，进而促进贫困地区快速脱贫，稳步衔接乡村振兴战略。

新型农业经营主体、小农户与中国农业现代化

王文龙

（湖州师范学院农村发展研究院）

摘要：中国激进的农业经营主体发展战略脱离国情，导致生产力真空，威胁国家粮食安全，因此中共十九大对农业经营主体发展战略进行了调整，强调新型农业经营主体与小农户协调发展。但部分学者却走向另一个极端，主张以小农户为基础实现农业现代化，随着国内维稳压力增大，这种保守思想影响越来越大，如果任其发展下去，必然会加剧中国粮食安全风险。只有对中国激进型、保守型、稳健型三种农业经营主体发展战略进行深入分析，才能正本清源，为政府的稳健型农业经营主体发展战略选择提供理论支持，并为稳健型农业经营主体发展战略的实现提供理论指导，加快中国农业现代化转型，夯实国家粮食安全基础。

新型农业经营主体带动小农户发展：理论逻辑、经验证据与路径选择

张贵友　刘良田　王春琰

（安徽农业大学经济管理学院）

摘要：发展现代农业一个重要任务就是培育现代农业经营主体。在实现小农户和现代农业发展有机衔接的过程中，应充分发挥新型农业经营主体的带动作用。从农户行为理论、规模经济理论、交易费用理论及利益相关者理论来看，新型农业经营主体带动小农户发展需要新型农业经营主体、小农户以及政府三方共同努力：新型农业经营主体通过为小农户提供生产技术指导，为他们提供最新的农业信息，帮助他们统一购买农用物资、进行农机作业以及病虫害的防治，为他们提供就业岗位和资金服务等，增强小农户抵御自然风险和市场风险的能力，提高小农户的市场竞争力，增加他们的收入。新型农业经营主体带动小农户发展的关键，是双方建立紧密的利益联结机制。

新型农业经营主体的绿色化生产行为研究

汪　燚

（长江大学经济学院）

摘要：绿色化生产作为农业可持续发展的主要方式，不但为政府所提倡，更是农业发展的未来导向，研究新型农业经营主体是否自觉采用绿色化生产技术关乎未来农业可持续发展的进程。本文以“经济人假设”为基础，加以行为经济学的损失规避理论佐证，分析农业经营主体在绿色化生产行为进程中存在的问题，提出为农户增收创收，降低生产经营成本，提高农户生态意识等解决办法。

新型农业经营主体与小农户玉米生产技术效率比较研究

——基于黑龙江省13市47村342个样本数据

许佳彬[1]　王立民[1]　王　洋[1,2]

(1. 东北农业大学经济管理学院；2. 东北农业大学现代农业发展研究中心)

摘要： 新型农业经营主体与小农户协同发展可保证中国粮食安全生产，比较二者玉米生产技术效率并探究导致技术效率差异的因素有助于进一步提高粮食产量。基于此，本文利用黑龙江省13市47村214个新型农业经营主体和128个小农户的调查数据，采用三阶段DEA－Tobit模型对新型农业经营主体与小农户玉米生产技术效率进行比较并分析导致技术效率差异的因素。结果表明：①新型农业经营主体玉米生产技术效率高于小农户；②环境因素对玉米生产技术效率有显著影响，区域经济发展、玉米生产补贴对技术效率有显著正向影响，受灾面积占比对技术效率有显著负向影响；③在剔除环境因素和随机因素后，生产者管理是导致技术效率差异的主要因素，决策者年龄、受教育程度、农业技术培训、玉米种植收入占比对玉米生产技术效率有显著正向影响，土地细碎化程度对玉米生产技术效率有显著负向影响。因此，提出巩固合作经营基础、创建优良生产环境、提升小农户经营能力等政策建议。

信息化、要素禀赋结构升级与农业生产效率

——基于省级面板数据的实证分析

张聪颖　霍学喜

(西北农林科技大学经济管理学院)

摘要： 本文以2002—2016年全国31个省区市为研究样本，首先，采用超越对数随机前沿生产函数分析信息化对农业生产效率的影响及其区域差异，并检验结果的稳健性；其次，采用面板门槛回归模型与面板Tobit模型分析信息化对农业生产效率影响的非线性效应与滞后效应；最后，采用中介效应模型分析信息化通过影响要素禀赋结构升级间接影响农业生产效率的内在机理。研究结果表明：①信息化对农业生产效率提升具有显著的促进作用，且对东中部地区农业生产效率的促进作用大于对西部地区的促进作用，但这种促进作用在研究样本区间呈边际递减趋势；②信息化对农业生产效率提升的促进作用是稳健的，且具有显著的滞后效应；③信息化对农业生产效率的影响不是线性的，存在信息化的双重门槛效应与人力资本的单一门槛效应；④信息化通过诱致农业资本投入

替代劳动促进了农业生产效率提升。基于此，本文的政策启示是，相关部门应该制定差异化的信息化发展战略，提高区域信息化水平，但同时应该警惕，防止信息化与农业现代化契合度下降，带来农业生产效率损失。

休闲农业带动农村三产融合发展模式与作用机制

郑秋琴　赵蓉蓉　陈秋华

（福建农林大学管理学院）

摘要：国家持续聚焦农村三产融合，休闲农业是农村三产融合的重要载体，研究休闲农业带动农村三产融合有助于推进乡村振兴发展进程，具有现实意义。本文从休闲农业带动农村三产融合的可行性和发展模式入手，探讨了休闲农业带动农村三产融合的作用机制，为农村三产融合的发展厘清思路。

需求端视角下农户有机肥购买意愿问题研究

——基于黑龙江省 13 地市 47 个样本村的面板数据

杨　辉　于鑫浣　栾　烨　李翠霞

（东北农业大学经济管理学院）

摘要：本文基于黑龙江省 13 个地市 47 个样本村的面板数据，运用 Logistic 多元回归模型实证分析了黑龙江省农户有机肥购买意愿及影响因素。研究表明，受教育程度，参加施肥技术培训，开展测土配方，土壤肥力，对新技术、工艺和产品的态度，经济作物种植比例对农户有机肥购买意愿具有正向影响；职业、年借款需求对农户有机肥购买意愿具有负向影响，性别、年龄、耕地承包面积、耕地经营面积等因素对农户有机肥购买意愿影响不显著。

肉鸡养殖户亲环境养殖技术采纳行为及其影响因素分析

刘　铮[1]　周　静[1]　宋宝辉[2]

（1. 沈阳农业大学经济管理学院；2. 美国加州州立大学奇科分校农学院）

摘要：引导养殖户采纳亲环境养殖技术是推行绿色农业生产方式、提高畜牧业可持续发展能力和加强畜禽养殖污染防治的重要举措。本文基于辽宁省466个肉鸡养殖户微观调查数据，运用UTAUT理论分析框架和Heckman样本选择模型对肉鸡养殖户亲环境养殖技术的采纳与采纳程度及其影响因素进行系统的实证分析。结果表明：整套采纳亲环境养殖技术体系的肉鸡养殖户比例较低；兽用抗菌药减量使用技术和养殖废弃物资源化利用技术的采纳率相对较高，而生物饲料应用技术和养殖污水处理技术的采纳率相对较低。知识储备较丰富、信息获取较便捷、对亲环境养殖技术的经济绩效和生态绩效期望较高的肉鸡养殖户，不仅倾向于采纳亲环境养殖技术，而且倾向于采纳多种亲环境养殖技术；受教育程度较高、受从众行为影响较大、声誉诉求较强、参加过技术培训的肉鸡养殖户采纳亲环境养殖技术的可能性较大。主观规范、补贴政策、养殖规模和组织参与对肉鸡养殖户亲环境养殖技术的采纳及采纳程度均有显著促进作用；而基础设施配套仅对肉鸡养殖户亲环境养殖技术采纳程度有正向作用。基于此，建议积极宣传亲环境养殖技术的相关知识及其潜在的经济效益和生态效益，带动肉鸡养殖户模仿跟进；制定合理的亲环境养殖技术补贴政策，增强补贴政策的针对性和激励性；加强技术培训和信息服务力度，提高培训和服务内容的实用性；鼓励肉鸡养殖户加入产业组织，推进适度规模经营，实现技术采纳的规模效益和长远收益。

养殖业环境规制对污染的双重效应

——以黑龙江省生猪产业为例

申玉琢　王刚毅　王志琳　王　舫

（东北农业大学经济管理学院）

摘要：养殖业环境规制是实现乡村生态宜居和全面振兴的重要手段。然而，现阶段养殖业环境规制效果并不理想，部分地区甚至出现了“越规制，越污染”的现象。为了明确养殖业环境规制对污染的影响，本文以黑龙江省生猪产业为例分析养殖业环境规制对污染的双重效应。研究表明：养殖业污染总量受市场价格、技术水平和环境规制三方面因素影响，且三方面因素的作用机理存在明显差异；养殖业环境规制虽然能降低污染总量，但其作用效果明显弱于市场价格和技术水平；养殖业环境规制对污染的影响存在双重效应，不仅能直接限制污染总量，还能通过“替代效应”削弱市场价格增加带来的污染，但技术路径中“创新补偿效应”并不显著。

“一带一路”国家基础设施对中国农产品出口影响的实证研究

刘亚男 李大胜

（华南农业大学经济管理学院）

摘要：通过在贸易引力模型中引入基础设施因素，文章定量考察基础设施对中国农产品出口产生的影响。使用2012—2017年中国同“一带一路”沿线43个国家的农产品出口数据进行分析，发现进口国的基础设施建设对中国农产品出口具有显著促进作用，其中通信基础设施对于中国农产品出口的影响强度略高于交通基础设施，且两者之间存在显著的互补效应。进一步将43个国家划分为高收入国家和低收入国家两部分进行回归，结果发现基础设施的影响具有显著的国别特征，低收入国家的通信基础设施与中国相应的农产品出口之间具有显著的正相关性，虽然交通基础设施的影响不显著但其与通信基础设施之间存在着明显的互补效应，而高收入国家的交通基础设施对于中国农产品出口具有显著的正向影响。

医疗保险权益便携性是否降低了农村劳动力“就业锁定”？来自城乡医保统筹的准自然实验研究

洪灏琪 宁满秀

（福建农林大学经济学院）

摘要：本文研究了社会医疗保险制度的城乡统筹对农村劳动力就业流动决策的影响。首先基于“就业锁定”理论，将城乡医保统筹这一外生制度变化纳入劳动力就业流动决策的理论分析框架，探究其对农村劳动力的就业流动决策的影响机制；其次，本文利用中国劳动力动态调查（CLDS）2014年和2016年的数据，使用双重差分法（DID）对逐步实施的城乡医保统筹政策影响农村劳动力就业流动选择效应进行实证研究。研究发现：①医疗保险统筹层次的提升对农村劳动力外出务工产生促进作用，尤其对本市范围内的就业流动产生显著的激励作用，但显著抑制了农村劳动力的跨省流动。②城乡医保统筹政策的实施对农村劳动力就业流动决策的影响随个体出生年代差异存在显著的异质性，这反映了不同年龄群体对流动距离的偏好、社会适应能力以及对社会医疗保障程度的需求强度等因素差异。③进一步地，本文还发现城乡医保统筹显著抑制了不同健康水平劳动力个体的返乡回流决策。由此可见，城乡医保统筹激活农村劳动力就业流动性的政策效果具有区域局限性，相关部门应加大财政力度破解农村要素单向流动格局，避免劳动力要素配置效率损失。

银行金融科技能否缩小城乡收入差距?

——贫困县与非贫困县数据的分层比较

李建军[1]　姜世超[2]　胡永宏[2]

（1. 中央财经大学金融学院；2. 中央财经大学统计与数学学院）

摘要：银行借助科技手段发展普惠金融对于缩小城乡收入差距究竟有何效果？如果有效果，其内在机制是什么？这种效果及内在机制在贫困县和非贫困县之间是否相同？传统金融服务成本高是导致乡村地区金融资源缺乏的主要原因之一，金融科技弥补了传统金融服务的不足，扩大了金融服务的包容性，能够有效缩小城乡收入差距。本文利用全国 1 370 个县的数据，从商业银行供给方角度，构建了金融科技指数，分层考察了金融科技对缩小城乡收入差距的效果及机制。结果表明：银行金融科技对缩小县域城乡收入差距的综合效应显著，在分析具体的作用机制时发现，金融科技能够通过降低金融服务成本的减贫效应和促进就业的涓滴效应缩小城乡收入差距，以上效应在不同类型县域间具有异质性特征。

绿色创业导向能提高农业创业企业绩效吗

——可持续创业机会识别的中介作用与环境不确定性的调节作用

张秀娥　李　清

（吉林大学商学院）

摘要：作为解决环境和社会问题的主要方式，绿色创业导向受到了广泛关注，但其对企业环境绩效和财务绩效的影响及内在机理仍不清楚。本文基于自然资源基础观和创业导向理论，构建绿色创业导向、可持续创业机会识别、环境不确定性与企业绩效之间关系的理论模型，对 301 份农业创业企业样本进行实证分析，研究表明：绿色创业导向对农业创业企业财务绩效和环境绩效均有正向影响，可持续创业机会识别在绿色创业导向与财务绩效和环境绩效的关系中起中介作用，环境不确定性负向调节可持续创业机会识别与环境绩效之间的关系。研究结果丰富了绿色创业相关研究。

长江经济带农业绿色生产效率与农业绿色全要素生产率研究

肖　琴　周振亚　罗其友

（中国农业科学院农业资源与农业区划研究所）

摘要：本文引入农业用水量作为资源投入要素和二氧化碳排放量作为环境非期望产出，利用MinDS模型和Malmquist－Luenberger指数相结合的方法，对2004—2017年长江经济带的农业生产效率和全要素生产率进行了研究。本文主要结论有：长江经济带农业绿色生产效率水平较高，但低于传统农业生产效率，中、上游与下游地区的效率水平差距不断拉大，省份间生产效率水平的差异较大，且农业绿色生产效率和传统农业生产效率的排序有差异；长江经济带农业绿色全要素生产率增长较快，高于传统农业全要素生产率增速，主要源于纯技术进步和规模技术水平提高；农业绿色全要素生产率增长率的变动以3年为一个周期，呈现波动式上升趋势；上、中、下游的农业绿色全要素生产率增长率均出现了提高，但增长来源有所差异，且下游的农业绿色全要素生产率的年均增长率高于中游和上游；资源环境因素对各省份农业绿色全要素生产率增长率的排名有显著影响。

正规信贷约束、农业技术需求与农户收入增长

——基于山东省315农户的调查

金炜博[1]　张勇翔[2]　汪艳涛[1]　高　鹏[1]

（1. 青岛理工大学商学院；2. 中国农业科学院农业经济与发展研究所）

摘要：本文基于内生性问题，精准识别山东省6地市18个村315名农户的正规信贷约束，运用内生转换模型对正规信贷约束条件下农业技术需求与农户收入关系进行了探究。结果表明：农业生产方式、农业生产收入、防灾减灾技术需求等因素对农户正规信贷约束存在显著影响。正规信贷约束条件下，农户受教育程度、农业收入占比、病虫害防治技术需求对农户收入存在显著影响；无正规信贷约束条件下，农户农业生产收入占比、耕地面积、科学用药技术需求对农户收入存在显著影响。剔除正规信贷约束影响导致农户收入上升，但不同禀赋特征与农业技术需求条件下，农户收入上升幅度存在差异，少数农户收入出现下滑；无正规信贷约束农户在施加约束后收入普遍下降，正规信贷约束在一定程度上抑制了农户的收入增加。基于此，提出拓宽金融服务推广机制、健全金融排斥缓解机制、构建农业科技金融协同发展机制等对策，以期有效实现农业增产与农民增收。

政府背书下土地经营权信托的实践逻辑与现实困境

——基于河南省D市的案例考察

南光耀　诸培新

（南京农业大学公共管理学院）

摘要：本文以河南省D市的土地流转实践为例，从地方政府行为角度，阐释了政府背书下土地经营权信托的实践逻辑与现实困境。研究发现，地方政府以信用背书方式成立土地信托机构对接农地市场供求双方，降低了土地流转交易成本，在短期内完成了土地经营权集中流转，并以政府信用担保融资，引入资金缓解了农业生产专用性投资约束问题。为追求行政和经济双重目标实现，地方政府动用了公共信用、行政权威、经济激励等各项资源，激发了农民、乡镇政府及村组织等主体的行动积极性。但也因行政力量过度渗入，导致自身陷入土地招租难题，并承受较大经济压力以及面临政治、经济、社会等多重风险。因此，本文提出政府推进土地经营权信托发展务必要厘清政府与市场的职能边界，尝试通过市场化渠道融入项目资金以及培育市场化的信托中介组织，促进农地流转市场化发育等政策建议。

政府购买服务视角下新型职业农民培训研究

——基于安徽省庐江县郭河镇的调查

项宗东

（安徽农业大学经济管理学院）

摘要：新型职业农民培训作为提高农民技能，培养现代农业人才的政府重要培训项目，取得了较好的成效，但也存在一些不足。本文通过对安徽庐江县郭河镇的实地调查，了解当地新型职业农民的培训现状，分析新型职业农民培训存在的问题和原因。存在问题包括：培训政策宣传不够；培训资金不足，资金来源单一；培训成效不明显；培训组织工作欠完善，后续服务不到位；评价和监督机制不完善。从政府购买服务的视角提出以下解决措施：遴选有资质的企业作为培训主体；完善培训组织工作，提高培训内容的针对性；完善评估制度，建立相关动态管理机制；政策支持新型职业农民培训工作，健全法律体系，确保新型职业农民培训法制化；加大政策宣传力度，扩大宣传渠道；加大相关财政支出，多渠道解决资金问题。此外，还应完善新型职业农民养老、医疗等社会保障制度，在税收、保险等方面给予扶持，提高新型职业农民的市场竞争能力，加大对涉农职业院校的支持，培养农业“后继者”。

政府培训、技术认知与农户生态农业技术采纳行为

——以稻虾共养技术为例

杨兴杰[1,2]　齐振宏[1]　陈雪婷[1,2]　杨彩艳[1,2]

（1. 华中农业大学经济管理学院；2. 湖北农村发展研究中心）

摘要：本文基于江苏省和湖北省共612份农户的微观调研数据，运用二元Logistic模型和Bootstrap方法，实证分析了政府培训、技术认知对农户稻虾共养技术采纳行为的影响及其作用机制。研究发现：①政府培训次数和培训有效性对农户稻虾共养技术采纳行为有显著的正向影响；②影响作用机制在于，政府培训有效性通过提高农户对稻虾共养技术的经济效益认知和生态效益认知，进而对农户技术采纳行为产生促进作用；③户主是否村干部、是否加入合作社等对农户采纳稻虾共养技术有显著的正向影响，而户主年龄和耕地块数对其技术采纳行为有显著的负向影响。因此，未来技术推广过程中应更加注重政府培训的作用，通过提高政府培训次数和培训有效性，提高农户的技术认知，进而促进农户采纳稻虾共养技术。

政府与民众激励相容的内在逻辑研究

——以福建省晋江市农村集体产权制度改革为例

高孟菲　胡　鹭　林雪雯　郑　晶

（福建农林大学公共管理学院）

摘要：本文运用访谈法，对福建省晋江市4个农村集体产权改革的典型试点进行调查研究，以激励相容理论、治理能力理论和制度建设理论为基础，重点分析了不同村庄农村集体产权改革的内在逻辑和运行机理。研究结果表明：农村集体产权制度改革是一项系统工程，需要政府治理能力与村民自治相互作用。治理能力是实现集体产权改革的前提；村民自治是实现集体产权改革的基础；制度是实现集体产权改革的保障。因此只有建立正式制度、非正式制度相互补充、相互扶持的动态开放治理体系，才能在优化整合中实现乡村治理体系的良性发展，从而在国家宏观的正式制度框架与约束范围内实现村庄的民主治理、自主治理以及合作治理。

中国农民赴俄远东地区务农所面临的挑战及对策研究

关业成　巩建华

（广东海洋大学马克思主义学院）

摘要：苏联解体后，继承其衣钵的俄罗斯国力渐衰，扩大了对外开放的程度，中国农民开始在俄罗斯远东地区承包土地进行农业种植。现今，中国农民赴俄罗斯远东地区务农的积极性仍然高涨，但与此同时，中国农民在该地区务农面临的问题也日益突出，特别是俄罗斯远东地方政府腐败低效，俄方政策与态度多变，中国农民素质不高且面临环境艰苦、非法居留和违规种植等问题比较严重。为解决这些问题，必须要进一步加强两国政府间的经贸合作和人文交流，加强对中方务农人员的管理和培训，规范种植方式并加快农业转型升级，做好服务保障工作和营造良好外部环境。

中国为什么成为水产养殖大国
——基于制度、要素投入的定量化分析

张静怡　杨怀宇

（上海海洋大学经济管理学院）

摘要：随着全球人口的日益增多，水产养殖业在保证水产品供给中扮演着越来越重要的角色。改革开放 40 年以来，中国成为世界上唯一水产养殖产量高于捕捞产量的国家。本研究利用间断时间序列分析方法、GLS 模型、道格拉斯生产函数来探讨在中国成为水产养殖大国的道路上，要素投入和政策等因素对中国水产养殖产量的影响。实证结果显示，改革开放制度实施后，中国捕捞产量以 0.223％的速度开始降低；水产品供应重要性以 0.084％的速度增加；捕捞技术增长率以每单位 0.082％的速度增加；野生渔业资源以每单位 0.022％的速度开始下降；水产养殖基本投资额、投入的技术水平、政策的影响与水产养殖产量存在正相关关系。并且，技术对水产养殖产量影响最大，其次是政策和水产养殖基本投资额。

重复博弈视角下工商资本参与农业产业的小农户嵌入模式
——以绿能公司水稻产业化经营为例

卢洋啸　孔祥智

（中国人民大学农业与农村发展学院）

摘要：小农户与现代农业有机衔接面临着现实困难，特别是在参与农业产业发展的过程中，总是易被排斥在外，不能分享现代化农业发展成果。本文以江西绿能公司为例，从重复博弈的视角出发进行分析，发现在工商资本下乡的过程中，促进农业产业发展的同时，小农户能够在“企业＋合作组织”的带动下，有效嵌入其中，实现自身发展，逐步转型升级，更好地融入现代农业产业的发展中。

资源禀赋异质性贫困户对产业扶贫政策满意度比较研究
——以江西省为例

黄　强[1]　刘　滨[1,2]　宋震宇[1]

（1. 江西农业大学经济管理学院；2. 江西农业大学三农问题研究中心）

摘要：文章以江西省为例，基于顾客满意度理论模型，构建产业扶贫政策满意度分析框架，进行资源禀赋异质性贫困户对产业扶贫政策满意度的对比研究。文章使用入户调查所获得的683份有效数据，根据资源禀赋差异情况，将样本分为非农业户、农业户和保障户三个类别，采用多元有序Logistic计量模型进行分析。研究结论显示：保障户对产业扶贫政策的满意度总体较高，但农业户较之略低；产业扶贫政策吸引力式微，农业产业弱质性明显；产业扶贫政策针对性不强。

子女构成、代际经济支持与中老年农业劳动者预期无休止劳动决策

——基于CHARLS数据的实证研究

杨肖丽　刘兆林　景再方

（沈阳农业大学经济管理学院）

摘要： 根据2015年中国健康与养老追踪调查（CHARLS）数据，本文探讨了子女性别构成、子女数量构成和不同子女性别构成中子女数对中老年农业劳动者预期无休止劳动的影响，并分析了在儿女双全样本中，儿子和女儿对父母经济支持情况对父母预期无休止劳动决策的影响差异。研究发现，家庭只有女儿更能让父母退出劳动，而在儿女双全样本中，儿子和女儿对父母预期无休止劳动决策影响是有差异的，儿子对父母的经济支持更能使父母退出劳动。具体而言，第一，从子女性别构成来看，只有女儿家庭的父母会更倾向于提早退出农业劳动，只有儿子家庭中，儿子对父母是否无休止劳动则无显著影响。第二，从子女数量构成来看，女儿数量越多，父母越不倾向于无休止劳动，儿子数量无显著影响。第三，从子女性别与子女数量交叉项来看，儿女双全的家庭，子女越多，父母越不倾向于无休止劳动。第四，从儿女双全家庭儿子和女儿对父母经济支持差异来看，由儿子对父母提供的经济支持越多，越能让父母退出劳动，女儿则无影响；仅从经济支持角度来看，儿子在养老中发挥更大作用。

组织介入对流转租金的影响研究

——来自地块层面的经验证据

陈　甲[1]　徐静文[1]　张红霄[1]　何文剑[2]

（1. 南京林业大学经济管理学院；2. 南京信息工程大学商学院）

摘要： 本文在理论分析组织介入对流转租金影响机理的基础上，运用江苏省4个县12个村231个地块的调研数据，采取处理效应模型（TEM）和中介效应模型，考察了组织介入对流转租金的影响。研究表明，组织介入通过交易成本和经营收益两个中介效应对流转租金产生了明显的正向影响。具体而言，组织介入可以减少流转中的交易成本，从而增加土地受让方，提高流转租金。同时，组织介入的转入方经营收益更高，可以提供更高的租金。然而，补贴的中介效应未得到证实。据此，本文给出了相应的政策建议。